# 领跑

LEADING INDUSTRY

## “十三五”战略性新兴产业重点区域发展前瞻与新产品新技术产业化案例汇编

中国经济导报社 中国战略新兴产业杂志社◎编著

中国市场出版社
China Market Press
·北 京·

**图书在版编目（CIP）数据**

领跑："十三五"战略性新兴产业重点区域发展前瞻与新产品新技术产业化案例汇编 / 中国经济导报社，中国战略新兴产业杂志社编著. —北京：中国市场出版社，2018.7

ISBN 978-7-5092-1676-7

Ⅰ. ①领… Ⅱ. ①中… ②中… Ⅲ. ①新兴产业-高技术产业化-案例-汇编-中国 Ⅳ. ①F279.244.4

中国版本图书馆CIP数据核字（2018）第097508号

**领跑："十三五"战略性新兴产业重点区域发展前瞻与新产品新技术产业化案例汇编**

LINGPAO："SHISANWU" ZHANLUEXING XINXING CHANYE ZHONGDIAN QUYU FAZHAN QIANZHAN YU XINCHANPIN XINJISHU CHANYEHUA ANLI HUIBIAN

中国经济导报社　中国战略新兴产业杂志社　编著

---

**责任编辑：**许　慧（xu_hui1985@126.com）

**出版发行：**中国市场出版社 China Market Press

**地　　址：**北京市西城区月坛北小街2号院3号楼（100837）

**电　　话：**编 辑 部（010）68012468　读者服务部（010）68022950

总 编 室（010）68020336　盗 版 举 报（010）68020336

发 行 部（010）68021338　68020340　68053489

68024335　68033577　68033539

**印　　刷：**河北鑫兆源印刷有限公司

**规　　格：**185毫米×260毫米　16开

**印　　张：**48.5　　**字　　数：**921千字

**版　　次：**2018年7月第1版　　**印　　次：**2018年7月第1次印刷

**书　　号：**ISBN 978-7-5092-1676-7

**定　　价：**180.00元

---

# 《领跑》编委会成员名单

LEADING
INDUSTRY

# 序言

习近平总书记在党的十九大报告中指出，创新是引领发展的第一动力，是建设现代化经济体系的战略支撑。新一代信息技术、高端装备、新材料、生物、新能源汽车、新能源、节能环保和数字创意等战略性新兴产业，代表了新一轮科技革命和产业变革的方向，是培育发展新动能、获取未来竞争新优势的关键领域，是提高供给体系质量、全面改造提升传统产业的重要途径。加快发展战略性新兴产业，对于建设现代化经济体系，不断增强我国经济创新力和竞争力，有着十分重要的意义。

党的十八大以来，为加快培育和发展战略性新兴产业，国家出台了《“十三五”国家战略性新兴产业发展规划》《关于在部分区域系统推进全面创新改革试验的总体方案》《关于创新管理优化服务培育壮大经济发展新动能加快新旧动能接续转换的意见》《关于促进分享经济发展的指导性意见》，以及网络强国、“互联网 +”行动、大数据发展、新一代人工智能发展等一系列重大政策。在全社会的共同努力下，我国战略性新兴产业发挥出越来越大的引领带动作用，呈现出“快、高、优、活”的特点，即产业规模快速壮大、产业水平迈向中高端、整体效益不断优化、产业创新持续活跃。战略性新兴产业作为经济增长新引擎的作用愈发明显，已成为新动能的主要支撑力量。过去5年，我国战略性新兴产业增加值年均增长15%，在高速铁路、航天工程、超级计算机、量子通信、大飞机工程、国产航母、人工智能、新能源汽车等高技术和高端制造领域取得了一批有国际影响力的重大成果，若干领域实现了从跟跑到并跑、领跑的跃升。

从战略性新兴产业发展的重点区域看，东部地区的引领示范作用更加显著，深圳市战略性新兴产业增加值占GDP比重已超过40%，江苏省战略性新兴产业工业部分产值占工业总价值比重达到30%，浙江、山东等多个省份战略性新兴产业产值突破万亿元大关。在中部、西部和东北地区，一些地方形成了各具特色的新兴产业集聚发展态势，战略性新兴产业已成为带动区域经济转型升级的重要力量。

作为战略性新兴产业发展的主导力量，近年来，众多企业根据国家战略导向，结合自身定位，充分整合集聚各类创新要素，在促进新技术、新产品、新模式、新业态发展方面进行了大胆摸索，一批大企业正在成为创新驱动发展、实施国家重大战略的排头兵，越来越多创新活力旺盛的中小企业突出"高、精、尖"，在战略性新兴产业领域的技术研发和产业化方面做出了积极贡献。

党的十九大吹响了决胜全面建成小康社会的冲锋号，开启了全面建设社会主义现代化国家的新征程，对实施创新驱动发展战略、深化供给侧结构性改革、加快建设创新型国家做出了新的重要部署。我们要更加紧密地团结在以习近平同志为核心的党中央周围，全面贯彻落实党的十九大精神，以习近平新时代中国特色社会主义思想为指导，贯彻新发展理念，紧扣我国社会主要矛盾变化，不断培育壮大战略性新兴产业，为建设现代化经济体系、促进我国产业迈向全球价值链中高端提供坚强保障，推动实现更高质量、更有效率、更加公平、更可持续的发展。

由中国经济导报社、中国战略新兴产业杂志社组织编写的《领跑——"十三五"战略性新兴产业重点区域发展前瞻与新产品新技术产业化案例汇编》，旨在总结和交流各有关地区推动战略性新兴产业发展的探索经验，向社会各界介绍各有关企业推动新技术新产品发展的进展成效。希望这本案例汇编，能够为读者带来新启发，激发新思考，助力战略性新兴产业发展实现新跨越。

国家发展改革委副主任　林念修

2017 年 12 月

LEADING
INDUSTRY

# 目 录

## 综合篇

### 一、产业综合

## 二、网络经济



## 三、高端制造



## 四、生物经济

## 五、绿色低碳



## 六、数字创意



# 区域篇

# 企业篇

## 一、新技术

## 二、新产品

## 三、新业态

## 四、“双创”

LEADING

**INDUSTRY**

# 综合篇

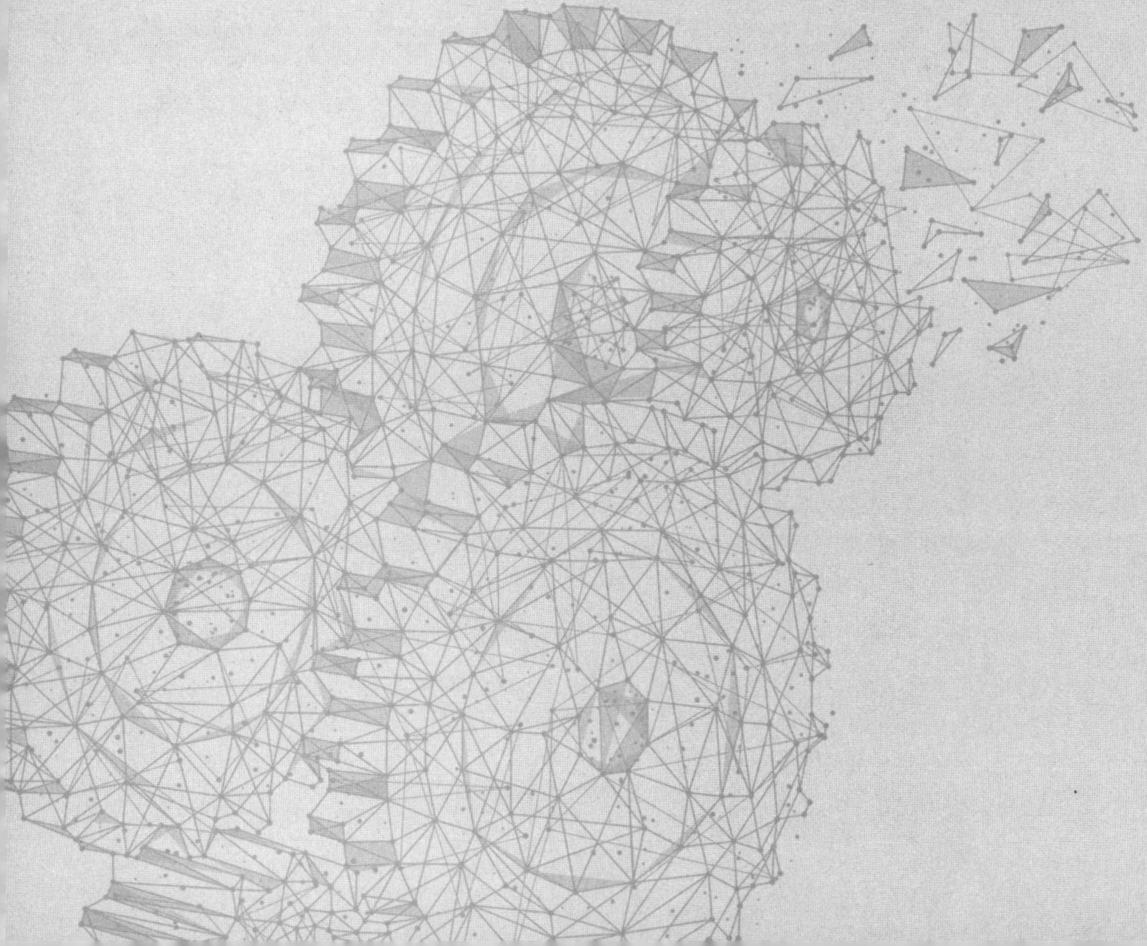

# 一、产业综合

## 新发展理念指引我国战略性新兴产业发展不断取得新成绩

国家发展改革委高技术司

党中央、国务院高度重视培育发展战略性新兴产业工作。习近平总书记明确提出发展战略性新兴产业是推进供给侧结构性改革的重要内容。党的十八大以来，习近平总书记在各地考察时先后指出：只要选准发展方向，脚踏实地，求真务实，持续推进，发展战略性新兴产业大有可为；培育新产业新产品，加快发展装备制造业、战略性新兴产业、现代服务业，推动产业结构实现战略性转变。

当前我国经济进入高质量发展阶段，稳增长需要新动能，调结构需要新抓手，惠民生需要新途径。新一代信息技术、高端装备、新材料、生物、新能源汽车、新能源、节能环保和数字创意等战略性新兴产业，代表了新一轮科技革命和产业变革的方向，是培育发展新动能、获取未来竞争新优势的关键领域。战略性新兴产业覆盖一、二、三产业，既是新技术新产业新业态新模式最集中的领域，也是全面改造提升传统产业的重要支撑。

国家发展改革委会同有关部门贯彻落实党中央、国务院战略部署，积极发挥战略性新兴产业发展部际联席会议机制的统筹协调作用，做了大量卓有成效的工作：一是编制总体规划。报请国务院发布了“十二五”和“十三五”国家战略性新兴产业发展规划，对我国战略性新兴产业发展目标、重点任务、政策措施等做出了全面部署，明确了战略性新兴产业发展的主攻方向。二是出台了一系列配套政策。有关部门在云计算、大数据、人工智能、集成电路、高端装备、新材料、生物医药、可再生能源、海洋新兴产业等领域制定出台了一批专项政策和发展规划，财税和金融支持力度进一步加大，在促进通用航空业发展、推进药品审评审批制度改革等方面迈出了实质性步伐。三是实施了一批重大工程。推动国家民用空间基础设施及基因检测技术应用示范中心等的建设，深入开展"互联网+"行动，实施了集成电路、云计算和物联网、大数据发展、智能制造装备等重大工程，带动了关键技术突破，促进了新兴产业集聚发展。四是推进了一批国际合作。积极推动和落实与英国、德国、印度、古巴等国家的新兴产业合作，与沙特、捷克等10余个国家开展网上丝绸之路合作，大力推进与波音、空客、苹果、英特尔、思科、IBM等跨国公司的技术合作，取得了积极成效。

在全社会各界共同努力下，我国战略性新兴产业发挥出越来越大的引领带动作用，总体呈现出"快、高、优、活"的特点。

**"快"是指产业规模快速壮大。**"十二五"期间，战略性新兴产业实现快速增长，2010—2015年重点行业规模以上企业收入年均增长18%。2016年，战略性新兴产业工业部分增加值同比增长10.5%，比规模以上工业增速高4.5个百分点；现代服务业部分收入增长15.1%，也好于服务业整体水平。2017年上半年，战略性新兴产业重点行业主营业务收入同比增长13.9%，比上年同期增速提高2.3个百分点。预计到2017年年底，战略性新兴产业增加值占GDP的比重有可能达到10%左右。战略性新兴产业已成为支撑我国经济稳定增长的关键力量。

**"高"是指产业水平迈向中高端。**一些关键领域实现了群体性突破，部分产业已具备较强的国际竞争力，如华为公司已成为全球收入第一的通信设备企业，"BAT"三家互联网企业的信息服务能力进入世界前列，华大等机构的基因测序能力进入全球第一阵营。一些新成果具有里程碑意义，如自主设计的大飞机C919、长征新一代运载火箭、中国标准动车组相继问世，国产钻井平台实现可燃冰首次成功试采，核电、新能源汽车等产业均取得突破。

**"优"是指整体效益优。**2016年战略性新兴产业重点行业利润同比增长14%，其中工业部分的26个行业同比增长达13.4%，较同期工业利润增速高出4.9个百分点。2017年上半年，战略性新兴产业重点行业实现利润同比增长16.1%，利润率提高到8.5%。从上市公司数据看，过去5年的战略性新兴产业上市公司盈利水平始终高于传统产业，战略性新兴产业领域上市企业2017年一季度的利润率达9.8%，比非金融类上市公司总体高2.6个百分点。

**"活"是指产业创新活跃。**大众创业、万众创新深入发展，市场活力不断释放。

在制造业领域，定制化、智能化生产模式方兴未艾，无人机、机器人等新产品通过众筹等方式快速上市。IT、生物和新能源等技术加速相互渗透，涌现出生物芯片、能源互联网、可穿戴电子医疗设备等融合型创新。在服务领域，个性化、多样化新模式不断涌现，共享单车、网络租约车、基因诊断等新业态向居民生活服务领域全面渗透，研发外包和工业设计等生产性服务规模迅速增长。战略性新兴产业领域创业投资已占到我国创业投资的 80% 左右。

# 大胆试、自主改，
# 全面创新改革试验取得阶段性成果

国家发展改革委高技术司

2015 年 8 月 28 日，党中央、国务院做出重大决策部署，印发《关于在部分区域系统推进全面创新改革试验的总体方案》（中办发〔2015〕48 号），确定在京津冀等 8 个区域开展全面创新改革试验，深入推进支持创新相关改革举措先行先试。我们坚决贯彻落实，会同有关部门、地方积极推进，经过各方面的努力，国务院授权的 169 项改革举措已全部启动。公安部、财政部、人社部、商务部、人民银行、税务总局、食品药品监管总局、银监会、外专局等部门，围绕科技人员激励、科技金融创新、市场准入、人才引进等方面，出台了一系列指导性文件。各试验区域大胆闯、大胆试、自主改，在短短一年多时间里，已经在某些改革任务推进上取得了重要突破。

## 一、知识产权保护制度有了新突破，维权难的不利局面开始改观

有关区域从行政、司法、援助多方面入手，探索加强知识产权保护的有效途径。北京继续加大司法保护力度，知识产权法院侵权案件平均判赔额由 2015 年的 45 万元提高到 2016 年的 138 万元。某侵权案件被判赔 4900 万，创造了我国专利侵权赔偿纪录。广东强化保护企业原创设计的时效性，建成了 7 家知识产权快速维权中心，外观专利授权周期由 6 个月缩短至 7~10 天。四川注重提高知识产权司法行政保护效率，推动成都中院建立知识产权民事、刑事、行政案件“三审合一”快审机制，案件平均审结时间缩短 40 天，二审案件改判和发回重审率由 12% 下降为 8%。

## 二、激励成果转化有了新办法，不愿转化、不能转化的问题开始破解

有关区域从科技人员积极性不高、无形资产价值评估难等根本性问题入手，探

索科技成果转化的有效路径。四川率先在西南交大试点开展职务科技成果权属混合所有制改革，2016年完成了168项职务发明专利分割确权，创办9家高技术企业，成果转化数量是过去5年总和的15倍。陕西西安支持西北有色金属研究院开展无形资产入股和量化激励改革，孵化创办企业20多家。安徽省合芜蚌三市的148家企业，对2500多名员工实行股权和分红权激励，涉及资金超过6亿元，有效调动了科技人员的积极性。辽宁沈阳推进东北大学试点改革无形资产收益分配制度，给予科研人员现金、股份等报酬，2017年前5个月转化成果与上年全年相当。

## 三、金融服务科技创新有了新方式，解决融资难的问题更有针对性

有关区域围绕科技企业轻资产的特征，突出高成长性的优势，设计股权融资、无形资产抵押、投贷联动等创新融资新渠道，着力缓解融资难问题。上海在股权交易中心试点开盘“科技创新板”，吸引社会资本投资科技创新，42家中小企业通过股权和债权获得融资1.6亿元。北京探索出了无形资产融资新模式，近70家企业以版权、专利权作为租赁物，获得融资超过13亿元。湖北武汉开展投贷联动试点，组织企业与金融机构对接会，当天就有3家科技型企业获得1.15亿元投贷联动资金支持。

## 四、外籍人才引进有了新政策，科技创新选才用才范围进一步扩大

有关部门针对外籍人才来华工作门槛高、限制条件多、程序复杂等问题，支持有关区域试点方便外国人出入境、放宽外国人来华工作许可的政策，吸引留住外籍优秀人才。北京试点外国留学生凭毕业证或创业书在华注册企业的政策，法籍学生丹尼尔成为首位在我国注册企业的留学生。上海试行外籍人才工作居留向永久居留转换制度，申请永久居留的人数比之前增加了8倍。

## 五、军民融合模式创新有了新进展，军民技术相互转化的渠道得到拓展

有关地区着眼突破军转民、民参军的障碍，设计了一系列促进双向流动的渠道，提高创新资源的使用效率。四川成都设计出以股权为纽带的军民两用技术联盟创新合作机制，将成都飞机设计研究所的军用“翼龙”无人机，迅速转化为全球领先的民用“灵龙”无人机，与多国达成购买意向。四川绵阳开通全国首家军

民融合技术交易平台，2016 年技术合同成交额达到 6.6 亿元；探索出民口企业配套军品的认定标准和准入新机制，45 家民口单位和 26 家军品生产商建立合作，实现军民合作共赢。

总体来看，改革试验呈现出全面播种、次第开花的良好局面，一些改革实践已经上升为制度和政策成果，一些改革中涌现出的好经验、好做法具备了可复制可推广的条件。

# 大众创业万众创新蓬勃发展

国家发展改革委高技术司

党中央、国务院高度重视实施创新驱动发展战略、推进大众创业万众创新。习近平总书记指出，要大力实施创新驱动发展战略，加快完善创新机制，全方位推进科技创新、企业创新、产品创新、市场创新、品牌创新，加快科技成果向现实生产力转化，推动科技和经济紧密结合。李克强总理强调，要借改革创新的“东风”在960万平方公里的土地上掀起“大众创业”、“草根创业”的浪潮，形成“万众创新”、“人人创新”的新态势。

党的十八大以来，国家发展改革委会同相关部门深入贯彻落实党中央、国务院关于实施创新驱动发展战略、推进大众创业万众创新各项战略部署，切实将大众创业万众创新作为实施创新驱动发展战略的重要抓手、推进供给侧结构性改革的重要体现、培育新动能的有力支撑，组织开展了大量卓有成效的工作。

## 一、着力构建政策体系，“双创”生态持续优化

2015年《政府工作报告》首次提出将“大众创业、万众创新”作为经济发展的新引擎之一。党中央、国务院从全局出发，颁布实施了实施创新驱动发展战略、推进大众创业万众创新的重大顶层设计文件。各部门、各地方围绕简政放权、财税支持、创业孵化、“互联网+”等“双创”重点领域继续出台了一系列特色鲜明、重点突出、操作性强、措施有力的政策举措，全面覆盖科技人员、中高等院校毕业生、留学回国人才、农民工、华人华侨、退役士兵等各类创业群体，共同构成了一个上下互动、左右协同的“双创”政策体系。

## 二、着力深化体制改革，“双创”潜能持续释放

“放管服”改革等一系列重大改革举措的落地实施，大幅度降低了创新创业门槛，充分激发了市场活力和创造力，形成了新的经济增长点，创新创业成为经济发

展的新引擎。2017年上半年，全国新登记市场主体887万户，同比增长13.2%，日均新登记4.9万户，其中新登记企业219万户，较2012年同期增长121%，日均新登记1.6万户。创客经济、共享经济、数字经济方兴未艾，科技进步对经济增长的贡献率从51%提高到56%以上。2016年，我国发明专利申请受理数达到133.9万件，较2012年增长105%，创新创业总体保持活力强劲、成果显著的态势。《国家创新指数报告（2016—2017）》显示，我国国家创新指数综合排名位居全球第17位，已处于国际中上游位置。

## 三、着力强化金融支撑，融资环境持续改善

聚焦于金融供给的短板和盲区，着力推进政策举措创新，初步建成了多层次全方位的资本市场体系，为创新创业活动营造了前所未有的便利化的融资环境。2016年，创业投资案例数达到3683个，投资金额共计1313亿美元，较2012年分别增长244%和185%。创业投资的退出渠道进一步畅通，2017年上半年，新三板挂牌公司新增1151家，同比增长11.3%；创业板新增上市公司82家，首次募资金额高达285.3亿元，分别是2016年同期的4.1倍和4.0倍。国家发展改革委、财政部设立的国家新兴产业创业投资引导基金已投入实质运作，截至2017年6月15日，国家新兴产业创业投资引导基金总规模达到760亿元，共决策参股258只创投基金，注册地覆盖全国28个省份，累计支持2116家创业企业。

## 四、着力加快基地建设，示范作用持续凸显

"双创"示范基地建设工作是推进"双创"不断深入发展的重要抓手。2016年以来，国务院办公厅发布了两批共120家"双创"示范基地的实施意见，国家发展改革委会同相关部门全面推动"双创"示范基地的建设工作。目前，"双创"示范基地在空间布局、产业布局和创新创业主体上实现了全覆盖，形成了一批各有侧重、各具特色、能够凸显不同区域特点和发展阶段的创新创业模式和典型经验，为在更大范围、更高层次、更深程度上推进大众创业万众创新提供了新样本，增添了新动力，树立了新榜样。

## 五、着力建好"双创"平台，服务功能持续升级

近年来，以孵化器、众创空间为代表的各类"双创"支撑平台得到了快速发展，

打造形成了低成本、便利化、全要素、开放式的创新创业活动集聚区。截至 2016 年年底，全国众创空间数量超过 4200 家，科技企业孵化器超过 3200 家。“双创”服务向更加多元化、精细化和专业化方向发展，探索形成了大企业加速模式、创业金融模式、创客孵化模式、社区模式、创业媒体模式等各具特色的孵化模式，为创业者提供了更加个性化和更具吸引力的增值服务。

## 六、着力加大宣传力度，“双创”氛围持续升温

为厚植创新创业文化，激发全社会创新潜能和创业活力，国家发展改革委会同有关部门，结合重大活动，开展了多层次、多渠道、多维度的宣传布局，通过全面加强创业理念宣传，弘扬敢为人先、百折不挠的创业精神，推动创新创业成为全社会共同的价值追求和行为习惯。自 2015 年起，由国务院批复设立的“全国大众创业万众创新活动周”已成功举办三届，成为“双创”成果的展示平台、“双创”典型的推介平台、“双创”资源的汇聚平台和“双创”智慧的交融平台。自 2016 年起举办的“创响中国”系列活动，集中展示了各地近年来“双创”活动的主要成果，深度服务各地创新创业需求，吸引社会各界广泛参与。国际舆论高度评价我国的创新创业成就，联合国大会将“大众创业万众创新”理念写入相关决议，呼吁世界各国大力支持创新创业。

# 东北新兴产业三年行动计划成效初显

国家发展改革委高技术司

为贯彻落实党中央国务院关于推动东北振兴的决策部署，打造东北地区竞争新优势，国家发展改革委于2016年启动《东北地区培育和发展新兴产业三年行动计划》（以下简称《行动计划》），专项支持东北地区培育新兴产业发展。经过一年多的实践，东北地区新兴产业规模不断壮大，辐射带动作用进一步增强，成为稳定地区经济、助力区域产业转型升级的重要力量，为新一轮东北振兴提供了强劲动力。

## 一、积极培育新兴产业，新动能新引擎加快形成

东北4省区（含内蒙古）按照《行动计划》的要求，加快实施创新驱动发展战略，积极培育新兴产业集群，促进大众创业万众创新，扎实开展“互联网+”和新兴产业惠民试点示范。经过一年半的培育发展，东北地区特色产业链不断完善，产业集群辐射带动作用显著提升。在一些地区，发展新兴产业已经成为转型升级、盘活经济存量的必由之路和拉动经济增长的新引擎。例如，辽宁本溪市在产业结构转型的巨大压力下，依托地处生态屏障区的地理优势，主动选择以生物医药为突破口，通过引进上海医药集团、沈阳药科大学等行业龙头和高校入驻，对接中德国际合作平台等方式，探索走出了从“国企独大”到“双园驱动”的转换路径，生物医药产业已成为拉动本地区经济增长的主要驱动力量。

## 二、依托“双创”“互联网+”，新业态新模式不断涌现

东北4省区在深入实施创新驱动发展战略，大力推动“双创”“互联网+”发展，不断深化体制机制改革的背景下，涌现出了一批借助新技术、新产业、新业态、新模式发展的明星企业，他们或通过转化本地科技成果把新产业迅速做大做强，或运用互联网思维等对传统产业进行模式创新和再造，激发了地区经济新活力。比如，由黑龙江省、哈尔滨市两级政府与哈工大三方共建的哈工大机器人集团，借助哈工

大在机器人领域的技术外溢效应，形成了集技术成果转化和孵化于一体的机器人产业聚集创新平台，在不到两年的时间里，培养了17家机器人领域的成熟本土企业，推出20多类100余种产品，2016年营业收入达到6.55亿元。在其带动下，哈南机器人产业园集聚了60多家机器人企业，集聚效应和知名度初步显现。又如，吉林省辽源市东北袜业抢抓国家新一轮东北振兴政策和国内产业转移两大机遇，把“互联网+”和“双创”作为两大核心，对传统袜业生产进行信息化、智能化改造，打造特色化产业链条，构建了集智能园区、创业孵化、装备制造、公共服务、电子商务于一体的袜业全链条生产平台，聚集各类企业810户，先后吸引2000多名大学生在园区创业就业，直接、间接安置就业3万人。

## 三、改善政府服务和营商环境，新兴产业发展后劲增强

以实施《行动计划》为契机，东北4省区加强部门协调，强化政策扶持，改善营商环境，新兴产业发展的政策环境正在逐步改善。

在工作机制上，注重“形成合力”。通过实施《行动计划》，4省区普遍建立了跨部门协调机制，以统筹运用国家补助资金为纽带，激发了各级部门支持新兴产业发展的热情和信心。

在政策手段上，注重“点面结合”。4省区把实施重点从选项目、下投资，扩大到新兴产业各个工作领域，将“双创”、“互联网+”、新兴产业惠民等工作与新兴产业培育发展有效结合，形成了“点块面网”的工作格局，发挥了政策合力，取得了“1+1＞2”的实施效果。

在营商环境上，注重建设“亲”“清”政商关系。为优化营商环境，4省区出台一系列管理办法和条例，有力地改善了政府服务，规范了政府行为。根据国家信息中心企业监测调查，截至2017年上半年，东北地区发展新兴产业政策环境指数从2015年四季度的119.4上升至127.8，而同期全国平均水平则从134.6回落至134.2，东北地区在全国各区域板块中逆势上涨，一枝独秀。

在体制机制上，注重创新突破。吉林省启动建设了30个中试成果转化基地，打通了科技成果转化链条；依托中科院长春分院建立技术转移中心，构建技术转让的市场化制度，服务省内600多户企业。辽宁省针对东北普遍存在的人才缺失问题，推动沈阳市深入实施“盛京人才”战略，制定了11个配套政策和实施细则，形成特色鲜明的“1+X”人才政策体系。黑龙江省与中航科技五院签订战略合作协议，开展卫星应用和智慧城市建设，孵化出哈尔滨航天恒星数据系统等一批高技术、高成长企业。

通过《行动计划》的实践，东北各省区厘清了发展新兴产业的总体思路，规划了符合自身比较优势的特色产业集群，构建了促进新兴产业发展的有关协调机制，通过实施“双创”“互联网 +”等，4 省区探索形成了提升改造传统产业、促进民营经济发展的新路径和新办法，把发展新兴产业打造成了振兴东北经济的新引擎。

# 加快产业政策创新转型　实现产业政策精准发力

工业和信息化部产业政策司

## 一、2016 年主要工作

2016 年，产业政策司根据工信部党组的工作部署，认真贯彻落实中央经济工作会议关于“产业政策要准”的要求，各项工作取得了积极进展。

**一是淘汰落后和过剩产能，促进产业结构调整升级。**根据 2016 年考核结果，各地均完成了国家下达的 2015 年度目标任务，“十二五”期间累计淘汰炼铁产能 9089 万吨、炼钢 9486 万吨、电解铝 205 万吨、水泥（熟料及粉磨能力）6.57 亿吨、平板玻璃 1.69 亿重量箱，分别超额完成“十二五”目标的 44%、51%、128%、40% 和 54%，为各地发展先进产能腾出了宝贵的资源、市场空间和环境容量。研究形成“十三五”淘汰落后产能工作思路举措并报国务院。会同国家发展改革委等部门印发了《钢铁煤炭行业淘汰落后产能专项行动实施方案》，共排查出炼铁落后产能约 700 万吨、炼钢约 1100 万吨。截至 2016 年 9 月底，这些落后产能已全部关停，目前除新疆外各地均已拆除或封存。同时，指导地方做好产能置换工作，部署各地开展监督检查。

**二是推动企业兼并重组，优化产业组织结构。**研究起草了推动产业重组处置僵尸企业的总体思路上报国务院，配合做好钢铁行业重组及处置僵尸企业工作方案的制定落实。印发《制造业单项冠军企业培育提升专项行动实施方案》，着力培育一批长期专注于制造业特定细分领域、能够引领发展并占据市场领先地位的单项冠军企业，对推荐企业分行业开展了限定性条件论证、复核和公示。印发《关于引导企业创新管理提质增效的指导意见》，组织开展了第一批企业创新管理提质增效典型经验总结提炼工作。认真组织开展反垄断及安全审查相关案件的调查工作。

**三是指导产业合理转移，促进区域协同发展。**与京津冀三省市联合印发了《京津冀产业转移指南》，提出京津冀地区产业发展的总体格局。组织编制《长江经济带产业转移指南》和《长江经济带产业发展市场准入负面清单》。联合中国工程院以及河南省等中西部9省区市在郑州市举办了“2016中国（郑州）产业转移系列对接活动”，签约项目达553项，总投资2347亿元。开展产业转移合作示范园区试点工作，遴选了一批产业转移合作示范园区，形成了推广思路和方案。

**四是大力发展工业设计，服务型制造实现良好开局。**与浙江省政府于2016年12月在杭州共同主办“首届世界工业设计大会”，国务院副总理马凯出席大会并致辞，期间也主持召开了工业设计工作座谈会并作重要讲话。大会同期举办了2016年“中国优秀工业设计奖”颁奖典礼，9件产品（作品）获得金奖，近千件优秀作品参加展示。开展第二批国家级工业设计中心认定（34家），并组织对第一批认定的设计中心（30家）进行复核。会同国家发展改革委、中国工程院联合印发《发展服务型制造专项行动指南》。开展“服务型制造万里行”系列活动，先后在江苏、四川、辽宁、河南举办4场主题活动。

**五是开展政策法规研究，促进产业开放发展。**坚持推动对外开放与确保产业安全并重的原则，做好中美投资协定谈判中的工业和通信业领域负面清单相关工作，研究提出2016版自贸区负面清单修订意见，做好企业外资并购及自贸区外商投资安全审查。制定实施《工业和信息化部政策文件公平竞争审查办法（试行）》，组织制定存量政策文件清理工作方案。开展《道路机动车辆生产管理条例》立法课题研究。研究形成《关于加快传统产业转型升级的若干意见》，转化为分行业实施的政策举措。组织开展制造企业综合成本调查研究，形成《关于制造业企业综合成本有关情况的报告》。

此外，积极发挥部属行业协会作用，组织部属协会参加国务院召开的行业协会季度座谈会及相关调研，梳理形成关于协会意见建议和各部门落实情况的专题报告，得到了国务院副总理马凯的批示和肯定。认真做好行业准入管理，公告了相关准入企业名单。

## 二、2017年工作思路

2017年，产业政策司将以继续推进供给侧结构性改革为主线，围绕《中国制造2025》和建设制造强国、网络强国战略，加快产业政策创新转型，进一步明确产业政策作用领域，转变产业政策作用手段，建立市场化、法治化工作机制，以淘汰落后、兼并重组推动化解产能过剩，以培育制造业单项冠军、引导管理创新促进企业做精做优，以引导长江经济带、京津冀产业转移持续优化产业布局，以发展服务型制造和生产性服务业加快制造、服务协同发展，从而实现产业政策精准发力，加快新旧发展动能转换，推动产业迈向中高端。

**一是依法依规淘汰落后产能，多措并举优化产业结构。**按照企业主体、政府推动、市场引导、依法处置的原则，会同部际协调小组成员单位印发《关于利用综合标准依法依规推动落后产能退出的指导意见》，构建多部门、多渠道、多标准协同工作格局。严格控制过剩行业新增产能，指导各地做好建设项目产能置换方案，加强监督检查。按照积极稳妥降低企业杠杆率工作联席会议制度的统一部署，配合牵头部门，积极组织做好工业和信息化部相关降杠杆工作。

**二是推动产业重组升级，营造公平竞争环境。**进一步发挥企业兼并重组部际协调机制作用，配合相关部门抓好税收、金融、职工安置等重点配套政策措施的贯彻落实和督促检查。组织做好第二批制造业单项冠军示范（培育）企业论证公告，加强对公告企业的指导、跟踪和服务。认真组织工业和信息化领域反垄断审查工作，努力为行业发展营造公平竞争的市场环境。

**三是引导产业有序转移，持续优化产业布局。**制定发布《长江经济带产业转移指南》，提出长江经济带 11 个省市优先承接发展的产业方向。编制完成《长江经济带产业发展市场准入负面清单》，引领长江经济带走出一条绿色低碳循环发展的道路。持续推动京津冀产业转移和地区协同发展。推进产业转移合作示范园区建设，通过示范引领提升区域合作水平。

**四是发展服务型制造和生产性服务业，营造融合发展生态。**继续开展“服务型制造万里行”活动。遴选服务型制造示范企业 20 家、示范项目 40 个、示范平台 20 个左右。继续开展国家级工业设计中心认定，新认定 30 余家，总数达 100 家左右。推动优秀工业设计成果实现产业化，利用“世界工业设计大会”影响加快工业设计领域国际交流合作。开展发展生产性服务业课题研究，持续优化生产性服务业发展环境。

**五是引导企业创新管理、提质增效，提升企业竞争能力。**组织开展企业管理创新总结推广活动，总结提炼和选择一批示范成果，通过多种形式予以推广。组织“向企业送管理”活动，联合有关中介组织、咨询机构、专家等，对企业进行现场指导和管理诊断。选择重点行业，研究建立企业提质增效评价指标体系，指导行业协会和地方组织对标专项行动。组织编制企业管理咨询机构名录。会同国务院国资委指导中国企业联系会组织召开全国企业管理创新大会。

**六是推进工业文化发展，塑造制造业软实力。**联合发布《关于推进工业文化发展的指导意见》，做好政策宣传与贯彻落实，形成发展工业文化的广泛共识和良好社会氛围。与各地主管部门建立工作联系机制，通过上下联动，协同推进工业文化发展。支持举办工业文化高峰论坛等活动。开展工业遗产情况摸底和认定试点工作，发布一批工业遗产名录。

**七是创新产业政策思路，落实深化改革要求。**围绕"产业政策要准"的要求，组织开展新时期发挥产业政策作用课题研究。着力建立市场化、法治化工作机制，推动道路机动车辆生产管理条例立法等工作。研究跨领域政策组合问题，加强系统内外的协调沟通配合。研究建立产业政策执行情况监督、评估机制，推动产业政策改进和完善。促进产业开放发展，做好本领域外资国家安全审查和中美投资协定谈判负面清单相关工作。组织开展政策文件公平竞争审查，有序开展存量政策文件清理。进一步发挥行业协会作用，完善政府委托协会工作机制，形成工业和信息化工作的重要支撑力量。

# 推进战略性新兴产业开放发展　拓展合作新路径

商务部国际贸易经济合作研究院

“十二五”期间，我国在推动新一代信息技术、生物、航空等战略性新兴产业国际化发展方面做了大量工作，并取得了明显成效。《“十三五”国家战略性新兴产业发展规划》（以下简称《规划》）适应国际国内形势变化，按照国家战略部署，贯彻国家开放发展的基本理念和总体要求，坚持问题导向，聚焦重点领域和关键环节，针对全球创新资源利用不足、国际创新合作不畅等问题，突出国际创新合作，突出产业深度融合，强调通过积极引入全球创新资源、打造国际合作平台、构建全球创新网络和深度融入全球产业链，拓展战略性新兴产业发展新路径。

## 一、积极引入全球资源

“十三五”期间，按照供给侧结构性改革的总体要求，以提升战略性新兴产业整合利用全球创新资源的能力和水平为目标，重视从全球范围内引进技术、资金和人才等创新要素，提升战略性新兴产业要素的供给质量和水平。

**一是鼓励引进国外先进技术。**适应企业由封闭式创新转向开放式创新的新趋势，以“一带一路”建设为契机，推进国际产能合作，构建开放型创新体系，鼓励技术引进与合作研发。与此同时，对于从国外引进的先进技术和设备，强调引进消化吸收与再创新，注重二次创新。

**二是积极引进国外资金。**“十三五”期间，通过放宽投资准入限制、改革外商投资管理模式等多种方式，为外商投资战略性新兴产业提供良好环境，积极引导外商投资方向，鼓励外商投资战略性新兴产业，特别是鼓励扶持设立外资研发机构。充分利用外资研发机构的溢出效应，鼓励支持跨国公司、国际知名实验室等高层次的研发机构来华设立研发中心，重点集聚一批高能级、信誉好的世界500强研发机构及其他各类独立或非独立研发机构。

**三是大力引进国外高端创新人才。**针对利用全球高端创新人才方面的主要问题，《规划》提出要加大海外高端人才引进力度，畅通吸纳高端海外人才的绿色通道，为海外人才来华工作和创业提供更多便利。可以预见，"十三五"期间，外籍专家管理制度有望得到进一步优化，诸如外籍华人高端创新人才"国民待遇"、外国专家证发放范围、各种就业许可证发放年龄限制条款等方面的问题有望得到明显改善，居留许可和出入境相关流程手续将会进一步简化，引进国外高端创新人才将会更加便利。

## 二、打造国际合作新平台

"十三五"期间，按照国家全面深化改革的总体要求，结合战略性新兴产业特征，为更好地发挥政府作用，在推进战略性新兴产业开放发展的过程中，政府将从制度保障、园区建设和公共服务等主要方面入手，搭建平台和载体，促进战略性新兴产业加强国际合作。

**一是积极建立国际合作机制。**从国家层面提供制度保障，通过签署各类合作协议，保障和推动战略性新兴产业国际合作。聚焦战略性新兴产业重点领域或关键环节，推动签署政府间新兴产业合作、科技合作或创新合作协议，推动签署政府间人员资质、产品标准和认证认可结果等方面的相互认可协议，参与国际多边合作互认机制，提高国外政府和机构对我国相关资质和检测认证结果的采信水平。

**二是建设国际合作产业园区。**各类园区建设是改革开放的成功经验之一，"十三五"国民经济和社会发展规划纲要也提出要推进双边国际合作产业园建设。为更好地促进战略性新兴产业开展国际合作，《规划》从境外园区和国内园区建设两个方面，提出了战略性新兴产业国际合作园区建设的重点。境外园区建设方面，强调以发达国家和"一带一路"沿线国家为重点，结合双边产业发展现状和实际需求，建设双边特色产业国际合作园区，引导龙头企业到海外建设境外合作园区。国内园区建设方面，强调创新合作方式，采取"两国双园"等模式，加强自贸区等双边或区域合作框架下的产业园区建设，积极争取国家政策支持，开展产业开放及改革试点，提升重点领域开放合作水平。

**三是加强公共服务平台建设。**针对服务能力不足和服务缺失等方面的问题，《规划》指出，要加强促进战略性新兴产业国际合作的公共服务平台建设，加快建设国际科技成果转化和孵化、人才培训、信息服务、共性关键技术研发等各类公共服务平台，提升公共服务能力和水平。

## 三、构建全球创新发展网络

全球创新网络是在经济全球化背景下，企业由封闭式创新转向开放式创新、注重从外部寻求可用资源的一种创新模式。全球创新网络的形成，有助于高效整合全球创新资源，从而满足中国战略性新兴产业创新发展需求。基于此，《规划》重点从以下三个方面提出了构建全球创新网络的主要任务。

**一是加强全球创新网络服务机构建设。**设立协调推进机构和服务机构，搭建各类国际经济技术交流与合作平台。加强驻外机构服务能力，提升其对战略性新兴产业国际化发展的指导和服务能力。充分利用G20、夏季达沃斯等现有合作机制的重要作用，积极参与并逐步提升话语权，开展新经济技术交流。充分发挥有关行业协会和商会作用，鼓励商协会等第三方机构充分发挥各自优势，着眼于重点领域和关键环节，大力推进国际经济技术交流与合作。

**二是构建高效协同的国际化合作网络。**强调引导社会资本设立一批战略性新兴产业跨国投资基金，组织一批城市对接战略性新兴产业国际合作，建设一批国际合作创新中心，发展一批高水平的国际化中介服务机构，建设一批海外研发中心，构建全球研发体系，形成政府、企业、投资机构、科研机构、法律机构、中介机构高效协同的国际化合作网络。可以说，为构建高效协同的国际化创新网络，国家在跨国投资基金、城市对接合作、国际合作创新中心、中介服务机构、海外研发中心等方面都将会采取一系列的重大举措。以建设海外研发中心为例，国家将大力支持符合条件的企业通过自建、并购、合资、合作、参股等多种方式在海外设立研发中心，重点扶持风能、太阳能、新型平板显示和高性能集成电路、新能源汽车、生物育种等行业在海外建立战略合作关系。

**三是鼓励扶持参与国际科技合作计划。**当前，各个学科之间相互交叉渗透，一些大科学研究项目或计划越来越具有全球性，节能环保、生命健康、空天海洋等领域的研究越来越需要各国科学家共同参与。“十三五”期间，政府将积极发挥引导和协调作用，整合资金，集中人力、物力资源，突出重点，支持企业、产业组织和科研机构参与各类国际科技合作计划、国际大科学计划和大科学工程，承担和组织国际重大科技合作项目，大力推进国际科技合作，促进我国国际科技合作再上新台阶，进入世界科技发展前沿。

## 四、深度融入全球产业链

“十三五”期间，我国战略性新兴产业在参与全球产业分工过程中，将从参与全球产业链某个或某几个环节向全面、深度融合方向发展。《规划》强调，我国战略性新兴产业将从以下三个方面深度融入全球产业链。

**一是制定国别行动计划。**着眼于从国家战略层面，加强顶层设计和统筹考虑，推动产业链全球布局，聚焦高端装备、新一代信息技术、新能源等重点领域，实施差异化的国别策略，针对重点国别地区确定不同的建设重点、推进方式和实施路径，推动产业链资源优化整合。

**二是支持产业链“走出去”。**针对我国企业“走出去”过程中存在的单打独斗、无序竞争等问题，支持企业、行业协会、商会、地方政府部门创新方式，开展战略性新兴产业国际产能合作，推动国内企业、中外企业组团共同开拓国际市场，支持产业链“走出去”，向全球提供全产业链、全生命周期的产品，扩大“走出去”的范围和实力，提高服务水平和质量。与此同时，将“走出去”获得的优质资产、技术、管理经验“反哺”国内，形成综合竞争优势。

**三是支持高层次的企业合作。**推动高端装备、新一代信息技术、生物产业等领域的龙头企业与国际大企业开展更高层次的合作，学习国际大企业先进的公司治理、经营管理和技术创新经验，在不断提升企业自身国际竞争能力的同时，与国际大企业共同开拓国际市场，共同参与并主导产业链全球布局，实现优势互补、发展共赢。

# 二、网络经济

## 推进“互联网 +”行动成效显著

国家发展改革委高技术司

当今世界，以信息技术为核心的新一轮科技革命正在孕育兴起，互联网日益成为创新驱动发展的先导性力量。党的十八大以来，习近平总书记准确把握时代大势，站在战略高度和长远角度，就互联网发展发表了一系列具有重大现实意义和深远历史意义的重要讲话，为我国推进“互联网 +”行动指明了前进方向。习近平总书记明确指出，我国经济进入高质量发展阶段，高质量发展阶段要有新动力，互联网在这方面可以大有作为，“十三五”时期，中国将大力实施“互联网 +”行动计划，着力推动互联网和实体经济深度融合发展，以信息流带动技术流、资金流、人才流、物资流，促进资源配置优化，促进全要素生产率提升，为推动创新发展、转变经济发展方式、调整经济结构发挥积极作用。

### 一、国家发展改革委推进“互联网 +”行动重点工作

国家发展改革委高度重视以互联网为代表的新一轮科技革命与产业变革，主动适应和引领经济高质量发展阶段要求，以推进供给侧结构性改革为主线，会同有关部门研究制定，并报请国务院印发了《关于积极推进“互联网 +”行动的指导意见》（国发〔2015〕40 号），利用互联网改造提升传统动能，培育壮大新动能，重点部署落实了以下几方面工作。

**一是统筹重大行动，加强宣传引导。**围绕创新创业、协同制造、现代农业、智

慧能源、绿色生态、人工智能等 11 个领域，国家发展改革委会同有关部门持续深入推进“互联网 +”行动。各部门、各地方相继出台一系列政策文件，建立健全政策体系，中央地方形成了协同推进的良好局面，我国的互联网大国优势得到充分发挥。发挥部际联席会议制度，通过举办“互联网 +”峰会、遴选发布《中国“互联网 +”行动百佳实践》、组建专家巡讲团等举措，加强政策宣讲，指导各地实践。

**二是夯实基础设施，提升支撑能力。**国家发展改革委加快推进“宽带中国”战略，编制了《信息基础设施重大工程建设三年行动方案》，通过组织实施国家新一代信息基础设施建设工程，推进“宽带乡村”工程和城市基础网络完善工程，重点支持农村和中西部地区网络建设。开展物联网、云计算等重大应用示范，打造“互联网 +”新型应用基础设施支撑平台。

**三是实施重大工程，深化融合创新。**国家发展改革委将互联网与实体经济深度融合作为实施创新驱动战略，推动实体经济优化结构，不断提高质量、效益和竞争力的重要抓手，会同有关部门研究出台了《关于深化制造业与互联网融合发展的指导意见》《关于推进“互联网 +”智慧能源发展的指导意见》《“互联网 +”高效物流实施意见》等政策文件，加快实施“互联网 +”重大工程，重点促进以移动互联网、云计算、大数据、物联网为代表的新一代信息技术与制造、能源、农业等领域的深度融合创新，加速传统产业的智能化与信息化转型。

**四是优化发展环境，壮大新兴产业。**国家发展改革委积极组织落实大数据、物联网和云计算发展战略，培育发展新技术、新产业、新业态和新模式，壮大经济发展新动能。组织实施人工智能、电子商务等领域三年行动实施方案，推动人工智能产品创新和应用示范，支持电子商务基础设施建设、政策创新和国际合作等。研究制定了《关于促进分享经济发展的指导性意见》，促进和支持以分享经济为代表的新业态蓬勃发展。

**五是完善法律法规，创新社会管理。**国家发展改革委加快推进“互联网 + 政务服务”，搭建服务平台，创新服务模式，不断深化简政放权、放管结合、优化服务改革。实施云计算工程，大力提升公共云服务能力，支持金融、制造、社会服务等重点行业公共云平台建设。加快全国信用信息共享平台等社会征信体系建设，推进政府和公共资源开放共享。配合做好《网络安全法》《电信法》等“互联网 +”相关立法工作，研究调整完善不适应互联网发展和管理的现行法律法规及政策规定。

## 二、推进“互联网 +”行动取得显著成效

2015 年以来，我国互联网快速发展，实施“互联网 +”行动取得了令人瞩目的

成效。

**一是互联网产业跃居世界前列。**深入实施“宽带中国”战略和“互联网+”行动以来，我国信息基础设施建设步入快车道。截至2017年上半年，我国网民规模达7.51亿，互联网普及率达54.3%，比2012年提高12.2个百分点，超过全球平均水平4.6个百分点。互联网创新应用不断拓展，相继涌现出了一批规模大、创新强、辐射广的互联网平台企业，其中阿里巴巴、腾讯、百度稳居全球互联网企业十强。云计算、大数据、物联网等新型应用基础设施更加完备，公共服务平台不断完善。整体来看，我国互联网已稳居世界前列，正在从网络大国向网络强国迈进。

**二是新模式新业态蓬勃兴起。**“互联网+”行动推进实施以来，加速了智力、技术、数据等新生产要素的聚集与共享，催生了大量新技术、新产业、新业态和新模式，加快形成经济发展新动能。“互联网+”推动电子商务、O2O等创新发展，有效带动消费和就业增长，2016年我国实现网络零售总额达5.16万亿元，已成为全球电子商务渗透率最高的国家。分享经济新兴业态异军突起，并从交通出行、商旅住宿、快递物流向生产制造、创意技能、知识内容服务等领域拓展，2016年我国分享经济市场交易额约3.45万亿元，参与分享活动的人数超过6亿人。

**三是实体经济提质增效步伐加快。**互联网与实体经济融合发展，推动传统企业积极利用网络信息技术，改造提升传统产业，在提高效率、降低成本、创新模式等方面成效显著。广东省对实施全流程网络协同制造的10家骨干企业监测显示，企业通过研发、设计、制造等环节的柔性化智能化改造，生产周期平均缩短10%~30%，生产成本平均降低5%~15%。制造业企业加速向服务型制造转变，推动生产组织变革，促进产品服务创新。

**四是大众创业万众创新活力释放。**互联网的广泛应用和深度拓展，为推进“双创”注入了强大动力。全国设立的“双创”示范基地、众创空间、科技企业孵化器等，均与互联网深度结合，发挥要素聚集效应，显著降低创业成本，推动创新创业发展。互联网企业积极建立线上线下结合的众创空间，利用互联网平台提供网络流量、平台入口、数据分析、云计算等服务，打造创新创业新生态。以腾讯平台为例，其注册开发者数量累计近600万，新增应用数量达344万款，生态伙伴总估值突破3000亿元。

# 我国在数字经济领域取得突出成就

国家发展改革委高技术司

党的十八大以来，以习近平同志为核心的党中央高度重视发展数字经济，党中央、国务院出台了网络强国、宽带中国、“互联网 +”行动、促进大数据发展、人工智能等一系列重大战略规划和举措。各地方、各部门深入贯彻落实创新驱动发展战略，积极推动大众创业、万众创新，不断拓展经济发展新空间。数字经济正在进入快速发展的新阶段，规模不断提高，新技术、新产业、新业态、新模式层出不穷，为经济发展注入新的动力，成为拉动经济增长的新引擎。据有关报告显示，2016 年我国数字经济规模达到 22.6 万亿元，数字经济占 GDP 比重达 30.3%，数字经济在国民经济中的地位不断提升。

## 一、信息基础设施水平大幅提升

制定实施《信息基础设施重大工程建设三年行动方案》，推进“宽带乡村”工程和城市基础网络完善工程，支持宽带网络设施建设，推动完善电信普遍服务机制，加快提升网络供给能力。

**一是宽带普及水平显著提升。**截至 2017 年 6 月，我国网民规模达 7.51 亿，互联网普及率为 54.3%，固定宽带家庭普及率达到 69.1%。

**二是宽带网络能力升级换代。**光纤接入 FTTH/O 端口达到 5.99 亿个，占互联网宽带接入端口总数的比重提升至 81%；移动宽带网络实现跨越式发展，3G/4G 基站总数占比达到 73.5%。

**三是宽带用户规模快速扩大。**移动宽带用户（3G+4G）达 10.4 亿户，占移动电话用户的 74.1%，其中 4G 用户总数 8.88 亿，占移动电话用户的 65.1%；基础电信企业固定宽带用户达 3.22 亿户，光纤到户用户规模保持高速增长，光纤接入用户超过 2.61 亿户，占固定宽带用户比重达到 80.9%，位居世界前列。

## 二、电子商务与各领域的融合不断加深

当前，电子商务正在健康快速发展，利用互联网跨地域、低门槛的特点，不断催生新业态、新模式，向农村延伸、向境外拓展、促进线上线下融合的趋势不断显现。

**一是政策法规环境不断完善。**《国务院关于大力发展电子商务加快培育经济增长新动力》（国发〔2015〕24号）以及《促进电子商务发展三年行动实施方案（2016—2018）》等指导性文件的发布，营造了电子商务健康快速发展的政策环境，对电子商务在“十三五”时期的发展方向进行了总体规划和部署。

**二是电子商务总体规模持续快速增长。**据国家统计局公布数据显示，2017年上半年，全国网上零售总额达3.1万亿元，同比增长33.4%。2016年的“双11”购物节，仅阿里巴巴一个平台的电子商务交易额就达1207亿元，辐射了全球235个国家和地区。

**三是农村网络零售规模继续保持加速增长。**根据商务部发布的农村网络销售数据显示，2017年上半年，全国农村实现网络零售额5376亿元，同比增长38.1%，二季度同比增长高于一季度2.4个百分点。其中，乡村旅游、餐饮、休闲娱乐等服务类产品成为农村电子商务的新亮点。

**四是跨境电子商务成为助力贸易发展的重要渠道。**随着“一带一路”倡议得到普遍共识，跨境电子商务成为“一带一路”合作的重点领域。其中，与俄罗斯等26个“一带一路”有关国家的销售额同比增长超过30%。

**五是电子商务线上线下融合日趋明显。**诸如，海尔等传统线下企业借助互联网技术打造新竞争力，京东等线上企业通过互联网平台整合线下的上下游产业链，形成平台效应，提高了经济效率。

## 三、国家大数据战略加快落实

大数据发展工作成效明显，国家大数据战略正在得到有力落实，各地方各部门对大数据工作重视程度不断加强，大数据在各行业领域应用不断深入，加速融入经济社会各个领域。

**一是政策法规环境不断优化。**《促进大数据发展规划纲要》（国发〔2015〕50号）《政务信息资源共享管理暂行办法》（国发〔2016〕51号，以下简称《管理办法》）《“十三五”国家信息化规划》（国发〔2016〕73号）等一批指导大数据发展的政策文件相继出台，加强了国家政策统筹和规划引导。

**二是齐抓共管格局基本形成。**国家发展改革委、工信部、网信办等46个部门建立了促进大数据发展部际联席会议制度，围绕当前阻碍大数据发展的“难点”和“痛

点"问题，协调配合、共商对策。

**三是政务数据共享取得突破。**通过出台管理办法、搭建共享平台、开展试点应用等"组合拳"，为加快推动政务数据共享奠定了坚实基础。《管理办法》的规范性、指导性作用逐渐显现。

**四是产业集聚效应初步显现。**国家发展改革委会同工信部、网信办先后在贵州省、京津冀、珠江三角洲、上海市、河南省、重庆市、辽宁沈阳市和内蒙古等8个区域开展了大数据综合试验区建设，壮大主导产业促进企业集聚，引领大数据技术创新，集聚地区间的合作步伐加快。

**五是技术创新体系加速形成。**国家发展改革委组织实施了大数据领域创新能力建设专项，重点围绕提升大数据应用支撑水平，推动构建了支撑国家大数据战略实施的创新网络，初步形成了"政产研学用"协同联动的格局。

**六是新业态新模式不断涌现。**大数据与经济社会各个领域加速融合，数据驱动传统产业不断转型升级，持续激发商业模式创新，不断催生新业态。据调研，我国已有超过32%的企业实现了大数据应用。大数据应用正在从互联网、金融、电信、交通、医疗等热点行业领域向传统领域渗透。2016年，通过开发利用交通、金融、医疗、航空等领域公共数据，全国举办各类大数据创新大赛近百场，吸引并形成各类创业主体和项目达几十万个，加快促进了大众创业万众创新步伐。

## 四、新型智慧城市建设有效地提升了城市治理水平

目前，超过80个地市级以上城市将"以人为本"作为首要目标，全面开展信息惠民工程，大幅提升政府公共服务水平，智慧城市对城市管理和公共服务的支撑作用逐步显现。

**一是统筹规划制定政策体系，营造良好发展环境。**为推进各类智慧应用的协同发展，加强各项政策的协同，国家发展改革委先后研究提出了《政务信息资源共享管理暂行办法》等政策文件，推动20个部门出台"互联网+"实施方案，商务部、交通运输部、人力资源和社会保障部、国家测绘地理信息局等部门也分别在相应领域出台了一系列指导性文件，有力地推进了我国智慧应用体系建设，形成了支撑我国新型智慧城市建设的政策体系。

**二是积极探索政府信息资源融合共享，提升城市精准治理能力。**一些城市通过建设新型智慧城市运营管理中心，汇聚政府、运营商、企业等各类数据资源，初步实现了对城市运行状态的全面感知、态势预测、事件预警，提高协同指挥与智能决策能力。

**三是加大数据开放力度，提升社会服务水平。**浙江杭州市依托阿里巴巴等企业开发“城市数据大脑”，利用政府开放的交通数据调节交通流量，实现车辆通行平均提速3%~5%、部分路段提升11%的良好效果。北京、上海等地围绕解决“大城市病”，积极探索通过开放交通、医疗等领域的数据资源，调动社会力量利用大数据、云计算等技术，为广大市民提供了便捷的信息服务，向社会开放数据集超过1000个，企业、个人利用开放数据成功开发交通、医疗等多领域互联网、移动互联网应用近百个，进一步促进了对城市有效资源的优化配置，提升了政府公共服务水平。

# 落实创新驱动发展战略　推进制造强国网络强国建设

工业和信息化部科技司

2016年，科技司认真贯彻党的十八大和十八届三中、四中、五中、六中全会精神，切实履行全面从严治党主体责任，扎实开展“两学一做”学习教育，深入学习习近平总书记关于科技创新的重要论述，围绕全面实施《中国制造2025》，推进创新体系建设，促进制造业转型升级、提质增效，产业创新工作取得新成效。

## 一、2016年主要工作

**一是实施创新中心工程，提升产业创新能力。**按照《中国制造2025》总体部署，与国家发展改革委、科技部、财政部联合编制《制造业创新中心建设工程实施指南（2016—2020）》，出台《关于完善制造业创新体系推进制造业创新中心建设的指导意见》，统筹推进国家和省级制造业创新中心建设。首家国家制造业创新中心——国家动力电池创新中心于2016年6月正式成立。国家增材制造创新中心进入创建阶段。各地方积极探索建设省级制造业创新中心，目前，北京市、江苏省、湖北省和广东省已经开展了19家省级创新中心的培育工作。

**二是加强发展规划引导，构建产业创新体系。**召开全国工业和信息化科技创新大会，推进全系统贯彻落实习近平总书记关于科技创新的重要论述。编制《产业技术创新能力发展规划（2016—2020）》。联合财政部新认定69家国家技术创新示范企业，对2013年已认定示范企业开展复核评价，通过79家，国家技术创新示范企业总数达到425家。新认定28家工业和信息化部重点实验室，总数达到53家。

**三是参与科技体制改革，推进产业创新发展。**推进科技重大专项管理改革，加快科技项目管理专业机构改建工作，会同科技部落实科技支撑《中国制造2025》重点任务。加强5G发展战略研究，推动与欧盟等国家和地区深化5G交流合作，联合欧、美、日、韩产业界在华举办第一届全球5G大会。编制《信息通信行业发展规划物联网分册（2016—2020）》，加快物联网优秀成果和案例应用推广，支持无锡（国家）传感网创新示范区等基地建设，成功举办首届世界物联网博览会。印发车联网创新发展方案，加快制定标准体系建设指南，会同相关部门和地方共建车联网测试基地，推进中德车联网合作。

**四是落实标准改革要求，服务产业发展需要。**整合精简 3052 项强制性标准，启动了 4 万项推荐性标准复审。围绕产业发展重点批准发布了 2275 项行业标准，完成了“两化”融合管理体系核心标准和 20 项集成电路领域军民通用标准的制定，启动了数字化车间、工业云等一批智能制造核心标准的研制，进一步优化完善了标准体系，发挥了标准在产业转型升级中的规范、指导和引领作用。支持 176 项由我国主导的国际标准项目，其中 50 项已正式成为国际标准，进一步提升我国相关产业的国际竞争力。

**五是强化知识产权运用，夯实产业技术基础。**编制《2016 年工业和信息化部知识产权推进计划》，指导企业组建移动智能终端知识产权联盟，推动筹建集成电路知识产权运营基金，建立知识产权风险协同防御和应对机制。制定《制造业创新中心知识产权指南》。开展产业知识产权协同运用推进行动，指导企业建立知识产权管理制度，推动知识产权政策与创新政策对接。面向《中国制造 2025》重点领域部署开展产业技术基础公共服务平台申报工作，2016 年确定 19 家单位入选首批产业技术基础公共服务平台名录，涵盖机械、电子、通信、化工、有色、轻工、建材、航天、航空、冶金、纺织等 11 个行业。开展工业和通信业计量工作，推动构建行业计量工作体系，安排行业计量技术规范制定与修订项目 104 项。推荐国家科技奖励项目 25 个，开展科技成果鉴定 24 项。

**六是加快质量品牌建设，促进产业提质增效。**联合编制《促进装备制造业质量品牌提升专项行动指南》《装备制造业标准化和质量提升规划》。围绕“增品种、提品质、创品牌”，组织开展质量升级活动。新核定工业产品质量控制和技术评价实验室 23 家，引导产业技术基础公共服务平台为工业企业开展质量改进咨询和诊断服务。积极争取中央财政资金支持，在高档数控机床、机器人领域解决关键部件可靠性等非竞争性共性质量技术问题，推动形成技术应用的扩散机制。持之以恒地推广先进质量管理方法，新增质量标杆 33 项，企业采用先进质量管理方法的意识不断增强。积极开展产业集群区域品牌建设试点示范工作，2016 年确定了工业品牌培育示范企业 76 家、产业集群区域品牌建设试点单位 38 个、区域品牌建设示范单位 6 个，形成了一批区域品牌建设示范经验案例，对产业集群转型升级发挥了积极作用。

## 二、2017 年工作思路

2017 年，科技创新工作要按照“五位一体”总体布局和“四个全面”战略布局的要求，坚持“五大发展理念”，坚持把创新摆在工业和信息化发展全局的核心位置，坚持质量第一，落实供给侧结构性改革任务，实施制造业创新中心工程，加快产业创新体系建设，促进科技成果产业化。

**一是统筹推进国家和省级制造业创新中心建设，围绕《中国制造 2025》重点领域，加快布局国家制造业创新中心，指导和鼓励各地结合自身具有比较优势的产业领域开展省级制造业创新中心建设。**组织实施《产业技术创新能力发展规划（2016—2020）》。联合财政部继续开展 2017 年国家技术创新示范企业认定，做好已认定示范企业的复核评价，扩大示范企业辐射影响力度。组织实施 2017 年工信部重点实验室认定工作，加强对已认定重点实验室管理。聚焦产业发展未来 2~3 年内亟须解决的关键共性技术，修订《产业关键共性技术发展指南（2017）》。

**二是加快推动科技支撑《中国制造 2025》，推动部署《中国制造 2025》相关领域的国家重点研发计划重点专项，完成工信部科技项目管理专业机构改建工作。**积极参与“科技创新 2030 重大项目”，推动天地一体化信息网络等重大项目工作启动实施，促进其与产业发展紧密衔接。加快融合性领域高技术发展，积极推动人工智能等新技术发展。统筹协调 5G 推进工作，深化 5G 国际合作。持续推动物联网技术、产业、标准发展，推动在重点领域的规模化应用。加快车联网创新发展，推动车联网标准体系建设、公共服务平台和试点示范等工作。

**三是统筹推进重点领域标准体系建设工作，落实提高质量标准工作，组织实施制造业标准化提升计划，重点推进智能制造、绿色制造、工业基础等标准化提升工程。**进一步加快国际标准的转化工作，提升标准的国际接轨程度。加大对我国企业主导或参与国际标准制定的支持力度，提升我国在国际标准化工作中的话语权。推进标准化工作服务于“一带一路”建设。

**四是推动建立联合保护、风险分担、开放共享的知识产权协同运用机制，开展重点领域知识产权保护和协同预警机制建设，鼓励引导知识产权专业机构面向产业链提供高效优质的服务。**继续推动产业技术基础公共服务平台建设，支持开展重点领域计量校准、试验验证共性技术研究。支持和鼓励建立形式多样的科技成果转化服务平台，支持部属高校和各地开展多种形式的产学研对接展洽活动。

**五是开展质量品牌提升行动，推广先进质量管理方法和技术。**组织一批行业非竞争性质量共性技术问题攻关及应用推广项目，提升工业产品的实物质量水平。不断创新工业企业品牌培育组织方式，规范引导更多服务机构参与企业品牌培育工作，加强对质量品牌信息平台建设工作的指导，建设一批高水平的工业产品质量控制和技术评价实验室。围绕提升制造业竞争能力，持续推进工业企业品牌培育和产业集群区域品牌建设试点示范工作。

在新的一年里，我们要不断增强“四个意识”，认真贯彻落实中央经济工作会议和全国科技创新大会精神，按照2017年度全国工业和信息化工作会议和全国工业和信息化科技创新大会的部署，齐心协力，开拓进取，扎实推进创新工作，以优异成绩迎接党的十九大胜利召开。

# 突破核心技术瓶颈　加快电子信息产业转型升级

工业和信息化部电子信息司

2016年是“十三五”的开局之年，电子信息司在部党组统一部署和领导下，围绕《中国制造2025》、“互联网+”等国家重大战略，积极落实党中央、国务院和部里有关稳增长、调结构、增效益的各项部署，强化创新驱动，加强部署核心技术攻关，积极培育产业新动能，深化与传统领域融合发展，全面完成年度各项任务，推动电子信息产业持续稳步发展。

## 一、2016年重点工作回顾

### （一）加快关键技术攻关，夯实产业发展基础

贯彻落实习总书记指示精神，围绕产业关键环节和核心技术瓶颈，协调各方资源协同攻关，增强体系化创新能力，进一步夯实产业发展基础。稳步推进“核高基”（核心电子器件、高端通用芯片和基础软件产品）国家科技重大专项，加快实施《国家集成电路产业发展推进纲要》，加大集成电路领域核心技术联合攻关力度。在工业和信息化部统筹部署下，积极落实电子信息领域工业强基工程，重点支持电子级多晶硅、高速光通信器件、高速连接器，以及硅衬底GaN基LED、IGBT等核心电子元器件及关键材料的研发和产业化。指导组建了“中国传感器及物联网产业联盟”，加强产业链上下游的衔接互动，加强协同创新，寻求差异化突破。2016年以来，集成电路产业多个领域取得突破，全部采用国产超算CPU的“神威·太湖之光”超级计算机成为世界首台运算速度超过10亿亿次的超级计算机，智能电视SoC芯片已在创维、长虹等国产电视品牌中的装机达到800万颗，中芯国际、华力微电子分别完成28纳米先进逻辑制造工艺量产。功率型硅衬底LED器件的量产光效达到140流明/瓦，申请专利共计332项，该项技术荣获2016年国家技术发明一等奖，形成了一定规模的硅衬底LED产业集群。我国已经建成全球第二条8英寸IGBT芯片专用生产线，车用高压、大电流6500伏IGBT芯片设计、工艺研发等方面取得重大突破，

采用国产芯片的 IGBT 模块实现量产。

## （二）优化供给能力，培育产业新增长点

以新型信息消费需求为导向，大力发展智能信息产品，积极推进电子信息产业供给侧结构性改革，加强产融合作，强化产业链各环节配套发展，完善电子信息产业生态体系。积极发挥财政资金、集成电路产业投资基金等的撬动作用，重点支持武汉存储器、华虹“909”升级改造二期、成都中电熊猫、成都京东方、深圳华星光电等一批重大项目开工建设，带动全行业投资稳步增长，2016 年 1~11 月电子信息制造业完成固定资产投资 9377 亿元，同比增长 14.7%。与国家发展改革委共同研究编制了《“互联网 +”人工智能三年行动实施方案》，联合国家发展改革委印发了《智能硬件产业创新发展专项行动（2016—2018）》，支持福建省福州市和华为共同推动 NB–IOT 技术商用，和北京市签署部市合作协议支持智能硬件创新平台建设。指导成立虚拟现实产业联盟，组织开展行业调研、产业发展论坛，形成虚拟现实产业研究报告并上报。组织召开绿色计算产业生态研讨会，推动组建“中国绿色计算产业联盟”，构建多元化的服务器产业生态。会同国家发展改革委、国家能源局制定发布《中国制造 2025——能源装备实施方案》，指导编制《太阳能光伏产业发展路线图》，公告第五批 13 家符合《光伏制造行业规范条件》企业名单（累计 215 家）。

## （三）加快推进应用示范，培育新兴业态

积极贯彻落实《中国制造 2025》、“互联网 +”行动计划，提升产业支撑服务能力，深化信息技术与交通、医疗、能源、金融等传统领域融合发展，通过典型应用示范，培育发展融合性新产品、新业态。组织开展“基于宽带移动互联网的智能汽车与智慧交通应用示范”，与浙江、北京、河北、重庆、吉林、湖北签订部省市合作框架协议，部分试点省市基础设施建设完成并形成了典型演示场景，浙江和北京试点分别在杭州 G20 峰会、乌镇世界互联网大会和北京世界机器人大会上进行了成果展示。联合国家卫生计生委选择杭州、武汉、绵阳、青岛、厦门、广州作为数字健康养老基地示范项目点，会同国家卫生计生委、民政部组织编制《智慧健康养老产业发展行动计划（2017—2020）》，联合国家标准委印发了《智慧家庭综合标准化体系建设指南》，为推动智慧健康养老产业发展构建了良好的政策环境。组织开发高集成度低功耗的北斗移动通讯一体化芯片并推动在智能手机上应用，目前采用国产芯片的支持北斗导航智能手机出货量突破 1800 万部。继续推动金融 IC 卡芯片的开发和应用，配合国家发展改革委实施金融领域 IC 卡应用示范工作，目前基于国产芯片的标

准金融卡发卡量累计已接近3000万张，行业卡发卡量累计约10亿张。

## 二、2017年工作重点

2017年是实施“十三五”规划的关键之年，电子信息司将以习近平总书记系列重要讲话精神为指引，按照党中央、国务院的统一部署，根据工业和信息化部重点工作安排，强化创新驱动发展，集中力量突破核心技术瓶颈，增强创新链、产业链、价值链整合能力，深化产业供给侧结构性改革，打造智能信息产业，以产业新动能带动经济社会新发展，全面支持制造强国、网络强国建设。重点开展以下工作：

### （一）突破核心技术瓶颈，增强体系化创新能力，进一步夯实产业基础

瞄准信息产业关键环节和重点领域，布局建设国家创新中心，优化创新资源配置。强化顶层设计，编制核心信息技术发展路线图，启动实施网络信息核心技术和设备攻坚工程，重点突破集成电路、智能传感器等具有全局影响力、带动性强的核心关键环节，打造全产业链协同创新机制。加快落实《国家集成电路产业推进纲要》，推动在CPU、FPGA等重大破局性战略部署，优化集成电路重大生产力布局，组织实施“芯火”创新计划。继续实施强基工程，强化核心基础元器件、先进基础工艺、关键电子材料和专用设备等支撑保障能力。瞄准产业发展制高点，选择新型计算、人工智能、智能传感等前沿关键技术开展联合攻关，抢占产业发展主导权。强化关键技术协同创新，突破高端存储设备、新一代移动通信设备与系统、智能传感、虚拟现实、新型显示等新技术，实现群体式创新突破，夯实产业发展基础。强化科技创新活动的知识产权导向，积极推进创新成果商品化、产业化，强化知识产权运营，推动知识产权成果标准化。

### （二）积极推动供给侧结构性改革，打造智能信息产业，培育产业发展新动能

贯彻落实《智能硬件产业创新发展专项行动（2016—2018）》，加强智能硬件核心关键技术创新，提升高端智能硬件产品的有效供给。制定实施通信产业链配套能力提升工程，继续推进4G智能手机、行业应用终端、“天通一号”终端等产品的融合创新发展。探索制定《虚拟现实产业与应用发展指导意见》，提升虚拟现实产品供给，推进虚拟现实在重点行业的融合应用。推动开展下一代数字电视技术与标准研究，推动智慧家庭终端产品整体更新换代。编写发布《2017—2019年新型显示产业创新发展白皮书》，着力提升国产显示材料配套能力，优化我国显示产品结构。修订

《光伏制造行业规范条件》及管理办法，组织开展第六批规范条件申报工作，推动分布式光伏应用。研究制定《智能传感器产业发展三年行动计划》，积极发展 MEMS 传感器、生物传感器等新型传感器。

### （三）深化电子信息与传统领域融合创新，积极推动典型应用示范，带动传统产业新发展

落实《中国制造 2025》，以智能制造为主攻方向，大力发展工业智能传感器、智能工控系统、工业机器人等核心技术产品和智能装备系统，积极推进行业智能制造试点示范。组织关键共性技术攻关 / 自主芯片等软硬件研发与应用推广以及公共服务平台建设，大力推动基于宽带移动互联网的智能汽车、智慧交通应用示范。印发《智慧健康养老产业发展行动计划（2016—2020）》，开展智慧健康养老应用示范，推动智慧健康养老技术产品和服务创新及应用推广。加强数字化普及型医疗诊疗设备及关键部件的研发和产业化，积极推动在社区、基层和家庭示范应用。大力推进基于安全可靠芯片的高端服务器、网络设备、存储设备、工控系统、安全防护及信息安全产品等关键信息设备的研发及应用，继续推进工业控制产品与工业互联网设备、智能硬件、5G 高频元器件的研发和产业化，保障关键领域重要信息系统与网络安全。

# 三、高端制造

## 国家重大科技基础设施助力世界科技强国建设

国家发展改革委高技术司

习近平总书记指出，科技兴则民族兴，科技强则国家强。党的十八大以来，国家发展改革委深入贯彻习近平总书记系列重要讲话精神，坚决落实党中央、国务院决策部署，以提升原始创新能力为目标，加快推进国家重大科技基础设施体系建设，大力推动重点领域取得新突破，重大科技基础设施建设呈现出“技术更先进、体系更完整、支撑更有力、产出更丰硕、集群更明显”的发展新态势，为我国深入实施创新驱动发展战略和建设世界科技强国提供重要支撑。

### 一、前瞻谋划，国家重大科技基础设施战略规划和运行管理不断完善

为进一步做好战略规划，探索和创新建设和管理机制，党的十八大以来，国家发展改革委联合教育部、科技部、财政部、中科院、工程院、国家自然基金委、国防科工局、中央军委装备发展部等有关部门，先后研究出台了若干规划和政策，有效保障了国家重大科技基础设施的布局建设和运行管理。

一是牵头编制《国家重大科技基础设施建设中长期规划》（国发〔2013〕8 号），明确基础设施未来 20 年的发展方向和路径，提出重点发展能源、地球系统与环境、空间和天文等 7 个科学领域。

二是联合教育部、科技部、财政部、中科院等有关部门，印发《国家重大科

技基础设施建设“十三五”规划》（发改高技〔2016〕2736号），提出加快在能源、地球系统与环境、空间和天文等科学领域和部分多学科交叉领域建设国家重大科技基础设施；依托现有先进设施组建综合性国家科学中心，打造具有世界先进水平的重大科技基础设施集群。

三是联合科技部、财政部、国家自然基金委，印发《国家重大科技基础设施管理办法》（发改高技〔2014〕2545号），建立起一套行之有效的组织管理体制，形成了“需求共提、项目共建、设施共享”的多部门良性互动机制，有效避免设施的重复分散建设和封闭低效运行。例如，“上海光源”每年支持4000余名科研人员开展1000余项课题研究，科技成果产出效益显著高于国际同类设施。

## 二、击楫中流，国家重大科技基础设施建设不断提速

百舸争流，奋楫者先。多年来，美国、日本、德国等世界科技强国为保持科技竞争力，继续加大对重大科技基础设施的投入力度，推动设施向更远、更快、更强、更微的方向发展。党的十八大以来，国家发展改革委对标建设世界科技强国，加强战略规划布局、加大基础设施投入、加快项目审理进度，推动国家重大科技基础设施向体系化、集聚化发展。

**一是加大资金投入。**“十二五”和“十三五”时期，先后布局了16个和10个基础设施，10年间累计项目数接近此前建设总数，投资额预计是此前投资总额的4倍以上。

**二是加快项目建设。**“十三五”规划优先启动的10个项目总体进展顺利，有望年内完成一半以上项目立项。被誉为“中国天眼”的世界最大单口径（500米）、最灵敏的射电望远镜FAST顺利竣工；世界首个全超导托卡马克装置EAST辅助加热系统建设完成，成为未来世界上最有能力实现400秒长脉冲高性能放电的核聚变装置；脉冲磁场试验装置完成验收，使我国成为继美、德、法之后第4个拥有大型脉冲强磁场实验装置的国家；全球生命科学领域首个综合性重大科技设施——国家蛋白质科学研究设施建成验收；我国首艘具备全球航行能力的新一代海洋科学综合考察船顺利下海航试。目前，我国建成设施的学科覆盖范围已从粒子物理与核物理、天文学等传统大科学领域，向地球系统与环境科学、生命科学等新兴领域拓展，其中光源设施、托卡马克装置、天文观测设施等已逐步向体系化发展。

**三是推动设施集群布局。**综合考虑我国重大科技基础设施的规划布局和建设情况，国家发展改革委、科技部先后批复了在北京怀柔、上海张江、安徽合肥等3个

国家重大科技基础设施的集聚区建设综合性国家科学中心。“十二五”和“十三五”期间规划布局的26个装置中有13个项目整体或部分在3个综合性国家科学中心集聚，涉及总投资接近300亿元。

## 三、砥砺奋进，国家重大科技基础设施标志性重大成果不断涌现

党的十八大以来，国家重大科技基础设施建设水平不断提升，重点科技前沿取得了一批具全球影响力的原创成果。

**一是设施整体水平进入国际前列。**目前，我国在建和投入运行的重大科技基础设施总量已接近50个，总体水平基本进入国际先进行列。FAST将在未来20年保持世界领先地位，并在建设过程中产生了超过30项自主创新专利成果。EAST让5000万度等离子体稳定持续燃烧101.2秒，创造新的世界纪录。散裂中子源首次打靶成功，标志着我国成为继美、英、日之后第4个拥有散裂中子源的国家。稳态强磁场试验装置边建设边运行，已产生40万高斯的世界第二高磁场强度，正冲击世界第一高。脉冲强磁场试验装置成功实现了90.6特斯拉的峰值磁场，使我国成为世界上第3个突破90特斯拉大关的国家。

**二是设施综合效益日益显现。**基础设施为载人航天、探月工程、新药创制、大型客机研制、核心电子器件研制、高分辨率对地观测等国家重大科技任务提供支撑，取得了4夸克粒子（由4个夸克组成的新粒子）物质发现、重大流行病跨种传播机制等一批原创科技成果；催生出了重离子治疗癌症、低温超导材料规模化制备等一批高新技术，在保障国计民生和国家安全中也发挥着不可替代的作用。

# 我国民用空间基础设施建设成效日益显现

国家发展改革委高技术司

航天作为当今世界最具挑战性和具有广泛带动性的高技术领域之一，是国家综合实力和大国（强国）地位的重要体现。世界各主要发达国家已纷纷布局建设技术先进、自主可控、布局合理、全球覆盖的国家民用空间基础设施体系。近年来，随着国民经济社会的发展，对我国民用空间基础设施的需求也日益迫切，为进一步突出业务需求牵引、资源统筹集约、系统持续发展，在党中央、国务院的决策部署下，国家发展改革委会同财政部、国防科工局等相关部委、单位，研究制定并报请国务院正式印发了首部《国家民用空间基础设施中长期发展规划（2015—2025）》，标志着我国航天事业全面进入了产业化发展的新时代，成为落实创新驱动发展、建设航天强国的重要举措。规划执行两年来，通过探索政企合作新模式，在卫星遥感、通信、导航领域的统筹设计和工程建设方面都取得了积极成效，不断满足国民经济和社会发展重大需求，有力地促进了新旧动能转换，助推“一带一路”等重大发展目标的倡议得以全面实施。

## 一、民用空间基础设施得到有效统筹

我国民用空间基础设施的总体布局得到进一步优化，确立了构建框架、形成体系、完善功能的三个不同时期的建设目标，明确了空间系统与地面系统同步规划、同步研发、同步建设、同步使用的“四同步”发展思路，促进天地一体化协同发展。行业需求得到有效整合，空间资源实现集约发展，卫星建设的数量比规划前同期减少了20余颗，总投资节省了近300亿元，服务领域则从原来的7个行业扩展至21个。

## 二、卫星遥感、通信、导航三大系统发展蓝图确立

在卫星遥感方面，空间段正在建立陆地观测、海洋观测、大气观测三个系列的遥感卫星系统，有望实现高、中、低分辨率合理配置、多种观测技术优化组合的全

球观测能力，真正实现一星多用、多星组网、多网协同。地面段已初步构建起国家陆地、海洋、气象三大中心相互支持、互为补充、互为备份的发展格局。在卫星通信广播方面，构建了宽带通信、固定通信与电视直播三类固定通信广播系列卫星，以及移动通信、移动多媒体广播两类移动通信广播系列卫星，逐步实现固定通信广播业务宽带化、全球化，移动通信卫星全球主要地区全覆盖。在卫星导航方面，正在有序推进我国北斗导航系统全球组网建设，将使我国成为继美国 GPS、俄罗斯格罗纳斯后，自主掌握的全球第 3 个成熟卫星导航系统。

## 三、工程建设迈出坚实步伐

两年来，国家发展改革委、财政部、国防科工局等部门积极推动规划实施工作，先后完成了“十二五”已部署的 11 颗遥感业务卫星及相关地面系统立项工作，在国土资源、防灾减灾、环境保护等国民经济领域发挥了重要作用。同时，“十三五”遥感业务卫星及相关地面系统立项正在有序推进，这将使我国民用空间基础设施建设的脚步愈发扎实。预期到 2020 年前后，由卫星遥感、卫星通信广播、卫星导航定位三大系统构成的我国民用空间基础设施体系将基本建成，具备提供连续稳定的业务化服务能力。

## 四、政企合作模式实现新突破

民用航天领域率先引入了 PPP 发展模式，通过政府支持，有效调动了民营资本参与航天发展的热情，既发挥了市场配置资源的作用，激发市场活力和创造力，又推动了我国航天领域体制机制创新，提升了我国航天产业的国际竞争力。

## 五、综合效益不断显现

当前，我国民用空间基础设施已基本形成骨干框架，遥感卫星体系正在有序建立，卫星通信基本保障体系已初步形成，北斗卫星导航系统正在向全球组网迈进，服务模式正从试验应用为主向业务服务型为主转变，已在国土、海洋、测绘、气象、农林水利、防灾减灾、生态环境等领域得到广泛应用，为全面支撑全球地理信息资源建设、政府宏观决策服务、“一带一路”倡议等实施发挥出越来越重要的作用。

未来，国家民用空间基础设施建设将继续加快步伐，推动形成共建、共商、共享的应用服务新局面，有效支撑国家宏观决策，为保障国家经济和国防安全发挥更大作用。

# 我国民用航空工业国际合作开启新篇章

国家发展改革委高技术司

党中央、国务院高度重视民用航空工业发展。党的十八大以来，按照自主创新和国际合作并举的方针，在大力推进 C919、ARJ21 等国产民用飞机研制的同时，国家发展改革委先后与欧洲空客公司、美国波音公司等世界一流航空制造企业签署了一系列战略协议，开展以整机总装生产为代表的深度工业合作，极大地促进了我国航空产业发展，加速我国民用航空工业融入世界航空产业链，已成为中美、中欧高技术领域合作的典范，为我国航空工业国际合作开启了崭新的篇章。

## 一、合作战略逐步完善

近年来，我国民用航空市场快速发展，为全球航空工业国际合作提供了有利时机。按照自主发展、自主研发和开放发展、合作共赢并重的原则，国家发展改革委分别与空客公司和波音公司签署了一系列合作协议，为我国民用航空工业开展长期国际合作探索了新途径。

2014 年 3 月，在习近平总书记和法国总统奥朗德的见证下，国家发展改革委与空客公司共同签署了新的谅解备忘录，明确了双方未来深化合作的战略框架。2015 年 9 月，在习近平总书记访美期间，国家发展改革委与波音公司签署新谅解备忘录，确立了新一轮的重大合作方案。2017 年 6 月，在中德两国总理的见证下，国家发展改革委与空客公司又签署了《关于进一步推动航空航天合作的谅解备忘录》，展望了双方未来 10 年的合作，明确提出深化航空、拓展直升机、扩展民用航天、追求创新等 4 个重点合作方向。以上谅解备忘录的签署，标志着我国与世界一流航空制造企业的合作战略更为完善，合作跨入新的历史阶段。

## 二、重大合作项目取得突破

在合作开展过程中，中外双方以整机合作为核心，以干线机型为突破口，推动了A320总装线、A330完工中心、波音737完工中心等一系列重大项目落地，极大提升了项目所在地的产业集聚水平，促成了我国民用航空工业与全球领先企业的深度融合发展。

**一是A320总装线项目。**它是我国与空客公司开展大飞机合作的标志性项目。自2009年5月A320总装线首架机成功首飞以来，已累计交付A320飞机约340架，全部达到欧洲生产线质量标准，并将在2018年全部转产最新款的A320NEO飞机。

**二是A330完成和交付中心项目。**它是我国与空客公司拓展宽体机合作的重大项目，标志着中欧航空合作取得新的突破。自2016年3月项目正式开工建设，经过一年半时间，已于2017年9月实现了中心厂房完工落成和首架飞机交付。

**三是B737完工交付中心项目。**它是波音公司首次将总装生产系统的一部分延伸到海外，是中美两国在民用航空和高技术产业领域开放合作的里程碑。在合作各方不懈努力下，项目已顺利完成落户、签约、核准、奠基等关键环节，正在按照双方确立的重大时间节点稳步开展建设，计划2018年年底交付首架飞机，预计生产能力达到每年100架。

## 三、合作链条不断延伸

在重点项目的带动下，空客公司和波音公司在中国的工业合作产业链不断延伸，合作总规模从最初的几千万美元增长到2016年接近15亿美元，合作方式从简单、初级的转包生产，升级为利益共享、风险共担的合作伙伴关系，推动我国企业进一步融入国际航空制造产业体系。

在大部件方面，西飞天津A320机翼组装是迄今最为高端的大部件合作项目，已成为天津总装线的唯一供应商，目前每月产量4架份。在结构件方面，以西飞、沈飞、成飞为代表的我国航空企业不断提升波音、空客主力机型垂尾、平尾、襟翼、舱门等结构部件的生产能力和产品质量，部分产品已成为两家公司的一、二级供应商。在客舱内饰方面，航宇嘉泰单通道经济舱及商务舱座椅客户项目运行良好，预计2019年交付量将有平稳增长；英国AIM、镇江菲舍尔等公司也在积极进入相关供应链。在复合材料方面，中航复材的蜂窝芯材等新材料正在通过空客公司和波音公司的适航认证；哈飞复材中心已成为空客A350工作包和A320方向舵蒙皮的全球唯一供应商，且生产能力和生产速率同步提升。在金属型材方面，南山铝业铝型材招标即将完成，成为空客公司在亚洲区第一家铝型材供应商，并已向波音公司成功交付了第一批航空级铝板材。在零部件方面，西子航空在金属零部件、紧固件等多个方面通过了空客公司和波音公司的认证，部分产品已进入全速率批量生产状态。

此外，通过主力机型落户和天津空客亚洲中心建设，促进更多国际供应商来华制造和服务，推动了航空关联产业本地化集聚发展，带动天津市航空产业规模快速发展到近千亿元，跃升为我国航空产业的排头兵。

## 四、创新合作全面拓展

随着转包生产规模的扩大，我国不断推动空客公司和波音公司加强在华创新中心和技术平台建设，并以此为抓手，以创新合作为动力，全面拓展合作领域。

一是空客公司在中国设立了创新中心，任命了中国籍首席执行官，并预计于2017 年年底前正式投入运营。

二是空客公司在哈尔滨成立了机体结构优良中心，助推中方破解设计资源、技术培训、人员融合和激励政策等合作难题，促进哈飞 H175 机体交付速度和质量双提升。

三是波音公司在沈阳、西安、成都等地设立了创新制造中心，对中国航空工业承担波音项目的制造技术、生产工艺、项目管理等提供培训和支持，有效提高了中国航空工业的制造能力和产品质量。

四是波音公司依托中国商飞北京研究中心成立了中国商飞—波音可持续航空技术中心，在联合开展市场研究、可持续航空生物燃料、航空生物煤油等领域开展合作研究并取得了丰富成果。

总的来看，近年来我国民用航空工业国际合作成效显著，大幅提高了我航空工业国际合作规模，有力促进了我国民用航空工业与全球领先企业的深度合作，加速了我国民用航空融入世界航空产业链的步伐，推动了区域经济结构调整和产业转型升级，为供给侧结构性改革提供了有益探索，为中欧、中美高技术和新兴产业领域合作树立了新的典范。

# 加快培育发展新材料产业　突破一批关键高端品种

工业和信息化部原材料司

## 一、新材料产业发展现状

新材料是制造强国和国防科工的基础和支撑，是原材料工业供给侧结构性改革的主攻方向。党中央、国务院高度重视新材料产业发展。习近平总书记明确指出，新材料产业必将成为未来高新技术产业发展的基石和先导。李克强总理多次指出要把新材料等培育成主导产业。国务院副总理马凯 2016 年专程赴江苏、浙江和北京开展调研，并召开座谈会，专题研究新材料产业创新发展问题。在中央领导的高度重视和各有关方面的共同努力下，我国新材料产业取得了长足进步，创新成果不断涌现，优势企业日益壮大，整体实力大幅提升，有力支撑了国民经济发展和国防科技工业建设。

**一是发展步伐不断加快。**新材料产业总产值由 2010 年的 0.65 万亿元增至 2015 年的近 2 万亿元，年均增速 24%。空间布局日趋合理，产业集聚效应不断增强，环渤海、长三角、珠三角等地区的新材料综合性产业集群优势突出，中西部地区一批特色鲜明的新材料产业基地初具规模。已累计设立了北京石化新材料、包头稀土新材料、陕西有色金属新材料等 48 个新材料重点领域的产业基地。

**二是创新能力稳步增强。**工业和信息化部联合国家发展改革委、财政部发布了“关键材料升级换代”重大工程实施方案。组织实施战略性新兴产业新材料专项，支持稀土稀有金属材料、高温合金、碳纤维及复合材料、电池材料、膜材料等关键材料的产业化和示范应用，推动完善以企业为主体、市场为导向、“产学研用”相互结合的新材料创新体系。新材料国家实验室、工程（技术）研究中心、企业技术中心和科研院所的实力大幅提升，在重大技术研发及成果转化中的促进作用日益突出。实施高端材料和新材料保障工程，建设了一批技术水平先进的产业化项目。

**三是重点新材料发展取得突破。**实施高端材料和新材料保障工程，围绕国民经济和社会发展重大需求，建设了一批技术水平先进的产业化项目，大力推进重点新材料规模化发展。支持组建碳纤维、电子化学品等产业发展联盟。先进半导体材料、稀土功能材料等领域加速发展，高性能钢铁材料、轻合金材料、工程塑料等产品结构不断优化，有效支撑了高速铁路、载人航天、海洋工程、能源装备等领域的发展。金属靶材制备技术达到国际先进水平，T700、T800碳纤维技术成熟度分别达到7级和6级。飞机专用第三代铝锂合金、百万千瓦级核电用U型管、硅衬底LED材料、大尺寸石墨烯薄膜等一批先进产品填补了国内空白。

**四是行业管理基础不断夯实。**工业和信息化部会同国家发展改革委、科技部、财政部联合印发了《加快新材料产业创新发展的指导意见》，切实加强对地方工作的指导。组织编制了《新材料产业发展指南》，已经国务院批准同意。成立了国家新材料产业发展专家指导委员会，在决策智库上强化了部门协同。积极推进新材料首批次机制建设，制订了《重点新材料首批次应用示范指导目录》。编制《新材料技术成熟度等级划分及定义》标准草案，已经国家标准委批准正式立项为国家标准。联合黑龙江省举办第四届中国国际新材料产业博览会，搭建"政产学研用"交流合作平台。印发《2016年度民机铝材上下游合作机制重点任务及分工》，研究化工新材料进口替代工作方案，积极推进石墨烯产业化应用，支持军民共用新材料发展。

但也要看到，我国新材料产业仍处于培育发展阶段，核心技术与专用装备水平相对落后，低端品种产能相对过剩，关键材料保障能力不足，产品性能稳定性亟须提高，"产学研用"合作不紧密，创新链条不完善，标准、计量和管理体系不健全等问题还没有根本解决，新材料仍然是制约制造强国建设的瓶颈。

## 二、2017年重点工作

2017年，要认真贯彻国务院新材料产业创新发展专题会议精神，以满足《中国制造2025》重大技术装备需求和军民共用新材料为主攻方向，全面落实《新材料产业发展指南》，进一步完善产业发展支撑体系，加快突破一批关键高端品种，推动新材料产业发展水平不断迈上新台阶。

### （一）加强部门协调配合

贯彻落实国务院副总理马凯在国务院专题会上的重要讲话精神，在国家新材料产业发展领导小组指导下，系统研究解决新材料产业发展的重大问题，加强政策协调配合，强化各部门专项资金和重大项目的衔接，创新管理、强化服务，形成协同推进的工作格局。充分发挥国家新材料产业发展专家指导委员会作用，为行业规划、产业政策、重大工程等提供咨询建议。加强对地方新材料产业发展的宏观指导和信息引导。支持建立中国新材料行业协会和一批"产学研用"紧密结合的新材料产业联盟，集中优势资源推动新材料研发、工程化、产业化与应用。

（二）研究落实专项政策

工业和信息化部会同财政部、保监会开展新材料首批次应用保险补偿机制试点，解决我国新材料产业长期存在的"好材不敢用"问题。推动实施"重点新材料研发及应用"重大工程，集中突破一批战略关键材料研发难关。加大"工业转型升级（中国制造 2025）项目"对新材料产业的支持力度，促进新材料产业化和推广应用。研究设立新材料产业投资基金，发挥财政资金的导向作用，广泛吸引地方和社会资本投资新材料产业。

（三）强化新材料产业协同创新体系建设

加强新材料基础研究、产业化和应用技术研究的统筹衔接，完善创新链条的薄弱环节。统筹需求导向与超前探索，加快构建以龙头企业为主导、科研机构为支撑、产学研用相互促进的协同创新体系，强化基础研究、应用研究和产业化的统筹衔接。整合完善创新资源，组建新材料制造业创新中心、新材料性能测试评价中心，建立新材料产业计量服务体系。统筹布局和建设材料基因工程重大共性技术研究平台，充分依托现有科研机构，组建材料基因工程专业化研究中心，形成重点新材料创新基础和开发共享的公共平台，降低新材料研发成本，缩短新材料研发应用周期。

（四）加快重点领域新材料发展

认真贯彻落实《新材料产业发展指南》，发挥市场需求对新材料开发应用的引导作用，以《中国制造 2025》重点领域和战略性新兴产业急需的关键材料为主攻方向，坚持有所为有所不为，聚焦重点方向、重点企业和重点地区，着力促进供需对接与上下游协作配套，抓紧突破一批材料品种，形成一批典型应用示范成果。编制《促进化工新材料进口替代实施方案》，以发展碳纤维及复合材料、电子化学品，推动高端工程塑料在装备中的应用等为突破口，促进化工新材料进口替代。

（五）夯实公共平台基础

会同有关部门研究推进产用平台、测试评价平台、参数库平台和资源共享平台等 4 个平台建设。提出新材料生产应用示范平台组建方案，在核电材料、航空材料、集成电路材料等领域启动相关平台建设。组建新材料测试评价联盟，加大投入力度，支持大专院校、研发机构、大型企业和计量测试机构，建立一批高水平、开放式检测评价中心。加快制定数据采集和共享制度，建立一批材料数据库、工艺参数库、工艺知识库。统筹新材料国家制造业创新中心整体布局，在石墨烯等重点领域，拟订中心建设方案。

（六）营造良好发展环境

加快出台《新材料技术成熟度等级划分及定义》国家标准，研究碳纤维等其他领域的技术成熟度评价标准，建立评价标准体系，为政策制定、社会投资、用户选材等提供依据。在新材料企业、园区、联盟开展新材料产业标准化试点工作，进一步完善新材料产业标准体系，创新标准化工作机制和管理体制。完善体制机制，加快人才培育，在推进新材料学科建设、健全激励政策、加快国内新材料专业人才培养的同时，多渠道招募引进国际人才，为我国新材料产业发展提供坚实的人才支撑。

# 十八大以来中国高铁发展成就回顾

国家发展改革委产业司

高铁是铁路现代化的主要标志，高铁技术涉及机械、土木、电子、电力、信息、材料、控制等多个领域，是我国战略性新兴产业的重要组成部分。党的十八大以来，铁路系统按照党中央、国务院关于实施创新驱动发展战略和建设创新型国家的决策部署，全力推进高铁建设和关键技术装备自主创新，取得了令世人瞩目的成就。

## 一、工程建设

十八大以来，铁路建设深入推进，一批重大建设项目相继建成投产。2012 年 12 月 26 日，京广高铁全线开通运营，全长 2281 公里，设计速度 350 公里 / 小时，是世界上干线最长的高速铁路，纵贯中国南北，穿越了不同的气候带和地质环境。2013 年 7 月 1 日，宁杭—杭甬高铁开通运营，全长 409 公里，我国长三角地区的高铁三角网络正式形成。2014 年 12 月 26 日，兰新高铁开通运营，全长 1785 千米，这是世界第一条在风沙地区建设的高速铁路。2015 年 12 月 30 日，海南西环高铁建成，全长 345 千米，与海南东环高铁共同形成了世界上第一条环海岛的高速铁路。2016 年 12 月 28 日，沪昆高铁全线开通运营，全长 2252 千米，设计速度 350 千米 / 小时，是中国东西向线路里程最长、经过省份最多的高速铁路。

5 年来，我国新开通高铁 1.36 万千米，高铁运营里程翻了一番。截至 2016 年年底，全国高铁运营里程达到 12.4 万千米，其中高铁 2.2 万千米以上，“四纵四横”高速铁路网基本建成，除宁夏、西藏和香港、澳门外，其他 30 个省份均开通了高铁，为国民经济和社会发展提供了有力支撑。中国拥有了世界上最现代化的铁路网和最发达的高铁网，高铁运营里程占世界的 60% 以上。

高铁大规模开通运营，成网效应日益凸显，运输能力和服务质量明显提升，较好地满足了人民群众日益增长的美好生活需要。2012—2016 年，我国高铁完成旅客发送量 46.93 亿人次，连续 4 年保持 25% 以上增长，截至 2017 年年底，高铁动车组累计旅客发送量已突破 70 亿人次。目前，动车组列车占旅客发送量的比重已高达 50% 以上。

## 二、重大装备和关键系统技术创新

5 年来，围绕高铁工程建设、运营管理需要，我国铁路持续深化中国标准动车组、列控系统、无砟轨道等高铁关键技术和重大系统自主创新，形成了具有自主知识产权的高铁成套技术装备和技术体系，中国高铁总体技术水平进入世界先进行列，部分领域达到世界领先。

### 1. 中国标准动车组

围绕系统掌握核心技术、实现关键装备互联互通、降低设备运用维护成本、满足国内外高铁运营环境等目标，成功研制了全面拥有自主知识产权的时速 350 公里的中国标准动车组，在牵引、制动、网络、转向架、轮轴等关键技术上实现重要突破，整车性能及关键系统技术均达到国际先进水平，在列车的安全、信息管理、可靠性、节能环保等技术领域实现了新的提升。中国标准动车组的成功研制，标志着我国铁路成套技术装备特别是高速动车组已经走在了世界先进前列。

2015 年 9 月开始，中国标准动车组在大同至西安高铁中的原平至太原高速综合试验段开展型式试验和运用考核，试验速度达到 385 千米 / 小时。2016 年 7 月，在郑徐高铁成功实现世界上首次时速 420 千米两车交会和重联运行。2017 年 6 月，中国标准动车组被正式命名为“复兴号”。2017 年 9 月，“复兴号”中国标准动车组在京沪高铁实现时速 350 千米运营，为全世界树立了高铁运营新标杆。

### 2. 工程建设技术

高铁线路工程涵盖路基、桥梁、隧道、轨道等领域。与普速铁路相比，高铁具有高速度、高稳定性、高平顺性、高舒适度的特点，对线路工程技术要求很高；加之我国幅员辽阔，地质及气候条件复杂多样，修建高铁在线路工程技术上遇到的难题比世界上任何一个国家都要多，也没有成熟经验可借鉴，需要开展大量开创性的技术创新工作。

通过技术攻关，我国成功研发了 CRTS Ⅲ 型板式无砟轨道系统，掌握了 CRTS Ⅲ 型板式无砟轨道制造、施工、维护成套技术，在无缝钢轨、高速道岔，以及高强度轨道配件的设计、制造、铺设等方面实现了全面自主化，CRTS Ⅲ 型板式无砟轨道已在盘营、西宝、郑徐等时速 350 公里速度等级的线路以及京沈、沈丹等客运专线推广应用；研究形成了具有自主知识产权的聚氨酯固化道床成套技术，满足 30 年无维修运用的标准需求；深化研究了严寒地区路基冻胀、极旱大风、海风海水侵蚀等恶劣环境下的高铁建造施工技术，深水大跨度桥梁、特殊结构桥梁等重大桥梁工程的设计施工技术，以及艰险山区高速铁路复杂地质隧道修建等技术，为哈大、兰新、海南环岛、兰渝等一批代表性铁路和超千米大桥、超长隧道、超大规模车站等重大工程建设提供了强有力的技术支撑。

**3. 列车运行控制系统**

2014 年起，着眼于提升列控核心系统自主化水平、优化信号设备性能，我国铁路全面开展了列控系统自主化工作，成功攻克了列车自动超速防护系统（ATP）和无线闭塞中心（RBC）关键技术，完成了 CTCS–3 级列控系统核心装备研制。自主化 CTCS–3 级列控系统满足时速 350 公里运行要求，最小追踪间隔 3~5 分钟，目前已完成基本功能测试验证。此外，还研制了 CTCS–2+ATO 列控系统，实现了自动驾驶与动车组列控技术的融合，并在珠三角城际铁路中投入运用。

**4. 牵引供电技术**

在高速条件下，列车牵引电流和供电接触网的张力、载流量成倍增加，对牵引供电设备的技术要求大大提高。加之我国长大干线高铁较多，列车持续运行时间长，长编组和高速列车重联运行的情况比较普遍，这些情况也是其他国家所没有的，必须依靠自主创新解决牵引供电技术面临的大量难题。通过技术攻关，我国研发了 25~40 千牛系列大张力接触网系统、特种接线 AT 牵引变压器和具有设备远程控制、保护、监视、测量功能的牵引供电综合自动化系统（SCADA），有效保证了高速运行条件下牵引供电系统的安全性和可靠性。其中，大张力全补偿链型悬挂等接触网新技术实现了时速 300~350 公里高速动车组重联双弓稳定受流，填补了世界高速铁路牵引供电技术的空白。

**5. 运输调度系统**

我国高铁运营规模大，动车组运行时间长，运行场景丰富，给高铁运营管理带来诸多挑战。我国铁路部门针对性研发了调度集中系统、信息系统等先进装备，研究掌握了复杂路网条件下高铁列车运行计划编制和动车组运用综合调度技术，构建了以中国铁路总公司为全路指挥中心、以各地铁路局为地区调度中心、以车站为执行中心的调度指挥体系，有效解决了不同动车组编组、不同速度、不同距离、跨线运行等调度难题。目前，调度指挥系统每天指挥全路运行旅客列车 7200 多列，其中动车组 4600 多列。

**6. 综合检测及高铁防灾系统**

针对固定设施，我国研制了满足时速 200~250 千米、时速 300~350 千米检测需要的高速综合检测车，建立了由高速综合检测车、沿线检测传感装置等设备组成的线路设备检测体系，对高铁线路状况进行定期和实时检测。针对移动装备，在动车组上设置监测与诊断系统，实现了对列车走行部、牵引系统、制动系统、辅助系统、空调系统等动车组关键部件的实时监测，提升了列车控制与诊断的信息化、智能化水平。

针对大风、强降雨（雪）、地震等自然灾害以及异物侵限等对高速铁路运行安全造成的巨大威胁，我国自主研发了具有世界先进水平的成套高铁地震预警系统，实现了地震P波预警、阈值报警及与相关系统联动处置；研制了风雨雪等灾害监测、异物侵限报警和数字化综合视频监控系统，实现对设备状态、自然灾害和治安风险的立体防控。

从白山黑水到天涯海角，从华东沿海到西北戈壁，中国高铁发展的宏伟蓝图已经绘就。展望今后一个时期，我国高铁将站在新的起点上，进一步开拓进取、攻坚克难，紧密围绕提升高铁建设和运营管理水平，持续深化重大装备和关键系统技术创新，不断提升高铁技术发展水平，为推动国家战略性新兴产业发展和建设创新型国家做出新的更大贡献。

# 四、生物经济

## 基因检测产业成为我国经济发展新动能的重要力量

国家发展改革委高技术司

党的十八大以来，我国基因检测行业高速发展，具有里程碑式的意义。期间，我国基因检测技术持续取得新的突破，应用范围不断拓展，行业竞争力进一步增强，检测服务能力跃居世界前列。在政策法规逐步完善和资本市场的推动下，我国基因检测市场规模迅速扩张，受到全球瞩目，已成为经济高质量发展阶段下我国经济发展新动能的重要力量。

### 一、我国是全球基因检测市场规模增长最快的国家之一

近5年来，基因检测以更高的测序通量、更高的检测精度、更加平民化的检测费用，开始加速走进人们的生产生活。据相关机构测算，2016年中国基因检测市场规模约为60亿元人民币，是2012年的5倍多，年复合增长率超过50%，位居全球前列。

### 二、第二代测序技术处于全球第一方阵

党的十八大以来，国内企业与研发机构把握基因测序技术发展趋势，积极进行技术开发和设备研制，以打破欧美企业在上游测序仪器及试剂制造领域的垄断。紫鑫药业与中国科学院合作开发第二代测序仪BIGIS，这是国内第一款具有自主知识

产权的实用型国产第二代测序仪，能够达到和部分超越国际主流设备技术指标，制造成本低于进口设备的1/2以上，应用成本低于进口设备的1/3以上。华大基因生产的BGISEQ-1000、BGISEQ-100、BIGISEQ-500基因测序仪属第二代测序仪，其中BGISEQ-1000、BGISEQ-100已获得CFDA审批，进入市场。此外，华大基因还开发了基于MDA的单细胞测序技术，该技术属第三代测序技术，不仅具有更高的分辨率和基因组覆盖度，而且具有更好的敏感性和特异性。

## 三、龙头企业基因测序服务能力居全球第一

从测序仪器的数量来看，我国拥有二代测序仪的数量仅次于美国。成立于1999年的华大基因，是我国乃至全球基因测序行业的排头兵，是全球最大的基因组学研发机构，也是世界上拥有二代基因测序仪最多的机构。目前，华大基因已成为全球最大的基因测序公司，同时拥有最大的数据库，其基因技术已应用于英国、澳大利亚、西班牙等100多个国家和地区的3000多家医院或单位，占据了全球近50%的测序市场份额，是真正意义上的“测序航母”。

## 四、国内行业政策环境不断完善

近年来，我国行业主管部门不断完善基因检测行业发展环境，制定了一系列促进行业发展的政策法规。2014年，国家卫生和计划生育委员会联合国家食品药品监督管理总局发布《关于加强临床使用基因测序相关产品和技术管理的通知》，把基因检测行业从无序发展、无法可依的监管真空地带推向有序监管的道路。之后，国家卫生计生委确定了一批高通量测序技术临床应用试点单位，开展遗传病诊断、产前筛查与诊断、植入前胚胎遗传学诊断、肿瘤诊断与治疗的试点工作，并印发了《药物代谢酶和药物作用靶点基因检测技术指南（试行）》和《肿瘤个体化治疗检测技术指南（试行）》。2015年6月，国家发展改革委实施新兴产业重大工程包，拟在3年时间内建设30个基因检测技术应用示范中心，快速推进基因检测临床应用以及基因检测仪器试剂的国产化。2016年11月，国务院印发《“十三五”国家战略性新兴产业发展规划》，同年12月，国家发展改革委发布《“十三五”生物产业发展规划》，均提出推广基因检测等新兴技术应用，促进产业发展成果更多惠及民生。这一系列政策举措，使得临床级别的基因测序产品和服务逐步走向规范化。

## 五、受到资本市场高度关注

随着市场规模的迅速扩张和政策环境的不断优化，基因检测行业开始受到资本市场的关注和青睐。据有关机构统计，2012—2016 年，我国基因测序行业累计获得近 70 笔投融资，披露的投资金额累计超过 5 亿美元，其中 2016 年基因测序行业获得 33 笔投资，披露投资金额超过 3.2 亿美元，为有统计数据以来的最高值。更加值得一提的是，我国基因测序行业龙头企业华大基因也被资本市场疯狂追逐。2017 年 7 月，华大基因上市，每股发行价仅 13.64 元，其后股价直线上升，每股股价过百元，公司市值已突破 500 亿元人民币。

# 中国医药行业发展概况和未来发展趋势分析

## 2017—2022 年中国医药市场深度分析及投资策略研究报告

全球医药市场近 10 年来除个别年份小幅度下降，总体保持平稳增长，据统计，2006—2015 年间，全球医药市场规模由 6910 亿美元增长至 10688 亿美元，年复合增长率为 4.97%；世界众多知名制药企业将目光转向新兴国家医药市场，预计未来 5 年，全球医药市场增长率的主要贡献将来自于中国、印度、巴西、俄罗斯这些新兴市场，其中中国作为人口最多的国家有望以 16%~19% 的复合增长率位居榜首，同时整体新兴市场的复合增长率也将达到 13%~16%，远超于全球药品销售规模的增长率。2006—2015 年全球药品销售规模见图 1。

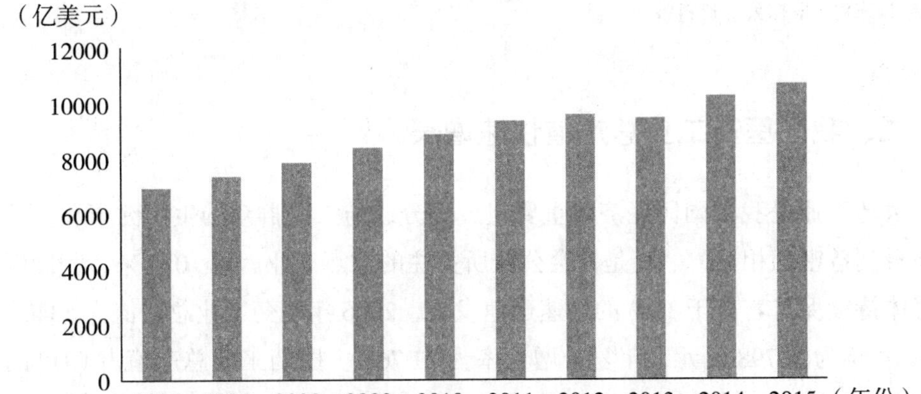


**图 1　2006—2015 年全球药品市场销售规模**

数据来源：根据公开资料整理。

## 一、我国医疗卫生市场需求庞大

中国作为世界上人口数量最多的国家，庞大的人口规模带来不可小觑的医疗卫生市场需求。自 1978 年改革开放以来，随着物质生活水平的不断提升，人们对健康生活的重视程度也同样在逐步提高。快节奏高压力的城市生活以及越来越明显的人口老龄化问题带来了各种常见疾病的发生，国内医疗卫生服务的需求持续扩大，卫生费用支出逐年提高。2006 年我国卫生费用总支出为 9843.34 亿元，而到了 2015 年则增长为 40974.64 亿元，约为 2006 年卫生总费用的 4 倍，卫生总费用占 GDP 的比重也总体上逐步攀升。人均卫生费用方面，2006 年仅为 748.80 元，而 2015 年增加至 2980.80 元。2006—2015 年我国卫生费用总费用及其占 GDP 比重情况见图 2。

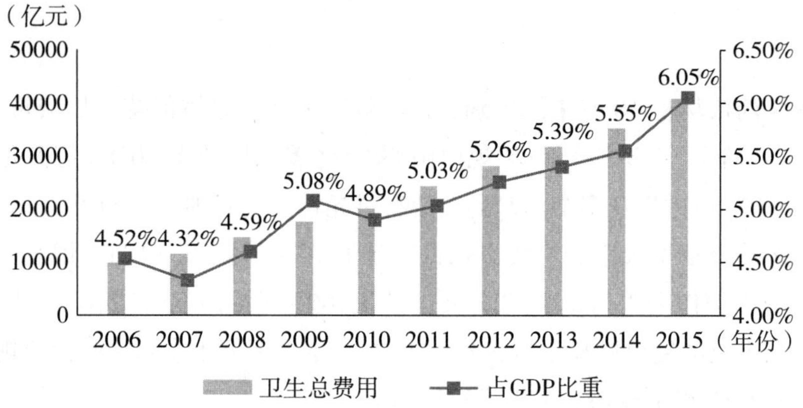


**图 2 2006 年—2015 年我国卫生总费用及其占 GDP 比重情况**

数据来源：根据公开资料整理。

## 二、我国医药工业总产值快速增长

医药工业是我国国民经济的重要组成部分，与人民群众的生命健康和生活质量等切身利益密切相关，一直是社会公众所关注的重点产业。近 10 年来，我国医药工业总体持续保持着高于 15% 的增速迅速发展，2006 年医药工业总产值为 5340 亿元，而 2014 年为 25798 亿元，年复合增长率为 21.76%。医药工业总产值占 GDP 的比重由 2006 年的 2.45% 上升至 2014 年的 4.06%。从医药工业的各子行业发展情况来看，化学药品制剂行业、中成药行业以及化学原料药行业是产值规模较大的子行业，其产值占 2014 年全国医药工业总产值的比重分别为 25.84%、23.80% 和 17.38%。

## 三、我国医药制造业主营业务收入稳步扩大

随着人民生活水平的提高、保健意识的增强以及新型医疗技术的发展，国民就诊率不断提高，带来了医药市场的繁荣。《药品生产质量管理规范》（GMP）的大力推行，有效规范了药品生产程序，提高了药品质量。"十一五"、"十二五"期

间，我国医药制造业主营业务收入保持快速增长。2006 年医药制造业主营业务收入为 4737.29 亿元，约为 2016 年医药制造业主营业务收入的 1/6，2006 年至 2016 年复合增长率为 19.47%，可以看出我国医药制造业主营业务收入增加十分迅速。2006—2014 年我国医药工业总产值增长情况见图 3，2006—2016 年我国医药制造业主营业务收入增长情况图 4。

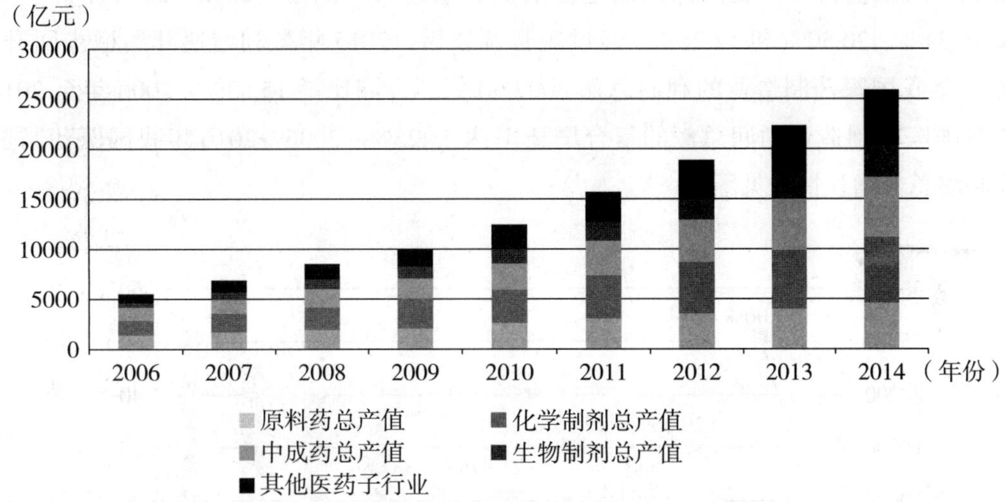


**图 3　2006—2014 年我国医药工业总产值增长情况**

注：本图中医药工业是指七大子行业的总和，包括化学原料药、化学药品制剂、生物制剂、医疗器械、卫生材料、中成药、中药饮片；其他医药子行业包括医疗器械行业、卫生材料行业、中药饮片行业。

数据来源：根据公开资料整理。

**图 4　2006—2016 年我国医药制造业主营业务收入增长情况**

数据来源：根据公开资料整理。

## 四、我国医药制造业利润总额不断扩大

近几年，我国医药制造业企业的盈利能力普遍提高，利润总额持续保持在较高增长水平。"十一五"期间，我国七大类医药工业利润总额的复合年增长率达 36.70%。进入"十二五"，增势有所趋缓，受上游生产成本上涨和下游终端价格下降的双重挤压，我国医药制造业的盈利增速有所回落，2012—2014 年分别增长 16.31%、20.50% 和 12.24%。经过短暂调整后，2015 年盈利增速开始稳步回升，2016 年我国医药制造业的利润总额 3002.90 亿元，同比增 15.53%。2006 年至 2016 年我国医药制造业利润总额的复合增长率达 23.25%。2006—2016 年我国医药制造业利润总额增长情况见图 6。

**图 6　2006—2016 年我国医药制造业利润总额增长情况**

数据来源：根据公开资料整理

## 五、我国医药市场未来仍将保持增长

医药产品与人们的健康生活息息相关，未来伴随着我国人口基数的不断变化、人口老龄化问题的加剧、城市化进程的加快、人们对医疗保健重视程度越来越高以及国家医疗卫生体制改革的不断深化，我国医药行业的销售收入和利润仍将保持较高的增长态势。据预测，中国作为最大的医药市场之一，未来的增长速度会低于前 10 年增速或以高于 GDP 增速增长。首先，我国是世界人口第一大国，巨大的医药市场的消费群体为我国医药行业的发展提供了良好的基础；其次，我国老龄化进程加快。据统计，2001—2020 年是快速老龄化阶段，这一阶段，中国平均每年将增加

596 万老年人口，年均增长速度达 3.28%，大大超过总人口年均 0.66% 的增长速度，到 2020 年，老年人口将达到 2.48 亿。此外，深化医药卫生体制改革要求逐步建立覆盖城乡居民的公共卫生服务体系、医疗服务体系、医疗保障体系和药品供应保障体系，形成“四位一体”的基本医疗卫生制度，为群众提供安全、有效、方便、价廉的医疗卫生服务，这将进一步扩大消费需求和提高用药水平，为我国医药工业发展带来机遇。总体上，我国医药工业发展面临有利的国内环境。市场需求快速增长，国家对医药工业的扶持力度加大，质量标准体系和管理规范不断健全，都有利于医药工业平稳较快发展。

# 中国医药行业发展现状分析及未来发展前景预测

2018—2024年中国医药市场分析预测及发展趋势研究报告

## 一、全球医药行业市场空间巨大，未来增长稳定

以企业出厂价计算，2016年全球医药总市场规模为11536亿美元，受人口老龄化加速、慢性病和恶性肿瘤患病人数不断增加以及新治疗方法问世的驱动，全球医药市场预计在2021年将达到14751亿美元，2016—2021年的年复合增长率为5.0%。

从医药市场细分看，小分子化学药由于服用便利、合成工艺稳定、价格和生物药相比有明显优势，一直占据医药市场的绝大部分市场份额。2016年其市场规模为9328亿美元，占整个市场的80.85%。小分子药物未来也将保持长期稳定增长，2021年预计市场规模将达到11250亿美元。2012—2021年全球医药市场细分情况见图1。

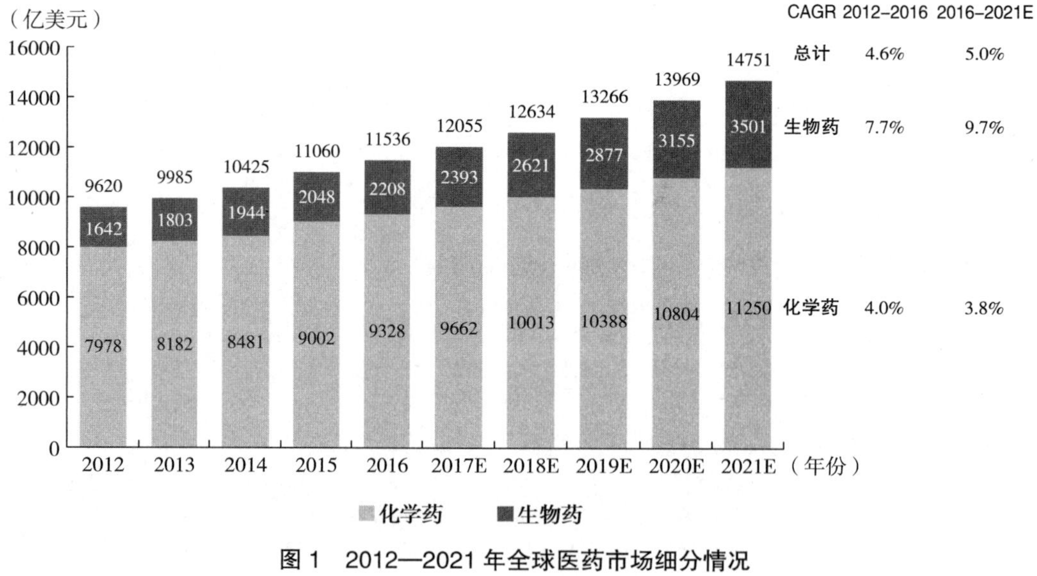


图1 2012—2021年全球医药市场细分情况

注：（1）本图中市场规模以出厂价口径计算；（2）2017—2021年的数据为预测数据。

数据来源：根据公开资料整理。

## 二、欧美仍是全球最大医药市场

2012—2021 年全球医药市场发展规模预测如图 2 所示。

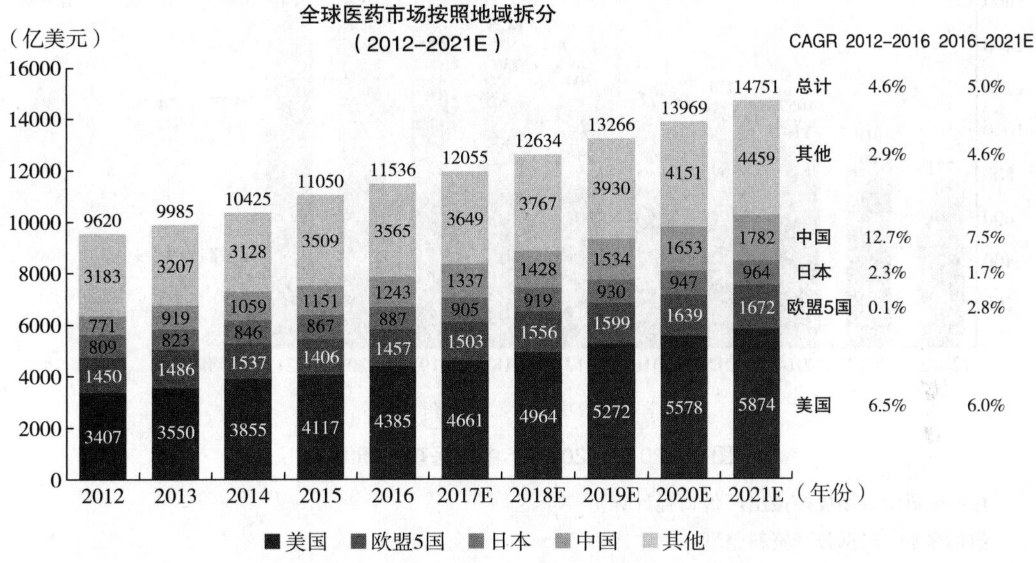


**图 2　全球医药市场规模**

注：（1）本图中市场规模的出厂价口径计算；（2）2017—2021 年的数据为预测数据。
数据来源：根据公开资料整理。

按企业出厂价计算，美国是全球最大的医药市场。2016 年美国的市场规模达到了 4385 亿美元，占据同期全球医药市场 38.0% 的市场份额。受到新上市药物以及美国庞大的慢性病人口的驱动，美国的医药市场在未来 5 年内仍将保持快速增长，预计 2021 年美国的医药市场规模为 5874 亿美元。

## 三、中国未来全球市场份额将逐渐提升

中国作为全球医药市场中最大的新兴医药市场，2016 年市场规模位居全球第三，仅次于美国和欧盟五国，为 1243 亿美元。受人口老龄化、慢性病发病率升高以及国家对医药研发的政策支持等各方面因素的影响，中国医药市场在未来 5 年会持续快速增长，预计到 2021 年市场规模达到 1782 亿美元，年复合增长率为 7.5%，成为全球医药市场的重要组成部分。2012—2021 年中国医药市场细分参见图 3。

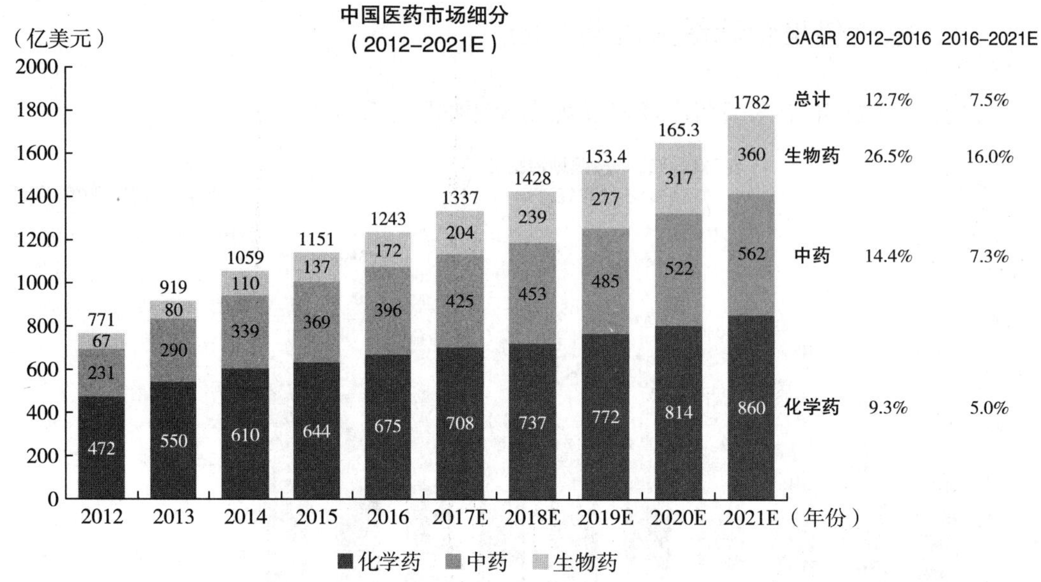


**图 3　2012—2021 年中国医药市场细分**

注：本图中市场规模按出厂价口径计算。
数据来源：根据公开资料整理。

中国医药市场中，化学药物一直占据最大的市场份额。2021 年据预测仍将占据全国医药市场 48.2% 的份额。2012—2016 年期间中国化学药增速达到 9.3%，远高于全球化学药同期 4% 的增速。

## 四、多因素促进全球医药行业稳定发展

全球及中国医药市场能够保持长期稳定增长的驱动力主要来自于以下因素：

### 1. 人口老龄化趋势

全世界都深受人口老龄化的困扰，2011—2015 年，全球 65 岁人口占比从 7.7% 增至 8.3%。由于老龄人口更易患慢性病，比如心血管疾病、癌症，而慢性疾病更需要长期的药物治疗，同时也会激发药企针对此类疾病研发新型治疗药物的热情，因此大量的老龄化人口会带动医药市场发展。

### 2. 医疗保障体系不断完善

持续增长的患病人群刺激医疗费高企和医药企业的研发投入，各国不断完善的医疗保障体系也有利于医疗行业的健康稳定发展。即使目前各国政府纷纷加强医保控费，但是患病总人数增加和保障覆盖人群扩展以及社会保险的介入而导致的医疗支出的持续增长仍然是未来趋势。

近年来，全球卫生总花费一直维持在7000亿美元水平以上，其中2011年至2014年间一直保持稳定的增长，2015年略有下滑，但是市场规模仍然巨大。

在医疗卫生花费方面，过去几年中国的增速水平大幅领先于世界平均水平，2011—2015年间中国的复合年均增长率为15.0%，但是中国医疗卫生花费占GDP的比例仍然较低，2015年仅为6.1%，低于全球平均水平，未来仍有持续增长空间。2011—2015年中国及全球医疗卫生总耗资情况见图4。

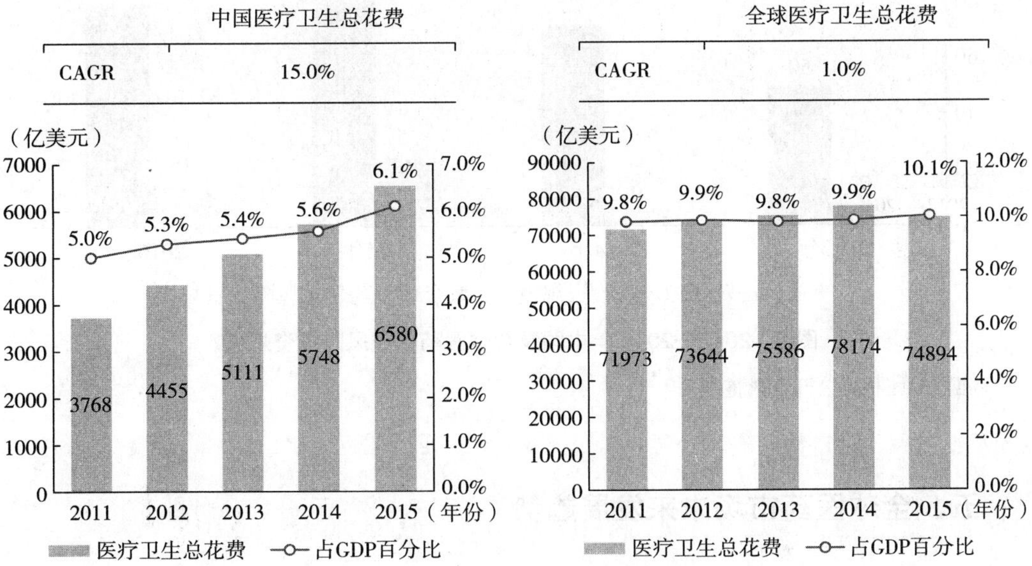


**图4　中国及全球医疗卫生总花费状况**

数据来源：根据公开资料整理。

### 3. 社会风险资本长期看好创新药物研发领域

新药研发领域所在的医药市场规模巨大，未来持续增长的预期稳定，越来越受到全球风险资本的关注。过去几年，无论从整体投资规模还是投资数量上看，风险资本对于该领域的投入日益增加，成为最为活跃的投资领域之一。2013—2016年全球市场对于医药领域的风险投资规模达到了300亿美金以上，投资规模年复合增长率为12.5%；中国过去5年相关领域投资规模也达到50亿美元以上，2013—2016年的复合年均增长率为27.4%，高于全球增速水平。2013—2016年中国及全球医药领域风险投资规模见图5。

综上，人口老龄化、慢性病患者数量的不断增加、医疗总花费的持续上升、医疗保障系统的完善、医药行业风险资本投入加大，都是全球和中国医药市场维持稳定增长的驱动力。药物研发服务行业将伴随医药市场不断成长，并为医药市场发展提供助力，不断满足患者、药企研发以及行业创新的需求。

| | 中国 | 全球 |
|---|---|---|
| CAGR | 27.4% | 12.5% |

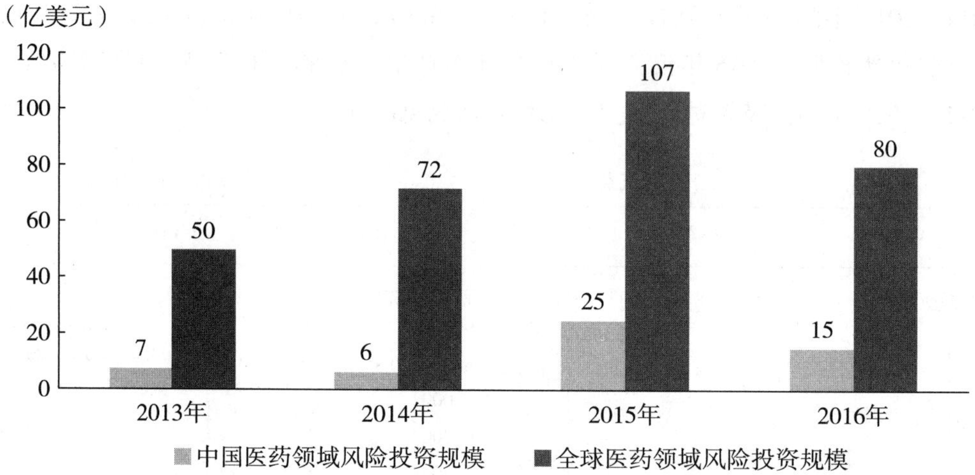


**图 5　2013—2016 年中国及全球医药领域风险投资规模**

数据来源：根据公开资料整理。

## 五、全球医药市场未来发展趋势

### 1. 新兴市场的重要性日益提升

发达经济体继续限制或削减医疗卫生预算，与此同时，许多新兴市场国家政府将医药行业作为重点发展产业。以中国为代表的新兴市场正在积极改善医疗基础设施、医疗融资服务能力，并扩大医疗保险的覆盖范围。新兴市场将是未来几年全球医药市场增长的重要贡献者，并将重新划分全球医药市场的版图。比如，中国医药市场在全球医药市场的份额将会从 2016 年的 10.8% 增加到 2021 年的 12.1%。

### 2. 专利创新药物的比重将会持续增加

相对于非专利药物，专利药赋予药品更大的溢价能力，成熟的非专利仿制药物由于专利过期后的市场化竞争使得价格日益被侵蚀；同时医保体系的不断完善，经济水平的提高，使得患者对药品的支付意愿以及支付能力均大大提高。近年来不断有新的专利药物上市，并不断地刷新销售纪录，比如吉列德公司 2016 年报披露的专利创新药 Harvoni 当年的销售额近 91 亿美元，成为全球小分子药物中销售额最高的药品，为企业带来了巨额利润。

### 3. 创新生物科技研发公司持续发展

目前，排名前20位的大型药企在全球医药市场中占据主导地位，2016年占全球医药市场份额为54.8%，但是未来将会面临中小型创新医药研发公司的巨大挑战。预计到2021年，前20位药企的市场份额将降低到46.3%。创新型中型药企通常在某一个治疗领域拥有强大的研发能力，在该领域研发出重磅药物的几率较高，并且也会成为全球医药巨头研发合作和首选并购标的。创新生物医药研发公司由于轻资产和人员少而精的特点，使其在研发药物的推进和价值发现方面，在很大程度上依赖于能够提供全流程CRMO服务的企业。这类公司的持续发展一定程度上推动了药物研发生产外包行业的发展和整合。

### 4. 小分子化学药物未来一段时间内仍是研发重点领域

最近几年，生物药的发展速度较快，但是从长期趋势来看，小分子药物仍然会长期占据医药市场的主要份额。1995—2017年全球在研产品管线生物药与非物药占比情况见图6。

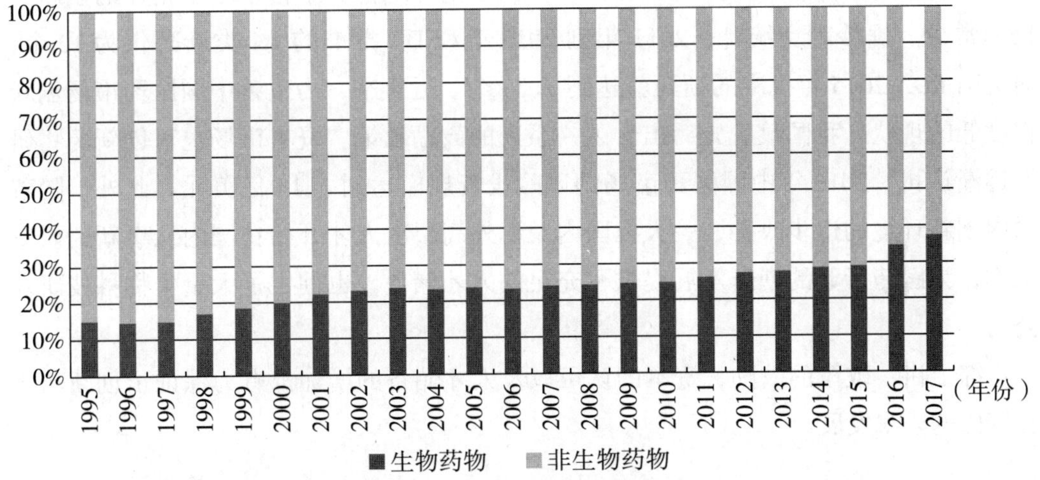


**图6 1995—2017年全球在研产品管线生物药与非生物药管线占比**

数据来源：根据公开资料整理。

1995—2017年全球在研产品分布状况显示，2007年开始，生物药在药品研发中的比例开始上升，在2017年达到37.8%，仍然低于非生物药物（主要是小分子药物）的研发管线比例。从全球药品销售额来看，小分子药物仍然占据主导地位。在药企的研发管线中，小分子药物占据着超过60%的份额。小分子药物有着售价低、服用方便、生产便利等优点，在全球各国加大医疗改革、控制医疗支出的背景下，小分子药物在较长时间内仍然会占据市场主导地位。

## 六、中国医药市场发展趋势

### 1. 仿制药热度降低，新药研发逐渐升温

2015 年中国有超过 5000 家药企，排名前 20 位的药企的市场份额仅为 27.8%，市场非常分散。中国医药企业中绝大多数都是产值较小的小型医药企业，产品以仿制药为主。近年来，中国政府对医药行业的监管力度加大，比如药品招标政策向创新药倾斜、加强规范仿制药一致性评价、实行新 GMP 认证，以及加强对临床试验数据的监管等。这些措施在规范中国医药市场的同时，也提高了药企的运营和研发成本，使得小型仿制药企业最终会退出市场。2017 年 CFDA 颁布了《国家食品药品管理总局关于调整进口药品注册管理有关事项的决定（征求意见稿）》和《关于鼓励药品医疗器械创新改革临床试验管理的相关政策》的相关规定，国家正在引导中国医药企业改变目前以仿制药为主的现状，提倡创新药物研发。

### 2. 医药行业创新能力增强，小型生物科技公司兴起

长期以来，仿制药在国内医药市场占据了主导地位，来自于本土企业的创新药物非常少。据沙利文统计，2011 年到 2015 年 CFDA 批准的 1.1 类新药仅为 12 个，而美国 FDA 2015 年批准的新药就达到了 33 个。近年来，为改善中国医药市场创新程度低的现状，我国政府先后出台了一系列的鼓励政策。资本市场也对创新药物研发逐渐认可，2016 年中国医药市场的风险投资规模达到了 15 亿美元。此外，随着国内创新环境的逐步改善，一大批国内及海外高层次人才开始在国内从事新药研发工作，为医药行业的创新发展提供了充足的人才储备，也催生了大量生物科技研发公司。

综上讲，政策的鼓励、资本的认可以及人才储备的增加都有力保证了创新药物在国内的未来发展。

# 五、绿色低碳

## 新能源汽车产业正在成为经济社会持续发展的新动力

国家发展改革委产业司

党的十八大以来，党中央、国务院高度重视新能源汽车产业发展。2014 年，习近平总书记指出，发展新能源汽车是我国从汽车大国迈向汽车强国的必由之路。李克强总理在国务院常务会议上多次研究新能源汽车发展问题。张高丽、刘延东、马凯诸位领导同志多次召开会议统筹新能源汽车产业发展有关工作。各级政府部门出台了一系列支持措施，扎实推进各项重点工作。中国新能源汽车产业抢占了发展先机，引领了国际新能源汽车发展方向，创下了举世瞩目的成绩，带来了明显的经济拉动和社会效应，新能源汽车产业正在成为经济社会持续发展的新动力。

### 一、新能源汽车市场规模居世界第一

近 5 年，中国新能源汽车产业规模全球领先，产业链格局基本形成。2016 年中国市场规模为 50.8 万辆，是 2012 年的近 40 倍，连续第二年居于世界第一；2017 年前 9 个月累计销量 39.5 万辆，比全球其他国家的总和还要多，预计 2017 年将继续保持世界第一的地位。中国新能源汽车产业链条长、跨领域应用广，已覆盖资源环节，以及整车、关键零部件、制造装备等制造环节，建立了结构完整、自主可控的产业体系，上下游产业关联度强。

## 二、整车及零部件技术水平显著提升

主要企业已形成较完备的研发体系，不仅掌握了整车制造、动力电池、驱动电机等关键核心技术，还实现了关键零部件完全自主配套。整车产品加速迭代，技术性能和产品质量大幅提高。北汽已发布以EU400和未来ARCFOX新品牌为代表的第三代产品；江淮新能源汽车产品历经七代迭代研发，续驶里程和电池能量密度显著提升。关键零部件技术提升明显。动力电池单体能量密度从2012年的80瓦时/千克提升到2017年的140瓦时/千克，提高了70%，成本下降了60%。

## 三、自主品牌国际竞争力全方位增强

自主品牌企业成长为行业龙头企业，不仅占据国内整车及零部件市场的主导地位，还受到国际市场的广泛认可，国际竞争力全方位增强。比亚迪、北汽、吉利、上汽等4家企业进入全球新能源乘用车销量前10名。中国自主品牌新能源客车产品出口到英国、美国、日本等30多个国家和地区，深受国际市场欢迎。宁德时代、精进电机等为代表的自主品牌零部件企业打造出技术优、效率高的系列化明星产品，成为全球知名零部件供应商。

## 四、国家政策支持体系日益完善优化

新能源汽车产业发展成绩的取得离不开政策的精巧设计和多部门的联动合力。中国已建立覆盖宏观导向、研发创新、投资管理、生产准入、财税优惠、动力电池、基础设施等多维度的全方位立体支持体系。2012年国务院发布《节能与新能源汽车产业发展规划》，统筹规划产业发展的战略目标、任务和措施。2012年以来，财政部、科技部、工信部、国家发展改革委实施的财政补贴有效降低了新能源汽车购置和使用成本，是市场增长的直驱力量。2015年6月国家发展改革委出台《新建纯电动乘用车企业管理规定》，调动了社会资本和具有创新能力的企业参与纯电动乘用车研发生产。2017年1月国家发展改革委组织编制了《战略性新兴产业重点产品和服务指导目录》(2016版)，引导全社会资源投向新能源汽车等战略性新兴产业。

## 五、业内外投资新能源汽车热情高涨

新能源汽车的高速发展态势和广阔发展前景，吸引业内外资本竞相涌入。作为战略性新兴产业，新能源汽车成为投资热土，社会资本加速进入。尤其是大众江淮合资项目标志着中国汽车产业的合资合作进入了新阶段，是累计多年新能源汽车产业发展成果的体现，是首次拥有一定品牌、技术、市场经验的国内企业与外企的平等合作。新能源汽车产业成为跨界合作的风口。百度、阿里、腾讯等互联网巨头纷纷聚焦汽车行业，“新能源汽车 + 交通 + 互联网”成为跨界合作热点，未来将带动更多跨界投资。

## 六、中国产业发展引领国际发展趋势

中国是汽车产业后发国家，新能源汽车产业发展使得中国由汽车产业的追随者成为引领者，全球新能源汽车发展趋势逐步向中国看齐。目前，德国政府推出犹豫多年的电动汽车购置补贴政策。2017 年德国法兰克福车展期间，拥有燃油车技术领先优势的德国大众、宝马等汽车公司纷纷宣布电动化发展战略。美国特斯拉放弃“特斯拉标准”充电接口，专门按照中国充电国家标准要求对其充电接口进行改造。日本丰田汽车也新设了纯电动汽车部门。

# 绿色制造全面起步　工业绿色转型步伐加快

工业和信息化部节能与综合利用司

## 一、2016 年主要工作

2016 年，节能与综合利用司认真落实《中国制造 2025》全面推行绿色制造的要求，扎实推进工业节能与绿色发展工作，取得了积极成效。预计全年规模以上工业增加值能耗同比下降约 5%、单位工业增加值用水量同比下降约 5.3%，能够完成年度目标。绿色制造开局良好，积极推动实现了一批理念性的创新、制度性的创新、措施性的创新。

**一是加快推进工业绿色转型提升，开创绿色制造工作新局面。**坚持把落实绿色发展理念作为工作中心和重心，稳步推进绿色制造工程顶层设计。一年来，发布第一个聚焦工业绿色转型的《工业绿色发展规划（2016—2020）》，明确提出工业绿色发展的总体思路、重点任务和保障措施，进一步加强工业绿色发展宏观指导。发布第一个聚焦制造业绿色提升的《绿色制造工程实施指南（2016—2020）》，推进绿色制造体系建设。首次组织实施绿色制造工程专项，利用中央财政资金支持了一批联合体推进绿色设计平台建设、绿色关键工艺突破、绿色供应链构建。会同国标委加快绿色制造相关标准制订和发布，以标准为引领带动企业绿色转型，完善工业节能与综合利用领域标准。在前期工作基础上，深入开展工业绿色低碳试点示范，组织实施绿色制造专项行动，推动 11 个区域工业绿色转型发展、51 家国家低碳工业园区试点建设，会同中国工程院赴甘肃兰州、内蒙古包头、宁夏银川、青海西宁等地开展绿色制造“院士专家行”活动。

**二是着力强化工业节能法制建设，健全工业节能监察新机制。**发布第一个工业节能领域的部门规章《工业节能管理办法》，界定了工业节能概念和管理职责，健全了工业节能管理体系，细化了工业节能管理手段，对工业企业特别是重点用能企业节能工作提出了明确要求，切实加强工业节能管理。首次设立节能监察专项，加强工业节能监察体制机制建设，节能监察对落实国家重大产业政策和规范市场环境的支撑作用日益增强。组织31个省区市工业和信息化主管部门以及近2万人的节能监察队伍，对全国范围4131家重点用能企业实施了国家重大工业节能专项监察，重点抓好钢铁行业能耗专项检查、重点行业能耗限额标准的贯标专项监察以及电解铝、水泥行业阶梯电价政策执行专项监察，通过强化能耗限额标准的贯彻落实，推动工业企业、地方主管部门加强技术改造力度。组织专项检查组，对20省区市进行督查。一次性培训2000名节能监察业务骨干。在钢铁行业能耗专项检查中，全面核查具有冶炼能力的钢铁企业568家，发现一批存在部分工序超标等违规行为的企业，督促企业落实整改，有力地配合了钢铁化解过剩产能工作。

**三是大力推广先进技术工艺，打造传统制造业清洁化改造新格局。**联合财政部实施重点行业挥发性有机物削减行动计划，指导地方围绕重点行业、重点领域实施挥发性有机物削减计划，支持26个高风险污染物削减项目。加强有毒有害物的污染控制，印发《电器电子产品有害物质限制使用管理办法》，发布3批汽车禁用物质要求符合性情况名单，控制和减少电器电子产品和汽车产品对环境造成的污染。联合科技部、环境保护部等发布《国家鼓励的有毒有害原料（产品）替代品目录（2016年版）》，从源头减少有毒有害原料（产品）使用。联合环境保护部推行水污染防治重点行业清洁生产技术方案，指导地方在造纸等11个重点行业实施清洁生产水平提升行动。第一次启动生态信息化工程，构建工业领域生态信息共享平台。开展长三角、珠三角清洁生产能力提升培训计划，组织首批近300家单位、3500多人开展在线培训。实施水效“领跑者”引领行动，完善取水定额和节水型企业标准，推动水效对标达标，支持一批高耗水企业开展节水技术改造，积极推动海水淡化及综合利用，加强非常规水资源利用。

**四是继续加大行业规范管理力度，营造资源综合利用新环境。**加强对废钢铁加工行业事中事后监管，修订废钢铁加工行业准入条件。发布《新能源汽车废旧动力蓄电池综合利用行业规范条件》和《新能源汽车废旧动力蓄电池综合利用行业规范公告管理暂行办法》，组织编制新能源汽车动力蓄电池产品溯源管理实施方案，会同有关部门研究制定建筑垃圾资源化利用、环保装备制造等行业规范条件。发布一批符合轮胎翻新行业、废轮胎综合利用行业、废塑料综合利用行业等规范条件的企业名单。实施京津冀及周边地区工业资源综合利用示范工程，在京津冀及周边地区建设44个示范工程项目，带动区域资源综合利用产业与生态协同发展。国家第一次支持在贵州省开展水泥窑协同处置固体废物试点示范，建立健全水泥窑协同处置长效机制。推动河北承德等12个工业资源综合利用示范基地建设，引导资源综合利用产业集聚发展。会同财政部、商务部、科技部开展电器电子产品生产者责任延伸试点工作。组织开展再制造产品认定，编制《再制造产品目录（第六批）》。

**五是积极开展绿色制造评价，壮大绿色制造新产业。**支持企业开展工业产品绿色设计，发布两批 99 家生态（绿色）设计试点企业以及 119 种绿色设计产品名录，引导企业生产方式、消费模式向绿色低碳、清洁安全转变。首次利用绿色信贷支持 300 个绿色制造项目。深化绿色制造评价与服务，评选确定第一批 35 家工业节能与绿色发展评价中心，大力培育新动能，加快转变政府职能，充分发挥社会组织作用。组织开展节能服务进企业活动，推动节能服务公司与工业企业紧密对接，将先进技术、装备引入工业企业。会同水利部积极推广国家鼓励的工业节水工艺、技术、装备，加强工业节水技术交流，提高企业节水意识，增强节水能力，推广合同节水新模式、新服务。组织编制《工业资源综合利用先进适用技术装备目录》，确定 77 项工业固废及再生资源领域综合利用技术装备。支持开展重大节能环保装备产业化示范，完成“废液晶屏资源化技术装备”“蓄热式电石生产新工艺”“生活垃圾无热载体蓄热式旋转床热解成套技术”等一批节能环保装备科技成果鉴定，促进先进适用节能环保技术装备的产业化应用和推广，积极培育发展绿色制造产业。深入推进四省一市甲醇汽车试点工作，山西晋中甲醇汽车试点工作完成验收。

## 二、2017 年工作思路

2017 年是落实“十三五”规划的重要一年，全系统要坚持把推进工业绿色发展作为落实生态文明建设和《中国制造 2025》要求的硬任务，认真贯彻落实《工业绿色发展规划（2016 年—2020）》和《绿色制造工程实施指南（2016—2020）》，持续加大工作力度，全面推行绿色制造，为确保完成国家“十三五”工业绿色发展目标打下良好基础。

**一是加快推动绿色制造体系构建。**全面落实制造强国建设战略，组织实施好绿色制造工程，会同有关部门继续实施绿色制造专项，加强绿色制造体系宣传，积极倡导绿色发展理念，建立绿色制造评价机制，开发绿色产品，建设百家绿色示范工厂，深化百家生态设计企业试点，发布百项绿色设计产品名录，推进建设一批绿色园区、绿色供应链、绿色转型城市，完善绿色制造标准体系，推进“互联网 + 绿色制造”，推动建立绿色制造服务平台，促进绿色生产和绿色消费。

**二是进一步推进传统制造业绿色化改造。**紧紧围绕制造业资源能源利用效率和清洁生产水平提升，实施重点区域流域生产过程清洁化改造、重点行业能源利用高效低碳化改造、高耗水行业水资源利用高效化改造等行动计划，推进落实挥发性有机物削减行动计划、水污染防治重点行业清洁生产技术推行方案、长江经济带工业绿色发展等实施方案，大力推进节能、节水、清洁生产技术改造。

**三是不断完善节能与绿色发展新机制。**继续利用绿色信贷、专项建设基金等支持工业节能与绿色发展相关项目，实施能效、水效“领跑者”引领行动，发布节能、低碳、节水、综合利用等技术装备目录，推广先进适用技术装备。进一步强化事中事后监管，加强节能监察机构和队伍建设，组织开展专项监察。推动资源循环绿色发展示范工程建设，推进再生资源综合利用行业规范管理。积极鼓励和探索用能权、碳排放权初始分配、节能量交易、绿色金融等市场化新机制，激发节能减排动力。

**四是深入推进绿色制造试点示范。**深化区域工业绿色转型发展、工业领域煤炭高效清洁利用、低碳工业园区、绿色设计企业、再制造等试点工作，树立典型发展模式和标杆企业，引导各地区、各行业绿色转型。加快京津冀等重点区域工业资源综合利用基地建设，加强新能源汽车动力蓄电池回收利用管理，开展试点和产品溯源管理工作，推进电器电子产品生产者责任延伸试点。

# 大力发展节能环保产业　加快培育绿色新动能

国家发展改革委环资司

发展节能环保产业，是培育发展新动能、提升绿色竞争力的重大举措，是补齐资源环境短板、改善生态环境质量的重要支撑，是推进生态文明建设、建设美丽中国的客观要求。党中央、国务院一直高度重视节能环保产业发展，各地区、各部门以提高节能环保产业供给水平为主题，以推动技术模式创新为主线，以实施重大工程为着力点，不断完善政策措施，优化市场环境，运用市场机制引导社会资源要素充分有序投入，我国节能环保产业发展呈现快速、提质、创新、集聚的发展特征，取得显著成效。

## 一、节能环保产业发展取得显著成就

**一是产业规模快速扩大。**我国节能环保产业发展迅速，这在一些代表性领域内体现得尤为突出。5 年来，我国节能环保产业产值由 2012 年的 2.7 万亿元上升到 2016 年的 5.2 万亿元，年均增速近 15%，远超同期 GDP 增速和工业增加值增速，成为经济高质量发展阶段的新亮点。

**二是技术装备水平显著提升。**在一些支撑绿色发展的重要行业内，我国的技术装备水平都取得了明显提升，部分已达到世界领先水平。我国高效燃煤锅炉、高效电机、膜生物反应器、高压压滤机等装备技术水平国际领先，在燃煤机组超低排放、煤炭清洁高效加工及利用、再制造等方面取得重大突破，常规节能环保技术和装备趋于成熟，除尘脱硫、城镇污水处理等装备供给能力世界领先，高效锅炉、高效电机、节能家电等节能装备和产品得到大规模推广应用，高效电机市场占有率由不足 3% 提升到 17% 左右。产品附加值不断提高，如：玉米芯综合利用主要产品由酒精、淀粉升级为木糖醇、低聚木糖、阿拉伯糖等功能性糖；粉煤灰综合利用产品由空心砖升级为防火保温建材、高仿石材、艺术墙面等高端陶瓷制品等，废弃物利用呈现高值化、精细化特征。

**三是服务模式不断创新。**合同能源管理、环境污染第三方治理等服务模式得到广泛应用，一批生产制造型企业快速向生产服务型企业转变，企业数量快速增加，服务模式不断创新。节能服务业产值年均增速超过30%，截至2016年，节能服务公司投资超过1000亿元，建筑和公共设施领域节能服务项目快速增长。环境污染治理市场化进程加快，污染治理的产业化、专业化程度不断提高，委托治理、托管运营等合同环境服务方式快速兴起，环境基础设施建设PPP模式取得突破，"节能超市""环境医院"等一站式综合服务模式逐步得到市场认可，提供各类综合环境服务的公司不断涌现。

**四是产业集聚区开始显现。**"小而散""多而弱"的局面正在迅速改变，一批龙头企业正在加快形成，2016年A股绿色板块上市公司达390多家，总资产达5.4万亿元，产业集中度明显提高，全国涌现了一批节能环保产业园区，形成了以园区为特点的集聚发展，一些地区集聚几百家节能环保企业，为客户提供一站式服务。一些产业园区搭建合作平台，将产业发展、技术平台、金融服务等融合，助力企业发展。

## 二、存在的主要问题

虽然节能环保产业发展取得了积极进展，呈现良好的发展态势，但也存在许多困难和问题。

**一是技术创新水平总体不高。**技术装备引领性、原创性有待提高，总体与美、德、日等发达国家相比仍有相当差距，核心技术多源自欧美发达国家，原创性技术不足。技术创新支持体系和成果转化机制不完善。创新研发体系以科研机构、院校为主，与市场需求脱节错位，技术适用性和规模化应用价值低，产业整体持续自主创新能力弱，与发达国家相比存在明显差距。科技创新资源分配不充分和不平衡并存，科技创新力量分散。

**二是恶性竞争问题凸显。**随着大量资本进入市政环境基础设施等领域，为抢占市场份额，部分企业通过"实业亏损，资本市场来补"的模式颠倒成本价格关系，价格战愈演愈烈，垃圾焚烧发电、污水处理中标价格下降过快，专家测算远低于成本价。低价中标对项目未来建设运营带来很大的风险和环境隐患，低价竞争使得劣币驱逐良币，严重影响产业整体的提质升级，不利于节能环保产业供给侧结构性改革。

**三是融资难融资贵问题突出。**节能环保行业大多是技术型、轻资产企业，且大多为中小型企业，由于可抵押的资产不多、信用评级不高，融资难问题突出。如山东某企业反映合同能源管理收益权质押不被银行受理，虽然市场需求很大，但企业仅有的1200万元贷款是以私人房产做抵押贷出的，社会融资成本达15%，财务压力很大，扩大再生产严重受阻。

**四是部分管理办法滞后。**一些标准更新不及时，对技术进步的倒逼作用没有得到充分显现。部分政策标准缺乏定期更新机制，落后于产业发展。如《报废汽车回收管理办法》于2001年颁布，其中，诸如报废汽车企业的资格认定、管理模式、环保要求等已不符合市场现状，特别是法规中关于报废汽车发动机、方向机、变速器、前后桥、车架这“五大总成”的强制报废，导致车主主动报废废旧车辆的积极性不高。一些污水处理的标准偏低，不适应水环境改善的要求。一些地区危废经营许可管理不规范，市场不活跃，处理费用偏高。

**五是市场活力有待进一步释放。**市场对新技术接受程度不高，为了避免风险，业主注重对已有业绩的考察，新技术进入市场的“第一步”十分困难。推动绿色消费缺乏有力且管用的办法，目前主要依靠教育、宣传等“软手段”，缺乏行之有效的激励约束机制，节能不节钱、环保增成本，高效节能环保产业市场占有率总体不高。节能环保执法存在区域、行业的不平衡，一些行业区域的潜力没有得到充分激发。

## 三、下一步工作思路

“十三五”期间，发展节能环保产业要深入贯彻习近平新时代中国特色社会主义思想和党的十九大精神，牢固树立创新、协调、绿色、开放、共享的新发展理念，坚持创新引领、市场主导、重点突破、开放共赢的发展原则，为改善环境质量、建设美丽中国提供可靠保障。重点做好以下工作：

**一是把握关键，力促生态文明建设。**大力推进生态文明建设，是党中央把握我国发展的阶段性特征，汲取历史发展经验教训，着眼人民群众的期待以做出的重大战略决策，是习近平新时代中国特色社会主义思想的重要组成部分。新时期节能环保产业的发展，必须首先服从和服务于国家生态文明建设的大局。要立足当前资源环境的突出短板，着力提升解决资源能源利用效率偏低、气水土等污染严重、生态环境退化等问题的能力；同时要从生态文明建设的高度，提高系统化、全局化的供给能力，把生态环境保护从单纯地减少排放、治理污染，转变到重塑生产生活方式、调整经济结构、优化产业布局、提高经济运行效率上来，真正从源头减少污染排放，加快形成资源节约和环境友好的空间格局、产业结构、生产方式和生活方式。同时尽快解决小而散等突出问题，尽快促使节能环保，包括循环经济、资源节约等产业成为绿色新动能、新引擎，成长为我国经济的新支柱产业。

**二是加速创新，推进产业提质升级。**科技创新是节能环保产业实现跨越发展的核心动力。要进一步加大支持力度，加快节能环保重点实验室、产业创新基地建设，同时通过国家重点节能低碳技术推广目录、重大技术推广目录、首台套产品等，促进科技成果加快转化。要建立市场导向的绿色技术创新体系，企业要进一步发挥创新主体作用，加强与科研机构、大专院校合作，着力推进重点共性技术和应用技术攻关，提升技术自主性和适用性，为我国自主环保技术设备的大规模生产和使用提供技术基础。同时，也要注重商业、服务、管理模式创新，满足多元化、个性化市场需求。深入推进合同能源、合同节水管理、合同环境污染第三方治理，探索小城镇、园区整体式设计、一体化运营的环境托管服务。推广“互联网 + 回收”新模式，建设兼具垃圾分类与再生资源回收功能的交投点，推进垃圾收运系统与再生资源回收系统“两网融合”。探索建立逆向物流体系，提高包装物的回用率和资源化率。

**三是强化激励，完善产业扶持政策。**一方面要加大财税和价格政策支持。继续利用中央预算内投资对节能环保产业给予支持。落实节能环保产业税收优惠政策，推动建立节能节水、环境保护专用设备企业所得税优惠目录定期更新机制，落实资源综合利用产品的增值税优惠政策。推进资源性产品价格改革，落实差别电价、惩罚性电价和阶梯电价政策；适时完善环保电价政策，探索建立污水处理服务费用与污水处理效果挂钩调整机制。另一方面要大力发展绿色金融。近两年，绿色金融发展速度很快，既是金融业发展的亮点、风口，也正逐步成为绿色行业融资的重要工具。我国的绿色金融总体仍处在起步阶段，构建完善高效的绿色金融体系还有大量工作要做。下一步，要研究制定绿色基金、绿色债券、绿色信贷等相关指导目录和管理办法，更好地把资金吸引到真正的绿色行业上来。同时也要在有效防范市场风险的前提下，推动绿色服务创新，为绿色项目及投资者提供更加多元化的金融选择。

**四是扩大需求，激发市场动力动能。**节能环保产业是典型的政策驱动型、法规倒逼型行业，要加快构建以政府为主导、企业为主体、社会组织和社会公众共同参与的环境治理体系。要继续通过实施生态文明建设重大工程，形成对先进环保技术、装备、产品及服务的需求。继续推进资源节约循环利用重点工程、长江经济带、京津冀等重点地区污染治理工程和城镇污水垃圾处理设施及污水管网工程。大力实施工业污染源全面达标排放、气水土污染治理、危险废物污染防治、核与辐射安全保障能力提升等环境保护重大工程。要推广绿色产品，培育绿色消费。健全绿色产品和服务的标准体系，扩大标准覆盖范围，研究建立统一的绿色产品体系。大幅提高节能家电、绿色建材、环境标志产品等绿色产品的市场占有率。着力培育绿色消费文化，利用报纸、广播、电视、互联网等多种形式引导消费者主动选择和消费绿色产品。深入实施节能减排全民行动、节俭养德全民节约行动，开展创建节约型机关、绿色家庭、绿色学校、绿色社区、绿色出行等行动，大力倡导绿色生活方式。

**五是改革创新，优化产业市场环境。**要进一步规范市场秩序，形成统一开放、平等准入、竞争有序的市场体系。要深入推进简政放权，优化简化节能环保项目行政事项审批流程。深入推进商事制度改革，为节能环保投资创业提供更便捷的条件。规范优化市场环境，着力完善政府社会资本合作（PPP）模式，逐步清理废除妨碍民营资本进入 PPP 市场的各种限制性条件，坚决拆除各种形式、各个环节的“玻璃门”“弹簧门”。探索改革节能环保 PPP 项目的投标机制，降低经济标占比，增加技术标权重，提倡专业化设计、专业化运营，充分激发民营资本在节能环保领域的投资活力。加强信用体系建设，建立在 PPP 项目建设或其他市场中严重违法失信主体的信用记录档案，实施跨部门联合惩戒。

# 六、数字创意

## 2017年数字文化产业发展展望

国家信息中心

数字文化产业是以文化创意内容为核心，依托数字技术进行创作、生产、传播和服务的新兴产业，具备传输便捷、绿色低碳、需求旺盛、互动融合等特点，当下正在成为引领新供给、新消费，规模高速成长的数字创意产业的重要组成部分。

### 一、产业当前发展的主要特点

#### （一）产业规模快速增长

近年来，在互联网信息技术快速迭代升级的推动下，在人民群众消费升级、对精神文化产品需求日益增长的拉动下，数字文化产业迎来了大发展，在经济下行压力增大的背景下逆势增长。从上市公司数据看，自2010年以来，数字文化产业上市公司营收增速一直在20%以上。2016年1~3季度数字文化上市公司营收达657.8亿元，增速为42.5%。2015年数字文化产业上市公司营收为668亿元，增速为49.6%。近两年的迅猛增长主要是由于2014年、2015年有多家数字文化产业企业或借壳上市或调整业务方向，剥离传统产业，切入数字文化领域（据不完全统计，2014年以来共有9家企业借壳，6家企业调整业务），充分显示出数字文化产业近年来发展的火热程度。数字文化上市公司营业收入增速如图1所示。

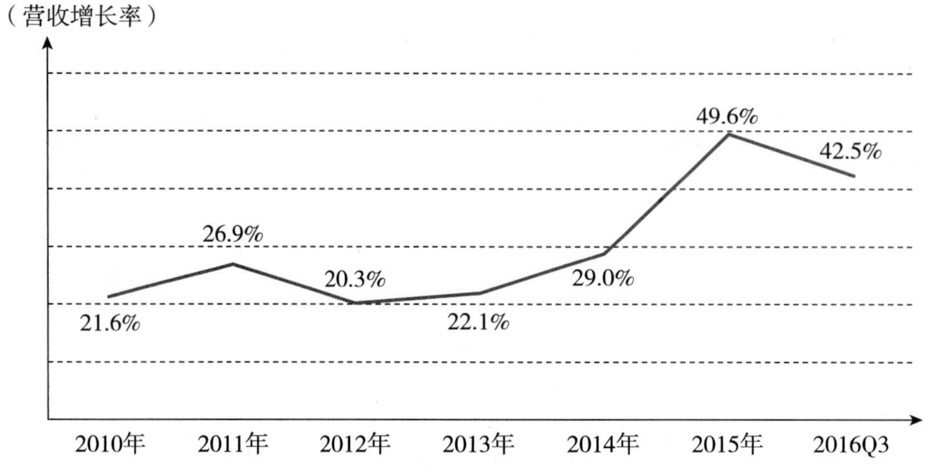


**图 1　数字文化上市公司营业收入增速**

从细分领域行业数据来看，根据《2016 年中国游戏产业报告》，2016 年中国游戏市场销售收入达到 1655.7 亿元，同比增长 17.7%；我国游戏用户规模已达到 5.66 亿人。动漫领域，2015 年总产值已经达到 1131 亿元，“十二五”期间复合增长率近 20%，2016 年产值预计将突破 1300 亿元；我国泛二次元用户规模超过 1 亿人。网络视听领域，2015 年产业营收规模达 531.5 亿元，比 2014 年增长 36.8%。2016 年上半年网络音乐市场营收 25.4 亿元，规模相当于 2015 年全年总营收的 74.1%；2016 年是直播元年，2016 年上半年网络直播市场营收 82.6 亿元，2015—2016 年 10 月，全国在线直播平台数量超过 200 家；以网络剧、网络电影为代表的网络原创视听节目创作生产高速增长，网络视频市场需求日益旺盛。截至 2016 年上半年，我国网络视频用户规模达 5.14 亿，占网民总数的 70% 以上。网络文学领域是 IP 源头，2015 年整体市场规模接近 70 亿元，预计国内网络文学市场规模 2016 年将高达 90 亿元。中国互联网络信息中心 2016 年年初发布的《第 37 次中国互联网用户发展状况统计报告》显示，截至 2015 年年底，网络文学用户规模已经达到 2.97 亿，占网民总数的 43.1%。网络文化细分领域 2016 年每周平均访问量情况见表 1。

**表 1　网络文化细分领域 2016 年每周平均访问量**

单位：亿次

| 项目<br>内容 | 视频网站 | 游戏网站 | 音乐网站 | 文学网站 | 文献网站 |
|---|---|---|---|---|---|
| 2016 年平均每周访问量 | 7.36 | 3.24 | 0.34 | 0.8 | 1.45 |

### （二）移动数字文化产业逐渐成为主流

随着3G、4G用户数量和互联网流量的增加，我国移动互联网业务种类丰富，移动数据内容市场日趋活跃。2016年移动游戏市场收入占游戏产业收入比重超过客户端，达到49.5%。截至2015年年底，网络文学用户规模已经达到2.97亿，其中手机网络文学用户规模为2.59亿，占比超过80%。截至2016年6月，手机视频用户数达4.4亿，占网络视频用户数比重超过80%，而2011年占比仅为25%，未来手机端将成为网络视频行业的主要用户和收入来源。近几年移动音频兴起后，平台企业受到资本热捧，2014—2016年，喜马拉雅、蜻蜓、荔枝均完成C轮或D轮融资。

### （三）数字文化领域“双创”极为活跃

数字文化产业以互联网为基础设施和实现工具，大幅降低了有创意、有知识、有能力的人尤其是年轻人进行创业创新的难度，为他们提供了大量创业和创富机会，拉动了非传统就业。2015年，与数字文化产业领域大量交叉融合的文化、娱乐业新登记企业10.4万户，增长58.5%，远高于全国新增企业21.6%的平均增长水平，是当前创新创业的沃土。其中网络文化更是自由就业活跃的典型领域。据不完全统计，2015年国内网站签约作者约250万人，另有超过2000万人在网上不定期创作。阅文集团是中国最大的数字阅读平台企业，自成立至今累计为400万名作家提供了创作平台，其中日销售过万元的作家近100位。同样，音频分享平台喜马拉雅短短几年就集聚了10万名主播，部分主播收入远超一般收入水平。数字文化产业为社会创造了无数“隐形”就业岗位，为一批非传统人才脱颖而出提供了机会。

## 二、产业发展面临的主要问题

### （一）人才体系不匹配

目前，游戏、动漫等数字文化产业领域专业人才十分缺乏，如研发和运营一款网络游戏的人才涉及游戏策划、技术开发、设计合成、美术、网络维护、营销、售后服务、在线管理等方方面面，成熟团队成为稀缺资源。与此同时，受众用户却持续快速增加，这种失调制约了产业的发展。同时，数字文化产业领域普遍存在人才培养方式和评价机制不合理的问题，相当多的创意人才并不一定学历高、职称高，但是可以产出非常高，因此市场化的人才培养与评价机制亟待建设。

### （二）版权保护还需进一步加强

网络盗版仍然是制约数字文化产业生态良性发展的阻碍。企业普遍反映，网络文学、数字音频等领域的盗版现象仍然普遍，行业发展显示出与盗版打击力度高度正相关的发展态势。

### （三）新业态监管办法不够明确

数字文化产业领域创新活跃、新业态不断涌现，易出现受旧制度制约或监管真空的情况。如音频、视频等细分领域涉及证照较多，申请存在较多困难，而新兴的网络直播领域又面临监管缺失，需强化以负面清单等方式来廓清产业发展方向。

## 三、产业下一步发展趋势

### （一）数字化转型带动文化产业转型升级

数字文化产业的一个重要组成部分就是传统文化产业的数字化转型，当下对数字技术的运用逐步让传统文化产业脱胎换骨，不断产生新的惊喜。电视产业中，以NETFLIX为代表的新兴企业，通过细致研究消费者观看行为的变化，按需打造剧情，创造了一批广受欢迎的新产品。国内企业也在加强电视大屏和手机小屏的相互联动，始终保持电视产品的市场热度。电影、动漫等产品通过互联网联动"粉丝经济"，利用互联网众筹等新发展模式，开发各类衍生产品，做长了产业链条，丰富了产品变现渠道。传统文化领域的数字化也让大批普通群众难以接近的文物、遗产都"活"了起来，"火"了起来。

### （二）国际化发展成为重要趋势

数字文化产业产品大多文化属性较浓，具备较强的传播力，而中国传统文化元素具有强大感召力，是我国数字文化产业产品被世界接受的有力支撑，开拓国际市场成为很多企业的发展重点。近年来，我国版权输出增多，输出总量从2007年的1132项增长到2015年的4375项，9年增长近4倍。众多网络文学作品走出国门，畅销亚洲多个国家和地区。如《步步惊心》转化为电视剧后被韩国翻拍，《鬼吹灯》《明朝那些事儿》在日本热卖；《花千骨》在泰国一上市就被抢购一空。2009—2013年，越南引进中国的网络小说达600多种。《甄嬛传》在日本刚播出一周，收视率就名列前茅。中国网络文学已经具备与日本动漫、韩剧并称为亚洲三大文化产业的发展潜力。游戏领域由于文化差异性小，跨国传播具备优势，大多数游戏企业采取国内国外市场同步开拓的策略，积极推进国际化发展。从 2010 年至 2017 年上半年，国产网络游戏产品累计出口数量已经突破 500 款，参与出口的网络游戏企业接近 200 家。2014 年中国自主研发网络游戏海外收入达 30.76 亿美元，同比增长 69%。如 2015 年游戏重点企业智明星通总收入中，海外收入占比超过了 80%。

### （三）广泛融合创新成为产业发展重要驱动力

一方面是数字文化产业领域内相互融合衔接。传统产业间往往技术区隔度较大、产业跨界难度大。而数字文化产业的底层技术与内容在数字融合趋势下已经被打通，领域之间疆界缩小，比如动漫的表现手法和创作语言已经广泛运用到游戏、影视、设计等各个领域。跨界发展也因此成为行业内企业的典型特征，做视频内容的企业可以扩展到终端接入设备制造，做网络文学的企业可以拓展到下游影视、动漫行业，如阅文集团是做网络原创文学平台的企业，也投资制作动漫、影视剧以及相关周边产品，同时还与喜马拉雅合作制作音频内容。

另一方面是数字文化产业与国民经济社会发展各产业门类的融合。如动漫与实体经济融合不断加深，通过动漫品牌授权的模式提高传统经营附加值，“三只松鼠”电商网站就是以“三只松鼠”作为核心形象营销休闲食品，3 年内发展成为国内休闲食品销售第一电商网站；更早的还有《海尔兄弟》动画片，提升了企业的品牌效应和文化内涵。此外，数字文化产业也在逐渐与教育、贸易、物流等领域相结合。

LEADING

**INDUSTRY**

# 区域篇

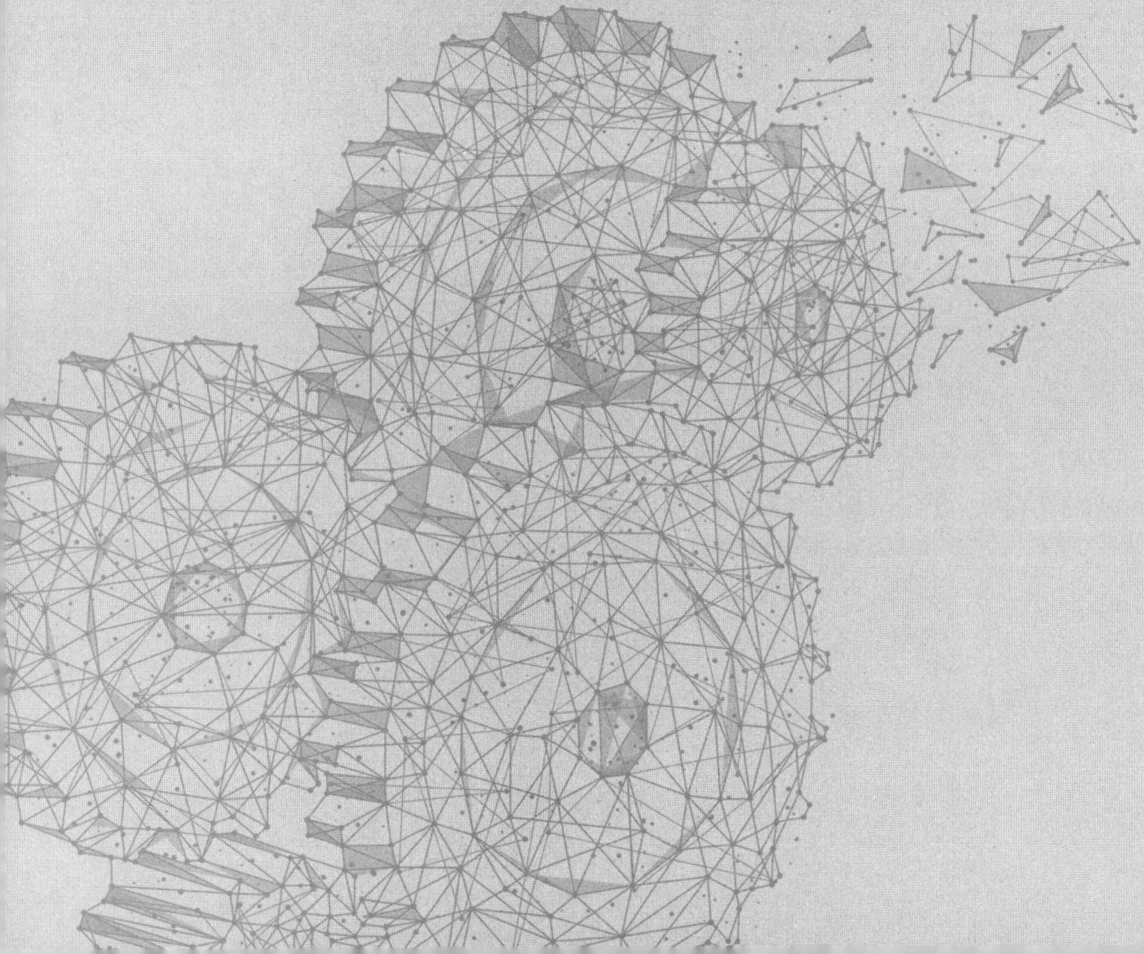

# 营造全面创新环境　驱动战略性新兴产业新一轮发展

## ——北京市战略性新兴产业重点区域发展前瞻

北京市发展改革委

2016年正值“十三五”开局之年，北京市加快推进战略性新兴产业创新发展，着力提升自主创新能力。全市战略性新兴产业实现增加值3824.3亿元，增长10.7%，高于GDP增长率4个百分点，占全市经济的比重为15.4%，为全市“十三五”战略性新兴产业新一轮的发展起好了步、开好了头。

在“十三五”时期接下来的几年里，北京市将继续牢固树立创新、协调、绿色、开放、共享的发展理念，牢牢把握首都“四个中心”城市战略定位，更加突出创新驱动，大力推进以科技创新为核心的全面创新，形成以创新为引领的经济体系和发展模式，全面提高发展的质量和效益，构建与首都功能定位相匹配、与经济发展方式相协调、与人口资源环境相适应的战略性新兴产业体系。

### 一、聚焦政策体系构建，营造有利于产业创新发展的制度环境

#### （一）营造鼓励创新创业的市场环境，构建创新发展政策支撑体系

进一步提升创新环境。在科技改革、科技金融、人才政策等方面取得新突破，进一步推进科技计划和资金管理改革，持续优化科技计划专项、基金等布局，抓好财政科研项目和经费管理“28条”等创新措施的实施督导工作。

进一步聚焦产业发展。在实施好已有“互联网+”、云计算、大数据等政策的基础上，继续关注出台促进新技术与经济社会领域的融合创新政策，营造新的经济增长点。

#### （二）找准体制机制创新的突破口，形成一批先行先试、可复制推广的改革举措

以京津冀全面创新改革试验为契机，大力推进全面创新改革试验。在要素流动、

成果转化、区域协同等方面，争取形成一批重大改革突破，探索推进股权激励及新型孵化机构税收优惠、区域创新政策交叉覆盖等改革举措。联合国家有关部门，推动中央在京创新主体试行市级相关创新政策。

充分发挥中关村先行先试作用，抓好已有先行先试政策的精准实施。围绕扩大科研人员聘用和管理自主权、科研项目经费试行负面清单管理等方面，研究提出新的政策建议，争取国家有关部委适时推进试点。用好建设中关村国家科技金融创新中心的意见和已有政策，探索科技金融创新新举措。

## 二、推进“三城一区”建设和京津冀协同创新，优化产业发展的空间承载布局

### （一）推进“三城一区”建设，促进创新资源和要素集聚发展

聚焦中关村科学城，推进中关村大街提升改造，集聚全球高端创新要素，提升基础研究和战略前沿技术研发能力，形成一批具有全球影响力的原创成果、国际标准、技术创新中心和创新型领军企业集群。重点支持在网络空间安全、量子通信等领域产生一批原创技术成果，在人工智能、自主可信计算等领域突破一批关键核心技术，推动量子点微型光谱仪芯片、神经网络处理器等重大成果转化。

突破怀柔科学城，着力建设综合性国家科学中心，引导多元主体协同，形成创新耦合效应，成为世界级原始创新的承载区。重点布局国家重大科技基础设施和前沿科技交叉研究平台，加快推动综合极端条件实验装置、地球系统数值模拟装置等重大科技基础设施建设。充分发挥平台公司市场化配置资源作用，保障和引导更多的土地和空间资源服务于综合性国家科学中心建设，努力建设环境清新优美、创新活力彰显、创新成果领先的科学之城。

搞活未来科学城，依托高层次创新创业人才团队，聚力关键技术研发，建设协同创新平台，搭建专业化众创空间，促进重大科技成果转移转化。加快推进科技成果股权和分红激励等政策在央企研究院落地实施，增强创新创业活力。

建设创新型产业集群和中国制造 2025 创新引领示范区，以重大产业项目为牵引，对接三大科学城科技创新成果转化，打造以北京经济技术开发区为代表的创新驱动发展前沿阵地。培育具有国际竞争力的产业创新体系，聚焦动力电池、石墨烯、人工智能等领域，建设国家级制造业创新中心，形成一批国际标准，引领提升产业技术创新能力，打造一批具有全球影响力的创新型产业集群。

同时，继续立足中关村国家自主创新示范区，加大先行先试力度，促进各分园

高端化、特色化、差异化发展，促进全国科技园区资源要素双向流动，塑造更多依靠创新驱动、更多发挥先发优势的引领型发展模式。

### （二）加快构建京津冀协同创新共同体，形成辐射更广的战略新兴产业空间格局

围绕节能环保、新能源、高端制造等重点领域，支持三地创新主体开展联合研发、成果转化和示范应用。完善政策互动、资源共享、市场开放等机制，建立跨区域协同创新平台、科技资源服务平台与技术转移转让绿色通道，为三地企业提供“总工式”服务，为创新资源和要素在三地之间流动创造更好的条件。探索完善跨区域园区共建、共管、共享机制和模式，总结曹妃甸协同发展示范区、天津滨海—中关村科技园区等经验，引导企业积极参与雄安新区建设，开展各项经济技术合作，将科技创新园区链延伸到雄安新区。发挥新型产业组织作用，探索“北京研发—津冀制造”机制与模式，逐步形成以区域协同为支撑的创新产业布局。

## 三、注重产业提质与稳速并行，突出抓重点、抓龙头、抓示范

### （一）抓重点

在领域选择上，进一步聚焦战略性新兴产业和前沿尖端领域。积极发展节能环保、集成电路、新一代信息技术、新能源、新材料等新兴产业和高技术产业，持续推进新型显示、大数据、云计算、物联网、人工智能、3D 打印、机器人、高端制剂、基因检测等领域发展，着力支持传统优势企业实施绿色制造和智能制造技术改造。在业态培育上，推进产业业态创新，推动“互联网 +”行动，促进互联网与实体经济深度融合，培育新业态、新模式。

### （二）抓龙头

聚焦龙头企业培育壮大。提升龙头企业创新资源整合能力，对重点企业开展“一企一策”服务。帮助企业及时了解关于减轻企业负担、促进实体经济发展、促进创新发展的相关政策，及时解决企业反馈的问题。

聚焦重大项目投资拉动。一方面，积极推动一批创新效应明显、带动能力强的“高精尖”重点项目落地建设，发挥大项目对投资的增长带动作用；另一方面，聚焦设备投资，减少对土地等生产要素的依赖，加强传统工业企业智能化、信息化转型升级。

### （三）抓示范

持续推进国家级试点示范城市建设。继续深入推进北京市电子商务、下一代互联网、云计算、信息惠民等试点示范城市建设，积极争取国家政策、资金支持。

深入推进政府采购新技术新产品试点工作。通过预留采购份额、给予评审优惠等政策，加大对高精尖企业产品、服务的政府采购力度。

进一步落实中关村首台（套）重大技术装备使用等鼓励政策。探索建立“首购首用”风险补偿机制，促进创业期高精尖企业新技术新产品的推广应用。

## 四、围绕加强创新源头供给，注重原始创新和技术创新能力建设

### （一）积极对接重大科技资源落地

坚持“主力要出征、地方须支前”，积极搭平台、建机制、出政策、优服务，充分发挥国家科研院所、研究型大学、创新型企业主力军作用，积极争取国家实验室在京布局，主动承接国家科技重大专项、科技创新 2030 重大项目和重大科技基础设施建设，加强基础研究，推动关键核心技术联合攻关，抢占引领未来发展的科技战略制高点。

### （二）大力推进技术创新转化

深入实施北京技术创新行动计划，组织实施 5G 关键技术验证等基础前沿研究项目，支持大数据核心技术、网络空间安全防护技术等重大应用技术研发，推动一批重大科技成果转移转化。

### （三）推动军民深度融合创新

加快促进应急救援等军民两用技术双向转化，推进北斗导航定位共享平台建设，加强核心技术突破。推进中关村国家军民融合创新示范区建设，加快房山、大兴、昌平、顺义等军民融合特色园区和基地建设。

## 五、加强资金和人才两大创新要素聚合力，构筑产业发展坚实保障

### （一）着力推进“三个转变”，强化科技产业资金协同

推进支持模式转变。结合科技计划管理改革，推进建立科技产业资金的统筹联

动机制，由科技统筹专项资金向多部门资金预算协同联动转变，强化对重大项目的协商协同，强化部门间的功能性分工。

推进支持重点转变。政府资金重点支持市场不能有效配置资源的基础研究、战略性前沿技术以及关键共性技术领域，重点支持有效需求尚未形成、市场机制尚未发挥作用的新兴产业，重点支持处于孵化期、初创期等早中期阶段的科技型小微企业，重点支持要素市场、知识产权、人才培养、成果转化等创新创业环境建设。

推进支持方式转变。积极采用股权投资、担保、贴息等市场化手段；支持政府引导、市场运作的基金模式，用好产业投资基金、创投基金等杠杆，发挥好集成电路产业基金、新兴产业创投基金的作用；更多运用财政后补助、间接投入等方式进行支持。

### （二）实施更具吸引力、更加包容的人才政策，更好激发人才的创新动力

瞄准“引得进来”，集聚顶尖人才。支持在战略前沿等领域探索建设新型研发机构，吸引国际顶尖专家进入平台开展联合研究。建设国内与国际联动的人才服务平台，支持在京高校开展“双一流”建设。

围绕“教得出来”，培养创新人才。依托科技重大专项与人才工程，组织实施全球顶尖科学家及创新团队引进计划。探索与国家自然科学基金会建立联合基金等形式，服务与培育优秀学科学术带头人。

致力“留得下来”，服务激励人才。完善高层次人才居留和出入境、落户、社会保障等方面的政策。深化职称制度改革，开展新兴领域职称评审试点，扩大中关村高端领军人才高级职称评审“直通车”适用范围。创新人才评价机制，加快推进基础研究、应用研究和科技成果转化等人才分类评价。

# 492 家企业技术中心"创响中国"

## ——河北省战略性新兴产业发展情况

河北省发展改革委

党的十八大以来，河北省扎实推进供给侧结构性改革，加速培育发展新动能，以推进京津冀协同发展为契机，深入实施创新驱动发展战略，出台了深入实施创新驱动发展战略推进产业转型升级的意见、战略性新兴产业发展"十三五"规划、推进"互联网 +"行动实施意见、大数据发展的实施意见等一系列文件，产业发展环境不断优化，战略性新兴产业蓬勃发展，正在成为河北省产业转型升级、新旧动能转换的重要引擎。

### 一、战略性新兴产业实现较快增长

2016 年，河北省规模以上高新技术产业实现增加值 2147.5 亿元，增长 13%，高于规模以上工业增速 8.2 个百分点；占规模以上工业比重 18.4%，对工业增长的贡献率达到 46.3%。从行业和重点产品发展看，新能源汽车、新能源、新材料、高端装备领域增长较快，增速分别为 74.3%、27.5%、12.8%、12.7%。光电子器件增长 25.3%，医疗仪器设备及器械增长 29.4%，锂离子电池增长 15.6 倍，工业机器人增长 7 倍。经过多年培育发展，河北省战略性新兴产业形成了以唐山轨道客车为龙头的高速动车产业集群，以英利、晶龙、中航惠腾、国电联合动力为骨干的光伏、风电产业集群，以石药、华药、以岭、神威为代表的石家庄生物医药产业集群等一批特色产业集群，对全省转型升级的引领支撑作用日益增强。

### 二、投资增速加快、热点增多

2016 年，河北省高新技术产业投资增长 10.7%，高于全省固定资产投资增速 2.3 个百分点，占工业投资比重达到 26.2%。从重点行业看，节能环保、新能源、生物产业分别增长 28.8%、33.5% 和 21.2%，软件和信息技术服务业增长 108.9%。从项目建设看，投资280亿的云谷科技第6代AMOLED面板项目启动建设，凌云工业汽车零部件协同制造服务云平台、建投水务互联网智慧水务、石药盐酸头孢卡品酯产业化等一批国家级、省级高技术产业化和应用示范类项目加快实施。从承接平台看，正定集成电路封装测试基地、中关村海淀园秦皇岛分园、中关村保定创新中心、涿州·中关村和谷创新产业园、北京·沧州渤海新区生物医药产业园等一批协同创新基地加快建设，新兴产业发展后劲不断增强。

## 三、区域发展新支撑加速形成

依托各地区位、资源优势，大力发展特色战略性新兴产业。一是石家庄国家高端生物医药产业基地是全球重要的抗生素、维生素原料和制剂生产基地，全国最大的医药工业和现代中药基地之一，拥有近200家医药企业，在原料药、生化药物、创新药物以及现代中药标准化方面具有竞争优势。二是张家口市可再生能源示范区作为国务院批复的首个也是目前唯一一个可再生能源示范区，围绕推进"三大创新"、实施"四大工程"、打造"五大功能区"，扎实推进可再生能源的规模化开发和应用、产业发展、技术和体制创新，截至2016年年底，示范区可再生能源装机容量达到1000多万千瓦，占全部电力装机的70%，位居全国前列。三是京津冀大数据综合试验区获得国家批复，张家口大数据中心、承德大数据产业园、石家庄大数据产业联盟等启动建设，为河北省加快数据资源共享、促进产业融合、提升社会治理水平提供重要支撑。四是首批省级战略性新兴产业示范基地启动建设。依托产业基础较好的省级以上开发区，组织建设生物医药、光电与导航、通用航空、机器人、大数据等14个省级战略性新兴产业示范基地，创新战略性新兴产业发展模式，调动地方建设积极性，促进开发区发展水平整体跃升，新兴产业载体功能进一步增强，其中石家庄国家高新区跻身全国15强。

## 四、产业创新能力取得新提升

坚持把产业创新能力建设作为推动战略性新兴产业发展的有效载体，出台了《关于支持企业技术创新的指导意见》《关于提升产业创新能力实施细则》等政策文件，加大对创新平台的支持力度。一是国家创新平台建设实现新突破。通过与中国农大、中科院的深入合作，涿州国家模式动物表型与遗传研究设施即将获国家批复。截至2016年，河北省国家级（含国地联合）工程实验室达到22个。二是省级创新平台增添新力量。2016年，新认定省级企业技术中心45家，河北省省级以上企业技术中心累计达到492家，其中国家级40家；新建省级重点实验室、工程技术研究中心、产业技术研究院38家，省级以上累计达到363家。三是关键技术创新取得新成绩。高速动车牵引系统、网络控制等技术实现突破，6英寸碳化硅规模化生产技术趋于成熟，百吨级石墨烯生产线正式投产。

## 五、创新发展重点改革深入推进

京津冀系统推进全面创新改革试验方案、河北省系统推进石保廊区域全面创新改革试验方案获国务院批复，国家授权石保廊区域开展"18+19"条政策的先行先试，已有12项政策落地实施。同时，聚焦激发市场主体创新活力、推进科技金融创新、加快人才引进和培养等三方面，筛选出14项含金量高、支撑性强、便于试点的改革举措开展试点，打通创新改革"最后一公里"。京南科技成果转移转化示范区被科技部批准为首个国家科技成果转移转化示范区。北戴河生命健康产业创新示范区获国家发展改革委批复。河北省委、省政府召开2016年全省科技创新大会，出台了《关于加快科技创新建设创新型河北的决定》以及深化人才机制改革、促进科技成果转化、扩大高校科研自主权等16项支持科研领域"放管服"改革政策及实施细则，制约创新创业发展的瓶颈制约正在得到破解。

## 六、大众创业万众创新蓬勃发展

一是加快落实国家和河北省出台的一系列"双创"政策。深入推进行政审批制度改革，制定并实施科技型中小企业成长计划、新兴产业"双创"三年行动计划等行动方案，有效激发了全社会创新创业活力。二是积极推进"双创"示范基地建设。保定高新区和河北农业大学已经国务院批复建设国家第二批"双创"示范基地；启动开展了河北省"双创"示范基地建设工作，依托省内双创工作基础好的区域、企业和高校，支持建设20家左右省"双创"示范基地。三是积极组织筹办"双创"活动。成功举办了2016年全省"双创"活动周，全省"双创"活动掀起新高潮，环境生态进一步优化。保定市举办了2017年全国"创响中国"活动，积极宣传创新创业成果经验，营造良好的"双创"环境氛围。四是进一步完善创新发展服务体系。相继成立了河北省战略性新兴产业创业投资引导基金、省科技成果转化引导基金等股权投资基金，积极探索支持初创期、早中期新兴产业中小企业发展的新模式、新途径；在技术、信息、咨询、融资、法律援助、创业辅导、培训等方面，建设了一批专业化、网络化服务平台。2016年，河北省新建省级以上众创空间88家，省级以上科技企业孵化器达到89家，新增科技型中小企业13372家、高新技术企业795家，总数达到41953家和2031家。

# 培育企业成为创新主体
# 鼓励民营企业发展战略性新兴产业

——天津市战略性新兴产业发展及展望

天津市发展改革委

## 一、2016 年战略性新兴产业发展情况

2016 年，天津市战略性新兴产业呈现出良好的发展态势，高技术产业（制造业）增加值占规模以上工业的比重达 12.6%。产业发展呈现出以下几大特点：

**新技术不断涌现。**在三维石墨烯体相材料制备、脑机交互、水下航行器等基础领域实现新突破，开发出高响应复杂曲面七轴长臂喷涂机器人、主动反射面液压促进器等一批重大创新成果，为 FAST 望远镜、“天宫二号”等重大技术突破做出积极贡献。

**新产品产量不断增长。**节能与新能源汽车产量达到 4.79 万辆，增长 8.1 倍；城市轨道车辆产量达到 311 辆；光纤、太阳能电池、光电子器件产量分别增长 28.2%、23.1%、8.8%。

**新业态迅速壮大。**作为新兴消费业态的典型代表，网络消费保持高位增长，比重持续提高。2016 年天津市网上零售额达到 383.14 亿元，同比增长 44.6%，占线上社会零售总额的比重达到 12.1%，比 2015 年提高 3.2 个百分点。网购活跃带动快递业快速发展，完成业务量 4.1 亿件，增长 60.0%。

**新模式层出不穷。**“互联网 +”快速发展，传统行业与互联网加快融合，推动网络约车、远程教育、在线医疗、智慧社区等新服务模式不断涌现，在适应居民消费需求升级、极大方便日常生活的同时，带动“互联网 +”相关服务业较快增长。2016 年，天津市互联网和相关服务、软件和信息技术服务业的营业收入分别增长 77.8% 和 14.6%。

## 二、推动战略性新兴产业发展主要做法

### （一）加强顶层设计，布局"十三五"开局之年

《中共天津市委、天津市人民政府关于贯彻落实〈国家创新驱动发展战略纲要〉的实施意见》经中共天津市委第十届第九次全会审议通过，确定了天津市建设创新型城市和产业创新中心"三步走"的战略目标。为保证实施意见落地，建立"统一管理、依托各方、各司其职、合力推进"的工作机制，将实施意见细化分解为100项工作任务明确到各责任部门，各个部门均就落实实施意见制定了具体实施方案和配套政策。《天津市战略性新兴产业发展"十三五"规划》作为市重点专项规划已经市政府批复同意，聚焦8个重点领域，通过实施5项重点工程，打造2个"五千亿"级产业集群、5个"千亿级"产业集群，推动形成滨海新区、中心城区"两极衔接"，各区域"融合发展"，特色基地、产业园区"多点互动"的产业发展格局。为进一步做好"十三五"国家战略性新兴产业发展规划的承接工作，编制出台了《关于贯彻落实"十三五"国家战略性新兴产业发展规划的实施意见》（津政办发〔2017〕68号），提出了天津市落实"十三五"国家战略性新兴产业发展规划的总体思路和工作目标，以及推动重点产业新跨越、打造创新引领新优势、构筑集聚发展新格局、推进协同开放新发展、营造产业发展新生态等5个方面的具体工作任务，推动战略性新兴产业成为经济持续健康发展的坚实力量。

### （二）推进体制机制改革

加快建设京津冀全面创新改革试验区，推动重大创新改革政策试验落地。建立风险补偿机制，明确了包括知识产权质押贷款在内的风险补偿比例；设立了天津金城银行，以民营企业与科技型中小企业为服务重点；出台了开展中长期国际商业贷款管理办法，支持企业借用中长期国际商业贷款；在试点允许中外合作、中外合资企业设立自费出国留学中介机构方面，天津自贸区出台了相关认定与监管办法；在天津自贸区，外商投资人才中介机构股权比例可以实现不超过70%的控股。积极开展天津市特色试验，服务协同发展，扎实推进天津市全面创新改革工作。编制出台《天津市系统推进全面创新改革试验工作方案》，将全市全面创新改革工作细化分解为5方面90项改革任务和需要国家支持的16项改革举措，每项改革任务和改革举措均明确责任部门，提出时间节点要求和年度目标。

### （三）多举措综合施力，培育战略性新兴产业

**强化产业技术支撑。**面向战略性新兴产业，围绕新一代信息技术、高端装备制造等重点领域，深入实施互联网跨界融合创新示范、新能源汽车、新材料、智能制

造、机器人、新药创制、精准医疗等40余个科技重大专项与工程，开发出一批国内领先的基础研究与前沿技术成果。

**促进特色产业集聚。**依托现有产业基础，优化创新资源布局，推动产业高端发展和特色集聚，通过实施物联网重大应用、云计算、新能源汽车、基因检测技术等应用示范工程，打造了一批具有较强行业竞争力的特色产业集聚区和产业化基地，推动以高端装备制造、新能源、生物医药、节能环保、跨境电子商务等为代表的新兴业态快速发展。

**培育企业成为创新主体。**推动科技型企业创新发展，组织实施领军企业培育重大项目，促进科技型企业裂变创新发展，积极推动科技型企业发展成为高新技术企业，加快推进领军企业创新联盟"511"工程，探索构建"领军企业+高校院所创新团队+科技型中小企业"模式。2016年，天津市科技型企业累计达到8.8万家，规模超亿元科技型企业累计达到3900家，国家级高新技术企业累计达到3265家。规模超亿元的工业科技型企业产值占全市规模以上工业总产值的比重超过50%。

**搭建创新创业平台。**与中科院签署"十三五"期间全面科技合作协议，清华大学高端装备研究院、中科智能识别技术研究院等在津设立协同创新平台，中科重离子科研中心、中科院电工所电气技术研究院等平台机构相继落户，在津国家级科研院所达到132家。打造京津冀协同创新共同体，天津滨海—中关村科技园、宝坻京津中关村科技城、未来科技城京津合作示范区等多个创新园区加快建设。聚焦专业化、高端化建设方向，打造众创空间升级版，天津市已建成并认定众创空间139个、孵化企业2000多家，带动就业6000多人，缴纳税收1600多万元。

### （四）创新财政资金使用模式

拟由市财政出资设立天津市先进制造产业发展引导基金，充分发挥财政资金的杠杆放大和引导效应，引导社会资本投向支柱产业和战略性新兴产业，综合运用股权投资、并购投资、项目投资、风险投资等多种方式，打出一套产业投资"组合拳"。到2020年，形成一批产值过千亿元的先进制造业产业集群，千亿级总部企业10家、百亿级龙头企业100家、国家高新技术企业5000家、科技型中小企业10万家，基本建成全国先进制造业研发基地。

## 三、2017年重点工作安排

### （一）全面推进改革试验

推动全面创新改革试验向纵深拓展，加快天津滨海国家自主创新示范区、自由贸易试验区以及滨海新区中心商务区"双创特区"建设步伐，在国际中长期商业贷款、投贷联动试点等方面取得政策性突破。加快建设京津冀大数据综合试验区，依托信息产业、智能制造、创新创业等方面的优势，强化带动支撑，努力实现重点突破、错位发展，加快建设大数据产业基地和数据资源聚集服务区。推动滨海新区中心商务区和滨海高新区"双创"示范基地建设，在政府服务提升、投融资环境优化、创业创新支撑平台建设、创业创新人才保障以及京津冀协同创新方面实施五大工程，探索形成区域性的创业创新生态环境，在全国发挥先行示范作用。推动航空产业不断壮大，启动通用航空产业综合示范区建设，编制《天津市通用航空产业综合示范区建设实施方案（2017—2020）》，研究产业配套政策，完善产业链条，培育龙头企业。

### （二）积极完善政策环境

坚持把创新作为引领发展的第一动力，深入实施创新驱动发展战略，在科技创新、商业模式创新、管理服务创新、体制机制创新上下功夫，大力推动"放管服"改革，加快公共服务平台建设，提升"互联网 + 政务服务"水平。深入落实"十三五"国家战略性新兴产业发展规划，出台实施方案，明确重点任务分工、实施成果、时间节点，制定配套政策。着力推动大众创新创业，打造开放式、协同式创新创业平台，狠抓企业孵化和建立技术创新战略联盟，进一步提升众创空间专业化水平。加快人才队伍建设，针对不同人才群体，深入实施"千企万人"、人才"绿卡"、新型企业家培养工程、百万技能人才培训福利计划等不同类型的人才支持计划。加强知识产权创造、运用、保护和管理，建设国家知识产权服务业集聚发展试验区。

### （三）增强产业核心竞争力

着力培育新动能，大力推进网络协同制造、绿色制造等新模式，在机器人、3D打印等领域开发一批关键技术和重大产品。壮大高端装备、航空航天、新一代信息技术等战略性产业规模，加快百亿亿次超级计算机、中芯国际扩能、中沙新材料园、中欧先进制造产业园等项目进度。实施"互联网 +"产业集群行动，推动制造资源在线化、产能柔性化、产业链协同化，构建基于互联网的大型制造企业"双创"平台和为中小企业服务的第三方"双创"服务平台。

### （四）促进市场主体发展

加快推进国有企业改革，除涉及国家安全领域的国有企业，全面推进混合所有制改革，以股份制改革为契机，促进技术、资产、人才的双向流动，在增动力、添活力上取得更大突破。加大推进民营经济发展力度，优化投资营商环境，放宽市场准入，鼓励民营企业发展战略性新兴产业。推动科技型企业规模扩展、质量提升，新培育科技型企业8000家、规模过亿科技型企业300家，新增国家高新技术企业700家，支持科技企业在海外建立研发中心，在“一带一路”沿线设立技术推广中心。

### （五）加快构建创新平台

推动与中科院的全面科技合作，吸引一批国家级科研院所在津落户，加快天津滨海—中关村科技园、宝坻京津中关村科技城、未来科技城京津合作示范区等多个创新园区建设，促进南大津南研究院、南京理工大学北方研究院等新型研发机构科技成果转化。推动在建的国家级、国家地方联合、市级创新平台构建创新网络，推动创新资源交流、共享，促进产业协同发展，努力争取新增创新企业百强工程试点企业。

### （六）加快金融创新步伐

设立天津市海河产业基金，通过吸引社会战略投资者共同发起设立多支母基金，形成母基金群，引导社会资本投向支柱产业和新兴产业。启动战略性新兴产业企业融资担保风险补偿试点，推动设立地方风险补偿金，为对战略性新兴产业企业提供信用贷款的金融机构提供风险补偿，缓解企业融资压力。推进新兴产业创投基金运营，落实储备项目，监督基金切实履行基金章程、协议等法律文件和要求，实现基金设立和投资等既定目标。

# 支持具有较强辐射带动作用的关键领域发展

## ——山西省战略性新兴产业发展及展望

山西省发展改革委

构建结构多元化、素质中高端的战略性新兴产业体系，是山西转变经济发展方式、破解发展难题的根本支撑。山西省第十一次党代会将战略性新兴产业作为山西省实施产业转型升级“六大工程”之一，代表山西省今后产业发展方向。

### 一、战略性新兴产业发展情况

#### （一）布局产业发展架构

以科技创新为引领，大力发展新兴产业，是促进经济转型升级的必由之路。山西省委省政府将发展战略性新兴产业作为实施创新驱动发展战略最重要的先导力量，着力打通发展新技术、培育新产业、带动新增长之间的通道，集中力量支持具有较强辐射带动作用的关键领域发展。先后出台战略性新兴产业“十三五”发展规划、相关产业专项规划，实施“中国制造 2025”山西行动纲要，启动轨道交通装备、煤机装备、煤层气装备、电力装备、煤化工装备等五大装备制造业领域重大项目布局，出台各基地建设发展规划并加快落实。根据山西省政府发布的《山西省“十三五”战略性新兴产业发展规划》，立足省内现有产业发展基础和技术创新能力，抓紧制度设计与政策创新，加快布局新一代信息技术、高端装备制造、新材料、新能源、节能环保、生物等战略性新兴产业，重点实施大数据、碳纤维、轨道交通装备、新能源汽车等一批新兴产业项目。

#### （二）战略性新兴产业有了长足发展

通过大力实施创新驱动、转型升级，积极培育经济新动能，推进山西转型综合改革示范区建设，加快布局数字经济、高端装备制造、新材料、新能源汽车等战略性新兴产业，实施了云计算、高端碳纤维、轨道交通装备等一批转型项目。太锅首台套流态重构循环流化床锅炉、阳煤首台商业规模水煤浆水冷壁气化炉、易通首台余热回收利用双循环低温发电机组、太重 5 兆瓦风电机组、东杰智能物流装备系统等重大技术不断突破，创新成果不断涌现，有力推动了山西省战略性新兴产业的发展。2016 年，山西省战略性新兴产业、高技术产业增加值分别占全省规模以上工业增加值的 12.6%、7.9%，分别比上年提高 1.2 个、1.1 个百分点。

## 二、促进战略性新兴产业发展的保障措施

战略性新兴产业的发展事关山西省转型升级和经济持续健康发展，必须有强有力的支持和保障措施。要贯彻落实山西省委“一个指引、两手硬”的重大思路和要求，按照山西省政府第十次全体会议精神，大力实施创新驱动，实现战略性新兴产业集聚发展，扩大对外开放，改革体制机制，拓宽投融资渠道，实现人才强省。

### （一）实施以科技创新为核心的全面创新

把科技创新摆在山西省发展全局的核心位置，R&D 强度、全省高新技术企业数、科技型中小微企业数等指标达到创新型省份标准，重点产业科技创新取得明显突破，形成以科技创新为引擎和支撑的创新型经济发展新模式。

在知识产权保护、技术权益分配和奖励、产业扶持政策方面有所突破，加强科技成果优先在省内转化力度。

引导企业成为创新的主体，鼓励企业与科研院所、高校及其他组织采取联合建立研究开发平台、技术转移机构或者技术创新联盟等方式，推进“产学研用”合作。

加快科技资源开放共享，推动形成一批专业领域技术创新服务平台，培育一批专业化、社会化、网络化的示范性科技中介服务机构。

### （二）促进战略性新兴产业集聚发展

按照山西省国土面积的 2% 来规划全省开发区面积，将开发区建设面积扩大到 3000 平方公里，创新开发区管理体制，支持开发区探索市场化运营改革，实施绩效考核激励，打造新动能新引擎，推动开发区成为山西省实施创新驱动、集聚战略性新兴产业发展的综合平台。

根据山西省战略性新兴产业的主攻方向，在开发区布局一批战略性新兴产业领域科技重大专项和产业专项。

建设山西转型综改示范区，先行先试，率先突破，为全省提供可复制、可推广的经验，为全省域转型综改试验区建设发挥示范带动作用。

### （三）扩大战略性新兴产业的开放与合作

树立互惠共赢的开放思维，抢抓国家推进京津冀一体化发展、"一带一路"建设等战略机遇，努力拓宽发展空间，积极融入京津冀、环渤海经济圈，加快形成"东进南承西联北拓"的开放新局面。

全面实施精准化招商，用系统和定向的观点改进招商引资工作，变招商引资为选商引资，筛选一批有投资意向、符合山西省产业发展战略方向的龙头企业作为重点招商引资对象，提升招商质量和效益。

开展"晋商要素回流工程"，依托工商联组织、晋商大会、海内外晋商组织等，推进人才引进和技术成果转化。

### （四）健全战略性新兴产业发展的制度环境

积极推动企业投资项目试行承诺制、实行无审批管理试点工作，着力打造"六最"营商环境，形成鼓励为主、效率为先的行政审批和政策制定导向，鼓励和支持民间资本加大向战略性新兴产业领域的投入。

围绕创新和转型这个核心内容展开全省区域经济转型升级考核评价，将山西省委省政府创新驱动转型升级重大战略部署具体化、指标化。

## 三、进一步推动山西省战略性新兴产业快速发展的若干支撑措施思考

### （一）明确战略性新兴产业主攻方向和重点

按照有所为有所不为的原则，依据产业发展基础、资源环境承载能力、市场发展空间等，找准自身核心优势，对山西省能够形成完整产业链的战略性新兴产业要给予大力支持，如高端装备制造、现代中药、新能源装备、镁合金、铝产业等；对难以形成完整产业链或产业链延伸不经济的，要放到全国产业链的大格局中，做精做强山西省擅长的关键一环，如争取在快速发展的高铁装备制造领域，把具有山西省特色的电动机车、动车轮对等纳入全国产业发展规划中。

### （二）加快建设一批战略性新兴产业发展载体

整合现有工业园区和开发区资源，更多采用市场化运营机制，推动建设一批具有鲜明主导产业，又有相关配套产业的战略性新兴产业园区。

发挥"双创"在培育壮大战略性新兴产业中的重要作用，加快设立战略性新兴

产业创新创业公共服务平台等，对于新业态、新模式要宽容对待，改变传统政府监管思维。建议积极争取国家同意山西比照中关村自主创新有关政策执行。

大力发展高新技术服务业，加快建设面向山西省的战略性新兴产业重点行业技术创新需求的技术创新服务平台，培育一批专业化、社会化、网络化的示范性科技中介服务机构等。

### （三）完善战略性新兴产业发展的投融资机制

围绕山西新兴产业发展的实际，山西战略新兴产业发展基金应与产业发展宏观管理部门和其他部门配合，聘请专业的基金运营团队，通过阶段参股、跟进投资、风险补助、投资保障、收益让渡等方式，推动设立专门针对战略性新兴产业的子基金项目，推动由传统的层层报项目、批项目、分资金、点对点支持的模式，转变为基金管理公司按市场规则独立选择项目，构建市场化导向的产业支持机制，真正起到推动新兴产业发展的作用。

鼓励在公共基础和大型工程项目中推广使用战略性新兴产业产品，将重点产品列入政府常规采购目录和山西省工业企业采购推荐名录。

### （四）健全完善战略性新兴产业发展的制度环境

把战略性新兴产业作为培育发展新动能、增强持续增长动力、推进供给侧结构性改革的重要内容，强化对战略性新兴产业的制度供给。

完善相关法律法规，梳理取消制约战略性新兴产业发展的制度障碍，营造有利于战略性新兴产业发展的良好制度环境。

放宽市场准入，建立战略性新兴产业重点项目审批“绿色通道”，鼓励和支持民间资本加大向战略性新兴产业领域的投入。

完善战略性新兴产业统计指标体系，健全统计检测、监督考核和评价机制，定期开展阶段性工作检查和评估。

### （五）扩大战略性新兴产业的开放与合作

山西省战略性新兴产业发展基础薄弱，科技实力不足，要推动产业的大跨步发展，必须加强与发达地区的开放与合作。

探索比照东南沿海部分省份与东北地区建立对口合作机制，积极申请山西省与东南沿海发达地区建立产业发展对口合作机制，推动合作建立战略性新兴产业发展示范园。

积极引进国内外先进技术人才。

积极融入京津冀、环渤海经济圈，打造高端科技成果的转化地和产业发展区。

# “互联网+”行动深入实施　共享经济走进大街小巷

## ——河南省战略性新兴产业现状及前瞻

河南省发展改革委

十八大以来，河南省战略性新兴产业工作按照加快供给侧结构性改革的思路，认真贯彻国家的要求和河南省委省政府的决策部署，着力促进战略性新兴产业加快发展，着力发展网络经济新模式新业态，各项工作取得明显成效。

## 一、十八大以来战略性新兴产业发展情况

### （一）战略性新兴产业快速发展壮大

2016年，河南省以战略性新兴产业为主的高技术产业实现主营业务收入6931.3亿元，同比增长9.4%，比2012年的3225.9亿元增长114%，保持年均21%的增速。截至2017年前三季度，高技术产业增加值同比增长15.7%，增速高于规模以上工业7.6个百分点；战略性新兴产业增加值同比增长12.1%，增速高于规模以上工业4.0个百分点，占工业比重11.8%。战略性新兴产业已成为支撑河南省工业经济发展的重要力量。

**一是政策环境持续优化。**十八大以来，河南省政府相继出台了《河南省“十三五”战略性新兴产业发展规划》《关于加快培育新兴产业集群发展的意见》《河南省促进医药产业健康发展实施方案》等一系列文件，设立了各1000亿元规模的河南战略新兴产业投资基金和河南现代服务发展投资基金，与华为、中兴、浪潮、航天科工、中国电子科技集团等新兴产业龙头企业开展战略合作，推动河南省产业发展迈上新台阶。

**二是智能终端产业带动效应显著。**重点依托郑州航空港经济综合实验区，打造全球重要的智能终端（手机）生产基地。2016年，以智能终端为主的电子信息装备制造业实现主营业务收入3757.6亿元，同比增长4.6%，2012年以来年均增速超过15%。截至2017年9月份，以智能终端为主的电子信息产业增加值增长13.3%，增

速高于规模以上工业 5.2 个百分点。郑州航空港经济综合实验区智能终端（手机）产业集群引进工程进展顺利，除富士康外，中兴、天宇、华世基、迅迈金等 26 家企业正式投产，2016 年智能手机产量达到 2.5 亿部，同比增长 29%，2012 年以来产量每年保持 25% 以上增速。

**三是生物医药产业保持稳步增长。**重点推动骨干企业研发能力建设，加快大品种仿制药物产业化和高端原料药新品种发展，提升制剂加工规模和水平。2016 年，医药制造业实现主营业务收入 2248 亿元，同比增长 15.2%，2012 年以来年均增速超过 20%。2017 年前三季度，河南省医药制造业保持 17% 以上的增速。省内优势企业加大新到期专利药物产业化推进力度，诸如辅仁药业口服试剂国际化、羚锐新型贴剂等一批重大项目建成投产，华兰生物单克隆抗体药物生产基地建设进展顺利。夏南牛、豫南黑猪等“育繁推一体化”项目加快推进，农业和畜禽新品种产业化步伐加快。基因检测技术应用示范中心、区域医疗健康大数据应用基地、干细胞治疗专业服务平台等加快建设，生物健康服务业快速发展。

**四是新材料产业集聚创新发展。**新型合金材料、新型功能材料加快发展，新材料产业精深加工水平显著提升。超硬材料规模稳居全国之首，约占全国的 75%，形成较为完善的产业链条；钛合金结构件等多种功能材料产品技术水平、市场占有率国内领先。新乡新型电池及材料、洛阳新型电子功能材料、濮阳生物基材料等 3 个区域集聚发展试点建设进展情况较好，目前 54 个重点项目全部开工，洛阳单晶硅 6 英寸电路级抛光片等 31 个项目建成投产。

### （二）网络经济新业态新模式蓬勃发展

“互联网 +”行动深入实施，电子商务、大数据等网络经济新业态新模式发展步入快车道。

**一是顶层设计日臻完善。**河南省委省政府先后出台了《河南省“互联网 +”行动实施方案》《关于推进云计算大数据开放合作的指导意见》《关于大力发展电子商务加快培育经济新动力的若干意见》《河南省推进国家大数据综合试验区建设实施方案》《关于加快推进国家大数据综合试验区建设的若干意见》《河南省深化制造业与互联网融合发展实施方案》《中国（郑州）跨境电子商务综合试验区建设实施方案》等一系列政策文件，营造良好发展环境。

**二是国家大数据综合试验区加快建设。**2016 年 10 月 8 日，国家发展改革委、工信部、中央网信办发函批复同意河南省建设国家大数据综合试验区，承担系统性、整体性、协同性开展大数据综合试验探索的重大使命。在河南省委、省政府的高度重视和统筹推动下，试验区建设取得了积极进展。

统筹推进河南省统一的电子政务服务平台建设。目前，政务公有云、政务专有云、政务大数据平台、网上政务服务平台和政务服务大厅已建成。同时围绕实现"上一张网、办所有事"，打造"一次办妥"的河南电子政务服务品牌的目标，进一步优化政务服务事项办理流程，截至 2017 年 10 月底，1031 个省级权力事项、11971 个省辖市和直管县权力事项实现网上在线办理和全过程监察，覆盖率分别达到 92.97% 和 83.81%。

加快大数据产业集聚发展。创新采取公司化建设运营模式，全面启动龙子湖智慧岛建设，打造大数据综合试验区的核心区。目前，浪潮、中诚信等国内知名大数据企业已入驻智慧岛，33 家基金公司签署了入驻协议。

推进大数据特色产业园区建设。在中心城市城乡一体化示范区、产业集聚区、服务业"两区"，规划布局了 18 个大数据产业园区，吸引中国移动中移在线、奇虎 360、西安交大中原大数据研究院等一批大数据企业相继入驻。

提升大数据创新能力。大力引进国家级大数据创新平台落户河南省，依托省内高校、科研院所、骨干企业等，建设一批省级以上大数据工程（重点）实验室、工程（技术）研究中心。目前，郑大一附院互联网医疗救治技术及应用获批为国家工程实验室，电子政务云计算应用技术国家工程实验室、西安交大大数据算法与分析技术国家工程实验室在河南设立了分中心，浪潮、新华三等行业龙头企业的大数据研发机构落地河南省，批复建设首批 60 个省级大数据创新平台。

**三是电子商务快速发展。**2016 年，河南全省电子商务交易额突破万亿元，达到 10033 亿元，是 2012 年 3200 亿元交易额的 3 倍，以年均 33% 的增速迅猛发展。截至 2017 年第三季度，河南全省电子商务交易额 9465 亿元，增长 27.4%；网络零售额 1841 亿元，增长 33.1%。新认定备案电子商务企业 857 家，累计认定 5686 家。新认定 32 个省级电商示范基地、107 家省级示范企业，省级电商示范基地、示范企业累计达到 56 个、218 家。全省跨境电商进出口（含快递包裹）750.8 亿元，其中出口 547 亿元，B2B 出口占比 52.7%；快递包裹出口 4624.4 万件，货值 101.9 亿元。目前，跨境货物通关效率进一步由 2015 年的每秒 2 单提高至每秒 100 单，峰值通关能力可达每秒 500 单，消费者下单到收到产品的时间由原来平均 2 周缩短为现在的 48 小时，仓储物流成本大幅下降。

**四是"互联网 +"行动深入实施。**重点围绕"互联网 +"协同制造、现代农业、益民服务、创业创新等领域，谋划实施一批试点示范项目，在部分重点行业、重点领域取得了突破。许继集团"互联网 +"电动汽车出行、河南保税中心"互联网 +"电子商务、农信物联"互联网 +"农业等 5 个项目入选全国"互联网 +"行动百佳实践案例。一批骨干企业的互联网应用居于行业领先地位，诸如鲜易控股首创"互

联网 + 生鲜供应链”服务模式，企业持续快速发展；中信重工搭建的云平台，已具备矿山装备全生命周期的服务能力。

**五是分享经济等新业态、新模式蓬勃发展。**UU 跑腿采用共享经济的模式，目前拥有共享跑腿员超过 40 万人，注册用户超过 500 万人，覆盖北京、深圳、杭州、西安、郑州等 85 座城市，仅在河南就提供了超过 4 万个就业岗位，公司成立 2 年来，已经发展为全国最大的共享跑腿平台。狸家近共享平台，目前全国已有 152 个城市共 8 万多位海狸师傅加入共享水电服务平台，常用共享五金工具 200 余品类约 60 万件产品。另外共享充电宝和共享图书走进大街小巷。

### （三）创新创业环境持续优化

深入实施创新驱动发展战略，大力推进大众创业万众创新，加大双创制度供给力度，促进河南省战略性新兴产业蓬勃发展。

**一是“双创”良好环境进一步优化。**围绕加大政策制度供给、深入推进“放管服”改革、加大政策宣传力度等，为“双创”营造良好发展环境。2016 年以来，河南省先后出台了《关于大力推进大众创业万众创新的实施意见》《关于支持大众创业万众创新基地建设的实施意见》等一系列支持政策，进一步完善政策支持体系。举办“创响中国”巡回接力、“双创”活动周、“创客中国”创新创业大赛等系列重大活动，营造了良好的创新创业氛围。河南全省市场主体总量达到 472 万户，同比增长 20.4%，其中企业总量达到 120 万户，均居中部 6 省首位。河南全省共有创新龙头企业 30 家，高新技术企业 409 家，注册备案科技型中小企业 15100 家，培育科技小巨人企业 356 家。

**二是“双创”载体平台进一步完善。**突出打造“双创”高地、建设“双创”基地和新型孵化器等，完善支撑载体体系。经过积极争取，郑州航空港经济综合实验区、中信重工入选首批国家“双创”示范基地，许昌市城乡一体化示范区、鹿邑县成为第二批国家“双创”示范基地。目前，郑州航空港区累计入驻“双创”项目、创客团队和服务平台 70 多个，引进院士 3 名、千人计划专家 29 名、高科技人才近 600 名；中信重工组建了 18 个技术创客团队，三大众创平台累计为 150 家用户开展实验 500 多项（次）。同时，布局建设首批 57 个省级“双创”基地，推动建成一批功能完善的支撑平台，落地转化一批科技成果，集聚一批创新创业人才，形成推广一批“双创”模式和典型经验。推动科技企业孵化器、众创空间、大学科技园等加快建设。截至目前，河南省级以上创新创业孵化载体数量达到 233 家，其中，国家级科技企业孵化器、大学科技园 32 家，国家级众创空间 16 家，实现全省 18 个省辖市全覆盖。

**三是创新创业主体和群体进一步壮大。**强化企业创新创业主体地位，不断提升企业自主创新能力，突出科技人员、大学毕业生、返乡农民工群体，着力壮大创新创业队伍。围绕优势主导产业和战略性新兴产业培育发展，筛选一批掌握核心技术、拥有自主知识产权、持续创新能力突出的优质企业，培育创新龙头企业 30 家，河南省注册备案科技型中小企业 15100 家，培育科技小巨人（培育）企业 356 家。深入推进实施大中型企业省级研发机构全覆盖工程，加快建设一批省级以上企业技术中心、工程（重点）实验室、工程（技术）研究中心、制造业创新中心。截至目前，河南省级以上创新平台数量突破 2800 家，其中，国家级创新平台达到 151 家。鼓励农民工返乡创业，建立农民工返乡创业综合服务中心，为返乡创业者提供贴身式、保姆式、一站式服务。截至 2017 年 6 月底，河南省返乡创业农民工累计达 96.76 万人，带动就业 484.9 万人。

## 二、“十三五”战略性新兴产业发展的展望

“十三五”期间，河南省将全面深入学习贯彻党的十九大精神，以习近平新时代中国特色社会主义思想为指导，按照加快供给侧结构性改革、构建现代产业体系的总要求，以市场需求为导向，着力聚集创新资源提升创新能力，着力培育龙头企业打造产业集群，着力创新体制机制释放发展活力，着力推进开放合作参与全球产业分工，加快发展壮大新一代信息技术、生物、高端装备、先进材料、数字创意等战略性新兴产业，努力建设国内一流、具有较强竞争力的战略性新兴产业基地，为河南省全面建成小康社会提供强力支撑。到“十三五”末，战略性新兴产业重点领域取得实质性突破，培育一批具有核心竞争力、带动作用强的骨干企业，形成一批具有区域竞争力的产业集群，成为河南省经济发展的重要支撑，引领产业迈入中高端。

### （一）大力发展新一代信息技术产业

加快建设高效泛在的信息网络设施，大力发展高端智能信息产品，深入实施“互联网 +”行动和大数据发展战略，促进新一代信息技术与各行业全面融合渗透，力争新一代信息技术产业规模达到 10000 亿元，全力建设网络经济强省。

一是提升扩容郑州国家级互联网骨干直联点，建成郑州、开封、洛阳互联网国际通信专用通道，建设先进泛在的精品无线宽带网，加快推进 5G 网络商用进程，实现城乡 5G 网络全覆盖，构建高速、安全、泛在的新一代信息基础设施。

二是加快打造集研发设计、整机制造、配件生产、软件开发、手机销售于一体的智能手机产业集群，建成全球规模最大的智能手机研发生产基地。重点发展面向

网络化、智能化、融合化的智能可穿戴设备、智能电视、智能家居、数字影音等新型智能终端产品，推动智能终端产业向高端跃升。

三是深入实施“互联网+”行动，推动建设一批跨境电子商务综合园区，引进国内外跨境电子商务龙头企业，带动跨境电子商务产业上中下游协同发展。积极发展工业互联网，大力推广智能制造、网络化协同、个性化定制、服务化延伸等生产制造新模式，推动生产性服务业向价值链高端延伸。推进新型智慧城市建设，大力发展体验经济、社区经济、分享经济，推动互联网金融、O2O（线上线下）等新业态快速发展。

四是创新大数据管理体制机制，加快推进政务大数据、益民服务大数据、产业大数据创新应用，推动大数据与各行业深度融合，积极引进和培育一批大数据骨干企业，加快发展大数据核心产业和关联产业，完善大数据产业链。

### （二）推动生物产业加快发展

重点加快生物医药和高性能医疗器械发展，推进生物农业规模化应用，培育生物服务新业态，力争生物产业规模达到5000亿元，成为国内重要的生物医药产业基地。

一是着力发展化学创新药，以临床用药需求为导向，鼓励在重点领域开发具有靶向性、高选择性、新作用机理的化学创新药，重点推动骨干企业发展市场潜力大、临床急需的国外专利到期药品仿制，开展仿制药一致性评价。

二是提升中药现代化水平，积极发展基于经典名方、院内制剂与成分清楚、疗效确切的中药和天然药物新产品，推进名优大品种中成药二次开发与临床新用。开展中药配方颗粒研发，发展符合炮制规范、经现代制药工艺技术制成的单味颗粒，培育豫药品牌。

三是积极发展生物创新药，大力推动基因工程、新型疫苗等创新前沿关键技术研发，开发新型生物制品和制剂，重点支持单克隆抗体等生物类似药以及狂犬疫苗、四价流感疫苗等疫苗产品规模化发展，支持重组人白蛋白、基因重组凝血因子等产品产业化。

### （三）促进高端装备产业突破发展

以智能化、绿色化、服务化、高端化为方向，重点发展先进机器人、智能制造成套装备、高档数控机床、航空航天装备和增材制造装备、人工智能等，加快突破一批制约行业发展的关键技术和核心零部件制造瓶颈，推进产业化示范应用，力争高端装备产业规模达到2000亿元，建成全国重要的机器人和数控机床产业基地。

一是坚持以零促整、突出龙头引进，重点发展工业机器人，积极发展服务机器人，构建集研发、制造、集成、应用和服务于一体的先进机器人产业链。

二是坚持高端引领、整机带动，突破关键核心部件制造和集成应用瓶颈，提升智能化集成应用能力，培育一批千亿级智能制造成套装备产业集群。

三是鼓励研发增材制造专用材料，推动开展机器学习、模式识别、人工交互等相关技术研发，推动人工智能在机器人、家居、可穿戴、汽车等领域规模商用。

## （四）加快发展先进材料产业

以超轻化、合金化、专用化、高性能、绿色化为主攻方向，重点发展高端合金材料、新能源电池及电子信息材料，积极发展新型功能材料，研发石墨烯、3D 打印材料、纳米材料等前沿新材料，提高先进材料供给能力。力争先进材料产业规模达到 4000 亿元，成为国内重要的高端合金材料产业基地。

一是积极发展中高端铝加工、镁合金、钼钨铜钛深加工等轻型化、专用化合金材料，着力发展具有高强高韧和优异成刑性能的铝合金压铸材料，加快发展高性能特种钢、非晶合金带材，推进新型合金材料融入高端制造供应链。

二是加快推进新型半导体材料、LED（发光二极管）光电子材料、传感材料、高可靠密封材料等产业化，大力发展超薄电子玻璃、液晶玻璃基板、低辐射镀膜玻璃等特种玻璃。

三是加强石墨烯、纳米材料、3D 打印材料等的技术引进和攻关，重点发展新型吸附材料、高性能膜材料、新型绿色环保材料等环境工程材料，发展碳纤维飞机结构件、预制体等，培育产业发展新增长点。

## （五）培育发展数字创意产业

突出地方特色文化创造性转化和现代内容精品制作，推动数字创意在各领域应用渗透，促进数字创意产业创新发展，满足人们快速增长的精神需求和个性化消费需求。力争数字创意产业规模达到 1000 亿元。

一是鼓励对艺术品、文物、古迹遗址、非物质文化遗产、地方特色文化等文化资源进行数字化转化和开发，加强数字图书馆、美术馆、博物馆、文化馆、档案馆等建设，丰富数字创意内容产品。

二是推进传统媒体数字化改造，积极发展有声读物、电子书和网络出版物等新型出版业态，重点发展手机动漫、网络游戏、应用动漫、网络文学、数字音乐、在线演出等数字创意内容产品，提升演艺娱乐、文化旅游、文化会展等文化行业的数字化水平。

三是鼓励建设信息化、智能化工业设计服务平台，完善工业设计创新服务体系，支持发展基于智能制造和制造业服务化的工业设计新模式。

四是积极发展虚拟现实、裸眼3D、全息成像、文化资源数字化处理、交互娱乐引擎开发等新技术，加快新型灯光、音响、视效、特效、智能展示等新技术产品研发应用，提升数字艺术呈现的技术水平。

# 以光电子、生物、信息为龙头带动战略性新兴产业集聚发展

## ——湖北省战略性新兴产业发展回顾

湖北省发展改革委

“十二五”以来，湖北省认真贯彻党中央、国务院关于加快培育和发展战略性新兴产业的决策部署，把培育战略性新兴产业摆在经济社会发展更加突出的位置，围绕转变发展方式、调整经济结构、培育新的增长点，不断优化发展环境，大力推进改革创新，深入实施项目带动，全省高新技术产业和战略性新兴产业总体保持快速健康发展。2015 年湖北省高新技术产业实现增加值 5028.94 亿元，占 GDP 的比重达到 17%，较“十一五”末提高了 6.3 个百分点。战略性新兴产业规模持续壮大，并初步形成了新一代信息技术、高端装备制造、生物、节能环保、新材料、新能源、新能源汽车等战略性新兴产业发展框架，在重点细分领域初步形成包括融研发、设计、生产和应用于一体的产业体系，成为湖北省经济发展的重要组成部分。据初步测算，到 2015 年年底，全省战略性新兴产业产值超过万亿元，战略性新兴产业工业增加值占 GDP 的比重达到 8.5%。

### 一、战略性新兴产业部分领域处于世界领先水平

“十二五”以来，湖北省结合现有产业基础，不断优化产业布局，突出重点，整体推进，基本形成了战略性新兴产业七大领域竞相发展的局面。新一代信息技术、高端装备制造、新材料等优势产业实现了规模发展，核心竞争力显著提高；生物、节能环保等特色产业实现了跨越发展，成为新兴产业新的支柱；新能源、新能源汽车等潜力产业实现了超前发展，打造成了新的增长极。2015 年，湖北省在电子信息、先进制造、新材料、医药与医疗器械分别完成增加值 531.93 亿元、1699.15 亿元、902.06 亿元和 353.38 亿元，分别是 2010 年的 1.75 倍、2.73 倍、2.52 倍、3.51 倍；四大产业领域的增加值占全省高新技术制造业增加值的比重达到 80.4%。节能环保、新能源以及新能源汽车等加快发展，逐步成为湖北省战略性新兴产业发展的有力补充。

**光通信产业国际领先。**“武汉·中国光谷”已建成我国最大的光纤光缆研发生产基地、最大的光电器件研发生产基地，其中光纤光缆生产规模全球第一，光电子器件的开发与生产能力已进入全球前五名。武汉邮科院“光纤通信核心技术研发与产业化技术创新工程”荣获国家科技进步二等奖，烽火通信科技股份有限公司入选首批“国家技术创新示范企业”。

**电子信息部分领域国内领先。**在集成电路领域，武汉被国家确定为重点布局的集成电路四大产业基地之一，武汉新芯的12英寸45纳米存储芯片项目，技术处于国内一流，且自主可控。在新型显示领域，华星光电、武汉天马作为显示面板领域的领军企业，在裸眼3D显示、AMOLED等量产技术方面，做到了全球领先。在软件方面，烽火通信、天喻信息、达梦数据都处于国内领先水平。

**智能制造走在行列前沿。**在数控领域，华中数控的国产数控系统打破国外封锁，应用到卫星零件批量加工等航天领域；武重集团是国内规格最大、品种最全的重型和超重型机床制造企业；三环锻压的大型折弯机在国内位居前列。湖北省是最早发展激光装备的地区之一，华工激光等企业是全国激光产业的骨干企业。在工业机器人、3D打印等技术应用方面，湖北也处于全国先进行列。

**生物医药产业创新发展。**近年来，湖北省生物医药产业一直保持年均近20%的增速。维生素$B_1$、维生素$B_2$、牛磺酸、硫酸新霉素、氨基酸、解热镇痛药、生物疫苗等重点产品竞争力位居全国前列。武汉人福“美索舒利S6”为湖北省5年来首个获批进入临床一期1.1类新药。武汉兰丁的自动细胞DNA检测分析仪获得美国FDA市场准入资格。佑康科技全球首创的最智能肾镜——“建兴镜”能一次性清除患者肾内所有结石，是世界肾结石治疗技术的重大突破。华大基因是全国最大的基因测序中心。康圣环球是国内最大的医学特检机构。

## 二、“光谷”成为战略性新兴产业集聚发展的重要标志

“十二五”期间，湖北省以园区建设为主体，加快推进产业集聚发展，为全省战略性新兴产业发展提供了有力支撑。湖北省建有国家高新技术产业开发区9个，建有国家高技术产业基地4个、国家高新技术产业化基地12个，位居中部省市首位。这些园区和基地作为全省战略性新兴产业主要聚集地，成为产业增长的重要支撑。

武汉东湖高新区依托武汉国家光电子产业基地和武汉国家生物产业基地，着力推进战略性新兴产业发展，现已基本形成以光电子信息产业为主导，生物、节能环保、高端装备制造、现代服务业竞相发展的“131”产业格局。其中，光电子信息产业是代表国家参与全球光电子产业竞争的主力军，诞生了中国第一根光纤、中国

第一个光传输系统，建成了我国最大的光纤光缆研发生物基地、光电器件研发生产基地和激光产业基地。2015 年光电子产业规模达到 4420 亿元，较“十一五”末增长了 2.86 倍。“光谷”已经成为东湖高新技术区的代名词，享誉世界。武汉国家生物产业基地（光谷生物城），是东湖高新区以“千亿产业”思路建设的第二个国家高技术产业基地。“十二五”以来，光谷生物城通过建设国际化专业园区、坚持自主创新、引进培育市场主体、推进资本和产业深度融合、优化综合发展环境等措施，年均增长率保持在 30% 以上。在科技部 2014 年中国生物医药园区调研报告中，东湖高新区生物产业综合实力位列全国 108 个生物产业园区第二名，其中基础竞争力和可持续发展竞争力排名全国第一。节能环保、高端装备制造、现代服务业也实现快速发展，2015 年分别完成总收入 1071 亿、1156 亿和 2604 亿元。在战略性新兴产业的支撑下，东湖高新区 2015 年企业总收入突破万亿元大关，达 10062 亿元，同比增长 18%，成为湖北省战略性新兴产业主要集聚区，为全省新兴产业快速发展做出了重要贡献。

## 三、一批重点工程和重大项目增强了战略性新兴产业发展后劲

“十二五”期间，湖北省实施了一批能够支撑产业发展的重大工程，有力培植了战略性新兴产业发展后劲，促进战略性新兴产业规模化发展。

**一是实施关键技术培育工程。**围绕重点领域，研究制定新兴产业技术路线图，明确发展路径。着力推进国家重大科技基础设施在鄂的实施，华科大脉冲强磁场实验装置完成验收，精密重力测量国家重大科技基础设施项目获批即将开工。同时，实施了一批省科技重大专项项目，突破了一批关键核心技术。

**二是推进产业群集聚工程。**重点抓好了武汉综合性国家高技术产业基地和光电子、生物产业、信息产业三个专业性国家高技术产业基地建设。抓住国家发展改革委、财政部支持将湖北自主创新的机遇，积极争取国家将武汉生物诊疗制剂、光电器件和激光，以及宜昌非金属功能材料等纳入战略性新兴产业区域集聚发展试点省份并取得明显成效，凝聚了一大批研发能力强、创新实力雄厚的高技术企业，催生了一批产业龙头骨干企业，优化了产业链条，形成了一批高成长性高技术产业集群。

**三是推进产业化工程。**“十二五”期间，高新技术产业重大项目建设实现突破。其中，总投资 160 亿元的武汉华星光电公司第 6 代低温多晶硅显示面板生产线项目在东湖高新区建成投产，这是国内首条采用这一世界领先显示技术的生产线。总投资 120 亿的武汉天马第 6 代低温多晶硅 AMOLED 及彩色滤光片生产线项目开工建设

并即将投产，为湖北省打造全国最大的小世代高端显示面板生产基地和国内新型显示创新基地奠定坚实基础。武汉新芯公司已建成国内最先进的12英寸集成电路生产线，相关技术和产品处于世界领先水平。武汉市被列入国家四大集成电路产业基地，总投资240亿美元的存储器基地项目正式启动，并上升为国家战略。联想（武汉）移动互联和数字家庭产业基地项目顺利投产，摩托罗拉（武汉）二期也正式落户湖北，着力打造全球生产研发中心。这批重大项目的顺利实施，为加快湖北省战略性新兴产业发展、培育新的经济增长点奠定了重要基础。

## 四、科技创新释放了战略性新兴产业的发展动力

“十二五”期间，湖北省始终坚持创新发展的理念，不断加大科技投入力度，努力提升产业创新能力，全省区域创新体系基本形成，为战略性新兴产业发展提供了有力支撑。截至2015年年底，湖北省拥有省级企业技术中心471家，国家认定企业技术中心44家。在光通信、下一代互联网、激光加工、装备数字化、生物农药、新能源等特色优势领域，先后建设了4个国家工程研究中心、3个国家工程实验室、4个国家能源研发（试验）中心。在重点支柱产业和高新技术产业重点领域布局建设了90家省级工程研究中心（工程实验室），其中22家被认定为国家地方联合工程研究中心（工程实验室），在光纤通信、激光、空间地理信息、病原微生物、植物功能基因等若干领域代表了我国最高水平。目前，湖北省已逐步形成从基础研究、应用开发到科技成果产业化，覆盖国民经济各行业、比较完善的研究开发体系，聚集了一支高素质的创新队伍，装备了一批先进的科研设备，为战略性新兴产业发展提供了强劲动力。

科技投入保持平稳较快增长。特别是企业科技投入增长较快，逐步成为湖北省科技投入的主体。2015年，湖北省科学研究与实验发展（R&D）经费支出565亿元，比上年增长10%，占全省GDP的1.91%，比2010年提高0.26个百分点。科技经费的高投入带来科技成果的高产出，截至2015年，湖北省累计取得重大科技成果8239项，是“十一五”的两倍；全省技术合同成交额年均增幅超过50%，排名保持中西部第一并跃居全国第二；万人有效发明专利拥有量达到4.2件。

## 五、战略性新兴产业发展环境日臻完善

“十二五”期间，湖北省把优发发展环境作为培育战略性新兴产业发展的基础，不断激发产业发展活力，形成了良好的发展氛围，为推动战略性新兴产业发展发挥

了重要作用。

**一是不断强化政策引导。**《国务院关于加快培育和发展战略性新兴产业的决定》（国发〔2010〕32号）发布后，湖北省委、省政府高度重视，及时开展全省战略性新兴产业政策和规划的研究工作，制订了《关于加快培育战略性新兴产业的若干意见》《关于促进生物产业发展的若干意见》等政策文件，是全国出台战略性新兴产业发展文件最早的省份之一。同时，近年来湖北省还先后出台了“科技十条”、“新九条”、鼓励创新创业、构建“四众”支撑平台、“互联网+”、物联网、大数据、“新经济16条意见”等系列政策文件，形成了一套完整的激励创新和推进战略性新兴产业发展的政策法规体系。

**二是创投体系基本形成。**湖北省是全国最早设立创投引导基金的省份之一。“十二五”期间，为支撑战略性新兴产业发展，湖北省先后设立了省创投引导基金、省级股权投资引导基金和长江经济带产业基金。2015年，湖北政府创新财政专项资金分配方式，整合设立了总规模50亿元的省级股权投资引导基金，重点支持战略性新兴产业发展。同时，省委、省政府发起设立规模为2000亿元的长江经济带产业基金，充分运用财政资金引导作用和市场机制作用，激发社会资本投资活力，做强做大战略性新兴产业。此外，省创投引导基金资金规模达到6.76亿元，先后出资设立了创投子基金17支、天使投资基金2支，子基金总规模达37.64亿元。武汉、宜昌、襄阳等市也先后设立创投引导基金，总规模达200多亿元。湖北省社会投资机构活跃，截至2015年年底，全省已登记各类股权投资类企业912家，注册资本合计1216亿元。

**三是科技金融紧密结合。**依托湖北省产权交易所，搭建起政府、创投、企业三方合作交流平台，推动科技型中小企业快速上市融资，为科技型中小企业提供一站式、全方位、多层次投融资服务。截至“十二五”末，湖北全省上市公司总数达到103家，新三板挂牌企业总数达到122家，活跃的资本市场为全省创业创新提供了强劲动力。大力推广知识产权质押、应收账款质押、股权质押等新型融资担保方式，开展科技中小企业集合债券、集合票据、集合信托等金融产品创新，开发高新技术企业高收益债券、产品研发保险等金融产品，加大金融机构对科技成果转化的支持力度。引导金融机构开展股权质押、应收账款质押、知识产权质押等金融产品创新融资260多亿元，惠及2000多家科技型企业；启动“萌芽贷”，为科技型初创企业提供融资渠道。湖北省科技保险试点保障范围不断扩大，参保企业迅速增加，科技保险已累计承保企业599家，累计提供风险保障639.44亿元，累计支付赔款5818.14万元。

**四是“资本特区”形成规模。**加强科技资源与金融资源的有效对接，在东湖自主创新示范区建设“资本特区”，全力打造以“资本大厦”为载体的金融资源集聚平台。截至“十二五”末，已吸引9家要素市场、90余家国内外知名投融资机构和金融配套机构入驻运营，业务交易量累计超过3500亿元。目前，东湖自主创新示范区已汇聚银行、保险、股权投资等1000多家各类金融服务机构，是2010年200余家的5倍，其中股权投资及管理机构529家、境内外上市及新三板挂牌企业110家、区域要素市场13家，每年创新型融资超百亿元，成为国内科技金融最活跃区域之一。

# 环长株潭城市群战略性新兴产业集聚态势初步形成

## ——湖南省战略性新兴产业发展及展望

湖南省发展改革委

“十二五”以来，湖南省委、省政府高度重视战略性新兴产业的培育和发展，以“做大优势、做强特色、提升水平”为核心，大力实施“753”战略，全省七大战略性新兴产业呈现出规模化、高端化、特色化、集聚化的发展态势，日益成为支撑湖南省经济增长的新动力。

## 一、“十二五”回顾

### （一）整体规模快速扩张，经济贡献明显提升

“十二五”期间，在经济下行压力不断加大的情况下，湖南省战略性新兴产业整体保持快速增长态势，对区域经济贡献率逐步提高，成为稳增长的重要力量。2015年，湖南省七大战略性新兴产业实现增加值3335.31亿元，年均增长约19.5%，领先全省经济发展平均水平；占全省GDP比重为11.5%，比2011年提高了1.4个百分点；对工业经济增长的贡献率达到40.8%，较2011年提高了6.7个百分点。

### （二）自主创新成果丰硕，前沿科技不断突破

一批具有战略性、前瞻性的核心技术和高端产品取得新突破，产业创新能力和市场竞争力明显提升。“十二五”期间，湖南省共获国家科技奖励107项，每万人发明专利拥有量达到3.29件，创新综合能力排名全国第11位。“天河二号”超级计算机、超级杂交稻、高铁牵引系统、炭/炭刹车材料等重大成果国际领先。IGBT芯片、特高压输变电设备、增材制造装备等产品实现重大突破。大数据、“互联网+”、云计算等领域加快融合和渗透，涌现了大批新技术、新产品。智能制造、基因检测、现代中药、北斗导航等领域形成了一批全国制造和应用示范中心。

### （三）市场主体加速成长，领军企业不断涌现

战略性新兴产业企业数量和规模不断扩大，竞争优势逐步增强。湖南省工业领域战略性新兴产业企业超过 2500 家，企业平均产值达 5.03 亿元。骨干企业对战略性新兴产业的支撑作用明显，产值过亿元企业超过 1110 家，增加值和利税额占全部战略性新兴产业企业比重均为 97% 左右；产值过 10 亿元企业达 73 家，增加值和利税额占比均达 60% 以上。其中，三一集团、中联重科、中车株机等发展成为世界级装备制造企业，隆平高科、博云新材、长城信息、杉杉新材等成长为行业领军企业，湘电集团、时代新材、蓝思科技、中南传媒、永清环保、力合科技等成为行业龙头。

### （四）集聚态势初步形成，特色优势逐渐凸显

环长株潭城市群作为主要产业集聚区，占湖南全省战略性新兴产业增加值比重超过 84%，其中长株潭城市群核心区的营业收入、利润总额和增加值占全省的比重均超过 55%。株洲市轨道交通装备产业集群产值突破千亿，打造了从整机、核心零部件到配套设施和运维服务的完整产业链。长沙市智能成套装备产业集群形成了关键零部件和控制系统、智能建筑机械成套装备和智能车间与自动化生产线产业体系。株洲市、湘潭市的风电装备制造业构建了从控制系统、风力发电机组、叶片到整机系统集成的产业体系。以广电、出版、动漫、娱乐、创意为核心内容的文化湘军品牌集群稳步崛起，在全国具有较大的影响。湘南地区和洞庭湖生态经济区战略性新兴产业营业收入占全省比重均为 21% 左右，逐渐形成了生物育种、生物制造、新材料、电子信息等新兴产业特色集群。

### （五）开放合作持续深化，国际地位不断提升

通过主动对接“一带一路”倡议，积极融入国际产业分工体系，一批骨干和优势企业成功走向国际市场，产业向海外拓展。中车株机公司动车组整车打入欧洲市场，在马来西亚建立了我国首个轨道交通装备海外制造基地，打破了全球轨道交通装备领域高端市场被欧美垄断的局面。三一集团收购全球混凝土机械第一品牌——德国普茨迈斯特公司，有力提升了公司品牌形象和国际影响力，改写了该行业的全球竞争格局。中车时代电气依托车载电气系统集成优势，通过收购海工巨头 SMD 公司，积极打造陆海两栖产业集群的新格局。隆平高科发挥育种技术优势，积极推进杂交水稻国际化布局，在东南亚、非洲、美洲等地设立了研发中心和育种基地，在壮大产业的同时，也造福了世界人民。

## 二、主要举措

### （一）完善政策支持体系

在支持产业发展方面，湖南省出台了《关于加快培育发展战略性新兴产业的决定》《加快航空制造业发展的若干政策措施》《关于促进五大融合加快发展健康产业的意见》《关于加快先进轨道交通装备产业发展的若干政策措施》等政策；在加强统筹指导、激发创新活力方面，出台了《中共湖南省委、湖南省人民政府关于深化体制机制改革加快实施创新驱动发展战略的实施意见》《湖南省"十三五"科技创新规划》《湖南省促进高等院校科研院所科技成果转化实施办法》《湖南省科技成果转化贷款风险补偿管理暂行办法》等文件；在夯实基础设施建设方面，出台了《关于加快高速宽带网络建设的意见》等政策性文件，进一步完善了有利于战略性新兴产业发展的政策体系。

### （二）加强资金保障，支持产业与金融资本对接

设立了规模5.5亿元的湖南省战略性新兴产业专项引导资金和规模10亿元的省新型工业化引导资金。同时设立了省预算内"双创"专项、技术改造专项、产学研专项资金等，主要或优先支持战略性新兴产业项目；并调剂了2亿元电价溢余资金，专项支持以新能源为重点的战略性新兴产业。定期举办战略性新兴产业企业上市推进活动和科技型中小企业多层次资本市场对接会，成立了湖南省股权登记管理中心，开展中小企业私募债券业务试点。以基金为抓手，推动资金向战略性新兴企业集聚，设立了总规模800亿元的省级新兴产业发展基金，其中湖南省政府出资200亿元，基金支持的重点方向为先进装备制造、新材料、新能源、电子信息、节能环保产业等领域。同时，引导大型企业依托自有资金，组建具有行业特色的金融服务机构，如由三一集团、汉森制药等多家湖南本土企业发起成立的三湘银行获批成立，成为中部地区的首家民营银行，以及定位于服务制造业转型升级的"产业银行"和依托互联网信息技术的"零售银行"。

### （三）鼓励技术创新，开展试点示范

实施技术创新"双百计划"。由拥有省级技术创新平台或研发能力较强的企业主导，组织实施100项重点新产品研发项目；由创新型中小企业承担，支持100项重点专利技术实施转化和产业化开发，形成了一批标志性成果。组织对湖南省内首

台（套）重大技术装备产品和新材料产品首批次应用进行认定奖励，全年共认定了中联重科 QAY800 全地面起重机、中车株机基于动力单元的大功率交流传动电力机车组等首台（套）重大技术装备产品 78 个，支持了晟通集团新型绿色铝合金建筑模板项目等新材料产品首批次应用示范项目 54 个。

实施“智能制造工程专项行动”。聚焦流程制造、智能装备和产品、智能化管理、智能化服务等领域，推广智能制造试点示范及应用，认定时代电气、三一集团、长泰机器人等 10 余家为“湖南省智能制造示范企业”。

### （四）注重平台建设，构建以企业为主体的创新格局

截至 2016 年年底，湖南省共设立国家工程研究中心（实验室）15 家，国家级企业技术中心 45 家，国家地方联合创新平台 32 家，省级工程研究中心和实验室 137 家，省级企业技术中心 212 家。实施跨部门、跨行业、跨学科的协同创新，调动多方力量和资源，提升创新效率，建立了产业技术创新战略联盟 66 个，成员单位超 700 家。组织实施战略性新兴产业技术攻关，推动科技、产业与金融深度融合，实现全省 80% 以上的科技经费集中支持产学研结合，全省 80% 的重大科研成果来源于协同创新。鼓励企业创新研发模式，以中联重科为例，该企业建立了由国家重点实验室、国家级企业技术中心、国家工程技术研究中心、国家城市公共装备技术研究院和博士后工作站组成的“五位一体”国家级创新平台，公司年均研创约 300 项新技术、新产品，对公司营业收入的年贡献率超过 50%。

## 三、“十三五”展望

未来 5 到 10 年，是湖南省战略性新兴产业发展壮大的机遇期，也是改革攻坚的关键期。省十一次党代会提出，将大力实施创新引领、开放崛起战略，重点突出“三个着力”，推进建设“四大体系”和“五大基地”。这为战略性新兴产业发展提供了广阔空间。“十三五”时期，湖南省要全面贯彻党的十九大精神及省第十一次党代会精神，牢固树立创新、协调、绿色、开放、共享发展理念，准确把握新一轮科技革命和产业革命重大机遇，按照创新引领、开放崛起总体要求，以培育新动能发展新经济为目标，建立面向国际国内的创新网络体系，推动新技术、新产业、新业态、新模式蓬勃发展，加快壮大高端装备、新材料、生物、新一代信息技术、绿色低碳、数字创意等战略性新兴产业，培育战略性新兴产业策源地和产业集群，引领全省经

济实现创新驱动、内生增长的根本性转变，为建设创新型湖南和富饶美丽幸福新湖南提供有力支撑。

到 2020 年，战略性新兴产业发展实现以下目标：

一是引领发展作用明显增强。全省战略性新兴产业年均增长 16%，增加值超过 7000 亿元，占地区生产总值比重力争达到 16%，战略性新兴产业成为产业转型升级、绿色发展的重要支撑，对经济发展贡献率进一步提高。

二是产业创新能力和竞争力显著提高。研发投入占 GDP 比重达到 2.5%，企业创新主体地位进一步强化，战略性新兴产业领域的骨干企业研发投入占销售收入比重超过 3%，每万人口发明专利拥有量达到 6 件，发明专利拥有量年均增速达到 15%。

三是现代产业新体系基本形成。长株潭国家自主创新示范区成为新兴产业技术创新中心和策源地，建设一批特色鲜明、水平较高的战略性新兴产业集聚区，形成统筹协调、布局合理的产业发展格局。培育一批原创能力强、具有国际竞争力的行业龙头企业，涌现一批创新活跃、潜力广阔的中小微企业。搭建一批公共平台，产业服务体系更加完备。

# 制造业迈向高端化　服务业蓬勃发展

## ——上海市战略性新兴产业发展及展望

上海市发展改革委

## 一、主要发展情况

近年来，上海战略性新兴产业呈现“制造业迈向高端化、服务业蓬勃发展”的态势。截至“十二五”末，上海战略性新兴产业增加值占全市生产总值的比重达15%，高于国家“十二五”规划提出的到2015年年末全国战略性新兴产业增加值占生产总值比重8%的目标。

2016年，全市战略性新兴产业制造业完成工业总产值8307.99亿元，比上年增长1.5%；战略性新兴产业服务业部分实现总产出6665.74亿元，增长10.6%。全年战略性新兴产业实现增加值4182.26亿元，比上年增长5%。

## 二、主要工作和做法

### （一）制定实施战略性新兴产业实施意见和规划

近年来，上海市积极贯彻落实国务院《关于加快培育和发展战略新兴企业的决定》要求，制定发布《关于本市加快培育和发展战略性新兴产业的实施意见》（简称《实施意见》）和《上海市战略性新兴产业发展“十二五”规划》（简称《规划》）。其中，《实施意见》明确将原市高新技术产业化领导小组更名为市战略性新兴产业领导小组，由市委主要领导担任组长，设办公室在市发展改革委，下设产业化推进工作小组和科技创新推进工作小组，分别设在市经信委、市科委。《规划》提出重点发展新一代信息技术、高端装备、生物、新材料、新能源五大主导产业和节能环保、新能源汽车两大先导产业。

### （二）设立战略性新兴产业专项资金

上海将原市自主创新和高新技术产业发展重大项目专项资金更名为市战略性新兴产业发展专项资金，发布了《上海市战略性新兴产业发展专项资金管理办法》。2017年，优化完善并修订了《上海市战略性新兴产业发展专项资金管理办法》，支持导向由"硬投入为主"向"软硬投入并重"转变，支持模式由"单项支持"向"产业链支持"转变，支持方式由"静态支持"向"滚动支持"转变，支持项目由"重大重点项目并举"向"聚焦重大项目"转变。增加了无息委贷支持方式，更加贴近企业实际需求，进一步提高资金使用效率。

### （三）完善战略性新兴产业发展政策

近年来，上海制定了一批促进战略性新兴产业各子行业发展的有关政策。比较重大的有：《关于上海市进一步鼓励软件产业和集成电路产业发展的若干政策》，提出投融资、研发、知识产权、进出口等新一轮产业扶持政策；《关于在临港地区建立特别机制和实行特殊政策的意见》，即临港"双特"政策，明确了将推进装备制造等战略性新兴产业重大项目以及研发机构在临港地区优先布局，各有关产业化专项资金倾斜支持；此外，还发布了两轮上海市鼓励私人购买和使用新能源汽车试点实施暂行办法，积极通过政策引导加快上海市新能源汽车产业发展；制定发布《关于促进上海生物医药产业发展的若干政策规定》，着力破解自主创新产品进入市场难的瓶颈。

### （四）积极争取国家示范试点和专项资金支持

近年来，上海积极争取国家支持市辖区内高技术产业和战略性新兴产业发展，获批建设国家大数据综合试验区、云计算示范城市、电子商务示范城市、下一代互联网示范城市、信息惠民试点城市以及国家高技术产业基地、高技术服务业产业基地等重大示范试点，获批国家战略性新兴产业集聚发展试点和北斗卫星导航区域重大示范试点，并组织上海市相关单位申请国家专项项目，在示范试点方面取得了一批成效。

## 三、主要成效和亮点

上海通过持续推进实施战略性新兴产业项目，一大批技术和产业创新成果不断涌现，带动全市战略性新兴产业整体水平不断提升。

## （一）新一代信息技术领域

在集成电路方面，中芯国际45/40纳米的工艺技术已经成熟，利用28纳米制程技术成功制作高通64位410处理器；与IMEC、高通、华为共同投资设立中芯国际集成电路新技术研发（上海）有限公司，合作开发14纳米工艺。华力微电子承担的“909”工程升级改造项目顺利建成达产，月产3.5万片12英寸晶圆；工艺技术涵盖65/55纳米和45/40纳米，并采用业界先进的应变硅、低K介质（Lowk）和铜互连工艺，具有高性能低功耗技术优势。中微的“65–45纳米介质刻蚀机”和“32–22纳米介质刻蚀机”，技术性能达到了国际领先水平光刻机。

在新型显示方面，和辉光电一期5.5寸AMOLED屏已实现批量出货，和辉光电二期6代AM–OLED生产线项目正式启动。上海天马第5.5代AMOLED量产线产品已经点亮，已完成3.2 HVGA、4.3 WVGA、12.1 WXGA、5.5 HD、5.5 FHD等产品的开发，并正进行高PPI、超薄和超窄边框，以及柔性OLED等技术的开发。

## （二）软件领域

集聚了普华基础软件、中标软件、达梦数据库、人大金仓上海公司、普元中间件、东方通泰、上海金蝶和锐道等一批国产基础软件龙头企业和具有竞争力的基础软件产品，国产基础软件产业链已初步形成。麦杰公司的实时数据库、思普的PLM、东兴的CAD、超算的仿真及CAE、曼恒的虚拟工厂展示，以及上海工业自动化仪表研究院和企业合作研发的基于物联网的源智能制造等都显示了上海在智能制造的扎实基础；华谊的冶金和石化领域的MES、可鲁软件公司在石化行业油气管道远程集中监控领域、杰之能公司在航空和动车运行大数据处理方面等均显示了上海在行业大数据采集、处理方面拥有较强的实力。

## （三）高端装备制造领域

新松机器人落户上海，沃迪、新时达、未来伙伴等企业在机器人领域取得新进展。上海电气在出资20亿欧元收购安萨尔多能源公司40%股权之后，加快推进上海电气与安萨尔多的深度合作，已建成燃机技术平台和研发中心。卡斯柯的自主化信息系统拿到埃塞俄比亚轻轨订单，实现了国内首个自主化信号系统走出国门。福斐科技、联泰科技的3D打印SLA光敏固化设备已形成规模生产和销售。电气安萨尔多完成第一代F级燃气轮机的样机制造，建成动平衡试验平台、轴系试验平台、燃烧试验平台等服务平台。上海微松工业自动化有限公司研制的晶圆级微球植球机应用于超大规模集成电路制造中道制程工艺。

（四）海洋工程领域

“海洋石油 981”号半潜式钻井平台在南海正式开钻，自升式平台的抬升机构取得重大突破；外高桥造船公司承接我国首艘国产大型豪华邮轮建造，18000TEU 集装箱船首制船顺利交付，是我国建造成功的最大箱量集装箱船。沪东中华正式进入了 LNG 船舶建造的国际主流市场，位居国际先进水平，“海洋石油 721”大型深水物探船交付使用。美钻集团受中海油公司委托研制的我国首个水下采油树，成功应用于中海油南海油田开采，这是迄今为止国内唯一一个水下生产系统投入实际使用的案例，对推进我国海洋经济建设和能源发展具有重要意义。其中，外高桥造船有限公司建造的 3000 米超深水半潜式钻井平台“海洋石油 981”在南海正式开钻，获国家科学技术进步奖特等奖。

（五）生物医药领域

联影公司形成自主知识产权的业界首台动态多极 3.0T 磁共振系统、MRCT、双模态 128 层 CT、96 环超清高速光导 PET-CT、高性能体检专用 DR 以及智能化数字乳腺 DR 等高端医学影像装备，双模态 128 层 CT 的主要技术指标部分超越了西门子、通用电气、飞利浦等国际同类产品的水平。上海医药与复旦张江生物医药股份联合研发的“重组人肿瘤坏死因子受体突变体 -Fc 融合蛋白注射液”已进入临床试验研究阶段；生物芯片上海国家工程研究中心、上海分子医学工程技术研究中心、上海芯超生物科技有限公司共同打造的“芯超生物银行”已启动。

（六）新材料领域

上海卡贝尼的静电吸盘等陶瓷产品实现了半导体装备关键部件的保障，打破了日本对该领域的垄断，成功实现中微、上微等半导体装备企业关键零部件配套保障。上海安集微电子的电子级抛光液实现国内零的突破，并成功进入英特尔供应体系。上海轻合金工程研究中心开发的新一代镁合金储氢材料取得新的突破，解决了燃料电池用氢在运输、储藏方面的缺陷，成功应用于某燃料电池无人飞机。宝钢集团自主研发的新一代蒸汽发生器用 690 合金 U 形传热管稳定生产 13000 支，将首次用于国家重点示范工程 CAP1400 机组上。上海石化碳纤维一期装置运行稳定，产品质量和稳定性显著提高，实现单运行周期达产达标。碳化硅、石墨烯等一批前瞻技术启动布局。

（七）新能源领域

太阳能核心设备、核电主泵、核岛主设备、大型锻件等领域的技术攻关和产业化工作进展顺利，钠硫电池、高温超导、智能电网等领域的产业化和示范项目加快推进。

（八）新能源汽车领域

上海新能源汽车产业链完整，自主技术水平保持国内领先，很多领域已经达到国际先进水平。突出表现在：新能源汽车产品加速产业化，上汽集团自主开发的插电式混合动力轿车荣威550、燃料电池轿车荣威750加速推广，动力电池产业化能力大幅提升；上海航天电源、卡耐新能源等已累计形成年产10亿瓦时以上电芯及系统产能；驱动部件产能规模进一步扩大，上海精进成为美国克莱斯勒电动汽车驱动电机主要供应商；电控系统技术水平国内领先，上海交通大学建成世界先进的新能源汽车动力系统及关键零部件测试研究平台；同济大学建成自主知识产权燃料电池轿车动力系统平台；新能源汽车累计推广量位居国内第一，国内首个“国家智能网联汽车（上海）试点示范区”封闭测试区在安亭投入运营。

## 四、下一步工作

（一）加快推进科技创新中心建设和全面创新改革试验，进一步激发产业发展活力

加大力度实施好研发费用加计扣除、高新技术企业等普惠性税收政策，进一步推动企业加大创新投入。加快实施投贷联动等金融创新试点，为科技型中小企业解决融资难问题。进一步推广实施药品上市许可和生产许可分离的创新药物上市许可持有人制度，通过体制机制改革突破，推动生物医药等重点产业发展。

（二）加快建设张江综合性国家科学中心，增强产业原始创新能力

加快建设张江综合性国家科学中心；加快推进建设超强超短激光装置、活细胞成像平台、软X射线自由电子激光用户装置等新一批大设施；加快建设国家实验室，依托中科院在沪单位和上海科技大学，吸引集聚一批顶尖科研机构和一流研究团队，探索开展科研计划组织机制改革，抓紧启动首个大科学计划，增强上海原始创新能力和科技对产业的辐射支撑作用。

（三）强化重大项目牵引，启动实施新一批战略性新兴产业重大项目和首个科技重大专项

在集成电路、新型显示、高端装备等领域推进新一批战略性新兴产业重大项目。

加快推进华力二期、中芯研发公司等集成电路重大项目建设，继续做大做强上海集成电路产业；加快推进和辉光电二期项目建设，打造新型显示产业基地；加快实施上海科技重大专项管理办法，组织启动首批科技重大专项。

### （四）加快建设国家“双创”示范基地和科技创新集聚区，进一步营造创业创新良好环境

加快推进杨浦、上海交通大学等 7 个“双创”示范基地建设，在服务型政府建设、完善“双创”政策措施、扩大创业投资来源、构建创新创业生态、加强“双创”文化建设等方面，率先取得新突破；加快建设张江、紫竹等 6 个科技创新集聚区。

# 全面实施创新驱动战略　推进新兴产业健康发展

## ——江苏省战略性新兴产业发展及展望

江苏省发展改革委

“十二五”以来，江苏对接《国务院关于加快培育和发展战略性新兴产业的决定》和《“十二五”国家战略性新兴产业发展规划》，按照省委省政府的部署，将培育发展战略性新兴产业作为经济转型升级重要任务，遵循“一个核心战略、两个坚持、三个着力”的总体思路，即实施创新驱动发展核心战略，坚持规划引领，坚持统筹协调，着力推进重大项目培育优强领军企业，着力构建创新平台提升产业创新能力，着力促进产业集聚打造区域发展新动能，全省战略性新兴产业呈现出良好发展态势，有力促进了产业转型升级和经济发展方式转变。

## 一、战略性新兴产业发展取得的成效

### （一）产业规模快速壮大，成为促进经济发展的重要增长点

战略性新兴产业销售收入年均增长超20%，2016年销售收入突破4.89万亿元，是2010年的2.37倍，年均增长超过17%，占规模以上工业比重从22.4%提高到30%。分产业来看，新材料、新一代信息技术和软件、生物医药、节能环保、光伏、海工装备等产业规模居全国前列。同时，以分享经济、信息经济、生物经济、绿色经济、创意经济、智造经济为阶段性重点的新兴经济业态逐步成为新的增长引擎，物联网和云计算、生物医药、新材料产业保持两位数增长。

### （二）创新能力显著提升，成为建设创新型省份的重要支撑

2016年江苏省全社会研发投入1956亿元，发明专利授权量跃居全国首位，区域创新能力连续8年全国第一。推动高效低碳燃气轮机试验装置（IGCC）、未来网络试验设施等大科学装置正式落户江苏，实现了国家重大科技基础设施在江苏零的突破。在战略性新兴产业领域累计设立工程中心（实验室）等国家级创新平台100

家，省级创新平台2500家以上。战略性新兴产业发明专利申请和授权量占全省发明专利申请和授权量的比例超过1/3。新能源、新材料、生物技术和新医药、节能环保、智能电网、高端装备制造等产业发明专利申请量位居全国第一。大众创业万众创新日趋活跃。江苏省已建有384家省级众创空间，共有创新创业服务机构567家，孵化面积达3001万平方米，在孵企业数达32000家，孵化器数量、面积及在孵企业数均居全国第一。

## （三）企业竞争力显著提升，成为产业转型升级的重要力量

积极推进战略性新兴产业企业做强做大，对一批基础好、带动力强、具有竞争力的企业加以重点扶持，促进各类要素向优势企业集中、向行业龙头企业集聚，企业竞争力不断提高，在新兴产业领域涌现出徐工集团、国电南瑞、天合光能等一批龙头骨干企业和细分行业领军企业。高新技术企业总数突破1.1万家，新兴产业企业总数占比超过70%，全省120家超百亿元工业企业（集团）中新兴产业企业超过一半，成为推进战略性新兴产业发展的主要力量。总投资300亿元的中电熊猫G108液晶面板项目和总投资35亿美元的苏州三星液晶显示8.5代线项目已实现满产，SK海力士累计在无锡投资达150亿美元。前不久投资达30亿美元的台积电12英寸晶圆厂成功落地南京，生产工艺达到16纳米，水平国际领先。

## （四）集约集聚效应放大，成为带动产业高端发展的重要因素

立足技术和市场两大需求，以高新园区和特色产业基地为载体，着力完善新兴产业链条，增强产业配套能力，推进战略性新兴产业集群化、集约化、规模化发展。江苏省国家和省级高新技术产业园区、国家高技术产业基地、国家新型工业化示范基地等各类载体集聚了60%以上的战略性新兴产业产值，已成为产业高端发展的先行区。江苏全省已有国家战略性新兴产业试点示范城市11个，国家级新型工业化示范基地13个，国家级科技兴贸创新基地8家，国家高技术产业基地7个，国家战略性新兴产业区域集聚发展试点3个，省级新型工业化示范基地27个，省级特色产业集群和中小企业产业集聚示范区82个。

## （五）人力资源结构配套完善，成为人才集聚的重要领域

截至2016年年底，累计引进国家"千人计划"特聘专家696人，其中战略性新兴产业领域专家547人，占总数的78.6%。省"双创"人才计划引进省"双创"人才3129人，全省推进98个专项引才计划，累计资助引进"双创"团队236个、"双创"博士2528人，人才对经济增长贡献率达35.5%。由"双创"人才新创办企业1230家，

157 家成长为高新技术企业，59 家年销售超亿元。2016 年共有 662 个重点产业人才项目入选第 13 批“六大人才高峰”资助计划，其中战略性新兴产业项目达 372 个，占 56.2%。通过专业技术人才知识更新工程等共培训 38 万多人，其中信息技术和软件人才约 16 万人，高层次人才成为江苏省战略性新兴产业发展的生力军。

受国内外宏观经济环境及深层次矛盾的影响，江苏省部分战略性新兴产业也面临一些问题和挑战。一是产业投资增幅持续走低。两年来高新技术投资增幅呈现低位走势，部分行业出现负增长，特别是航空航天制造业下降 36.2%，另外软件业也下降了 4.3%，主要原因是由于相关政策尚不明确，人力成本上升、市场风险加大，导致企业减少投资。二是部分行业受市场环境和政策影响较大。电子计算机及办公设备等行业出现利润下滑、利税率低的不利态势；新能源产业因上网电价政策变化，进入三季度后大幅缩减产量；新材料产业缺少掌握产业主导权的领军企业，许多电子信息关键材料、高性能金属材料仍依靠进口。三是金融支持实体经济传导仍然不畅，中小微企业融资难、融资贵是反映较集中的突出问题。P2P 平台“跑路”现象不断发生，资金压力造成新兴中小企业回款困难、三角债上升，企业互保资金链断裂形成的多米诺骨牌效应需引起高度重视。

## 二、主要工作情况

“十二五”以来，围绕战略性新兴产业发展规划，江苏省以攻占产业发展制高点为目标定位，以改革创新为强大动力，从资金、政策、机制各方面全力支持，从生产、流通、消费等各领域全面引导，从研发、示范、产业化各环节全程推动，力推战略性新兴产业健康发展，主要工作可以概括为以下几个方面：

### （一）协同推进，形成产业发展强大合力

2011 年，江苏省政府成立了以省长为组长的省推进战略性新兴产业发展工作领导小组并设立了办公室，统筹组织协调战略性新兴产业发展。2012 年由省政府办公厅正式印发《关于明确界定推进战略性新兴产业发展工作成员单位及办公室工作职责》，明确了办公室和各成员单位的工作职责。同时，针对十大重点产业成立了 10 个专项工作跟踪推进小组，具体负责跟踪研究相关产业重大问题，深入了解各领域的发展进程和存在的问题，及时提出对策建议。各市发布了新兴产业发展规划或相关政策，建立了推进机制，出台了考核办法，上下贯通、左右协同的目标责任体系基本形成。在工作中，各成员单位密切配合，省市加强上下联动，形成了推动战略性新兴产业发展的强大合力。

## （二）规划引领，推进产业健康发展

2011年年底，江苏省政府出台《江苏省“十二五”培育和发展战略性新兴产业规划》，明确了江苏省“十二五”战略性新兴产业发展目标、主攻方向、重点任务和重大工程。2012年6月，江苏省推进战略性新兴产业发展工作领导小组组织编制出台了十大重点产业推进方案，进一步明确了各个产业发展的总体要求、主要目标、重点任务和推进措施。2012年年底，领导小组办公室制定发布了《江苏省战略性新兴产业发展指南》，明确了战略性新兴产业的发展导向。2014年，出台了《江苏省战略性新兴产业重大工程实施方案》，明确了“十二五”末到“十三五”初期江苏省战略性新兴产业发展重点。2016年11月，发布《江苏省“十三五”战略性新兴产业发展规划》，提出加快发展十大战略性新兴产业，带动形成新兴支柱产业，培育新动能。另外，每年制定战略性新兴产业发展实施方案，明确年度工作目标、重点任务，并将各项目标、任务逐一分解，确保工作任务、工作措施和工作责任“三落实”。

## （三）需求导向，大力推广新技术和新产品

2012年，江苏省政府出台了《关于进一步加强新技术新产品推广应用的意见》和《关于进一步加强新技术新产品推广应用意见主要目标任务工作分工方案》，印发了《省重点推广应用的新技术新产品指南》，设立省级专项资金，分行业、分阶段、分批次地启动战略性新兴产业重大产品认定和推广工作，有效拉动市场需求。一是加强新技术新产品开发。组织认定首台（套）重大装备及关键部件产品近500个，发布省重点推广新技术新产品超千个，其中战略性新兴产业产品占总数的81.7%。二是着力推进示范应用。围绕战略性新兴产业重点领域，组织实施国家和省重大应用示范工程110余项，有效拓展市场应用空间。积极推动南京、无锡和苏州创建国家下一代互联网试点城市，积极推进南通等6个城市创建国家新能源汽车推广应用城市，大力推进徐州、常州等5个城市建设国家电子商务试点，大力推进淮安等3个城市建设国家信息惠民试点，集中各方资源，在重点行业、重点地区积极开展先行先试，探索产业发展新模式和新机制。三是搭建合作交流平台。“十二五”以来，以战略性新兴产业为重点，举办了世界物联网博览会、中国（南京）国际软件产品和信息服务博览会、中国苏州国际节能环保产品与技术展览会、中国（泰州）国际医药博览会等省内重点展会，展示江苏省战略性新兴产业的发展最新成果。2015年江苏省发展改革委协同省科技厅、经信委和省产业技术研究院等部门圆满完成了产业创新发展馆建设，全面总结和展示江苏省战略性新兴产业发展的成就和未来发展

方向，得到省政府的充分肯定。

### （四）深化改革，加快产业与金融融合发展

强化科技创新和金融创新良性互动，推动新兴产业与金融融合发展。一是大力发展创业投资，设立10亿元省级新兴产业创业投资引导基金、2亿元天使投资引导基金，推动建设了11个“省级创业投资集聚发展示范区”。备案创业投资机构420家，管理资本规模729亿元，累计投资达449亿元，累计扶持中小企业3514家，相关指标均位列全国第一。常州金茂新材料、常熟高端装备和泰州润梅新材料等7支基金列入国家新兴产业创投计划，总规模达21.5亿元，重点扶持处于初创期、成长期的创新型企业和高成长性企业，有效解决新兴产业中小企业融资难、融资成本高的难题。二是鼓励商业银行加大信贷支持力度。引导商业银行积极增加对战略性新兴产业的信贷投放，创新金融产品和服务方式。近年来，江苏省先后推出江苏银行“科技之星”和“基金宝”、交通银行“科贷通”、农业银行“金科通”和“投联贷”、南京银行“投联贷”等科技信贷特色产品60余种。目前，全省科技贷款余额达到8340亿元。三是大力发展科技金融专营机构和载体建设。目前，全省共有科技（特色）支行38家，科技保险（特色）支公司3家，科技小额贷款公司62家。科技小贷公司实收资本113.02亿元，贷款余额129.09亿元，累计发放贷款622.66亿元。全省布局建设26家省级科技金融合作创新示范区，11家科技金融服务中心。

### （五）政策引导，明确产业发展的鲜明导向

充分发挥财政资金的引导作用，整合各类资源，加强政策聚焦，支持战略性新兴产业重点领域、重要载体和集聚区建设。一是加大财政支持。江苏省政府制定了《省战略性新兴产业发展专项资金管理办法》，每年预算安排省级战略性新兴产业发展专项资金10亿元，重点支持十大战略性新兴产业重要环节、关键技术、重大工程以及载体建设。创新财政资金使用方式，将现行专项资金无偿支持的单一方式调整优化为采取无偿支持和有偿支持结合的多元化方式。制定了《江苏省省级战略性新兴产业专项资金有偿使用资金管理办法》，明确有偿资金的使用方式和原则，重点支持高科技和高成长性中小企业，有效解决中小企业融资难问题。二是强化政策引导。针对光伏产业发展遇到的困境，制定实施《江苏省促进光伏产业健康发展实施办法》，设立专项补贴资金，有效缓解光伏发展困难。制定了《推进物联网有序健康发展的贯彻落实意见》《省政府关于加快发展节能环保产业的实施意见》《江苏省加快船舶产业转型升级与海洋工程装备发展三年（2013—2015）工作方案》《省政府关于促进信息消费的实施意见》《省政府关于大力实施“宽带中国”战略加快提升

全省宽带发展水平的意见》《省政府关于加快新能源汽车推广应用的意见》等一系列政策文件，有效引导和支持新兴产业健康发展。三是坚持优化环境。突出配套政策措施的支撑作用，在税收优惠、金融支撑、专利保护、土地使用、人才培养和引进等方面营造有利于战略性新兴产业发展的政策环境。四是推动战略性新兴产业国际化发展。对企业在境外参展、国际认证、技改研发及"走出去"等项目方面给予扶持，降低企业出口成本。"十二五"以来，全省近千家战略性新兴产业企业获得国家进口贴息、省级商务发展专项资金5亿多元，支持企业引进先进技术装备、提升国际竞争力。

### （六）跟踪监测，建立可行管用的考核机制

2012年，制定了《江苏省战略性新兴产业统计报表制度》，确定了江苏省战略性新兴产业的统计范畴和指标体系；2013年，在第三次经济普查的基础上进一步完善战略性新兴产业统计指标体系和重点企业库，建立了常态化研究制度，并按月、按季度提出形势分析报告。更为重要的是将战略性新兴产业发展纳入政府目标管理考核体系，作为衡量各级、各部门科学发展实绩的重要内容，把考核和激励紧密联系起来，将战略性新兴产业发展实绩与项目审批、土地供应、政策资金、环境容量等挂钩，让工作得力的地方有干劲，工作不力的地方受鞭策。

## 三、"十三五"战略性新兴产业发展思路

"十三五"时期，是全球新兴技术群体迸发、新一轮产业变革深度演变的关键时期。移动互联网、物联网、云计算、大数据、人工智能等新一代信息技术加速向各领域渗透；纳米技术、增材制造、智能制造等高技术突破将重塑制造业国际分工格局；以基因组学、细胞调控、脑科学为代表的生命科学技术将引发生物技术产业的重大变革；全球气候变化助推绿色低碳发展大潮，新能源革命正在改变现有国际资源能源版图；数字创意产业逐渐成为国家软实力角逐的重要舞台，引领消费新风尚。战略性新兴产业逐渐成为推动全球经济复苏和增长的主要动力，引发国际分工格局重整，全球创新经济发展进入新时代。从国内来看，经济发展进入高质量发展阶段，经济发展方式正从规模速度型向质量效益型转变，发展动力正从主要依靠要素投入向创新驱动转变，我国经济正向形态更高级、分工更优化、结构更合理的阶段演化，提质增效、转型升级的要求更加迫切，对战略性新兴产业发展提出了更高要求。随着我国全面推进深化改革，创新驱动所需的体制机制环境将更加完善，科技创新与大众创业万众创新的有机结合更加紧密，人才、技术、资本等要素配置持续优化，

为战略性新兴产业发展提供了新动力。从江苏省来看，经过“十二五”时期的培育和发展，战略性新兴产业规模实力和发展水平得到显著提升，特别是“一带一路”、长江经济带建设、长三角一体化发展等国家战略在江苏交汇叠加，苏南国家自主创新示范区、“一中心、一基地”建设加快推进，为全省战略性新兴产业发展提供了新的重大机遇和发展空间。

“十三五”江苏战略性业发展工作的基本思路是：准确把握世界新一轮科技革命和产业变革历史机遇，践行“创新、协调、绿色、开放、共享”发展理念，聚焦供给侧结构性改革和“一中心、一基地”建设，按照构建现代产业新体系、发展新经济的总体要求，突出先导性和支柱性，着力提升自主创新能力，加速重大技术攻关与产业化；着力培育优强企业集群，增强产业综合竞争力；着力加强产业链协同，推进集聚集约发展；着力提高国际合作水平，深度融入全球新兴产业发展体系；着力深化体制机制改革，营造产业发展新生态。加快发展壮大新一代信息技术、高端软件和信息服务、生物技术和新医药、新材料、高端装备制造、节能环保、新能源和能源互联网、新能源汽车、空天海洋装备、数字创意等战略性新兴产业，将江苏省打造成为具有全球影响力的战略性新兴产业高地，构建经济发展新优势，为全面建成小康社会、扎实推进“迈上新台阶、建设新江苏”提供有力支撑。总体上努力实现以下目标：到 2020 年，战略性新兴产业综合实力国内领先，产业结构层次明显提高，产业技术创新能力大幅提升，若干领域达到世界先进水平，逐步发展壮大成为推动经济转型升级的主动力。具体可细分为如下几点：

一是产业规模持续壮大。战略性新兴产业销售收入突破 7 万亿元，增加值占地区生产总值的比重达到 15%，新一代信息技术、高端软件和信息服务、新材料、生物技术和新医药、高端装备制造等发展成为万亿级规模的支柱产业，战略性新兴产业成为引领经济转型升级的重要支撑。

二是创新能力显著提高。战略性新兴产业领域骨干企业研发投入占主营业务收入的比重提高，攻克一批关键核心技术，战略性新兴产业发明专利申请和授权量占全省比重达到 45%，建设 100 家国家级创新平台、1000 家省级创新平台，培育 10000 个新技术、新产品，创建一批国内外知名品牌，在重点领域取得群体性突破，优势领域形成具有国际影响力的产业创新中心。

三是产业结构不断优化。战略性新兴产业体系逐步完善，先进制造业、高技术服务业比重大幅提升，支撑产业迈向中高端水平。形成一批原创能力强、具有国际竞争力和品牌美誉度的行业排头兵企业，培育形成 100 家左右百亿级行业领军企业，500 家左右技术领先的骨干企业，1000 家左右具有自主知识产权、自主品牌的重点创新型企业。建成 50 个国家和省级战略性新兴产业集聚区，形成 10 个左右标志性战略性新兴产业策源地。

四是发展环境更加完善。重点领域和关键环节改革取得重要进展，影响战略性新兴产业发展的体制机制障碍有效破除，有利于产业汇聚人才、技术、资本的政策措施持续完善，相关标准规范、信用体系和法律法规体系逐步健全，市场环境更加公平，适应新模式新业态蓬勃涌现的产业生态基本形成。

## 四、有关建议

### （一）支持前沿性、先导性、颠覆性科技研发突破

当前互联网经济兴起，全球范围内产业变革浪潮汹涌，正在发生产业链重构、价值链整合、信息链融合的新变化、新趋势。科技创新已成为经济结构调整和持续健康发展的决定性力量，必须更加自觉地把握机遇、应对挑战，面向经济社会发展重大需求，瞄准技术前沿、产业高端和未来发展，通过实施一批重大工程、重点专项，突破一批抢占制高点的前沿先导技术、提高产业竞争力的关键核心技术，加快推进产业科技融合创新发展。

### （二）支持企业、高校院所产业创新重点平台载体建设

着力构建以企业为主体、市场为导向、产学研相结合的技术创新体系，完善市场导向的技术创新格局。推进产业创新重点平台载体建设，推动大中型工业企业、规模以上高新技术企业全面建设研发机构，着力提升企业研发机构发展水平，增强支撑企业转型升级的能力。组织有实力的企业创建国家级重点实验室、工程实验室、工程技术研究中心、企业技术中心。引导和支持企业不断强化技术研发能力建设，打造创新型企业集群，鼓励企业联合高校院所共建创新联盟，支持创新战略联盟牵头承担重大技术创新项目，开展前沿先导技术研发和重大战略产品开发。

### （三）支持重点领域高端人才的引培集聚

坚持引进、培养、激励多策并举，加快集聚一支规模大、结构优、素质高、活力强的创业创新人才队伍。通过“双创计划”等人才专项引进一批战略性新兴产业等重点领域高端人才，并争取更多国家“千人计划”和“万人计划”人才落户江苏。支持高校创新人才培养机制，加快培育高层次人才，大力发展现代职业教育，加强员工在岗培训，努力培养更多的实用型高技能人才。支持企业探索灵活的方式用好人才，鼓励实施股权和期权等激励政策，使做出突出贡献的科技人员、管理人员和

高技能人才获得与其贡献相适应的报酬。

### （四）支持原创性及替代进口型高新技术产品拓展产业化市场

加强需求侧政策引导，充分发挥市场需求的拉动作用，组织实施新技术新产品示范推广应用工程，积极探索高新技术产品示范应用运营模式和工作机制。制定财税制度支持和要素重点保障政策措施，加大对原创性及替代进口型高新技术产品和服务的政府采购力度，有效缓解产业化发展过程中特别是初始阶段的市场约束。加强充电设施、宽带网络、基因测序等高新技术基础服务体系的建设。通过融资租赁、保险补偿等方式促进首台（套）、首批次产品与服务的推广应用。

# 战略性新兴产业对规模以上工业经济增长贡献率超三成

## ——浙江省战略性新兴产业发展及展望

浙江省发展改革委

## 一、浙江省战略性新兴产业发展情况

2016年，浙江省深入实施供给侧结构性改革和“一转四创”补齐短板等重大方针政策，打好“拆治归”转型升级组合拳，积极培育发展新动能。全省战略性新兴产业增速前三个季度提升较快，后期趋于平稳，总体上呈现稳增长、高效益、强创新的发展态势。

### （一）带动作用有效发挥，外需市场仍需提振

2016年，浙江省战略性新兴产业主要指标增速均高于规模以上工业。其中，实现增加值3206亿元，同比增幅8.6%，增速高于规模以上工业2.4个百分点；销售产值同比增长7.5%，高于规模以上工业3个百分点。战略性新兴产业增加值占规模以上工业增加值的22.9%，对规模以上工业经济增长的贡献率达31%，较三季度提高2个百分点，拉动规模以上工业增长1.9个百分点。在国际市场需求疲弱、贸易保护主义愈演愈烈、传统消费大国“再工业化”推进的背景下，浙江省战略性新兴产业出口低速增长。2016年全年出口交货值2605亿元，同比增长4%，但增速仍高于规模以上工业。内销市场稳定增长，全年内销产值对销售产值增长贡献率为90.5%。

### （二）增长趋势整体向好，全年预期稳步增长

从趋势上看，战略性新兴产业的增长趋势与规上工业总体一致。至2016年8月底，战略性新兴产业增加值和销售产值累计增幅逐月增长，主要是因为在杭州市举办G20峰会带来的激励效应，增加了全省企业生产和销售动力。出口交货值上半年略有波动，且与规上工业增长趋势有所差异，下半年的增长趋势与规上工业相一致。进入四季度以来，三项指标的增幅趋于稳定，12月份小幅提升，其中增加值和销售

产值的单月增幅分别为10.3%和10.2%，达到2016年最高。2016年整体上实现稳步增长，好于上年先高后降的增长态势。

### （三）经济效益增长良好，创新减负有所显现

2016年实现利润总额1225亿元，同比增长19.0%，增速高于规上工业2.8个百分点。主营业务收入利润率稳步提升，自一季度7.0%提升至半年度8.0%，年末达到8.4%，高于规上工业1.8个百分点。在浓厚的创新氛围下，浙江省战略性新兴产业科技活动经费支出增长11.7%，占主营业务收入比重从年初的2.4%提升至2.6%。三项费用增速维持在8%，表现出回落趋势。其中，管理费用同比增长9.7%，较上半年下降了1.6个百分点；财务费用自年初以来一直减少，下半年来降幅逐渐加快，较上半年下降了15.5个百分点。

## 二、浙江省战略性新兴产业未来发展展望

### （一）战略性新兴产业发展面临的形势

从全球看，当今世界新一轮科技革命和产业变革持续深化，今后一个时期，是新兴技术群体迸发、产业变革深度演变的关键时期。移动互联网、物联网、云计算、大数据等新一代信息技术加速向经济社会各领域渗透，机器人、智能控制等技术不断取得重大突破，推动传统工业体系分化变革，并重塑制造业发展格局。全球气候变化助推绿色发展大潮，新能源革命正在改变国际资源能源版图。基因重组、精准医疗等新模式加快普及推广，生物新经济将引领生产生活迈入新天地。数字创意产业逐渐成为软实力角逐的重要舞台，引领消费新风尚。战略性新兴产业逐渐成为推动全球经济复苏和增长的主要动力，迎来了爆发式增长的重要战略机遇期。

从国家层面看，2016年12月，国务院发布了《"十三五"国家战略性新兴产业发展规划》(以下简称《规划》)，这是目前国家层面印发的唯一的"十三五"产业类专项规划，足见国家对战略性新兴产业发展的高度重视和期待。《规划》明确提出，到2020年战略性新兴产业增加值占GDP比重达到15%，形成新一代信息技术、高端制造、生物、绿色低碳、数字创意等5个10万亿级产值规模的新支柱产业。

从浙江省实际看，加快发展战略性新兴产业是贯彻习近平总书记"秉持浙江精神，干在实处、走在前列、勇立潮头"指示精神的重要举措，是浙江省发展新经济、培育新动能的现实需要。近年来，浙江省认真贯彻落实党中央、国务院的决策部署，聚焦重点，精准发力，促进战略性新兴产业的跨越式发展。2013—2016年，全省战

略性新兴产业增加值年均增速超过8.2%。战略性新兴产业增加值对规上工业增长的贡献率达31%，成为带动工业经济增长的关键力量。今后一个时期，是浙江省高水平全面建成小康社会的决胜阶段，体制机制环境更加完善，要素资源配置持续优化，产业结构加速升级，新兴消费不断迭代，新旧动能加快转换，为战略性新兴产业发展带来了巨大的空间。我们必须抓住机遇，加强统筹规划，聚焦重点领域，创新发展思路，落实改革举措，提升发展质量，促进战略性新兴产业持续健康快速发展，成为经济社会发展的强大引擎。

### （二）浙江战略性新兴产业成就及展望

2017年以来，浙江省战略性新兴产业持续发力，整体保持稳快发展，增加值、出口、销售规模全面稳步提升，经济效益持续改善。上半年全省战略性新兴产业增加值2032亿元，增速为10.1%，增加值增幅高于规模以上工业2.4个百分点，对规模以上工业经济增长的贡献率达34.6%，拉动规模以上工业增长2.7个百分点，带动效应较上年显著增强。实现销售产值9335亿元，增长16.8%。2017年1~5月，战略性新兴产业利润总额597亿元，增长22.3%，增速比规模以上工业高7.4个百分点。

2017年1~3月、1~4月全省战略性新兴产业增加值增速分别为9.3%和9.5%，连续4个月稳步攀升。从单月增幅看，3月、4月、5月和6月分别为9.0%、10.0%、10.9%和10.9%，增速连续3个月加快后，6月继续保持高位增长。九大产业中，新一代信息技术和物联网、高端装备制造、节能环保、核电关联等产业发展较快，增加值同比分别增长19.9%、16.5%、10.9%和10.7%；除新能源产业外，新材料、海洋新兴、生物、新能源汽车等产业增加值增速在5.0%~10.5%之间。2017年9月，浙江省出台了《浙江培育发展战略性新兴产业发展行动计划（2017—2020）》，伴随着大众创业万众创新深入发展，新产业新业态蓬勃发展，有望推动全省战略性新兴产业继续高速发展。

# “从无到有”“由弱到强”：战略性新兴产业实现跨越

## ——安徽省战略性新兴产业发展情况及展望

安徽省发展改革委

## 一、发展情况

“十二五”以来，安徽省战略性新兴产业得到了快速发展，初步实现“从无到有”和“由弱到强”的跨越，产值年均增长超过 20%，占全部规模以上工业的比重由 13.3% 提高到 22.6%。2016 年，全省战略性新兴产业继续保持较快发展势头，产值突破 1 万亿元大关，达到 10161.3 亿元，增长 16.4%，对全省工业增长的贡献率超过 40%。其中，以新型显示为主导的电子信息产业发展势头最为强劲，突破 3000 亿元大关，对工业增长贡献率居七大产业之首，已成为安徽省产业转型升级的主引擎。

## 二、主要工作和做法

一是抓政策体系。“十二五”前期，安徽省出台了《关于加快培育和发展战略性新兴产业的意见》《安徽省战略性新兴产业“十二五”发展规划》。“十二五”中后期，为推动新兴产业集聚发展，安徽省出台了《关于加快建设战略性新兴产业集聚发展基地的意见》《加快调结构转方式促升级行动计划》等文件。此外还专门出台了集成电路、智能语音、智能制造装备等产业发展的实施意见，为新兴产业发展营造良好环境。

二是抓组织领导。安徽省委省政府对发展战略性新兴产业高度重视，在 2009 年国家提出发展战略性新兴产业后即部署省发展改革委启动该项工作。2010 年，安徽省政府成立了省战略性新兴产业领导小组，省长亲自担任领导小组组长，常务副省长任第一副组长，办公室设在省发展改革委，24 个省直相关部门及金融机构为成员单位。2015 年，安徽省政府成立了省战略性新兴产业集聚发展基地建设工作领导小组，将省战略性新兴产业领导小组并入其中。

三是抓重大项目。利用每年5亿元专项引导资金，2010—2014年共支持战略性新兴产业重大项目288个，带动社会投资将近1900亿元。利用安徽省“861”行动计划平台，建立了战略性新兴产业“千百十工程”项目调度体系。2015年10月，安徽省出台了《安徽省“大新专”项目四督四保协调推进办法》，在各重点工程省级专项项目库、各地“调转促”项目库基础上，筛选建立了包括战略性新兴产业集聚发展项目在内的“调转促”省级重点项目库。

四是抓基地建设。2015年安徽省委省政府出台了《关于加快建设战略性新兴产业集聚发展基地的意见》，成立了省战略性新兴产业集聚发展基地建设工作领导小组，设立省战略性新兴产业集聚发展基地建设专项引导资金，自2015年起每年安排20亿~30亿元，在制造业领域择优建设一批战略性新兴产业集聚发展基地，力争经过3~5年的努力，培育一批具有国际影响力的领军企业，打造一批安徽制造的知名品牌，形成支撑安徽经济发展的新的增长极。

五是抓创新能力。围绕新型显示、机器人、生物、新能源等重点领域，支持工程研究中心、工程实验室、企业技术中心建设，重点引导和支持创新要素向企业集聚，加快建立以企业为主体、市场为导向、产学研相结合的技术创新体系。积极推进中科大先进技术研究院、合工大智能制造研究院、清华大学公共安全研究院、北大生物经济研究院、中科院合肥技术创新工程研究院建设，探索建立联合开发、优势互补、利益共享、风险共担的产学研用合作机制。

六是抓融资体系。设立战略性新兴产业创投基金，安徽省合肥公共安全创业投资基金、芜湖市汽车电子及关键零部件创业投资基金等6支基金列入国家计划。积极探索银证担合作新机制，构建“4321”的担保风险分担和代偿补偿机制。创新项目投融资模式，通过政府少量出资，撬动金融资本和社会资本参与上市公司定向增发，先后支持京东方6代线、8.5代线、10.5代线建设。2014年设立高新技术产业投资母基金，并通过公开招标的方式发起设立首期三支子基金：壹号基金（总规模30亿元以上）、贰号基金（总规模20亿元以上）、叁号基金（总规模20亿元以上）。2015年决定设立800亿~1000亿元产业发展基金，形成覆盖企业种子期、初创期、成长期、成熟期等全生命周期的基金集群。

七是抓体制机制。合芜蚌自主创新综合试验区稳步推进，2011年开展股权和分红激励试点。2013年中关村示范区完善研究开发费用加计扣除、提高职工教育经费税前扣除限额、技术人员股权奖励分期缴纳个人所得税等三项政策试点并拓展到合芜蚌试验区。全力推进创新型省份建设，2014年，安徽省委省政府出台《关于实施创新驱动发展战略进一步加快创新型省份建设的意见》及6项配套文件，设立了每年10亿元的创新型省份建设专项资金。2015年对配套文件再次修订，对扶持高层次科技人才团队在皖创新创业、促进科技成果转化、加强实验室建设等方面做出了规范，积极支持携带拥有自主知识产权、具有国际先进或国内一流水平科技成果的省内外科技团队在皖开展科技成果转化、产业化，安徽省对符合条件的团队分类给予300万元、600万元、1000万元的参股支持。2015年9月，安徽省列入国家系统推进全面创新改革试验区，探索建立有利于创新创业的新机制，推动创新与产业发展的深度融合。

## 三、主要成效和亮点

一是产业集聚效应日益凸显。合芜蚌新型显示、芜马合机器人成为国家级区域战略性新兴产业集聚发展试点。目前，新型显示在建和新建重点项目67个，总投资额超700亿元；机器人产业重点项目94个，总投资额达170.6亿元。中期评估时，国家发展改革委领导对安徽省试点工作给予高度评价，认为“安徽工作扎实、成效明显，为国家集聚试点工作探索了有益经验，为欠发达地区发展战略性新兴产业树立了典范”。首批14个省级战略性新兴产业集聚发展基地建设启动，未来5年基地规划建设重大项目544个，总投资约4000亿元。

二是龙头企业引领带动增强。新型显示产业领域，合肥京东方在6代线、8.5代线基础上，2015年开工建设总投资400亿元、全球最高世代液晶面板生产线10.5代线。2016年京东方合肥区域平板显示产业实现产值237.6亿元。目前已有康宁玻璃、彩虹集团、乐凯住友化学、法液空等近30家国内外企业在周边投资配套。机器人产业领域，埃夫特年产10000台工业机器人以及翡叶动力伺服电机等关键零部件项目建成投产，2016年实现产值11.2亿元，增长88.5%，机器人整机销售量近2000台，国产机器人出货量排名全国第一，国产机器人企业综合排名全国第二；2017年一季度出货量395台，实现产值1.7亿元，实现税收810万元。一批龙头企业快速成长，新能源汽车领域，有奇瑞、江淮等；节能环保领域，有海螺川崎、国祯环保等；新能源领域，有晶澳太阳能、海润光伏等；生物领域，有丰原生化、尼普洛、东方帝维等企业品牌。

三是自主创新能力显著提升。全社会科技研发投入占地区生产总值比重由1.3%提高到2.0%，区域创新能力排名由全国第15位提升至第9位。拥有同步辐射、超导托卡马克和稳态强磁场三个大科学装置，拥有国家级工程研究中心、实验室33家，省级工程研究中心、实验室100家，企业技术中心64家。正在建设的量子保密通信“京沪干线”项目完成后，还将连接中科院量子科学卫星，形成国内、国际首个星地一体化的广域量子通信网络。“未来网”实验设施（合肥管控中心）也将推动我国通信、电子、微器件、量子通信等多个产业的变革与升级。

四是产能合作走向世界。积极鼓励和支持有条件的企业走出去，充分利用国内外两种资源、两个市场，大幅提升了战略性新兴产业的国际化发展能力。2014 年安徽省新设立境外投资企业 100 家，实际对外投资达到 4.7 亿美元，诸如奇瑞汽车在巴西建设整车生产基地、中鼎集团在美国和欧洲建立了研发中心、埃夫特公司收购意大利 CMA 公司、马钢公司收购法国瓦顿公司。

五是骨干企业稳步发展。其一，三利谱。已投产 2 条宽幅 TFT 偏光片生产线，预计到 2020 年再建 4 条宽幅 TFT 偏光片生产线，届时三利谱偏光片年产量将达 8000 万平方米，目标产值将达 100 亿元。未来 3 年，预计京东方、惠科、中国电子、华星光电规划投资的液晶面板生产线投产后，偏光片理论年需求量还将新增约 9390 万平方米，预计到 2018 年达到 2.2 亿平方米左右。作为偏光片国产化的主要推动者之一，三利谱未来除了大幅扩产，更将立足于技术研发本身，提高良品率和研发能力。其二，科大讯飞。2017 年上半年实现净利润 1.07 亿元，营业收入 21.02 亿元，同比增长 43.79%，公司主营业务发展良好，智能语音、人工智能产业持续发展，市场规模不断拓展，预计营业收入与毛利将保持 40% 以上的高增长。其三，华米科技。截至 2017 年 4 月，已售出小米手环超过 3000 万只，占据全球可穿戴设备市场 15.5% 的份额；2017 年上半年将实现销售收入 7.3 亿元、利润 1 亿元；下半年重点发力运动健康、人工智能、医疗应用等领域，建设总投资 4 亿元的基于大健康的智能可穿戴及大数据技术产业化项目。其四，奇瑞新能源。2016 年实现产值 13.7 亿元，增长 109.6%，销售电动汽车 2.1 万辆，增长 48%，位居全国纯电动汽车销量榜第六位；奇瑞 eQ 单款车型销售 16017 辆，位居全国第三；2017 年一季度公司共销售电动汽车 713 辆，实现产值 1.56 亿元，同比增长 72.5%。

## 四、下一步工作

一是贯彻落实安徽省"十三五"战略性新兴产业发展规划。围绕主动适应把握引领经济高质量发展阶段任务，全面体现"五大发展理念"新要求，明确发展目标、产业发展重点和空间布局，力争到 2020 年，全省战略性新兴产业产值突破 2 万亿元，年均增长 15%，增长速度实现全国争先、中部领先。

二是坚定不移推进新兴产业集聚发展。加快推进合芜蚌新型显示、芜马合机器人两个国家级战略性新兴产业集聚发展试点发展。积极争取新能源汽车、智能语音等更多基地列入国家试点。落实战略性新兴产业集聚发展工程实施方案。按照项目落实、主体落实、园区落实的要求，实现首批 14 个基地建设取得突破性进展。

三是系统推进全面创新改革试验。组织落实、系统推进全面创新改革试验建设产业创新示范区实施方案。以实现创新驱动产业升级为目标，以推动科技创新为核心，以破除体制机制障碍为主攻方向，以合芜蚌地区为依托，全面推进以“3 个新体系和 8 个新机制”为重点的系统性、整体性、协同性创新改革试验，激发全社会创新活力与创造潜能，力争在高校院所源头创新新机制、军民深度融合新机制、政府创新管理新机制等新领域取得新突破。积极与国家有关部委对接，协调落实有关改革举措，最大限度争取国家支持。加快出台配套细则，确保改革举措落地生根，改革试验取得实效。

四是积极推进合肥综合性国家科学中心建设。积极落实合肥综合性国家科学中心建设方案。依托合肥大科学中心装置群，聚焦能源、信息、材料、生命、环境等科学领域，整合相关创新资源，集聚世界一流人才，开展多学科交叉研究，产生变革性技术，催生战略性新兴产业，建设国际一流水平、面向国内外开放的综合性国家科学中心，成为国家创新体系的基础平台。

五是强化各类技术创新平台建设。统筹协调全省各类技术创新主体；健全以企业为主体，高校、科研机构共同参与、利益共享、风险共担的合作创新机制。充分利用全球创新资源，整合创新资源集中组织的科技攻关，加快形成一批有含金量的技术成果并加快实现转化。探索扶持创新型企业发展的政策措施，“一企一策”引导企业加大研发投入，建设技术创新平台，加快新工艺、新产品、新模式的应用。继续组织企业申报一批国家技术工程中心和国家实验室。

六是加快营造“双创”良好环境。深入推进大众创业万众创新，鼓励各类线上虚拟众创空间和创客空间、创业咖啡、创新工场等新型众创空间发展，积极发展众创、众包、众扶、众筹等新业态新模式，推动基于“互联网 +”的创业创新活动加速发展。鼓励各类科技园、孵化器、创业基地、农民工返乡创业园等加快与互联网融合创新，打造线上线下相结合的新载体。进一步盘活政府主导的孵化器，提升配套增值服务功能；支持民营孵化器创新盈利模式，增强可持续发展能力。积极跟踪研究制约“双创”发展的体制机制性障碍，进一步完善金融等各方面创业创新支持政策。

# 全力打通全链条支撑　构建战略性新兴产业体系

## ——福建省战略性新兴产业回顾及展望

福建省发展改革委

## 一、2016年战略性新兴产业发展基本情况

2016年是“十三五”规划的开局之年，福建省围绕推进供给侧结构性改革，着力推进战略性新兴产业加快发展，全省战略性新兴产业保持较好发展势头。全年战略性新兴产业增加值为3145.92亿元，占地区生产总值的11.0%，较2015年提高了0.9个百分点，对全省整体经济发展和产业转型升级发挥了较强的支撑作用。2016年福建省战略性新兴产业分行业增加值情况见表1。

表1　2016年福建省战略性新兴产业分行业增加值一览表

| 指标名称 | 2015年增加值（亿元） | 2016年增加值（亿元） |
|---|---|---|
| **战略性新兴产业** | 2618.82 | 3145.92 |
| 新一代信息技术 | 952.56 | 1036.9 |
| 新材料 | 598.27 | 890.33 |
| 高端装备制造 | 311.50 | 377.86 |
| 节能环保 | 340.97 | 339.42 |
| 新能源 | 198.80 | 282.02 |
| 生物与新医药 | 149.06 | 165.49 |
| 海洋高新技术 | 67.65 | 53.89 |

## 二、相关政策措施和举措

一是加强规划引领。福建省发展改革委会同省经信委研究编制，并由省委、省政府发布《福建省“十三五”战略性新兴产业发展专项规划》（简称《专项规划》），印发了《福建省“十三五”战略性新兴产业发展专项规划任务分工方案》，将《专

项规划》提出的目标任务和政策措施分解落实到有关部门和各设区市政府。

二是加强政策宣导。先后召开了新一代信息技术、新材料、高端装备、节能环保、生物与新医药、新能源汽车等行业座谈会，传达了省委书记尤权关于《专项规划》的重要讲话精神，对《专项规划》进行宣传解读，组织与会代表对《专项规划》进行了交流讨论。

三是强化项目带动。征集并印发了《福建省 2016 年战略性新兴产业重点项目计划》，跟踪推动落实百项战略性新兴产业项目，投资总额超过 1000 亿元，全年有 26 个项目建成投产。

四是抓好项目策划对接。充分发挥民企项目对接洽谈会的平台作用，吸引国内大型民企在福建省布局新兴产业项目，全省累计引进新兴产业项目 133 项，投资超过 1200 亿元。

## 三、分产业发展情况

**新一代信息技术产业发展势头良好。**瑞芯微通过技术研发，并与英特尔公司合作，在平板电脑芯片领域取得较好成绩，产品涵盖 Android 平板电脑、Android 电视机顶盒（智能电视）、电子书、WIFI/ 蓝牙音频解决方案等，平板电脑芯片市场份额排名全国第一。平板显示中低世代 TFT-LCD 液晶面板、多品种平板显示模组和智能终端整机制造等领域在全国占优势地位，液晶显示模组、触控模组和液晶显示器整机等规模位居全国前三。厦门天马微投资 70 亿元建设的国内首条、全球第二条 5.5 代 LTPS 及彩色滤光片成功量产。宸鸿科技保持全球触控组件的龙头地位。友达光电拥有 12 条中大尺寸模组生产线。台湾联电 12 英寸集成电路项目建成投产。京东方 8.5 代面板生产线、华佳彩 6 代中小尺寸触控面板线等重大项目加快推进。

**生物与新医药产业加快发展。**逐步建成以基因工程蛋白质药物、体外诊断试剂、抗艾滋病药物、抗乙肝病毒药物、氨基糖苷类抗生素为母核的下游产品生产的重要基地。闽东力捷迅多肽系列药物项目进入设备调试阶段；南方制药玛卡 QS 系列产品生产线已建成投产；凯立生物中生菌素高技术产业化项目 2016 年上半年建成投产。厦门特宝生物工程的重组人粒细胞刺激因子注射液、重组人粒细胞巨噬细胞刺激因子、重组人白介素 Ⅱ 和厦门北大之路鼠神经生长因子等优势蛋白药物占有国内 40% 以上的市场份额；福建省自主研发的国际首个防治戊型肝炎疫苗已在厦门上市。

**新能源汽车产业受益于国家产业政策大力推进，带动新能源汽车及锂电池等配套产业加快发展。**宁德时代新能源高能量密度动力电池的技术研究及产业化项目进入设备安装调试阶段；猛狮新能源科技锂离子电池生产项目一期设备全部到位，正在安装调试，实现部分投产。

**LED产业形成涵盖衬底、外延、芯片、封装和应用产品等较为完整的产业链。**拥有相关企业300多家，主要分布在厦门、福州、泉州、漳州、龙岩等地，是全国LED外延芯片实力最强、规模最大、品种最全的生产基地。三安光电、乾照光电分别居中国LED芯片竞争力十强第一和第五位；立达信进入中国照明百强榜前八强。三安光电在厦门投资100亿元建设的福建省最大外延片基地、乾照光电的高亮度芯片等一批重点项目建成或部分建成投产，带动了产业进一步发展。

**高端装备领域取得新的突破。**威诺数控成功研制了七轴复合式龙门加工中心，加工精度达到国际先进水平；嘉泰数控研制生产的高速钻攻机、五轴机床、龙门加工中心三个系列已占据国内领先地位；中科中涵激光设备生产的超快激光数控机床成功研制并实现产业化，填补了相关行业激光微孔技术加工方面的空白；鑫港纺织机械则是目前国内唯一生产多梳栉经编机系列和最早生产多梳栉带压纱板经编机的专业厂家，产品占全国市场的60%。

**节能环保产业快速发展。**龙净环保作为节能环保龙头企业，位居全国烟气除尘市场第一名，已形成具有自主知识产权的以脱硫脱硝、除尘和气力输送为主的三大体系。新大陆环保紫外C消毒技术达到国际先进水平，在市政污水消毒领域占有全国50%以上的市场份额，在国内同行业中居于领先地位。厦门三达膜和厦门三维丝的膜处理产品开发应用技术在所在行业领域具备一定的技术优势，处于国内领先水平。

**新材料产业稳步推进。**厦钨金龙公司稀土磁性材料通过引进吸收，主要技术和核心技术不断自主创新，产品质量达到世界先进水平，填补了国内高端磁性材料生产的空白并实现替代进口，成为国内唯一能产业化生产43UH、42SH等几个高端牌号稀土磁材的企业；厦钨也是国内唯一能产业化生产PDP、CCFL等高端稀土荧光粉的企业，产品质量达到国际先进水平。正德光电光学材料生产项目一期8条导光板、扩散板生产线已经全部投产，二期已开工建设。中晶科技图形化蓝宝石衬底项目、宝利特科技年产600万米新型功能性环保涂层面料生产项目等竣工投产。

**海洋船舶产业加快发展。**福建省自主研发的86米海洋供应船、84米半潜电推海工居住船等产品达到国际先进水平，承建的海洋救助船、1000匹大马力三用工作船、59~87米海洋平台三用拖船等处于国际领先水平，承建的8500卡汽车滚装船、227米深海采矿船为全球首制。马尾船厂、东南船厂承接的各种海洋工程辅助船占同类产品世界市场份额20%以上；厦船重工建造的2000~8500车位汽车滚装船占据国内市场份额的40%。

## 四、新兴产业“十三五”期间发展展望

“十三五”期间，福建省将立足产业基础、资源禀赋和科技实力，以市场为导向，以企业为主体，以创新为动力，以关键核心技术和高端人才为支撑，加快突破技术链、价值链和产业链关键环节，打造上中下游密切衔接、配套完善、具有自主知识产权支撑的战略性新兴产业体系，延续“十二五”时期战略性新兴产业的高增长态势，实现新旧发展动能转换，促进经济结构转型升级。

一是产业规模不断扩大。“十三五”期间，福建省战略性新兴产业将保持高速增长，占地区生产总值比重预计每年增长1个百分点，到2020年，战略性新兴产业增加值力争达到5850亿元，占地区生产总值比重约15%。其中，新一代信息技术和新材料产业增加值分别为1910亿元和1420亿元，在战略性新兴产业中继续保持主导地位；高端装备制造和节能环保产业增加值分别达到780亿元和700亿元，成为战略性新兴产业中新的主导产业；新能源产业、生物与新医药产业、海洋高新产业成为新的增长点。

二是龙头企业和产业集群培育取得显著进展。“十三五”期间，将培育形成年产值超100亿元的企业20家以上，涌现一批具有较强自主创新能力和技术引领作用，以及拥有自有品牌的龙头骨干企业，培育形成一批产业链较为完善、特色鲜明、市场竞争力较强的新兴产业集群和产业品牌。

三是产业创新能力大幅提升。“十三五”期间，福建省力争省级以上工程（技术）研究中心、重点（工程）实验室、企业技术中心分别达到800个、240个、500个，技术转移示范机构、科技企业孵化器和生产力促进中心功能进一步发挥，全省研发经费投入年均增长15%，每万人口发明专利拥有量达7.5件；重要产业领域骨干企业研发投入占销售收入的比重达到3%以上。企业重大科技成果集成转化能力大幅提高，掌握一批具有产业主导地位的关键核心技术，实施一批重大科技成果转化项目，培育一批具有自主知识产权的重大战略性新兴产品，建成一批具有国际先进水平的创新平台，发明专利的质量数量和技术标准水平进一步提升。

# 结合地方实际重点培育和发展战略性新兴产业

## ——江西省战略性新兴产业发展情况及展望

江西省发展改革委

近年来，江西省紧紧抓住国家大力发展战略性新兴产业的重要机遇期，深入实施创新驱动发展和工业强省等重大战略，以推进供给侧结构性改革为主线，以总体规模、龙头企业、示范基地倍增为目标，不断强化政策扶持，持续优化发展环境，有力推动全省战略性新兴产业快速健康发展。

## 一、发展现状

江西省战略性新兴产业近几年持续保持快速增长，呈现出总量不断提高、规模不断壮大的良好态势，已经成长为江西经济发展的重要增长点和加快转变经济增长方式的重要推动力。

### （一）产业规模不断壮大

2016年，江西省战略性新兴产业实现快速增长，战略性新兴产业全年实现增加值1162.74亿元，同比增长10.7%，高于规模以上工业1.7个百分点；占规模以上工业增加值比重达到14.9%，同比提高2个百分点；占GDP的比重达到6.3%，同比提高0.7个百分点。生物医药实现增加值324.01亿元，同比增长13.44%，其中中医药产业总量在全国排名进一步巩固，稳居第四位；航空产业实现增加值129.7亿元，同比增长18.6%，是我国唯一同时拥有固定翼飞机和旋翼机研制生产能力的省份；光伏产业规模快速发展，已形成硅料2.6万吨、硅片9300兆瓦、太阳能电池片2740兆瓦、太阳能组件5980兆瓦的生产能力，产能产量均处于全国前列；半导体照明产业产能快速释放，生产LED芯片373.9亿粒，是世界LED“芯片制造第三条技术路线”唯一实现产业化的省份；新能源汽车加速扩张，产销量分别达到18878辆和18384辆，是我国重要的生产基地。

## （二）企业实力不断增强

突出重点、扶优扶强，龙头企业支撑和带动作用显著提升。新一代硅基大功率LED芯片在晶能光电（江西）有限公司已经量产，每年产能达到250亿粒；赣锋锂业成为全球最大的金属锂生产企业；方大特钢的弹簧扁钢国内市场占有率居全国第一；格特拉克江西传动系统有限公司列中国汽车零部件企业前80强，变速器产量列全国第二位；江铜集团、江钨控股集团、南方稀土集团在铜基新材料、硬质合金、稀土功能材料等新材料方面，确立了国内第一方阵的优势地位；济民可信集团年主营收入超过百亿元；江西星火有机硅厂有机硅单体产能达到50万吨/年，国内市场占有率达到30%。

## （三）产业布局不断完善

注重发挥资源优势，夯实产业基础，引导企业集聚，产业发展格局进一步优化。新产业快速发展，窄带物联网、大数据分别在鹰潭、上饶形成新一代信息技术产业集群；光伏产业形成新余、九江、南昌等五大集聚区，占全省总量95%以上；新能源汽车及动力电池产业重点布局宜春、赣州等地，初步形成了动力与储能电池完整的产业链；半导体照明产业以南昌高新区为核心区，快速向吉安、九江、宜春等地辐射；航空制造产业在南昌、景德镇形成了包含教练机、直升机以及通用飞机等在内的比较完整的航空产业体系。

## （四）技术水平不断提高

积极加大技术改造力度，增强企业创新能力，形成了一批在国内居于领先地位的新产品、新技术和新工艺，部分甚至达到国际先进水平。南昌大学研发的硅衬底LED技术荣获2016年国家技术发明奖一等奖；佳因光电成为全球第5家掌握MO源（高纯金属有机化合物）生产技术的企业；孚能科技的三元材料锂离子动力电池等锂电材料达到国际一流水平；江特集团在国际上率先实现富锂锰基正极材料技术产业化；中冶南方（新余）采用单机架小辊径六辊可逆轧机技术生产中高端电工钢，打破了国外技术垄断；中国南方稀土集团的新型无氨离子型稀土原地浸矿工艺，为稀土产业绿色发展做出了重要贡献；江铜耶兹大批量生产超薄型高档软板电解铜箔，江钨新材料采用低品位紫杂铜生产高导电铜杆等技术填补了国内空白；玻璃纤维池窑拉丝的单线规模、主要技术（经济）指标及全氧燃烧技术、超白太阳能玻璃生产线等技术装备达到了国内外先进水平。

### （五）创新平台持续完善

突出企业创新主体地位，引导企业加大研发投入，企业研发机构等创新载体加速建设。目前，江西省共有国家级企业技术中心 15 家，国家工程（技术）研究中心 9 家，国家重点实验室（工程实验室）5 家，国家地方联合工程研究中心（工程实验室）17 家，国家级高新技术产业化基地 23 个，国家级科技孵化器 16 个，高新技术企业 1455 家。

## 二、工作举措

江西省把培育发展战略性新兴产业作为推进全省经济结构调整和加快转变发展方式的主攻方向和重要抓手，强化规划引领，突出机制建设，加大政策扶持，狠抓项目落实，有力促进了产业的发展。

### （一）强化规划引领

坚持把规划引领作为促进战略性新兴产业发展的重要举措，科学编制和完善战略性新兴产业发展规划。2009 年，江西省在全国率先颁布实施了十大战略性新兴产业发展规划。随着国家先后出台战略性新兴产业发展规划和重点产品与服务目录；2014 年，江西省对原十大战略性新兴产业发展规划进行了修编，并结合江西实际，确定先进装备制造、新能源、生物和新医药、航空、节能环保、新材料、新一代信息技术、锂电及电动汽车产业、文化暨创意、绿色食品等十大产业为江西省重点培育和发展的战略性新兴产业。2016 年，江西省又出台了战略性新兴产业倍增计划（2016—2020），明确了战略性新兴产业的发展目标、产业布局、发展重点、主攻方向和重大措施。

### （二）突出机制建设

成立了由省政府主要领导担任组长的省推进新型工业化领导小组，负责战略性新兴产业的推进工作，明确了部门责任分工。近年来，江西省直各有关部门认真履行职责，密切配合，围绕推进战略性新兴产业发展，从资源配置、政策扶持、项目服务等方面纷纷出台措施，初步形成了“政府主导推动、部门配合支持、企业积极参与”的工作推进机制，有力地保障了各项推进工作落实到位。江西省发展改革委强化规划指导，编制和组织实施全省十大战略性新兴产业发展规划，指导地方制定地区战略性新兴产业规划，大力推动战略性新兴产业重大项目建设。省工信委认真履行战略性新兴产业发展协调推进牵头部门职责，加强统筹协调和调度推进，积极推进光伏、新能源汽车及动力电池、半导体照明、稀土和钨、铜、非金属新材料、生物和新医药等战略性新兴产业发展。省科技厅将工作重心转到培育和发展战略性新兴产业上，积极整合科技资源，从制定技术创新规划、实施技术攻关项目等方面，推进产业发展。

（三）加大政策扶持

为支持战略性新兴产业做强做大、做专做精，江西省在制定政策、资金投入等方面加大支持力度，先后出台了加快中医药发展的若干意见、加快推进通航产业发展的若干措施、加快推进人工智能和智能制造发展的若干措施等相关政策文件。立足江西省战略性新兴产业优势领域，实施重点创新产业化升级工程，每年安排财政资金 4 亿元用于推进 20 个左右重点产业创新成果产业化项目；探索打造千亿级省发展升级引导基金，目前母基金已完成募集，新兴产业并购等 3 支子基金成功落地；与专业投资管理机构合作，设立了江西省新兴产业投资基金，基金规模达 1.5 亿元。

（四）狠抓项目落实

坚持重大项目带动战略，大力推进项目建设。把重大项目建设作为推进战略性新兴产业发展的有力抓手和有效载体，着力引进并培育一批科技含量高、发展前景好、带动能力强的大项目、好项目。2016 年，江西省以新一代信息技术、航空为主体的高新技术产业建成投产项目 1586 个，比上年增加 205 个；完成投资额 2660.4 亿元，同比增长 25%，高于规模以上工业 9.7 个百分点。例如，航空产业方面，南昌航空城项目 2017 年基本建成，已入驻企业 12 户；景德镇直升机研发生产基地已入驻企业 50 多户，景德镇昌飞总装园 16 万平方米厂房竣工投产；北通航江直公司总装厂房和动力中心工程完工。新能源新材料产业方面，赣州粤磁高性能磁性材料、凯马年产 10 万辆新能源汽车等一批重大项目相继开工建设。新型电子产业方面，智慧海派、欧菲光显、鸿利光电、与德通讯等一批重点项目建成投产。“互联网 +”产业方面，南昌、上饶、鹰潭、抚州等一批云计算、大数据中心项目加快建设。中医药产业方面，中国（南昌）中医药科创城项目和樟树“中国药都”振兴工程正在快速推进。

## 三、下一步工作重点

我们将紧紧围绕创新驱动发展战略，重点做好三个方面的工作：

### （一）以五大领域为主攻方向，加快推进战略性新兴产业发展

一是突出发展以智能制造为重点的新制造经济，重点抓好航空、新能源汽车、新型电子、智能装备、新材料等产业，同时推动传统制造业由“品质洼地”向“品质中高地”升级。二是以产业升级和提高效率为导向，大力发展工业设计、文化创意、现代金融、现代物流和互联网教育、医疗、文化、旅游等新兴服务业。三是以绿色标准、绿色工厂、绿色产品、绿色园区和绿色供应链为核心，着重抓好中医药、健康养老、旅游及相关绿色产业发展。四是以智慧城市、智能制造为切入点，大力发展云计算、大数据、物联网等智慧产业。五是以实现生产能力、创新资源、生活服务等资源供需高效匹配为目标，大力推进标准厂房、设计研发、检验检测以及服务经济的装备、零部件制造等工程发展。

### （二）以科技创新为引领，打造战略性新兴产业发展新引擎

深入实施创新驱动“5511”工程和重点创新产业化升级工程，着力开展全社会研发投入攻坚行动和科技成果转化行动。力争到2020年，新建50个国家级创新平台和载体，新增50个国家级创新人才和团队，实施100项重大科技专项，新增1000家高新技术企业；全省科技综合实力进入全国前20位，全社会研发经费投入占生产总值比重提升至2%，全省专利申请总量、授权总量年均增长25%以上，科技进步贡献率提高到60%。

### （三）以优化环境为保障，营造战略性新兴产业发展良好氛围

积极推进供给侧结构性改革，加强政策创新，加强部门联动，进一步完善战略性新兴产业政策体系，营造促进战略性新兴产业发展壮大的生态环境。重点强化人才发展机制政策落实，建设“双创”支撑公共服务平台和示范基地。加快落实对企业创新的普惠性财税政策，充分降低企业创新成本、激发创新动能；着力在“互联网+”创新创业、产业深度融合、便民益民服务、关键技术研发与基础设施建设等重点领域，提升产业技术创新能力。营造创业人才发展空间，围绕海归等高层次人才，中青年科技人才、高技能人才以及经营管理人才等各类人才，建立有针对性的培养、使用、引进、激励机制，大力实施院士后备人选支持计划、青年拔尖人才培养计划及优秀人才团队科研成果转化计划，充分调动大学生、企业高管和连续创业者及科研人员、海归等群体的创业创新积极性，真正推动人才各尽其能、各显其才。

# 着力打造战略性新兴产业发展策源地

## ——山东省战略性新兴产业发展及展望

山东省发展改革委

战略性新兴产业是现代产业体系的重要组成部分，是引领未来经济社会发展的重要力量。山东省委省政府高度重视战略性新兴产业发展工作，近年来围绕加快培育发展战略性新兴产业，深入实施创新驱动发展战略，着力优化创新体制机制，强化创新能力支撑，集聚政策要素资源，战略性新兴产业产业规模不断壮大，产业核心竞争力不断增强，对全省经济转型升级的引领带动作用日益显著。

## 一、发展现状

### （一）产业规模不断壮大，成为促进经济发展的重要引擎

到“十二五”末，山东省战略性新兴产业增加值占GDP比重达到10%以上。新一代信息技术和高端装备两个产业规模过万亿元，新材料、现代海洋、生物（医药）三个产业过5000亿元。2017年1~5月，通信设备制造、电子工业专用设备制造、环境污染处理专用药剂材料制造等行业增加值均保持较快增长，同比分别增长32.3%、12.2%和31.7%；新能源汽车、城市轨道车辆、发动机、工业机器人、高性能化学纤维产量同比分别增长230%、97.6%、34.5%、27.7%和38.1%。

### （二）创新体系不断完善，成为战略性新兴产业发展的重要保障

面向产业发展需求，牢牢把握新兴产业发展趋势，着力构建重大科技创新基础设施、技术创新平台、科技服务机构、高技术产业基地等各类平台。

重大科技基础设施加快建设，青岛海洋科学与技术国家实验室是我国海洋领域第一个国家实验室，济南超算中心是国家布局的六大超算中心之一，青岛国家深海基地是“科学号”科考船的停靠母港、深海勘探开发的重要研究基地。

技术创新平台体系更加完善，国家企业技术中心、国家地方联合工程实验室分

别达到179家、56家，均居全国前列；省级工程实验室和研究中心达到436家，其中，涉及战略性新兴产业领域的占比达到80%以上。

产业创新能力持续提升，在筒子纱智能制造、人工麝香产业化、8AT自动变速箱等方面，连续3年获得全国科技进步或科学发明一等奖。2017年1~4月，山东省有效发明专利拥有量达65991件，同比增长22.3%，万人拥有有效发明专利量达6.7件；同年1~5月，完成技术合同登记4939项，成交额86.21亿元，同比增长52.49%，技术交易继续保持稳定的发展态势。

### （三）企业竞争力显著提升，成为产业转型升级的重要力量

积极推进战略性新兴产业企业做大做强，不断提高企业竞争力，一批龙头骨干企业相继涌现，浪潮、万华跻身全国首批企业创新百强。山东省创新百强培育工程加快推进，支持海尔集团、潍柴动力等首批15家试点企业全面加快技术、商业模式和组织管理等全方位创新，打造具有显著影响力的行业领军企业。截至2016年年底，山东省国家高新技术企业达到4692家，同比增长20%。另外，传统企业高新化、数字化、智能化提升步伐加快，初步统计，规模以上企业中有近万家涉及高新技术产品的研发制造。

### （四）重点领域发展壮大，成为抢占制高点的重要动能

**新一代信息技术产业。**2016年，山东省信息技术产业规模达到1.46万亿元，初步形成济南、青岛两个发展高地，两市软件产业产值占全省70%以上。济南成为国家软件产业基地、八大“中国软件名城”之一。浪潮集团建有主机系统国家工程实验室，是国家信息安全可靠自主化战略的龙头企业，服务器市场份额位居全球第五、中国第一。浪潮天梭K1高端容错计算机打破国外垄断，获得全国科技进步一等奖，是保障军工、金融、电力等国民经济命脉产业的国产化关键主机。山东天岳的碳化硅晶体材料技术全球领先，宽禁带半导体碳化硅材料成功实现产业化。青岛海信自主研发的超高清画质（Hi-View Pro）引擎芯片一举夺得2016年中国芯“最具创新应用产品”大奖，是继索尼、三星后第三个掌握此技术的企业。

**生物和医药产业。**步入全国制药百强的山东企业达到15家，威高集团、齐鲁制药、步长制药等3家企业销售收入突破100亿元。高档植入器械、医药包装材料等产品产量居全国第一位。正大福瑞达眼科用药全国市场占有率在60%以上，透明质酸占20%。农业转基因技术、细胞工程、染色体工程生物技术全国领先，建成水稻、小麦、玉米等主要作物遗传资源收集和研究中心，小麦、玉米、棉花、花生等作物育种优势比较明显，“济麦22”连续多年为全国第一大小麦品种，“烟农999”“登海

661”分别创造了亩产817千克、1402.9千克的冬小麦和夏玉米世界高产纪录。德州国家生物产业基地成为全国最大的功能糖、全国唯一的非粮来源生物燃料生产基地。

**新材料产业。**企业智能化水平不断提高，东岳集团、鲁西化工、泰山玻纤智能智造工厂成为国家试点。烟台万华聚氨酯新材料生产技术国际领先，建有烟台、宁波，以及匈牙利三个世界级产业化基地，综合实力排名全球前三、亚太地区第一，主导产品MDI年产能达164万吨，为世界第一，掌控着全球MDI市场定价权。烟台泰和填补氨纶、间位芳纶、芳纶纸、对位芳纶4项国内空白，成为国内规模最大的高性能纤维研发生产基地，氨纶产能居全球第五，间位芳纶产能居全球第二。威海拓展自主研发的T700、T800碳纤维技术打破日本垄断，成为国产大飞机、国防装备的重要关键材料。山东爱地成功研制并建成国内第一条千吨级的超高分子量聚乙烯纤维生产线。东岳集团承担国家863计划，成功开发出了全氟磺酸树脂、全氟羧酸树脂离子膜材料，成为亚洲最大的氟化工企业。道恩集团是国内唯一具备高性能动态全硫化热塑性弹性体（TPV）生产技术的企业，国内市场占有率35%，成为高端装备产业的关键弹性材料供应商。

**绿色低碳产业。**新能源、新能源汽车和节能环保产业是国家和山东省重点发展的绿色低碳核心产业。从新能源产业来看，新能源和可再生能源消费占全部能源消费的比重达到2.55%，居全国前列。风电装备制造企业达到70多家，形成了潍坊、东营、德州等一批产业聚集区。生物质能特色突出，生物质气化、成型燃料、液体燃料生产技术国内领先。光热产品产量占全国的1/3，力诺、皇明成为行业龙头企业。全球第一家四代核电示范工程落户山东，涌现出一批国内领先的核电关键装备制造商，山东核电率先掌握三代核电关键制造工艺，台海玛努尔成为国内唯一能够同时生产二代半、三代核电主管道的企业。从新能源汽车来看，中通新能源客车技术领先，节能与新能源载货车、低速汽车和内燃机产品在国内具有明显领先优势。2016年，中通客车总产量达到近两万辆，其中12米以上客车2611辆，居行业第五位。从节能环保来看，节能家电、中小型高效电机、高效变压器、压滤机以及节能泵类等装备（产品）在全国拥有较高的市场占有率，垃圾分离处理、燃煤机组烟气超低排放、发动机和矿山机械再制造等技术水平国内领先。景津高端压滤机产量全国第一，技术水平国际先进；龙源等离子点火技术处于行业顶尖水平，稳居电力行业市场份额第一名；潍柴动力拥有内燃机再制造技术研发国家级平台，面向产品、客户和区域的响应速度行业领先。

**现代海洋产业。**现代海洋的研发和产业体系基本完善，海洋科技优势明显，拥有全国60%以上的中高级海洋科研人员和全国70%以上的海洋领域两院院士，承担了国家大部分海洋领域973重大项目研发任务，累计拥有各类海洋专利超过1000

项，一大批新技术、新产品、新装备不断迈入国际蓝色产业的制高点。拥有青岛海洋科学与技术国家实验室、海洋物探及勘探设备国家工程实验室等“国字号”创新平台，青岛、烟台、威海三市成为国家海洋高技术产业基地。世界最大拖网加工船“明星”轮落户青岛。“透明海洋”建设加快推进，海水养殖数字化水平不断提高，烟台海水鱼工厂化养殖基地规模全国第一，占地340万平方米；好当家海参养殖深海牧场成为国家农业部远程观测示范区。海洋工程装备达到国际先进水平，中集来福士系列深水半潜式钻井平台项目获得中国工业大奖表彰奖，产品主要出口北美和欧洲。

**高端装备产业。**规模以上企业达到3000余家，其中，主营收入过100亿的超过15家，济南二机床、青岛四方机车、新华医疗、杰瑞集团、中国重汽、鲁能智能等行业领军企业成为中国高端装备制造业的名片，豪迈科技、开泰抛丸、金麒麟、盛瑞传动等一批“专、精、特、新”中小企业成为国际知名的隐形冠军。传统装备企业高端化、智能化、服务化转型加快，重汽集团发动机全面切换德国曼技术，新型高端车型占比接近20%；烟台杰瑞双燃料4500型涡轮压裂车功率世界最大，经济性提高35%；青岛软控智能化橡胶机械成套设备达到国际先进水平。新兴装备产业化、规模化步伐加快，新型卫生医疗和食品检测仪器、电力自动巡检设备、新型传感器、环保检测设备等新兴装备国内领先。鲁能智能变电站智能巡检机器人获得“中国优秀工业设计奖”金奖、中国专利奖外观设计金奖。青岛四方的高速动车组市场占有率约占全国60%，城轨地铁市场占有率约占全国25%。豪迈科技是国内唯一掌握电火花加工技术的企业，其骨干产品子午线轮胎模具的市场份额超过20%，为全球第一。

## 二、“十三五”期间重点发展方向

围绕进一步促进战略性新兴产业发展，山东省将认真落实“十三五”战略性新兴产业发展规划，以引领创新发展、助推供给侧结构性改革为主线，以新一代信息技术、生物、高端装备、新材料、现代海洋、绿色低碳、数字创意等七大产业为发展重点，以创新为第一动力，以重大项目带动、市场消费拉动、开放拓展空间、多元投融资、人才队伍建设、协调组织推进等措施为保障，着力促进战略性新兴产业向规模化、绿色化、集聚化、国际化、服务化发展，培育一批先导性产业、支柱性产业，着力打造环渤海地区战略性新兴产业发展高地、全国重要的战略性新兴产业发展策源地和示范区。

**新一代信息技术领域。**紧跟网络强国、“互联网+”、大数据等国家战略，重点推进网络基础设施、高端整机、核心应用软件、物联网等核心技术的开发、应用及产业化，推动新一代信息技术产业相关领域协同跨越发展，打造互联、融合、智能、安全的信息技术产业体系，全方位拓展网络经济新空间。加快宽带网络基础设施建设，扩充建设通信基站10万个，推动公共场所免费无线连接建设，济南、青岛、潍坊等城市城区公共场所覆盖率达到100%。做大做强新一代信息技术优势产业，推动产业集聚发展，重点建设中国航天科技产业园（济南）、济南高新区信息通信技术创新基地等一批基地或园区。推动开展政务、工业、海洋、健康医疗及食品药品安全、就业及社会保障等领域大数据应用。依托大数据研究和服务平台，整合各部门数据中心资源和平台设施，建立集数据采集、存储、处理、分析、共享、应用等于一体的大数据服务平台，实现数据的获取、传输、存储、管理、共享一体化。

**生物产业领域。**瞄准生物技术、基因工程等前沿技术方向，大力发展生物医药、生物医学工程、生物农业、生物制造等产业，建设技术先进、产业密集、特色明显、国际化程度较高的全国重要生物产业集聚地。围绕构建可持续发展的医药产业体系，以抗体药物、重组蛋白药物等新兴药物为重点，加快开发具有重大临床需求的创新药物和生物制品，同时集中力量开发一批具有山东特色的现代中药产品。重点推进国家重大新药创制综合大平台（济南）、济南生命科学城等园区或基地建设，推动齐鲁制药有限公司重组Ⅱ型肿瘤坏死因子受体–FC融合蛋研发及产业化、鲁南制药集团有限公司微粉微丸集成创新技术研发及产业化等项目建设。加快生物医学工程高端产品的开发研究，重点推动膝关节传感器、基因检测试剂盒等产品的产业化。

**高端装备领域。**顺应装备制造业智能化、绿色化、服务化、国际化发展趋势，着力提升高端装备业创新能力和国际竞争力，建成全国重要的高端装备制造基地。加快提升先进生产制造和服务智能化水平，重点建设烟台、潍坊、日照、菏泽等智能机器人产业园，推进智能机器人及相关系统和关键零部件研发产业化。以山东省科学院、山东力创科技股份有限公司等为依托，加快高档仪器仪表开发和产业化示范应用。围绕高速列车、地铁等轨道交通装备需求，建设具有国际先进水平的青岛、潍坊轨道交通装备生产基地。加快通用航空产业布局，重点推进滨州、莱芜、潍坊、烟台等通用航空产业园区建设，提升整机制造和配套服务能力。

**新材料领域。**顺应新材料高性能化、多功能化、智能化、绿色化的发展趋势，围绕优势领域，集中优势资源，进一步突破关键技术，发展高端产品，着力提高新材料的应用水平，构建支撑高端装备制造和绿色发展、具有较强竞争力的新材料产业体系。围绕节能环保、新能源、国防等重点领域需求，推进新材料产业创新发展，推动青岛石墨烯、潍坊生物基材料、泰安玻璃纤维、威海碳纤维、莱芜粉末冶金、临沂高性能磁性材料、枣庄煤基新材料等产业园区建设。以威海拓展纤维有限公司、泰山玻璃纤维有限公司、山东东岳集团公司、万华化学集团有限公司、青岛锐利特新材料科技有限公司等为依托，加快碳纤维、玻璃纤维、氟硅、聚氨酯、石墨烯等新型功能材料新产品研发和产业化，不断优化完善产业链，进一步壮大全省优势新材料产业规模。

**现代海洋产业领域。**拓展海洋智能信息化及海洋服务业发展新空间，培育一批前瞻性产业，构建低消耗、低污染、高收益的现代海洋产业体系，巩固扩大走在全国前列的优势地位。打造高端深海观测平台及观测设备研发生产基地，重点突破海底立体探测、深海大洋矿产勘探开发、海洋环境和气候变化等一批海洋观测、探测和预测的关键技术；加快建设青岛海洋科学与技术国家实验室、海洋物探及勘探设备领域国家工程实验室、国家海洋渔业生物种质资源库，布局建设海岸带海水环境实时监测和灾害安全预警管控平台系统、近海海洋监测网、海洋科学大数据中心、深海空间站、海上试验场等一批重大项目。

**绿色低碳领域。**顺应新能源技术应用系统化、模块化、分布式方向，优化风能、太阳能布局，推动生物能的推广应用。把握全球新能源汽车轻量化、智能化的科技发展趋势，完善地方性标准规范和政策体系，推进纯电动、混合动力及低能耗的汽车技术创新。加快节能环保制造业与服务业联动发展，促进形成绿色产业结构、绿色增长方式和绿色消费模式，助力“生态山东”和“绿色山东”建设。强化先进技术对绿色低碳产业的支撑能力，重点突破高倍聚光、全光谱等太阳能电池及组件、工业锅炉等离子点火等技术，推动永磁直驱发电机、高效低耗大功率压缩成型机等产品产业化。进一步完善企业绿色供应链和绿色能源网络，建成一批绿色工厂、绿色园区。重点推进聊城中通客车公司节能与新能源客车系统研发和产业化、山东泉林纸业公司秸秆制浆造纸综合利用等项目建设。

**数字创意领域。**以文化创意、设计服务为核心，引导支持数字创意产业领域的产品、服务、技术、模式、业态创新，实现与相关产业融合发展，着力构建文化引领、技术先进、要素齐备、链条完整、结构合理、效益良好的数字创意产业发展格局。强化虚拟现实、自然人机交互、三维打印、智能语音等前沿技术研究，布局建设一批设计服务、文化创意和动漫影游园区和基地，促进数字创意产业的资源集聚和产业集聚。突出智能化、高端化、信息化方向，推进新媒体广告、服装文化创意等设计类重大项目建设；立足优秀传统文化传承示范，推动孔孟文化、陶瓷文化等文化创意项目建设；加快推进一批动漫游戏、影视创意、微电影产业孵化等动漫影游项目建设。

## 三、发展政策及措施

围绕深入创新驱动发展战略，把创新作为引领战略性新兴产业发展的第一动力。组织实施重大创新工程，着力培育创新主体、集聚创新要素、优化体制机制，强化原始创新、集成创新、引进消化吸收再创新，大力推进前瞻性、战略性关键技术攻关，持续为战略性新兴产业注入新动力。

**大力培育企业主体。**实施创新百强企业培育工程，鼓励企业开展技术创新、管理创新、商业模式创新，造就一批战略性新兴产业重点领域龙头骨干企业，发挥对重大技术研发、成果转化和产业化投入的支撑作用。引导中小微企业走“专精特新”的路子，聚焦战略性新兴产业细分领域深耕细作，研发掌握关键环节的高端技术，占领细分市场较大份额，成为行业“隐形冠军”“小巨人”。

**着力建设重大研发平台。**面向制约产业发展的战略性技术和关键共性技术，加快布局重大科技基础设施和重大技术创新平台。推动青岛海洋与科学技术国家实验室完善运行机制，强化与物探及勘探国家工程实验室的协同联动，吸引凝聚一批国际知名的人才团队，着力开展海洋气候、海工装备等重大技术研究。不断完善提升深海基地、超算中心、国家综合性新药基地的支撑作用。

**强化产业创新中心建设。**围绕重点区域和产业发展需求，支持建设创新型城市和区域性创新中心。着力建设一批以优势骨干企业、产业集聚园区或创新型城市为载体的产业创新中心，整合建立行业关键共性技术协同创新平台、成果转移转化平台、创业孵化平台，建设完善产业创新平台体系，打造面向整个行业、在国内外具有较强影响力的产业创新平台，辐射带动本区域、全行业创新发展。

**构建协同创新机制。**推动省部会商重要事项落地，组织实施跨领域、跨区域重大技术研发及产业化协同创新工程。充分发挥企业在创新中的骨干作用，支持企业牵头提出研发方向、凝聚创新资源、自主实施投入，形成以市场为导向的协同创新机制。支持浪潮、万华、潍柴、威高等大企业牵头组建一批优势互补、利益共享、风险共担的省级重大产业创新示范联盟。支持企业探索众创、众包、众扶、众筹“四众”开放式创新平台建设，推动战略性新兴产业前沿技术研究、新商业模式推广和小微企业的孵化，形成骨干领军企业引领中小微企业创新发展的新机制。

**强化新技术供给能力。**围绕战略性新兴产业重点领域，组织实施重大技术创新工程。瞄准世界前沿、行业发展和转型急需共性技术，灵活通过自主创新、引进创新、集成创新，加大核心技术的研发、攻关、储备力度，持续开展面向产业应用的关键性、瓶颈性和产业共性技术的联合攻关，形成源源不断的新技术供给。围绕创新链布局产业链，充分发挥山东省技术市场等技术转移机构的作用，推动技术成果转化为重大生产力布局。

**强化知识产权保护和运营。**实施知识产权强省战略，引导企业加强知识产权前瞻性、战略性布局，降低国外知识产权使用许可费支出。建立完善战略性新兴产业领域新技术新产品新模式可纳入知识产权保护范围的制度规则，切实强化商业秘密保护。对知识产权侵权违规行为实行惩罚性赔偿制度，将知识产权侵权行为纳入信用考评体系。积极培育知识产权中介机构和市场运营主体，完善专利代理人制度，提升知识产权价值和成果转化效率。

# 加快培育形成多支柱的战略性新兴产业体系

## ——广东省战略性新兴产业发展情况

广东省发展改革委

“十二五”以来，广东省围绕实施创新驱动发展战略，将发展战略性新兴产业作为推进产业结构调整、加快经济发展方式转变、抢占经济科技发展制高点的重要举措，推动全省战略性新兴产业发展取得良好成效。初步统计，“十二五”期间，广东省战略性新兴产业年均增速超过12%；以战略性新兴产业为主的高技术制造业增加值从2010年的4850.59亿元提高到8172.2亿元，年均增速达到11%，比规模以上工业增速高3.5个百分点，占规模以上工业增加值比重从20.6%上升到27%。战略性新兴产业对广东经济社会发展的支撑作用日益增强。当前，广东已率先进入经济高质量发展阶段。为推动经济高质量发展阶段下的深度调整与转型升级，实现经济社会持续健康发展，下一步，广东将继续大力发展战略性新兴产业，培育经济发展新动能。

## 一、明确发展思路和目标

充分发挥市场在资源配置中的决定性作用和政府对市场的引导作用，坚持创新驱动、改革引领、开放合作、集聚发展，着力集聚创新资源和要素，激发创新创业活力，增强自主研发能力，发展创新型企业，构建完整产业链条，营造良好产业发展生态，培育壮大新一代信息技术产业，推动生物、高端装备与新材料、绿色低碳、数字创意等发展为新支柱产业，构建多支柱的新兴产业体系，加快形成以创新为主要引领和支撑的经济体系和发展模式，为加快建设国家科技产业创新中心提供重要支撑。力争到2020年，广东省形成新一代信息技术、生物、高端装备制造、绿色低碳、数字创意等若干个万亿级新支柱产业；全省战略性新兴产业增加值占GDP比重达到16%，高技术制造业增加值占规模以上工业比重达30%以上，战略性新兴产业在经济社会发展中的位置更加突出。

## 二、推动产业集聚创新发展

围绕实施珠三角地区优化发展和粤东西北地区振兴发展两大战略，根据各地产业发展基础和创新资源优势，坚持因地制宜、因业布局、因时施策，突出战略性、前瞻性，加快形成点面结合、优势互补、错位发展、协调共享的新兴产业发展格局。依托高新技术产业开发区、高技术产业基地、战略性新兴产业基地和各地特色产业园区的现有基础，着力培育一批特色优势产业集群，不断增强产业集群在产业规模、技术水平、创新要素等方面的集聚效应和领先优势，推动形成各具特色的战略性新兴产业发展集聚区。力争到2020年，广东省形成15个以上产值规模超千亿元的新兴产业集群。

## 三、强化重大工程和项目支撑

立足广东省战略性新兴产业基础和发展需要，按照“重点跨越、引领示范”的发展思路，推动实施5G商用与物联网应用、4K电视应用、智能工厂、基因检测和细胞治疗、智能网联汽车测试等重大工程，重点推进新一代信息网络、新型显示、智能制造、生物医药、智能交通装备、高端制造材料等六大领域发展壮大。同时，在以上六个重点领域组织实施省新兴产业重点项目建设计划，采用产业基金入股、贷款贴息支持、担保风险补偿、示范应用推广等多种方式，引导支持优势产业领域超过380个重大项目建设，力争“十三五”期间新增2万亿元产值规模。

## 四、营造产业发展新生态

深入实施创新驱动发展战略，系统推进全面创新改革试验，推进重点领域和关键环节改革，加速集聚知识、技术、资金、人才等创新要素，营造有利于战略性新兴产业发展的生态环境。

一是优化新兴产业管理模式。加快推进适应新产业、新业态、新模式发展需要的制度建设，破除阻碍新兴产业发展的体制机制障碍，为战略性新兴产业发展创造宽松的制度环境。

二是完善产业技术创新体系。围绕产业链部署创新链，推进构建以企业为主体、“政产学研用”结合的新兴产业技术创新体系，夯实战略性新兴产业创新能力支撑。

三是推动创新成果转化应用。不断完善创新成果转化机制，加强重大科技成果转化应用支持力度，促进科技成果在广东有效转化。

四是强化产业发展人才支撑。深化人才发展体制机制改革和政策创新，加速集聚掌握核心技术、引领产业发展的高端人才，强化利益激励机制，最大限度激发创新活力和创造潜能。

五是积极拓展新兴产业开放合作。充分发挥广东毗邻港澳、国际化程度高的优势，深化粤港澳新兴产业合作，实施国际科技合作提升计划和新兴产业国际合作计划，大力促进新兴产业开放合作发展。

六是完善投融资政策体系。积极运用政策性金融工具和市场化手段，发挥财政资金引导作用，创新投融资方式，多渠道增加新兴产业发展投入，实现对新兴产业创新过程的全覆盖。

# 过硬质量　超凡速度　为“中国智造”正名

——广西壮族自治区战略性新兴产业发展及展望

广西壮族自治区发展改革委

## 一、“十二五”广西战略性新兴产业发展回顾

### （一）基本情况

**产业保持较快增长。**“十二五”时期，广西高技术产业和战略性新兴产业连续保持快速增长的发展势头，产业增加值年增速都保持在16%以上，均高于同期工业增速。产业的快速发展推动规模不断扩大，截至2015年，广西高新技术企业和战略性新兴产业企业分别达到641家和700家，分别比2011年增加317家和420家。2015年高技术产业增加值545亿元，战略性新兴产业规模以上企业增加值在750亿元左右，比2011年分别增长212%和326%，分别占同期广西生产总值的2.74%和4.79%，对优化全区产业结构和促进转型升级的作用更加明显。

**基地建设成效明显。**广西战略性新兴产业以南宁、桂林、柳州、玉林、北海等市为重要聚集地，逐步打造形成一批颇具特色的战略性新兴产业基地。南宁、桂林、柳州三个城市的战略性新兴产业产品收入占全区战略性新兴产业产品收入的53.2%。战略性新兴产业逐步形成产业集群，产业园区数量不断增多，现拥有国家级高新技术产业园区5个、自治区级高新技术产业园区4个；全区工业园区有31个列入新兴产业园区，占全区工业园区总数的27%。柳州、玉林的装备制造基地已初步成形，在大型、智能、节能工程机械方面拥有一批国内技术领先的拳头产品。中国—东盟医疗保健养生基地在桂林、巴马等地启动建设，推动有机农业、长寿食品加工业、休闲旅游业、养老保健服务高起点快速发展。广西电子信息制造业抓住长三角、珠三角等东部地区产业转移的机遇，吸引三诺电子、朗科科技、中电长城电脑、景光电子等多家企业相继进驻，形成了以北海为龙头，南宁、桂林齐头并进的发展格局。

**创新基础不断夯实。**南宁市成为国家创新型试点城市，广西玉柴和桂林三金等

7家企业成为国家创新型试点企业，83家企业被认定为自治区创新型试点企业，国家高新技术产业化基地达5家，国家国际科技合作基地9个。广西创新平台建设成效显著，经过不断努力，建成西南濒危药材资源开发国家工程实验室、玉柴高效节能环保内燃机国家工程实验室，以及亚热带农业生物资源保护与利用国家重点实验室、甘蔗育种与栽培技术国家地方联合工程研究中心、国家土方机械工程技术研究中心等一批国家级创新平台。截至目前，建成以工程实验室（工程研究中心）、重点实验室、企业技术中心、科技企业孵化器、生产力促进中心和技术转移机构等为代表的创新平台467家，其中国家级35家，自治区级432家。这些创新平台为广西高技术产业和战略性新兴产业发展提供了强有力的公共服务和产业技术支撑。创新基础的不断夯实推动技术成果不断涌现，截至2015年，全区专利申请共计32294件，授权9664件，每万人专利拥有量增长率全国第一，自然科学、生命科学等科技前沿领域的科技成果和发展能力显著提升。

**技术水平稳步提升**。通过大力实施千亿元产业重大科技攻关工程、千亿元产业研发中心建设、第四轮创新计划等重大科技工程，广西引进了一批国内外高科技人才和管理人才，并与国内外企业成功实现技术合作和技术成果转移，产业技术水平得到了很大的提升。广西南南铝加工有限公司进行传统产业优化升级，重点发展航空航天、轨道交通、船舶海洋等领域高性能铝材等新产品、高端产品，依托广西重大项目工程“20万吨大规格高性能铝合金板带型材项目”，投资近60亿元，通过引进世界先进的大型生产设备及技术，在南宁形成一个大型现代化铝合金材料生产加工基地，可生产1~8系各种优质铝合金产品，主要产品包括具有高附加值的铝合金铸造板块材料、大型挤压型材、热轧中厚板和冷轧卷带材等大规格高性能铝合金产品，满足了交通运输业、工业制造业、建筑业等各个领域对高品质、高性能铝合金材料的市场需求。

### （二）典型案例

**柳州高新区**。经过多年的一系列政策措施的引导扶持和发展，柳州高新区初步形成了汽车制造、机械装备、电子信息、新材料、生物和医药产业等一批在区内乃至国内外具有一定影响力的产业，成为支撑柳州乃至广西经济发展的重要力量。一是柳州高新区汽车、工程机械集群发展的态势，成为区域产业特色和品牌。2013年，高新区汽车工业产值达990亿元，形成了集整车、动力、关键零部件及研发检测于一体的完整产业链，诞生了“五菱”“宝骏”“风行”等自主品牌；投资720亿元、规划203平方公里的广西“柳州汽车城”全面启动建设，配备有研发试验区、教育科研、展示博览、商贸配套等功能区。二是钢材料、预应力等细分行业全国领先，涌现了一批行业领军企业。依托丰富的铟矿资源，形成从原料提纯、精加工到后端服务完整的铟产业链。如在高纯铟生产方面，拥有全球最大的生产商"德邦科技"，年产量100吨，是全球高纯铟最主要的生产基地；诞生了威尔姆、邱姆等多个预应力企业，形成了全国独一无二的预应力产业群落。

**广西博世科**。在自治区政策和资金扶持下，广西博世科成功开发了二氧化氯制备及相应的漂白应用技术，于2010年7月建成中国首套蔗渣浆二氧化氯制备及漂白系统并投入使用。公司研发的科技项目"大型还原法二氧化氯制备系统开发及其在纸浆无元素氯漂白中的应用"促进了环保行业的升级改造，该技术凭借工艺先进、清洁环保、质优价廉等特点打破了国外在该领域近30年的垄断。2011年起，博世科团队开始海外市场的探寻之路。2012年，博世科团队与世界造纸第三名的APP金光集团签约，将二氧化氯制备技术及装备成套首次出口海外，使我国在该领域一举由技术进口国转变为技术出口国，并且仅用10个月就完成了项目建设、投产，全部设计指标均达到国际先进水平，以过硬的产品质量和超乎预期的工程速度为"中国智造"正名。目前，博世科二氧化氯制备及漂白技术已在中国、泰国、印尼等国家与地区广泛应用。经过近5年的实践，博世科成长为纸浆漂白二氧化氯领域的第一品牌，市场占有率具备绝对优势。

## 二、"十三五"期间广西战略性新兴产业展望

"十三五"时期是广西实施创新驱动发展战略、扩大对内对外开放的关键阶段，也是战略性新兴产业加快发展的重要机遇期。广西将主动适应国际科技发展新趋势，以"一带一路"倡议、创新驱动发展战略和军民融合发展战略为契机，牢固树立创新、协调、绿色、开放、共享的发展理念，大力发展以创新为核心的新经济、新业态，推动新一代信息技术、智能装备、节能环保、新材料、新能源汽车、大健康等战略性新兴产业加快发展。到2020年，力争战略性新兴产业增加值年均增长15%以上，占地区生产总值比重15%左右；新产业、新业态、新模式不断涌现，高技术、高附加值行业比重明显提高，不断向产业价值链高端跃进与拓展；科技创新投入大幅度增长，全区创新发展能力全面提升；争取建成2个年产值千亿元以上、3~5个年产值500亿元以上的新兴产业集中区。

### （一）新一代信息技术

以中国—东盟信息港建设为契机，把握新一代信息技术产业全方位跨界渗透、融合创新与智能协同的新趋势，重点发展下一代信息网络、信息技术（IT）核心产

业和高端软件、电子商务平台服务，做大北斗导航、大数据、云计算产业，培育新兴信息服务业，加快形成南宁—钦州—北海新一代信息技术核心产业带。至2020年，建成我国面向东盟重要的新一代信息技术产业基地和区域创新中心。

### （二）智能装备制造

根据国际国内智能制造发展态势和经济社会发展需要，重点发展航空航天装备、机器人、3D打印技术、海洋工程装备及高技术船舶、智能工程机械、先进轨道交通装备、高档数控机床、智能农机和电力装备产业，大力推进柳州工业机器人产业园区、钦州大型海工装备及保障基地、桂林电气节能及电力电子产业基地等重大项目建设，加快发展壮大智能装备制造产业。

### （三）节能环保

适应生态文明建设的需要，实施循环发展引领计划，重点发展节能技术装备、环境技术装备、资源循环利用技术装备，积极发展节能环保综合管理服务业，加快建设南宁、梧州、贺州、河池生态产业园，推进“静脉”产业型园区生态化改造，促进企业间、产业间、园区间融合共生。

### （四）新材料

顺应新材料高性能化、多功能化、绿色化的发展趋势，以下游应用为牵引，重点培育石墨烯前沿材料产业，发展壮大稀土功能材料、高性能铝合金材料、高品质特殊钢、稀有金属材料等四大特种金属功能材料，积极发展电子信息材料、新能源材料等新材料产业，力争突破行业关键技术，全面提升广西新材料产业核心竞争力。

### （五）新能源汽车

把握底盘电动化、车身轻量化、智能化、车网融合的新能源汽车发展方向，按照推广应用与产业发展并举、机制创新与政策配套并举、公共交通与社会应用并举的思路，以“纯电动驱动＋智能出行”为主攻方向，强化技术创新，重点发展纯电动汽车、插电式混合动力汽车、燃料电池电动汽车及其关键零部件制造和配套产业，加快建立特色明显、资源共享的研发体系，打造完整的新能源汽车产业链。新能源汽车在全区得到进一步推广应用，充电设备等配套设施建设完善，形成以新能源汽车整车及零部件的开发、生产、销售、检测、服务为一体的新能源汽车产业发展体系。

### （六）大健康

立足广西生态、健康、长寿养生资源优势与产业基础，顺应国际健康产业的发展趋势，遵循“医养结合、生态怡养、寓养于游、康居一体”的发展思路，重点发展健康养老、健康医药、健康服务、体育健身、健康食品，着力建成一批融医、药、养、游、食、购、居于一体的智能综合体，积极培育基于大数据、互联网、消费者参与的“大健康、大养生”跨界产业链，加快形成覆盖全生命周期、内涵丰富、特色鲜明、布局合理、具有较强区域竞争力的大健康产业体系，打造“一市一业”“一镇（村）一品”的大健康产业特色，初步将广西建成国际知名的长寿健康养老胜地和国内领先的大健康产业基地。

# 抓住战略性新兴产业重大机遇 构筑经济增长新格局

——云南省“十三五”战略性新兴产业发展思路与重点布局

云南省发展改革委

## 一、“十二五”云南战略性新兴产业发展状况

“十二五”时期云南省战略性新兴产业发展取得重大进步，产业规模不断扩大，重点行业发展较快，产业创新能力不断提升，产业集聚程度不断提高，产业发展环境持续改善，支撑引领作用初步显现，逐渐成为调结构、转方式、惠民生、推动新旧动能转换的重要力量。

### （一）产业规模不断扩大

2011—2015 年，云南省战略性新兴产业保持了较快的增长，产业规模不断扩大，占全省 GDP 的比重不断上升。全省战略性新兴产业增加值由 2011 年的 596 亿元增加到 2015 年的 1035 亿元，年均增长 15% 左右；占 GDP 的比重由 2011 年的 6.7% 上升到 2015 年的 7.6%。全省战略性新兴产业营业收入由 2011 年的 1632 亿元上升到 2015 年的 2948 亿元，年均增长 15.9%。

### （二）重点行业发展较快

2015 年云南省现代生物产业营业收入达到 759 亿元，年均增长 16%，形成了云南白药集团、昆药集团、沃森生物、拜耳滇虹、积大制药等一批龙头企业。高端装备制造业智能化水平不断提高，实施了大型枢纽机场行李处理系统、高档数控车床制造数字化车间研制与应用示范项目等一批重大标志性示范工程，2015 年营业收入达到 379 亿元，年均增长 21%。新材料产业发展较快，形成了具有一定规模、特色和优势的产业发展基础，2015 年营业收入达到 862 亿元，年均增长 20%。信息技

术产业稳步发展、规模不断增大，2015年全省电子信息产业各类企业近400户，规模以上企业124户；“十二五”期间，电子信息产业年均增长10%以上。节能环保、新能源等产业均保持较快速度增长。

## （三）产业创新能力不断提升

云南省战略性新兴产业培育取得重大突破，突破关键技术1000余项，开发新产品1000多个。自主研发的世界首个Sabin株脊髓灰质炎灭活疫苗、肠道病毒71型灭活疫苗、钛带卷产业化生产技术、大型枢纽机场行李系统、高原湖泊砷污染治理技术、9种体外诊断重要试剂等重大关键技术填补国内空白。氯化法钛白粉量产技术、车用柴油发动机、高端数控机床、大型铁路养护机械、红外技术及产品等全国领先；稀贵金属材料制备技术、电子级多晶硅生产技术、微型OLED显示器、EYE-BOOK穿戴式计算机等全国先进。拥有一批研发平台，建成国家重点实验室3个、工程（技术）研究中心4个、工程实验室2个、国家认定企业技术中心18个；国家地方联合工程研究中心/工程实验室15个；省级工程研究中心/工程实验室47个、重点实验室35个、工程技术研究中心83个、省级企业技术中心328家；建立国家级高新技术产业开发区2个，省级高新技术产业开发区16个。

## （四）产业集聚程度不断提高

围绕生物、光电子、高端装备制造、节能环保、新材料、新能源等领域，培育了一批具有竞争优势和影响力的优势产业集群和领军企业。昆明高新区初步形成了以有色和稀贵金属新材料、生物医药等为主的产业集群，昆明经开区初步形成了以光电子和新一代信息技术等为主的产业集群，曲靖经开区初步形成了以有色金属新材料、光电子材料等为主的产业集群，玉溪高新区形成了以生物医药为主的产业集群。培育了云南白药、沃森生物、维和制药、昆药、龙津药业、积大制药、滇虹药业、贵研铂业、冶金集团、云南锗业、山灞、蓝晶科技、南天信息、北方夜视、亚太环保、昆船、中铁等一批战略性新兴产业重点企业，为云南战略性新兴产业集聚发展奠定了基础。

## （五）产业发展环境持续改善

云南省各有关部门齐心协力，积极探索支持战略性新兴产业的扶持政策和手段，着力推动产业快速发展。“十二五”期间，发布了《云南省加快培育发展战略性新兴产业重点工作分工方案》，建立了推进产业发展的“主管部门负责制”和主要工作“牵头单位落实制”，建立了云南省战略性新兴产业统计制度。出台了加快实施创新驱动发展战略30条突破性政策及深化科技体制改革和发展众创空间等重大举措；深入实施知识产权战略行动计划，加大知识产权行政执法、司法保护和维权力度；改革科技经费配置方式，实施研发投入后补助，落实企业研发费用税前加计扣除等普惠性政策；推进科技与金融结合，搭建融资服务平台，成立科技成果转化与创业投资基金，多渠道引导和带动社会资本参与战略性新兴产业发展。

虽然云南省战略性新兴产业具备了一定规模，形成了系列优势和特色，具备了加快发展的基础和条件，但也要看到云南省战略性新兴产业发展还处于培育壮大阶段，处于点状向聚集发展的初期，仍存在资源依赖程度高、产业链尚不完整、产业自主创新能力不强、产品附加值较低、人才总量不足与结构不合理并存、领军人才缺乏、市场有待培育、规划引导和政策支持有待加强等问题。

## 二、"十三五"云南战略性新兴产业发展面临的形势

"十三五"时期，世界科技革命和产业革命孕育新突破，国家战略对新兴产业发展提出了新要求，面对国际国内经济科技和新兴产业发展新形势，云南省战略性新兴产业发展机遇与挑战交织并存。

### （一）发展机遇

**新一轮科技革命和产业变革带来机遇。**未来5~10年，是全球新一轮科技革命和产业变革从蓄势待发到群体迸发的关键时期。信息革命进程持续快速演进，物联网、云计算、大数据、人工智能等技术广泛渗透于经济社会各个领域。智能制造、超材料与纳米材料等领域技术不断取得重大突破，重塑制造业国际分工格局。精准医学、生物合成、工业化育种等新模式加快推广，极大改变人类生产生活方式。清洁生产技术应用规模持续拓展，数字技术与文化创意、设计服务深度融合，创新驱动的新兴产业逐渐成为推动全球经济复苏和增长的主要动力，为云南省借鉴国际先进经验、引进关键技术和高端人才、推动战略性新兴产业快速发展提供重大机遇。

**国家战略交汇叠加带来新机遇。**"一带一路"、孟中印缅经济走廊、长江经济带、国家继续实施西部大开发等国家发展战略在云南省交汇叠加；"十三五"国家战略性新兴产业发展规划的发布，也明确了"十三五"时期战略性新兴产业发展重点和方向。这些战略及规划逐步实施，中央在项目、资金、政策上的支持力度必然进一步加大，加之经过多年的积累，云南省具备了加快发展的基础条件，使云南省从市场的末梢变成我国面向西南开放的前沿，成为吸引国内外大企业、大集团投资创业、吸引发达地区产业加快转移的重要目的地，从而为全省战略性新兴产业发展带来重大战略性和政策性机遇。

**供给侧结构性改革带来机遇。**在经济进入高质量发展阶段的形势下，加快供给侧结构性改革，是加快云南省发展动力转换、提高全要素生产率、长期稳增长的最有力举措。目前，云南省传统产业支撑经济发展的力量正在减弱，新的发展动能尚未形成，供给侧结构性改革的核心内容就是培育新主体、新要素、新产业、新动力，随着供给侧结构性改革和“三去一降一补”的加快推进，云南省战略性新兴产业发展拓展了新的空间、获得了难得机遇。

**城镇化和消费升级带来机遇。**云南省正处于工业化、城镇化快速发展时期，在交运、供水、污水处理、城市生活垃圾处理、新能源、信息化设施、轨道交通等领域带来新的投资需求。农业转移人口市民化加快，必然会带来消费方式的转变和消费规模的提升；新兴消费升级加快、新兴产业投资需求旺盛，带动消费结构快速变动和升级。随着居民收入水平的提高，拉动智能家电、家用轿车、医疗保健、康体养生养老、数字文化创意等新兴消费需求较快增长。抓住新型城镇化和消费升级带来的市场需求，发挥资源、区位等优势，把握和利用好国家政策，加快推动产业转型升级，为战略性新兴产业发展带来了新的机遇。

### （二）面临的挑战

**区域竞争日趋激烈。**从外部条件看，区域竞争更加激烈，发达国家“再工业化进程”加快，美欧实施再工业化政策吸引中高端制造业回流，云南省周边国家和地区大力吸引和发展中低端产业；国内产业转移呈现出就近转移的趋势，周边省市如重庆汽车、电子信息等新兴产业保持高速发展，成都创建国家自主创新示范区，贵州着力打造全国首个国家级大数据综合试验区，云南省部分新兴产业领域虽有较好基础，但更多领域的基础还很薄弱，缺乏核心技术支撑，将对云南省战略性新兴产业发展带来巨大挑战。

**要素成本价格上升。**改革开放以来，云南省主要依靠廉价劳动力、大量开发资源和大规模投资实现经济高速增长。随着经济发展方式转变和要素成本上升，人口红利逐渐丧失，领军人才缺乏，土地利用指标偏紧，矿产资源优势减弱，创新驱动能力不足，过度依赖资源要素驱动的传统发展方式不可持续，使云南省陷入低端产业的“比较优势陷阱”，在产业链和价值链上处于弱势地位，推动产业转型升级迫在眉睫。但云南省新兴产业创新平台总量不足与使用效率不高并存，高水平的平台不多，成果总量不足与转化效率低并存，能有效支撑产业转型升级发展的成果数量不多，这些都给云南省战略性新兴产业发展带来新的挑战。

**体制机制创新滞后。**云南省目前在财政、金融、税收、知识产权保护、市场培育、政府采购、资源配置、人才激励等方面存在一系列制度缺陷，新兴产业整体创新水平不高，一些领域核心技术缺乏，一些改革举措和政策措施落实不到位，政府职能转变不到位、服务体系还不完善，将在很大程度上影响和制约战略性新兴产业的培育和发展。

## 三、“十三五”云南战略性新产业发展的思路与重点

### （一）指导思想

全面贯彻党的十九大精神，深入贯彻习近平总书记系列重要讲话和考察云南重要讲话精神，按照云南省第十次党代会和十届二次全会决策部署，积极适应把握引领经济高质量发展阶段特点，坚持创新、协调、绿色、开放、共享发展新理念，紧紧把握全球新一轮科技革命和产业变革重大机遇，着力推进供给侧结构性改革，加快构建开放型、创新型和高端化、信息化、绿色化现代产业新体系，培育新动能，发展新经济，提升创新能力，深化区域合作，围绕产业链部署创新链、配置资源链、强化人才链、完善政策链，大力培育和发展新一代信息技术产业、高端装备和新材料、生命健康、节能环保和新能源、数字创意等战略性新兴产业，推动更广领域新技术、新产品、新业态、新模式的发展，打造经济社会发展新引擎，促进经济结构转型和发展动力转换，为云南全面建成小康社会提供有力支撑。

### （二）发展目标

到2020年，战略性新兴产业努力实现以下目标：

一是产业规模持续扩大。战略性新兴产业规模持续壮大，成为支撑云南经济社会发展的新动力。战略性新兴产业增加值占GDP比重达到15%。高端装备和新材料（含新能源汽车）、生命健康产业增加值达到1000亿元以上，成为国民经济支柱产业；新一代信息技术增加值达到500亿元以上，成为国民经济主导产业；节能环保（含新能源）、数字创意增加值达到200亿元以上，成为国民经济先导产业。

二是产业结构明显优化。构筑经济增长新格局，培养一批高速成长的中小企业。把滇中新区、昆明高新技术开发区打造成云南省战略性新兴产业发展策源地，形成特色鲜明、创新能力强的战略性新兴产业集群；滇中城市经济圈战略性新兴产业形成特色化、差异化、协同化发展的分工格局，对全省产业升级、节能减排、增加就业等引领带动作用明显提高。

三是产业创新能力大幅提高。企业重大科技成果集成、转化能力大幅提高，掌握一批具有主导地位的关键核心技术，建成一批具有国家先进水平的创新平台，发

明专利质量、数量和技术水平大幅提升，战略性新兴产业重要骨干企业研发投入占销售收入的比重达到 5% 以上。

## （三）发展重点

**高端装备制造与新材料产业**。顺应制造业智能化、绿色化、服务化、国际化发展趋势，加快突破关键技术与核心部件，推进重大装备与系统的工程应用和产业化，促进产业链协调发展，促进云南省高端装备制造整体素质提升，构建支撑高端装备制造的新材料产业体系，重塑"云南制造"新形象，带动制造业水平全面提升。到 2020 年，高端装备制造及新材料总产值达到 5000 亿元以上，工业增加值达到 1000 亿元以上。

高端装备制造业重点发展以新能源整车、新能源汽车关键核心零部件、充电设备及服务为主的新能源汽车产业；以轨道交通、物流自动化装备、电力装备制造、高端装备制造及服务为主的优势装备制造业；以数控机床、机器人、智能制造系统为主的智能制造装备业及民用航空产业。

新材料产业重点发展贵金属新材料、基础金属新材料、稀有金属新材料、光电子和电池材料、化工新材料及前沿新材料产业。

**生命健康产业**。充分利用生命科学、现代生物技术、信息技术等高新技术研究成果，推动医疗向精准医疗和个性化医疗发展，加快农业育种向高效精准育种升级转化，促进生物工艺和产品在更广泛领域的替代应用，培育高品质专业化生物服务新业态，将生物经济加速打造成为继信息经济后的重要新经济形态，为"健康云南""绿色云南"提供新支撑。到 2020 年，生命健康产业产值达到 3500 亿元以上，增加值达到 1000 亿元以上。

生命健康产业重点发展以现代中药民族药、生物技术药物、化学药物为主的生物医药产业；以医疗设备制造、智能医疗服务为主的生物医学工程；以提高生物育种研发和产业化能力及新型绿色生物产品为主的生物农业；以生物制造技术应用和培育发展生物基产品为主的生物制造；并培育生物服务新业态。

**信息技术产业**。实施"云上云"行动计划，建设"数字云南"。加快信息基础设施建设，提升信息化应用水平，推动物联网、云计算和人工智能等技术向各行业全面融合渗透，构建万物互联、融合创新、智能协同、安全可控的新一代信息技术产业体系。到 2020 年，新一代信息技术产业培育取得突破，建成面向南亚、东南亚的国际通信枢纽和区域信息汇集中心，总产值规模达到 1000 亿元以上，增加值达 450 亿元以上，占 GDP 比重达到 2%。

信息技术产业在加强信息基础设施建设、推进"互联网 +"行动计划、推动人工智能发展的基础上，重点围绕新一代信息技术、信息通信服务、电子信息制造、软件和信息技术服务、移动互联网和物联网、区域信息服务等六大领域和方向，集中力量打造符合云南省实际的信息产业，力争形成“龙头带动、集群发展、产业配套”的特色产业集群。

**节能环保和新能源产业。**把握全球能源变革的重大趋势和云南省产业结构绿色转型的发展要求，着眼生态文明建设，应对气候变化，以节能环保技术创新和应用为重点，引导绿色消费，推广绿色产品，提升新能源应用比例，全面推进高效节能、先进环保、资源循环利用等产业体系建设。到2020年，云南省节能环保和新能源产业产值达到700亿元以上，增加值将达到400亿元以上，占GDP比重达到2%。

节能环保产业和新能源产业重点发展以节能产品制造、节能技术推广应用为主的高效节能产业；以环保技术装备制造、环保应用和服务为主的先进环保产业；以矿产资源综合利用、“城市矿产”资源开发、农林废弃物资源化利用为主的资源循环利用产业以及以新能源开发利用和发展智慧清洁能源为主的新能源产业。

**数字创意产业。**以数字技术和先进理念推动文化创意与创新设计等产业加快发展，促进文化科技深度融合、相关产业相互渗透，打造“创意云南”文化品牌。到2020年，数字创意产业产值达到600亿元以上，增加值将达到250亿元以上，占GDP比重达到1.1%。

数字创意产业重点加快数字文化创意技术和装备的应用，推动民族文化创意产业数字化，提升设计服务创新水平以及推进相关产业融合发展。

## 四、保障措施

坚持创新驱动发展战略，加快转变政府职能，持续深化重点领域和关键环节改革，强化汇聚知识、技术、资金、人才等创新要素的政策保障和制度建设，全面营造有利于战略性新兴产业发展壮大的生态环境。

### （一）加快体制机制创新

聚焦产业发展面临的突出问题，从处理好政府与市场关系、深化市场体制建设等方面着力，在电信和互联网内容服务、新药械和新能源汽车生产准入等领域，进一步完善市场准入和退出等机制，修改和废止有碍发展的行政法规和规范性文件，最大限度减少事前准入限制，激发市场主体活力。全面落实国企改革指导意见，在战略性新兴产业领域国有企业中率先进行混合所有制改革试点示范，开展混合所有制企业实行企业员工持股试点。

## （二）构建产业创新体系

深入开展大众创业万众创新工作。落实关于推进"双创"示范基地建设的实施意见，依托"双创"资源集聚的区域、科研院所和创新型企业等载体，支持建设"双创"示范基地和支撑服务平台。着力完善促进"双创"的政策和法律法规体系，推动青年创业和天使投资相关条例立法工作。持续强化"双创"宣传，办好云南省"双创"活动周，营造全社会关注"双创"、理解"双创"、支持"双创"的良好氛围。

构建新兴产业重大关键技术研发体系。重点发展引领产业变革的颠覆性技术，开发移动互联技术、量子信息技术、空天技术，推动增材制造装备、智能机器人、无人驾驶汽车等技术发展，重视基因组、干细胞、合成生物、再生医学等技术对生命科学、生物育种、工业生物领域的深刻影响，开发燃料电池、锂电池等新一代能源技术，发挥纳米、石墨烯等技术对新材料产业发展的引领作用。

完善科技成果转移转化制度。实施以增加知识价值为导向的分配政策，通过成果应用体现创新价值，通过成果转化创造财富。探索在战略性新兴产业领域率先建立财政性科技成果强制转化制度，下放科技成果使用、处置和收益权，提高高等学校、科研院所科研人员成果转化收益比例。鼓励企业建立创新激励制度，对在创新中做出重要贡献的技术人员实施股权和分工激励。

支持新兴产业企业创新能力建设。加强企业技术中心能力建设，依托创新企业百强工程，推动新兴产业领域领军企业集成创新，引领带动上下游产业创新能力提升。加大对科技型中小企业创新的支持力度，加大研发费用加计扣除等税收优惠政策落实力度。

推进科技创新平台建设。支持企业及研发机构与国内外著名企业、高校、研发机构开展合作，广泛开展技术引进和人才交流，创建院士工作站、专家工作站，共同创建省级以上企业技术中心、工程研究中心、工程实验室、工程技术研究中心及重点实验室，高起点完善企业研发基础设施、培养及引进高层次技术人才，实现战略性新兴产业创新能力的大幅度提升。

构建和完善战略性新兴产业技术创新大平台。以支撑云南省新型工业化、信息化和现代服务业为重点，围绕生物、新材料、先进装备制造、节能环保、新能源与新能源汽车、信息和现代服务等领域，充分发挥现有行业性研发平台作用，整合国内外科技创新资源，构建和完善战略性新兴产业技术创新平台，开展共性技术研究及工程化技术开发，组织实施重大科技项目，推动科技成果转化和产业化。

### （三）实施知识产权、标准、质量和品牌战略

深入实施知识产权战略。推进建设知识产权强省，优化知识产权行政管理，完善知识产权激励政策，提升知识产权数量和质量。提高知识产权运用与保护综合能力，推行知识产权管理标准，建设知识产权保护社会信用体系。支持专利技术转化运用，引导知识产权占股、转让、许可及质押融资，促进知识产权交易流转。加强重大科技计划的知识产权前瞻性布局，开展重大项目知识产权分析评议及重点产业专利预警。建立健全打击侵犯知识产权行为的长效机制和保护体系，加强知识产权综合行政执法，建立健全专利、工商、版权、质检、安全监管等部门的行政执法联动机制。

深入实施标准化战略。加强标准体系建设，健全技术创新、专利保护与标准化互动支撑机制，开展强制性标准整合精简，加快制定公益类推荐性标准和满足市场、创新需要的团体标准，加快建立企业产品和服务标准自我声明公开和监督制度。

深入实施质量强省战略。完善质量诚信体系，全面提升产品质量、工程质量、环境质量和服务质量。加强基础能力建设，全面提升计量、标准、认证认可、检验检测质量技术基础。构建质量提升工作新格局，形成政府主导、部门主管、企业主体、社会共治的大质量工作机制。

### （四）深入推进军民融合

广泛开展军民协调创新。立足光电子和信息产业、自动化物流、航天高效节能装备、汽车零部件、贵金属材料等重点领域的军民融合优势产业，加强军民融合科研项目和任务的研究和立项，从基础研究到关键技术研发、集成应用等创新链一体化设计，构建军民共用技术项目联合论证和实施模式，建立产学研相结合的军民科技创新体系。加强与国家部委科技项目的对接，加快以北斗导航、高分辨对地观测为主的卫星技术等国家重大项目和专项在云南的应用，发挥军民融合科技项目的带动作用和军民结合特色产业示范基地的聚集优势，构建军民融合发展产业格局。

推动“军转民”和“民参军”。完善考核机制，推动军工企业更多向新能源、新材料、民用航空、物联网等新兴领域拓展业务；建立对民营企业更开放的军品采购和研发体制，加快推进军民标准通用化；推动军工企业与民用企业全面合作。

### （五）加大金融财税支持

加强金融产品和服务模式创新。鼓励支持金融机构积极完善适应战略性新兴

产业特点的信贷管理和贷款评审制度。鼓励建设数字创意类、软件类无形资产确权、评估、质押、流转体系，积极推进知识产权质押融资、股权质押融资、供应链融资、科技保险等金融产品创新。大力发展绿色金融。探索建立战略性新兴产业投融资信息服务平台，促进银企对接。丰富并购融资和创业投资方式，拓宽战略性新兴产业融资渠道。推动政策性、开发性金融机构加大对战略性新兴产业支持力度。进一步完善多层次融资担保体系，开展项目融资风险补偿试点，促进投保贷联动。

强化多层次资本市场融资功能。鼓励金融机构创新金融产品，推进场外证券交易市场建设，支持战略性新兴产业创业企业发展。大力发展战略性新兴产业债券市场，推动专项债券发行，扩大中小企业集合债券和集合票据发行规模，鼓励探索开发高收益债券和可转换债券等金融产品，稳步推进非金融企业债务融资工具发展。鼓励保险公司、社保基金和其他机构投资者按规定参与新兴产业创业投资和股权投资基金。有序推进战略性新兴产业企业股权众筹融资试点。

创新财税优惠支持方式。充分发挥国家新兴产业创业投资引导基金作用，继续设立战略性新兴产业发展专项基金。鼓励有条件的州（市）设立投向战略性新兴产业领域的投资基金，引导社会资金设立一批战略性产业发展基金和投资基金。完善政府采购政策，加大对中小企业的支持力度，推进智慧城市、信息惠民、“城市矿山”、智能装备等应用示范。

### （六）建设高质量创新人才队伍

实施更具竞争力的人才培引工程。围绕建设创新型云南的重大需求，加大“云岭系列”人才培养工程实施力度，统筹实施“云岭英才计划”，培育造就一支创新有成效、示范带动作用强、支撑引领效果好的高层次人才队伍。建立访问学者制度，广泛吸引海外高层次人才来滇从事创新研究。

构建创新型人才培养模式。优化教育结构，统筹各级各类教育协调发展，加快应用技术类大学建设，继续推进地方本科高校转型发展。改革本科人才培养模式，全面提升高等教育质量。分类改革研究生培养模式，探索科教结合的学术学位研究生培养新模式，扩大专业学位研究生招生比例，增进教学与实践的融合。建立创新创业教育、实践、孵化、帮扶引导体系，构建现代化职业教育体系。

建立健全科研人才双向流动机制。改进科研人员薪酬和岗位管理制度，完善社保关系转移接续政策，可由原单位继续为其缴纳单位部分的社会保险，个人缴费部分按规定由个人将应缴纳的社会保险费交回原单位代缴，破除高校、科研院所和企业之间科技创新人才双向流动的体制机制障碍。

创新人才激励政策。通过鼓励高层次人才开展科技创业、鼓励各类人才转化科研成果、建立政府科技成果转化与创业投资扶持机制等途径，创新产业人才激励政策。赋予创新领军人才更大的人财物支配权、技术路线决策权。积极创建院士工作站、专家工作站、专家基层科研工作站、博士后科研流动站和科研工作站，将院士、专家等高层次人才引入云南，从事战略性新兴产业相关技术研发，提升本土战略性新兴产业的整体研发实力及自主创新能力。

### （七）加强组织协调

编制各产业发展专项规划和行动计划，制定战略性新兴产业技术路线图，建立知识产权预警机制，完善产业标准体系。根据国家统计局《新产业新业态新商业模式统计监测制度（试行）》和《战略性新兴产业分类（2012）（试行）》建立统计体系，加强产业运行监测与形势分析。支持行业协会建设公共服务平台，参与战略性新兴产业发展的政策研究、法规制定、规划编制、咨询评价、标准制定、技术攻关和产品推广等工作。

# 超万家大数据相关企业共同打造“云上贵州”

## ——贵州省战略性新兴产业发展简况

贵州省发展改革委

“十三五”以来，在党中央、国务院的正确领导和亲切关怀下，在国家发展改革委等有关部门的关心支持下，贵州省委省政府领导全省各地、各有关部门和单位认真贯彻落实《国务院关于加快培育和发展战略性新兴产业的决定》（国发〔2010〕32号）、《“十三五”国家战略性新兴产业发展规划》（国发〔2016〕67号）、《省人民政府关于加快培育和发展战略性新兴产业的若干意见》（黔府发〔2011〕29号）和《贵州省“十三五”战略性新兴产业发展规划》（黔府函〔2016〕328号）等中央和贵州省关于战略性新兴产业发展的各项决策部署，大力推进全省战略性新兴产业加快发展。

## 一、贵州省战略性新兴产业发展总体情况

### （一）创新能力不断提升

目前，贵州省级以上各类创新平台超过600家，其中国家级的工程技术研究中心5家、重点实验室4家、企业技术中心16家、技术创新示范企业6家、众创空间14个、科技企业孵化器1个、小微型企业创业创新示范基地7个、特色产业基地2个，国家地方联合工程研究中心（工程实验室）23家。“十二五”时期，专利授权41577件，年均增长35.5%；有效发明专利5428件，年均增长27.4%；科技进步贡献率从2010年的39.8%提高到2016年的46.4%。2017年1~7月，全省专利申请17356件，同比增长55.9%。其中，发明专利申请6507件，同比增长71.4%；全省专利授权6816件，同比增长9.5%。

### （二）产业规模快速扩大

“十二五”时期，贵州省战略性新兴产业总产值和增加值年均增速均达到约

30%。据初步统计，2016年全省战略性新兴产业总产值和增加值分别约为3200亿元和760亿元，同比分别增长23.1%和20.6%。其中，工业总产值和增加值分别约为2280亿元和480亿元，同比分别增长20.0%和18.8%；战略性新兴产业工业总产值占全省规模以上工业总产值比重为18.1%，比“十二五”期末上升0.8个百分点；增加值占GDP比重为6.5%，比“十二五”期末上升0.5个百分点。初步统计，2017年上半年，全省战略性新兴产业总产值和增加值分别约为1970亿元和480亿元，同比分别增长约22%和20%。

### （三）集聚效应初步显现

以贵阳市和贵安新区为核心，贵州省战略性新兴产业布局呈现聚集态势。贵阳高新技术开发区、贵阳经济技术开发区、贵安新区、遵义经济技术开发区、安顺市民用航空产业国家高技术产业基地等国家级新区、开发区和基地，以及一批省级高新技术产业园区和基地加快发展，全省产值亿元以上高技术企业几乎集中在新区、开发区、园区和基地，辐射作用日益增强。

## 二、贵州省战略性新兴产业发展亮点

贵州省在新一代信息技术、生物、高端装备制造、新材料、节能环保、新能源、新能源汽车和数字创意产业的一些重点领域或细分领域取得了令人瞩目的进展。

### （一）大数据产业

贵州省获批创建全国首个国家大数据综合试验区，全国首个国家大数据工程实验室落户贵州省，中国电信、中国移动、中国联通、华为、中兴、富士康、阿里巴巴、腾讯、百度、京东、惠普、浪潮、神州数码、中国普天、北大方正、高通、微软、谷歌等一批行业领军企业进驻贵州省，振华科技、航天电器、贵阳朗玛、货车帮、东方世纪等一批本土企业快速成长，全省大数据相关企业数量超过1万家；“云上贵州”系统平台建成运行；大数据发展环境渐成体系。

### （二）生物医药产业

国家苗药工程技术研究中心、省部共建药用植物功效与利用国家重点实验室、西南民族药新型制剂等6个国家地方联合工程研究中心（工程实验室）落户贵州省；益佰、百灵、景峰、信邦、汉方、神奇、同济堂等一批重点企业成为“全国制药500强”；国药集团等一批知名企业进驻贵州省；艾迪注射液、参芎葡萄糖注射液、仙灵骨葆胶囊等产品的行业领导品牌地位得到巩固。

（三）节能环保产业

中央空调节能控制系统、高效节能电机、复合反渗透膜及组件、海水淡化膜、抗污染膜、抗氧化膜、磷矿伴生资源回收利用等技术和产品达到国内先进水平并实现产业化应用。

（四）高端装备制造业

航空发动机、无人机、高级教练机、液压基础件、高端紧固件及精密微特电机、全地形工程车、中高压开关、数控磨床等产品技术处于国内先进水平。

（五）新材料产业

湿法净化磷酸、高强韧铝合金、高速重载机车 EA4T 车轴钢、锂离子电池阳极材料、高性能树脂基复合材料等生产技术处于国内先进水平。

（六）新能源产业

国家能源大规模物理储能技术（毕节）研发中心建设运行，先进压缩空气储能系统技术达到国际领先水平。2016 年，贵州省新能源产业累计装机 415.98 万千瓦，发电量 59.0 亿千瓦时；截至 2017 年上半年，贵州全省新能源累计装机 504.46 万千瓦（不含煤矿瓦斯发电），同比增加 31.88%；2017 年上半年累计发电量 38.9 亿千瓦时，同比增长 27.33%。

（七）新能源汽车产业

长江汽车、吉利、奇瑞万达、添钰动力、力帆骏马、兴国新能源、航天特种车、巴斯巴、云马汽车、青年莲花汽车、飓之风、安远、中兴等整车制造企业和零部件供应商落户贵州省，新能源汽车累计推广 5000 辆以上。

（八）数字创意产业

构建了"无偿补、贴息帮、股份投、基金引、放大贷"多层次投融资体系，引导资本投向数字创意产业。中国文化（出版广电）大数据、多彩贵州文化创意园等以数字创意为引领的 46 个贵州省"十三五"重点文化创意产业发展项目有序推进，项目总投资 1300 亿元左右，目前已完成投资 300 亿元以上。贵州广电网络股份公司实现主板上市，多彩贵州文化艺术公司成功在新三板挂牌。

# 创新驱动发展战略成为经济社会转型升级新动力

## ——四川省战略性新兴产业发展及展望

四川省发展改革委

党的十八大以来，创新驱动发展战略成为我国经济社会发展的核心战略。四川省积极作为，狠抓落实，2013年省委十届三次全会正式将创新驱动发展战略上升为当前和未来一段时期全省必须全面实施的“三大发展战略”之一。4年多来，在四川省委省政府的科学部署和坚强领导下，各级党委、政府积极履责，主动适应经济高质量发展阶段形势要求，不断探索彰显四川特色的创新发展路径，迅速在规划引导、政策扶持、产业发展、平台搭建、资金投入和氛围营造上打出一系列“组合拳”，初步形成了以科技创新为核心，市场牵引、主体活跃、体制促进、环境优化、新旧动能加速转换的发展新局面，创新驱动发展战略实施取得明显成效，成为推动全省经济社会转型升级、创新发展的新动力。

## 一、创新驱动发展的进展与成效

### （一）抓好全面创新改革“一号工程”，体制机制改革创新不断推进

2015年8月，四川省被列入国家系统推进全面创新改革试验区域。四川省委省政府高度重视，将其作为引领四川“十三五”发展的“一号工程”，抢抓战略机遇，围绕破除阻碍创新驱动发展的瓶颈制约，有效推动了新旧动能转换和新动能发展，为四川经济社会发展特别是转方式、调结构注入了强劲动力活力。

一是加快推进军民融合体制机制改革。率先成立省级军民融合领导机构和工作机构，率先与12家央属军工集团、中物院、中央军委科技委全面建立战略合作关系。推动“民参军”机制创新，探索制定军民融合企业认定标准，培育发展一批军民融合科技型中小微企业。探索建立军民科技资源共享机制，创建国家军民两用技术交易中心，形成集技术评估、拍卖、交易、服务于一体的专业化交易平台。

二是加快推进科技体制改革。特别是主动触碰产权改革“禁区”，率先开展职务

科技成果权属混合所有制改革试点，20家在川高校、企业和科研院所积极参与改革试验，科技人员创新创业热情全面激发。仅在西南交通大学，试点一年半以来，完成168项职务发明专利分割确权，转化9项，收益1亿多元，被誉为"成果转化的小岗村"。

三是加快推进知识产权体制改革。成都郫都区成立全国首个专利、商标、版权"三合一"知识产权综合管理机构即成都知识产权审判庭，敲响跨区域集中管辖知识产权案审判第一槌，"三审合一"快审机制进一步完善。2016年，四川新申请专利数量逾13万件，同比增长约18%，总数居西部第一。

四是加快推进人才激励机制创新。提出23条改革举措，出台《激励科技人员创新创业16条政策》《高层次人才特殊支持办法》等突破性政策文件，先后与清华大学等著名高校签订战略合作协议，吸引聚集更多高端科技人才。

五是加快释放创新改革红利。筛选21条比较成熟的创新改革举措作为第一批经验在省内复制推广，目前部分经验已在省内落地开花形成示范，如"集群企业住所托管的集群注册模式""以核心企业带动为特点的应收账款融资服务模式""平台化、市场化运营的科技金融服务模式"等。

### （二）做好全省创新驱动发展的顶层设计，政策体系不断完善

加强统筹规划和协调指导，强化政策引导、扶持和保障，不断完善产业顶层设计，为全省创新驱动发展提供有力支撑。

一是创新驱动发展相关规划陆续出台。出台了四川省"十三五"战略性新兴产业发展规划以及分产业发展规划、"十三五"军民融合发展规划。到2020年，四川战略性新兴产业技术水平和规模居全国前列，增加值占地区生产总值比重力争达到15%，建成国家战略性新兴产业发展的聚集高地和全国产业创新发展转型先行区。

二是创新驱动发展相关实施意见陆续出台。如关于共同推进大众创业万众创新工作的意见，关于加快大数据、云计算、"互联网+"、"互联网+政务服务"、深化制造业与互联网融合发展、生物医药产业创新发展等新兴产业实施意见，以及信息安全、航空与燃机、新能源汽车、轨道交通、石墨烯、玄武岩纤维等重点产业推进方案。

三是创新驱动发展相关政策储备不断充实。注重新技术、新产业发展研究，及时开展数字经济、共享经济、智能制造、移动医疗等热点研究，政策储备不断丰富。制定创新管理优化服务，培育壮大经济发展新动能，加快新旧动能接续转换工作方案。

### （三）加大力度建设创新体系，创新平台支撑更加夯实

着眼于集聚创新要素，推动建设一批支撑能力强、带动作用大的创新发展平台，加快提升创新驱动发展支撑能力。

一是全力推进国家重大科技基础设施建设。加快推进“十二五”期间布局四川的转化医学研究设施、高海拔宇宙线观测站、大型低速风洞等国家重大科技基础设施建设。“十三五”优先布局的10个大科学装置中，极深地下极低辐射本底前沿物理实验设施已经确定落地四川。

二是大力推进应用技术创新平台建设。四川省的创新机构数量居西部第一，诸如斯坦福国际研究院、清华能源互联网研究院等国内外高端创新平台成功落户四川。2016年新增国家工程实验室、国家企业技术中心等省级以上创新平台205个。

三是加大科技攻关和成果转化力度。围绕251项关键共性技术，组织实施了1100个科技项目，取得了一批技术突破，承担的三代核电、“两机”核心部件等重大科技专项实现新突破，着力加快100项重大科技成果转化。

四是积极打造开放创新平台。成功获批自贸区，先后举办财富论坛、华商大会、西博会、科博会、全球创新创业交易会等国际性会议和活动，在川落户世界500强企业达321户。中法、中韩、中德园区等加快建设。

五是大力推进开发区建设。深入实施开发区创新能力提升工程，研究制定《关于促进开发区改革和创新发展的实施意见》《四川省开发区“十三五”发展规划》，推动开发区创新发展、绿色发展。

### （四）加快发展创新型产业，创新产业体系加快形成

加强技术创新、模式创新，涌现出一批富有特色、具有竞争优势的战略性新兴产业集群，新产业、新业态迅速崛起。

一是做大做强战略性新兴产业。通过实施国家下一代互联网示范城市、物联网区域示范应用、北斗卫星导航产业重大应用示范、通用航空产业综合示范区和基因检测技术应用示范工程等建设，打造新的经济增长点，四川省成为全国重要的新一代信息技术、高端装备制造、新材料、节能环保装备基地。

二是促进军工溢出服务经济建设。发挥军工技术对高端产业的带动作用，设立100亿元的四川省军民融合产业发展基金，连续两年举办军民深度融合发展专题推进活动，与央属军工集团共建军民融合高技术产业基地，加快发展具有核心竞争力的军民融合产业集群。2016年全省国防科技工业主营业务收入达2870亿元。

三是推动技术创新引领先进制造业发展。组织实施中国制造2025“四川行动计

划"，重点扶持智能制造装备等十大先进制造业，推动格罗方德、紫光 IC 国际城、京东方等一批重点项目建设。2017 年上半年，新能源汽车产量增长 79%，光伏电池产量增长 122.3%，城市轨道车辆增长 24.7%。石墨烯橡胶复合材料在国际上率先实现产业化，国内首条第 6 代柔性 AMOLED 屏幕生产线正式投产。

四是加快改造升级传统产业的步伐。上半年完成工业投资 4606.9 亿元、技术改造投资 3471.6 亿元，保持两位数以上增长。酒、饮料和精制茶制造业增加值增长 13.5%，烟草制造业增加值增长 8.6%。

五是积极培育新业态新模式。线上线下融合的"新零售"模式加快发展，网络零售额 1488.5 亿元，增长 36.6%，诸如 1919 酒类直供、中药材天地网、人人快递等平台进入行业领军方阵。数字经济、智慧经济和分享经济发展迅速，大数据中心数据量年均增长 40%，极米激光电视、AIMATHS 高考机器人等新技术层出不穷，成都是除北上广深之外共享单车品牌最多的城市。

### （五）大力推进创新创业，"双创"氛围日益浓厚

优化创新创业服务，构建创新创业支撑体系，营造支持创新创造的良好环境，引领推动全省新一轮创新创业热潮。

一是加快建设创新创业平台。支持发展"孵化 + 创投"、创新工场等新型孵化模式。2016 年建成各类孵化器 600 家，比上年翻一番，"菁蓉小镇""蓉创茶馆"等已成为全国品牌。加快推动成都郫县、四川大学、四川电信等国家首批双创示范基地建设，启动天府新区、巴中市平昌县、长虹集团、新希望集团等第二批国家双创示范基地建设。

二是办好"双创"大型活动。连续两年在全省 21 个市（州）同步启动活动周，推动"双创"活动进校区、进社区、进园区。近一年来，举办 2017 年国际创业孵化峰会等"双创"活动超过 1000 场，带动社会"双创"活动 3000 多场，将成都"创业天府・菁蓉汇"打造成为知名活动品牌。

三是强化创业投资引导作用。形成了天使投资、创业投资、并购重组等多层次股权投资行业体系。目前，全省各类创投机构达 700 余家，新三板挂牌企业 281 家。

四是各类创新主体蓬勃发展。2016 年，四川省新增各类市场主体 74 万户，新增科技型中小微企业 2 万户以上；2017 年 1~5 月，全省新登记各类市场主体 37.6 万户，增长 27.2%；资本总额 8850.4 亿元，增长 65.6%。据 2017 年 5 月份公布的最新中国"双创"指数和新经济指数，成都"双创"指数由 203 提升到 220，新经济指数排名全国第四，四川省成为我国"双创"活力竞相迸发、新动能加速聚集的重点区域之一。

## 二、创新驱动发展的瓶颈问题

虽然四川省实施创新驱动发展战略取得了显著成效，但我们也清醒地认识到，科技与经济的结合问题仍很突出，科技创新对经济社会发展的支撑引领作用尚未充分发挥。深入实施创新驱动发展战略还面临以下主要问题：

### （一）创新管理和制度供给相对不足

在创新驱动发展的大背景下，以新技术、新产业、新业态、新模式为核心，以知识、技术、信息、数据等新生产要素为支撑的经济发展新动能不断涌现。但目前，新动能发展和新旧动能接续转换过程中仍然面临着制度瓶颈和监管障碍，亟须加快改革创新步伐，全面营造有利的制度环境。如无人机、大数据、健康服务、现代物流等产业发展迅猛，但相应行业标准和技术规范缺乏。监管模式创新不足，一定程度上存在对新经济的监管过度与监管缺失并存的现象。同时，信息共享有待强化，政府信息资源的开发和利用力度不够。

### （二）创新支撑能力仍待提升

尽管近年来四川省财政对研发创新的投入持续增加，但四川省R&D经费占GDP的比重一直低于2%，企业投入占全社会R&D投入、大中型工业企业R&D投入占当年主营业务收入等指标都低于全国平均水平。同时，区域创新能力发展不平衡，新经济主要集中在成都、德阳、绵阳三市。

### （三）市场培育和拓展有待加强

新兴产业在培育和发展中遇到一些政策障碍，导致新兴市场不能尽快拓展，如创新药物的上市问题、基因检测纳入医保的问题、新材料的应用推广问题等，在上市流程优化、政府采购、税收优惠等方面的激励政策还有待建立和完善。同时，新旧业态转换中利益调整矛盾较多，一些限制性规定和旧政策一定程度上影响了新经济市场拓展。

## 三、经济高质量发展阶段强化实施创新驱动发展战略展望

习近平总书记在2017年全国“两会”期间亲临四川代表团发表重要讲话，对四川省扎实开展创新创造等方面提出重要要求。四川省第十一次党代会也对深入实施创新驱动发展战略，构建动力转换接续、发展提质升级的新格局做出系列部署。今后一段时期内，深入实施创新驱动发展战略，保持四川经济持续健康发展，关键是

要准确领会党中央、国务院和四川省委省政府的系列决策部署，把思想和行动统一到中央的认识和判断上来，做到观念适应、认识到位、方法对路、工作得力，准确把握四川创新驱动发展的新常态。

进入经济高质量发展阶段，四川省与全国一样，经济发展呈现“速度变化、结构优化、动力转换”特点。未来几年或者更长一段时间，要实现过去那样的高速增长，三大需求、发展动力、要素环境、宏观政策都难以支撑。同时，四川省发展不足、发展水平不高的问题尚未根本扭转，全省贫困地区还有数百万贫困人口需要脱贫，实现与全国同步小康的目标任务艰巨。因此，面对新形势，必须紧抓创新驱动发展，提高科技进步对经济增长的贡献率，适应和引领经济发展新常态，培育出新的经济增长点，做到换挡不失速、调速不减势、量增质更优。

目前，四川省正处于全面建成小康社会进入决胜阶段、奋力开启现代化建设新征程的关键时期。深入实施创新驱动发展战略，必须审时度势，立足实际，充分挖掘新机遇，从比较优势中寻找创新驱动发展的新增长点，从政策规划中寻找创新驱动发展的新增长点，从国家和省重大战略中寻找创新驱动发展的新增长点，并且切实用好新机遇，尽快将有利的发展条件转化为竞争优势，形成推动创新发展的强大动力。

## 四、加快创新驱动发展的下一步考虑

在全面实施创新驱动发展战略的过程中，应针对战略实施中的深层次问题，加快实现科技创新、体制创新的紧密融合，着力破除制约全面创新发展的体制机制约束，最大程度增强创新驱动活力，为四川省经济社会实现快速增长和高端化发展提供重要支撑，增创发展新优势和增强核心竞争力。

### （一）着力政策创新，构建创新驱动发展规划政策体系

系统设计和全面建立符合创新发展阶段的体制机制、发展政策和管理措施，完善新兴产业发展政策，加强新兴产业规划体系设计，从政策上支持、鼓励创新发展，努力形成覆盖创新全过程的政策链。开展对战略性新兴产业、未来产业等领域的前瞻性规划研究，不断丰富创新驱动发展的政策储备箱。

### （二）着力科技创新，夯实创新驱动发展的基础支撑

筑牢基础前沿研究的根基，对接国家重大战略需求开展重大前沿技术和基础科学研究，组织实施石墨烯、轨道交通、核技术等领域重大技术联合攻关，形成一批原创

性成果。大力建设重大科技创新平台，加快建设国家重大科技基础设施，积极创建国家实验室，加快建设一批创新平台和检测中心，推进产业创新中心和制造业创新中心建设。加快推动军民融合协同创新，建立军民融合重大科研任务形成机制，加快建设国家军民融合创新示范区和产业示范基地，大力实施军民融合重点创新工程。

### （三）着力产业创新，培育壮大创新型产业发展规模

大力培育先进制造业产业集群，着力推动七大战略性新兴产业、五大高端成长型产业做优做强，加快形成万亿产业、五千亿产业、千亿产业集群。积极推动传统产业改造提升，积极推进“三去一降一补”，大力推进“一提一创一培”，运用新技术、新工艺、新设备、新材料，推动传统产业技术改造、优化升级。大力促进信息化与工业化的融合，充分运用新业态、新模式推动传统产业生产管理和营销模式的变革，重塑产业链、供应链、价值链，打造经济发展“双引擎”。加快发展分享经济、数字经济、创意经济。加强质量品牌建设，全面提高标准化水平，培育本土产品品牌、企业品牌和区域品牌，形成以技术、标准、品牌、质量、服务为核心的竞争新优势。

### （四）着力机制创新，激发创新驱动发展的创造活力

持续深化“放管服”改革，及时清理阻碍新兴产业发展的不合理制度，改善新兴产业准入管理，探索推行负面清单或产业准入的审管分离制度。深入推进科技体制改革，加快推进科研院所分类改革，扩大科研院所管理自主权，探索研究体现科研人员劳动价值的收入分配制度。创新科技成果转移转化机制，完善科技成果转移转化激励机制，支持项目承担单位自主实施转化。统筹推进知识产权创新改革，加强新业态、新领域、新模式创新成果知识产权保护。营造开放包容的社会氛围，吸引更多的“技术达人”和“草根大军”汇聚到新兴产业领域。

# 谋划一批　储备一批　建设一批
# 滚动管理战略性新兴产业项目

——黑龙江省战略性新兴产业发展情况及展望

黑龙江省发展改革委

黑龙江省深入学习贯彻习近平总书记对黑龙江的两次重要讲话精神，按照中央经济工作会议和政府工作报告部署，积极应对困难和挑战，努力改造升级“老字号”、深度开发“原字号”、培育壮大“新字号”，把发展新兴产业作为经济社会发展重大战略任务，推动大众创业万众创新和“互联网＋”行动计划，为龙江经济发展提供新动能。

## 一、战略性新兴产业发展基本情况

黑龙江省上下坚实推进创新驱动战略，注重发挥企业创新主体作用，大力培育和发展新兴产业，积极营造鼓励创新创业环境，一批新兴产业项目正在加紧谋划和加快推进。哈尔滨万鑫石墨谷石墨烯复合导电浆料生产项目、哈工大机器人集团有限公司先进机器人系统装备研发基地等项目开工建设，鸡西贝特瑞石墨深加工等项目年内建成投产，全省初步形成了生物医药、云计算、石墨新材料、机器人、清洁能源装备等新兴产业集群，战略性新兴产业成为龙江经济发展的支撑力量。与此同时，随着大众创业万众创新和“互联网＋”行动计划的深入开展，黑龙江多年积累的科技和学术力量、生态化旅游、健康养老等优势得以充分发挥，新的投资和消费热点正在孕育壮大。2016年上半年，全省新注册科技型企业超过1200多家，新增一定规模科技型企业100多家。

## 二、新思路新做法

### （一）优化全省发展环境，为实现全面振兴提供重要支撑

黑龙江省把优化发展环境、激发市场活力作为最直接的改革举措，以简政放权、

创新驱动等为突破口，为改革开放排阻清障，为人民群众排忧解难，在政务环境、市场环境、法治环境、社会环境等方面不断打造龙江发展新优势。

一是突出问题导向，大力整治和优化发展环境。黑龙江省成立优化发展环境专项调研组，总结全省发展环境存在的问题，密集出台了一系列改革举措，力度空前。2015 年 5 月出台了中共黑龙江省委省政府《关于进一步优化全省发展环境的意见》，站在全省发展的高度，把优化环境摆在更加突出的位置，通过压力层层传导，全省发展环境得到明显改善。

二是力促简政放权，最大限度为市场主体松绑。黑龙江省坚持把简政放权作为政府职能转变的突破口，坚持“多取消、审一次、真备案”，不断深化行政审批制度改革。2013 年以来，经过 8 轮清理，578 项省级行政审批取消或下放，138 项非行政许可审批全面清零。2015 年 3 月建立权力清单，从 1 万多个事项精简到 3074 项，精简比例达 69.5%。2015 年 7 月在全国率先实施“四证合一、一照一码”登记制度改革。取消、停征涉企收费基金项目，为小微企业免征增值税、营业税、企业所得税。同时，全省各地各部门还持续推进公共资源配置市场化改革，推进矿权、风电项目、棚改建材采购等公开招标，真正让市场主体受益，激发市场活力。

三是坚持创新驱动，按照创新规律培养和吸引人才。黑龙江省不断深化体制机制改革，紧紧抓住人才培养引进、流动配置、使用激励等关键环节，充分释放人才资源潜能，制定了一系列卓有成效的政策和措施。黑龙江省明确提出，要最大限度为人才“松绑”，让人才在创新成果运用中有份额、有股权，支持各类人才凭业绩贡献“一夜致富”，使科研成果更快转化为现实生产力。2015 年出台的《关于建立集聚人才体制机制激励人才创新创业若干政策的意见》，为黑龙江“留才引智”注入了新的强大活力，吸引人才的各种利好政策的效力正逐步释放。2016 年，哈尔滨市推出一系列重点企业引入优秀人才扶持办法。引进两院院士，每人给予安家费 100 万元和一次性科研资金 100 万元，月补贴 1 万元；长江学者、“千人计划”专家、“万人计划”入选者，每人给予安家费 50 万元和一次性科研资金 50 万元。这些“真金白银”的政策正在吸引越来越多的科技人才向黑龙江汇集，不断形成创新高地。

### （二）发挥比较优势，加快推动新兴产业和特色产业发展

黑龙江省科教人才资源丰富，综合科技进步水平在全国一直排在 13 位左右。依托丰富的科研资源优势，黑龙江省瞄准行业前沿和市场运用，加快形成产学研用深度融合、协同创新的格局，推动高新技术成果产业化，提升战略性新兴产业集聚度和竞争力。同时，黑龙江省把既有国内总需求增长空间又有鲜明供给优势的产业领域作为主要切入点，集中发力，坚决打好夏季生态化避暑、冬季冰雪旅游王牌，争

当全国农业现代化建设排头兵。

一是积极促进高新技术成果产业化。2015 年，黑龙江省正式启动实施“千户科技型企业三年行动计划”，重点推动从人才到具有产业化前景的技术成果、到高技术小企业、最后到高技术大企业这一发展链条的三次转化，引导成立了哈工大机器人集团、焊接集团、激光通信集团、雷达信息公司、哈工程哈船动力公司、导航公司、智能装备公司等科技型企业，筛选一批能够尽快实现产业化的高新技术成果在省内落地转化。截至 2016 年 6 月底，黑龙江省筛选梳理出有产业化前景、有意愿在省内落地转化的高新技术成果 1172 项，组织 251 场次成果对接活动，转化项目 703 项，签约额 33.27 亿元；新注册成立科技型企业 3347 家，新形成主营业务收入超 500 万元的科技型企业 572 家，吸纳本科以上人才 9496 人；黑龙江省政府将清理出的闲置资产优先用于建设科技企业孵化器，采取市场化运营机制推动乐业众创空间、腾讯众创空间建设，全省孵化器、众创空间总数达到 144 家；全省通过组织 133 场次科技投融资对接活动，为 212 个科技项目融资 43.8 亿元；全省新上市（挂牌）科技型企业 51 家，其中在主板上市企业 3 家，在创业板上市企业 1 家，在“新三板”挂牌企业 47 家。全省高新技术产业增加值占 GDP 比重由 2010 年的 9.5% 提高至 2015 年的 13.1%。

二是重点建设五大新兴产业集群。2015 年年底制定出台《黑龙江省培育和发展新兴产业三年实施方案》，确定了突出重点、多点培育的推动新兴产业发展的思路，重点抓好生物医药、云计算、石墨新材料、机器人、清洁能源装备五大新兴产业集群建设。依托哈尔滨市国家生物产业基地和大庆生物产业园，打造哈药集团、葵花药业、珍宝岛药业和誉衡药业等龙头企业，辐射带动牡丹江、伊春、大兴安岭等地，构建创新型哈尔滨—大庆生物医药产业集群；充分发挥龙江气温较低、能源充足、电价优惠等优势，在哈尔滨市加快推进云计算产业集群建设，在大庆市和七台河市结合信息惠民试点城市建设开展云服务示范应用；依托鸡西、鹤岗市丰富石墨资源和哈尔滨市科技人才优势，大力发展负极材料、密封材料、硬质材料和高纯石墨制品等高端石墨深加工产业链条，建设产业链完备的鸡西—鹤岗石墨新材料产业集群；依托哈工大机器人产业集团、哈尔滨博实公司等重点企业，加快哈南机器人产业园建设，打造在国内具有重要地位的哈尔滨机器人产业集群；发挥哈尔滨电气集团和中国一重集团已形成的清洁能源装备产业优势，发展以水电装备、核电装备、燃气轮机为代表的哈尔滨—齐齐哈尔清洁能源装备产业集群。

三是大力发展特色优势产业。近年来，农业大省黑龙江重点发展生态高效农业、高品质食品、乳制品和畜牧产业。合理、科学、按市场导向调整种植结构，做大做强绿色食品产业，目前全省经认证的绿色有机食品认证面积达到 7309 万亩，认证面积占全国五分之一。近两年省级投入扶持资金 18 亿元，引导社会资金 82 亿元，新建 182 个 1200 头规模的标准化奶牛场，目前入栏奶牛 15.5 万头，单产水平达到 8 吨以上。依托黑龙江多年积累的整体生态化条件，大力发展夏季生态化避暑和冬季冰雪旅游，推出“火山湿地”“华夏东极”“迷人的哈尔滨之夏”等五大夏季生态旅游线路，深入挖掘哈尔滨历史、文化、艺术元素，推动旅游、文化、时尚产业融合发展，推进候鸟式养老、养生度假、健康养老等养老服务业发展。截至 2017 年 6 月底，黑龙江省接待国内外游客 6405.6 万人次，同比增长 19.0%；实现旅游业总收入 744 亿元，增长 16.6%；全省接待“候鸟老人”8 万人次，同比增长 35.0%。

### （三）深入推进供给侧结构性改革，大力发展新经济培育新动能

黑龙江省注重结合省情实际，重点在增强现有供给侧市场主体竞争力、发展新兴产业和通过科技人员、农民、大学毕业生创新创业生成新的更多的市场主体，以及在促进互联网与经济社会深度融合等方面下功夫，激发黑龙江经济发展新动能。

一是加快推进黑龙江版供给侧结构性改革，培育新的经济增长点。随着国家出台新一轮全面振兴东北地区老工业基地意见，黑龙江省立即着手布局新时期全省发展战略。2016 年 5 月公布的中共黑龙江省委省政府《关于推进供给侧结构性改革的意见》中明确提出，大力推动既有国内总需求增长空间，又有黑龙江省鲜明供给优势的绿色生态农业（高品质食品、乳制品、畜牧产品），以及旅游、养老、健康产业等产业领域培育新增长点，积极培育新产业新业态，大力促进产业多元化发展，努力改变许多地区（城市）“一企独大、一业独大”状况，尽快形成多点多业支撑的新格局。这表明黑龙江省认真贯彻中央精神从供给侧入手的结构性改革思路已经明确，正在全面开启黑龙江多个产业结合发展的新模式。

二是深入实施“互联网 +”战略，促进互联网与经济社会深度融合。黑龙江省委省政府高度重视“互联网 +”推进工作，将其作为实现龙江经济转型升级、培育新兴业态的重要举措之一。2015 年，时任黑龙江省省长陆昊亲自组织召开全省“互联网 +”千人大会，强调要贯彻党中央、国务院部署，从战略高度对待、促进“互联网 +”发展，集中全省智慧，学习经典理论，借鉴成功经验，掌握发展规律，从省情实际出发，发挥优势，努力开创全省“互联网 +”工作新局面。在省政府统一部署下，2015 年分行业出台了 36 个“互联网 +”行动计划，每个计划均提出明确发展目标、重点任务和保障措施，并由省政府召开新闻发布会对社会集中公布。今后每年还将根据行业发展和“互联网 +”应用中遇到的新情况、新问题以及“互联网 +”应用技术的更迭调整、修改完善“互联网 +”行动计划，努力促进“互联网 +”概念在龙江落地生根。黑龙江省在《关于加快推进“互联网 +”行动的指导

意见》中明确提出，以交易特别是税收发生在本省为根本原则，力争在二次分配中能够有更大作为。加强与国内知名互联网企业合作，引入全国性“互联网 +”应用平台在黑龙江省建设分支平台。建设多个有黑龙江特色的专业网站，加快培育本土的“互联网 +”行业应用平台，推进多主体多形式的互联网融合创新服务平台建设。“互联网 +”正在龙江大地上迅速引发深刻的社会变革，持续改变着黑龙江人民的生产和生活方式。

三是立足实际多策并用，推动大众创业万众创新工作深入开展。黑龙江省将创新作为引领发展的第一动力，摆在全局发展核心位置。时任黑龙江省省长陆昊担任全省“双创”工作领导小组组长，主持召开了 10 余次专项工作会议，部署全省“双创”工作。同时针对大学生、高校和科研人员、农民三个创新创业重要群体，分别建立大学生创业、科技创新、农民创业三个全省联席会议制度，由分管副省长挂帅负责推进各项工作。2015 年 5 月省政府召开近 4000 人参加的全省大学生创新创业工作推进大会，向大学生介绍创业规律和创业机会。同年 12 月召开全省农民创业工作电视电话会议，强调要高度重视并大力推动全省农民在市场经济条件下创业致富奔小康。2016 年 5 月召开有关市（地）、高校和科研院所、有关企业共 1500 多人参加的全省科技人员创新创业大会，提出要深入学习习总书记关于科技创新和科技成果产业化的重要讲话精神，以更大的工作力度在更大范围内推动科技人员创新创业。在大学生、高校创新创业方面，从启发创新创业意愿、帮助大学生提升创新创业能力、降低创业门槛、提供创业场所、实施税费减免优惠政策等八大方面，出台《关于促进大学生创新创业的若干意见》，全面引领大学生创新创业。编写完成具有黑龙江地域特色、符合黑龙江创新创业规律的《大学生创新创业导论》示范教材，面向全省高校一线创新创业教师开展专项培训，85% 以上的高校开设创业基础课，覆盖学生达到 10 万余人。截至 2017 年 6 月底，全省各高校建立创业孵化平台 160 个，场地面积 17.27 万平方米，入驻大学生 9341 人，入驻基地创业团队 704 个，年度孵化项目 500 个。在科研人员创新创业方面，修订了《黑龙江省科学技术进步条例》，出台了《关于深化科技体制机制改革加快实施创新驱动发展战略的实施意见》，激发人才活力，支持人才创业。鼓励和推动高校、院所科技人员围绕黑龙江省产业发展中的应用性基础课题进行研究，促进科技成果尽快形成与转化。截至 2017 年 6 月底，黑龙江省工业技术研究院已经集聚哈尔滨工业大学 60 多个科研团队、200 余名教师创新创业，孵化科技型企业 66 家，吸纳博士 70 余人、硕士 220 余人，汇聚产业人才 119 人。全省依托高校教师职务成果创办或参股创办了 270 多家科技型企业，一批依靠转化科技成果创新创业、创造财富的典型不断涌现。在支持农民创业方面，出台了《黑龙江省加快推进农民创业三年行动方案》，目标是增加农民收入、成立农业合作社、发展农业产业龙头企业。针对农民创业遇到的突出矛盾和问题，强化服务，积极开展创业培训、项目开发、风险评估、信贷扶持、全程跟踪，编制了《黑龙江省农民创业政策指导目录》，引导农民开展创业活动。先后出台了《关于鼓励和扶持新型农业经营主体发展的意见》《农民合作社规范社示范社建设标准》等文件，加快培育农业新型经营主体。依托"生态龙江""龙江大米网"等本土农业电商平台，加快发展农产品电子商务，全省涌现出一批微商、电商等农民创业典型。截至 2017 年 6 月底，全省农民创业人数近 80 万人，总收入超过 150 亿元。

## 三、存在的问题及下一步工作考虑

总的看，目前黑龙江省处于新兴产业、新动能培育与传统产业领域集中负向拉动、相互竞跑的关键期，全省出台一系列创新举措大力发展新兴产业，新动能正在形成，但仍面临一些问题：一是与沿海发达省份相比，新兴产业总体规模小，中小企业居多，企业整体实力不强，产业规模效应还未得到充分发挥；二是资源优势的带动作用发挥不够，原字号产品多，高端产品少，产业链短，产业化程度低；三是科技成果产出水平与高新技术产业化水平完全不对应。

下一步，黑龙江省将大力向培育和发展新兴产业要发展动能，突出做好以下几个方面的工作：

一是坚持创新驱动发展战略，进一步优化发展环境。全面贯彻落实黑龙江省委省政府关于进一步优化发展环境、激励人才创新创业、实施创新驱动发展等一系列重要文件精神，营造激励创新的公平竞争环境。突出供给侧结构性改革，坚持"加减乘除"并用，有力、有度、有效落实"三去一降一补"重点任务，以改革的思路破解新兴产业发展中的深层次矛盾问题。通过搭建事业舞台、优化发展环境、提供政策支持等举措，留住更多黑龙江培养的人才，吸引更多的资本和人才到黑龙江投资创业。

二是激发科技创新的内生动力，培育和发展新兴产业。切实发挥科技创新的引领作用，深入实施"千户科技型企业三年行动计划"，推动科技企业孵化培育，借力资本市场发展。大力推进培育和发展新兴产业三年实施方案，突出抓好机器人、燃气轮机、复合材料、石墨产业发展，按照谋划一批、储备一批、建设一批的滚动管理模式，加强新兴产业项目谋划生成，推进在建项目建设，为培育和发展新兴产业提供项目支撑，促进新兴产业集聚发展。

三是引导市场主体创新，最大限度释放创新的活力。围绕市场需求和产业发展方向，搞好科研攻关、技术创新、产品研发、工艺改进等，建设一批重点实验室和企业研发中心等创新平台，加速科技成果产业化和资本化，加快创新链、产业链和资金链深度融合。推动商业模式创新，促进互联网与经济社会深度融合。依托黑龙江省有供给侧优势的产业，向资源精深加工要发展，向优势产业及其产品延伸要发展，提高供给侧市场主体竞争力。建立技术创新市场导向机制，落实成果转化激励政策，创新人才激励机制，激发创新创业活力。

# 瞄准生物、信息技术、高端装备制造、新材料等4个千亿元产业集群目标前进

## ——吉林省战略性新兴产业发展情况及展望

吉林省发展改革委

## 一、总体发展情况

2016年，吉林省规模以上战略性新兴产业制造业实现产值3529.6亿元，同比增长7.7%。高技术制造业增加值达到615.7亿元（占规模以上工业增加值的10%），同比增长11.6%，对经济增长的贡献率达到7%。

### （一）创新基础条件进一步巩固

吉林省共有60所高等院校和中科院长春应化所、中科院长春光机所等科研院所，拥有两院院士24人，建有国家重点实验室14个、省级重点实验室57个、国家工程研究中心（工程实验室）8个、国家地方联合工程研究中心（工程实验室）19个、国家工程技术研究中心5个、省级工程研究中心（工程实验室）245个、国家企业技术中心15个、省级企业技术中心375个、院士工作站20个、省级科技成果转化中试中心20个。2016年，吉林省国内专利申请量18922件，授权量9995件，分别比上年增长27.9%和12.6%。其中，发明专利申请量7537件，增长22.5%；发明专利授权量2428件，增长8.4%。登记省级科技成果717项，其中4项科研成果获得国家科技奖励。全年共签订技术合同5671份，实现合同成交额115.38亿元。

### （二）关键技术和重点产品取得突破发展

智能网联汽车、人源化实验动物等技术达到了国际先进水平；中国标准高速动车组制造、“吉林一号”星载一体化遥感卫星、单克隆抗体制药、基因测序、有机电致发光、高性能纤维复合材料、聚乳酸等实现产业化。其中，突破中国标准高速

动车组制造关键技术，新一代高铁“复兴号”正式运行；“吉林一号”星载一体化遥感卫星成功实现一箭四星发射，目前，5颗卫星在轨运行，形成了一批卫星及航天信息服务产品；通化东宝药业基因重组人胰岛素填补国内空白，我国成为美国、丹麦之后第三个能生产销售该产品的国家，形成了长效、短效、速效胰岛素类似物系列产品。

### （三）培育了一批行业领先的骨干企业

截至2016年，吉林省共有高新技术企业342户。修正药业在全国医药工业主营业务收入百强企业中居第二位。中车长客集团是轨道交通装备行业的领军企业，生产规模、产品水平、研发试验能力国际领先，动车及普通客车国内市场占有率达到40%以上，城铁国内市场占有率达到45%。启明信息公司是国内软件五十强企业。吉林华微公司是国内最大的功率半导体器件生产企业，生产规模和市场占有率均居国内第一。吉林众鑫化工有限公司是国内生物环氧乙烷产能最大的生产企业。方大江城碳纤维有限公司是国内一流的碳纤维及复合材料生产企业。通化通鑫公司是国内最大的玄武岩纤维生产企业。

### （四）创新政策体系进一步完善

围绕工业转型升级、新兴产业发展、信息化建设、创新创业等，吉林省制定出台专项“十三五”规划，并先后出台了中共吉林省委省政府《关于深化体制机制改革加快实施创新驱动发展战略的实施意见》《关于深化科技体制改革加快推进科技创新的实施意见》《关于进一步激发人才活力服务创新驱动发展战略的若干意见》《关于推进大众创业万众创新若干政策措施的实施意见》《关于建立健全市场导向机制促进技术创新加快科技成果产业化的实施意见》《吉林省省属事业单位科技成果转化资产处置和收益分配管理试行办法》《吉林省促进科技成果转化股权激励和分红奖励的若干规定》等40余份政策文件，着眼实施创新驱动发展战略、发展新经济、培育新动能、推进创新创业等，突出分业施策，加强政策供给，全省加快新旧动能转换的政策体系和政策环境进一步完善。

## 二、重点领域发展情况

### （一）医药健康产业

吉林省是国家重点建设的中药科技产业基地、生物技术产业基地、医药出口基地和创制药物孵化基地，在医药资源、产业基础、研发能力等方面拥有比较优势。2016 年，全省规模以上医药健康工业实现总产值 2253.6 亿元，同比增长 10.1%，约占全省工业总产值的 9.2%。全省医药工业销售收入 2009.5 亿元，同比增长 11.9%。主要板块中，中成药实现工业总产值 1502.1 亿元、销售收入 1352.5 亿元、增加值 278.6 亿元，分别同比增长 10.6%、11.6%、12.6%；化学药实现工业总产值 213.8 亿元、销售收入 182.7 亿元、增加值 200.9 亿元，分别同比增长 6.7%、13.5%、9.9%；生物制药实现工业总产值 93.1 亿元、销售收入 72.2 亿元、增加值 37.6 亿元，分别同比增长 13.8%、15.1%、15.2%。重点企业中，修正药业完成产值 645 亿元，同比增长 9.7%；实现销售收入 47 亿元，同比增长 4.1%。敖东药业完成产值 29.4 亿元，同比增长 0.5%；实现销售收入 28 亿元，同比增长 14%。长春迪瑞实现产值 7 亿元，同比增长 65%；实现销售收入 6 亿元，同比增长 40%。

### （二）生物制造产业

受原料价格下降、国家和省扶持政策等有利因素影响，吉林省玉米深加工行业基本实现扭亏为盈。重点企业中，大成集团实现产值 44.2 亿元，同比增长 97%；实现销售收入 37.8 亿元，同比增长 91%。吉林燃料乙醇实现产值 40.5 亿元，同比下降 2%；实现销售收入 42.1 亿元，同比下降 10%。众鑫化工实现产值 15.8 亿元，同比增长 16%；实现销售收入 15.4 亿元，同比增长 17%。中粮集团实现产值 37.6 亿元，同比下降 15%；实现销售收入 40.6 亿元，同比下降 10%。聚乳酸产业发展较快，生产能力进一步提升，全省共有 28 户生物基材料生产企业，生产能力达到 6 万吨；应用示范取得新进展，一级市场塑料购物袋和塑料餐具的替代率达到 95% 以上。

### （三）电子信息产业

吉林省电子信息制造业已初步形成以国家级电子信息产业基地（园区）为示范，以省级重点产业集群为平台，以龙头企业为带动，以光电子、汽车电子、新型元器件等产品领域为特色，以集成电路等新一代信息技术为引领的产业格局。2016 年，吉林省电子信息制造业累计完成产值 569.8 亿元，同比增长 6.3%；软件信息服务业实现营业收入 508.6 亿元，同比增长 15.6%。重点企业中，大陆汽车电子实现产值 90.7 亿元，同比增长 32%；实现营业收入 99.2 亿元，同比增长 24%。长春奥普光电实现产值 21.4 亿元，同比下降 4%；实现销售收入 18.3 亿元，同比下降 4%。吉林华微电子实现产值 13.8 亿元，同比增长 7%；实现营业收入 14 亿元，同比增长 7.7%。淘宝吉林特色馆目前已有 700 余商家入驻，成交额近 16.1 亿元，同比增长 67.2%。

（四）新材料产业

吉林省建立了长春新材料产业集聚区、长春生物化工产业集聚区、长春光电子产业集聚区、辽源高精铝加工产业集聚区、白山新材料产业集聚区、通化新材料及多金属产业集聚区、吉林市精细化工产业集聚区和吉林市碳纤维产业集聚区等 8 个产业集聚区。在金属结构材料、有机高分子材料、无机非金属材料和精细化工材料等领域开发了一批在国内具备一定竞争优势的新材料产品。高性能纤维及其复合材料领域，受国内下游制品用量增加及国外市场开拓等有利因素影响，产能逐步释放，部分企业实现扭亏为盈。吉林碳谷碳纤维实现产值 1.9 亿元，同比增长 86%；实现销售收入 1.8 亿元，同比增长 127%。

（五）先进装备制造产业

吉林省先进装备制造产业主要包括轨道交通装备、遥感卫星及应用、通用航空装备、智能制造装备等领域。2016 年，实现产值 580 亿元，同比增长 9.4%。重点企业中，长客公司业务平稳增长，实现产值 330 亿元，同比增长 4.1%；实现销售收入 338 亿元，同比增长 7.4%。长客公司中国标准动车组获得国家铁路局颁发的中国标准动车组型号合格证和制造许可证。高速动车组检修基地一期工程建设完成，检修业务 2017 年预计完成产值 40 亿元。轨道交通装备"走出去"步伐加快，产品已出口到美国、澳大利亚、巴西等 20 余个国家和地区，出口车辆累计超过 8000 辆，出口金额达 80 亿美元。"吉林一号"卫星第五颗星成功发射升空，遥感卫星及应用产业集群航天信息产业园项目进展顺利，完成主体结构封顶，卫星数字产品在农业信息化、地理信息测绘等领域开展应用示范。珲春国遥博诚科技有限公司实现无人机销售和运营服务 6600 万元，同比增长 10%。

（六）新能源汽车产业

研发生产方面。吉林省从事新能源汽车及关键部件生产与研发单位共计 22 家，其中，整车企业 6 家、专用车企业 2 家、关键零部件企业 7 家、其他从事相关领域研发单位 7 家。截至 2016 年年底，省内以一汽为主共有 62 款新能源车型进入国家公告目录，可批量生产新能源车型 14 款，具备年产 3 万辆新能源整车能力。电池及材料企业具备 1.4 亿安时锂离子动力电池和 2200 万平方米电池隔膜纸的年生产能力。自主研发的纯电动客车电机、动力电池和整车控制器在一汽新能源整车上得到装车验证。

应用推广方面。2015 年和 2016 年吉林省分别新增新能源公交车辆 353 辆和 847

辆，新增和更新比重分别达到了 52% 和 68%，超额完成了国家对吉林省下达的 10% 和 15% 的目标任务。全省（主要在长春地区）新建充电桩 348 个，其中，中兴公司新建充电桩 5 个，长春特来电公司新建充电桩 203 个，长春供电公司新建充电桩 140 个。

### （七）新能源产业

吉林省新能源产业加快发展，能源结构进一步优化。2017 年全省可再生能源装机容量达到 991 万千瓦，占全部电源装机的 36.5%，比上年提高 3 个百分点。2017 年，全省风电装机容量达到 504.7 万千瓦，同比增加 60.3 万千瓦；发电 66.9 亿千瓦时，同比增长 11%。生物质发电装机容量达到 52.2 万千瓦，同比增加 24.7 万千瓦；发电 27.5 亿千瓦时，同比增长 24.2%。太阳能发电装机容量达到 56.1 万千瓦，同比增加 49.4 万千瓦；发电 3.4 亿千瓦时，同比增长 236%。

### （八）节能环保产业

节能环保产品生产企业整体呈平稳较快发展态势，但仍以中小型为主。重点企业中，吉林喜丰节水科技实现产值 2.33 亿元，同比增长 6%；吉林市中科隆瑞生物科技实现产值 8674 万元，同比增长 3%。积极推行合同能源管理节能新机制，完成了大唐长春第三热电厂 1 号锅炉烟风系统节能改造项目等 14 个项目资金清算，有效促进了节能服务产业发展。国家循环经济试点城市、餐厨垃圾、城市矿产、园区循环化改造等试点建设全面推进，洮南市国家循环经济示范城市、吉林市高新区“城市矿产”示范基地、白山市和延吉市餐厨垃圾处理等进展顺利，全省资源综合利用水平进一步提升。

## 三、开展的主要工作

### （一）加强创新支撑平台建设，提升自主创新能力

推动国家重大科技基础设施建设。吉林大学“综合极端条件实验装置”建设项目获国家发展改革委批复。

推动光电子和化工新材料两大创新基地建设。吉林省政府出资 1 亿元参股基地管理公司，支持光电子、化工新材料两个重大科技创新基地建设。

完善工程研究中心（工程实验室）、国家企业技术中心建设。截至 2017 年，27 个国家工程研究中心（工程实验室）、15 家国家企业技术中心获得国家批复，建设

省级工程研究中心（工程实验室）245 个。

### （二）实施新兴产业惠民工程，促进新兴技术应用发展

推动卫星制造及航天信息产业发展。出台《吉林省人民政府关于扶持遥感卫星及应用产业发展的意见》《吉林省卫星及航天信息产业发展规划（2015—2025）》，推动成立长光卫星技术有限公司，注册资本 10.33 亿元。协调推动长春航天信息产业园一期工程建设，计划 2017 年年底投入使用，将形成 30 颗卫星和 200 架无人机生产能力。

推动生物基材料产业加快发展。出台《吉林省禁止生产销售和提供一次性不可降解塑料购物袋、塑料餐具规定》，推动设立吉林省生物制造产业基金，支持产业化重点项目建设。长春应化所与香港博大东方集团合作建设的年产 5 万吨二氧化碳基塑料及其生物降解地膜专用料生产线进展顺利，预计 2018 年 6 月建成投产。

实施新型健康技术惠民工程。推动基因检测等先进健康技术普及惠民，推进基因检测技术应用示范中心建设，引领重大创新成果的产业化。目前，吉林大学第一医院基因检测技术应用示范中心、长春博奥基因检测技术应用示范中心两家单位获得国家批复。通过政府购买服务、市场化等方式，推动基因检测技术在新领域的产业化应用，带动产业上下游协同发展。

### （三）推进信息化建设，促进信息技术融合渗透

组织开展"互联网 +"试点示范。重点围绕"互联网 + 协同制造""互联网 + 现代农业""互联网 + 电子商务"等领域开展了试点示范，实施了吉林省精气神有限公司 30 万头优质特色山黑猪产业化物联网系统一期、北方化工灌装设备股份有限公司"互联网 +"高端非标设备定制示范等一批项目建设，提高精细化管理，提升企业品牌效益。

推动制造业与互联网融合发展。加快智能生产线、数字车间建设，培育和推动吉林敖东等 21 户"两化"融合试点建设。推动网络化制造，引导中化长山等企业实现企业内部信息融合与集成。推动协同化制造，支持轨道客车等大型制造企业建设协同设计云平台。推动服务化制造，培育吉林通用机械等 10 户制造业服务化试点。

推进信息惠民国家示范城市建设。组织开展信息惠民国家示范城市创建工作，长春、四平、辽源 3 个城市列入国家支持计划，其中，辽源市在全国 80 个城市中排名第 13 位。推动示范城市开展社保、医疗、教育、养老等九大领域的示范项目建设。

开展国家电子商务示范试点城市建设。长春—吉林被认定为国家电子商务示范城市，实施吉林玉米批发市场大宗农产品交易平台、一汽启明信息平台、淘宝特色

中国·吉林馆、欧亚 E 购、吉林制造网等一批电子商务示范项目。

开展物联网应用示范工程。围绕农业生产、公共安全、城市管理等领域，实施了吉林金塔物联网技术集成应用、吉林寰旗道路运输车辆综合服务平台等一批物联网重大示范应用项目。

建设吉林省投资项目在线审批监管平台。按照“放管服”工作要求，梳理全省各级审批部门 628 个、5060 个审批事项及办事指南，启动建设吉林省投资项目在线审批监管平台，于 2015 年 12 月 31 日正式运行，目前，平台已完成一期建设任务，实现了与中央平台对接。

### （四）打造新兴产业集群，推进新兴产业集聚发展

制定《吉林省培育和发展新兴产业三年行动计划》，按照国家集群建设布局，立足现有产业基础，聚焦生物医药、轨道交通、电子信息、高性能纤维复合材料、卫星制造及遥感信息等五大特色优势产业，依托国家级产业基地、高新技术产业孵化基地等集聚区，不断提升产业创新能力，加快延伸产业链条，推动特色和优势产业集聚发展。

## 四、存在的问题

### （一）创新投入不足，科技成果转化能力有待提升

总体看，吉林省拥有自主知识产权、掌握核心技术和市场竞争能力的企业少。表现为创新投入低，2015 年规上工业企业 R&D 经费支出占主营业务收入比重约为 0.39%，低于全国平均水平 0.5 个百分点；专利数量少，2015 年工业企业专利申请数、拥有有效发明专利数分别为 2370 件和 2432 件，只占全国的 0.37% 和 0.4%。成果本地转化率低，2015 年在技术市场成交 2891 项合同中，买方单位属于吉林省的有 1747 项，占 60.4%，有近 40% 的技术成果流到域外。全省首批筛选的 1100 户科技小巨人企业，仅占规上工业总数的 19.5%，有在建项目企业不足 240 户，科技成果产业化能力不强。

### （二）集聚程度不够，产业整体竞争力有待增强

医药健康等产业初步形成了产业集群，但人才、技术、资金、企业等生产要素集聚度不高。通化地区医药健康产业产值规模占全省的 50% 以上，但医药健康方向的高等院校、科研院所建设不足，依托企业建设的工程研究中心（工程实验室）、企

业技术中心等正加快建设，平台尚未充分发挥创新主体作用。轨道交通产业省内配套率不高，配套产品技术水平有限，主要集中在机械加工类，关键核心部件、高附加值产品相对较少。

## 五、下一步重点工作

### （一）深入实施产业发展规划

一是实施《吉林省战略性新兴产业"十三五"发展规划》。组织 36 个省有关部门，实施医药健康产业创新发展工程等 42 项重点任务。到 2020 年，战略性新兴产业产值规模力争达到 10000 亿元，形成生物、信息技术、高端装备制造、新材料等 4 个千亿元规模产业。二是实施《吉林省培育和发展新兴产业三年行动计划 2017 年实施方案》。通过中央预算内资金、省产业创新资金、省医药健康产业发展引导资金等专项资金的引导带动作用，吸引更多社会资本投向战略性新兴产业。

### （二）推动 5 大产业集群建设

进一步提高加工深度、延伸产业链条，促进产业结构调整和优化升级，提升产业竞争力。形成长春—通化生物医药、长春轨道交通装备、长春—吉林电子产品制造、吉林—通化高性能纤维复合材料、航天卫星制造及遥感信息产业等 5 大产业集群。

### （三）实施新兴产业惠民工程

推动生物制造产业发展，利用吉林省生物制造产业基金，投向省内生物基相关企业。实施新型健康技术惠民工程，支持吉林大学吉林省精准医学分子生物学实验中心等生物学实验平台建设。推动卫星应用示范，支持吉林大学高分辨率对地观测系统吉林多源地理时空信息平台等卫星信息服务平台建设。

### （四）推动生物产业创新发展

一是做大做强医药健康产业。加快抗体药物、免疫治疗、靶向药物研发及产业化；推动化学药生产质量体系建设；推进现代中药、道地药材及濒危稀缺药材规模化和标准化生产；推动发展可穿戴、远程诊疗等移动医疗产品；鼓励长白山人参、梅花鹿、蛤蟆油等名贵特色药材精深加工。

二是提升生物制造产业发展水平。构建亚洲最大、技术领先的国家级生物制造产业集聚区，形成400万吨糖源、百万吨聚乳酸和下游终端产品等生产能力。

三是加快生物农业规模化发展。加快动植物新品种培育和应用，加强测土施肥、生物防治等重大增产技术研发和系统集成；推进生物兽药和疫苗、生物肥料等产业化。到2020年，生物产业规模力争达到6300亿元。

### （五）加快信息技术产业发展步伐

加快培育电子商务、物联网、云计算、大数据等新业态。突出发展“互联网+”，充分发挥互联网在资源配置中的优化和集成作用，深度融合于经济、社会各领域之中，提升全社会的创新力和生产力。继续保持和提升光电子产业优势地位，做大做强汽车电子产业，推动电力电子产品高端化发展。按照特色、专用、系列化的发展方向，壮大软件产业规模。依托国家级示范城市建设，深入开展电子商务、信息惠民和智慧城市创建工作，提高经济社会信息化水平。到2020年，电子信息制造业力争完成工业总产值800亿元；软件及信息服务业力争实现销售收入900亿元。

### （六）推动新能源汽车、新能源和节能环保产业快速壮大

一是推进新能源汽车产业化发展，以纯电驱动和插电式混合动力为主要战略方向，同步发展氢燃料电池汽车。到2020年，力争形成20万辆新能源汽车生产能力，省内新能源汽车销量占当年新车销量的比重达到5%以上。

二是推动新能源产业发展，进一步优化能源结构，加快推进资源丰富、技术成熟、综合效益明显的风能、太阳能、生物质能等相关新能源的开发利用，稳步推进页岩油气综合开发。到2020年，全省新能源装机总量力争达到990万千瓦，新能源消费总量占比达到9.5%。

三是加快发展节能环保产业，围绕高效节能、先进环保、资源循环利用等领域，培育规范市场，创新服务模式，重点突破能源高效与梯次利用、污染物防治与安全处置、资源回收与循环利用等关键核心技术，积极发展节能环保服务业。

### （七）促进高端装备与新材料产业突破发展

一是提升新材料基础支撑能力，发展高性能复合材料、先进高分子材料领域等特色优势领域，推动吉林“中国碳谷”建设，拓展下游市场，支持轻型轨道交通碳纤维车体、航空航天零部件等重点项目建设。

二是扩大高端装备产业规模。轨道客车方面，建设现代化轨道交通装备产业基地，提升中国标准动车组（复兴号）产业化能力，研发动卧车等新型产品，提升省内配套能力，加快轨道交通装备“走出去”。卫星及应用方面，推动高分吉林数据中

心等平台建设，推动在精准农业、国土资源等领域大规模应用，完成52颗视频卫星和8颗推扫卫星发射并组网。通用航空装备方面，推动吉林市通用航空产业综合示范区建设，打造百亿级产业集群。力争到2020年，高端装备与新材料产业产值规模达到2300亿元。

### （八）推进数字创意产业蓬勃发展

开展特种电影以及数字立体电影重大装备样机及其关键部件的研制。加快军用VR显示技术向民用领域推广，推动虚拟头盔、立体显示等装备产业化。围绕朝鲜族、满族、蒙古族等兄弟民族的民俗和关东风情文化，开发数字创意内容产品。推动林田远达VR产业园建设，推动吉林动画学院等动漫游戏骨干企业原创动漫游戏产品创作。加快数字创意在电子商务中应用，打造《长白风情》《查干湖》等代表吉林旅游文化精品符号的数字文化产品。到2020年，数字文化创意产值规模达到50亿元，全省方案设计机构数量达到100家，方案创意品牌企业达到20家。

# 战略性新兴产业支撑老工业基地转型升级

## ——辽宁省战略性新兴产业发展情况及展望

辽宁省发展改革委

在国家发展改革委的悉心指导和大力支持下，辽宁省认真贯彻落实《东北地区培育和发展战略性新兴产业三年行动计划》，积极、务实、创新地培育和发展战略性新兴产业，取得了阶段性成效。

## 一、新兴产业和重点产业集群建设情况

2016 年，辽宁省战略性新兴产业实现总产值 2163.69 亿元，重点培育和发展的机器人、信息服务、生物医药等产业集群获得较快发展，有力支撑了老工业基地转型升级和经济社会发展。

沈阳航空产业集群：2017 年 1~8 月份，实现产值 198 亿元，同比增长 4%；预计全年实现产值将超过 350 亿元。

沈阳机器人产业集群：2017 年 1~8 月份，机器人整机生产实现产值 48.7 亿元，增长 14.1%；预计全年工业机器人整机、零部件及成套装备销售收入突破 200 亿元。

沈阳信息服务产业集群：2017 年 1~8 月份，实现软件业务收入 440 亿元；预计全年信息服务业实现产值将超过 850 亿元。东软等 6 家企业进入“中国软件百强企业”。

本溪生物医药产业集群：2015 年规上企业税收超千万的企业仅有 4 家，2016 年达到 11 家。2017 年上半年规上企业工业产值共完成 16.3 亿元，增长 13.16%。

大连生物医药产业集群：辉瑞制药大连工厂 2 期项目 2018 年下半年投产后，每年可生产 1 亿支抗感染类药物舒普申，新增产值近 4 亿美元；位于松木岛的生物医药产业园已吸收金凯化工、鼎燕医药、鸿凯医药、联化化学、加拿大奥贝泰克等总投资超过 9 亿元的重点项目。

## 二、落实创新驱动发展战略情况

### （一）贯彻落实国家发展战略部署

创新驱动发展战略是一个系统工程，辽宁省统筹考虑产业基础、科研实力、财税状况、人才储备、金融支撑、政策供给等众多创新要素，兼顾创业者、政府、科研院所、企业、金融机构等多方利益和需求，设计合理制度，多方协同，合力推进。在政策方面，全省深入落实《中共中央国务院关于深化体制机制改革加快实施创新驱动发展战略的若干意见》《深化科技体制改革实施方案》《关于在部分区域系统推进全面创新改革试验的总体方案》《促进科技成果转化法》《加快新旧动能接续转换的意见》《进一步推进大众创业万众创新深入发展的意见》等文件精神，制定辽宁省实施方案，深入推进沈阳市全面创新改革试验，大力推进大众创业万众创新，培育壮大经济发展新动能。出台了《辽宁省科技创新驱动发展实施方案》《加快新旧动能接续转换的实施意见》《深化人才发展体制机制改革的实施意见》《关于做好鼓励高等院校、科研院所专业技术人员离岗创业人事管理工作的通知》《进一步推进大众创业万众创新深入发展的政策措施》等一系列落实创新驱动发展战略、推进创业创新发展政策的文件。辽宁省政府成立了多个由省长担任组长的工作领导小组，协同推进创新发展工作。

### （二）加强创新能力建设

立足科技创新全局，统筹创新资源配置，合理布局各类创新平台，充分发挥创新平台对基础研究、人才培养、技术辐射和成果转化的积极作用，平台支撑能力不断加强，截至2017年上半年，辽宁省已建设国家级企业技术中心40家，省级以上工程研究中心（工程实验室）292家，产业技术创新平台128个，众创空间157家，在孵企业和团队6518个，省级以上大学科技园17家，已入园企业1069家，参与创新创业的师生6200余人，创办企业总数431家。

### （三）拓宽创业创新融资渠道

辽宁省政府于2015年批准设立了首期规模100亿元的辽宁省产业（创业）投资引导基金，截至2017年，已批准设立基金15支，一些资金运营良好，已投资了一批项目。同时，考虑到基金市场化运作自带的投资谨慎的特点，辽宁省政府责成有关部门选择新兴产业领域的好项目，采取引导基金直接投资项目的方式对科技创新型企业进行支持，短期占有期权，2年后收回本金。此外，各市也积极支持新兴产业发展。沈阳市设立新兴产业发展专项、科技创新专项、工业发展专项资金等，每年共计近10亿元，大连市设立初始规模50亿元的大连市产业（创业）投资引导基金。

（四）推动沈阳市全面创新改革试验

2015年8月，党中央、国务院确定在全国8个区域系统推进全面创新改革试验，沈阳市入选。这体现了辽宁在国家战略中的重要地位和党中央、国务院对辽宁的殷切期望和关怀，辽宁同时也承担了为老工业地区振兴发展提供经验的重大责任。辽宁省、沈阳市两级党委政府均成立了由主要领导同志任组长的全面创新改革试验工作领导小组，辽宁省政府将43项省级行政职权下放到沈阳市，给予市级充分自主权。沈阳市11个方面42项改革任务按时间进度稳步推进，初步形成机床集团综合改革、东北制药三项制度改革、副食集团混合所有制改革、东北大学科技成果转化、沈阳航空制造有限公司军民混合所有制改革、海外人才离岸创新创业"自由港"、沈阳民间借贷登记服务中心、"双百工程"、"双培育计划"等9项改革经验，壮大了科技创新主体，培育了科技项目，加速了科技成果转化，优化了营商环境。

（五）实施"互联网+"试点示范

辽宁省在2015年出台了推进"互联网+"行动的落实方案，组织实施"互联网+"专项。2017年，支持了11个"互联网+"项目，安排补助资金3900万元，连同2016年安排的"互联网+"专项，形成较强的引导作用。各地区积极研究并积极推进"互联网+"发展，预计未来几年，一批新业态企业会蓬勃发展。大连市提出实施"IT+"战略，打造"软件和信息服务升级版""2025创新中心"两大新引擎。华为云服务创新中心、华信云计算公共服务平台先后上线运营。泰德煤网设立供应链服务板块。北方房屋交易置换中心首推"易居宝"房屋置换模式。葫芦岛兴城市大力推进"互联网+泳装"发展，全市有泳装企业723户，泳装产业集群实现产值130.3亿元，已经形成百亿产值产业集群。

## 三、工作亮点

（一）推进优势产业集群发展

辽宁省谋划建设了民用飞机产业链项目、工业机器人产业链项目，由沈飞民机、沈阳新松机器人两家行业龙头企业分别与上游配套企业共同开展项目，推进产业集群建设。同时，依托东软集团积极推进大健康产业发展，打造健康产业基地。

以工业机器人产业链项目为例，以沈阳新松机器人自动化股份有限公司为龙头企业，带动7家产业链配套企业共同建设。依托该项目，新松公司建立了一系列工业机器人测试与验证平台，用于机器人运动性能、振动性能、软件性能和整机综合性能等指标的可靠性的测试验证。配套企业正在建设传输与定位系统研发平台、关键零部件测试平台、工业机器人工作站传输系统试验平台等，提高了各企业的自主研发能力，打破了本地其他企业研发零散不连续、不能形成与龙头企业协同发展的局面。同时，通过东北地区工业机器人产业链的培育，提高了本地企业为核心产品配套的能力，降低了企业生产成本，提高了产品的价格竞争优势。

### （二）大力推进创业创新

辽宁省全面落实国家出台的各项有关创业创新文件，出台了《关于推进大众创业万众创新的若干政策措施》《关于加快构建大众创业万众创新支撑平台的实施意见》《关于加快众创空间发展服务实体经济转型升级的实施意见》等一系列政策文件，在发挥政府支持引导、鼓励高校院所创业创新、鼓励企业加强研发、支持创业者创新创业、引导社会资本参与创新创业等方面提出系统的政策举措。辽宁省高度重视推进“双创”示范基地建设，沈阳浑南区、大连高新区、鞍山高新区、中科院大连化学物理研究所入选国家“双创”示范基地。在全力建设好国家“双创”示范基地的基础上，在12个地级市重点建设了15个省级“双创”示范基地，形成国家级、省级“双创”示范基地梯次发展，协同促进的发展局面。同时，积极培育形成“双创”文化，省内各市积极举办“双创”活动周、“创响中国”、创业文化周、创业创新博览会、创业创新大赛等活动，全年辽宁省开展创业活动3000余场，参加活动近50万人次。

### （三）加强前沿产业发展高端培训

辽宁省发展改革委和省政府办公厅共同举办了“数字经济助力辽宁发展”专题讲座，各市信息化建设分管领导、省直有关部门和市直有关部门负责同志，以及相关企业代表等240余人参加讲座。通过培训活动，各地区、各部门更加准确地理解了发展数字经济的重要意义，为了解数字经济发展大趋势、把握发展动态、推动相关工作提供了有益的帮助。

### （四）加强营商环境建设

2016年，辽宁省制定了《辽宁省优化营商环境条例》，这是东北地区首个优化营商环境的省级地方法规，成立了软环境建设工作领导小组，组建了省营商环境建设监督局，加大商事制度和“放管服”改革力度，狠抓营商环境建设。2017 年 1~7 月，全省新登记各类市场主体 34.9 万户，比上年同期增长 32.3%。其中新登记企业 9.2 万户，增长 35.7%。

## 四、2018 年新兴产业发展思路

一是发展民用航空产业。推动关键零部件制造等配套产业就近布局，推进配套企业和衍生产业发展；依托重点通航机场及空域资源，加快发展航空运营与服务产业，推动通航产业链协同发展。

二是发展机器人产业。打造机器人创新研究院、产业创新中心、高端技术研究院等一批产业创新平台；推动关键技术和核心零部件方面实现突破。支持现有机器人整机、零部件和系统集成企业做大做强。

三是发展海洋工程装备产业。发展钻井平台、海上大型浮式结构物和海洋工程大型模块，实现关键技术突破。发展海工装备关键配套设备和系统，提升海工项目总承包能力，提高海洋工程装备的总装集成服务能力。

四是发展生物医药产业。发展生物技术药物、单克隆抗体、基因工程药物等新型生物制剂。提高研发能力，加强剂型改造和二次开发，开展高端生物医用材料的技术开发和产业化。

五是发展信息服务产业。加快通信基础设施建设，构建宽带、融合、安全、泛在的下一代信息基础设施，支撑经济发展和服务社会民生。发展移动互联网、云计算、大数据等新一代信息技术，培育信息产业发展新业态。

六是开展“互联网 +”人工智能示范工程。推进数字化企业建设，推进德国工业 4.0 和中国制造 2025 相结合，建设行业统一的 PDM/PLM（产品数据管理 / 产品生命周期管理）系统，全面实现 PDM/PLM 系统与 ERP 系统深度集成。

七是发展“互联网 + 政务服务”。梳理编制省级政务信息资源目录，建设信息资源共享交换平台，整合省政府各类信息资源，提高政府行政效能水平，为百姓办事和企业发展提供高效便捷的服务，为大数据产业发展提供数据支撑。

八是培育“双创”示范基地。重点支持区域类示范基地、高校和科研院所类示范基地、创新型企业类示范基地等三类示范基地建设。2017 年启动首批 15 个省级“双创”示范基地建设，在总结试点经验的基础上，逐步完善制度设计，扩大示范范围，形成改革效应。

辽宁省将深入实施创新驱动发展战略，深化供给侧结构性改革，充分发挥产业集聚对结构调整和经济转型的支撑和带动作用，以推动民用航空、机器人、海洋工程装备、生物医药、信息服务等五大产业集群和“双创”示范基地、“互联网 +”示范工程建设为重点，以改革创新为手段，以信息服务为纽带，带动全省新兴产业发展和产业结构调整。同时，将大力推进各项政策落地落实，在市场主体培育、成果转化、金融支撑、人才激励、开放合作等方面推动战略性新兴产业取得快速发展。

# 把战略性新兴产业培育成为经济增长和转型升级的重要支柱产业

内蒙古自治区发展政革委

## 一、培育发展战略性新兴产业总体情况

近年来，特别是党的十八大以来，内蒙古自治区牢固树立创新发展理念，认真贯彻落实中央和自治区关于加快实施创新驱动发展战略的各项决策部署，围绕培育发展战略性新兴产业、强化创新能力建设、推进大众创业万众创新等重点工作，不断强化顶层设计、完善政策措施、加大投入力度、推进项目建设，开创了战略性新兴产业发展的新局面。

### （一）强化顶层设计，完善规划指导和政策扶持

一是强化规划指导。深入贯彻落实自治区第十次党代会精神，研究制定了《内蒙古自治区“十三五”七大战略性新兴产业发展规划》，明确了“十三五”时期自治区七大战略性新兴产业的发展思路、发展路径、发展目标和重点任务。同时，制定出台了科技创新、可再生能源、信息化、通信业、蒙中医药等重点领域专项规划，形成了比较完善的规划体系。二是强化政策扶持。相继制定出台了《关于大力推进大众创业万众创新若干政策措施的实施意见》《促进大数据发展应用的若干政策》《内蒙古自治区促进信息消费扩大内需的实施意见》等一系列政策措施，从完善体制机制、加强财税扶持、加大资金投入、强化人才支撑等方面提出了具体的政策措施，为新兴产业发展营造了良好的体制机制环境和政策环境。三是积极争取国家政策支持。抓住国家启动实施电子商务、信息惠民、远程医疗、物联网、宽带乡村、大数据等领域试点工作的有利时机，组织做好方案编制和申报工作。经国家批准，呼和浩特市、包头市列入创建国家电子商务示范城市；呼和浩特市和乌海市列入信息惠民国家试点城市；同意自治区启动开展国家物联网重大应用示范工程区域试点、宽

带乡村工程试点、省院合作远程医疗政策试点。

## （二）加强创新能力建设，夯实战略性新兴产业发展基础

一是大力推进大众创业、万众创新。深入贯彻落实国家关于建设大众创业万众创新示范基地的工作部署，推荐包头稀土高新区成功获批国家第二批双创示范基地。结合内蒙古实际，制定出台了《关于建设大众创业万众创新示范基地的实施意见》，组织开展2017年首批自治区“双创”示范基地申报和评估、认定工作，初步计划认定10家左右自治区“双创”示范基地，通过“双创”示范基地建设，在创新“双创”体制机制、完善“双创”政策体系、推动“双创”政策落地、扶持“双创”支撑平台、构建“双创”发展生态、激发“双创”主体活力等方面取得突破，探索形成适合自治区实际和不同区域特点的“双创”模式和典型经验。自治区成功举办了2016年和2017年大众创业万众创新活动周，搭建了“双创”成果展示和交流平台，营造了良好的“双创”舆论氛围。二是加快创新平台建设。大力推进工程研究中心、工程实验室建设，围绕战略性新兴产业重点领域，2012年以来累计认定自治区级工程研究中心和工程实验室67家。积极争取国家创新能力政策扶持，目前，国家共批准认定自治区国家级和国家与地方联合共建工程研究中心、工程实验室以及企业技术中心35家，为战略性新兴产业发展提供了有力的科技支撑。

## （三）培育特色产业集群，促进战略性新兴产业规模化、集聚化发展

一是组织实施国家新兴产业培育3年滚动计划，累计争取国家资金3.5亿元，围绕新能源、生物育种、生物制造、生物医药、云计算等重点领域扶持了一批特色产业集群项目建设，促进了特色产业延伸和升级。二是积极培育发展大数据产业。抓住国家开展大数据综合试验区建设的机遇，经积极争取，2016年国家正式批复自治区列入国家大数据综合试验区建设范围，成为全国唯一一个少数民族地区国家大数据综合试验区。为推进大数据加快发展，自治区成立了大数据发展管理局，制定出台了《内蒙古促进大数据发展应用实施方案》和《内蒙古促进大数据发展应用的若干政策》。2016年11月，在北京成功举办了内蒙古大数据产业推介会，签署战略合作协议6项，签约项目142项，吸引投资806.6亿元，开创了自治区大数据发展的良好局面。

## （四）加大资金投入，推进重点项目建设

一是加大政府投入力度。2012年以来累计落实自治区战略性新兴产业专项资金19亿元，扶持了一批创新能力建设和产业化示范项目。二是创新投融资方式。组

织实施新兴产业创业投资计划，共批准设立新兴产业创业投资基金7支。其中，国家新兴产业创投基金2支，总规模5亿元，目前均已正式设立并开展投资业务，共投资11个项目，投资额2.5亿元；自治区新兴产业创投基金5支，总规模10亿元，内蒙古天瑞华商生物医药创业投资基金和通辽蒙药及生物医药产业创业投资基金已完成工商注册，其他基金正在开展工商注册等前期工作。三是加强项目储备和重点项目推进工作。建立了内蒙古自治区战略性新兴产业项目储备制度，2013年以来累计储备项目1000多个，总投资规模超过5000亿元。按照自治区党委的安排部署，2017年举办了全区综合基础设施建设、战略性新兴产业发展暨春季重大项目开工建设动员大会，围绕七大战略性新兴产业推动了118个重大项目开工建设，总投资规模856.5亿元，为产业发展奠定了坚实基础。

## 二、培育发展战略性新兴产业取得的成效

在国家的大力支持和自治区的积极推动下，近年来全区战略性新兴产业呈现平稳较快的良好发展势头。

一是产业规模不断扩大。据统计，截至2016年年底，全区战略性新兴产业规模以上企业894户，比2013年增加265家，其中规模以上工业企业614户，比2013年增加148家，占全部规模以上工业企业比重为14.1%；战略性新兴产业实现增加值897.4亿元，占地区生产总值的4.8%。2017年1~9月全区战略性新兴产业实现工业增加值492亿元，同比增长5.2%，增速是规模以上工业增加值的2倍。对促进经济平稳增长、加快转型升级发挥了积极作用，已经成为引领带动自治区产业转型升级的新动力。

二是特色产业集群培育初现成效。从各重点领域发展情况来看，新材料、生物、新能源、先进装备制造等特色优势产业基础比较好，培育形成了呼和浩特光伏和云计算、包头稀土和高端装备、通辽蒙药、赤峰生物医药等一批产业链较为完善、特色鲜明、市场竞争力较强的产业品牌和战略性新兴产业集群。2016年上述4个产业领域实现工业增加值585.4亿元，占全部战略性新兴产业工业增加值的近80%，成为支撑自治区战略性新兴产业发展的主导产业。

三是科技创新能力显著提升。组织实施了一批科技重大专项，围绕重点领域组织开展了关键技术攻关工程，突破了一批制约高技术产业发展的技术“瓶颈”，掌握了一批自主知识产权。2016年内蒙古自治区专利申请量首次突破1万件，达到10672件，同比增长20.23%；专利授权量5846件，同比增长5.87%。2016年全社会R&D经费支出达到136.1亿元，占地区生产总值比重为0.73%，是2010年的2倍。

## 三、战略性新兴产业发展中存在的主要问题

虽然近年来自治区战略性新兴产业培育发展取得显著成效，但是由于自治区战略性新兴产业起步较晚，产业基础较差，在战略性新兴产业发展方面仍然存在一些突出的矛盾和问题。

### （一）产业规模小，布局分散

2016 年自治区战略性新兴产业占地区生产总值的比重仅为 4.8%，与全国平均水平有较大差距。同时，产业发展集聚水平不高，区域发展不平衡、布局分散。从大的地域来看，受创新资源、产业基础等条件制约，东部地区战略性新兴产业发展相对滞后，2016 年东部 5 个盟市战略性新兴产业增加值为 204.1 亿元，仅占全区的 22.7%。从产业集聚的角度来看，新兴产业布局分散、集聚化程度较低的问题比较突出，产业集聚化、集群化发展的格局还未形成。目前全区仅有 3 个国家级高新技术产业开发区。

### （二）投入不足，创新体系不健全，自主创新能力不强

2015 年内蒙古自治区科技研究与试验发展经费占国内生产总值的比重列全国第 25 位；地方财政科技支出占地方财政支出比重为 0.84%，列全国第 28 位。创新体系不健全，全区目前仅有 3 个国家级工程（重点）实验室、3 个国家级工程（技术）研究中心、16 个国家级企业技术中心；每万人发明专利拥有量 1.2 件，仅相当于全国平均水平的 1/5；创新能力不强，2015 年科技进步贡献率仅为 42%，低于全国平均水平 13 个百分点；2016 年全区发明专利授权数量为 871 件，仅占全国总量的 0.3%，居全国第 27 位，仅位于宁夏、海南、青海和西藏前面，科技创新还处在较低水平，与自治区经济总体发展水平极不相称。

### （三）高端创新型人才和创新团队严重匮乏

人才不足是制约自治区创业创新的重要瓶颈，创业创新人才特别是高端领军人才的培养与引进机制不健全，人才流失问题比较突出，提升自主创新能力的智力支撑明显不足。

### （四）政策扶持力度不够，产业发展环境亟待进一步优化

战略性新兴产业大多是中小企业，且具有科研投入大、市场风险高的特点，企业在推进产业化的过程中面临着融资难等诸多困难。目前，扶持战略性新兴产业的

政策措施还不完善，新兴产业发展所需的体制机制、政策扶持、公共服务、投融资以及人才保障等配套支撑体系还不健全，现有政策贯彻落实得还不到位，培育发展战略性新兴产业的政策扶持力度有待进一步加强。

## 四、今后的工作思路、目标和重点

今后一段时期内蒙古自治区战略性新兴产业发展的总体思路是：深入贯彻落实党的十九大精神，主动适应和引领经济新常态，坚持“五大发展理念”，按照加快供给侧结构性改革、构建现代产业体系、发展新经济的总体要求，着力推进体制机制改革，完善市场机制，优化产业发展环境；着力提升创新和技术应用能力，促进科技创新、产业创新及商业模式创新；着力推进大众创业万众创新，打造经济新引擎，增强发展新动力。围绕七大战略性新兴产业，加快培育和建设一批战略性新兴产业基地和特色产业集群，促进新兴产业规模化，把战略性新兴产业培育成为促进自治区经济增长和转型升级的重要支柱产业。

到 2020 年，战略性新兴产业增加值占 GDP 比重达到 10% 以上，规模以上战略性新兴产业企业数量达到 1300 家左右。构建具有内蒙古特色的区域创新体系，依托特色优势产业和行业龙头企业，着力培育一批具有较强自主创新能力、地区特色鲜明的特色产业集群。构建有利于大众创业、万众创新蓬勃发展的政策环境、制度环境和公共服务体系，有利于战略性新兴产业发展的公平竞争市场环境初步形成。

### （一）进一步强化规划指导和政策扶持

深入贯彻落实《自治区“十三五”七大战略性新兴产业发展规划》，围绕七大产业研究制定实施方案和工作推进方案，进一步细化明确各重点领域发展的主要方向、重点任务和重大项目。同时，将各项工作分解到各地区、各部门，明确责任主体和进度时限，建立健全监督检查和考核评估工作制度，加强规划任务、目标的跟踪落实，确保规划落到实处。进一步加大政策扶持力度，深入推进“放管服”改革，加快投资项目在线监审平台、社会信用信息平台和公共资源交易平台等公共服务平台建设，探索和创新适合新技术、新产品、新业态、新模式发展的监管方式，最大限度减少事前准入限制。加快构建完善的政策体系，系统梳理国家和自治区支持战略性新兴产业发展的各项政策措施，在资源性产品价格、财税、土地保障、投融资、人才等方面加大政策扶持力度，切实改善战略性新兴产业发展的体制机制环境和政策环境。

## （二）进一步加大创新体系和创新能力建设力度

加快实施《内蒙古自治区贯彻落实〈国家创新驱动发展战略纲要〉实施方案》，围绕七大战略性新兴产业，积极推动实用高新技术成果转化、重点领域关键共性技术攻关和科技创新人才平台载体建设"三大工程"。着力加强区域创新体系建设，充分整合优质科技资源，依托高等院校、科研院所、产业园区和重点企业，推动在风电、太阳能、生物质能、核能、稀土、石墨（烯）、硅材料、高分子材料、先进复合材料、高效节能、先进环保、资源循环利用、新能源汽车、轨道交通、智能制造、工业机器人、云计算、大数据、生物农牧业、生物制造、蒙中医药等重点领域建成一批国家级（包括国家地方共建）和自治区级工程研究中心、工程实验室和企业技术中心，力争到2020年国家级（包括国家地方共建）工程（技术）研究中心、工程（重点）实验室和企业技术中心总数达到55家左右，自治区级的总数达到550家左右，初步构建比较完善的区域创新体系。大力推进大众创业、万众创新。推动建设20个"双创"示范基地和100家众创空间，为战略性新兴产业发展提供有力的科技创新支撑。

## （三）进一步加强人才队伍建设

加快完善创新人才引进培养机制，研究出台加强创新型人才队伍建设的特殊政策措施，探索"人才＋项目＋团队""人才＋基地"等人才引进培养新模式。实施"草原英才院士引进培养计划"、高层次领军人才引进培养计划、"首席技师"培养工程和创新型企业家培养计划，围绕七大战略性新兴产业打造创新型科技人才队伍，为战略性新兴产业发展提供强有力的智力保障。强化人才激励机制，制定分类推进人才评价机制改革实施意见，推进职称制度改革和事业单位人事制度改革，促进人才跨地区、跨行业、跨体制合理流动。

## （四）进一步促进产业集聚发展

组织实施七大战略性新兴产业特色产业基地和产业集群培育工程，根据各地要素资源、产业基础和特色优势，加快构建点面结合、优势互补、错位发展、协调共享的新兴产业发展格局。加强战略性新兴产业基地和创新载体建设，发挥呼和浩特、包头、鄂尔多斯、赤峰、通辽等地的技术、人才、产业优势，打造一批产业基地和创新载体，力争到2020年全区国家级高新区达到5家以上，形成引领自治区战略性新兴产业发展的"辐射源"。积极培育战略性新兴产业特色集群，强化产业链、创新链、资金链整合，着力培育打造一批特色鲜明、大中小企业协同发展的优势产业集群和特色产业链，力争到2020年全区高新技术企业总数达到1000家以上。

（五）进一步拓宽投融资渠道

加大政府投入，积极争取国家新兴产业三年行动计划、大数据、“互联网+”等战略性新兴产业领域政策资金支持，充分发挥自治区战略性新兴产业发展专项资金、重点产业发展资金、科技重大专项资金等政府投资的引导示范作用，强化对公益性、基础性科技研发和产业化示范的支持引导。创新投融资方式，按照政府引导、市场化运作的方式，加快推进新兴产业创业投资基金、科技创新基金、大数据产业基金、石墨烯新材料产业基金等新兴产业领域各类投资基金的设立和投资运营，力争到2020年全区股权投资基金规模达到200亿元以上，形成战略性新兴产业多元化投融资格局。

（六）进一步加快重点项目建设

加快完善项目储备制度，建立七大战略性新兴产业发展项目库，围绕重点领域谋划一批大项目，统一包装一批小项目。坚持以大项目落地推动“七大产业”发展开局，全力做好自治区“十三五”七大战略性新兴产业发展规划确定的500多个重点项目跟踪落实工作。加强政策扶持和配套服务，帮助项目单位落实建设条件，争取项目早开工、早见效。组织好2017年自治区重大项目秋季集中开工，再推动一批重大项目开工建设，力争年内七大产业每个产业都有一批标志性重大项目开工建设，形成“落地一个项目、带动一个产业、打造一个集群”的倍增效应。强化开放合作，大力实施主题概念招商、产业链招商和产业集群招商，不断引进牵动力大、带动力强的大项目，积极承接产业链整体转移和关联产业协同转移，以招商引资的大突破助推战略性新兴产业的大发展。

# 充分发挥科技资源和产业优势<br>统筹推进创新驱动发展

陕西省发展改革委

战略性新兴产业代表新一轮科技革命和产业变革的方向，是培育发展新动能、获取未来竞争新优势的关键领域。陕西省充分发挥科技资源和产业优势，统筹推进创新驱动发展，加快培育和发展战略性新兴产业，促进供给侧结构性改革，推动经济增长方式转变。

## 一、战略性新兴产业发展基本情况

2016年，陕西省积极谋划布局战略性新兴产业，战略性新兴产业同比增长11.8%，高于全省GDP增速约4.2个百分点，战略性新兴产业占GDP比重超过10.7%。全年累计完成投资额占全省固定资产投资的12.7%，同比增长16.7%，高于全省投资平均增速4.4个百分点。其中，节能环保产业投资同比增长28.3%，新能源产业投资同比增长46.5%，新材料产业投资同比增长44.2%。

**新一代信息技术产业领域。**2016年，随着三星闪存芯片项目一期全面建成投产，以及西安软件园、软件新城、西咸新区信息产业园等多个专业园区产业发展环境逐步完善，陕西以高端存储器制造、智能终端制造、软件和服务外包为重点的新一代信息技术产业增速不断加快。一是三星项目产能快速释放，月产能已达到10万片，同比增长超过40%。二是软件和服务外包规模进一步扩大，2016年全年实现收入近2000亿元，同比增长20.6%。西安软件园、软件新城等集聚效应进一步显现，聚集软件和服务外包企业2000余家，从业人员约17万人。三是移动智能终端产业快速发展。中兴通讯智能手机项目建成投产以来运转顺利，年产量超过2000万部；同期，宇龙通信、艾力特电子等移动智能终端项目也快速推进。

**高端装备制造产业领域。**以航空、航天、智能制造、增材制造等为代表的主导产业保持平稳增长。一是航空重大整机带动作用凸显。围绕运—20、新舟600/700、运—8/9 等系列，陕西航空企业不断强化整机研发、生产能力建设，完善配套产业发展。二是航空国际合作不断深化。西安出口加工区已发展成为国内最大的航空转包生产基地，集聚蒂森克虏伯、赛威短舱、西艾航空、西飞、庆安、西航等 20 多家航空产品国际转包生产企业。三是传统机床制造企业转型发展。秦川机床、宝鸡机床、汉川机床等传统装备制造企业加快向智能制造、机器人等领域发展转型。四是卫星应用持续深入。北斗智慧旅游及民生关爱示范工程、北斗导航地面基站、北斗导航应用平台、应急移动卫星通信系统、导航卫星授时设备等一批项目实施，以及宝鸡 7107 航天产业基地建设，大大推进了民用卫星应用和航天运载动力产业化进程。五是增材制造成为新亮点。西安高新区和渭南高新区增材制造产业园建设顺利，增材制造国家研究院组建完成，重点企业铂力特的销售产值突破 2.3 亿元，陕西正逐步形成从技术研究、装备制造、材料制备到产品加工、技术服务等环节完备的增材制造产业链体系。

**新材料领域**。陕西龙头企业积极挖掘发展潜力，持续加强原有生产线技术改造，不断提高产品附加值。2016 年，国核宝钛 AP1000 三代核电核级锆材于当年 4 月份正式投料生产，宝钛集团研制的 4500 米深潜器钛合金载人球舱投入使用。西北有色院充分发挥技术优势，2016 年全年生产产值达到 97.5 亿元，通过西部超导、西部钛业、天力复合材料等 40 余家专业化公司积极推进科技成果产业化，在超导材料、层状金属复合材料、金属纤维等领域居于全国领先地位。

**生物医药领域**。产业继续保持快速稳定增长。陕药集团、力邦制药、步长制药等省内龙头企业发展平稳。强生全球最大供应链生产基地项目建设进展顺利，预计 2018 年建成投产，未来将形成年产 40 亿包装单位片剂和胶囊、950 吨乳膏的生产能力。海利动物疫苗、步长医药产业园、万隆制药等一批重点建设项目进展顺利，未来将为陕西生物医药产业注入新的活力。

**新能源领域**。随着国家关于光伏补贴、发电上网等相关政策的有效落地，国内光伏电站建设持续火爆，推动陕西新能源产业快速增长。陕西太阳能光伏产业已形成以硅材料和光伏组件生产、光伏发电和光伏检测等为核心的完善产业链。航天基地已发展成为陕西省光伏产业主要集聚区，聚集了西安隆基、中电投等一批龙头企业。

**新能源汽车、节能环保领域**。新能源汽车产业发展仍处于培育阶段，某些细分市场呈现高速增长。比亚迪作为陕西省内主要新能源汽车制造商，随着秦、宋等两款新能源汽车的上市，市场占有率进一步巩固。在节能环保产业，陕西持续对 LED 照明、余热余压利用等领域予以支持，积极推进相关产品的推广应用，产业后续发展潜力巨大。

## 二、"十三五"重大产业创新发展工程

陕西战略性新兴产业整体发展态势良好，但也面临诸如转化慢、布局散等不足。"十三五"期间，陕西将以重点领域关键技术突破为牵引，以延伸产业链、提升价值链为着力点，组织实施集成电路、新型显示、移动通信、大数据与云计算、增材制造、机器人、无人机、卫星应用、分子医学、新能源汽车等十大产业创新发展工程，促进全省战略性新兴产业跨越发展。

### （一）集成电路产业创新发展工程

围绕高端存储芯片、功率器件两大主线，构建涵盖集成电路设计、制造、封装测试、装备、材料等的全产业链，形成从设计到制造的协调发展能力，着力推动集成电路在光电子、智能终端、移动通信、北斗导航、飞机机载设备等特色领域的广泛应用，打造国内一流的集成电路产业基地。

### （二）新型显示产业创新发展工程

以电子显示产品的升级换代和产业链自主可控为主线，构建涵盖基础研究、核心装备、关键材料、面板制造、模组整机、系统集成等产业链，促进新型显示产业精细化、轻薄化、智能化、柔性化发展，建设国内重要的平板显示产业基地。

### （三）移动通信产业创新发展工程

围绕智能终端制造和移动通信软件开发两条主线，拓展 4G（第四代）移动通信市场，储备 5G（第五代）移动通信核心技术，构建涵盖标准制定、网络安全、系统开发、终端制造、增值服务等全产业链，打造西部地区最大的移动通信产业基地。

### （四）大数据与云计算产业创新发展工程

以云计算基础设施建设和大数据行业应用示范为主线，加快建设产业示范基地，推动大数据与云计算在电子政务、智慧城市、电子商务、互联网金融、智能制造、精准农业、跨境物流、健康医疗等领域的广泛应用，打造低成本、安全可靠的大数据产业体系，促进产业规模化发展。

### （五）增材制造产业创新发展工程

以装备制造、材料制备、定制化生产为主线，构建从技术研究、装备制造、专用材料到产品加工、技术服务等环节的完备的全产业链，推动增材制造在航空航天、

汽车船舶、医疗器械、文化创意等领域的应用示范，打造国内领先的增材制造产业示范基地。

（六）机器人产业创新发展工程

以工业机器人和服务机器人为主线，构建涵盖机器人本体、控制器、减速器、伺服电机及系统集成的核心产业链，开展自主品牌机器人应用示范和系统集成服务，推动机器人在汽车、机械、电子、轻工、化工、危险品制造等制造领域和医疗、家政、物流等服务领域应用，支撑陕西智能制造和智能服务创新发展。

（七）无人机产业创新发展工程

以无人机整机制造和发动机研制为主线，构建涵盖前沿探索、工艺试制、综合集成、试验测试、批量生产、人才培养、售后及面向行业服务于一体的全产业链，推动无人机在对地观测、国土资源调查、防灾减灾、气象等领域的应用，打造国内一流的中小型高端无人机产业基地。

（八）卫星应用产业创新发展工程

以卫星导航、遥感和通信为主线，构建模块芯片、卫星有效载荷、地面设备、手持终端、运营网络、增值服务等核心产业链，扩大北斗导航规模化应用，开展遥感信息、卫星宽带服务等示范应用，打造丝绸之路经济带卫星应用产业高地。

（九）分子医学产业创新发展工程

以分子医学基础研究和临床应用为主线，构建涵盖基因诊断、基因治疗、基因工程蛋白质新药的产业链，针对恶性肿瘤、心脑血管疾病和代谢性疾病等，重点发展疾病早期分子分型诊断、临床分子影像定位诊断、个性化药物治疗。

（十）新能源汽车产业创新发展工程

以插电式混合动力、纯电动、LNG为主线，构建从新能源汽车电池、电机、电控、智能化传动装置到整车、充电桩制造的全产业链，促进车载信息系统、远程控制等互联网技术与传统汽车制造技术相结合，加快汽车智能化进程，打造国内一流的新能源汽车产业基地。

# 发挥骨干企业带头作用
# 推动战略性新兴产业创新聚集发展

——甘肃省战略性新兴产业发展情况及规划展望

甘肃省发展改革委

甘肃省高度重视战略性新兴产业的培育发展，将其作为产业转型发展的重要途径。2010 年，确定了新材料、新能源、生物产业、信息技术和先进装备制造等五大战略性新兴产业重点领域。2014 年，甘肃省政府出台《战略性新兴产业发展总体攻坚战实施方案》，在原有五大领域基础上，将节能环保、新型煤化工、现代服务业纳入重点发展的战略性新兴产业领域。2016 年出台的《甘肃省“十三五”战略性新兴产业发展规划》，确定以新能源、新材料、先进装备和智能制造、生物医药、信息技术、节能环保、新型煤化工、现代服务业、公共安全等九大领域为重点，通过强化政策支持、做强优势行业、做大骨干企业、提升创新能力、完善产业链条、促进区域聚集，推进战略性新兴产业健康快速发展。

## 一、战略性新兴产业发展现状

### （一）战略性新兴产业发展态势持续向好

近年来，甘肃省在经济下行压力较大的情况下，不断强化政策和规划的引导，落实支持战略性新兴产业发展的各项扶持措施，注重发挥骨干企业的引领带动作用，积极争取国家专项资金扶持，不断拓宽新兴产业投融资渠道，促进新兴产业规模化聚集发展。2016 年，全省战略性新兴产业实现增加值 936.9 亿元，比上年增长 12.2%，占生产总值比重提高到 13.1%，较 2015 年提高 1 个百分点，增速比规模以上工业高 6 个百分点，日益成为甘肃省产业结构优化升级和经济转型跨越发展的重要支撑。从分领域的情况来看，各重点领域发展总体呈现稳中有升的发展态势，生物产业保持了良好的发展势头，同比增长 13.6%；新能源及新能源装备在国家政策利好带动下，呈现高速发展态势，同比增长 14.5%；节能环保产业在政策环境推动下，同比增长 16.7%；现代服务业需求旺盛，新兴业态和市场主体不断涌现，保持了较快的增长，同比增长 18.1%；信息产业生产经营相对稳定，同比增长 9.8%；新材料产业受到市场波动和价格下降的双重影响，增速较上年同期明显放缓，同比增长 5.2%；先进装备制造业需求受制，同比增长 4.7%。

### （二）战略性新兴产业骨干企业不断壮大

按照甘肃省战略性新兴产业发展总体攻坚战的要求和部署，甘肃省促进战略性新兴产业发展部门协调会议办公室在广泛征求意见的基础上，制定了《甘肃省战略性新兴产业发展总体攻坚战骨干企业认定和动态培育办法》，从行业规模、行业增长潜力、创新要素聚集、可持续发展指标和企业管理、经营业绩、行业地位、创新能力等方面，对骨干企业的认定做出了规定。采用“企业自报、部门推荐、专家评审、数据指标核查、企业比选、现场核查、专题会议讨论、网上公示相结合”的方式，共遴选认定了 58 家行业领先、竞争优势明显的骨干企业。2014 年 11 月 3 日，甘肃省政府办公厅印发了《甘肃省战略性新兴产业省级财政资金投资管理办法》，提出改革财政资金投入方式，每年整合部门财政专项资金，以股权投资方式扶持战略性新兴产业骨干企业发展，通过政府资金的注入为企业增信，向社会释放积极信号吸引金融机构和社会力量跟进投资。已累计为骨干企业投入股权投资资金约 10 亿元，支持企业重大项目建设，引导企业加大研发投入，加快企业上市步伐，促进企业规模扩张，提升企业盈利能力。2017 年上半年，全省战略性新兴产业 58 户骨干企业实现销售收入 173.4 亿元，同比增长 22%。2017 年上半年以来，通过引导企业加大研发投入、开发高附加值的新产品、开拓新的市场空间、打造品牌效益，部分企业实现了高速增长。其中，兰州金川新材料、方大炭素新材料、兰州生物制品研究所、陇西一方制药、兰州海默科技等 11 户企业的销售收入同比增长超过了 50%。

### （三）战略性新兴产业集聚效应逐步显现

结合产业基础和资源优势，不断优化战略性新兴产业发展布局，初步形成兰白综合性高技术产业聚集区和金昌新材料产业、酒泉新能源产业以及天水装备制造产业等各具特色、优势互补的产业集群和产业聚集区。其中，兰白试验区立足创新优势和产业发展基础，大力培育发展生物产业、高分子水性材料、电池材料及动力电池等新兴产业。2016 年兰州市战略性新兴产业实现增加值 305.7 亿元，同比增长 13.4%，占全市 GDP 的比重达到 13.5%。金昌市充分利用国家有色金属新材料产业基地的优势，以金昌经济技术开发区为载体，加快实施战略性新兴产业区域集聚发展试点，着力搭建各类创新和孵化平台，在电镀新材料、粉体新材料、电池新材料、电工新材料、功能性新材料等领域组建了一批技术创新战略联盟，推进重点项目建设，已形成有色金属高性能深加工型材产品 38 万吨，有色金属粉体材料、电池材料、催化剂等综合产品 8 万吨，有色金属印花镍网 400 万只的生产加工能力，本地有色金属深加工率达 59%，大幅提高了产品附加值，促进了产业结构的转型升级。2016 年，金昌市有色金属新材料工业增加值 23 亿元，占全市生产总值的 10% 以上，占全市工业增加值 20% 以上。2017 年，金昌市获得国务院关于重大政策措施真抓实干成效明显的表扬激励。

## （四）战略性新兴产业自主创新能力不断提升

为了优化配置创新资源，甘肃省引导一批基础条件好、技术水平高、人才队伍强的优势企业和研究单位，积极组建国家和省级创新平台，扩大和提升创新平台总体规模和水平，已初步形成以企业为主体、市场为导向、"产学研用"相结合的区域创新体系。全省共设立国家级重点创新平台 59 家，培育各类省级创新平台 700 家（国家级工程研究中心 1 家、国家实验室 1 家、国家工程技术研究中心 5 家、国家重点实验室 10 家、国家企业技术中心 22 家、国家地方联合工程研究中心 / 工程实验室 20 家；拥有省级工程研究院 5 家、省级工程研究中心 / 工程实验室 181 家、省部级重点实验室 138 家、省级工程技术研究中心 160 家、省级企业技术中心 216 家）。这些平台凝聚了一大批人才队伍，对增强甘肃省自主创新能力和核心竞争力发挥了积极作用。着力推进兰白科技创新改革试验区建设，与上海张江国家自主创新示范区签订创新驱动发展战略合作协议，"六个一百"技术创新工程加快实施，开发新产品 122 个，转化重大成果 297 项，新认定科技创新型企业 100 家。进一步发挥创新平台支撑产业创新发展的作用。积极促进科技成果转移转化，在全国率先修订实施促进科技成果转化条例。另外甘肃省提出申请的全国特色型知识产权强省建设试点获批，登记技术合同 5237 项，交易额达 150.05 亿元；专利申请受理 17884 件，授权 7318 件，分别增长 38.2%、20.1%；企业专利权融资 11.36 亿元，超过"十二五"时期总和；科技成果登记 1276 项，同比增长 55.8%。

## （五）战略性新兴产业新兴业态不断涌现

随着大众创业万众创新的深入推进和"互联网 +"行动计划的实施，电子商务、分享经济等新兴业态不断涌现，基于互联网平台的网络约车、数字出版、网络教育、智慧旅游等新型服务业快速兴起，市场主体大量增加，2016 年新增市场主体 26.59 万户、注册资金 4583.32 亿元，分别增长 12.69%、40.02%，平均每天新增市场主体 728 户。着力加大科技型创新型企业培育力度，全年新增高新技术企业 130 家，总数达 437 家；规模以上高技术工业增加值增长 13.6%，比规模以上工业高 7.5 个百分点；新增规模以上工业企业完成增加值 65 亿元，同比增长 2.2 倍，对规模以上工业增长的贡献率达到 45.2%。电子商务交易额和网络零售额均增长 30% 左右，高出全省消费增幅 20 个百分点以上。2016 年甘肃省文化产业增加值同比增长 25%，旅游产业综合收入同比增长 22%，以文化旅游为龙头的现代服务业高速增长，支撑第三产业占三次产业比重首次突破 50%。

### （六）战略性新兴产业融资渠道进一步拓宽

积极推进社会资本与优势产业的结合，甘肃省组建了国家和地方财政参股的生物产业、生物医药、现代农业和新材料 4 支创业投资基金，基金首期总规模达到 11 亿元，为处于初创期、中早期的创新型企业和高成长性企业提供资本支持和管理增值服务。已对陇神戎发、圣大方舟、中天药业等 33 家企业实施股权投资共计 7.71 亿元，带动社会投资近 45 亿元。并参照国家新兴产业创业投资基金设立的有关要求和方式，利用省级财政资金设立了甘肃省战略性新兴产业创业投资引导基金，引导创业投资基金发挥投资带动作用，先进装备制造、有色金属新材料等 5 支省级战略性新兴产业参股创业投资基金已基本完成登记注册，社会资金已募集到位，总规模达到 12.5 亿元，正在开展项目筛选和尽职调查工作。通过创业投资基金、财政专项资金股权投资等方式，引导社会资金进入新兴产业领域，有力拓宽了战略性新兴产业的投资渠道。争取国家新兴产业重大工程包——中药标准化——中央预算内补助资金 2300 万元，支持兰州佛慈和中天药业 2 个中药饮片标准化项目建设，促进中药标准体系进一步完善，提升中药产业持续发展能力。

在全社会的共同努力下，甘肃省战略性新兴产业发展取得了显著成绩，产业规模逐步壮大，特色优势愈加突出，空间布局日趋完善，创新能力不断提升，对转变经济发展方式、推动经济社会跨越式发展的作用正在凸显。但是，由于多种因素的约束，甘肃省战略性新兴产业发展仍然面临诸多瓶颈因素的制约，主要表现在：产业总体规模较小，中小企业参与战略性新兴产业发展的实力严重不足，对经济增长的引领作用有待增强；对传统产业和资源性产业的依赖性较强，总体上仍处于产业链的低端环节，产业竞争力相对薄弱；产业创新资源不足，高层次专业技术人才和高技能人才比较缺乏，特别是高层次创新创业人才和团队紧缺；产业创新链条不够完善，没有形成完善的“产学研用”相结合的科技创新体系，大量的科技成果没有实现转化；产业核心技术存在瓶颈，大多数企业缺乏拥有自主知识产权的、处于领先水平的关键核心技术；体制不顺、机制不活、政策缺失，也是影响甘肃省战略性新兴产业发展的重要因素。

## 二、"十三五"战略性新兴产业发展思路

### （一）总体思路

全面贯彻党的十九大精神，积极适应和把握经济发展进入高质量发展阶段的形势，深入贯彻习近平总书记系列重要讲话精神和"四个全面"战略布局要求，牢固树立创新、协调、绿色、开放、共享的发展理念，以创新驱动发展战略为引领，以推进大众创业万众创新、中国制造2025、"互联网+"、大数据为抓手，以新能源、新材料、先进装备和智能制造、生物医药、信息技术、节能环保、新型煤化工、现代服务业、公共安全等领域为重点，坚持市场主导、创新驱动、重点突破、引领发展，深入实施战略性新兴产业发展总体攻坚战，积极推进优势产业链培育行动，不断提高创新能力，大力培育骨干企业，聚焦创新经济新业态，培育发展新动能，引领产业向高端化、规模化、集群化发展，形成一批新的支柱产业和新的增长点，促进产业结构调整和发展方式转变。

### （二）发展目标

"十三五"时期，力争培育一批具有核心竞争能力、带动作用强的骨干企业，创建一批"产学研用"相结合的创新平台，形成一批具有区域竞争力和引领产业升级的新兴产业集群。到2020年，培育发展100户骨干企业，力争打造50条百亿元产业链，战略性新兴产业增加值占生产总值的比重达到16%，使战略性新兴产业成为甘肃省经济发展的重要支撑，引领产业高端化规模化集群化发展。

打造创新平台。以企业为主体，"产学研用"相结合，创建10个国家或国家地方联合工程（技术）研究中心（工程实验室），10个国家企业技术中心，100个省级企业技术创新平台、公共技术服务平台和检测验证服务平台，10个以企业为主导的产业技术创新联盟；结合大众创业万众创新，重点依托骨干企业、高校和科研机构创建300家众创空间。

做强优势产业。在战略性新兴产业领域优势行业打造50条掌握关键核心技术、市场需求前景广、带动系数大、综合效益好的百亿元产业链。到2020年，新能源、新材料、先进装备和智能制造成为甘肃省支柱产业，生物医药和信息技术产业成为甘肃省先导产业，节能环保、新型煤化工和现代服务业成为甘肃省经济新的增长点。

壮大骨干企业。整合资源，动态扶持，培育100家技术先进、行业领先、竞争优势明显的骨干企业，促使其尽快进入国内同行业优势企业的行列，带动一批配套协作、具有发展潜力的科技型中小企业，壮大战略性新兴产业的总体发展规模。

促进产业聚集。加快金昌国家有色金属新材料战略性新兴产业区域集聚发展试点和兰州国家生物产业基地建设，积极推进兰白科技创新改革试验区建设，打造15个特色鲜明、产业链完善、引领带动作用强的国家级和省级产业聚集区，推动战略性新兴产业创新聚集发展。

### （三）主要任务

一是提升产业创新能力。充分发挥科技创新在全面创新中的引领作用，以兰白科技创新改革试验区为重点，积极推进科技体制改革，建立完善技术市场导向机制，不断强化企业技术创新主体地位，着力加强技术创新平台建设和关键核心技术攻关，构建以企业为主体、以市场为导向、“政产学研用”相结合的协同创新体系，促进创新链与产业链有机融合。

二是加速科技成果转化。围绕产业发展的共性和关键技术，聚合人才、资金等创新要素，进行联合攻关和技术突破。充分发挥政府在科技成果转移转化中的引导、激励、服务和规范作用，健全科技市场体系，建设一批科技成果转移转化中心，促进科技成果快速转化。

三是培育壮大骨干企业。结合实施战略性新兴产业发展总体攻坚战，聚焦重点领域和重点区域，瞄准关键技术和市场需求，按照“产业先进、行业领先、竞争优势明显”的要求，筛选培育一批主业突出、关联度大、创新能力强、市场潜力大的骨干企业，引导创新资源向骨干企业集聚、扶持政策向骨干企业倾斜，部分骨干企业成为国内或区域内具有竞争优势的龙头企业，发挥骨干企业引领带动作用，培育一批上下游紧密配套的中小企业，形成骨干企业引领、产业配套关联的企业集群。

四是促进产业聚集发展。依托现有产业园区和产业聚集区，优化战略性新兴产业布局，围绕产业发展潜力和新模式、新业态，发挥区位和资源优势，合理布局新生产业聚集区，按照产业关联和产业链发展需求，推动创新要素、骨干和配套企业向产业园区集聚，形成各具特色、优势互补的产业集群和产业聚集区，增强战略性新兴产业的整体竞争力。

# 战略性新兴产业稳定增长

新疆维吾尔自治区发展改革委

## 一、新疆战略性新兴产业发展现状

### （一）产业发展保持良好态势

《新疆加快培育和发展战略性新兴产业总体规划纲要（2011—2015）》颁布实施5年来，自治区战略性新兴产业发展加快，总体规模不断壮大。“十二五”期间，战略性新兴产业总产值由2010年的767亿元增长到2015年的1966亿元，年均增速20%以上。2016年，面对错综复杂的国际环境和经济下行的新形势，自治区紧紧围绕社会稳定和长治久安总目标，主动适应经济高质量发展阶段新形势，贯彻创新驱动发展战略，深入实施《中国制造2025新疆行动方案》，制定发布《新疆维吾尔自治区战略性新兴产业“十三五”发展规划》，传统产业转型升级持续推进，战略性新兴产业发展保持良好态势，成为经济高质量发展阶段新疆经济持续平稳健康发展的重要支撑力量。

2016年，新疆战略性新兴产业继续呈现稳定增长的趋势，但增速有所减缓。据全区战略性新兴产业重点监测监控企业统计分析，2016年新疆战略性新兴产业实现工业总产值增长12.7%，实现工业总产值约2126亿元，实现增加值约673亿元。战略性新兴产业高于同期工业发展增速，对工业经济增长的贡献率约30%。2016年战略性新兴产业增加值约占地区生产总值的7%，对经济社会“稳增长、调结构、促转型、惠民生、保就业”的支撑力量日益突显。

### （二）重点产业突破发展

一是新能源产业优势持续放大，战略地位不断提升。风电和光伏产业研发、制造和应用处于全国先进地位。着力打造“煤—电—硅—光伏集成应用”产业链，2016年新疆工业硅、多晶硅产量国内占比分别达到33.3%、18.9%，成为国内工业硅第一大、多晶硅第二大重要产区，多晶硅产量超过 3.5 万吨。光伏系统集成（EPC）能力超过 135 万千瓦，逆变器生产销售 200 万千瓦。截至 2016 年年底，新疆光伏发电装机容量达 862 万千瓦，居全国之首；风电产业发展迅速，累计并网装机容量达 1776 万千瓦，居全国之首。今后几年，将迎来煤制洁净燃料产业大发展的新时期。

二是新材料产业迅速发展，优势特色不断显现。“煤—电—铝—电子产品”特色产业链初步形成，蓝宝石晶体材料已形成高纯铝、高纯三氧化二铝、100 千克及以上生长晶体和 LED 半导体发光二极管材料等较完整制造体系，电子铝箔国内市场占有率达到 70%，高压电极箔获得重大技术突破。航空用金属铬全球产量最大，高纯铷铯材料全国唯一。新一代碳化硅半导体单体晶片产能达 1 万片，技术水平国内领先。高性能敏感陶瓷材料及传感器件产品品种可以满足国内航天工程 80% 的需求。世界第五家、国内第二家的金属铍及铍铜、铍铝复合材料实现技术突破。新疆众和、中泰化学等企业依托现有产业优势，加大在石墨烯增强铝基纳米复合材料、石墨烯 / 聚氯乙烯复合材料的研发力度。

三是加快重大创新，先进装备制造开创历史新局面。自治区人民政府制定了“加快装备制造业发展意见”等一系列促进战略性新兴产业发展的政策措施，有力提振全区先进装备制造驰入快车道。依托“一带一路”核心区建设有利时机，新疆积极对接“中国制造 2025”，坚持放眼全球整合资源，积极推动东部地区高端制造向西转移落地，已初步建立起以输变电装备、新型高效农牧机械、石油石化机械、载重汽车及改装车制造为主的先进装备制造体系，吸引了一批战略眼光和全球视野的大企业集团，如三一重工、南车集团、铁建重工、利泰丝路、上海电气、广州汽车等先后进疆落地。特别是 ±800 千伏直流、750 千伏级及以上智能化输变电装备，大型高效小麦、玉米、棉花等收获机械等取得关键技术突破，在国内外有较高市场竞争实力。2016 年，自治区先进装备制造能力超过 700 亿元，尤其是特高压输变电领域抢占了国际电力和能源领域科技创新的制高点。特变电工股份有限公司，位居中国机械工业百强企业第九位，变压器生产能力超 2.6 亿千伏安，跻身世界第一位；新疆金风科技股份有限公司，成为全球最大风电整机制造商，2016 年其生产的风电机组在国内新增装机超过 6.34 吉瓦，国内市场份额达到 27.1%；新研股份玉米收获机国内领先，青贮饲草料收获机居国内垄断地位，动力旋转耙率先实现了进口替代。

四是扶优扶强扶特色，信息产业迈上新台阶。2016 年，新疆信息产业主营业务收入同比增长 12.4%，达到 570 亿元。通信基础设施和移动互联网发展不断加快，2016 年，全区互联网宽带接入用户 460 万户，移动互联网用户超过 2067 万户。全区“两化”融合发展水平达到 59.8，“两化”融合示范企业总数达 403 家，“两化”融合试验区 16 家。云计算产业持续推进，以乌昌地区、克拉玛依市为核心建设的云存储、云安全、云计算等云计算产业基地步伐加快。物联网、大数据应用、电子商务以及互联网和软件信息服务等新兴业态发展快速增长。卫星应用迈出实质性步伐。中国移动（新疆）数据中心、重要信息系统异地灾难备份中心、中科曙光乌鲁木齐云计算中心、中国电信丝路经济带云基地数据中心陆续建成投入运行，数据中心规模和能力居全国前列。

五是充分发挥资源优势，做特做强生物产业。新疆依托资源优势转换，生物产业持续稳步发展，形成以生物农业、生物制造为主体，生物医药、生物环保等领域推进发展的格局。2016 年，医药工业增加值达 19 亿元，同比增长 24%。目前，新疆医药工业企业达 68 家，其中维吾尔医药生产企业 12 家，均通过国家食品药品监督管理局 GMP 认证，可生产 12 种剂型 49 个品种的产品，培育了“祖卡木颗粒”“雪莲注射液”“复方一枝蒿颗粒”等中药、民族药产品，“骨密钙”“阿胶钙”等产品在国内享有一定的知名度，维吾尔医药已成为新疆医药在全国竞争中最具有优势的产业。天康集团成为全国兽用生物制品十强企业；涌现出西域种业、华西种业、屯河种业等一批生物产业骨干企业，50 多条现代种子加工生产线达到国内领先水平；凭借低成本优势，科伦药业、特丰生物、安琪酵母、梅花生物相继落户新疆，其中安琪酵母（伊犁）公司已形成 38000 吨酵母及酵母抽提物生产能力，建成全国最大的酵母生产线，年出口酵母量占全国 30% 左右。初步形成了乌鲁木齐地区生物制药、昌吉生物育种、石河子生物制造、昌吉和和田地区药材种植的产业格局。

六是突出抓应用，节能环保产业发展加快。新疆节能环保产业的发展，为全自治区节能减排、保护环境提供了技术支撑和物质保障，加快了石油、矿山、冶金、建材等 10 个领域节能减排技术应用。开展了以“高污染废水处理回用”为引领的工业企业与园区水处理一站式服务，研发的“TL 型湍流式烟气脱硫除尘技术”在国内处于领先水平，干空气能节能空调获得国家技术发明二等奖，新型节能抽油机制造领域拥有多项核心关键专利技术。自主研发以电石渣为原料生产水泥的专利技术，使新疆水泥工业在该领域取得重大突破，实现了电石渣对石灰石的全部替代，技术处于国内领先水平。2016 年新疆工业废水和废气排放达标率明显提高，工业固体废物综合利用率超过 50%。生态保护和农村环境保护得到加强。

七是实施创新驱动战略，创新能力不断提高。坚持将企业作为开展创新研发的第一主体，目前新疆共有 11 个国家地方联合工程研究中心（工程实验室）、17 个国家级企业技术中心、26 个自治区工程研究中心（工程实验室）、11 家全国技术创新示范企业、2 个全国产品质量控制和技术评价实验室，以及 227 个自治区企业技术中心、329 家“专精特新”中小企业，制造业技术保障能力稳步提升。出台《关于大力推进大众创业万众创新若干政策措施的实施意见》和《自治区“天山众创”实施方案（2016—2020）》等多项政策文件，营造支持“双创”政策环境。自治区经信委、发展改革委、财政厅等12个部门联合印发《关于引导企业创新管理提质增效的实施意见》，鼓励引导企业创新发展。自治区人民政府、科技部、深圳市、中科院四方共同研究丝绸之路经济带创新驱动发展试验区建设，联合向中央提请将试验区纳入“一带一路”建设和创新驱动总部布局，设立为与国家全面创新改革试验区具有同等地位的区域创新发展改革试验区，为新疆制造业发展引来“活水”。基于新疆—大连理工大学校企合作委员会的成功实践，北京大学、同济大学、哈尔滨工业大学等24所国内著名高校成立了丝绸之路经济带核心区高校产业创新联盟，充分利用高校科研资源对接新疆企业的创新需求，聚焦战略性新兴产业，优势互补，通力合作。征集企业技术难题，帮助企业联系区内外高校、院所的对口专家学者来疆问诊把脉，商定技术路线，促成如天利高新重质油品加氢改质等5个合作项目、特变电工线缆厂特种电缆研究开发、特丰药业孕马结合雌激素生产等产学研联合开发示范项目，成立了中泰化学—大连理工大学院士专家合作站。

八是集聚度不断提高，产业园区不断壮大。随着技术和产能集聚，新疆形成了一批特色鲜明的战略性新兴产业集聚区，乌昌地区形成了以智能化输变电设备和清洁能源汽车为主导的先进装备集聚区；哈密地区形成了以风力发电整机、叶片、塔架为主导的风电产业集聚区；乌鲁木齐高新区、经济开发区，石河子、奎屯—独山子经济开发区等已成为光伏制造和电子新材料的研发制造集聚区；伊犁州形成了以煤制天然气为主导的煤制洁净燃料产业集聚区；和田地区形成了以维药生产开发为主导的生物医药产业集聚区。

## 二、面临的形势

### （一）面临的机遇

“一带一路”建设为新疆战略性新兴产业发展带来重大机遇。“一带一路”框架下，建设中蒙俄、新亚欧大陆桥、中国—中亚—西亚等四大经济走廊必将推动新疆战略性新兴产业与沿线国家的国际产能合作，为新能源产业、新材料、输变电装备、先进农牧机械装备、信息产业的发展打开广阔市场，为走产业创新、包容开放的发展道路带来前所未有的重大发展机遇。

新技术、新产业、新业态、新模式发展为战略性新兴产业发展提供新空间。以互联网、大数据、云计算等新一代信息技术为代表的信息化加快与工业化的深度融合，催生出很多新的业态、新的商业模式和新的经济成分，引领和支撑战略性新兴产业发展迈向中高端。

加快供给侧结构性改革为战略性新兴产业发展提供新动力。经济下行压力加大，构建新产业体系，培育经济发展新生力量，对实现增长动力从要素驱动、投资驱动转向创新驱动转变，保持经济稳增长的重要性凸显。在这种新常态下，为填补传统产业下滑"空缺"、转型升级慢等短板，急需培育壮大先进装备制造、新兴能源、新材料等七大战略性新兴产业，拓展发展新空间，培育新动能。

实施《中国制造 2025》，为战略性新兴产业发展提供新支撑。国家制定实施的《中国制造 2025》是全面推进以要素驱动向创新驱动的精准化引领战略，为科技、管理、品牌、组织、商业模式的全面创新，实现从要素驱动、投资驱动向创新驱动转变，培育和催生经济社会发展新动力，为战略性新兴产业更好更快发展提供了强有力的技术支撑。

自治区为战略性新兴产业发展营造了良好环境。对战略性新兴产业发展给予一系列优惠政策，更加注重体现战略性新兴产业的替代性、创造性、低碳性、平台性和普惠性，更加有利于新兴产业加强与内地分工协作，开拓向西开放的巨大市场潜力，更加注重战略性新兴产业发展服务于社会稳定和长治久安的工作总目标，是新疆今后一段时期加快培育战略性新兴产业发展的历史性机遇。

## （二）面临的挑战

发达国家再工业化带来挑战。世界主要发达国家纷纷实施再工业化战略，着力提升产业核心竞争力，力图在知识技术密集的高端产业重塑竞争优势，试图继续主宰全球高端市场。而发展中国家以更低的人力和资源成本，积极承接劳动密集型产业和资本转移，争相介入新一轮国际分工争夺战，将给新疆战略性新兴产业发展带来严峻挑战。

经济发展波动和风险增大带来挑战。国际大宗商品价格持续走低、外币汇率波动、国际金融市场动荡等外部不确定因素增加，国际贸易保护主义层出不穷，在开放政府采购市场、降低关税、保护知识产权、内外资企业平等竞争、承担更多贸易投资自由化责任等多方面，加大了新疆进一步开放市场的压力，增加了新兴产业出口结构升级的难度，对发展战略性新兴产业带来挑战。

产业同质化竞争带来挑战。当前，全国各省区市掀起新一轮新兴产业发展大潮，纷纷加大投资力度，新上一批项目，抢占战略制高点，如全国 18 个省提出打造新能源基地，近百个城市把太阳能、风能作为支柱产业，风机企业快速扩张造成行业产能利用率不足 70%。青海、宁夏、甘肃等光照条件和地理条件允许的周边省区市更是掀起了大型地面光伏电站开发建设的热潮，在产业定位、产业结构方面与新疆存在较为严重的趋同现象，产品同质化竞争对发展战略性新兴产业带来挑战。

协作配套能力弱带来挑战。部分产品的利润空间不断缩小，运输成本不断上升，用工成本相对兄弟省区市保持高位，大部分产品的价格受市场竞争激烈的影响不能同步上涨甚至出现下降趋势。行业基础配套能力不足在较长时间内依然存在，虽然一些配套项目已经开始建设，但从整体上看，今后一段时间配套能力不足依然是制约行业发展的主要因素。

人才储备不足与引进困难带来挑战。高校培养的人才缺乏与战略性新兴产业相关的紧缺型人才相衔接，培养过程中往往缺乏一流的师资和生源，甚至一些专业学科还处于缺失状态。此外，新疆地处偏远、发展相对落后，客观上会造成人才发展的不平衡和人才结构的不合理，特别是高端产业复合型人才引进困难，这些都严重影响新疆关键技术突破。

# 战略性新兴产业呈现“快、活、高、优”特点

宁波市发展改革委

## 一、发展概况

作为计划单列市，宁波市认真贯彻国家创新驱动发展战略，依托市县两级及产业工作团队，扎实推进“六个一批”重点任务，全市战略性新兴产业发展日新月异，对经济发展和转型升级的支撑和引领不断增强。当前，宁波市战略性新兴产业总体呈现“快、活、高、优”等特点。

“快”：指产业规模增长快。宁波市战略性新兴产业已经形成新材料、新一代信息技术、高端装备和节能环保等支柱产业，以及新能源、生命健康、海洋高技术及创意设计等新兴产业。2017 年上半年，全市战略性新兴产业实现规模以上工业总产值 1972.7 亿元、增加值 416.9 亿元，分别占全市规模以上工业总产值和增加值的 25.2%、25.9%，同比分别增长 20.6% 和 12.8%，增速分别高于全市规模以上工业总产值和增加值 4.5 和 3.8 个百分点。其中，规模最大的新一代信息技术产业的规模以上工业增加值同比增长 24.5%，带动行业快速发展。战略性新兴产业已成为宁波市经济发展重要支撑和新增长点。

“活”：指产业创新活动活跃。在创新驱动发展战略指引下，大众创业、万众创新深入发展，宁波市战略性新兴产业新技术、新产业、新业态、新模式不断涌现，加速推动传统产业转型升级，引发生产、生活方式的深刻变革。柯力传感由单一传感器生产商向物联网产业发展，由实业经营向资本运作转型；东方日升在研发制造太阳能组件的基础上，进一步涉足太阳能光伏电站工程建设；新乐造船正积极建设宁波船舶船配交易市场，通过“线上 + 线下”的经营模式，集聚高端船舶供应链上下游企业及银行、保险等服务企业。依托数字化、信息化、大数据、云计算等技术，互联网 + 制造，以及 + 医疗、教育、政务、交通和贸易等跨界融合更加广泛，金丰（中国）机械、浙江美康网新、宁波数梦工厂、宁波云朵网络和浙江吉云教育等为代表的企业以个性化、多样化和专业化的新模式向生产和生活服务全面渗透。

“高”：指产业技术水平不断提高。宁波市成功攻克了石墨烯微片制备技术、溅射靶材技术、稀土闪烁陶瓷产业化关键技术、光学薄膜特种薄膜技术、光学增益膜技术、IGBT 芯片技术、芯片晶圆级先进封装技术、重掺磷直拉硅单晶的制备技术、制备 ±160 千伏交联聚乙烯挤包绝缘直流海缆技术、驱动与电机一体化和直接驱动等一批前沿新技术，引进和建设了中科院宁波材料所、兵科院宁波分院、宁波（中国）供应链创新学院、宁波市智能制造产业研究院、国际应用能源技术创新研究院等一批高端创新创业平台。

“优”：指重点产业和企业优势特色明显。近年来，宁波市不断推进制造业高端化、智能化、绿色化、服务化，在磁性材料、高分子材料、轨道交通装备、专用装备、新能源汽车、汽车电子和体外诊断试剂等战略性新兴重点产业或细分领域涌现出一批具有明显竞争优势的龙头企业和“专精特优”隐形冠军企业。大成新材料是世界第四家、中国首家拥有自主知识产权实现高强高模聚乙烯纤维产业化的企业；舜宇集团在手机摄像模组领域占据国内市场第一位、全球前三位；星箭航天先后承担了“神舟”载人航天、“嫦娥”探月等国家重点工程的发射配套任务；天益医疗的血液净化装置体外循环血路产品在全国市场占有率达到 40% 左右；远大海洋和裕祥生物的鱼粉产量占全国的 60% 左右。

2016 年，宁波市发布《宁波市战略性新兴产业“十三五”规划》，2017 年发布实施《加快推进战略性新兴产业倍增发展的实施意见》及多项细分产业专项实施细则，争取实施“高分辨荧光显微成像仪研究及产业化”等多个国家和市级重大科技立项。2016 年，宁波市新增宁波韵升等 5 家国家企业技术中心，新引进 26 个“3315”计划高端团队和 25 名海外人才，成功举办第三届中国机器人峰会暨全球海归千人宁波峰会（促成中国机器人峰会永久落户宁波），9 个工业项目获得国家专项资金近 2 亿元，“科技双城”、专业园、特色小镇等产业集聚区和中科院上海药物所宁波生物产业创新中心、宁波智能装备检测中心、宁波新材料联合研究院等创新平台建设进展顺利，“大众创业、万众创新”、产业主体培育和产业生态优化取得新进展。

## 二、主要工作及成效

### （一）争创国家试点示范，完善产业顶层设计

一是扎实推进各项试点示范创建工作。2016 年，宁波市积极对接创新驱动发展战略、“中国制造 2025”等国家战略，全面争创国家自主创新示范区等国家级试点示范，先后获批全国首个“中国制造 2025”试点示范城市、全国首批科技成果转

移转化示范区、国家第二批促进科技和金融结合试点城市、国家知识产权纠纷调解试点城市和国家小微企业创业创新城市示范，研究制定了《宁波市建设"中国制造2025"试点示范城市实施方案》《关于宁波市推进小微企业创业创新基地城市示范的实施意见》《宁波市建设国家科技成果转移转化示范区实施方案》等政策意见。

二是完善战略性新兴产业政策体系。发布实施《宁波市战略性新兴产业"十三五"规划》，明确"十三五"期间全力聚焦新材料、高端装备、新一代信息技术3个战略引领产业，培育发展一批新兴产业，加快发展一批新型生产性服务业，形成"311"产业新体系和"3540"产业发展新空间，完善战略性新兴产业发展机制和环境，使战略性新兴产业成为全市经济社会发展的新动力。发布实施《加快推进战略性新兴产业倍增发展的实施意见》，配套起草相关实施细则，一方面从面上引导各地产业发展方向和各部门工作重心，明确各地各部门和团队的职责，形成较为完善的战略性新兴产业扶持政策体系；另一方面从点上提出了3个方面的政策举措，支持重大产业项目、重大创新平台和重大创新企业等"一事一议"项目，以及优质初创型企业和战略性新兴产业专业园建设发展。发布实施《关于促进生命健康产业创新发展的指导意见》《2016—2020年宁波市新能源汽车推广应用实施方案》等专项产业政策，推动重点产业加快发展。

### （二）深化创新驱动战略，创新成果不断涌现

一是提升关键核心技术突破能力。慈星股份研制的支持工业互联网全自动电脑针织横机装备关键技术及产业化项目获得国家科技进步二等奖，永新光学"高分辨荧光显微成像仪研究及产业化"和中科院宁波材料所"基于材料基因工程的高丰度稀土永磁材料研究"获国家重点研发计划立项，天真制药"中药新药派能达胶囊治疗难治性血细胞减少症的临床研究及产业化"获国家重大科技重大专项立项。结合战略性新兴产业发展方向和需求，宁波市在高端装备、新材料、节能环保、新能源汽车等领域，立项支持52项工业类市级重大科技专项，注塑机、钕铁硼磁性材料、高性能磁性软材料、密封件等一批产品实现重大技术突破。

二是企业技术创新主体地位和主导作用不断增强。2016年，宁波韵升等5家企业被认定为国家企业技术中心，宁波中车等15家企业被认定为省级企业技术中心，江丰电子等13家企业获批省级企业研究院，激智科技等4家企业获批新材料领域省级重点企业研究院。截至2017年，宁波市共有省级企业研究院47家、市级企业研究院104家、省级高新技术企业研究开发中心344家、市级以上企业工程（技术）中心1188家（其中国家认定企业技术中心17家）。

三是积极培育标准领航者。博威合金材料主持完成的《GB 29137—2012 铜及铜

合金线材单位产品能源消耗限额》标准项目荣获三等奖，是近几年来宁波市标准创新的重大突破。中科院宁波材料所申报并作为第一起草单位的《亚甲基蓝吸附法测定石墨烯材料比表面积》《石墨烯材料比表面积的测定亚甲基蓝吸附法》两个标准制定建议已列入 2017 年国家标准委标准制定计划，是宁波市首次在新材料石墨烯标准化领域发出“宁波声音”。

四是科技创新成果不断涌现。2016 年宁波市专利申请量 68244 件，其中发明专利 19328 件，比上年增长 20.4%；专利授权量 40792 件，其中发明专利授权 5669 件，增长 4.7%。建成全球首条储能式超级电容现代电车示范线，产出中国第一炉超高纯钛，星箭航天和科星材料产品助推“天宫二号”飞向深邃太空；石墨烯基重防腐涂料项目成功应用于电网电力的铁塔防腐，并有望在海洋工程、石化装备以及航天装备等领域推广应用。

## （三）集聚创新要素资源，营造产业发展氛围

一是深化实施“3315 计划”。出台深化实施海外高层次人才和高端创业创新团队引进“3315 计划”意见，发布 2016 年“3315 计划”引才公告，共有 598 个高端人才和团队项目申报，其中 26 个高端团队和 25 名海外人才最终入选，总计分别有 120 个高端团队和 358 名海外高层次人才入选。推荐 87 人和 100 人分别申报国家、省“千人计划”。截至 2016 年年底，“3315 计划”人才共创办企业 250 余家，近 200 家实现销售、100 多家实现盈利，张彦博士创办的宁波激智科技公司成为宁波市第一家在 A 股上市的“3315 计划”企业，一批企业已进入上市辅导或 IPO 排队阶段。

二是构建多元化融资体系。引导社会资本转化为促进战略性新兴产业发展的产业资本，形成了集“创业投资、天使投资、科技银行、科技保险、产业基金、科技信贷风险池、科技金融服务中介”等于一体的多元化投融资体系。宁波市创业投资引导基金批准参股 5 支基金，累计批准参股 23 支子基金（参股基金累计投资宁波市企业 69 家，投资总额 8.83 亿元），资金放大率 4.68 倍。宁波市天使投资引导基金累计备案天使投资机构（人）300 家（人），其中机构 53 家，可投资本达 85 亿元；新投项目达 29 项，合同金额达 2195.26 万元，累计投资项目达 135 项，合同金额达 1.16 亿元；直接引导社会资金 4.9 亿元，间接引导社会资金 13.5 亿元。宁波市海洋产业发展基金完成母基金和 1 号子基金的组建，工信产业基金运作和管理制度进一步健全完善。宁波市科技信贷风险池累计发放科技信贷 33 笔，放款额达 5165 万元。依托宁波全国唯一的国家保险创新综合试验区建设，吸引 390 多亿元“险资入甬”投资宁波市企业，政策性小微企业综合财产保险在鄞州试点推行。持续推广小贷保证保险，已累计支持 1.4 万家次无抵押、无担保的小微企业获得贷款超过 137 亿元。

新设全省首家科技保险分支机构——中华联合保险宁波市支公司，2016年以来，科技保险已为487家科技企业提供2.7亿元的风险保障。

## （四）强化重大项目抓手，增强持续发展动力

一是强化重大项目招商引资和进度管理。敏实集团工业机器人产业园和总部及技术中心项目、集成电路芯片制造项目、苏氏精密制造宁波强基产业园、华中数控智能机器人项目、长阳科技光学膜项目等一批战略性新兴产业重大项目签约落地；比亚迪、中芯国际集成电路等一批在建项目按计划进度推进建设；浙铁大风10万吨/年非光气法聚碳酸酯联合装置工程和激智新材料光学增亮膜生产线建设项目等一批项目竣工投产；31个在2015年竣工投产且投资额在5000万元以上的项目被认定为宁波市战略性新兴产业专项项目。

二是一批优势项目获得国家专项资金支持。2016年，宁波市共有9个工业技改项目列入国家专项计划，项目计划总投资12.1亿元，获得国家专项资金近2亿元。其中，列入国家工业转型升级强基工程项目4个，获得专项资金1.36亿元；列入国家智能制造装备发展专项项目3个，获得专项资金0.64亿元；列入国家智能制造试点示范项目2个，入选项目数量和获得专项资金均创历年新高。

三是企业综合实力不断增强。围绕战略性新兴产业发展重点方向，持续开展龙头企业、高成长企业、"单项冠军"企业、"三名"企业和"小升规"企业培育。精选潜力企业加大政策扶持力度，成功培育"两化"融合等方面示范企业超过50家、省级"三名"企业14家、高新技术企业认定达431家、"小升规"企业300家以上。30家细分行业企业申报国家"隐形冠军"示范和培育企业，其中海天塑机集团有限公司和宁波德鹰精密机械有限公司入选工信部单项冠军示范（培育）企业；均胜普瑞等6家企业入选省"隐形冠军"示范及培育名单。鼓励行业龙头企业通过技术创新、资本运作、"走出去"等多种形式进一步做大做强。2016年，宁波市战略性新兴产业拥有年产值超过100亿元大型企业集团2家，年产值50亿~100亿元的大型企业集团4家，20亿~50亿元企业8家，10亿~20亿元企业27家。

## （五）打造产业发展新空间，促进产业集聚集约发展

一是加快建设新材料科技城和国际海洋生态科技城。2016年，宁波新材料联合研究院首期建成"一平台三中心"，中航复材与宁波诺丁汉大学共建的航空复合材料实验室正式落户，中官路创业创新大街启动建设，新材料初创产业园建设初具规模。中国（宁波）海洋电子装备产业联盟正式成立，宁波海洋研究院、宁波大学海洋科教园、康达医疗健康产业园等项目启动建设，宁波国际海洋生态科技城建设取得新进展。

二是强势启动航天智慧科技城建设。2016 年 6 月，象保合作区与中国航天建设集团正式启动共建宁波航天智慧科技城，旨在打造千亿级航天产业聚集基地，全年引进企业 168 家，完成投资 4.75 亿元，实现税收超过 1 亿元。慧谷新材料、鑫宁精锻等项目正式落户，无人机、泰国城等一批重大项目深入推进，并成功申报市航天科技小镇，列入市级首批创建的特色小镇。

三是谋划建设一批战略性新兴产业专业园和特色小镇。宁波市认定一批产业集聚、特色明显、有带动力的战略性新兴产业集聚区为专业园或特色小镇，并给予政策补助，推动产业集聚发展。2016 年，余姚模客小镇、宁海智能汽车等 2 个战略性新兴产业特色小镇被认定为第二批省级特色小镇，鄞州现代电车小镇列入省级特色小镇培育名单。象山经济开发区滨海工业园和杭州湾新区高端装备制造产业园认定为 2016 年度宁波市战略性新兴产业专业园，分别命名为宁波市新能源专业园和宁波市高端装备专业园。

### （六）深入推进“双创”工作，打造活力“双创”生态

一是大力推进“大众创业、万众创新”。加快培育众创空间，从政策、资金、平台等多角度、多层次入手，构建以“专业孵化 + 创业导师 + 天使投资”为服务模式的创新创业体系。截至 2016 年年底，宁波市众创空间和创客服务中心合计已达 82 家，其中 19 家被认定为国家级众创空间，入驻企业 3250 余家，注册创客约 7830 人，集聚了中科创客、飞马旅、无中生有咖啡等一批“双创”服务新载体，累计培育创新型初创型企业 9010 家。

二是聚焦重点，推进重大平台建设。首先，继续做好原先已获批的信息惠民试点城市、新型智慧城市、电子商务示范城市、基因检测示范中心、企业技术中心等国家级平台牵头工作。其次，做好新获批国家、省级平台指导工作。2017 年上半年，宁波市成为全国通用航空产业综合示范区，鄞州区、中科院材料所成为第二批国家双创示范基地，中官路创新创业大街获得省级第一批“双创”示范基地，相关部门积极指导各地、各部门做好方案编制并按期予以上报。最后，完成国家军民融合示范区的方案上报，宁波市、鄞州区和杭州湾新区申报省级军民融合创新示范区，15 家企业和 9 个项目申报省级军民融合示范企业和项目。同时积极配合做好“中国制造 2025”试点示范城市、“浙东南自主创新示范区”、“小微企业双创示范基地”等重大平台的申报、建设等工作，参与各类会议达 30 余次。

三是营造创业创新氛围。成功举办第三届中国机器人峰会暨全球海归千人宁波峰会（促成中国机器人峰会永久落户宁波）、中国创新创业大赛、第三届“3315 计划”海外（东京）创业创新大赛、海外（纽约）金融创投创业创新大赛、黑马大赛、大学生创业大赛、发明创新大赛、创客创业大赛等系列赛事或专题活动，进一步促进

人才、技术、项目加快向宁波集中集聚，扩大宁波在鼓励创新、促进创业方面的影响力。宁波市 9 所高校成立了创业学院，开设了 23 个创新创业班，12 所高校共开设 80 余门创业课程，培养了一批高素质创新创业人才。

## 三、存在的问题及建议

### （一）存在的问题

虽然宁波市在战略性新兴产业方面做了大量的工作，也取得了不少成就，但总体来看，特别是和先进地区相比，全市科技创新水平不高，战略性新兴产业规模不大，带动力不强，这与长期以来宁波传统发展模式的路径依赖，以及以石化等传统产业占主导的产业格局密切相关。企业反映，受高端科教创新资源不足等因素影响，企业技术创新或产品转型升级所需的人才，尤其是软件开发、电路开发、嵌入式系统开发人才及有经验的市场营销团队极度匮乏。此外，金融支持实体经济力度实际在弱化，部分新兴产业发展面临体制机制障碍。需要特别关注的是投资增速的放缓。2016 年，宁波市高新技术产业投资额 473.5 亿元，绝对值居浙江省首位，但增速为负增长 16.7%，同期工业投资和技改投资也首次出现“双负”增长，形势十分严峻。虽然存在“十二五”基数高、研发、设计等轻资产、无形资产不能计入固定资产投资等因素，但项目数量降幅超过 30%，缺少 20 亿元以上大项目，外商投资大幅下降等数据均说明宁波市重大项目接续乏力，如不扭转趋势，将对产业发展后劲带来负面影响。

### （二）建议

一是加快新产品、新业态、新模式推广应用，加快自主创新产品推广应用。二是充分发挥互联网在生产要素中的优化和集成作用，加快互联网与实体经济嫁接，发展“互联网 + 设计”等示范专项。三是切实转变政府管理职能，推动政府职能从管理向服务转变，继续下放一批管理权限。四是强化创新政策供给，健全普惠的创新政策体系，形成从研发到产业化应用的创新全链条政策体系，激发“产学研用”、大中小微企业等各类创新主体的积极性和内生动力。

## 四、下一步发展方向、思路及举措

2017 年，围绕建设“一圈三中心”，宁波市战略性新兴产业聚焦三大千亿级产业和若干细分产业，着力打造产业创新生态系统，重点谋划建设重大创新平台，推进重大科技成果转化，加快人才、技术、资源等各类要素集聚；着力发挥企业创新主体作用，提升战略性新兴企业的数量、规模和水平，使战略性新兴产业成为推动全市产业中高端发展的引领力量和全市经济社会发展的新动能，支撑宁波建设具有国际影响力的制造业创新中心、跻身“全国大城市第一方队”。

### （一）推动重点产业突破发展，做大产业规模

结合国家科技重大专项、国家重点研发计划项目、中国制造 2025 等重大创新布局，以及宁波市产业发展现状，在原八大战略性新兴产业基础上，进一步聚焦支持新材料、高端装备、新一代信息技术等千亿级产业，重点主攻稀土磁性材料、高端金属合金材料、石墨烯、专用装备、关键基础件、光学电子、基础电路、工业互联网等八大细分产业。根据八大细分产业三年行动计划确定的发展思路、目标、任务、途径，分工合作，通过突破核心技术、搭建创新平台、加大应用示范等针对性措施，推进细分产业专业化、集聚化发展。同时，继续培育壮大一批具备一定发展条件的细分新兴产业，推进新能源汽车、智能信息设施等新技术、新产品推广应用，并支持企业开展技术创新和商业模式创新，推进产业跨界融合发展，培育新业态发展。以宁波通用航空综合示范区建设为契机，加快培育发展通航产业。抢抓国家实施“互联网 +”行动计划的重大机遇，充分发挥互联网在生产要素中的优化和集成作用，加快互联网与实体经济嫁接。

### （二）谋划建设重大创新平台，支撑创新发展

依托新材料科技城和国际海洋生态科技城建设，主动对接国际、国内高层次创新资源，抓好重大创新平台建设，以平台集聚高端创新资源，支撑创新发展。构建“一带两湾”（甬江两岸创新创业带、杭州湾创新湾区、象山湾创新湾区）创新发展新空间，布局建设中官路创业创新大街、环杭州湾创新中心等一批创新创业新地标。支持中科院宁波材料所、宁波大学等高校与优势产业领域企业开展产学研合作，推进协同创新。依托科研院所和央企，加快推进宁波新材料联合研究院、中科院新材料初创园、中科院上海有机化学所宁波新材料创制中心、宁波国际材料基因工程研究院、宁波智能制造产业研究院等平台建设，加速一批创新成果在宁波产业化。探索企业主导、政府支持、科研机构参与的新型建设模式，启动及筹建宁波市新材料设计制造创新中心、宁波市智能制造开放性创新中心、宁波市石墨烯制造创新中心、宁波市磁性材料及应用创新中心等一批制造业创新中心建设。切实发挥战略性新兴产业的技术辐射带动作用，推动传统产业生产方式转变，推进石化产业绿色化、家

电产业智能化、纺织服装时尚化和汽车的节能化和轻量化。

## （三）发挥企业创新主体作用，夯实产业基础

切实抓好企业创新主体建设，让企业发挥关键作用，解决创新驱动转型升级的内生动力问题。组织企业开展重大关键共性技术攻关，对已突破关键核心技术、实施产业化的企业给予政策支持。积极引导企业组织或参与国家科技计划项目，制订相关行业标准，支持企业创建企业工程（技术）中心、重点实验室和企业研究院。实施行业龙头骨干企业、科技“小巨人”、企业上市三大培育计划，深入实施“四换三名”“两化融合”，壮大创新型企业群体。加快高新技术企业苗子梯队培育，完善企业创新体系，实施技术创新引导计划，引导企业加大创新投入，推进企业研发机构建设。鼓励宁波市企业“走出去”，拓展人才、资本、产业链环节的高端链接深度和广度。开展产业投资攻坚年活动，鼓励企业加大对战略性新兴产业领域的投资力度。力争东泓科技用电信息智能采集、分析、决策系统及终端设备等一批重大项目竣工投产，开工建设中芯国际 8 英寸特种工艺芯片生产等一批新开工项目，加快推进舜宇车载辅助驾驶影像模块生产等一批在建项目建设。加大产业链招商和科技招商力度，谋划推进一批科技含量高、投资强度大、回报率高的产业化项目，起到引领、示范、拉动、辐射的作用。

## （四）集聚各类创新要素资源，完善产业生态

切实抓好创新生态优化，不断激发“大众创业、万众创新”活力，服务创新发展，不断优化战略性新兴产业发展环境。大力发展科技金融，建立知识产权质押融资风险补偿机制，建立覆盖创新发展全链条的科技金融服务体系，综合运用创业投资引导基金、天使投资引导基金、四大产业基金、科技信贷风险池、科技研发与成果转化引导基金等多种手段，撬动社会资本投入科技创新活动。落实市人才发展新政策 25 条、顶尖人才最高 1 亿元资助政策以及中央、省高层次人才特殊支持计划，完善人才生活服务“3H 工程”，指导宁波欧美同学会发挥引才作用，引进多层次人才，支持企业家、科技人员、大学生等各类创业主体创业创新。完善激活创业孵化链条，持续推进众创空间向专业化纵深发展，促进各类创业创新要素聚集交流对接。继续开展“双创活动周”，进一步促进人才、技术、项目加快向宁波集中集聚，扩大宁波在鼓励创新、促进创业方面的影响力，争创全国第二批“双创”示范基地。

## （五）落实创新驱动发展战略，推动改革攻坚

按照党中央国务院关于深化体制机制加快创新驱动发展的工作部署和 2017 年

宁波市全面深化改革工作要点，落实创新驱动发展战略的重大改革举措。抓好贯彻落实，确保国家推动创新驱动的一系列政策在宁波落地，并结合各个示范试点城市的开展，研究出台有利于产业发展的配套政策措施，率先突破一批制约战略性新兴产业发展的制度障碍。全力以赴争创国家自主创新示范区，在 2016 年被列为自主创新示范区重点培育对象的基础之上，进一步做好与国家、中央部委和省的沟通对接，进一步夯实自创区创建工作基础，力争创建成功。

# 集聚发展格局初步形成

青岛市发展改革委

## 一、基本情况

近年来，青岛市将培育发展战略性新兴产业作为推动经济转型和产业升级的重要举措，产业发展速度加快，聚集格局初步形成，创新能力不断增强，发展环境和支撑条件不断优化，战略性新兴产业呈现平稳快速发展态势。

### （一）产业规模迅速扩大

2016 年全市战略性新兴产业（不含数字创意产业）完成产值 4004.5 亿元，同比增长 13.3%。其中，规模以上战略性新兴产业完成产值 3741.9 亿元，同比增长 12.7%，高于规模以上工业产值增速 5.6 个百分点。高端装备与材料、新一代信息技术等优势产业主体地位日益稳固，占战略性新兴产业产值比重超过 68%。

### （二）集聚发展格局初步形成

“一谷两区”成为战略性新兴产业发展的核心引擎区。蓝谷核心区以创新创业为重点，青岛海洋国家实验室、国家深海基地等一批国家级重大科技创新平台相继启用，产业培育与企业创新发展进入新阶段。红岛经济区以高技术产业化为重点，在软件信息、智能制造、生物医药、石墨烯等方面形成先发优势。西海岸新区以建设高端新兴产业集聚区为重点，特色产业园区建设成效显现。城阳轨道交通产业园、崂山海洋生物产业园等区市战略性新兴产业特色园区加快发展，初步形成了各具特色的集聚发展格局。

### （三）产业创新能力大幅提升

国家创新型城市和技术创新工程试点城市建设全面推进。逐步完善国家、省、市三级产业创新体系，通过创新平台建设提高战略性新兴产业自主创新能力。截至 2017

年，青岛市已获批国家工程研究中心（工程实验室）6家、国家地方联合工程研究中心（工程实验室）21家、省级工程研究中心（工程实验室）34家，认定市级工程研究中心（工程实验室）149家；获批国家级企业技术中心35家、省级企业技术中心127家，认定市级企业技术中心398家。积极发挥市级创业投资引导基金作用，累计对131家企业实施股权投资25.1亿元，其中30家企业成功迈入多层次资本市场。

### （四）发展环境不断优化

出台战略性新兴产业发展规划和相关扶持政策，政策扶持体系不断完善。市场配置资源的决定作用得以落实，以企业为主体、政府支持和高效服务的战略性新兴产业发展机制已初步形成。国家“一带一路”建设、“三去一降一补”供给侧结构性改革等为青岛市战略性新兴产业发展拓展了新领域和新空间。创新驱动发展战略加快实施，大众创业万众创新深入推进，“互联网+”“海洋+”规划全面落实，各类创新创业资源不断集聚，形成加快战略性新兴产业发展的良好社会氛围。

## 二、未来发展方向

为进一步明确青岛市战略性新兴产业发展方向和目标，发展新经济，培育新动能，根据《“十三五”国家战略性新兴产业发展规划》，结合青岛市实际，制定发布《青岛市“十三五”战略性新兴产业发展规划》。

### （一）产业选择

规划确定青岛市“十三五”重点发展新一代信息技术、高端装备与新材料、生物、绿色低碳和数字创意等五大战略性新兴产业。同时，确定了空天海洋、信息网络、生物技术等领域作为青岛市超前布局培育的战略性产业。

### （二）发展目标

到2020年，全市战略性新兴产业成为支撑经济社会发展的新动力，形成园区支撑、产业链优化、创新集聚发展的产业发展新体系，打造国家东部沿海重要的创新中心和战略性新兴产业集聚区、国家海洋科技创新中心和海洋新兴产业策源地。战略性新兴产业产值达到8000亿元，增加值占全市GDP比重达到20%左右。

### （三）空间布局

构筑以“一谷两区”为重点、26个特色产业园区为支撑的空间布局体系。蓝谷核心区，建设国际一流的海洋科技成果创新和孵化基地。西海岸新区，打造全市战略性新兴产业发展的核心引擎区。红岛经济区，打造全市战略性新兴产业培育和产业化发展示范基地。特色产业园区中，新一代信息技术产业布局 3 个产业园区，规划面积约 48 平方公里；高端装备制造与新材料产业布局 11 个产业园区，规划面积约 168 平方公里；生物产业布局 6 个产业园区，规划面积 60 平方公里；绿色低碳产业重点布局 2 个产业园区，规划面积 50 平方公里；数字创意产业布局 4 个产业园区，规划面积 8 平方公里。

### （四）发展重点

新一代信息技术产业。重点发展下一代互联网、物联网、云计算、大数据、新型显示、集成电路、人工智能等产业。到 2020 年，新一代信息技术产业产值突破 2000 亿元，建成国家下一代互联网示范城市和国家北方数据中心。

高端装备与新材料产业。重点发展轨道交通装备、海洋工程装备及高技术船舶、智能制造装备、航空航天装备及卫星应用、新材料等产业，形成高端装备与新材料产业互相促进的发展新格局。到 2020 年，青岛市高端装备与新材料产业产值突破 3500 亿元，建成高速列车、海洋工程、智能制造、通用航空等国家高端装备产业基地和国家新材料产业化示范基地。

生物产业。重点发展新药创制、医疗器械与养老用品、生物农业、生物制造等产业。到 2020 年，青岛市生物技术产业产值力争突破 500 亿元，并带动健康产业快速发展，建成国内一流的国家基因检测技术应用示范中心和国家生物产业基地。

绿色低碳产业。重点发展节能、环保、资源循环利用、新能源、新能源汽车等产业。到 2020 年，节能环保、新能源及新能源汽车产业产值突破 1500 亿元，建成国家新能源汽车产业制造基地、国家海洋新能源综合利用示范区和国家海洋生态文明示范区。

数字创意产业。重点发展数字家庭、数字媒体、数字出版、动漫游戏、数字影视等产业。到 2020 年，数字创意产业带动相关产业产值突破 500 亿元，建成数字家庭、动漫创意、影视出版、数字媒体等国家级产业基地。

### （五）重大推进工程

一是重点推进企业培育、区域创新、人才集聚、金融服务、开放升级、产业示范、创新创业、环境优化等八大重点工程。二是建设青岛海洋国家实验室、轨道交通车辆系统集成国家工程实验室、基因检测技术应用示范中心等一批重大创新平台。三是推进建设高速列车国家技术创新中心、空客直升机、中船重工青岛海洋装备科技城等一批总投资超过 1600 亿元的重大产业项目，支撑战略性新兴产业加快发展。

# LEADING INDUSTRY

# 企业篇

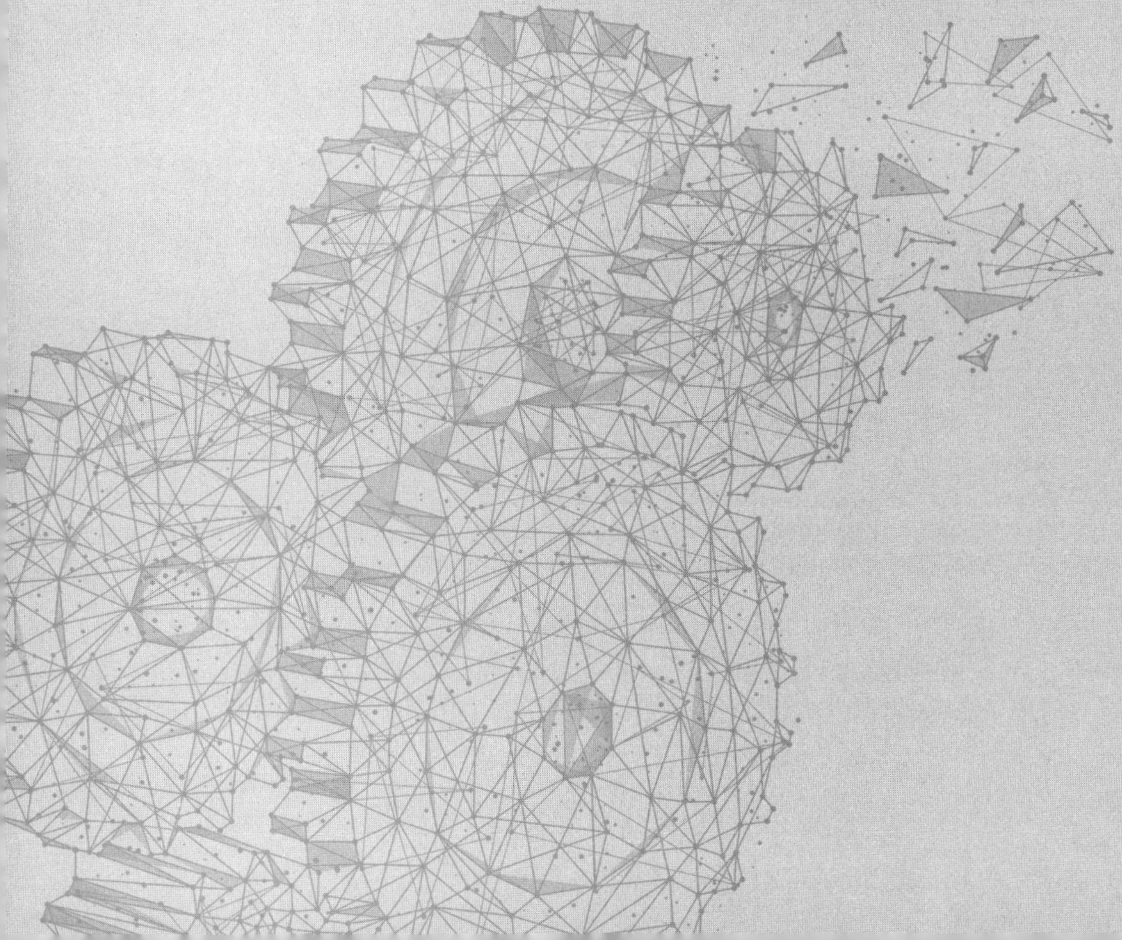

# 一、新技术

## 自动驾驶开放平台助力中国汽车产业迈向世界前沿

### ——百度开放 Apollo（阿波罗）无人驾驶平台

百度

全球汽车产业面临着电动化、共享化、智能化三大发展趋势，特别是自动驾驶技术的快速发展，有望助力我国在新一轮汽车产业变革中实现跨越发展。

在自动驾驶发展路径上，主要有封闭系统和开放平台两种模式。封闭系统是以自研、技术采购或收购等方式开展研发，产业推进慢，且创新扩散能力有限。而基于开放的自动驾驶平台，生态中的企业间能够实现技术、数据共享和商业共赢，从而有效加速创新和商业化进程，帮助中国由汽车大国向汽车强国升级。

百度 Apollo 开放平台秉承“开放能力、共享资源、加速创新、持续共赢”的理念，开放了完整的技术架构，包括云端服务平台、软件平台、参考硬件平台、参考车辆平台四大部分，将打造汽车产业界的安卓系统。开发者可依托平台进行开发，使车辆快速具备在封闭园区自动驾驶的能力，更多自动驾驶相关的能力和接口将在未来 2~3 年内逐步开放。

Apollo 首批生态合作伙伴规模超过 50 家，包括汽车厂商、一级供应商（Tier1）、地图公司、芯片公司、投资基金、个人开发者、创业公司、科研机构和政府等，成为全球最强大的自动驾驶生态。

## 一、自动驾驶是我国汽车产业跨越发展的重要机遇

今天，先进的无人驾驶汽车正行驶在中国、美国、日本、瑞典、荷兰等多个国家的大街上，汽车正在成为拥有庞大信息处理能力的大型移动设备。到 2021—2022 年，无人驾驶汽车入市后，业内预计，自动驾驶行业将会产生2000亿~1.9万亿美元的市场。

汽车诞生后的 100 多年中，中国从未有机会引领汽车产业的发展。在自动驾驶新时代，我国起步较早，具备了较为领先的技术实力和上路能力，部分领域与发达国家处于同一起跑线。如国内以百度为代表的互联网科技企业，凭借长期积累的人工智能、大数据和地图导航等技术优势，积极布局，开启了我国自动驾驶的商业化之路。这一次，自动驾驶技术引发的变革，有望助力我国在新一轮汽车产业格局重塑中实现跨越发展。

在自动驾驶的发展路径上，主要有封闭系统和开放平台两种模式。封闭系统是汽车产业长期以来的主要发展模式，其特点是以自研、技术采购或收购等方式开展研发，其典型代表为福特、通用等传统车厂，包括谷歌、苹果、Uber 为代表的互联网科技厂商也选择了封闭系统的研发道路。开放平台则是一种全新的模式，它能够基于平台成员间的数据、技术共享，实现加速创新和持续共赢。百度选择了开放平台发展自动驾驶的路线，发布了 Apollo 平台，这种快速创新的开放生态将有可能成为中国汽车工业未来 3~5 年内跳跃式赶超的跳板。

## 二、百度开放 Apollo 自动驾驶平台，构建产业生态

百度开放 Apollo 自动驾驶平台，将打造汽车产业界的安卓系统，并且比安卓更开放、更强大。汽车工业复杂且技术壁垒高，自动驾驶所需要的知识和能力更为繁复，Apollo 对汽车工业的影响和贡献将非常巨大和深远。

在自动驾驶领域，百度已有丰厚的技术积累，截至 2016 年年底，百度自动驾驶技术相关专利申请数量达到 600 余项。百度拥有全球领先的环境感知、行为预测、规划控制、操作系统、智能互联、车载硬件、人机交互、高精定位、高精地图和系统安全等十项技术；百度的全球最佳交通场景车辆识别技术，在国际自动驾驶场景 KITTI 数据集车辆检测准确率达 92.65%，为世界第一；百度的高精度地图和定位技术精度达到厘米级；百度自主研发了全球领先的车载计算系统（包括异构硬件计算平台和自动驾驶汽车操作系统 CarOS）。

此次，Apollo 平台开放了完整的技术架构，包括云端服务平台、软件平台、参考硬件平台、参考车辆平台四大部分。Apollo 开放平台通过四层架构全方位构建了能够实际运行的自动驾驶系统，并通过开放代码、开放能力和开放数据三种形式，

逐步赋能开发者及生态合作伙伴。

### （一）云端服务平台

旨在为合作伙伴提供高精度地图服务、仿真引擎、安全服务、DuerOS 对话式人工智能系统等服务。如在仿真引擎方面，百度拥有大量的实际路况及无人驾驶场景数据，基于大规模云端计算容量，可打造日行百万公里的虚拟运行能力。通过开放的仿真服务，Apollo 的合作伙伴可以接入海量的无人驾驶场景，快速完成测试、验证和模型优化等一系列工作，覆盖全面且安全高效。

### （二）软件平台

包括自定位、感知、车辆规划控制、底层运行框架等 10 个部分。以自定位模块为例，百度依托业界领先的高精地图与传感器的能力融合，为每辆车提供低成本、全天候的精准定位能力，让每辆汽车都能精准地获知自己身在何处，从而做出相应的决策控制。

### （三）参考硬件平台和参考车辆平台

支持 CPU、GPU、FPGA 等多种计算硬件，以及 GPS、摄像头、激光雷达等多种传感器，可以帮助合作伙伴快速组建自己的自动驾驶汽车。

百度 Apollo 技术框架见图 1。

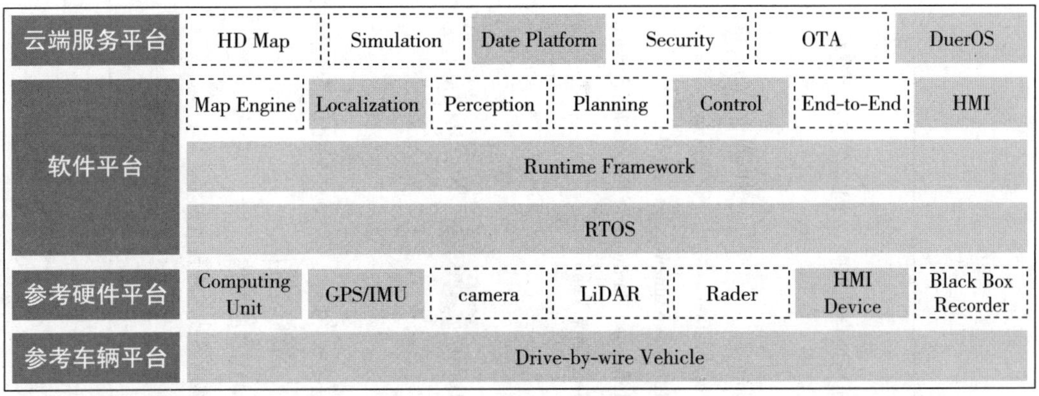


**图 1　百度 Apollo 技术框架**

注：图中深色部分为 7 月 5 日百度 AI 开发者大会 Apollo 平台最新开放的功能。

百度 2017 年 7 月 5 日发布的 Apollo 平台的“1.0 版本”，开发者可依托该平台进行开发，使车辆快速具备在封闭园区自动驾驶的能力，更多自动驾驶相关的能力和接口将在未来 2~3 年内逐步开放。百度 Apollo 自动驾驶平台开放路线图见图 2。

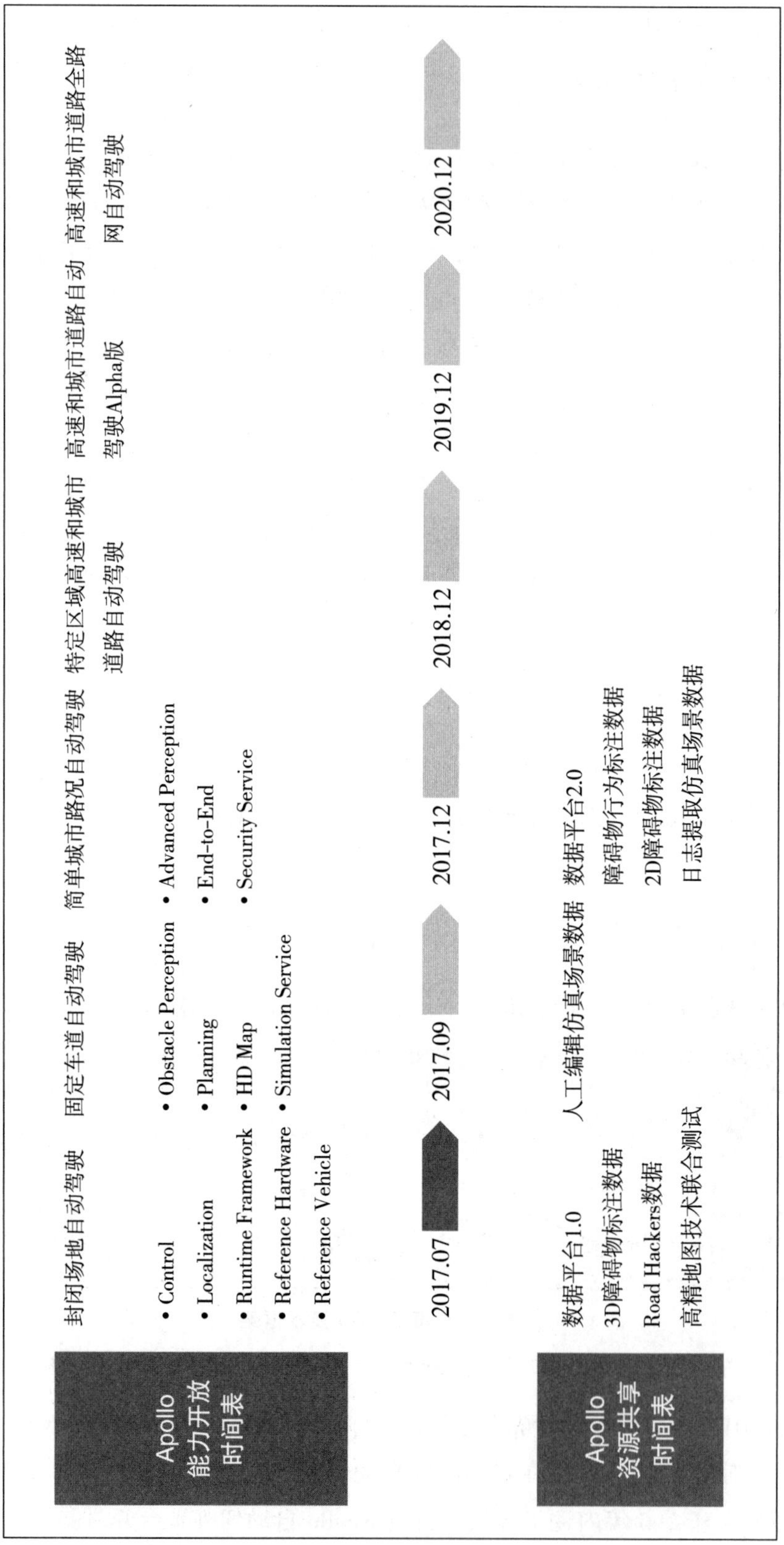


图 2 百度 Apollo 自动驾驶平台开放路线图

百度将首先在 2017 年 7 月开放封闭场地循迹自动驾驶，9 月份开放固定车道跟车自动驾驶，到年底输出简单城市路况的自动驾驶能力，2018 年年底开放特定区域高速和城市道路自动驾驶，2019 年年底公布高速和城市道路自动驾驶 Alpha 版，最终在 2020 年之前实现高速和城市道路全路网自动驾驶。

“开放能力、共享资源、加速创新、持续共赢”是百度 Apollo 生态的重要原则。基于这一理念下的 Apollo 生态合作伙伴联盟也于 2017 年 7 月 5 日正式成立，首批成员超 50 家，成为全球最强大的自动驾驶生态。

### （四）汽车厂商

包括奇瑞、一汽、长安、长城等 15 家领先的 OEM 厂商，自主品牌 OEM 销量前 10 名中，已有 6 家加入 Apollo 生态合作伙伴联盟。

### （五）一级供应商（Tier1）

多家 Tier1 企业加入 Apollo 生态合作伙伴联盟。全球最知名的两家 Tier1：博世、大陆均已成为 Apollo 生态首批成员并与百度签订了战略合作协议。

### （六）政府部门和机构

安徽芜湖、河北保定、北京亦庄等地政府部门和机构也在首批 Apollo 生态合作伙伴联盟中。

### （七）Apollo 生态

Apollo 生态企业成员 NVIDIA、微软、中兴通讯、Velodyne 等多领域关键零部件生产商，Autonomou Stuff、地平线等新锐初创企业，神州优车、Grabtaxi 和首汽租车等出行服务商，覆盖了汽车零部件、芯片、地图、出行服务等各个自动驾驶的关键领域。清华大学、北京航空航天大学、北京理工大学、上海交通大学、同济大学等国内一流高校也已加入其中。

除此之外，百度还和长江产业基金合作推出了 Apollo 基金，将对整个生态链企业进行投资支持，以打造更好的创新生态。

## 三、开放的自动驾驶平台对我国汽车产业发展的重要意义

与封闭系统相对应，基于开放的自动驾驶平台，生态中的企业间能够实现技术、数据共享和商业共赢，加速创新和商业化进程，帮助中国汽车产业掌握智能化时代

的自主核心技术，由汽车大国向汽车强国升级。

开放平台能大幅加速行业创新。在开放生态中，所有参与者每一天行驶的道路，每一天测试的场景，都会以数据化的形式汇聚在一起，推动算法不断迭代优化，进而再把自动驾驶的能力共享给参与各方，形成一个多方参与、共享升级的良性循环，从而大大加快创新的速度。根据兰德咨询公司的报告，自动驾驶车辆需要积累100亿公里的测试里程才能达到可靠的运营能力。这对任何一个厂商都是很难企及的目标，因为即使有100辆车日夜不停地跑，也需要225年才能有这样的数据。而在百度开放的Apollo仿真引擎支持下，车辆可以实现日行百万公里的虚拟运行能力，形成一个快速迭代的闭环，大幅提高创新的效率。

开放平台将帮助自动驾驶更快实现产业价值。自动驾驶产业具有很高的产业价值。开放平台能够提供自动驾驶所需要的人工智能、大数据和高精地图等能力，开发者和生态合作伙伴借助平台，可以轻松打造自己的智能驾驶汽车，进而吸引更多的人才、资金、企业等进入此领域，加速商业化进程，共同促进自动驾驶产业的繁荣。如美国创业公司AutonomouStuff的一位工程师借助百度Apollo1.0，仅花了3天时间，便将一辆林肯MKZ打造成一辆循迹自动驾驶汽车，而在以往至少需要一支50人团队、进行超过6个月研发才能实现。同时，加上开放平台整合带来的硬件成本的下降，自动驾驶的普及可能会更快地到来。

开放平台将加速产业价值链的重塑，助力我国汽车工业提升话语权。当前，汽车业核心价值链仍掌握在奔驰、宝马、大众、丰田等整车厂商，以及德国大陆、德国博世等零配件厂商手中。但伴随智能化的浪潮，汽车产业的格局将会发生重大的改变。根据摩根士丹利的报告，未来汽车60%的价值将来自于软件和服务，而目前的比例仅有10%左右。这意味着，开放平台所承载的软件、数据和相关服务，将在未来汽车产业价值链中占据越来越重要的位置，面对新变革、新机遇，我国以百度为代表的互联网企业，以及奇瑞、长安、一汽、比亚迪、北汽等整车企业，正在通过Apollo平台合作研发，打造由中国自主自动驾驶技术为核心构建的合作共赢，加速创新的新生态，共同赢得未来竞争。

抓住自动驾驶发展机遇，政府的作用至关重要。美国、德国、英国、瑞典、韩国等国政府均在加大政策创新力度，加强对自动驾驶汽车技术研发、上路测试和商业化试运营的支持。如美国联邦政府2016年发布实施自动驾驶汽车政策指南，加州等多地已发放牌照，允许自动驾驶车辆上路测试。我们建议我国做好顶层设计和规划，建立和完善智能化交通基础设施，并积极组织开展自动驾驶汽车测试的试点工作，充分发挥政府政策支持和市场创新的协同效应，促进我国自动驾驶汽车产业快速发展。

# 坚持开放、透明的互联网跨界合作

安徽华米信息科技有限公司

## 一、自成立以来保持快速稳定发展

安徽华米信息科技有限公司（以下简称华米科技）是合肥本土成长起来的一家以智能可穿戴设备为基础的移动互联网公司，2014 年年初，获得小米科技及顺为资本的联合投资，成为小米生态链企业。2015 年年初，华米科技获得高榕资本、红杉资本及晨兴创投共 3500 万美元的 B 轮投资，公司估值超过 3 亿美元。目前华米科技已推出小米手环、体脂秤，自有品牌 Amazfit 运动手表、米动健康手环、龙支付米动手环等多款产品，根据 IDC、Strategy Analytics 发布的数据，小米手环 2017 年前两个季度的销售全球排名第一。

华米科技坚持开放、透明的互联网跨界合作策略。在运动健康领域，与李宁等专业体育用品公司合作推出智能跑鞋模块——华米智芯，其中李宁智能跑鞋 2016 年的销售量突破了 100 万双，成为智能穿戴技术与传统运动跑鞋相结合的成功商业案例；在移动支付领域，与阿里巴巴的支付宝等第三方支付平台及金融机构合作，打造基于智能穿戴的移动免密支付，与中国建设银行合作开发的龙支付米动手环，在上海地区可实现在地铁、公交等免密支付，以及 ATM 快捷取款；在智能家居领域，与美的空调、Yeelight 的智能灯泡等诸多智能家居产品实现智能交互，提升生活品质。通过互联网跨界融合，初步形成了基于智能穿戴设备及互联网服务的大数据和生态平台雏形。

根据全球互联网高端人才区域集聚特点，华米科技先后在美国硅谷成立工业设计及前沿技术研发中心、在北京成立互联网运营中心、在深圳成立供应链管理中心，通过建立规范的期权激励制度，吸引了来自谷歌、微软、Intel、华为、联想等世界 500 强企业的资深技术工程师、工业设计师及产品专家加入，整合全球人才资源，打造国际化运营团队。

华米科技自主开发了业内领先的运动姿势识别算法及人体运动数据分析技术，

研发了"小米运动""米动健康"等多款移动互联网 APP；基于海量用户的运动健康数据，华米科技发布了米动指数大数据。2017 年 3 月，发布了《中国人睡眠白皮书》，引起社会广泛关注。华米科技已成立人工智能实验室，推出了首款监测心血管健康的人工智能手环——Amazfit 米动健康手环。

华米科技自成立以来保持快速稳定发展，2014 年实现销售收入近 1 亿元，2015 年 10 亿元，2016 年突破 15 亿元。

## 二、坚持按需定制的策略

### （一）紧抓产业升级机遇

华米科技核心技术团队成员全部来自于中国科学技术大学，创始人黄汪是国内嵌入式 Linux 技术的积极倡导者及资深专家，带领团队在创业历程中先后从事过手机、平板和智能手表等嵌入式设备研发，拥有完备的嵌入式 Linux 软硬件一体化研发设计能力。至华米科技成立，团队经历了从网络方案设计到电子消费品牌，再到互联网运动健康大数据的转型，其转型历程紧随了互联网消费热点的三次大变革。

### （二）打造全产业链生态系统

华米科技具备一流的产品定义能力，主推粉丝经济，坚持单款爆品策略，通过小米手环、AMAZFIT 手环、AMAZFIT 手表等产品，用高配低价策略迅速聚集了大量粉丝。在软件方面，华米科技狠抓核心技术开发，追求差异化功能实现，推出的小米运动是国内应用最广泛的垂直泛运动类 APP，拥有专业的跑步数据分析和海量的运动健康数据库。在互联网服务方面，华米科技不仅基于强大的运动健康数据库及自主研发的人工智能技术成果提供先进的人体身份识别、活动监测及情绪感知服务，而且与腾讯、美的、李宁、支付宝等不同领域的公司展开互联网跨界合作。

### （三）创新商业模式

华米科技基于产品服务链条、信息链条、内容链条，将终端打造成数据和服务入口，贯通软件、硬件和服务保障，创造出"软件 + 硬件 + 互联网服务"的全新商业模式，并坚持按需定制的策略，以"预售——获取订单——生产——配送"的模式，注重零库存、轻资产运营。通过零渠道成本电商销售，华米科技简化了销售各环节的中间渠道，加快了运营过程中的资金流和信息流。而在营销中，华米科技紧密结合互联网实施社会化的营销，同时以论坛、微博、微信等新媒体平台进行营销互动，节约了营销成本。

### （四）提升用户的参与度

华米科技在产品研发、设计、迭代升级环节建立了用户深度参与的开放式研发测试模式。借助产品论坛、微信等新媒体渠道，与用户全方位互动，通过“新功能快速上线、已知问题快速修复、用户反馈快速响应”的互联网开发模式，大大降低了产品研发成本，提升了用户的满意度。同时，基于互联网时代产品营销愈渐口碑化的趋势，立足用户的心理模型和使用场景，通过超预期的产品赢得口碑，以极具竞争力的价格，迅速抢占市场。

### （五）全力推进人工智能发展

华米科技的人工智能实验室，基于可穿戴设备开发了业内领先的算法、模式识别及人体数据分析技术，随着用户和数据的增加，通过深度学习，神经网络模型将更加完善，生物特征识别精准度更高，人工智能医生也将不断自我进化，可广泛应用于身份 ID 识别、运动健康管理和医生的辅助诊断。华米科技正在搭建云端运动及健康大数据的深度学习平台，主导研发基于深度学习的可穿戴芯片，基于人工智能的技术将驱动华米科技的运动及健康医疗大数据业务转型升级。

### （六）完善地区产业链配套

通过产业基金和孵化器发展的模式，华米科技加快智能可穿戴产业布局与发展。公司与安徽省投资集团旗下的安徽高新技术产业投资有限公司联合成立首期 1 亿元人民币的智能硬件创业投资基金（华颖基金）；与中安创谷成立智能硬件孵化器，建立和完善智能可穿戴产业链。目前华颖基金已投资贯穿芯片设计、工业外观设计、新型运动健康服务、精密制造等领域的企业十多家，而智能硬件孵化器也引入了众多覆盖智能硬件产业链上下游的企业进驻，在提升华米科技自身产业配套的同时，较好地完善了安徽省智能硬件产业链，有力提升了产业竞争力。

## 三、秉承使命不断创新

### （一）加快转变产业发展思路

首先要颠覆传统观念，学习互联网思维方法，从成功的创业者、领军型企业家身上，吸收借鉴前沿的市场理念。当前，我国经济正处于新旧动能转换的关键期，要敢于打破传统的模式体系，不断探索运用新思维新方式，大力发展互联网经济，夯实产业发展基础，提升新一代信息技术支撑水平，尤其要加强对新产业、新模式、新业态研究，转变产业发展思路。

（二）不断创新转型

我国传统产业企业尤其是制造业企业在全球化产业分工的背景下，应专注于产品设计及市场营销，将附加值较低的加工制造、仓储物流外包给第三方企业，转而集中精力于创新产品服务，发挥互联网从销售环节向生产制造管理环节的渗透作用，促进技术创新，革新组织模式，加快向 B2C 与 C2B 新经济模式转变。

（三）坚持开放发展，实现合作共赢

科技型企业需要以开放的视野，突破本地人才、技术局限，与国内外优势高校、企业加强互联网关键技术和产品的研发合作，整合高校、企业和社会资源，逐步完善产业人才、技术的支撑体系。同时，可从产业集聚和产业配套的角度出发，通过技术合作、服务外包、资本参股等多种形式，加强同国内外产业链相关企业合作，不断完善生态体系，实现上下游共同发展。

（四）打造自主品牌，走品牌之路

中国企业具备超越国际巨头的机会，但由于我国自主高端品牌建设相对滞后，许多优秀民族品牌被外国品牌并购而逐步淡出国际市场。未来的市场是全球化的市场，企业在发展中应培养全球化的视野，增强整合全球资源的能力。因此，必须强化企业品牌意识，把推进品牌建设上升到企业战略发展的高度，作为建设创新型企业的重要抓手。华米科技虽然是小米科技生态链企业，同时也是一家独立运营的公司，拥有自己的独立品牌——Amazfit，其推出的产品将智能可穿戴设备和时尚生活完美结合。未来公司将秉承使命不断创新，打造更高端的产品，满足不同用户群的需求。

# 助力平板显示产业“从大到强”

京东方科技集团股份有限公司

创新是引领发展的第一动力。2016年，国家主席习近平视察安徽，在中国科技大学先进技术研究院观看安徽高新技术企业科技创新成果集中展示时强调：“当今世界科技革命和产业变革方兴未艾，我们要增强使命感，把创新作为最大政策，奋起直追、迎头赶上。”

纵观京东方的发展历程，便是由创新与改革写就。1993年，京东方科技集团股份有限公司（BOE）（简称京东方）创立。1994年，正当CRT显示技术如火如荼之时，京东方就成立了平板显示预研小组，着眼显示产业，并于2001年开始了对OLED新型显示的研究。2003年，京东方通过海外并购，正式步入显示领域。经过多年的自主创新和产业积累，京东方从最初行业的追赶者逐步成为行业的领先者。如今，京东方的技术能力涵盖了非晶硅TFT-LCD、LTPS TFT-LCD、Oxide TFT-LCD、AMOLED、柔性、AR、VR等显示技术领域，在超高清、高透过率、低功耗、超窄边框等性能提升方面，以及多功能集成、3D显示、触控、透明显示、镜面显示等诸多应用领域取得了显著成绩。

2016年，京东方新增专利申请量7570件，其中发明专利超过80%。2017年上半年，新增专利申请量突破4000件，累计可使用专利数量超过5.5万件，位居全球业内前列。全球创新活动的领先指标——汤森路透《2016全球创新报告》显示，京东方已跻身半导体领域全球第二大创新公司。美国商业专利数据显示，京东方进入2016年度美国专利授权量TOP50，排名第40位，年增长率超200%，在TOP50中位列第一。世界知识产权组织（WIPO）发布的2016年全球国际专利申请（PCT）情况显示，京东方以1673件PCT申请位列全球第八。

合肥京东方是京东方集团创新发展战略版图中最重要的一块。在合肥，京东方相继投资了三条液晶面板生产线，还布局了打印OLED技术平台、整机智能制造厂以及数字医院项目，总投资超过1000亿，提供就业岗位超过30000个。

2008年，适逢全球金融危机，液晶显示行业也不可避免地受到了冲击，国外大厂纷纷停止了扩张计划。此时京东方高层却敏锐地意识到，这是中国大陆平板显示产业实现逆势上扬、弯道超越的好时机，决定投资建设中国大陆首条第6代液晶面板生产线，也是当时中国第一条高世代线。消息传出之后，全国有十余家城市积极和京东方集团对接，其中不乏沿海经济较发达的城市。合肥市是最晚和京东方对接的，但安徽省、合肥市各级领导对平板显示产业发展有着深刻的认知与理解，科学决策，勇于担当，坚定地支持民族产业发展，支持京东方。这些深深地打动了京东方，双方迅速完成前期相关事项的洽谈，6代线项目正式落户合肥。

6代线项目落户后，在安徽省、合肥市各相关部门的大力支持下，这一完全依靠自主知识产权，自主设计、自主建设、自主运营的项目，创造了业界建设速度第一、产能爬坡和良率提升速度第一等多项好成绩。中国大陆第一块32寸电视用液晶屏也产自这里，结束了中国大陆的“无液晶电视屏时代”，成为“中国液晶电视屏全部依赖进口局面”的战略转折点。

基于6代线的良好合作，2009年京东方与合肥再次携手，投资275亿元建设第8.5代液晶面板生产线，该产线为中国大陆首条氧化物TFT-LCD生产线，实现了我国在半导体显示产业的领先布局。

随着消费者对显示终端要求的不断提升，大尺寸、超高清等显示面板日益受到消费者的青睐。据IHS DisplaySearch数据显示，至2019年，65英寸及以上尺寸的电视出货量将以17%的年复合增长率快速增长，大尺寸超高清面板将有巨大的市场需求。由此，京东方开始计划投建一条制造大尺寸液晶显示屏的高世代产线，即10.5代线。在业界，世代线的界定是按照生产线所加工的玻璃基板（即生产液晶面板最核心的原材料）尺寸来界定的。世代线的代数越高，可经济切割的面板尺寸越大。这里的经济切割指的是在玻璃基板尺寸固定的情况下，通过合理规划和计算切割产品，从而使玻璃基板达到最高的利用率。

合肥京东方10.5代线加工的玻璃基板尺寸达3370毫米 ×2940毫米，为目前全球最大，主要产品定位为65寸、75寸以上超大尺寸8K超高清液晶显示产品，该产线整体设备的自动化和智能化水平及采用的核心工艺技术都将达到业界最高水平。建设这样一条生产线，在没有任何经验可以借鉴的前提下，其难度和挑战可想而知。基于京东方在合肥地区两条产线的成功运营，以及多年以来与安徽省、合肥市各级政府建立的合作默契，京东方敢于将这一挑战与机遇并存的项目再次落户于合肥。项目于2015年12月在合肥新站区正式破土动工，并在2016年11月提前32天完成主体结构封顶。目前，项目正处于工艺设备的安装调试阶段，预计于2018年一季度量产，必将开启全球显示领域新的里程碑，引领大尺寸超高清显示新时代。

此外，在新型OLED显示技术领域，京东方在合肥布局了一条运用打印OLED技术的研发平台，进行中大尺寸OLED显示面板的研发以及量产方案的输出，部署前沿技术积累，占领行业技术高点。

为了加快推动企业向软硬融合、应用整合和服务化转型，京东方在传统显示器件领域优势的基础上，逐步形成了显示和传感器件、智慧系统和健康服务三大事业集群。其中，智慧系统事业以“物联网和人工智能”为主要方向，以用户为中心，发展智造服务、智慧零售、智慧车联、智慧能源四大物联网解决方案；健康服务行业则基于京东方将多年积累的显示、传感、人工智能和大数据四大核心技术与医学、生命科技相结合，进行跨界创新，发展移动健康、数字医院、再生医学，整合健康园区资源，提供物联网智慧健康产品及服务。

在这一发展理念的指导下，京东方又相继在合肥投建了整机智能制造项目和数字医院项目。其中，整机智能制造生产线项目在2016年1月开工建设，当年12月份实现一期投产，该产线主要生产18.5~65英寸的显示器和电视整机，设计产能达1800万台；数字医院项目于2015年正式启动，建设一个三级综合数字化全科医院，与世界顶尖医疗集团Dignity Health（DH）开展深度合作，以心血管科、肿瘤科、骨科为重点学科，引进先进的医疗技术理念，建成后将达到国际一流水平，预计在2018年第三季度开业运营。

依托集团技术创新理念，合肥京东方一直将创新置于企业发展的核心地位，并在不同技术领域取得多项重大突破，如大尺寸超高清液晶面板制造技术、大尺寸AMOLED面板制造技术、金属氧化物技术、有机膜技术、铜工艺、光配向技术等。

以技术为引导，合肥京东方陆续推出多款全球行业首发产品。2016年，合肥京东方8.5代线推出全球最薄65英寸8K超高清显示屏，采用全贴合背光工艺，最薄处仅为3.8毫米，这也是京东方继2014年、2015年凭借8K、10K超高清显示技术连续斩获SID国际显示周“Best in Show”大奖后，推出的又一大尺寸超高清显示产品，一举斩获“IFA产品技术创新大奖”，并再度引发国际市场对京东方超高清显示技术的关注和热议。同年，合肥京东方6代线完成了超高清（UHD）笔记本产品的全面开发，其中12.5 UHD、14.0 UHD、15.6 UHD、18.4 UHD在a-si显示领域均属全球首发，其边框、功耗、色域等多项技术参数均为全球行业领先。

在科技项目攻关方面，合肥京东方8.5代线参与2016年国家级重点研发计划“量子点发光显示关键材料与器件研究”项目以及“高世代电子玻璃基板和盖板核心技术开发及产业化示范”项目、2017年国家重点研发计划“8.5代印刷OLED显示产业化示范项目”等项目，部署最新前沿技术，占领同行业科技制高点。2017年，合肥京东方10.5代线智能制造装备系统成功获批工业和信息化部智能制造新模式应用项目，基于物联网技术的应用和云平台的数据分析，助力中国制造智能化加速升级。

此外，合肥京东方还联合合肥工业大学光电技术研究院共同建设了“薄膜晶体管液晶显示技术国家地方联合工程研究中心”，该中心于2016年成功获批，致力于建立一个集显示基础理论研究、应用技术开发集成及学术交流、产学研相结合的开放式平台，该中心的建成势必拉动产学研发展迈上一个新的台阶。

围绕合肥京东方核心项目建设，已有彩虹集团、乐凯、住友化学、法液空等50余家国内外企业在周边投资配套，安徽新型平板显示产业在短短数年内实现了“从无到有，从小到大”的跨越式发展，未来几年，将是安徽平板显示产业“从大到强”的重要发展期，合肥京东方将持续加大研发投入，上下游协同创新，共同打造全球最具竞争力的新型平板显示产业集群，为安徽平板显示产业发展做出更大贡献。

# 单芯片集成超小型 MEMS 传声器实现量产

歌尔股份有限公司

## 一、打破国外公司在单芯片 MEMS 传声器领域的垄断

### （一）企业概况

歌尔股份有限公司成立于 2001 年 6 月，2008 年 5 月在深圳证券交易所上市，是国家重点高新技术企业、国家技术创新示范企业、单项冠军示范企业，也是虚拟现实与智能硬件领域全球领先企业，主要从事微电声、光电、传感器等精密器件和虚拟 / 增强现实、智能可穿戴、智能耳机、机器人、无人机等智能硬件产品的研发与智能制造，目前已在多个领域具有较强的全球竞争力和突出的行业地位。在微型麦克风领域，歌尔市场占有率居国际同行业之首；在微型扬声器 / 受话器领域，歌尔稳居国际同行业前二位；蓝牙耳机 ODM 业务和游戏手柄业务出货量居全球第一；中高端虚拟现实 ODM 业务出货量居全球第一；智能手环 ODM 业务出货量居全球前三位；精密模具、注塑与自动化设备产品技术达到业内一流水平。

歌尔先后荣获全国电子信息行业标杆企业、山东省省长质量奖、山东省科技进步奖等奖项。2016 年，公司位居中国电子信息百强（第 48 名）、中国电子元件百强企业（第 5 名）、中国电子元件行业出口创汇十强企业（第 1 名）。歌尔服务于全球行业领导型企业，与三星、索尼、微软、谷歌、Facebook、华为、OPPO 等国际一流厂商达成长期战略合作。2016 年营业收入 193 亿人民币，增长率超过 41%，总资产 228 亿人民币。

### （二）项目简介

现阶段，我国工业大而不强的特征十分突出，总体上仍处于全球价值链的中低端，主要原因之一是关键基础材料、核心基础零部件（元器件）、先进基础工艺、产业技术基础这“四基”的基础能力薄弱，一些关键基础材料、核心基础零部件（元器件）依赖进口，基础制造工艺落后等，已成为制约我国工业转型升级、提升工业

发展质量和效益的一个重要原因。

单芯片集成超小型 MEMS 传声器项目作为 2014 年度国家工业强基工程之一，是夯实国家核心基础零部件（元器件）基础，是推动工业转型升级、提升企业竞争力的重要举措。项目总投资 13202.58 万元，建设期限为 2014 年 5 月至 2016 年 10 月，以歌尔拥有的 MEMS 传声器技术及市场为基础，整合 IC 资源，实现单芯片 MEMS 传声器芯片设计突破；在现有 MEMS 传声器封装技术的基础上，在单芯片 MEMS 传声器高性能、高可靠性封装结构上取得国际领先的研究成果，实现批量化封装工艺突破；建立完善的单芯片 MEMS 传声器封装产线，解决单芯片 MEMS 传声器产品的产业化瓶颈，实现单芯片系统集成 MEMS 传声器产品规模化生产，满足智能移动终端、穿戴式设备等新型产品对传声器超小型、高性能的需求。

目前，项目已完工实现量产，顺利通过验收并取得了积极的成效。本项目产品成功实现了产业化，打破了国外公司在单芯片 MEMS 传声器领域的垄断，产品质量达到了国际先进水平，产品生产工艺先进、可靠，产品质量稳定，得到了苹果、三星、华为等国际大客户的认可。项目实施过程中申请专利超过 70 项，授权发明专利 33 项（包括 6 项国外专利）；并形成了多种 MEMS 声传感器领域的技术开发、设计、封装、制造工艺成果。通过项目研究，歌尔有效完成了从声学芯片设计、集成电路设计、模拟工具、制造加工到封装测试的传感器上下游产业链的整合，并培养一批声学传感器专业人才，积累了声学传感器产业化发展的经验。该项目的成功实施对我国电声产业的发展也带来较大的推动作用，通过项目建设有力提高了国家核心基础零部件（元器件）的国际竞争力，年替代进口 MEMS 传声器芯片可达到 3.6 亿只。

## 二、及时把握 4C 融合所带来的巨大的产业机遇

### （一）促进山东（潍坊）电声器件产业发展

对于山东潍坊这样的中等城市来说，由于配套能力、资金、技术等资源的限制，整机行业如手机产业除了组装通常无法获得比较竞争优势，但对于电声器件来说，其产业链短、所需资源少、有历史积累，比较优势明显。该项目的成功实施，吸引了外地高科技配套产业进驻产业园，提升了产业园综合实力和知名度，进一步带动了潍坊乃至山东半岛电声器件产业的发展。

### （二）带动地区配套产业升级

该项目的成功实施，将直接带动周边地区的供应链相关企业的规模增长。特别是

通过对微机电技术在声学、电声学广泛的应用性研究，基于单晶硅、多晶体硅的声学器件和产品将得到蓬勃发展，例如硅微传声器、硅微传感器、硅微声阵列产品等。

### （三）提高我国电声器件产业的竞争力

芯片和元器件是技术含量较高、增值能力较强的产品，已成为当今世界电子信息产业竞争的核心，应大力发展；而整机组装环节技术含量较低，主要是解决器件的筛选和零组件的匹配问题，只有做强芯片和元器件产业，才能真正奠定好电子信息产业的基础，提升我国电子信息产品的层次。该项目成功实施，大大提高了我国电声产业的自主创新能力，提高了国家核心零部件（元器件）的竞争实力，从而及时把握 4C 融合所带来的巨大的产业机遇。

## 三、MEMS 麦克风向小型化发展

### （一）MEMS 集成麦克风封装

MEMS 麦克风向着越来越小型化的趋势发展，在相同性能的情况下，小尺寸产品占用空间小，节省客户电路线路板空间，更符合客户应用趋势。

CMOS—MEMS 集成麦克风封装结构设计采用一块带有埋容、埋阻的 5 层 PCB，一个镀镍的金属壳，CMOS—MEMS 集成麦克风芯片贴在 PCB 上，通过 3 根金线与 PCB 电气连接，金属壳通过焊锡与 PCB 外圈裸露的覆铜黏合形成屏蔽外界电磁干扰信号的法拉第笼结构。其中，PCB 上有进声孔，埋阻层在 PCB 的第一层下方，埋容结构在 PCB 的中间两层。该封装结构设计紧凑，器件尺寸仅为 2.5 毫米 ×1.75 毫米 ×0.9 毫米。

### （二）封装结构声学设计

在该项目中，封装结构尺寸的目标旨在突破消费电子产品的尺寸——性能瓶颈，集超小型封装、高信噪比、高灵敏度匹配于一体，以提升消费电子设备的声学性能。

全新的设计需要使得 CMOS—MEMS 集成传声器单体之间确保 ±3 分贝的灵敏度匹配，保持 MEMS 集成传声器的性能高度一致性，同时还保证了其在目标频段的频响平坦。

### （三）埋容、埋阻 PCB 设计

该项目中封装结构的尺寸为 2.5 毫米 ×1.75 毫米 ×0.9 毫米，超小的尺寸要求设计紧凑，对应的小 PCB 的安装表面面积有限，以往常规 R-C 滤波电路所要求的贴片电阻、电容无法在如此小的 PCB 上容纳。

如果不考虑 R-C 滤波电路，TDMA noise 测试的频响曲线下，在 1800 兆赫频段的测试结果不理想，有很多的干扰信号。

埋入式电阻和电容节约了宝贵的电路板表面空间，缩小了电路板尺寸，并减少了其重量和厚度，也对封装工序有简化，不需要贴电阻、电容以及贴片后清洗 PCB 的几道工序；同时由于减少了焊接点，可靠性也得到了提高（焊接点是电路板上最容易引入故障的部分）。在导入多层埋容、埋阻 PCB 后，可以在项目目标的超小封装尺寸中引入 R—C 滤波电路设计，通过滤波电路可以有效抑制 EMI，使产品的 TDMA Noise 测试频响得到大幅度的改善。此设计方案已申请并获两项实用新型专利授权。

### （四）MEMS 集成麦克风封装工艺研究

依据 CMOS—MEMS 集成麦克风封装结构的设计思路，在已有的非集成麦克风封装工艺流程的基础上，通过工艺参数的优化、工序前后顺序的调整，开发出了适合 CMOS—MEMS 集成麦克风产业化的封装工艺流程。

在该工艺流程中，针对 CMOS—MEMS 集成麦克风器件的特点，歌尔声学股份有限公司在已有非集成 MEMS 麦克风封装工艺技术积累的基础上又开发了一系列优化先进封装工序。

## 四、经济和社会效益

该项目规划总投资 15062 万元，批复总投资 12050 万元，实际完成投资 13202.58 万元，主要用于净化车间的净化装修、生产设备的购置以及项目的研发材料费。自建设完成月产 500 万只生产能力的产线后，就实现了 MEMS 传声器小批量供货。目前产线全部建设完成，实现了月产 3000 万只的产量，目前已经满足大批量稳定供货的需求。

### （一）2016 年经营效益

目前歌尔单芯片集成超小型 MEMS 传声器研发及产业化项目已全部建成并实现量产，已完成多客户产品导入认证，且形成了稳定的合作供货关系。从 2016 年 5 月份开始已经实现月销售额 1000 万元的任务；从 9 月份开始，月销售额达到 6000 万元。到 2016 年年底实现销售收入 28000 万元，利润 3400 万元，税收 680 万元，项目增加劳动就业380多人。

### （二）未来销售预测

随着智能手机中单机MIC用量的逐渐增加以及智能穿戴产品市场的逐渐发育，未来MEMS MIC市场容量将继续呈现上升的趋势，这些市场变化对歌尔项目有积极的影响；尽管目前汽车电子市场容量较小，但增长相对较快。

从2017年起，该项目将进入大批量生产阶段，预计年销售量超过5亿只，年销售额突破10亿元。

同时，该项目建成后也将具有明显的社会效益。项目建成投产后正常每年可为国家和地方政府创造2000多万元的税收，对促进地方经济和国民经济发展具有积极的推动作用。

目前该项目定员380人，未来将会超过500人。在带动相关行业的发展的同时，为社会提供劳动就业机会。项目建成后，不仅能吸收大量新成长的劳动力，而且能吸收部分农业和工业转移的劳动力，间接增加就业岗位近千个，可以减轻社会就业压力，对创建和谐社会发挥积极的促进作用。

# 超高频 RFID 射频识别系统

西安航天自动化股份有限公司

超高频 RFID 射频识别系统主要由超高频 RFID 读写器、天线、标签、线缆 4 部分组成。超高频 RFID 射频识别系统的基本工作原理是：读写器通过天线发出特定频率的射频信号；当 RFID 标签进入到读写器的读写工作区域时，耦合后会产生感应电流，从而为 RFID 标签提供相应的能量，此时 RFID 标签被激活，进而将自身携带的相关信息通过内置天线发送出去；读写器的接收天线接收到标签发送来的载波信号，然后经过读写器的解调和解码后发送到后台应用软件系统进行信息识别；后台主机系统根据解码信息控制执行机构动作，从而达到自动识别的目的。

## 一、超高频 RFID 读写器设计

超高频 RFID 射频识别系统读写器性能如下：

- 可读写标签：符合 EPC global UHF Class 1 Gen 2/ISO 18000-6C 的电子标签；
- 工作频率：860 兆赫 ~960 兆赫；
- 输出功率：最大可达 30 分贝毫瓦；
- 读取距离：配备合适增益天线，可达 15 米左右；
- 通信接口：UART 端口 1 个，波特率 115200 比特率；
- 电源供电：12VDC。

### （一）硬件电路设计

超高频 RFID 读写器硬件电路分为主控模块、RFID 射频模块、电源模块三大类。设计方案如下：

其一，射频模块。以射频收发芯片 R2000 为核心，主要完成射频信号的收发、调制 / 解调、滤波、温度检测、增益控制和与数字电路的通信等功能；射频模块中的微处理器采用 Atmel 公司的 32 位的 ARM7 芯片 AT91SAM7S256 搭建读写器控制模块，主要完成信号的解码校验。

其二，主控模块。采用ST公司的STM32F107芯片实现与上位机和射频微处理器的通信。

其三，电源模块。采用广东金升阳生产的工业级隔离DC/DC隔离模块，实现了24VDC转5VDC的电源转换。

超高频RFID读写器射频模块主要包括射频电路与射频数字基带。

射频电路以射频收发芯片R2000为核心，其外围电路主要包括24兆赫TCXO、PLL环路滤波器、DRM滤波器、射频发射与接收通路以及本振输入。射频收发模块采用Impinj R2000收发器。R2000支持EPC global UHF C1G2/ISO18000-6C/ISO 18000-6B协议标准，其工作频率为840~960兆赫，共有64个引脚，体积仅为9毫米×9毫米×0.85毫米，功耗只有1.1瓦左右，具有很高的集成度。

R2000芯片的优势在于：采用载波消除技术，提高了读取的准确性；内部固化的UHF通信协议可配置；采用IQ解调能够提供较低的RSSI（Received Signal Strength Indicator，即信号强度接收器）变化、载波相位以及最佳接收灵敏度；内部集成的高性能VCO（voltage controlled oscillator，即压控振荡器）增加了Rx的灵敏度，改善了DRM（Dense Reader Module，即密集读写器模式）的操作。

超高频RFID射频模块数字基带电路主要以AT91SAM7S256芯片为核心，其外围电路主要包括18.432兆赫无源晶振、JTAG接口以及ADC/DAC参考电平电路组成。

## （二）射频RFID读写器射频前端电路各模块的功能

- R2000的功能：发射和接收的射频载波信号；
- 阻抗匹配网络的功能：使各模块之间的负载阻抗与源阻抗共轭匹配，从而获得最大的功率传输；
- 功率放大器的功能：将R2000发射的射频信号放大；
- 射频耦合器的功能：用来作为本地振荡器的输入、前向功率和后向功率的检测；
- 10dB衰减器的功能：作为外部本振，并且对信号进行峰值功率检测；
- 反向功率检测的功能：主要检测天线的回波损耗；
- 正向功率检测的功能：为了确定输出信号的功率。主要是检测功放输出信号功率，然后按照本地的UHF RFID协议标准进行功率校正，也可以作为外部本地振荡器的信号输入，用于与接收的射频信号进行混频，产生零中频信号。

本系统在设计电源管理模块时，采用混合电源的设计方案，可以有效地降低能耗，并且具有较好的性能，满足系统对电源管理模块的需求。开关电源采用带有隔离功能的模块将输入电压变换到一个中间值，再使用LDO变换为所需要的目的电压值。之所以采用上述设计方案，是考虑到超高频读取控制板中需要使用1.8V、3.3V、

3.5V 以及 5V 的直流稳压电源。

## 二、软件设计

超高频 RFID 读写器的软件主要包括通信串口部分、看门狗部分、定时器模块部分及应用程序等部分。

### （一）各模块功能设计

驱动层设计。超高频 RFID 读写器的硬件层采用 STM32F107 主控芯片，根据系统需求，软件部分需要设计 TTL 串口驱动（串口 1）、基于 LTM2881 芯片的 RS485 串口驱动（串口 2）、独立看门狗驱动、定时器驱动等底层驱动程序。

模块初始化。超高频 RFID 读写器上电之后，嵌入式程序需要依次对超高频 RFID 读写器的时钟系统，串口 1 与串口 2，通用定时器，独立看门狗进行初始化。

协议命令应答。在初始化之后，模块需要通过串口 2 接收并校验来自上位系统的协议命令帧，如果接收到正确的协议命令帧，则模块将通过串口 2 向上位系统返回相应的命令应答帧。

标签数据解析。当超高频 RFID 读写器接收到上位系统发送的连续寻卡启动命令帧之后，模块将返回相应的命令应答帧并调用标签数据解析函数。在标签数据解析函数中，超高频 RFID 读写器将周期性地通过串口 1 向 R2000 发送盘存命令，并通过串口 1 接收返回的盘存信息。随后读取控制板将对盘存信息进行标签数据解析，并将得到的标签数据通过串口 2 上传给上位系统。

### （二）驱动层接口

（1）串口驱动模块。串口驱动程序包括 ltm2881.c，ltm2881.h，usart.c，usart.h 等格式文件，包括了 RS485 芯片初始化，串口的初始化、串口的接收和发送函数。对外提供 4 个接口函数：

- void ltm2881_Init（void）; //RS485 芯片初始化函数；
- bool Bsp_Usart_Init（COM_TypeDef com，USART_Parameter_TypeDef *USART_Parameter）; // 串口初始化函数；
- u32 Bsp_Usart_Send（COM_TypeDef com，u8*pSendData，u32 nLen）; // 串口发送函数；
- u32 Bsp_Usart_Recv（COM_TypeDef com，u8*pRecvData，u32 nLen）; // 串口接收函数。

（2）定时器驱动模块。定时器驱动模块包括 tim.c，tim.h 文件。由于本系统设计只使用了 STM32 的通用定时器 2，因此定时器驱动模块只包含通用定时器 2 的初始化函数：

- void Bsp_Tim2_Init（void）; // 通用定时器 2 的初始化函数。

（3）看门狗驱动模块。看门狗驱动模块，包括 iwdg.c，iwdg.h 文件，包括看门狗初始化函数、与看门狗"喂狗"函数。对外提供以下两个接口函数：

- void Bsp_Iwdg_Init（void）; // 看门狗初始化函数；
- void Bsp_Iwdg_FeedDog（void）; // 看门狗"喂狗"函数。

### （三）应用层接口

超高频 RFID 读写器的应用层主要包括 main.c，Rfid_Analyze.h，Rfid_Analyze.c 等格式文件，包括主函数，标签数据解析函数以及数据帧校验码计算函数，对外提供标签数据解析和数据帧校验码计算的接口函数。

- void RFID_Inventory（void）; // 标签数据解析函数；
- u8 FindNumsAppearOnce（u8 data[]）; // 数据帧校验码计算函数。

## 三、天线设计

本系统提出一款中心频点为 920 兆赫超高频 RFID 短路针加载 3 层微带天线设计方法。在设计时采用短路针加载及层叠联合设计法，一方面增加了微带天线的带宽，另一方面又减小了微带天线的尺寸，并且获得了很好的电气性能。在设计过程中，利用 HFSS 软件对微带天线进行建模与仿真分析优化，在仿真基础上制作出天线实物并进行了实测，实测结果与方针结果吻合，读取标签效果良好，能够满足工程上的应用需求。

UHF RFID 微带天线电气性能要求如下：

- 工作频率：910MHz~930MHz；
- 增益：8dB；
- 驻波比：≤ 1.5；
- 输入阻抗：50Ω；
- 极化方式：圆极化；
- 天线连接口：N 型背馈接口；
- 尺寸：220 毫米 ×220 毫米 ×25 毫米

3 层介质基板均采用 FR4 环氧树脂板材，介质板厚度为 h1=h2=h3=1.6 毫米，介质基板间距为 h5=2 毫米。在设计微带天线时，根据天线设计性能要求，用 HFSS 软件进行了仿真分析及仿真优化设计，并对短路针加载前后中心频点在 920 兆赫时的天线尺寸进行了对比分析。

## 四、经济效益

2016 年，该项目产生的经济效益为 500 万元。项目订单稳定可靠，本项目 2017—2019 年经济效益预期如表 1 所示。

表 1　项目 2017—2020 年经济效益预期

| 项　　目 | 2017 年 | 2018 年 | 2019 年 |
|---|---|---|---|
| 销售收入（万元） | 1200 | 2000 | 3000 |
| 利润（万元） | 480 | 800 | 1200 |

RFID 射频识别系统具有相当广泛的应用前景，经济效益和社会效益明显，能够实现电子识别、人员物品快速定位、枪械管理，生产过程环节可以实现透明化、可控化、精确统计等多项功能，对军工、工业、生活等领域的管理和决策也会产生许多作用。如：可以用更科学的方式排定流程；促进现场与支持协调同步，减少损失；提高人均效率，减少人工使用。

# 基于北斗的海洋渔业导航救助与大数据服务平台关键技术研究及应用示范

浙江同博科技发展有限公司

## 一、项目实施的意义

### （一）实施背景

我国是渔业大国，海域辽阔，海岸线达 18000 千米，海洋渔业水域面积 300 多万平方公里。截至 2015 年年末，我国渔业船舶达 104.25 万多艘（其中，机动渔船 67.24 万艘、非机动渔船 37.01 万艘。机动渔船中，生产渔船 64.48 万艘、辅助渔船 2.76 万艘），渔业人口和渔业从业人员有 2000 多万人。海洋捕捞业、海水养殖业在渔业经济中占据重要地位，是沿海渔区经济的主导产业。

海洋渔业的特点是海上作业环境复杂多变，这决定了海洋渔业生产是高危事故高发行业。特别是近年来，由于作业渔场缩小、渔场与货轮主要航道密集交叉、渔船安全通信设施落后等原因，海洋渔业重特大事故时有发生，给渔民生命财产造成了重大损失。同时，由于原有各地使用的短波和超短波通信技术无法满足实时监控和实施救助指挥的需要，加上管理体制及技术平台的条块分割，给海上协同救助带来很大困难。

### （二）项目实施的意义

渔业是我国国民经济中的重要行业，是农村经济的优势产业，同时也是高风险行业。加强渔业安全生产工作，对促进渔业健康发展、保障人民群众生命财产安全、加快社会主义新农村建设具有重要意义。经过多年努力，我国渔业安全生产工作取得较大进展，但是由于渔业作业地点分散、个体生产经营单位众多、受自然环境因素影响大、基础设施和技术装备相对落后等，渔业安全生产形势依然严峻。特别是受水上海上生产运输活动日益活跃以及极端天气事件多发等因素影响，各类渔业安全事故时有发生。

目前，海洋渔业船舶安全救助信息中心现有的信息系统主要具有渔船位置监控、自动区域预警、预险报警与救助、文字通信等功能，在渔船救助工作中起了很大的作用，但随着数据的不断积累和安全形势的变化，现有系统对数据的使用和分析已不能满足当前的业务需求。基于北斗的海洋渔业导航救助与大数据服务平台项目正是基于北斗导航技术、海陆物联通信技术，以及海洋大数据的采集、组织、分析、智能发布等技术，解决海洋导航通信装备国产化低、海洋渔业环境数据资源整合难度大、渔业信息分析和利用困难等关键问题。从应用层面，该项目将构建统一的基于北斗的海洋渔业导航救助与大数据服务平台，建立完善的渔船安全评价体系，科学分析渔船航行数据，最大限度地发挥现有大数据资源在渔业管理、精准捕捞、遇险救助中的辅助决策作用。

## 二、现有基础条件

浙江同博科技发展有限公司是一家专业从事海洋科技、卫星通信、数据服务等产品研发和应用的高新科技型创新企业。公司拥有北斗导航民用服务资质，建有16米的卫星地面站、大数据处理和监控中心等与北斗民用相配套的基础平台设施，并已开发出多项基于北斗定位等综合运营应用功能的系统及其配套产品。

公司在短短几年的时间里，通过引进技术人才、加大投入和科技创新，迅速发展成为国家高新技术企业、浙江省大数据产业第一批应用示范企业及浙江省小微企业成长之星，研发和推出了拥有自主知识产权的北斗船舶示位仪、远程高清摄像系统、人证比对仪、北斗人员求救定位仪、水质快速检测系统等尖端产品，相关技术指标达到国内领先、国际先进水平。自主研发的海域专用监控产品被国家海洋局及各沿海省、市海洋局广泛采用。

公司建有省级海洋大数据高新技术企业研发中心，并拥有一支年轻敏锐、朝气蓬勃、志向远大的研发团队，在海洋卫星遥感、海洋卫星通信、云计算、数据挖掘等应用领域，进行采集、挖掘、高效利用海洋大数据的研究，满足项目开发、推广需要。

## 三、项目建设内容

### （一）主要建设内容

基于北斗的海洋渔业船舶定位与大数据服务平台建设采用“1+1+N”建设商业

模式，即建设1个海洋渔业船舶定位与大数据服务平台，打造1个海洋渔业船舶数据中心，同时围绕数据中心的大数据挖掘与应用服务，打造基于船舶大数据的N个"互联网+产业应用系统"，具体包括渔船动态监控管理系统、无动力修造船舶监管系统、渔政综合执法管理系统、进出港船舶快速签证系统、智能分析预警系统、海上应急救助指挥系统等多个应用系统。通过海洋渔业船舶定位与大数据服务平台建设，促进相关产业各类要素资源的有效聚集和优化配置，逐步提高企业的运行成本和服务效率，为实施"一带一路"、长江经济带等国家战略提供信息和资源保障。

未来，海洋渔业船舶定位与大数据服务平台建成，将依托数据中心，面向涉船、涉港和涉海类用户提供包括数据服务、应用服务、互联网运营服务等三大类产品服务。

**数据服务类产品。**数据服务类产品主要包含船舶基础和航行数据、气象数据、地理空间数据、行业用户数据等，可通过实时转发、Webservice接口、数据定制和文件导出等方式提供服务，满足客户需求。

**应用服务类产品。**应用服务类产品主要包括新型海上船载装备、渔船动态监控管理系统、无动力修造船舶监管系统、渔政综合执法管理系统等软硬件应用服务，此外还可以根据用户需求进行定制化应用服务和现有老旧应用系统改造升级。

**互联网运营服务类产品。**互联网运营服务类产品主要是公众服务门户，包括公众信息服务和航运信息科普，公众可在线追溯水产船舶的捕捞轨迹、科普船舶航运知识、举报私自停港船舶和伏休期非法作业船舶、监督渔政执法等，提供"互联网+船舶行业"的运营服务，同时支持PC和移动端的运营服务平台，为船舶行业用户和公众用户提供便民、利民、惠民的服务手段。

## （二）服务运营机制

海洋渔业船舶定位与大数据服务平台应充分利用并响应舟山群岛新区、浙江海洋经济发展示范区、长江经济带和海上丝绸之路以及海洋强国战略的需要，最大限度地整合资源与聚集要素，挖掘海洋船舶大数据前提下的国家需求和行业需求；同时，整个项目工程的运营也要充分体现平台服务的公益性，科普船舶知识，面向公众并兼顾平台可持续发展的商业运营模式，合理确定运营模式和发展规模。

**投资建设海洋船舶数据中心。**舟山建设海洋船舶数据中心，具有得天独厚的区位优势、资源优势、新区先行先试政策优势和良好的工作基础，采取云计算和互联网技术，建设集地理空间数据、船舶基础和航行数据、行业用户数据、政府政务数据的存储、管理、挖掘和利用于一体的海洋船舶数据中心。

**国家资金申请和支持。**公司进入业务化运行后，通过联合舟山市海洋与渔业局共同申请重大工程投资项目，努力争取国家海洋局等相关部委和主管机关的政策和资金支持。

**信息挖掘服务和商业化运营**。依托海洋船舶数据中心为社会各界提供便利信息服务，如船位信息服务、水产作业船舶跟踪服务等，为国家涉船、涉港、涉海等相关部门及相关业务提供有效的信息平台支撑和决策支撑服务。为了最大化地发挥整个项目工程的信息价值，推动产业发展，公司可利用海洋船舶数据中心的数据资源进行产业化运作，获得运营收益，保证海洋船舶数据中心的可持续发展。预计相关产业运营产值可达千万元。

## 四、经济和社会效益

近年来我国海洋经济持续保持高速增长，经济环境持续改善，为海洋信息增值服务市场的发展提供了强大的经济基础；海洋信息化技术和市场的发展，使海洋从业者对海洋数据增值服务的需求增加，随着我国海洋经济的快速发展，海洋信息增值服务业未来几年将以超过 25% 的年增速发展。

本项目立足于海洋信息服务领域，旨在为海洋管理部门、海洋渔业公司、个体渔民提供一个集渔业大数据收集、存储、计算、分析和应用于一体的集成支撑平台，可基于此平台实现构建一个集海洋航运数据、船舶数据、用户信息数据、航海安全系统于一体的高端海洋船舶信息综合分析服务平台。项目将通过向渔民、渔业公司、政府监管部门、科研院所等各类海洋市场参与者提供自主开发的高效、精准、安全的海洋船舶信息服务，从而减少企业的运营成本，降低航海风险，为我国海洋渔业经济又好又快发展提供信息化保障。

本项目针对海洋渔业信息化领域的关键共性技术展开理论研究，以建设可靠实用的基于多系统的海洋渔业船舶定位与大数据服务平台为目标。可基于此平台自主研发面向广大海洋从业者的海洋船舶大数据分析系统，在很大程度上促进大数据在海洋行业的应用，增强我国海洋领域大数据自主化安全保障水平，提高海洋信息服务软件研发水平以及行业整体的信息服务能力，推动浙江海洋业、服务行业、中小企业发展，成为浙江省经济增长的新推动力。

本项目建成后，海洋渔业船舶定位与大数据服务平台将为用户提供专业、准确、及时、全面的综合性海洋渔业信息服务，根据市场预测，项目产业化的市场年均增长率将在 20% 以上。

# 在行业内树立起国产机器人品牌

埃夫特智能装备股份有限公司

## 一、卫浴行业工业机器人批量应用迫在眉睫

在陶瓷、洁具、卫浴、压铸和五金行业，诸如喷釉、喷漆、抛光、打磨、去毛刺、焊接等工序的自动化程度较低，大量的以人工加专用设备和工具的生产方式环境恶劣、劳动强度大，对人体损伤大，生产效率和生产质量不高。从行业规模来看，全国卫浴企业有3000多家，大约有180亿元的市场规模；五金、水暖企业更多至5000家，市场容量超过250亿元。从工序需求来看，全国对于机器人打磨系统的保守需求量在8万~12万台套，产业规模400亿~600亿元；喷釉系统有5000~8000台套的工作站需求，整个产业规模达到100亿~160亿元。与传统的人工作业相比，使用机器人进行喷釉和打磨，其产生的直接经济效益是显而易见的，且这种效益会随着人工成本的不断提升、机器人及成套设备购置和维护成本的不断降低而越来越明显，卫浴行业工业机器人的批量应用迫在眉睫。

## 二、核心软件模块自主掌握，关键部件逐步国产化

埃夫特智能装备股份有限公司（简称埃夫特公司）成立于2007年8月，是国产机器人行业的领导企业，是中国机器人产业联盟发起人和副理事长单位。埃夫特公司在意大利成立了智能喷涂机器人研发中心和智能机器人应用研发中心，在美国设立了人工智能和下一代机器人研发中心。公司先后牵头承担多项国家科研项目，公司研制的重载165千克机器人被载入中国企业创新纪录，荣获2012年中国国际工业博览会银奖。埃夫特公司2014年至2016年连续3年荣获中国机器人网“最畅销国内机器人品牌”奖项，2015年和2016年又先后荣获高工机器人“年度机器人本体奖金球奖”“年度最具投资价值公司”和“年度机器人本体技术创新奖金球奖”“年度最佳工程案例奖金球奖”等奖项。埃夫特机器人及解决方案被广泛推广到汽车及

零部件、卫陶、五金、家电、机械加工、酿酒、木器和家具等行业。

埃夫特采用自主掌握技术的核心软件模块、关键部件逐步国产化的路线。首先利用进口部件，迅速开发出在性能上适合市场需求的整机，在此基础上进行应用层核心技术的研发，快速开发出满足喷涂、抛光等行业应用的成套机器人工作站和生产线，树立国产机器人品牌。同时为从根本上降低机器人整机成本，以机器人关键智能部件为突破口，主要突破机器人专用控制器、交流伺服系统和精密减速机，实现对原有机器人平台上进口部件的逐步替代，同时进行对比验证，不断提升国产部件的品质，突出国产自主品牌机器人的经济性，提供相比于进口工业机器人更好、更快捷、服务成本更低的维护服务，解决企业使用机器人的后顾之忧。

## 三、在卫浴行业树立国产机器人品牌

围绕“自主品牌机器人在卫浴行业的应用”项目预定的研究内容，取得如下重大科技成果。

**优化喷釉和打磨机器人样机。**完成了对喷釉和打磨机器人样机的优化，机器人开始批量应用于喷釉和抛光打磨工位。

**研发无动力关节臂。**本项目完成了无动力关节臂的研发，优化了喷釉手柄、手腕关节等部件，通过对机器人喷釉工艺需求进行详细分析，完成了基于无动力关节臂示教的智能喷釉机器人系统集成应用与测试，并进行喷釉工艺包在喷釉工位的测试和示范应用，整个系统具有上坯、改坯、喷釉、清底、喷自洁釉、出坯、复检等功能，能兼容各类条码识别系统。

**分析抛光、打磨工艺工序和工艺需求。**本项目通过对抛光、打磨工艺工序和工艺的需求分析，完成了砂带机、夹具系统、上下料滑台系统、气路系统及整个电气控制系统的设计与优化，对机器人、砂带机工艺布局进行了合理优化。经过测试，标准水龙头产品产量每天可以达到360~384个，同时提出了对气体压力进行实时控制的力反馈和力控制装置设计方案；建立了力位混合控制打磨试验平台，通过优化力位混合控制算法，结合打磨试验平台的试验，验证考核了所提算法的实用性和效率。

目前本项目相关成果在乐华、安华和法恩莎累计实现应用100多台套，在其他相关行业累计实现销售500多台套，各项技术指标达到或超过国外同类型机器人，在行业内树立起国产机器人品牌。

# 国产线性正温度系数热敏电阻器替代进口同类产品

中国振华集团云科电子有限公司

## 一、项目建设的必要性和可行性

中国振华集团云科电子有限公司研制的线性正温度系数薄膜材料片式热敏电阻器（简称线性热敏电阻器）是一种在电子线路中普遍使用的温度敏感类元器件。线性热敏电阻器的阻值随温度升高而增大，呈直线变化，线性好，无须采取线性补偿措施，从而使电路设计简化。由于现代科技的进步，使得目前电路设计更加精细化，从而要求设计电路中所用的元件更加微小，功能保持不变，而市场上所有的 PTC 都是传统电阻，体积大，不适用于更加精细的电路设计使用。目前开发的 LPTC 热敏电阻不仅体积小，而且可以广泛用于通信、汽车、仪表、计算机、家电等行业的温度控制、温度测量、温度补偿，且使用环境在 -40~+125 摄氏度时，其特性不变。

国外线性正温度系数热敏电阻相关技术一直处于技术封锁状态，而国内的线性正温度系数热敏电阻一直是插件式，且极少见相关知识产权报道。由于技术方面的原因导致国内线性正温度系数热敏电阻一直没有实现片式化，而传统的插件式线性热敏电阻器很少能替代。而该线性正温度系数热敏电阻器的技术创新，实现了性能相同并且片式化的封装，可满足贴片式元器件体积小、易安装、高可靠的技术要求，并大大缩短了与国外同行业在该技术领域的差距，替代同类进口产品。

## 二、国内外市场分析

该产品与当前国内外同类研究、同类技术的综合比较见表 1。

**表 1　与国内外同类研究成果比较**

| 制造厂商 | 型号 | 技术参数 | |
|---|---|---|---|
| | | 阻值段 | 阻值段 |
| 日本 KOA | LT 系列 | 100Ω~5KΩ | 100Ω~5KΩ |
| VISHAY | TFPT 系列 | 100Ω~5KΩ | 100Ω~5KΩ |
| 振华云科 | MLP 系列 | 100Ω~10 KΩ | 100Ω~10 KΩ |
| 国内同类产品无贴片厂商 | 无 | 无 | 无 |

相比国外线性 PTC 的制造，国内没有片式化的生产厂家。目前国内市场的线性 PTC 主要以插件式为主，表 2 是两个国内厂家产品的技术参数对比。

**表 2　国内公司产品的技术参数对比**

| 制造厂商 | 型号 | 技术参数 | |
|---|---|---|---|
| | | 阻值段 | 温度系数 |
| 国内华巨 | WMZ58B 系列 | 100Ω~51KΩ | 1000~4500PPM |
| 国内山达 | LP 系列 | 100Ω~50KΩ | 1000~4500PPM |

通过上表关键特性参数对比可看出，振华云科的片式线性热敏电阻器从产品阻值段到温度系数均优于国内同类产品，部分指标优于国外同类产品。

## 三、项目主要成果

该项目研制的线性正温度系数薄膜材料片式热敏电阻器，通过对磁控溅射技术、热处理技术、冷光源多刀延迟调阻技术等关键制造技术的创新研究和技术攻关，并对影响片式线性正温度系数热敏电阻器电性能和质量的诸多工艺参数和条件进行试验优化，重点控制磁控溅射的各项溅射参数，如真空度、氩气流量、溅射电流等，使其实现片式化功能的同时，使感温金属膜层具备随温度升高呈线性变化的特性。自主研发的片式线性正温度系数热敏电阻器产品在各项性能上均达到国内产品的先进水平，从而实现替代进口，满足我国电子设备尤其是小型化电子设备发展的需求。

该项目获得发明专利 1 项、实用新型专利 4 项，并结合国内外先进标准，制定了一套片式线性热敏电阻产品的企业规范，为国家电子工业赶超发达国家电子工业水平夯实了基础；同时，将推动行业的进步，使中国由敏感类元器件进口国家变为敏感类元器件输出国，提升了国家的政治影响力和科技实力。

## 四、产品应用情况

随着电子设备向集成化、小型化、高可靠方向发展，片式线性热敏电阻器也逐步替代原有的插件式热敏电阻器，成为小型敏感元器件发展的主流。

片式线性热敏电阻器具有以下的优点：

- 体积小、重量轻，易于焊接，可靠性高；
- 响应速度快，线性稳定，直线性好，安全性能高；
- 具有高稳定性、高灵敏度和测量精度等诸多优点；
- 适用于再流焊与波峰焊、采用编带和卷盘包装，适用于大规模批量生产。

该系列产品随着产量的提升，成本持续下降，能逐步替代插件式线性热敏电阻。尤其在小型化电子设备中应用广泛，市场前景广阔。在汽车工业温度检测及控制、家用电器的温度检测及控制、精密电路和晶振器温度补偿、微马达调速控制、医疗器械温度检测及控制等各种类型的电子设备中，线性正温度热敏电阻器也存在着广泛的应用。

## 五、社会效益

项目产品具有较高的技术含量，对提高企业在重点领域中的地位及市场竞争力有重要的意义。该项目的成功实施不仅可以提高企业的市场竞争力与企业形象，还可以带动热敏电阻行业片式化的进步与发展，为国家和整个社会的发展奠定坚实的基础。

# 助力打造集安全和智能于一身的新能源汽车

宁波均胜电子股份有限公司

得益于汽车电子在整车中占比的不断提高，目前宁波均胜电子股份有限公司（简称均胜电子）内部技术储备和客户均处于不断拓展的状态。随着德国PCC的加盟，公司在智能驾驶（HMI）领域能为客户提供更加完整、高效的解决方案。宝马、奔驰、特斯拉、福特、大众这些著名主机厂的订单保证了未来HMI业务的可持续发展。均胜电子推出的最新中控台概念产品更是引领驾驶领域的创新。

## 一、构建车联网生态圈

均胜电子的新中控台概念产品融合了普瑞HMI和德国PCC强大的软件技术，集智能和安全于一身，既提供智能、炫酷有趣的驾乘体验，又兼顾行车安全。这一概念产品采用模块化解决方案，能实现在许多不同车型和品牌上的使用，还能根据主机厂要求，和内饰层面实现完美的匹配定制。

在技术层面，该产品内含触摸式中央操作系统，沿用无匙进入、三维真玻璃、手写输入等HMI先进技术，亮点是集成了先进的主动反馈技术，既保留驾乘者的智能手机使用习惯，其触觉、声觉反馈响应又可以增强行车安全系数。同时，前后排乘客均可通过移动设备来操控车内的影音娱乐、导航和空调等。另外，这款产品配备智能手机无线充电功能。与无线设备联合，从根本上实现了人机交互灵活性，而这恰好是未来自动驾驶的先决条件之一。

目前，车联网仅指车载导航娱乐系统，车辆能够通过公网和车辆后台进行通信，获得导航等初级服务；但与交通信息系统各子系统如红绿灯、出租车、高速公路、公交等相互独立，后台数据没有共享。而均胜电子展会上展出的V2X技术就能解决人车、车车、车路等之间的通信信息孤岛问题，这是车联网亟须解决的核心问题，也是车联网的意义之所在。

具体而言，均胜电子致力于构建一个方便快捷而且智能的车联网生态圈。均胜智能车联能实现诸如实时交通、天气、导航、实时定位等系列基础服务及在线更新，以及车内信息加密和身份认证；同时，通过手机用户端，驾乘者能移动操作无匙进入、个人问候、无匙启动、停车及通行费支付、共享汽车、所有权转让、私人数据收集等。出行服务技术还远不止这些，最重要的是 V2X 技术能实现与有关车辆或单位的后台联通、数据交换，比如实现系列实时预警，包括信号设备识别、突发事件预警、堵车预告、危险位置报备、违章提醒、道路施工预告、弯道预警、变道预警、碰撞预警、绿灯通行时速提示和排队提示等。当然，这些功能联接电子控制单元离不开北斗、GPS、无线、云端、蓝牙等基础的技术通信服务。

通过德国 PCC 和普瑞之间的融合，均胜电子的智能车联技术层面能为实现自动驾驶和智能交通铺平道路。目前，德国 PCC 的客户主要是大众公司。凭借德国 PCC 的软件、算法技术的优势，均胜电子 V2X 技术部门（JPCC 公司）也于 2017 年年初在宁波正式运作，开始与国内的吉利、宝沃合作。一旦车联网中国通讯标准制定，均胜电子将乘着这一东风在智能车联领域先拔头筹。

## 二、多角度提供最佳的车辆安全体验

均胜电子是全球汽车安全系统的顶级供应商。在安全气囊、安全带和方向盘等汽车安全系统及其关键零部件的设计、开发及制造方面处于全球领先水平，产品广泛应用于全球 60 多个客户的超过 300 种轿车车型。均胜电子汽车安全产品事业部总部设在美国密歇根州的斯特林高地，其 32 个销售、工程和生产分支机构遍布全球。该事业部拥有 5 个主要技术中心，分别位于中国、美国、德国、日本和韩国。主要包含三大产品系列：一是被动安全产品，包括安全气囊、气体发生器、安全带、方向盘；二是主动安全产品，包括智能驾驶、事故预防、整合主被动安全；三是特殊产品，包括航空、工业、个人保护、高端产品等。

均胜电子安全网联车载系统（OmniDrive）曾获国际消费类电子产品展览会（CES）2017 年度创新大奖。这项结合 360 度环视和盲点监控的技术将开启智能驾驶新的征途，已与雷诺、吉利、长安、北汽、长城、蔚来和长丰等主机厂达成合作协议，是主动安全领域极具价值的拳头产品。

可以说，OmniDrive 是汽车电子行业内第一个连接汽车主动安全产品，集成了 360 度环视监控（SVM）和盲点摄像机与 4 通道视频监控，可以无线连接到车辆中的便携式设备。该系统允许驾驶员在智能手机或平板电脑上同时运行导航和实时交通应用程序，为车辆驾驶员提供最佳的安全体验。

SVM 是标准的 ADAS（高级驾驶员辅助系统）应用程序，使驾驶员能够利用安装在车辆前部、后部和两侧的 4 个照相机观察汽车周围的 360 度视图。电子控制单元（ECU）将4个摄像机图像拼接在一起，创建一个汽车及其周围环境的无缝鸟瞰图。SVM消除了盲点，被认为是在狭窄驾驶条件下城市拥堵和停车场安全低速操纵的理想解决方案。另外，这套系统还可以利用驱动程序轻松地检索存储的视频文件并在智能手机上运行，如果有需要的话，保险公司或法院可以随时调取使用。

ADAS产品系中，均胜电子还拥有车载智能前置摄像头技术。该技术能实现对行人、车辆、设施等的检测功能，以及在高速公路上行驶时的自动巡航（ACC），能实现自动紧急制动，有效阻止事故发生或减轻事故所造成的伤害。这一技术中心目前设在苏州工业园区，于2017年初完成乔迁扩容，研发人员规模在不断增大。

此外，行车主动安全车内监控技术能监控驾驶者的目光注视方向、闭眼、眨眼频率、头部跟踪、哈欠次数检测等，通过软件和算法判断驾驶者是否存在疲劳驾驶，甚至危险驾驶，进而发出驾驶预警。车内主动安全可个性化定制，识别车主后，车内设备调整为该车主参数预设值，还能进行安全参数校正，将来这些技术可进一步集成于HMI产品中。

## 三、新能源汽车动力管理系统市场前景广阔

作为新能源汽车的核心技术，电池管理系统（Battery Management System，BMS）是新能源车行驶和技术的保证。均胜电子旗下的普瑞集团是宝马全球的BMS独家供应商。普瑞最早于2009年开始在BMS项目中与宝马进行合作。截至2016年，普瑞累计向宝马提供超过15万套BMS产品，应用于宝马i3、i8、3/5/7系等EV/PHEV车型。同时，使用普瑞BMS产品的还有奇瑞汽车、吉利汽车等民族自主品牌企业。为更好地服务国内客户，普瑞高度自动化的BMS生产线于2017年在宁波投产。

公司提供的电池管理系统由电池管理单元、电芯监控单元等组成。BMS产品的任务是通过给高压电池进行均匀的充放电以保证电池的最佳性能。车辆在使用过程中，驱动车辆会造成电池电量下降以及由于制动能量回收和充电引起电池电量上升，从而使得电池一直处于持续工作状态；同时，电池在使用过程中也受电池老化和单体容量差异影响。因此，电芯监控单元需要对每一个电池单体的电压和温度都进行实时监控。电池管理单元对监控数据进行处理，控制电池包的充放电以及与整车通信进行协调控制，以保证电池的最佳使用性能，延长电池的使用寿命。随着车载汽车电子应用增多，汽车安装48V电气系统的趋势日臻明显。

目前，因技术、设施和成本等因素，纯电动车尚未完全大批量投用，加之汽车智能化、电气化大势所趋，微混动力方案或成为新能源车辆较好的解决方案。而在节能减排、提高燃油经济性方面，相对于现有的12V系统而言，48V系统更具经济

效益。

未来，汽车附件更多地由液压驱动或机械驱动转为电力驱动，12V 系统显然力不从心。采用普瑞和奔驰合作的 48V 和 12V 系统联合供电方案，不仅起停、转向、制动器、空调，乃至电机助力、制动能量回收、辅助制动、启动加速、改善低速发动机扭矩不足等都将变得更轻松自如，而且还能满足智能驾驶的电子器件功能不断升高的动力需求。此外，48V 系统无须像纯电动车那样需要绝缘处理，成本更低。

同时，这种联合供电方案不仅是双电压电气系统架构的创新，也是 BMS 软件方面取得的重大成就。在技术优势上，48V 系统不仅能让主机厂得以运用多种节油技术，还具有体积小、适配范围广、节能减排效果显著且经济性高等优势。而对驾乘者来说，48V 系统汽车的驾驶感受与常规动力总成系统无异，但动力却提升了 20% 以上，还能为自动驾驶甚至无人驾驶，以及其他诸如安全系统等提供额外的动力。这对丰富用户驾乘体验大有裨益。

为此，48V 系统当下受到了各大主流车企的追捧，但目前量产上市的车型较少。IHS 数据预测，到 2025 年，这一系统将被应用到 1100 万辆汽车中，或占混动车总量的一半以上，未来市场前景广阔。

一般 48V 加 12V 系统微混方案大致上分两部分组成，一部分是启发电机、锂离子电池组和 48V 系统 BMS，这部分是用来满足上述高功率设备所需；另一部分就是 12V 的电机系统，保留 12V 系统可以帮助汽车实现冷启动，因为单纯靠 48V 系统的 BSG 电机是没法在冷机情况下启动发动机的，同时它还可以执行启动收音机、照明等低功率任务。这两个系统之间由 DC–DC 连接器连接。

和高压电池组一样，48V 系统除了需要信得过的电池外，质量过硬的电池管理系统（BMS）是最关键的核心技术。普瑞新能源汽车业务工程师介绍："48V 系统的 BMS 主要起到电池监控和调节电压和温度，均匀充放电的作用；但由于 48V 系统的电池单体数量比高压版的要少很多，所以它的 BMS 会略显瘦身。"

据了解，全球范围内能提供 48V 系统关键部件的供应商除了普瑞公司，还有博世、大陆、德尔福、法雷奥等汽车零部件巨头，但均未大批量生产。不久的将来，基于 48V 系统的强实用性、高性价比和可平台化拓展，均胜电子相关产品将会在节能减排、提高性能、助推汽车电气化的路上走得更快更远。

## 四、电动汽车无线充电颠覆传统方式

电动汽车无线充电像手机无线充电一样智能方便，但意义却更为深远，因为这将是新能源汽车领域的一大变革，是撬动新能源汽车市场的又一关键。而均胜电子在车展展出的无线充电技术有望成为解决电动汽车充电的颠覆性产品。

早在2016年年底，均胜电子旗下的普瑞公司与美国高通签署了无线电动车充电（WEVC）许可协议。普瑞将在其产品组合中嵌入高通的无线电动车充电技术，并将专注于插电式混合动力（PHEV）和电动车（EV）制造商的电动车无线充电系统的商业化。根据协议，普瑞计划开发、制造和供应基于高通光环技术的电动车无线充电系统。

# 发展汽车变速器
# 形成以 8AT 为龙头的制造业产业集群

盛瑞传动股份有限公司

## 一、深耕汽车变速器领域

盛瑞传动股份有限公司（简称盛瑞）成立于 2003 年，总部位于山东省潍坊高新区，主要从事汽车 AT 自动变速器和重型柴油机零部件的研发制造，拥有国家认定企业技术中心和国内行业唯一的国家乘用车自动变速器工程技术研究中心，是国家重点高新技术企业、国家技术创新示范企业，也是国内首个汽车 AT 自动变速器技术创新战略联盟的理事长单位。盛瑞于 2006 年进军汽车自动变速器领域，10 年投入 10 亿元，其进行的前置前驱 8 挡自动变速器（8AT）研发及产业化项目荣获 2016 年度国家科技进步一等奖，是汽车零部件行业获得的首个国家级一等奖。

## 二、推动我国汽车工业正式迈进“8 速时代”

自动变速器是集机、电、液、控于一体的技术含量最高、结构最复杂、产业化难度最大的汽车核心总成，也是制约我国汽车工业自主发展的最大瓶颈，我国长期严重依赖进口，市场和技术被国外高度垄断。8 挡自动变速器（8AT）研发及产业化项目的成功开发，使我国汽车自动变速器技术由 10 年前的空白，一举跃居世界前沿，推动了我国汽车工业正式迈进“8 速时代”；为我国培育了一条自主的 AT 产业链，为 AT 产业的快速成长奠定了坚实基础；挑战了世界 AT 格局，迫使国外 AT 大幅降价，单台降价 3000 元以上，国内整车成本每年可降低上百亿元，打破了国外长期以来的技术封锁和产品垄断。同时也推动了盛瑞成功实现转型升级，自动变速器业务占盛瑞公司主营业务收入的比重由 2014 年的 8% 提升到 2015 年的 42%、2016 年的 51%，开始超过传统的发动机零部件。盛瑞已经成长为汽车变速器行业龙头企业，成为战略性新兴产业新技术新产品产业化的成功案例。

## 三、产业化进程加快

为实现企业转型升级，大力发展战略性新兴产业，盛瑞启动该项目，寻求汽车核心技术创新合作伙伴。

2010 年 2 月 8 日，盛瑞拥有完全自主知识产权的世界首款前置前驱 8AT 的 A 样机成功装配下线，标志着我国自主品牌汽车自动变速器实现了从无到有的突破。

2010 年 11 月 16 日，盛瑞与江铃陆风汽车签订搭载盛瑞 8AT 战略合作协议。

2013 年 6 月 28 日，盛瑞 8AT 10 万台生产线建成投产，国家乘用车自动变速器工程技术研究中心建设正式启动。

2014 年 9 月，搭载盛瑞 8AT 的陆风 X5 成功上市。

2015 年 8 月 6 日，搭载盛瑞 8AT 的陆风 X7 车型成功上市。

2016 年 11 月 29 日，第 10 万台前置前驱 8 挡自动变速器在盛瑞下线。

2017 年 1 月 9 日，“前置前驱 8 挡自动变速器（8AT）研发及产业化”项目荣获 2016 年国家科学技术进步一等奖。

2017 年 3 月 28 日，搭载盛瑞 8AT 的力帆轩朗车型成功上市。

经过前期市场开发，盛瑞已与江铃陆风、力帆汽车、众泰汽车、奇瑞凯翼等 7 家整车厂的 14 款车型签订了匹配协议。

目前，盛瑞正在建设全国首个自动变速器配套产业园，规划到 2020 年自动变速器年产达到 100 万台，成为国际一流、国内领先的自动变速器研发制造基地，形成以 8AT 为龙头的制造业产业集群。

## 四、创新发展一直在路上

### （一）企业家精神是企业发展的灵魂

刘祥伍，军人出身的企业家，盛瑞掌门人。2006—2007 年，在公司事业蒸蒸日上时，他却始终居安思危、未雨绸缪，开始谋划企业的转型升级战略。当他首次接触到 8AT 的概念时，中国众多汽车公司都提醒他：中国 30 年内不可能搞出来 8AT。刘祥伍却认为如果我们从 4AT 做起，做出来就要淘汰了，那么我们中国在此领域要永远受制于人。这也是他对“智造”的思考。他认为，“智造”就是一切决策前的工作、一切设计前的工作，一切创新前的工作，就是竞争前的战略性的领导者，就是逆向思维者，就是别人没有想到的事、别人不敢想的事。

开弓没有回头箭。10年的艰辛历程，经历了太多的风雨。10年时间，盛瑞为此投入10亿元，刘祥伍3次带头稀释股份，其管理团队已将股份稀释到最低控制权，同时股东10年几乎未分红，全部投入到了产品研发上。对技术几乎一无所知、客户不相信自己的产品、我国自动变速器产业链一片空白……，每一个问题都随时可能置企业于死地。即便如此，刘祥伍仍毅然决然地说道：如果干不成8AT，我就从我办公楼的17层跳下去！10年的时间，奋斗不息。

### （二）模式创新是企业发展的有效途径

面对国际重大前沿技术的创新，盛瑞没有局限于自身的能力，也没有仅仅局限于国内的资源，而是打破常规、利用外脑、借船出海，在坚持“以我为主”的前提下，开创了“以市场为导向、企业为主体，国际化‘产学研用’战略合作，整合世界资源为我所用”的创新模式。盛瑞联合北航、江铃，以我为主，整合了德国的设计理念、英国的工程技术、韩国的工艺装备、日本的精细化管理，实现了自动变速器核心技术的自主创新和精益智造，大大提高了创新效率、降低了创新风险，确保了项目的顺利推进。同时，在项目研发的过程中，为了进一步形成“以我为主”的全球战略资源整合，盛瑞分别在德国、英国、北京和青岛建立了研发分中心，构建了“三国五地”的研发布局，集成了世界最优的创新资源，打造了正向设计开发的完整创新链条，确保创新与世界同步甚至引领世界，为国内企业的转型升级探索了有效模式。

### （三）以市场为导向是企业发展的必由之路

当8AT还只是一个概念时，盛瑞就开始寻找客户。寻找客户比开发产品还要难，因为外国人不相信中国的产品，中国人比外国人更不相信中国的产品。经过不懈努力，江铃汽车集团公司终于在2010年8AT尚处于样机试制阶段时，率先与盛瑞签订合作协议，第一个吃螃蟹，大胆地与盛瑞订下“娃娃亲”。陆风汽车陪盛瑞走过了整整7年，与盛瑞建立了全方位的深度合作关系，成功推动了项目的产业化。

### （四）产业链集群式发展是企业发展的坚强基石

10年来，面对国内自动变速器产业链几乎空白的局面，盛瑞按照“统一思想，统一标准，统一行动”的理念，从项目启动之时，携手供应商同步开发、抱团发展，以一己之力培育自主的AT产业链，带动了行星排、阀板、离合器、轴承等一大批国内零部件配套企业的成长，大大提升了它们的研发和制造能力，培育了一条初步完整的自动变速器产业链，为我国自动变速器后续产品的产业化奠定了坚实的基础。

### （五）对人才的尊重与重视是企业发展的永恒动力

10年来，盛瑞与北京航空航天大学不仅在技术创新上深度合作，更是探索出一条校企深度合作的国际化人才培养模式，北京航空航天大学的向阳教授带领7名博士全程参与了8AT的研发工作，这些博士毕业后全部留在了盛瑞，并成为企业研发和创新的核心技术力量团队。另外，盛瑞先后委派大批工程师长期驻德国、英国、韩国，现场学习国外先进的技术、完善的流程和科学的管理。盛瑞的研发投入连续多年占到营业总收入的7%以上，2013年、2014年、2015年更是高达9%以上。这么庞大的研发经费大部分都用在了人才的培养上。同时，盛瑞给首批50名骨干研发人员分配了公司的原始股，让员工成为股东，让打工仔变成主人。正是这样不惜代价、不计成本地进行人才培育，才使盛瑞平均年龄不到35岁的研发团队，掌握了国际高端自动变速器从概念设计到工程化再到产业化的全过程关键技术，具备了为客户提供“量体制衣”交钥匙工程服务的创新能力。盛瑞年轻的研发团队已自主完成国际领先的13AT、带启停功能8AT以及插电式混合动力8AT的研制，将继续抢占世界自动变速器技术的制高点，打造企业发展的新引擎。

# 实现强国梦：电工钢从引进到自主创新

武汉钢铁（集团）公司

## 一、以赶超国际一流为目标，发展我国电工钢产业

电工钢亦称硅钢片，是电力、电子和军事工业不可缺少的重要软磁合金，亦是产量最大的金属功能材料，主要用作各种电机、发电机和变压器的铁芯。它的生产工艺复杂，制造技术严格，国外的生产技术都以专利形式加以保护，视其为企业的生命。电工钢板的制造技术和产品质量是衡量一个国家特殊钢生产和科技发展水平的重要标志之一。

目前我国冷轧电工钢的数量、质量、规格、牌号，完全能满足能源（电力）工业发展的需求，其产品的综合技术水平已接近或达到世界同行先进水平，产品质量完全可与国外同类产品媲美，已具备为国家现代化建设服务的能力。

1978年以来，武钢（现为宝武集团青山基地，下同）可以说是中国电工钢发展的缩影。为实现中国冷轧电工钢的快速发展，早日摆脱外国对中国电工钢的垄断，武钢经历了消化吸收再创新、原始创新及成套技术集成创新的历程，自主开发了一系列具有自主知识产权的产品和工艺技术，对生产工艺、设备及产品品种进行了不断的改进和创新，经历了"八五""九五""十五""十一五""十二五"的不断努力及奋斗，使中国电工钢生产技术得到了快速的发展及传承。

截至2016年，武钢电工钢产能已达到200万吨，成为全球最大的电工钢生产的单体产线。

武钢在新一代取向电工钢、高效电机硅钢的研制开发及装备集成创新上均取得了重大突破，获得了80项国家专利，其中31项为发明专利，拥有700余个具有自主知识产权的硅钢生产技术诀窍、相关配套技术和科技成果。

武钢的二硅钢生产装备，可说是自主集成创新的典范，该集成包括世界上第一座用于取向电工钢中间完全脱碳退火目的的双层钢带连续退火炉及其相关工艺、两座高温环形退火炉等共计23条硅钢生产生产线等。

武钢多次获得国家金、银质奖和部、省、市优质产品称号，1990 年获冶金部“实物质量达国际先进水平”6 个金杯奖，2006 年又荣获“中国名牌产品”等称号。

武钢电工钢产品被大量应用于大型变压器、大型发电机、电动机和家用电器等领域，如小浪底工程、三峡工程、青藏铁路工程、北京正负电子对撞机工程、神六和神七载人飞船工程等国家重点项目及工程。

武钢硅钢工艺技术及装备的集成创新，对提升我国钢铁工业及设备制造业的全面进步起到了重大的推动作用，特别是洁净钢冶炼、RH 真空精炼、连铸及电磁搅拌、热送热装、控轧控冷、连续退火技术及自动化技术等，在我国钢铁制造业中得到了广泛推广应用。

## 二、科技进步帮助电工钢从引进到自主创新

截至 2016 年，我国电工钢生产能力已达到约 1131 万吨，其中无取向电工钢 1002 万吨、取向电工钢 129 万吨，与 2015 年相比减少了 99 万吨，降幅达 8.05%。据不完全统计，目前能正常生产冷轧电工钢的企业约 29 家，其中无取向电工钢企业 18 家、取向电工钢企业 15 家（含双功能企业 4 家）。

我国电工钢产业通过引进、消化、改造、扩建、新建、自主创新、攻关革新，取得了技术进步，特别是宝钢、首钢等企业的快速进步和技术工艺突破，其产品的综合技术水平已达到世界同行先进水平，产品质量完全可与国外同类产品媲美。

截至 2016 年，我国累计生产电工钢约 7438.12 万吨，其中取向电工钢 894.66 万吨、无取向电工钢 6543.46 万吨，国内 95% 以上的各种变压器、电机、家用电器等电子产品的定、转子铁芯全部使用国产电工钢，为我国节约能源和实现四个现代化做出了巨大的贡献。突出表现在以下五方面。

其一，中国电工钢从无到有，填补了国家一大空白。1978 年以前，中国的冷轧电工钢生产一片空白，工业技术相对落后，全靠引进，我国只具备生产热轧矽钢片的能力，电器产品完全满足不了国民经济建设和人民生活的必需品。1974 年我国政府决定从日本新日铁引进冷轧电工钢生产技术及成套装备，1975 年在武钢的“一米七工程”正式开工建设，经过近 4 年的项目建设，中国第一家冷轧电工钢生产企业在武钢诞生，1978 年 11 月第一卷冷轧电工钢正式下线，从此拥有了中国自产的冷轧电工钢，填补了国家的一大空白，也标志着中国的冷轧电工钢从无到有的突破。

其二，中国电工钢从小到大，大步实现国产化目标。我国电工钢在消化引进技术的基础上，开发和自主创新，从生产出几吨、十几吨、几千吨、几万吨发展到几

百万吨的生产规模。截至2016年我国电工钢国产化率已达95%。1978—1987年10年间，我国电工钢产量逐年上升。1978年投产时，当年生产取向电工钢3吨、无取向电工钢991吨；1987年取向电工钢产量达到3.04万吨，无取向电工钢产量达到5.95万吨。1988—1997年10年间，我国电工钢产量从几万吨上升到20多万吨。1988年生产取向电工钢2.78万吨、无取向电工钢5.80万吨，到了1997年取向电工钢产量达到5.6万吨、无取向电工钢产量达到18.1万吨。1998—2007年10年间，我国电工钢产量快速上升达到了几百万吨。1998年生产取向电工钢6.96万吨、无取向电工钢19.8万吨；到了2007年，取向电工钢产量已达到27万吨，无取向电工钢产量已达到327.7万吨。2008—2016年的10年是我国电工钢产业高速发展期，2008年生产取向电工钢33.96万吨、无取向电工钢349.6万吨，到2016年，取向电工钢产量已达到112.41万吨、无取向电工钢产量已达到752.39万吨。

其三，电工钢从净进口逐年减少到成为出口国。1993年我国无取向电工钢开始出口，当年出口了2.3万吨，使中国从电工钢的净进口国转为出口国，从此打破了新中国长达44年依赖进口的局面，特别是2001年我国取向电工钢开始出口，使中国钢铁界为之自豪和高兴。

其四，中国电工钢实现从弱到强的跨越。我国高端电工钢从弱到强，过去我国大型变压器、大型发电机组用高端电工钢完全依靠进口，现在我们已具备生产高端电工钢的能力，实现了产品牌号全覆盖。2005年以前，我国只能生产CGO钢（一般取向电工钢），HIB钢（高磁感取向电工钢）产量每年不足1000吨；2005年以后，在国家国产化政策的大力支持下，在武钢、宝钢、首钢的努力研发下，我国HIB钢（高磁感取向电工钢）产量快速增长，到2016年HIB钢（高磁感取向电工钢）产量已达到77.45万吨，较2010年增长了27.11%。“十二五”期间我国高牌号（高磁感、高效）无取向电工钢得到了快速发展，特别是大型发电机用高牌号无取向电工钢、高效电机实现与国际接轨，在加快淘汰热轧矽钢片方面发挥了重大作用。

其五，电工钢产业在中国壮大发展。中国电工钢产业的高速发展，离不开国家产业政策的支持，离不开武钢的贡献。2007年以来，国内多家包括民企在内的企业进入电工钢生产领域，与武钢的技术输出是分不开的。截至2016年，我国电工钢表观需求量约860万吨，市场经济和国内需求带动了电工钢产业的发展，从先进技术的引进、消化、掌握到自主开发创新，科学技术进步发挥了重大作用。我国不仅掌握了高温高磁感取向电工钢的生产技术、低温一般取向电工钢特别是自主集成的低温高磁感取向电工钢技术，还开发了CSP生产中低牌号无取电工钢技术、低温高磁感取向电工钢、取向电工钢激光刻痕等技术以及具备环保型绝缘涂层的制备技术。2016年我国电工钢进口量较2004年下降了72.54%，其中无取向电工钢下降了 69.85%、取向电工钢下降 85.16%。2016 年我国电工钢出口量较 2004 年增长了 391.78%，其中无取向电工钢增长 190.93%，取向电工钢增长幅度更大，增长了 19730%，年均增速达 112.91%。

## 三、维护市场环境仍需努力

但是，也应清醒地看到我国电工钢产业的发展仍存在以下 4 大主要问题：

其一，结构性产能过剩。从现有的产能和产量看，我国电工钢表观消费量和实际消耗量相比，存在结构性过剩，中低牌号无取向电工钢过剩 20%~30%，一般取向电工钢（CGO）过剩 20%。应防止高牌号、高效无取向电工钢等产能出现新的过剩，须抓住机遇，调整结构，实现产品升级，控制产能的释放或扩大，加快低端落后产品的淘汰步伐。

其二，顶级高端产品数量少，质量稳定性不够。具体表现在：一是从 2016 年我国高端电工钢产量看，顶级高端产品比例不高，用户订货数量还不能完全满足；二是生产控制水平需提高，要提高原牌号合格率，降低不合格品或缺陷产品的数量，提高管理水平和产品综合质量；三是要开发极薄电工钢，包括 0.03 毫米、0.05 毫米、0.08 毫米、0.10 毫米取向电工钢和 0.1 毫米、0.15 毫米、0.2 毫米高频高强度无取向电工钢，以满足国防、军工、新能源汽车、机器人、无人机或飞行器、电子产品的需求；四是抓住未来 5 年国家对进口取向电工钢征收反倾销关税的政策时机，不断稳定和改善产品质量，多产市场急需的高性能、低损耗电工钢，满足下游行业产品升级的需求。

其三，执行产品国家标准意识不强，急需改进。2017 年 5 月 1 日国家正式实施新国家标准（GB/T2521.1–2016）全工艺冷轧电工钢第 1 部分——晶粒无取向钢带（片）和（GB/T2521.2–2016）全工艺冷轧电工钢第 2 部分——晶粒取向钢带（片）。新国家标准的实施，一是淘汰了原标准中的落后产品牌号，提高了磁性能水平及指标的技术门槛；二是新标准与国际标准接轨并具有中国特色，形成了两个单独的产品标准；三是标准的修订和实施，将进一步规范企业标准行为，实现国家标准与企业标准的有机结合及应用，通过贯标和执行标准，来改善市场竞争及供货环境。相关钢企应借实施电工钢新国家标准的东风，大力宣传新国家标准，让用户更好地理解和认识新国家标准的重要性，在满足新国家标准的前提条件下，与用户签订超越标准的技术协议，以最终满足用户的需要，通过标准实施促进电工钢产业和下游行业的健康发展，以维护国家标准的权威性及市场执行力，实现市场平台的统一性和竞争方式的公平性。

其四，共同维护市场，回归稳定。一是要规范企业市场行为；二是规范企业新投产产品的经营行为，产品合格后才能进入市场，杜绝低于成本价进入市场竞争，破坏市场环境；三是进一步规范硅钢原材料市场；四是继续加强民企电工钢的技术进步。

## 四、技术发展还要依靠自己开发创新

武钢引进的第一套冷轧电工钢专利技术是成功的，也完全符合我国电工钢产业走消化引进、掌握技术、自主研发创新的可持续发展道路，今后从国外引进先进技术的可能性不大，技术发展只能依靠自己开发创新。

在“十三五”期间，要根据国家“一带一路”政策和电网升级改造及中西部开发等总体规划，按照相关行业节能减排的总体要求，抓住市场对更高端产品的持续升温、可持续发展的机遇，做好以下几方面工作：

一是围绕降低电工钢制备成本，集中多方力量，深度开展 CSP 工艺生产取向电工钢技术、薄带铸轧生产电工钢技术的研究，节约能耗，降低生产成本，提高成材率，实现电工钢短流程工艺技术的产业化和具有中国知识产权的新工艺突破。

二是围绕国家节能降耗要求，一是重点开发超低铁损取向电工钢制备技术、超高磁感取向电工钢制备技术，满足国家电网发展需求；二是重点开发薄规格无取向电工钢制备技术、高端高效电机用电工钢制备技术、中频高效电机用电工钢制备技术、高强度电工钢的制备技术，满足 100 万千瓦以上、超超临界电机用钢，抽水蓄能发电用钢，高效节能电机用钢，交通驱动电机如城市有轨交通、支线铁路、高铁、新能源汽车电机、无人机和高端家电等用钢的需求。

三是围绕电工钢产业可持续发展要求，强化国家标准的执行力，提高电工钢国家标准门槛，取消不适应市场需求的低端产品牌号，淘汰电工钢生产企业的落后产能；同时，推进及开展全生命周期无公害电工钢制备技术、全生命周期低能耗电工钢制备技术、低噪音电工钢制备技术研发，真正满足我国国民经济飞速发展的要求。

四是从经济形势看，电工钢产生迎来更多的发展机遇和利好因素。近年来国家推进水利电力投资、农村电网改造等重大项目，有力拉动国内需求；国际上，我国的“一带一路”建设也有力地拉动了世界经济，而且各国经济建设也在加快步伐，尽管国际形势变幻无穷，但不确定因素与机遇、挑战并存，需要我们认真把握。中国电工钢经过近 40 年的发展，中高端电工钢市场需求格局已经形成。我们相信，在国家推行供给侧结构性改革大政方针的指引下，去结构性产能，加快落后产品淘汰，控制或减少新建项目，建立企业诚信体系和市场规范秩序，共同稳定供需市场及价格，有利于电工钢产业真正实现供需基本平衡、市场竞争有序、可持续健康发展的目标。

未来电工钢产业要面向世界，全面实现在中国生产、自主创新、技术转让，达到服务全球的目标，在生产能力、数量、品质上实现世界第一，在生产技术、产品研发、技术储备上达到世界领先，在知识产权、专利技术、发明专利数量上超过发达国家，通过共同努力，早日实现中国电工钢强国梦。

中国工程院院士、原武汉钢铁（集团）公司总工程师　张寿荣

# 让传统的印染产业结构插上智能的翅膀

山东康平纳集团有限公司

## 一、染色智能工厂成为首批智能制造试点示范项目

山东康平纳集团有限公司（简称康平纳）成立于1998年，是集毛纺织、智能染色整装装备于一体的综合性企业，是国家高新技术企业、国家技术创新示范企业、中国工业大奖表彰企业。

康平纳现拥有国家认定企业技术中心、国家国际科技合作示范基地、重点实验室、院士工作站、工业设计中心等多个国家级、省部级研发机构，先后承担完成国家863计划、科技支撑计划、智能制造专项等国家级、省部级科研项目80多项，荣获国家、省部级科技进步一等奖7项，其中"筒子纱数字化自动染色成套技术与装备"荣获2014年国家科学技术进步奖一等奖，成为我国纺织机械史上第一个国家科技进步一等奖。以该技术装备为核心建设的染色智能工厂先后列入2015年国家首批46家智能制造试点示范项目、2016年国家智能制造新模式应用示范项目、"中国制造2025"2017年度重大标志性工程。

多年来，康平纳始终重视研发平台建设，每年投入大量资金用于产品开发，在行业中处于领先行列，取得了明显的成效。现拥有专利技术150余项，其中发明专利21项，参与制定国家、行业、企业标准等20项。康平纳产品被评为山东名牌产品，康平纳商标被评为中国驰名商标。集团拥有高档羊绒面料等十二大系列上千个品种的毛纺产品，自2008年连续被列入中国毛纺行业竞争力十强，成为中国毛粗纺企业稳居十强之列的唯一品牌，代表中国毛粗纺最高水平跻身全球顶级纺织面料展览会——法国PV展；研制了筒子纱数字化自动染色成套装备、智能筒纱生产物流及包装系统、全自动染料/助剂配送系统、立体仓库及智能物流系统、纺纱设备自动化系统升级改造、纺织行业专业机器人制造等六大系列40多个品种的高端印染及后期整理设备。康平纳系列智能染整技术及设备，自动化和信息化性能良好，节能环保，满足国内印染工艺需求，成为纺织印染企业更新装备、提质增效、转型升级的首选

装备。

## 二、纱线染色智能工厂年产达2万吨

筒子纱染色智能工厂项目是依托国家科学技术进步一等奖成果—"筒子纱数字化自动染色成套技术与装备"而建成的一个可复制性、标准化的染色智能工厂。项目总投资31546万元，建设规模为年染纱线2万吨，建设期为一年。

### （一）印染产业结构调整和产业升级为智能染色整装装备带来发展机遇

环境生态保护、节能减排是当前的基本国策，纺织印染行业存在用工密集、生产效率低、染色质量稳定性差、能耗高、废水排放量大等问题，严重制约行业可持续发展。"十三五"期间，印染行业将聚焦数字化、智能化生产；同时新环保法的出台，各地政府相继关停"散、乱、小、低"的印染企业。在行业内采用智能新技术及装备，提升行业装备技术水平、降低污染排放量成为行业可持续发展的必然趋势，印染产业正面临着由结构调整和产业升级所带来的巨大变革，也为智能染色整装装备带来发展机遇。

筒子纱数字化自动染色成套技术与装备市场空间广阔，目前已在鲁泰纺织、孚日家纺、如意集团、安徽华茂、江苏联发5家上市企业，以及东北袜业、江苏强声等40多家企业推广应用。但各用户厂家主要是为满足其自身生产需要，很难在行业内毫无保留地开放示范，起不到示范引领作用，影响在行业内大面积的推广。

本项目依托2014年国家科学技术进步一等奖"筒子纱数字化自动染色成套技术与装备"，通过集成纱线染色智能工艺及数据库、关键智能化生产装备及生产全流程信息化控制系统，建立起纱线染色智能工厂，提升染色质量，减少劳动用工，提高能源利用率，降低污染排放。同时，该智能工厂承担着制定国家标准，对在外建设的区域性智能染色工厂进行远程运营维护和管控，进行专业人员培训、培养，进行新技术、新工艺、新装备完善提升和更新换代等四大任务。

### （二）迫使同类进口产品价格在国内市场降低50%左右

其一，实现纺织印染关键技术与装备数字化、智能化的重大突破。项目核心技术装备——"筒子纱数字化自动染色成套技术与装备"实现了筒子纱染色从手工机械化、单机自动化到全流程数字化、系统自动化的跨越。实现了全流程100多台套设备、上千个参数在线检测、实时闭环控制，工艺稳定及生产运行可靠性由传统的57%提高到95%，生产效率提高了28%，节约用工80%以上，超过了德国、意大利等国际先进技术水平，使我国成为世界首家突破全流程自动化染色技术并实现工程化应用的国家。为推进印染行业智能制造、提升产品品质、加快产业升级提供了重要技术和装备支撑。

其二，提高了纱线染色的质量效率和节能减排水平。通过智能工厂染色，染色一次合格率由传统的70%左右提高到96%以上，实现吨纱节水70%、节电45%、节汽58%。该技术装备适用于棉纱、毛纱、针织纱、棉麻纱等各种纤维染色，并可扩展到坯布染色、印花等领域，按年染色纱1000万吨计算，年可节约新鲜水9亿吨、标准煤702.1万吨，减少污水排放8.9亿吨，节能减排效果明显。有助于推动印染行业实现优质高效染色，升级为集约化、规模化生产和低耗、低排放的绿色产业。

其三，提升我国印染行业装备水平，加快替代进口装备步伐。项目技术装备——"筒子纱数字化自动染色成套技术与装备"填补了国际空白，拥有完全自主知识产权，目前在国内外尚无竞争对手。

成套装备中染料助剂配送系统模块打破了LAWER（拉沃）、THIES（第斯）等国际品牌在这一领域的垄断地位，康平纳技术装备推出后，迫使同类进口产品价格在国内市场降低了50%左右。目前康平纳装备只有国外产品售价的60%左右，节约了外汇，提升了装备制造水平，在推动制造强国建设方面做出了突出贡献。

### （三）"十三五"期间，计划建设15家智能染色工厂

其一，应用互联网技术，建成全国首个纺织行业智能染色示范工厂。公司牢固树立互联网思维，以"两化"深度融合为主线，在前期研制的筒子纱数字化自动染色成套技术与装备基础上，充分运用互联网、大数据、物联网等新一代信息技术，实现信息化与工业化的深度融合，建设筒子纱染色智能工厂。该项目将智能化技术从单一染色生产线延伸至产品开发、工艺制定、络筒等工段及原料、成品仓库等，实现工厂级数据采集、分析、判断等功能。生产工艺数据自动数采率达到95%以上、主机设备数控化率达到92%，生产效率提高了28%，吨纱节水70%、节电45%、节汽58%、节约用工80%以上，技术指标比前期有了更大的突破，入选工业和信息化部2015年智能制造试点示范项目，成为全国首个纺织印染行业智能染色示范工厂。

其二，建设区域性染色智能工厂，示范带动行业智能制造进程。面对印染行业改造升级的发展需求，康平纳坚持创新驱动发展，通过设备、技术和管理的集成输出，为纺织印染企业改造升级提供智能装备，推进"互联网+"技术在纺织行业的推广应用进程。公司依托在智能染色的技术优势，在全国纺织服装产业密集区，利用当地纺织印染企业现有资源，以政府引导，企业为主体，市场化运作，采取多方合作成立股份公司，以基金投资、平台合作等模式，建设区域性染色智能工厂。

通过集中印染、集中排放、集中处理，减少污水排放，提高产品质量，实现绿色制造，推动纺织产业升级，同时带动康平纳机械装备产品的市场巩固与拓展。

未来10年，康平纳将按照分期、分区原则，规划建设50家区域性智能染色工厂。“十三五”期间，计划建设15家智能染色工厂。通过本项目标准化智能工厂的实施，规范完善，寻求最佳效益，以点带面，示范推广。

为深入实施创新驱动发展战略，利用国家级重大科技创新成果和创新模式，为山东省纺织工业“补短板、调结构、提质效”，加快山东省行业新旧动能转换和转型升级步伐，加快新技术、新模式推广应用，以“四新”为动力、以“四化”为路径，本着“跨界融合、协同创新、集成发展、智能绿色、共创共享”的思路，创建“山东省纺织服装智能印染专业化综合平台”。康平纳依托泰安本部建设的标准化智能染色示范工厂，建设集智能印染技术协同创新、创意设计、定制交易、远程管理、人力资源培训等功能为一体的智能云平台；规划在济宁、滨州、潍坊、聊城、烟台、枣庄等6个地区，推动产业链上下游企业合作，建立年加工能力10万吨的集中智能化染色工厂。通过“智能制造”和“绿色制造”，在高起点上突破印染“短板”，实现印染产业弯道超越，提供高附加值产品，同时实现产业链的技术升级、产业结构及分布的优化，进而带动促进山东省纺织服装产业转型升级进程。

# 高标准也能与低成本共存

——一次锻压成型轮毂新项目

浙江巨科实业股份有限公司

## 一、把握产业机遇，打造循环经济产业链

全球能耗、环保问题日渐突出，汽车轻量化成为各国政府及汽车制造厂商广泛关注的热点问题之一。汽车轻量化是目前汽车节能减排的主要途径，用铝合金材料代替传统的钢铁制造汽车，可使整车重量减轻30%~40%。若轮毂也采用铝合金制造，将比钢制轮毂轻20千克左右。

随着我国汽车市场的快速发展，汽车产量迅速增加。在汽车产业调整和振兴规划实施后，我国汽车产业获得了良好的发展机遇，为汽车铝轮毂生产提供了巨大的发展空间。

浙江巨科实业股份有限公司（简称巨科）锻造铝轮较传统铝轮毂减重30%以上，一辆车可减轻至少20千克。产品晶粒细小，组织致密，力学性能好，最终减重效果达30%~50%，质量优于锻造铝轮毂，而且生产成品率高、成本低。巨科为了打造再生铝——铝加工——深加工的循环经济产业链，决定在台州湾循环经济产业聚集区内建设年产1500万只铝轮毂生产基地。

**项目建设目标为：**

- 2018年12月前建成年产1500万只新型高强高韧铝轮毂项目；
- 形成锻压轮毂自动化智能制造示范工厂；
- 获得铝热轧板锻压轮毂、锻压轮毂一次成型等发明专利5项；
- 形成行业标准《锻压汽车铝轮毂用铝合金厚板技术要求》《铝板锻压乘用车铝合金轮毂性能要求及试验方法》《铝板锻压商用车铝合金轮毂性能要求及试验方法》。
- 逐步用锻压轻量化轮毂替换现有汽车上的低压铸造轮毂，实现轮毂行业技术转型升级，促进汽车行业节能减排。

## 二、高标准检测，造就远超国标的性能指标

项目选址于台州湾循环经济产业聚集区，用地面积1200亩，拟选用公司自主开发的超高强度铝合金热轧圆片新材料，采用具有国际先进、国内领先的"锻压+旋压"汽车铝合金轮毂生产工艺，并引进热模锻压力机、旋压机、机器人成套设备、加工中心数控机床等国内外先进的自动化生产设备，新建用于生产年产1500万只新型高强高韧汽车铝轮毂的锻压车间、旋压车间、热处理车间、熔铸车间、机加工车间、表面处理车间、喷涂车间、模具车间；辅助生产及公用设施有实验室、机修车间、110千伏配电站、空压站、循环水泵站、废液处理站、原材料仓库、综合仓库、成品库、综合办公楼等生产生活配套设施；生产中高端品牌汽车用新型超高强高韧轻质铝轮毂，新型轮毂较传统轮毂减重20%~50%。

计划项目总投资638463万元，其中固定资产投资588770万元；投产后，项目拟定建设规模为年产1500万只新型高强高韧汽车铝轮毂，其中乘用车1050万只、卡客轮450万只；覆盖目前现有市场上所有型号的轿车和卡车成型，并逐步推动所用车型换装锻造轮毂以实现汽车轻量化。每年可新增销售收入807692万元，利润100811万元，销售税金90876万元。

铝合金轮毂采用全新热轧铝合金板材，通过"锻压+旋压"方式生产高强度铝合金轮毂，晶粒细小（晶粒尺寸≤15微米），组织致密，力学性能好，轮毂性能力学性能指标：抗拉大于350兆帕斯卡，屈服大于340兆帕斯卡，延伸率大于12%。而传统锻造轮毂抗拉强度310兆帕斯卡，屈服强度285兆帕斯卡，延伸率大于8%；传统铸造轮毂抗拉强度230兆帕斯卡，屈服强度210兆帕斯卡，延伸率大于3%。新型高强度铝合金轮毂较传统锻造轮毂提升11%，较传统铸造轮毂提升50%。

新型轮毂较钢制轮毂可减重50%以上，较铸造轮毂减重40%，较传统锻造轮毂减重20%。一辆车若减重10%，可相对减少6%~8%的燃油消耗，使燃油效率提高5.5%。加快铝轮毂装车率，提升汽车铝合金应用水平，对节约能源有十分重要的意义。

轮毂是影响整车制动性能的关键零件之一。对于高速行驶的汽车来说，因轮胎与地面摩擦、制动等产生的高温爆胎、制动性能降低等现象屡见不鲜。而铝合金轮毂的散温系数是普通钢铁轮毂的5倍，可延长轮胎寿命12%，再加上铝合金轮毂的结构特性，很容易将轮胎、制动系统产生的热量排散在空气中。即便在长时间行车中及连续刹车的情况下，也能使车轮系统保持适当的温度，既能降低刹车系统和车轮的老化，更能降低爆胎几率，从而提高行车的安全性。

汽车轮毂检测国标有三大性能要求——径向疲劳、弯曲疲劳、13°冲击。其中，

径向疲劳在规定载荷轿车要求 50 万转、卡车要求 100 万转；弯曲疲劳轿车要求 10 万转、卡车要求 30 万转；13° 冲击要求在要求的冲击强度下不裂。

巨科内控的标准为径向疲劳在规定载荷轿车要求 100 万转、卡车要求 200 万转；弯曲疲劳轿车要求 20 万转、卡车要求 60 万转；13° 冲击要求在要求的冲击强度下不裂。全部按国标的双倍要求进行内部检测。目前最新的测试结果为，轿车径向疲劳强度为 300 万转、卡车径向疲劳强度为 450 万转，大大超过了国家标准，达到了世界最高的德国 TUV 标准要求。

## 三、工艺先进性与低成本可以共存

### （一）成型工艺先进性

巨科新型锻造铝轮毂采用自主开发的铝热轧厚板坯料一次锻压成型技术，该技术为巨科自主开发，世界首创。巨科采用的一次锻压成型技术大大减轻了铝合金轮毂毛坯的重量，提升了成材率，也大大提升了后续精加工的生产效率。以巨科生产的 1985 轮毂为例（1985 轮毂即轮毂安装面直径为 19 英寸，胎宽为 8.5 英寸），其毛坯重量的减轻带来单个毛坯成本的降低，对后续精加工厂家来说，单个毛坯成本可下降 50% 以上。

### （二）易加工性和生产效率的提升

巨科轮毂毛坯仅需车掉连皮以及单边 1.0~1.5 毫米的加工余量，传统轮毂则需要用加工中心在安装面铣加工成条幅的形状。巨科铝轮从毛坯加工到成品所需时间为 15 分钟，而传统形式生产锻造轮毂根据造型不同，加工一个的时间为 4~16 个小时。巨科铝轮毂的易加工性大大节省了加工时间，成倍提升了生产效率。

生产效率的提升会带来成本的下降，巨科铝轮的生产成本低于国内国际平均生产成本的一半以上。

### （三）高标准、高要求

巨科铝轮严格按照国标的双倍要求进行内部检测，并达到德国 TUV 标准的要求。巨科内控的标准为径向疲劳在规定载荷轿车要求 100 万转、卡车要求 200 万转；弯曲疲劳轿车要求 20 万转、卡车要求 60 万转；13° 冲击要求在冲击强度下不开裂。全部按国标的双倍要求进行内部检测。目前最新的测试结果为轿车径向疲劳强度为 300 万转、卡车径向疲劳强度为 450 万转，大大超过了国家标准，达到了世界最高级的德国 TUV 标准要求。

国内厂家目前很难达到 TUV 标准的要求，国际上只有美国老牌铝加工企业——美铝生产的锻造轮毂能够满足该标准的要求。目前巨科的产品水平跟美铝基本持平，但是生产成本仅为铝的 1/5。

# 创新技术助力农机企业可持续发展

浙江银轮机械股份有限公司

## 一、引领农业机械一体化可持续发展

人口、资源和环境问题是目前人类共同面临的巨大挑战，我国人口众多，资源相对短缺，生态环境比较脆弱，尤其是石油和水资源缺乏，已经开始制约社会经济可持续发展。农业是关系国计民生的战略性产业，涉及石油、水和矿产等多种资源配置。据统计，我国农业用燃油约占社会燃油消耗总量的30%，但其有效利用率相对较低。因此，就农业节能减排而言，农业机械化需要同时做好“加法”和“减法”，即加速研发推广节水、节油、节药和节肥等机械化技术与装备，同时加快淘汰能耗高、污染重、效率低的老旧农业机械，减少或优化作业工序等。这两方面都还存在空白，必须重视农业机械化和资源节约的关系，提出系统化的解决方案。

当前，我国农业机械设计采用的依然是传统方法，产品能耗大，效益低，对环境污染严重。随着农业现代化进程的不断发展，农业机械也在向着高质量、多功能、低能耗的方向发展，节能环保是农业机械工业可持续发展的必由之路。

“十二五”是全面建设小康社会、实现现代化建设“三步走”战略承上启下的关键阶段，也是现代农业建设深入推进的时期。农业机械一体化水平是形成农业国际竞争力的核心能力，其程度决定着我国在国际农业领域竞争力的强弱。加快实施农业机械一体化发展，对于巩固农业基础地位，促进农业、农村经济发展和建设现代农业、建设社会主义新农村等方面具有长期而重大的现实意义。

随着农业机械一体化的发展，技术设计者开始广泛采用高新技术来达到提高农业机械性能、可靠性、操作方便性、舒适性、安全性及外观质量等要求。农机的结构和装置有所增加和改进，而变速器、变矩器都需要将其介质进行冷却，并且空间上也有限制，模块化的冷却器应运而生。浙江银轮的L520Hn高效风冷油散热器模块产业化项目，采用铝制风冷结构，通过系统匹配和优化及模块化设计技术，利用相应的安装支架将多个油冷器进行组合，以满足不同的散热量要求，具有重量轻、散热性能好等特点，能为农业机械行业提供节能低耗、合理充分地利用石油资源的产品，为节能做出贡献。

## 二、结构设计创新，技术水平领先

新一代高效风冷油散热器模块的材料选用、结构设计、制造工艺等均经过反复试验验证并修缮，通过样品试制、试验验证、中试及小批试产、工艺参数的最终制定，最终形成了批量投产能力。

在国内，高效风冷油散热器模块技术刚刚起步，没有现成的经验可以借鉴。经反复研制，确定了设计图纸和产品技术标准，并进一步确定了关键工序的相关工艺方案。其模块化设计技术利用相应的安装支架将多个油冷器进行组合，可满足不同的散热量要求。因此，该产品具有零部件通用性高、市场响应快、质量稳定可靠等特点。产品散热性能好，结构设计有创新，技术水平居国内领先。

项目实施过程中取得了1项授权发明专利和4项授权实用新型专利；样品经国家内燃机产品质量监督检验中心检测，其全部技术性能指标均合格，并于2010年12月通过了浙江省科学技术厅组织的省级新产品评审（省级新产品证书编号：10010068）。

产品经潍柴动力股份有限公司、美国爱科公司、山东山工机械有限公司等客户装机使用，各项技术指标均达到设计要求。目前，项目产品已批量生产。

### （一）产品技术设计具有创新性和先进性

**技术路线。**公司专项研发团队借鉴本公司其他各类热交换器技术经验，提出设计分析理论→进行试验研究，验证→进行产品总体方案和具体结构方案设计→生产流程设计→制造工艺研究→零件加工与采购→产品装配及性能试验→修缮、改进相关技术→整车配套→批量生产。

项目产品的主要工艺路线：原材料检验→剪板→落料→拉伸→检验→清洗、烘干→检验→叠片→装夹→钎焊→成品→气密性试验→烘干→检验→防锈、包装→性能试验→入库。

**设计亮点。**主要有如下几点：

一是结构新颖。一般的风冷油散热器，用增加或减少芯子的层数来满足产品的性能和油侧压力降该类散热器当产品达不到散热要求时，就需要增加芯子的层数，由此就会带来安装空间增大的现象。

新型的模块式风冷油散热器，能很好地解决安装空间增大的现象，它利用相应的安装支架将不同的油冷器集成为一个模块，一方面提高了产品换热效率，另一方面也解决了一般风冷油散热器通过增加芯子的层数解决产品散热效率而带来的安装空间增大的现象。通过这样的设计方便了产品的制造，降低了产品的制造成本，也减少了不合格品带来的损失。

二是工艺的合理性、成熟性。通过对产品高度以及外形尺寸的分析，设计了特殊的专用工具进行装夹，最初用普通钎剂进行钎接，但发现钎接后产品的性能存在问题，容易产生虚焊，经过多次验证发现是钎剂问题，后来改用含铯钎剂就彻底解决了这个问题。采用气体保护连续炉焊接工艺，既降低了成本又提高了焊接效率，同时还保证了钎焊质量，由于紊流片是 YB7 材料，采用含铯钎剂进行钎焊，提高了产品焊接的可靠性。焊接后对产品进行水试，采用快速接头，提高了试压效率。试压后对产品进行烘干，然后再用专用检具进行外形尺寸的检验。

由于产品尺寸大、焊接难，需要工装来保证。装夹、钎焊、氩弧焊都需设计一套简易而精确的工装夹具来保证。通过技术人员与工艺人员的不断努力，克服了材料、清洗、装夹、真空钎焊等生产过程中的许多难题，形成了一套完整的生产工艺流程。目前，生产工艺稳定，生产、检测、试验设备齐全，能满足批量生产的要求。

三是创新性。结构先进，属国内首创、国际同行水平，符合国家对农机零部件的节能降耗要求。产品采用模块式结构，选用导热性能较好的铝合金材料，与其他结构油冷器相比具有结构紧凑、散热能力强等优点。

四是先进性。风冷油散热模块的主要技术参数达到了国外同类产品的水平。产品采用模块化结构设计，经济性高，安装方便，可满足不同的散热要求，调整灵活，通用性高。采用特殊的安装支架之间的结构设计，来保证产品的安装强度。产品采用 NOCOLOK 钎焊和抽芯铆钉铆接形式，适合批量生产。

### （二）产品性能设计领先国内水平

产品主要技术性能指标。主要内容包括：

• 密封性。油路在 1.8 兆帕压力下，保压 30 秒，无泄漏。

• 静压强度。对冷却器油腔施加 3 兆帕静压，历时 5 分钟，不出现泄漏和永久性变形。

• 振动试验。在油冷却器内注入 50℃的油和 0.5 兆帕压力的条件下，振动必须用正弦曲线标记，以每分钟 8 次 10 赫兹到 500 赫兹再到 10 赫兹的变化循环，振幅为恒量 1.5 毫米，10 赫兹到 35 赫兹。加速度恒量为 35 米 / 每平方秒，35 赫兹到 500 赫兹，经过 250 小时振动试验，不出现泄漏和机械退化现象。

• 传热性能。散热量大于 27kW，油侧压降小于 500 千帕，冷侧压降小于 1kPa。

• 压力脉冲。油温 100℃，先在压力 0~2.0 兆帕时经过 1 万次循环，再把压力调至0~1.0兆帕经过200万次循环，频率1.5，产品完成后进行静压试验，在3兆帕压力下保压5分钟，要求产品没有泄漏或明显的机械退化。

• 热循环试验。在1兆帕压力下，10℃ ~125℃变化范围内通过次1200个循环，循环时间在4~10分钟之间，没有泄漏或者明显的机械退化。

与国内外同类产品比较，产品结构先进，属国内首创、国际同行水平，符合国家对农机零部件的节能降耗要求。产品采用模块式结构，选用导热性能较好的铝合金材料，与其他结构油冷器相比具有结构紧凑、散热能力强等优点；利用相应的安装支架将不同的油冷器集成为一个模块，减少各种油冷器因为不集中造成的安装空间增大的现象；用抽芯铆钉将安装支架与油冷器之间进行固定和联结，便于操作。采用模块化结构设计，经济性高，安装方便，可满足不同的散热要求，调整灵活，通用性高。采用特殊的安装支架之间的结构设计，来保证产品的安装强度。产品采用NOCOLOK钎焊和抽芯铆钉铆接形式，以适合批量生产，产品广泛适用于各类农业机械的冷却系统中。

## 三、运用前景广阔，经济效益可期

浙江银轮机械股份有限公司（简称银轮机械）是由国有企业改组而成的省批股份制企业，专业从事汽车和发动机热交换器产品的研究开发和制造。公司的热交换器产品经过20多年的开拓，形成了中冷器、板翅式油冷器、管翅式油冷器、机油冷却器总成、汽车冷却模块等六大系列1000多个规格品种，是国内同类产品规模最大、品种规格最多和测试设备最齐全的车辆和发动机热交换器专业生产厂家，并逐步在国际上打响品牌名号。

在拖拉机、收割机、推土机、农用运输车等多种农业机械的行驶过程中，由于发动机机油、变速箱机油在工作中会产生大量的热量，导致机油过热，须通过机油冷却器，采用水冷或风冷进行冷却，将其温度控制在合适的范围内，以保证发动机各运动部件得到良好的润滑和冷却，使之处于正常、稳定的工作状态。项目产品应用于多种农用机械冷却系统中，应用范围广泛，市场前景广阔。

银轮机械目前在国内是基础较好的热交换器生产出口企业，有必要通过项目的实施，扩大生产门类，进一步提高热交换器技术开发和专业检测的实力，在设计上进一步形成自主开发能力，在性能测试方面与国际接轨，尽快建成我国第一个专业化热交换器研发和试验基地；通过散热器优化组合和匹配设计技术研究和开发，使公司在散热器模块技术的创新能力上领先于全国同行，迅速缩短与国际先进水平的差距，为我国的车辆热交换器技术水平与国际接轨提供强有力的支撑，并为制定和完善我国车辆热交换器行业国家标准和行业标准提供依据和载体；同时，形成一批具有自主知识产权及市场竞争力的技术产品，并实现产业化，以推动我国车辆热换交器技术的进步，为我国农业机械行业提供节能、低耗的产品，为国家节能减排政策做出贡献。

该项目的预期经济效益：年销售量 6 万只，实现销售收入 6720 万元，利润 1230 万元，销售利润率 18.3%，销售利税率 22.5%。

## 四、浙江银轮的多重市场优势

**技术优势**。银轮机械建立了热交换器研究开发中心，并被认定为浙江省高新技术研发中心。与浙江大学、上海交通大学、哈尔滨工业大学、北京大学建立了长期技术合作关系，借助高校科研力量，运用 3D（Pro/E、UG）设计、结构分析（ANSYS）、CFD 分析等产品设计开发软件和自行开发的具有自主知识产权的设计程序，提高研究开发中心的产品开发、设计能力和产品试验能力水平。

**市场优势**。银轮机械是国内起步最早的热交换器专业生产厂家，已有 20 多年生产热交换器的历史，在国内同行中规模最大。银轮机械主导产品板翅式机油冷却器的国内市场占有率达到 45%，中冷却器产品的国内市场占有率达 32% 左右，产品出口到欧美配件和主机市场，销售出口占总量的 40% 左右，是国内同行销售出口量最大的企业。

**管理优势**。银轮机械一贯视产品质量如生命，具有一整套比较完善的质量管理体系。2000 年 12 月通过了国际汽车工业 QS-9000/VDA6.1 质量体系的认证。2004 年 11 月份，银轮机械又进一步推行 6sigma 技术，全面提升公司的管理水平。2005 年 10 月，公司通过了 ISO/TS16949、ISO14000 和 OHSAS18000 的“三合一”质量体系认证。

**产业基础优势**。银轮机械是国内创新能力最强、规模最大、品种规格最多和测试设备最齐全的热交换器专业生产厂家，园区内设有博士后科技工作站和浙江省热管理技术企业研究院。厂区占地面积 26.7 万平方米，拥有较为齐全的机械加工设备、真空焊接设备和气体保护焊设备，计量室、理化分析室、试验中心一应俱全，为生产出满足客户要求的高质量热交换器提供了保证，使银轮机械在同行业中具备较强的开发试制能力。

# 多晶硅还原炉高频电源及自测控系统产业化应用创佳绩

新疆大全新能源股份有限公司

## 一、“境外上市，国内挂牌”：资本运作双通道

新疆大全新能源股份有限公司（简称大全新能源）成立于2011年2月，由大全新能源有限公司在新疆石河子投资建设，是中外合资企业，注册资本6.5亿元，是新疆生产兵团首家主要开展多晶硅、硅片、光伏电池、光伏组件和光伏发电系统产品的生产、加工和销售的公司。

大全新能源在2015年12月完成了公司改制，以符合中国新三板挂牌上市的相关要求。改制前，新疆大全是大全新能源的全资子公司，改制后，目前大全新能源有限公司拥有新疆大全99%的股份。2016年4月27日新疆大全新能源股份有限公司股票挂牌申请获得全国中小企业股份转让系统（新三板）批准，这是继大全新能源有限公司（股票代码NYSE：DQ）于2010年10月在美国纽交所上市后，大全集团在新能源板块的第二个资本市场融资平台，自此，大全新能源实现了“境外上市，国内挂牌”的资本运作双通道。

大全新能源多晶硅生产工艺采用国际上主流的改良西门子法，并结合冷氢化技术工艺，产品市场占有率为20%左右，截至2017年1月已实现多晶硅产能18000吨/年。

大全新能源现有员工1200名，本科及以上学历人员160人，其中科技人员302人。公司拥有国家发展改革委认定的“光伏硅材料开发技术国家地方联合工程实验室”、兵团科技局认定的“兵团光伏硅材料制造与应用工程技术研究中心”、兵团发展改革委认定的“兵团光伏硅材料工程实验室”和自治区经信委认定的“自治区级企业技术中心”。大全新能源2014年获得了国家级“高新技术企业”称号、工业的信息化部“符合《光伏制造行业规范条件》企业”称号、自治区“战新产业重点骨干企业”称号、兵团创新型企业试点单位；2015年获得了“自治区两化融合示范企业”称号、“自治区产学研联合开发示范基地”称号、“新疆工业创新百强企业”称号；

2016年获得了“自治区技术创新示范企业”称号；2017年荣获了“中国电子材料行业50强企业”“中国电子材料行业协会半导体材料专业十强企业”称号；一项科技攻关项目成果获得了“2016兵团科技进步二等奖”，拥有自主知识产权的专利43件。

2016年生产多晶硅1.3万吨，同比增长33%；实现营业利润3.1亿元，同比增长220%；实现工业总产值13.6亿元，同比增长32%；实现工业增加值7亿元，同比增长108%；实现销售13亿元，同比增长40%，产销率达到95%；产品一次入库合格率达到100%，其中电子级品率达到97%。

## 二、改进多晶硅还原炉电源控制系统一体化解决方案

还原炉不仅是高品质多晶硅生成的关键设备，也是整个生产链中用电量最大的设备，研究其电源系统的高效利用技术是本项目攻关的重点，高效的电源系统必然会显著提高多晶硅的产量与质量，达到可观的节能降耗效果。

在控制方法上，将电源频率、硅棒直径等参数纳入到控制模型中，实现多晶硅还原炉的优化控制。先进的控制系统不仅会为硅棒生长实现产品质量升级，而且对提高还原炉的安全性、减轻工人的劳动强度均有着极为重要的意义。

多晶硅还原炉电源系统输出功率用于加热硅棒，随着硅棒的还原生长，硅棒所需要的加热功率也越来越大。该阶段还原炉内部的温度基本保持不变，但是随着生产过程的进行，硅棒的直径不断增大，电阻值不断减小。因此，多晶硅还原炉还原加热电源系统的设计必须满足硅棒随之直径变化生长过程中的电压V、电流I和功率P的要求，并且可靠性极高，因为硅棒的还原生长过程需要长时间的持续稳定加热，才能制造出优质的、高纯度的多晶硅。

现有电源系统系统全部采用工频电源系统对硅棒进行加热，存在以下诸多需优化部分：一是随着硅棒生长变粗，硅棒中心与表面的温差越来越大，在保持温差达到一定限值时，反应生产缓慢；二是硅棒中心与表面存在温差，为保持表面反应温度的电加热功率，流过棒芯的电流效率浪费较大，同时为控制棒芯温度，还需提高氢气量进行炉温控制，又造成了生产原料的浪费；三是由于多晶硅生长过程高度非线性时变的特征决定了对其控制的复杂性，常规电源控制系统中只采用常规PID控制器，无法精确控制；四是硅棒表面温度、直径及生长率等重要参数不能精准监测，导致电源控制系统多采用开环控制甚至是人工经验的控制方式。

大全新能源针对以上问题，在现有电源控制系统基础上，从电源结构和控制方法两方面提出改进方案，通过精准的电源控制系统改善，最终得到多晶硅还原炉电源控制系统的一体化解决方案。

先进的电源控制系统离不开先进的传感测量手段，同时应用先进的测量手段后，电源控制系统的设计就必须更加完善和智能化。

首先，要实现还原炉温度的先进闭环控制，先进的温度监测手段非常重要。由于目前主要采用开环控制方式，温度监控只供 DCS 操作人员参考，所以目前还原炉测温主要采用红外测温仪，存在响应时间长，局部温度点测量视场有限，不能满足测温严格要求。先进的控制理论要依赖先进的测试手段，基于机器视觉的比色测温通过计算探测到的两个波长上的能量的比值，可以消除这种误差，相比传统红外测温具有实时、准确、耐高温、高稳定、大视场的非接触性的优势，非常适合测量视场部分被遮挡烟雾、水汽、灰尘，不洁窗口，目标比较小，小于测量红外测温仪的视场，现在已经大量被应用在高温测温场合。有了精确实时的测温手段，就可以构建合理的控制系统模型。

其次，要想得到精确的还原炉电源控制系统模型，硅棒直径及生长率是一个重要的参数，采用 CCD 比色测温手段后，对直径的测量可以说是它的“附带产物”，因为直径信号可以很容易地从 CCD 采样信息中获得，在硬件上不用增加成本，只需在软件增加一个模块，所以采用基于机器视觉在还原炉控制系统当中是一举两得，只用一套硬件可以同时测得两个重要工艺参数，很有理论研究价值和工程应用价值。直径信号的获得对还原炉的控制可以起到很大的改观。

再次，简单重复的工作可以通过机器视觉手段来高效、低成本地解决，视觉技术与自动控制技术结合是大势所趋。在现今劳动力成本增加、员工减负的情况下，机器视觉技术越来越受到重视。如果能够实时准确分析得到有价值的信息，并将该有用信息反馈到自动控制系统内部，参与闭环控制，无疑可以代替人的眼睛及大脑，从而把员工从重复操作中解放出来。本项目正是从这一点出发展开研究的，旨在通过视觉技术与自动控制技术的结合，将现场两个原来由人工控制和采集的信号进行机器化处理，来代替人监控。其实，机器视觉技术在单晶硅生产自动化当中已经非常成熟了，所以研究机器视觉技术在多晶硅行业当中的应用，可以为多晶硅行业其他类似应用提供有益的借鉴。

最后，先进控制器和控制算法的设计和研究是整个控制系统的核心所在，对还还原炉的自动控制意义重大，必须深入研究基于温度和直径生长率反馈的先进控制算法及控制器的设计。据相关文献研究证明，还原炉的温度控制系统的系统模型为三阶参数大时变滞后环节。复杂的控制对象必须具有先进的控制器和控制算法才能实现其自动控制。理论和实践都证明，传统 PID 控制器无法承担此类复杂系统的控制器，其控制效果会出现发散现象，且输出响应不平滑，这与多晶硅硅棒温度保持不能出现较大波动的要求严重不符，这也是现在多晶硅还原炉至今在 DCS 上进行人工控制温度，仍不能实现硅棒温度全自动控制的原因之一。

## 三、国内外市场竞争中成绩显著

长期以来，国外厂商只向我国多晶硅厂家提供工频相控式加热电源，该电源的生产技术一直被国外企业所垄断与技术封锁，国内大多数多晶硅生产厂家都只能通过购买国外生产的IGBT直流斩波加热电源电气设备来完成硅棒的还原加热。由于国外技术人员对该技术进行技术封锁，导致设备价格昂贵，维修困难，严重限制了多晶硅产业在我国的发展。该项目研制的高频电源有力打破了国外厂家的技术封锁，明显助力我国多晶硅产业竞争力的提升。该产品的竞争优势体现在两个方面：一是将高频电源技术引入到常规工频电源系统中，从电源频率方面提高还原炉内多晶硅的转化效率，搭建了一种“以旧换新”的过渡平台，找到了一种符合实际设备情况的经济、安全并可交互替代式运行的实验方法；二是将机器视觉测温技术与智能控制技术引入还原炉电源自动控制系统中，实现了多参数最优化控制系统。

## 四、分工明确，各负其责

本项目在执行过程中，分工明确，各负其责。

一是项目负责人全面负责项目任务的分解和项目资源的协调，严格按照项目计划实施。

二是围绕本项目的技术问题，定期组织多学科专家从各自的专业角度去发现问题，并通过现场讨论研究，以获得一个多方面均认为合适的解决方案。

三是与项目承担单位、参加单位和项目组成员签订合同，依法管理，根据各成员承担的任务和任务目标完成情况，公平、公正合理地分配利益。

# 专注关键环节创新<br>研发与制造“两条腿走路”

云南锡业锡材有限公司

## 一、多产品线上的研发与创新

云南锡业锡材有限公司（简称云南锡业）于2007年5月注册成立，是锡行业国内A股唯一上市公司——云南锡业股份有限公司的全资子公司，坐落于昆明经济技术开发区信息产业基地，占地面积154亩，建有标准化厂房2.8万平方米、办公及研发大楼4434平方米。云南锡业现有昆明和郴州两个生产基地，上海、深圳、成都、武汉4个销售分公司，现有员工350人，各种专业技术人员108人。

云南锡业通过自主开发、引进消化吸收和持续创新，现已形成电子锡焊料、锡阳极、锡合金三大类，条、丝、粉、膏、异形材、粒、球、半球、巴氏合金九大系列，1000多个规格、品种的产品，拥有40条锡精深加工生产线，年生产能力达40000吨，产值超过20亿元。拥有气冷法喷射成型、高速离心雾化、超声雾化、水平连铸、连续铸挤、自动浇铸、高速轧制、电振分离等先进的工艺技术，拥有直读光谱仪、X荧光分析仪、原子吸收光谱仪、激光粒度分析仪、差热分析仪等70余台套、价值1500万元的检测仪器，通过了ISO9001、ISO14001、OHSAS18001、IATF16949等管理体系认证。

云南锡业作为国家锡基新材料外贸出口加工基地、云南省电子锡焊料制备先进技术与应用工程研究中心、云南省企业技术中心和云南省创新型企业，参与制修订国家、行业标准10项，参与及承担国家级项目1项、省部级项目9项、市级项目4项，获得授权专利9件，拥有云南省重点新产品4个、云南省名牌产品6个、昆明市名牌产品5个。云南锡业产品广泛应用于电子行业、钢铁行业、汽车工业、航天航空、新能源、机械制造等领域，用户遍布全国各地，产品远销欧美，在国内外享有较高信誉。

## 二、专注研究关键环节的创新

锡合金是重要的电子信息材料，伴随电子工业的进步和发展，成为支撑现代工业不可缺少的关键稀有金属，在国民经济中得到广泛应用。特别是随着电子工业超大规模集成化、数字化、微型化、细间距、高效率、低成本的发展及电子表面贴装技术（SMT）的日益完善，微电子焊接材料和微电子封装技术要求日益突出，对高品质焊料的性能要求越来越高，需求量也越来越大。焊锡膏作为SMT中的主要焊接材料，是微焊接技术的关键材料，主要由焊锡粉、助焊剂以及其他添加物组成，是一个复杂的混合物体系。

焊锡膏产品开发研究及产业化实施，对提升我国微电子焊接及电子信息产业水平具有重要意义。项目的实施，对云锡锡产业链延伸、丰富和完善云锡锡产业链，对增强公司核心竞争力、提升公司产品市场占有率，也具有重要和积极的作用。

焊锡膏主要由锡基粉体和助焊剂配制而成，所以关键技术可分为高品质锡基粉体的制备、锡基助焊剂的配方开发及制备、锡基焊膏的制备以及制备工艺参数的优化等。

首先，锡基粉体制备工艺的关键核心是对下料系统、雾化转盘的材料及形状、雾化室的氧含量控制及雾化快速冷凝系统的优化。项目通过对下料系统的保温炉温、下料稳定性、氧含量的控制系统的优化，选择与锡不相容的特殊合金材料，制作成碗状结构的雾化转盘，采用空调加冷水机制冷模式强化冷却温度及控制雾化室氧含量，确保了锡基粉末的快速凝固，杜绝粉体之间未完全凝固相互粘接形成卫星球粉末，最终实现锡基粉体表面光滑、球形度优良、粒度分布集中、氧含量达标，并且大大提高了产品的直收率，产品品质达到国内领先水平。

其次，通过对聚合松香、氢化松香、水白松香的选择及复合配置，实现高低软化点的调节；采用无卤有机活性物质合成中间体，中间体催化合成低酸值活化剂，实现活性剂的酸值可控；针对溶剂极性、沸点的差异，以及对松香、活性剂溶解性的差异，对其进行优化、选择，保证不同焊接温度下活性剂的活性及助焊膏的稳定性；通过对触变剂的优化、选择，确保焊锡膏的优良印刷性。根据上述优化选择，确定了助焊剂中各组分的比例、加入次序及其熔化温度、搅拌速度、搅拌时间，研制出酸值可控、无卤素、低铜镜腐蚀、高表面绝缘电阻的助焊剂，形成了云南锡业自有的专利技术。

最后，云南锡业还利用开发出来的助焊剂，将其与SnAg0.3Cu0.7、SnAg3.0Cu0.5、Sn63Pb37等锡基粉体按一定的比例在双行星搅拌器中混合，通过控制搅拌速度、时间、真空度等参数制备焊锡膏，同时通过对产品进行坍塌、锡球、润湿性、印刷性及回流焊接性等性能测试，确定其综合性能。最终，确保了云南锡业所生产产品的品质达到国内领先水平。

## 三、制造与研发同步进行，即时发现问题、总结经验

通过项目实施，云南锡业完成了800平方米净化车间焊锡膏产业标准化车间的构建，实现了焊锡膏产品规模化生产，年产能达到500吨的规模。同时，还制定了焊锡膏作业指导书、内控技术指标，受理发明专利5项，授权发明专利3项，发表相关论文章7篇，参与1项焊锡膏国家标准、2项相关国家标准的制定。截至2017年7月，该项目投入生产后，累计生产和销售焊锡粉3542吨、焊锡膏461.54吨，销售收入达到6.48亿元。

在项目实施过程中，以正高级工程师、高级工程师、工程师为研究主体力量，成立了项目领导小组，实行项目专题负责人制度，将计划目标、内容按专题分解，任务落实到负责人及研发人员。项目领导小组每季度举行1次例行工作会议，并视项目和专题进展及需要，不定期举行论证、推进会。

焊锡膏产品作为一种高、精、尖的电子焊接材料，产品的下游电子厂家需要对其进行认证，认证条件严苛，认证周期较长，致使云锡锡材研发生产的焊锡膏新产品的大规模市场推广需要有一个过程。比如，三星本厂及其所有代加工的电子厂均需要把焊锡膏产品送到韩国总部进行认证，而认证时间最短需要半年，最长可能需要2~3年，这一定程度上制约了产品的销售时间；同时相关产品的应用企业主要分布在华东、华南片区，其生产工艺、技术要求等千差万别，公司售后技术服务团队的建设以及在对客户使用过程中出现的使用条件、元器件类型及印刷、贴片、焊接等工艺问题的解决和及时响应方面相对滞后，也增加了市场开发的难度。

在项目实施过程中，云南锡业以现有的产业、科技和人才优势为基础，加强集成创新，充分思考研究方向的前瞻性、可行性和创新性，在坚持"有所为，有所不为"的原则下不断加以凝练，明确了项目成果的产业化发展方向。通过项目组的努力，完成了锡基粉体、助焊剂、焊锡膏的原料控制、制备工艺、成分优化、配方确定，场地改造，设备选型与安装调试，生产线建立，小批量生产，检验检测及市场推广等各个环节的工作。云南锡业通过实行边研发边对研发成果进行样品生产→客户试用→客户反馈→产品完善→产品生产的制度，充分发挥云锡在管理、设备、生产和市场销售的优势条件，不断把研发成果和成熟产品推向市场。

# 节能增效的被动房生态节能技术

浙江永德信铜业有限公司

## 一、企业简介

浙江永德信铜业有限公司（简称永德信）创建于20世纪80年代初期，是浙江省水暖阀门行业常务副会长单位，荣获国家级高新技术企业、浙江省著名商标、浙江省知名商号、浙江名牌产品、台州市生态文明教育基地、台州市中小学生质量教育基地等诸多荣誉。2011年永德信与德国汉堡市政府签约，独家获得上海世博会德国“汉堡之家”案例馆异地复制权、冠名权和被动房生态节能技术，成为中国智慧建筑系统运营商的引领者。

经过5年的实践与创新，永德信积累了丰富的被动房产业资源，建成了集体验推广、科技运营、生产制造和产业开发于一体的被动房产业价值链。现有玉环、平湖两大生产基地，运用被动房生态节能技术建成“玉环被动式建筑体验馆”“杭州绿建科技馆”两大被动房体验中心，分别在北京、杭州、宁波、台州等地设有6家运营公司，在德国汉堡设有技术中心。2017年，与上海同济大学共建“被动式超低能耗建筑技术研发中心”，建成集教育、科研培训、示范体验等多功能于一体的“被动式超低能耗建筑示范及教学实践基地”。

永德信联合国内外被动房专家和科研机构组建的被动房研究中心，开展被动房气候带研究和核心组件研发，提供被动房应用整体解决方案，包括设计、咨询、培训、监理、检测和认证服务。绿建商城（ydx360.com）电商平台依托被动房生态节能技术，聚集行业顶尖专业产品，采用O2O模式，提供一站式厂商至项目的采供服务，降低项目初投成本。

为加快被动房产业的发展，永德信计划在中国不同气候带建设被动式建筑示范产业园，以示范引领被动房产业发展，带动区域经济新增长。首个以“一馆 + 一园 + 一区”模式建设的智慧绿谷暨东南沿海气候带被动式建筑产业园即将落户台州，项目预计总投资20亿元，其中，“汉堡之家科技体验馆”采用最先进的被动式技术建造2.0版上海世博会德国汉堡馆，提供入住式被动房科技体验和科普宣传；“绿建产业孵化园”将建成被动式建筑气候带研究中心，打造集绿色建筑国际交流、建筑装饰设计、电商展示贸易、人才培训和金融服务于一体的产业集聚和协同平台；“被动式超低（近零）能耗绿色建筑示范智慧社区”以被动式超低能耗和精装成品房为示范亮点，建成国家级近零能耗绿色示范智慧社区，打造新型城镇化绿色可持续发展样板，成为建筑适应气候变化和建筑节能减排的样板。

永德信的被动房产业得到了汉堡市政府的大力支持，也得到了时任浙江省省长李强、浙江省住建厅厅长项永丹及相关部门领导的肯定和关心。永德信致力于成为中国智慧建筑系统运营商，提供一流的被动房生态节能技术，营造超高舒适、超低能耗、超微排放、超优成本的健康生活，为保护人类居住环境而奋斗。

## 二、项目可行性

### （一）项目名称

本项目的名称为“永德信被动式建筑体验馆与办公区、多功能区节能改造”。

### （二）项目必要性

2013年12月1日，一场史无前例的雾霾使得中国的环境问题愈加突显。与以往不同的是，南方地区在此次雾霾中首当其冲，12月6日，上海迎来了有PM2.5记录以来的最高值，全市PM2.5浓度在下午1点达到了602.3微克/立方米，而世界卫生组织设定的PM2.5平均浓度安全值是25微克/立方米。

当大家都深陷于这场雾霾危机带来的担忧时，永德信却从这场危机中看到了机遇。永德信的第一反应是引进德国被动房生态节能技术，该技术既可以解决室内的空气质量问题，同时还将减少建筑的碳排放。

在绿色、低碳的时代潮流下，被动房生态节能技术十分适合中国建筑市场。从战略层面上看，我国计划在“十二五”期间，新增绿色建筑面积达到10亿平方米以上。到2020年，绿色建筑占新建建筑比重超过50%。绿色建筑有国家政策支持，肯定能快速发展。而目前国内涉足绿色建筑的企业只有四五家，绿色建筑也只占市场的1%不到。这是一个巨大的市场，而抓住最初的机会是转型的最好时机。

### （三）项目可行性

被动式建筑是德国汉堡之家案例馆为上海世博会带来的一个新鲜事物，这种房屋基本上不需要借助外界能源就可以提供空调、采暖、生活热水等，而且一年四季能保持室内恒温，提供最舒适的现代化生活环境，达到恒温、恒氧、低噪、适光，它是建筑节能理念和各种技术产品的集大成者。从设计到研发完全从人体工学特点和需求出发，给身体最舒适最健康的居住环境。

首次，绿色建筑契合节能减排的主题。目前，建筑相关能耗（包括建筑能耗、生活能耗、采暖空调能耗等）已超过工业成为社会第一能耗大户，占总能耗的46.7%。而我国在住宅使用过程中的能耗与发达国家相比，在相同技术条件下为发达国家的2~3倍。同时，建筑的二氧化碳排放量几乎占到社会排放总量的50%，这一比例远远高于运输和工业领域。在发展绿色经济的道路上，建筑的“绿色”和“节能”注定成为绕不开的话题，每个行业的从事者都有责任与义务解决所面临的严峻问题。发展建筑节能减排将成为建筑业发展的必然趋势，其减碳潜力巨大，更契合全球“节能减排”的发展主题。

其次，绿色建筑是城市与产业发展的需要。随着经济的发展、城市化进程的加快，环境问题越来越受到世界的关注，人们越来越意识到全球气候变暖给人类生存和发展带来的严峻挑战与后果。从建筑节能，再到绿色建筑，可以看到对建筑“可持续”研究的不断深入和拓展。在全社会对绿色的呼吁与共同参与中，下一个10年，绿色建筑将成为建筑发展的新视角。发展绿色建筑不仅符合当前金融危机形势下国家出台的一系列宏观经济措施，缓解我国对能源的高需求，而且也符合国际上的可持续理念与绿色建筑的发展，从而推进我国建筑业的国际化，提高其在国际上的竞争力。绿色建筑的发展，将推动一系列相关产业的发展，如绿色建材、可再生能源产业等，从而带动整个产业的优化升级。

再次，绿色建筑将促进我国内需发展。目前，我国有近200亿平方米的城镇房屋，其中约有40亿平方米属于危房、旧房，在未来10年、20年之内，部分建筑寿命将到期，部分建筑质量必须要改进，而且农村也有340亿平方米的房屋改造需求。如果能将这两部分房屋转变为绿色建筑，就可能创造巨大的建筑需求。这些建筑及相关配套设施的使用，除了能大幅度降低能耗和温室气体排放外，也为启动我国消费市场、扩大内需寻找到关键突破口。

最后，经济效益分析。21世纪头20年，是我国建筑业的鼎盛时期，2020年全国房屋建筑面积将接近2000年数量的2倍。目前我国建设高潮持续不断，每年建成的房屋面积高达16亿~20亿平方米，超过所有发达国家年建成建筑面积的总和，可见建筑规模极其巨大。遗憾的是，不仅既有的近400亿平方米建筑中99%为高耗能建筑，新建建筑中95%以上仍属于高耗能建筑，单位建筑面积采暖能耗为发达国家新建建筑的3倍以上。2002年全国空调高峰负荷达到了4500万千瓦时，相当于2.5

个三峡电站建成后的满负荷出力。这种只考虑眼前短期利益、浪费能源的行为普遍存在。按照目前建筑能耗水平发展，到2020年，我国建筑能耗将达到10.89亿（吨标准煤），是2000年的3倍；空调高峰负荷将相当于10个三峡电站的满负荷出力。问题相当严重，情况十分紧迫，建筑节能成为国家的重大战略问题，如果国家从现在起就下定决心抓紧建筑节能工作，对新建建筑全面强制实施建筑节能设计标准，并对既有建筑有步骤地推行节能改造，则到2020年，我国建筑能耗可减少3.35亿吨标准煤，空调高峰负荷可减少约8000万千瓦时（大约接近4.5个三峡电站的满负荷力，相应可减少电力建设投资约6000亿元），由此造成的能源紧张状况必将大为缓解。如果再加大工作力度，要求2020年建筑能耗达到发达国家20世纪末的水平，则节能效果将更为巨大。如果继续放任自流，错过当前这段大好机遇，不给予高度重视，不采取坚决有效的措施，则将长期大大加重国家能源负担，对我国经济社会的可持续发展产生严重障碍，对能源安全和大气环境造成重大威胁。而绿色建筑在实现健康和环保的附加值的同时，颠覆了房地产业传统的粗放发展模式，使企业在新的形势下实现可持续发展，可为我国绿色地产行业提供可借鉴的发展模式。金融和投资银行界普遍看好中国绿色建筑广阔的商业前景，绿色建筑是一个新兴产业，将引领人们生活方式的创新，满足人们对住宅更高层次的居住需求，未来将呈现巨大的投资价值。

## 三、综合评价

绿色建筑是在设计、建造和使用的全过程中，最大限度地节约资源、保护环境和减少污染，为人们提供健康、适用和高效的使用空间，以及与自然和谐共生的建筑，给人以最舒适最健康的居住环境。

这是一座充满生命元素的房子：水地源热泵系统能在冬季把土壤中的热量取出来，供给室内取暖；在夏季则把室内的热量带走，释放到土壤中去。同时采用太阳能光伏发电，轻松保持室内温度18~26摄氏度恒温，而能耗成本却下降90%以上。地板辐射式采暖契合中医"温足"理论，让暖流从脚下传遍全身，室内温度恒定如春，让家到处蔓延着温和的气氛。毛细管网冷辐射，无声、无风感，使房子能像人一样呼吸。置换式新风上下回旋，送来经过过滤除法、加湿除湿的新鲜空气。节能门窗和墙体保温，密闭性好，具有保温隔热的功能。外遮阳卷帘能在白天将室内营造出夜晚的效果。日光照明系统高效采集户外自然光线，均匀导入室内任何需要光线的地方。智能楼宇控制系统使房子足够"聪明"，知道主人的不时之需。

在这样的房子里，"被动房"技术无疑首当其冲担负重任。被动房所采集的地热能是清洁环保的新型可再生能源，资源储量大、分布广，发展前景广阔，市场潜力巨大。积极开发利用地热能，能缓解我国能源资源压力，实现非石化能源目标。

永德信通过市场化运作，具备设计、制造、施工等全产业链服务，并提供建筑解决方案，使得建造成本仅比普通建筑高 5%~10%，能源节约 90% 以上，普通人都能承担得起。在中国，把绿色建筑定位在高端，不会取得成功。有人曾经担心绿色建筑的成本是否会成为提高房价的因素，但事实证明，绿色并不等于高价和高成本。以德国汉堡馆为例，比普通建筑投资高 5%~10%，却可节约了 90% 的能源。“被动房”的能耗≤ 15 千瓦时 / 每平方米，而国内普通建筑的能耗达到 180~280 千瓦时 / 每平方米。可见“被动房”的回报率是很高的，住房可以最大限度地减少电费和其他能源开支，一般在几年之内就可以把成本收回。

赋予建筑以绿色的生命元素，也就是把人、建筑、环境视为生态循环系统的有机组成部分。这一理念已经深深地贯彻于永德信的绿色行动之中。在中国，绿色建筑刚刚起步，人们认识并接受“被动房”技术还需要一个过程。最好的办法是让人们亲身体验。

目前，永德信的智慧建筑集成系统已经在浙江地区 10 多万平方米建筑中应用超高舒适、超低能耗、超微排放的德国被动房生态节能技术。通过建筑节能和保温技术开发，综合利用建筑物可获取的所有自然得热方式（包括太阳、照明、人体、电器散热等），实现维持室内 20 摄氏度以上并保持室内空间高舒适度，几乎不需要主动采暖或者制冷措施，是一种国际认可的集“超低能耗、超微排放、超高舒适度”于一体的节能建筑技术，节能效果可提高 80%~90%，电费节省 80% 以上，完全可以达到节能增效的目的，既可保护环境、节约能源，又可满足人们日益提高的居住舒适、健康的要求。

# 以电石炉气制乙二醇技术来有效减排二氧化碳

新疆天业（集团）有限公司

## 一、企业基本情况及“十三五”战略性新兴产业发展思路

### （一）企业基本情况

新疆天业（集团）有限公司（简称新疆天业）组建于1996年7月，是新疆生产建设兵团第八师的大型国有企业，控股两家上市企业。新疆天业股份有限公司于1997年6月在上海交易所上市，新疆天业节水灌溉股份有限公司于2006年2月在香港成功上市。天业集团发扬“团结、奉献、拼搏、创新”的企业精神，通过20年的发展，形成了140万吨聚氯乙烯树脂、100万吨离子膜烧碱、245万吨电石、400万吨新型干法电石渣制水泥、180万千瓦热电、20万吨1-4-丁二醇、25万吨乙二醇和600万亩节水器材生产能力。

新疆天业拥有国家认定的企业技术中心、国家节水灌溉工程中心、博士后科研工作站和氯碱化工国家地方联合工程研究中心等国家级高水平研发平台。新疆天业研发的西部干旱地区节水技术及产品开发项目、节水滴灌技术创新工程项目、聚氯乙烯专用树脂系列产品的开发与产业化示范项目分别荣获国家科技进步二等奖及第三届中国工业大奖表彰奖。

新疆天业连续多年进入中国企业500强、中国制造业500强，是全国第一批循环经济试点企业、技术创新示范企业、循环经济教育示范基地和资源节约型、环境友好型企业创建试点企业，先后获得全国循环经济工作先进单位、中国工业行业履行社会责任五星级企业、全国工业品牌培育示范企业、国家知识产权战略实施工作先进集体、制造业信息化科技工程应用示范企业、全国两化融合管理体系贯标试点企业、中国学习型组织优秀单位等荣誉称号以及国家技能人才培育突出贡献企业奖、全国专业技术人才先进集体、第二届中国质量奖提名奖、第四届中国工业大奖等嘉奖。

### （二）新疆天业“十三五”战略性新兴产业发展思路

发展战略性新兴产业，是在国际金融危机影响背景下我国继续实施十大产业调整振兴规划之后推进产业结构调整的又一重大思路，是适应经济科技变革、抢占未来科技制高点、增强综合国力、提升生产效率和人民生活水平、实现我国经济社会持续较快发展的重大战略举措。

新疆天业作为兵团支柱氯碱化工企业，突出新疆优势资源能源开发转化，按照“延伸产业链、提升价值链、完善供应链”的总体思路发展战略性新兴产业；聚焦以科技创新为核心的全面创新，优化存量，做优增量，在现有产业基础上实施十大创新工程建设，重塑现有产业链的综合竞争实力，实施十户滩新材料工业园区建设，以甲醇系列产品的生产和转化为主线，建成国内领先的MTO系列高性能树脂、特种纤维材料、炼化一体化产品链，打造煤化工—石油化工—盐化工—化纤产业融合发展的示范园区，推动企业做大做强。

同时，新疆天业用好做好企业现有的各级各类研发中心和实验室，建立健全人才培养和引进机制，进一步加强“产学研用”的科研创新发展模式，用好大智库，做好大发展；做好对标工作，对标国内领先水平、国际先进水平，抓好生产中的“小计小改”，使科研创新在微观处彰显力量；加强上下游协同创新、跨行业联合创新体系建设，形成互利互惠、多方共赢的良好发展态势；利用企业良好的全球产品销售网络及国家“一带一路”政策东风，实施科研创新走进走出战略，全面提升企业的全球竞争实力。其中电石炉气制乙二醇是新疆天业“十二五”以来“调结构，转方式”的标杆性工程。

## 二、项目建设的必要性和可行性

新疆天业电石炉气制乙二醇项目利用已构筑的氯碱化工循环经济产业链优势，以提高废弃物资源高值化为出发点，通过自主创新和集成创新相结合，建成世界首套电石炉气深度净化制合成气生产乙二醇装置，目前该项目产能规模已达到年产25万吨。

传统的乙二醇生产采用石油化工路线，随着世界石油资源的日益短缺，开辟新的工艺路线是当务之急。该项目以电石生产产生的电石炉尾气为原料生产乙二醇（企业每年副产电石炉气约8亿标准立方米），将电石炉气深度净化作为煤化工合成气，每年可节约标准煤31.2万吨以上，节水约100万吨，减排二氧化碳约50万吨。

该工艺路线的产业化应用不仅对我国能源安全具有极其深远的意义，而且符合我国工业发展遵循“减量化、资源化、再利用”原则的基本要求。

## 三、项目在国内外市场竞争中取得的成绩

### （一）项目相关技术及先进性

电石炉气制乙二醇项目包括电石炉气深度净化制合成气装置、乙二醇生产装置。

其一，电石炉气深度净化制合成气工艺。该项目原料气为电石炉尾气，较一般煤化工合成气成分更复杂、更难处理，但是项目所产生的高纯 CO 和 $H_2$ 是作为乙二醇生产的原料，对气体净化度和有害杂质含量要求十分苛刻。因此电石炉气需经过电捕、气柜、压缩、脱磷、脱砷、变换、脱硫脱碳、深度净化等多个工序才能达到产品原料气要求，并且工艺中催化剂种类多达 15 种，每个工序的处理结果直接影响下个工序。

以电石炉气为原料生产乙二醇在国内外尚属首次应用和实践。在无借鉴先例的情况下，联合国内相关单位和科研院所，在借鉴国内外成熟可靠的技术基础上进行组合创新，完成了 4 项关键核心技术的攻克：电石炉气高速水射流对撞深度除尘技术、高浓度 CO 水相变移热变换反应技术、硫高效循环及微量补硫组合新工艺、高纯 CO 和 $H_2$ 的制备和分离技术。最终实现所有有毒有害物质总量＜ 0.1ppm，满足了制取高纯度 CO 和 $H_2$ 的要求。

其二，乙二醇生产工艺。乙二醇经过草酸二甲酯羰化偶合和草酸二甲酯加氢两个工序获得粗乙二醇，后经过精馏获得产品乙二醇。炉气净化工序供给的 CO 去草酸二甲酯装置合成草酸二甲酯（DMO），然后 DMO 再去乙二醇合成单元与 $H_2$ 反应生成粗乙二醇。粗乙二醇经精馏后得到精乙二醇产品。其中草酸二甲酯羰化耦合反应借鉴日本宇部年产 6000 吨生产装置，草酸二甲酯加氢反应生产乙二醇工艺技术借鉴是化三院等在台州 1000 吨中试装置。新疆天业通过集成创新成功建设年产 25 万吨乙二醇生产装置，这在国际上尚属首例。

该装置生产的乙二醇产品成功进入聚酯系列的瓶片、短纤、长纤、TPU 等高端领域，是中国唯一一家全面进入聚酯行业的炉气制乙二醇产品。

### （二）项目实践过程中取得的成绩

2013 年 6 月 13 日，中国石油和化学工业联合会组织中国工程院院士、清华大

学化学工程系教授金涌博士，中国电石工业协会副秘书长、高级工程师戎兰狮等我国 7 位化工领域知名专家对该项目中涉及的电石炉气制高纯一氧化碳和氢气工业化集成技术进行了科技成果鉴定，鉴定意见为该项技术达到国际领先水平。同时，该项技术荣获了中国石油和化学工业联合会 2014 年度科学技术进步一等奖和新疆生产建设兵团 2014 年度科学技术进步一等奖。

## 四、值得借鉴的经验

电石炉气综合利用技术是长期困扰我国电石企业可持续发展的瓶颈难题，新疆天业自 2007 年使用大型密闭电石炉以来，一直致力于电石炉气清洁高效利用技术的研发及应用工作。该项目的成功实施，为电石行业清洁生产开辟了一条全新道路，也为行业的可持续发展奠定了良好的基础。

同时，该项目的成功实施也可为炼钢尾气、黄磷尾气等综合利用提供技术支撑，可作为相关行业资源综合利用重大技术示范项目进行推广应用。

# 还原生态式生活　共建美丽双廊

云南合续环境科技有限公司

双廊镇位于大理市东北部、洱海东北岸，东临宾川鸡足山，是云南省省级历史文化名镇。因门迎碧波洱海，远眺苍山十九峰，集苍洱风光之精华，素有“大理风光在苍洱，苍洱风光在双廊”之盛誉。

近年来，随着环洱海公路的通车，洱海沿湖农村生态旅游风生水起，位于洱海东北岸的双廊镇年接待游客超过 135 万人次。日益升温的旅游热既给当地百姓带来了实实在在的经济效益，也使洱海生态环境面临考验。据统计，截至 2017 年 9 月 10 日，环洱海公路沿线共有餐饮、客栈等经营户 344 家，其中双廊就有 176 家。随着经营户的增加，因配套生活污水处理设施建设严重滞后，污染问题显现，污水直排现象时有发生。尤其是自 2017 年 8 月上旬以来，由于降水偏少、水温较高蒸发量大、来水少水体无有效置换、沿湖旅游业迅猛发展使污水和垃圾剧增等原因，导致洱海蓝藻数量明显增加，密度增大，重点湖湾和局部湖区仍有藻类密度增加的趋势。

2017 年新年伊始，习近平总书记在云南考察工作时，专程来到大理市湾桥镇古生村，详细了解洱海湿地生态保护情况。习总书记强调，要把生态环境保护放在更加突出的位置，像保护眼睛一样保护生态环境，像对待生命一样对待生态环境。在碧波荡漾的洱海边，习近平总书记和当地干部合影后说：“立此存照，过几年再来，希望水更干净清澈。”他叮嘱，一定要把洱海保护好，让“苍山不墨千秋画，洱海无弦万古琴”的自然美景永驻人间。

为了有效保护大理人民的母亲湖洱海，彻底改变双廊“脏、乱、差”局面和提升双廊镇的整体环境，云南省住建厅以村镇市政基础设施建设为抓手，大理市委市政府全面开展以双廊村、大建旁村为重点，覆盖周边洱海滩涂地及环海公路的综合整治行动，采取最严厉的措施杜绝污水直排洱海，将旅游业发展对环境的影响降到最低。

## 一、项目概况

该项目是《云南省建制镇供水、污水和生活垃圾处大理市双廊镇生活污水处理理设施建设项目专项规划（2013—2017 年）》中的规划子项目，也是云南省住建厅的“一水两污”试点示范项目。

项目位于云南省大理市双廊镇洱海旁，主要针对双廊镇居民生活污水和部分餐饮废水，采用云南合续环境科技有限公司（简称合续环境）自主研发、生产的生物膜节能污水一体化处理设备（Biofllm Energy-saving Sewage Treatment Equipment，简称 BESTE，下述简称贝斯）进行污水处理，处理规模为 300 吨 / 天。污水经处理后，出水可达到《城镇污水处理厂污染物排放标准》（GB 18918—2002）一级 A 标准以及《城市污水再生利用城市杂用水水质标准》（GB/T 18920—2002）中部分回用水水质标准，可用于绿化、景观、洗车、冲厕和补充河湖等。

项目的实施可实现对双廊镇当地生活污水的就地收集、就地处理、就地排放，有效减少当地旅店和家庭生活污水直排对洱海造成的水质污染，对云南省实现“城乡生态建设”一体化建设和“生态绿色强省建设”的战略目标具有重要意义。

## 二、核心技术简介

贝斯是合续环境针对农村等分散式污水处理难题，基于移动床生物膜反应器（MBBR）和传统 A2/0 工艺，通过明晰预脱硝区、厌氧区、缺氧区和好氧区的功能定位，优化污泥回流系统和硝化液回流系统的布局结构，自主研发的新型高效除磷脱氮一体化污水处理技术及成套设备，在降低 COD（化学需氧量）的同时强化脱磷除氮的效果。

其核心技术是：首先，沉淀池的污泥回流至预脱硝池，在缺氧条件下，回流污泥中的硝酸盐氮经反硝化作用而被去除；其次，聚磷菌经缺氧池后消除了氧对脱磷环境的影响，在厌氧池中释放磷的效率大大提高，从而使好氧池的吸磷效率得到充分提升；最后，硝化液回流至缺氧池强化反应器脱氮能力，从而确保一体化设备对氮、磷的高效去除能力。

## 三、项目工艺说明

生活污水经排污管道进入格栅槽，槽内设机械格栅以去除污水中较大的悬浮物，保证后续处理设备正常运行。污水经格栅后自流到调节池，在调节池中进行均质、均量处理，减轻后续设备的冲击负荷，保证处理设施的正常运转。污水经调节池后用泵提升至贝斯设备中进行生化处理，处理后的清水则流入消毒水池中进行微波紫外消毒后达标排放，污泥池的上清液回流至预脱硝区循环使用。剩余污泥较少，可酌情定期经污泥干化处置后外运。

## 四、项目进展与处理效果

项目于2017年开始在双廊镇双廊村和大建旁村施工建设，技术人员按照项目工作计划，相继开展了2台设备安装及配套设施完善、系统调试和水质检测等工作，经过4个多月的稳定运行，出水稳定达到《城镇污水处理厂污染物排放标准》（GB 18918—2002）中的一级A标准及《城市污水再生利用城市杂用水水质标准》（GB/T18920—2002）中部分回用水水质标准，截至目前，“大理市双廊镇生活污水处理试点示范工程”已通过相关验收。项目实施进展具体情况如下：

2017年，合续环境助力洱海污水治理项目——300吨一体化污水处理设备开始了施工、安装、出水调试等工作。

2017年9月24日，合续环境自主研发的一体化污水处理设备贝斯Ⅱ出水效果良好，稳定达到《城镇污水处理厂污染物排放标准》中的一级A排放标准及《城市污水再生利用城市杂用水水质标准》中部分回用水水质标准。

2015年11月27日，贝斯实际生活污水日处理量312吨，在冬季低温和足量运行情况下，出水中全部指标均优于《城镇污水处理厂污染物排放标准》中的一级A排放标准，基本达到地表IV类水标准。

## 五、运行管理模式

贝斯设备具有连续稳定运行，智能自动化控制，可实现无人值守等特点，且需要操控的动力设备较少，只需定期（7或10天）进行巡视，对格栅及污泥干化池污泥仅需定期（7或10天）巡视及清理。

设备安装调试后由合续环境负责例行巡检和运营、维护等工作。工程调试结束后，合续环境将提供3年免费的质量保证期，保质期满后可以提供延保服务，延保期间每年只收取一定的运营和维护费用。因此，贝斯设备操作简单，管理运行方便，竞争优势明显。

## 六、定位与发展

随着双廊镇旅游业的发展，对周边生活污水进行治理是首要任务，迫在眉睫。“大理市双廊镇生活污水处理工程项目”的建成，实现了污水经处理后达标排放，不但削减了进入洱海的污染负荷，恢复了水的用途和价值，也让人们对生活污水处理和环境保护有了更直接的感官认识，还有利于营造整洁优美、文明和谐的宜人宜居环境，还原生态式生活，共建美丽双廊。合续环境也凭借污水处理设备先进技术、优良结构、精良工艺、精美外观获得了当地政府的认可，成为云南省政府洱海“一水两污”项目合作商。

基于双廊300吨/天污水处理项目的成功验收，合续环境结合未来产品定位与技术发展，提出乡镇污水治理整体运营新思路，明确乡镇小型污水处理站方案将作为合续环境主推的核心业务，贝斯产品成为该方案的核心设备，优势推出合续“乡镇污水处理站”（如调节池设计规模、各格栅型号、紫外线消毒、小型污泥干化设备等）整体输出及运营服务，继续探索农村分散污水市场，为全国农村污水处理提供示范和样板。

# 高强韧性生物医用钛合金棒丝材进入高端市场

西安赛特思迈钛业有限公司

西安赛特思迈钛业有限公司（简称思迈公司）成立于2012年7月9日，注册资金5500万元，位于国家级西安经济技术开发区泾渭新城，主要从事钛及钛合金产品的深加工、研发、生产、销售以及技术服务。自成立以来，思迈公司发展稳健，获得了国家“高新技术企业”认证，荣获“西安市创新型企业”“陕西省中小企业创新研发中心”“陕西省行业之星企业”等称号，“赛特思迈”牌钛及钛合金棒材被授予西安市名牌产品。思迈公司目前是国内最大的专业生物医用钛合金材料生产基地，其研发生产的生物医用钛合金材料是国家“十三五”规划新材料领域重点支持方向，具有深远的战略意义。

钛合金无毒、质轻、比强度高，有着优异的生物相容性和耐腐蚀性，所以一直是较为理想的医用金属材料，可用作生物医用植入物器械，此领域对材料性能等质量要求非常高，与航空航天钛合金材料相当。

思迈公司作为钛及钛合金棒丝材的专业生产厂家，在技术力量、设备、行业影响力等方面都具有自己的优势。按照专业化、规模化、国际化的发展思路，加强技术研发，建立代表国际先进水平的钛棒丝材熔炼、精整、检测生产线，提升公司核心竞争力，实现航空航天、医疗、化工等高技术领域关键材料的国产化，使公司的主导产品进入高端市场，打破国际竞争对手在高端钛、钛合金棒丝及钛制品领域的垄断地位。

2013年，思迈公司投资建设高强韧性生物医用钛合金棒丝材产业化项目，建设5000平方米的研发楼、13000平方米的标准化生产厂房，2条技术领先的高精度生物医用钛合金棒材生产线，包括2台真空自耗电弧熔炼系统、3500吨液压机、棒材去应力立式电热矫直系统、全自动连续磨削系统、超声涡流探伤系统等生产设备98台/套，共计投资1.5亿元，于2015年正式投入批量化生产。目前已具有年产钛合金棒丝材800吨、丝材150吨、高附加值材料50吨的生产能力，并同时解决了制约高强韧性生物医用钛合金棒丝材如下四大技术难题：

一是钛及钛合金铸锭的均质化熔炼技术。钛及钛合金铸锭一般采用真空自耗电弧熔炼的方式获得，虽然这种方法能够得到组织均匀、成分配比合适的铸锭，但由于传统真空度的控制方法及设备本身条件的限制，对后续产品性能影响较大的间隙元素铁，氧含量控制不稳定，不能更好地满足高强韧性钛合金等高技术含量产品对铸锭质量的高标准要求。因此思迈公司对原料进行严格的控制，通过选取优质海绵钛、铝钒合金、铝豆等原料，利用磁选筛料系统、自动混料机等设备将其充分混合，经压制成等重电极后采用三次电弧熔炼，以保证稳定的元素含量范围，满足高强韧性钛合金等精细加工产品对坯料的要求，从而获得了成分均匀、洁净的钛合金铸锭，远高于国标 GB/13810 以及美国标准 ASTM F136 医用钛及钛合金成分的要求，达到国际先进水平。

二是高精度棒材去应力立式电热矫直技术。医疗植入螺钉加工通常采用纵切机床及加工中心等生产制备，对原始坯料的精度要求较高。所以必须对钛合金棒材进行直线度、椭圆度和尺寸精度的控制，同时需保证棒材内部残余应力小，加工至螺钉后无变形。

思迈公司研发了去应力矫直技术，将去应力及矫直工序合二为一，在棒材实现矫直的基础上，使得棒材内部的残余应力消除。该技术突破了常规的棒材矫直工艺水平，真正意义上实现“短流程、高效率、高品质、低成本”的加工工艺技术；同时由于矫直过程恒定加热时间及恒定配重的特点，保证了同批次棒料质量稳定一致的要求，使得手术中进钉深度保持一致的情况下能达到骨—钉结合力均匀的特点。

通过自主研发的自动去应力矫直装备来实现棒材的去应力矫直技术，属于同行业中独创的加工技术，对产品质量的稳定性及成本的控制起到尤为关键的作用。该设备的投资从钛合金棒材矫直技术角度来说，突破了以往矫直加工的思路，提出了便捷快速的处理方式，并且为后期钛合金棒材的矫直技术奠定了一定的基础。关键设备“一种变量可控立式电热矫直装置”获得了国家专利，大大提高了棒材的矫直精度，直线度达到 0.3 毫米 / 米，减少了生产过程中的重复返工，生产效率显著提高。

三是高性能钛及钛合金棒丝材的精加工技术。钛及钛合金具有弹性好、比强度高的特点，高精度棒丝材生产过程中，退火是关键工序，也是影响棒丝材性能的一个重要因素。思迈公司在棒丝材精整加工过程中，经过多次试验研究，不仅选择了合理的退火处理方式，达到了高强高塑性高硬度性能生物医用钛合金材料的要求，同时以一种能够使棒材达到均匀退火的方式解决了棒丝材由于退火不均匀导致的性能不均匀一致的问题。该退火及精整加工技术已经完成批量生产，并申请 2 项专利。

在高性能钛合金丝材的精加工过程中，控温拉拔、在线退火矫直工序（退火热处理复绕）等一系列工序均是思迈公司以具有独立自主知识产权的技术条件下获得了较为成熟的工艺技术路线，并在前期进行了小批量的生产，后申请了发明专利“钛及钛合金盘卷丝材连续退火装置及方法”。

项目采用了国际先进的多辊矫直技术和数控高精度磨削技术，实现了全长范围内的矫直精度控制；磨削采用国际先进水平的数控高精度磨床，及无心磨床串磨技术，自动进给，大大提高了磨削精度，减少了操作人员，生产效率高，使棒丝材精度达到 h7 级甚至以上，棒丝材产品的生产效率和优良率都有了明显的提高。

四是棒丝材的评价技术。棒丝材的评价技术是材料生产的关键环节。为适应高品质、规模化生产的要求，钛材的内在及外观质量检验向着精度高、自动化程度高的方向发展。项目采用新型多探头超声波检验，提高超声检验效果，采用涡流探伤替代现有的人工检验棒丝材表面缺陷，激光红外测径系统检验棒丝材直径，从而实现连续式检验流程，保证产品检验的科学性、一致性、高效性。

依托高强韧性生物医用钛合金棒丝材产业化项目的建设，思迈公司力求建成国际先进的医用钛材研发、生产基地，产品质量得到了进一步提升，产品成分、组织、性能等实现三个“一致”，全面提升了公司的核心竞争力，建立了良好的信誉和稳定的市场，国内市场份额提升至 45%，产值突破 1 亿元，与国际 5 大骨科医疗器械集团建立了合作，使产品走向国际化。

依托高强韧性生物医用钛合金棒丝材产业化项目的建设，打造了专业的研发团队，并成立“陕西省生物医用钛合金材料工程研究中心”，一方面对合金进行工程化研究，并最终实现批量化、规模化制备；另一方面进行技术创新研究，为合金的后续发展进行技术储备。目前中心已拥有专利成果 20 余项，开发了“高强度损伤容限型 TC4ELI 钛合金棒材”、“克氏针用超高强度钛合金丝材”（Rm ≥ 1200 兆帕）、“医疗植入螺钉用高扭转角钛合金棒材”（NA ≥ 180°）、“新一代骨修复用 TC20 钛合金材料”、“医用低模量高强 Ti13Nb13Zr 钛合金材料”等产品 10 余项。

随着高强韧性生物医用钛合金棒丝材产业化项目建设和生物医用钛合金材料工程研究中心的建立，不仅提高了国产钛及钛合金的技术水平，还可以带动一大批与之相关的新材料、航天和航空领域材料等产业的发展。思迈公司还将着力开发航空航天紧固件用钛合金棒线材、3D 打印用钛合金棒线材、特种装备用锆丝材等产品，以促进我国航空、航天、紧固件产品及其产业的发展，促进国内微创介入治疗技术水平的提高及相关产业的发展，促进民用产品的更新换代，促进军民融合、产品结构的调整和优化，造福于民。

# 酶解技术运用到鱼粉行业提高了海洋资源利用率

浙江丰宇海洋生物制品有限公司

## 一、我国水产养殖业工艺落后，资源利用率低

中国是全球最大的水产养殖国，也是鱼粉消耗量最大的国家。据不完全统计，中国水产养殖业每年消耗约 250 万吨的鱼粉，其中 120 万吨为进口鱼粉，130 万吨为国产鱼粉。由此可见，中国水产养殖业依赖于鱼粉资源，同时也受到国外进口鱼粉的限制。随着海洋资源的匮乏，鱼粉行业的生存空间逐渐被挤压，近两年国内饲料厂的涨价跌价，都与鱼粉价格波动脱不了干系。因而，探索鱼粉辅助品甚至是替代品成为今后水产养殖的一大方向。

舟山渔场是世界四大著名渔场之一，海洋资源丰富，舟山当地有大量的水产捕捞企业和水产加工企业。在众多水产企业中也存在着以消耗海洋资源为生的鱼粉加工厂，当时这些企业散而乱，工艺落后，资源利用率低，给环境保护、海洋资源保护带来了一系列的问题。

浙江丰宇海洋生物制品有限公司（简称丰宇）从 2015 年开始，以新鲜鱼类加工所得鱼粉为原料，通过深度可控酶解技术、低压浓缩技术等，提取鱼溶浆作为饲料添加剂使用。在推广的两年里，已经逐渐在市场上取得良好的效果。酶解鱼溶浆可以说是鱼粉行业的一次革新。随着海洋鱼类资源越来越匮乏以及环保整治的力度日渐加强，丰宇一直在探索鱼粉加工的工艺调整，希望可以减少对资源的依赖。之前酶解技术已经广泛在生物制药等领域中应用，因此一直以来丰宇有将酶解技术运用到鱼粉行业的构思。在 2013 年成功整合后，丰宇迅速得到并利用相应资源，运用生物酶解技术研发酶解鱼溶浆，希望通过酶解技术实现替代鱼粉的目的。

## 二、酶解技术能帮助减少对海洋资源的依赖

2014 年 2 月，丰宇组建专业技术团队，从当年 3 月开始进行研发。2015 年，丰

宇成功研发出第一款酶解产品，通过与院校合作，投放在海南进行石斑鱼对比试验。对比试验结果表明，用丰宇酶解产品养殖的石斑鱼的增长率提高了 20%。为证实效果确实达到，以及能否在更广的养殖范围内使用，2016 年丰宇请苏州大学教授叶元土进行黄颡鱼的对比试验，并取得了良好的效果。

酶解技术是利用原料中的酶或者添加的外源性酶，对新鲜的原料进行酶解，并降解大分子物质，增加原料的可消化性和生理活性，使有限的动物蛋白质资源能更科学有效地利用。这些含有高水分、高油脂的动物蛋白原料不再进行高温高压的烘干处理，直接进入饲料配合和生产流程，更好地保全原料的有效性和热敏感物质的生理活性，最终提升饲料产品的有效功能性。在丰宇中试车间，低压浓缩设备可以蒸发大部分水分，有效地将酶解的鱼溶浆含水量控制在 40%~50%。酶解鱼溶浆和没有酶解的鱼溶浆相比，在养殖鱼的体色、健康、生长速度、免疫力、饲料系数上都具有一定的优势，酶解鱼溶浆比不酶解的鱼溶浆效果要高出 30%~40%；与鱼粉相比，进口鱼粉的效果只需 1/4 的酶解鱼溶浆用量即可实现。四分之一的酶解鱼溶浆与超级蒸气鱼粉的效果等同，这意味着鱼粉在饲料里面的用量会大幅减少，从而降低饲料的成本。此外，酶解的方式一定程度上提高了海水原料鱼的利用率，可减少水产养殖业对海洋资源的依赖，保护海洋鱼类资源。

## 三、推广反馈效果良好

酶解鱼溶浆从 2016 年上半年开始推向市场，当年就销售了 1100 吨。截至 2017 年 7 月，丰宇销售了 2600 吨。同年 8 月丰宇有新车间投产，产能达 60~80 吨 / 天。随着 2017 年下半年市场需求高峰的到来，预计丰宇 2017 年酶解鱼溶浆的销量可达 6000~8000 吨。2016 年，产品第一年推出市场，丰宇只是进行初步的尝试性推广，只有 7~8 家饲料厂在使用。经过一年的效果验证，丰宇的客户都取得比较好的经济效益增长，市场反馈良好，因此会带来更多的潜在客户。在推广过程中，一般饲料厂都是通过专家建议以及同行使用效果进而了解到丰宇的酶解鱼溶浆产品。

目前，丰宇的合作饲料厂家有海大、通威等大型饲料集团，以及华东一些中型饲料厂如东方希望、浙江一星集团以及福州天马等。在推广初期，丰宇首先在华东厂家进行小范围试点，随着推广的成熟，将逐渐往华南、华中等地的饲料厂拓展。目前，丰宇重点放在国内推广，同时在寻找合适的合作伙伴，希望挑选有潜质的鱼溶浆企业进行兼并或者合作，以进一步扩大酶解鱼溶浆的影响力。

丰宇将会通过对外合作的方式扩大丰宇酶解鱼溶浆的影响力，首选区域为山东，因为国内大部分优秀的鱼粉供应商聚集在山东。受环保形势的影响，鱼粉供应商的发展受到限制，在山东，丰宇将能拥有更多的资源。至于国外，丰宇未来将考虑到东南亚地区建立生产基地。因为国内不少大型饲料集团都在谋划东南亚市场，在那里酶解鱼溶浆将会有广阔的市场发展空间。此外，东南亚海洋资源条件丰富，原料供应充足，这对于丰宇都是有利的。

## 四、进一步优化和升级工艺

目前，酶解鱼溶浆已经取得预期的效果，但丰宇不满足于现状，接下来丰宇还会继续向完全替代鱼粉的方向去探索。现阶段丰宇实现了1∶4（四分之一的用量等同进口鱼粉）的比例，丰宇还将对工艺进行进一步优化和升级，随着工艺的调整和再精深加工，提高消化吸收力，寻找突破口，做到分子量更少，逐渐做到1∶6甚至更低。

丰宇的酶解鱼溶浆原料来自于水产冷冻加工厂的下脚料，无需过多依赖海洋资源。丰宇希望未来的水产养殖发展能逐渐减少对海洋资源即鱼粉的依赖。今后随着海洋资源得到进一步保护，海里的鱼类得到充分生长，数量以及规格得以提升，将促进水产冷冻厂、加工厂的发展，而捕捞上来的送往冷冻厂的海洋资源更多更大，其下脚料也将更充足，能够供应给相关企业进行再利用，从而形成良性循环。

由于鱼粉价格波动幅度大，因此造成产业上下游连锁反应，而用酶解鱼溶浆逐渐代替鱼粉，则在减少对鱼粉依赖的同时，也对整个产业链上下游的波动起到缓冲作用。水产养殖行业的发展方向不能只停留于传统鱼粉，随着海洋资源的紧缺、环保理念的加深，企业只有从生产工艺方面改进，提高鱼粉档次，改变产品的工艺来解决养殖问题。今后丰宇将会考虑打通产业链，在行业中掌握更大的话语权。

# 基于第三代基因测序的重大疾病早期精准诊断与治疗服务

贵州省贵安精准医学研究院股份有限公司

## 一、基因与疾病的关系

每个人从受精卵开始就携带着父母的所有优势和缺陷，基因突变造成必然，环境会刺激敏感基因加速疾病的产生，因此人类可以通过基因检测来判断基因的敏感性，做到提前预防。

基因测序技术是临床分子诊断中重要的技术手段，三代测序技术更是未来主要的发展方向，而基于三代测序技术平台基础上的临床诊断应用是分子诊断领域的核心和重点。基因检测结果可分为3种情况：基因敏感性不变；基因敏感性放大（通过积累，从量变到质变）；基因敏感性缩小。

## 二、第三代基因测序技术介绍

DNA测序技术是现代生物学、现代医学研究中重要的手段之一。自1977年第一代测序技术问世以来，经过30多年的努力，DNA测序技术取得了很大的发展。

测序技术最早可以追溯到20世纪50年代，早在1954年就已经出现早期测序技术的报道，即Whitfeld等用化学降解的方法测定多聚核糖核苷酸序列。1977年Sanger等发明的双脱氧核苷酸末端终止法和Gilbert等人发明的化学降解法，标志着第一代测序技术的诞生，他们二人也因此而获得1980年诺贝尔化学奖。在此后30多年的发展中，DNA测序技术取得了令人瞩目的进展。从基于毛细管基因分析的第一代测序到后来的基于高通量化学技术的第二代测序，再到最近兴起的基于单分子实时测序技术的第三代测序，测序技术正在向着高通量、低成本、长读取长度的方向发展。

第三代基因测序技术通过增加荧光的信号强度及提高仪器的灵敏度等方法，使测序不再需要 PCR 扩增这个环节，实现了单分子测序，并继承了高通量测序的优点。单分子实时测序的长读长、高准确性和单分子高分辨率特征，可精确检测基因的稀有突变、碱基修饰，全面解读基因差异。第三代测序技术解决了第二代测序技术存在的错误率高的问题，成为目前最先进的基因测序技术。

其主要技术优势体现在以下方面：

• 超长的测序读长：平均测序读长能达到 3000 至 5000 碱基，最长的序列能达到 20000 碱基。

• 极端的准确率：对基因组组装和基因组变异检测，可以达到 99.999% 的准确率；选用特殊测序模式，测序准确率可以在达到单个分子 99% 准确率的条件下，读长超过经典的 Sanger 测序法。

• 极度的敏感性：可以检测频率在 0.1% 的 minor variants。

• 直接检测广泛的碱基修饰：除了 5-methylcytosine 修饰以外，还可以检测 N6-methyladenine、N4-methylcytosine、DNA 氧化损伤以及其他碱基的修饰。

• 最小的 GC 偏向性（GC bias）：在极端高 GC 和极端低 GC 区域，可以轻松测定，从而保证序列的均匀覆盖度。

• 无 PCR 扩增偏向性：样本不需要进行 PCR 扩增，避免了覆盖度不均一性。

## 三、第三代全长转录组测序

第三代全长转录组测序平均 10~15 字节读长的数据可以轻松跨越从 5' 末端到 3'-Poly A tail 的完整转录本，无须进行拼接组装，即可获得完整转录组信息，同时能准确鉴定转录异构体，精确分析可变剪接、融合基因、等位基因表达等。整个反应周期只需 2~3 天，即可完成从文库构建到上机测序的整个流程。由于其独特的长读长特性，可以有效地保证转录组信息的准确度，同时也提高了信息的完整性，是目前进行转录组测序分析的首选方式。

## 四、基于第三代基因测序的早期精准诊断和治疗

按照美国国立卫生研究院（NIH）对“精准诊断和治疗”的定义，“精准诊断和治疗”是一个建立在了解个体基因、环境以及生活方式基础上的新型疾病治疗和预防方法。专家指出，精准诊断和治疗是指以个人基因组信息为基础，结合蛋白质组、代谢组等相关内环境信息，随着基因组测序技术快速进步以及生物信息与大数据科学的交叉应用而发展起来的新型医学概念与医疗模式。

简而言之，精准诊断和治疗是根据病人特征“量体裁衣”，制定个性化的精确治疗方案。其实施过程的重要一步，便是联合最新的遗传检测技术，对病人的基因组、微生物组及其产物进行检测，以更深入、准确、全面地反映疾病的本质特征，直接“定位”疾病的准确缺陷，进而精准用药，实现对重大疾病的精准治疗和早期健康管理。

研究结果表明，很多癌症等重大疾病都是因为代谢不平衡，而且处在长期刺激的前提下所产生的一种症状。一切生命都是大自然的组成部分，均是由各种化学基本结构组成的，如核苷酸、六碳环或杂环组成，形成一个个节点，节点受基因、转录、表达、底物、活性高低及化学类似物等所控制，节点的不正常运转是人体疾病的根本原因，而DNA、RNA、蛋白质、酶、酶反应的底物、酶促反应所需要的金属离子以及化学类似物为一个整体的“节点”系统。通过发现这些节点的变化，找到所产生的原因并加以排除或避免（如环境中摄入等）。从生命的根本出发，深入了解生命的根本和疾病发展与治疗的实质和原理，建立一个全新的医学检测体系和诊断系统，特别是早期诊断体系的建立，以期防病于未然，达到上医治未病，实现健康长寿的目的。

因此，要把这个根本原因找出来，并加以分析到底是哪个节点存在代谢速度问题。原因有三点：第一是基因突变和转录水平高低，导致转录后的表达这些节点酶的多少；第二是底物的多少与酶反应的其他因素，特别是金属离子的多少；第三是摄入食品和环境中底物化学类似物对节点酶的影响。

所以，节点的确定、影响因素的确定就形成新的医学检验方向，同时，机体如果酶节点系统出了问题，就形成了新的制药和给药发展方向。环境中为增加产量和质量而大量使用的化学源结构，长期影响机体的代谢平衡是新的疾病产生的根源。

所谓精准治疗方法，即要尽可能改变这种现象并能更多地精准检测出对于某一个个体来说是哪些节点出了问题，再给予改善代谢平衡相应的化学结构源或酶系统，以达到使身体恢复健康和正常的目的的方法。

中药材中治疗疾病的常用药材大约有390味（已明确化学成分数量和含量），其提供化学结构源是多种的、广泛的，可改善本身的节点代谢水平，使原来节点低水平活性更强或使原来节点高水平的活性减弱，使代谢平衡继续正常地进行，形成以精准个体治疗为目的的新的医学框架结构。

## 五、基于基因诊断病例的基因芯片早期诊断试剂盒的开发

癌症是危害人类健康的杀手。在欧美等发达国家，癌症排在人类死因的第二位，

在发展中国家亦位居第二位或第三位，癌症的发病率近年来呈上升趋势，死于癌症的人数逐年增加，癌症对人类的危害显得越来越严重。国际反癌症联盟宣称，每年因癌症而死亡的人数要远远超过疟疾、艾滋病和结核病这 3 种疾病导致死亡人数的总和。统计资料表明，全世界每年有 600 万人患癌症、500 万人死于癌症，平均每分钟有 10 个人因癌症而死亡。我国最近的统计结果是，每年新诊断的癌症病人有 100 万，有 80 万人死于癌症，平均每分钟有 1.5 人死亡。由于癌症如此严重地威胁着人类的健康与生命，我国把癌症问题列为重点研究项目。

利用先进的第三代基因测序技术，我们对 16 例癌症样本为主进行了转录本测序。测序完成后将患病人的转录组序列与人的 5000 酶数据库进行比对，筛选出发生突变的蛋白，再将这些突变的蛋白与 NCBI 进行比对进一步验证突变的可靠性，最后挑选突变的 query 系列进行蛋白结构预测，并与参考蛋白进行比较，从结构上判断蛋白是否发生变异，最后进行蛋白通路注释，寻找这些突变的蛋白参与了哪些代谢通路。

通过对重大疾病病例的基因组、转录组、甲基化组等生物信息学分析，找到与疾病相关的生物标志物，通过实验验证进一步开发基因芯片早期诊断试剂盒。

## 六、产业化前景

该项目完成包括白血病、肝癌、肺癌、胰腺癌、胃癌等重大疾病的 150 人的基因组、转录组测序，每个大病种平均 15 人，产值 4500 万元，可以产出 10000 个基因专利。同时研发基因芯片检测试剂盒 10 个以上，实现对重大疾病的早期诊断，产值可达 20 亿元。根据基因检测结果，联合 390 种中药种 10 万个活性单体、组分，基因特异性突变酶制剂等开展精准治疗。将成果服务于高校、研究机构、医院等，造福人类，经过 5 年的努力，可望实现年收入 50 亿、利税 10 亿元。

# 新型磷肥为社会绿色经济循环发展开拓新路

四川省鑫铃肥业有限公司（会理县鑫铃有机生物复混肥厂）

## 一、企业简介

四川省鑫铃肥业有限公司（会理县鑫铃有机生物复混肥厂）（简称鑫铃肥业）建于2002年10月，占地面积近5万平方米，是一家集研发、生产、销售、传播“新型磷肥”于一体的民营科技型企业。

鑫铃肥业从2003年开始研发、生产有机生物磷肥，自主研发生产了多个品牌系列的新型磷肥产品，获国家专利13项。其产品的主要创新点如下：

一是采用了自主研发的“一种复混磷肥的生产工艺”和“环保无污染的新型有机磷肥生产技术”。以化工业中的各种废弃化合物做原料，依照耕作土壤实质有效成分的缺失状态，通过科学配方生产出符合Q/XLYJF0001—2016、GB/T23349—2009标准的产品，使工业各种废弃化合物中不同形态的磷得到综合利用。

二是产品富含中微量元素钙、镁、硫、铜、铁、锌、硼、肽以及有机质，使其产品更加适用于不同地域和不同作物，具有稳定作物产量、改良土壤的功能。

三是经凉山州质检所、攀枝花市质检所、四川省危险化学品质量监督检验所、上海肥料审查部门等检验部门的随机和季度监督抽查检测，所生产的新型磷肥产品均超过Q/XLYJF0001—2016、GB/T23349—2009的标准。

四是相关技术具有自主知识产权，并获得了国家发明专利。核心技术是采用“一种复混磷肥的生产工艺”和“环保无污染的新型有机磷肥生产技术”，通过物理加工增加含水率，但有效成分含量却不减少。

五是通过资源化方法利用废弃化合物生产环保生态肥料的专利技术，解决了工业重金属给土地带来的污染，使土地生态恶化的状况得到显著遏制，有效缓解土壤营养贫瘠短板，为生态农业及地方绿色循环经济发展开拓了一条新路。

## 二、项目概况

鑫铃肥业在2003年12月至2017年12月共计投资8000万元，对“一种复混磷肥的生产工艺”技术进行科技攻关，经过不断的试验和论证，解决了试验生产工艺中的一系列技术瓶颈问题。

鑫铃肥业研发的“一种复混磷肥的生产工艺”专利技术得到了国家及多个行业、部门颁发的奖项和资质认证。根据国家“十三五”科技发展规划，国家相关行业和部门专家对“一种复混磷肥的生产工艺”技术的新颖性、先进性、适用性、成熟性，主要技术指标与国内外同类技术先进水平的比较，及其对社会经济发展和科技进步的作用意义等进行了权威的鉴定和论证，获得了鉴定组专家的一致认可。

## 三、项目对地方及行业的影响

鑫铃肥业地处攀西地区结合部，相邻地区厂矿众多，这些厂矿企业工业生产中的废料恰好是鑫铃肥业项目的工业原料。如黄磷厂滤丙、磷粉，氢钙厂的白肥，磷酸厂的含磷废渣、废灰，钒钛工业的废料、硫酸镁，钛白粉厂的硫酸亚铁等。目前，攀西地区化工企业每年产生含磷废弃物8万~10万吨，如果不充分利用这些废料，它将对环境及周边生态造成严重污染。如果能将攀西地区化工厂的工业废料收集加工，不仅可以消化攀西地区的工业废料，而且可以变废为宝，为农民增加收入。利用工业“三废”，使得企业之间的生产成本有所降低，不但巩固了农业可持续发展，而且也促进了工业可持续发展。

例如，黄磷厂在冶炼提取黄磷过程中所产生的磷粉每年10000余吨，含P205，含量4%~6%；磷酸厂在提取磷酸过程中所产生的磷渣每年10000余吨，含P205，含量18%~20%；氢钙厂在提取氢钙过程中所产生的白肥每年400000余吨，含P205，含量15%~20%；滤丙10000余吨/年，含P205，含量8%~10%，钛白粉厂在冶炼钛白粉过程中产生的硫酸亚铁20000余吨，含镁和硫达5%~8%。

以前环保部门要求将这些含磷废弃物挖坑深埋，鑫铃肥业通过实践和试验取得发明专利后，将这些含磷废弃物变废为宝，按平均每吨200元计算，这些含磷废弃物的价值高达1600万~2000万元；按每生产一吨磷肥需要0.7吨磷矿计算，可为国家节约磷矿资源5.6万~7万吨；按每吨磷肥需要0.33吨硫酸计算，8万~10万吨含磷副产物可节约硫酸1.85万~2.31万吨，按每吨硫酸600元计算，可节约硫酸资源费用1110万~1386万元。

综上可以看出，“一种复混磷肥的生产工艺”技术成果实施产业化在原材料的引进上占有得天独厚的优势。

## 四、项目的重大技术突破

目前过磷酸钙有两种生产工艺：一是利用大于24%含量的磷矿加水球磨成水分在28%~33%、细度在88~98目的矿浆与98%浓度的硫酸按3∶1混合，熟化8小时得过磷酸钙；二是利用大于24%含量的磷矿烘干球磨成细度在88~98目的矿粉与70%浓度的硫酸按3∶1混合，熟化24小时得过磷酸钙。

鑫铃肥业采用自主研发的复混磷肥生产工艺，利用更高细度目数的化学工业废料（如黄磷厂的滤丙、磷粉，氢钙厂的白肥，磷酸厂的含磷废渣、废灰，钒钛工业的废料硫酸镁、钛白粉厂的硫亚铁等），通过专利技术配制生产复混磷肥，综合两种生产工艺，实现了湿法生产产品“两高一低”（水分高、游离酸高、有效磷低）和干法生产产品“两低一高”（水分低、游离酸低、有效磷高）的质量优势互补，所生产的复混磷肥不仅富含氮、钾、钙、镁、硫、锌、硼、肽等元素，大大提高了有效磷的含量，提升了产品质量和环境质量，而且降低了生产成本和农民的购买成本

鑫铃肥业生产的复混磷肥通过提高磷矿浆（粉）的球磨细度增加有效磷，把28%以下的磷矿浆（粉）球磨细度提高到110~120目，矿全磷转化有效磷的转化率提升到65%~70%，即28%品位的磷矿生大于18%的优等品，实际生产可达到18.2%~19.6%含量的产品；24%品位的磷矿生产大于14%的合格品Ⅰ，实际生产可达到15.5%~16.8%含量的产品；22%品位的磷矿生产大于12%的合格品Ⅱ，实际生产可达到14.3%~15.6%含量的产品。由此可以看出，把磷矿浆（粉）细度从88~98目提高到110~120目，有效磷可以超过标准要求。此外，还可采用磷石粉、天然磷矿加工获得的有效磷。

针对不同的土质，只有正确使用磷肥才能产生较好的磷肥肥效。鑫铃肥业综合使用化学工业废料中的化学磷、自然磷、水溶性磷、枸溶性磷生产的复混磷肥不但达到不同形态的磷适应不同的土质要求，而且水溶性磷（速效磷）和枸溶性（迟效磷）混配施用，达到缓控释肥的效果。

鑫铃技术研究团队自成立以来，一方面深入调查收集各地的土壤质量对农作物生长的影响状况，了解土质的恶化程度，通过查阅相关图书资料分析原因；另一方面对应用不同企业生产的肥料和农药所产生的效果及对土壤质量变化的影响进行分析比较，探究对土壤增肥和农药治理作物病害而不增收的深层次原因，制定土壤修复的策略和措施。

针对不同土壤质量恶化状态和原因，鑫铃技术团队提出对土壤修复的平衡施肥

方式，以磷的种类搭配，解决、缓解并控制土壤恶化的加剧，实现粮食生产稳步发展；采用以顺从土壤和作物需求的磷肥、粪肥、有机肥为主，氮肥与钾肥为辅的生存关系理念，付诸实践，获得了专家、技术人员和农民的认可。

## 五、经济和社会效益

“一种复混磷肥的生产工艺”技术成果产业化后，实现了化工行业废弃物在农业生产中的应用，减轻了化工业废弃物的污染，降低了磷化工企业和肥料生产企业的成本。

该项目的实施，每年可节约大量能源，减少大量废弃物的排放，保护生态环境，实现环境及经济的可持续发展；同时，可助力局部地区的废弃资源再生、经济创税，带动周边经济共同发展。

# 共享铸造成就四川“智造”

共享装备股份有限公司

共享装备股份有限公司旗下的四川共享铸造有限公司（简称共享铸造）数字化铸造工厂示范工程，通过采用先进的智能制造手段提高铸件产品的质量。该项目被工业和信息化部确定为2016年国家智能制造新模式。2016年2月2日，国务院总理李克强考察共享装备股份有限公司时，称赞共享生产的铸件产品已从“傻大黑粗”变成“窈窕淑女”，展示了“中国制造2025+互联网”的融合，是新旧动能转换的生动体现。

## 一、背景

2009年以后，面对第三次工业革命的新挑战，面对处在低谷的世界经济形势，企业既要面对市场低迷、保增长的压力，又必须谋划未来几年快速转型升级，快速增强竞争力。公司董事长彭凡敏锐地认识到，必须充分吸收先进制造理念，采用现代制造和管理技术，特别是数字化技术的应用，走出一条切实可行的转型升级道路。基于对铸造企业的深度分析和实践，创造性地提出“数字化（智能化）引领，创新驱动，绿色制造，效率倍增”的转型升级发展模式和转型升级总方针，率先提出了全面集成的数字化铸造企业的建设方案，广泛采用全流程虚拟制造技术、智能制造技术（3D打印、大容量射芯等）和全面数字化管理手段，导入铸造云平台建设先进理念，为传统铸造业向“两化”深度融合下的、高效的数字化管理企业提供了模式示范。自2013年开始，公司启动实施了四川共享铸造有限公司“数字化铸造工厂示范工程”项目。该项目占地235亩，计划投资6.25亿元，主要生产轨道交通、船舶动力、燃气发动机等关键零部件，包括机体、涡轮壳、端盖、汽缸盖、主轴承盖等，实现年产铸件4.4万吨。

## 二、经验

### （一）在“多品种、小批量、快捷、个性化”铸造生产方面达到同行业最高水平，引领行业进步

“数字化铸造工厂示范工程”项目运用先进制造理念，引进先进铸造技术（如3D打印技术、大容量射芯机等），实现柔性制造；借助产品全生命周期管理（PLM）、全流程虚拟设计、仿真分析，实现虚拟制造（VM）；通过在各工序使用智能装备，建设快速成型智能单元、熔炼智能单元、砂处理智能单元、精整智能单元、物流智能单元等，实现智能生产（IM）；综合集成数字化系统如商业智能（BI）、企业资源计划管理（ERP）、制造执行系统（MES）、客户关系管理（CRM）、供应商协同管理（SRM）及企业自主研发的管理子系统等，实现数字化管理（TDM）；应用烟尘综合治理、余热综合利用、废物再利用等，实现绿色制造。

**行业领先的基于3D打印的铸造工艺技术。**小件生产线基于3D打印技术实现柴油发动机核心配套部件（如汽缸盖等）定制化生产，成为主机厂急短线件配件超市。

**世界上尺寸最大的射芯机产业化应用。**世界最大的大容量射芯机。大件生产线应用切片组芯工艺，实现柴油发动机机体的铸造生产。

**绿色制造。**余热利用、集中除尘、能耗等达到国际先进水平；以人为本，70%铸造工人在空调环境工作；大小件车间“无吊车”设计；中等体力劳动比例30%以下，关键工序少人化、无人化。

**首创铸造行业全流程虚拟制造技术应用。**3个BOM、全流程虚拟设计、虚拟检验、虚拟制造、虚拟生产；集成先进制造装备，实现智能生产；快速成型智能单元、熔炼智能单元、砂处理智能单元、物流智能单元、精整智能单元等与专家系统集成应用，实现智能生产；全面数字化管理，数字化系统集成（ERP、PLM、SRM、CRM、MES、HR、BI及自主研发TDM系统），管理流程扁平化，直通车且高效运行。

### （二）建成一座引领铸造行业转型升级的“数字化、柔性化、绿色、高效”铸造工厂，建立铸造新模式

共享铸造“数字化铸造工厂示范工程”项目应用大尺寸3D打印机、重载RGV等智能装备，集成五大智能生产单元和铸造工艺集成设计与仿真分析系统，建立全面数字化管理系统，初步建成了一座年产铸件4.4万吨、“智能、柔性、绿色、高效”的全新模式铸造工厂，解决了铸造行业粗放发展，效率低、能耗高、排放多等共性问题，为铸造业转型升级指明了方向。

2014 年，项目获得四川省战略性新兴产业发展专项支持，获得政策资金 3070 万元；2015 年，共享铸造获得四川省科技支撑计划项目支持，获得政策资金 200 万元；2016 年，项目被工业和信息化部确定为 2016 年国家智能制造新模式与标准化专项，获得国家 4500 万元专项资金支持。项目于 2016 年 8 月 25 日开炉试生产，预计项目达产后可实现年产铸件 4.4 万吨，实现销售收入 6.16 亿元，实现利税 1 亿元，新增就业 300 人。共享铸造生产的铸件产品，是新旧动能转换的生动体现，是共享通过 3D 打印等技术创新嫁接铸造智能工厂道路的成果，为共享人加速转型升级打了一剂"强心针"。

## 三、启示

共享铸造"数字化铸造工厂示范工程项目"运用先进的制造理念，通过采用先进的智能制造手段提高铸件产品的质量，有利于提升我国铸造行业技术水平，并引领铸造行业向智能制造转型。

### （一）采用 3D 打印等快速成形技术，缩短铸造工艺流程

项目采用先进的 3D 打印技术，重新构建了铸造工艺流程，取缔了传统模样制造工序，建立了基于 3D 打印环境下的铸造用原辅材料标准、成形工艺技术标准，能够有效降低新产品开发周期，大幅提升铸件的内在和表面质量，能够让综合能耗达到国际铸造先进水平，为铸造行业转型升级提供了全新的模式和思路，有利于中国铸造业弯道超车，快速进入国际先进行列，使中国铸造由"铸造大国"变为"铸造强国"。

### （二）采用工艺集成设计 + 仿真分析 + 智能生产 + 全面数字化管理集成理念和技术，建立多品种、小批量铸件高效铸造新模式

项目在设计时就基于数字化环境进行车间规划、工艺布局、声、光、生产等仿真分析，达到各项参数的符合性和标准化，基于铸造工艺集成设计与仿真分析的应用研究开辟了铸造工艺设计的新思路、新方法。在现实制造中提出了"智能生产单元"的理念，将关键工序按照智能制造理论要求形成了标准化的开发模式，能够实现上下序集成、前后端集成；通过将各项信息系统和管理制度固化，形成了全面数字化管理的管理体系，按照数字化企业的标准构建了全面集成的数字化企业，能够大幅提高管理效率，形成了一套数字化铸造企业体系，为传统铸造业向"两化"深度融合下的高效的数字化管理企业提供了模式示范。

### （三）采用绿色设计理念，开辟绿色铸造新模式

项目在行业内首创单件10吨以上铸件采用无吊车、轻钢结构设计，通过取缔吊车，能够减少工伤事故60%以上；同时采用自动导引车（RGV），大幅提高物流转运效率；通过热法再生、余热综合利用等手段，有效节约能耗，减少排放，使能耗水平达到国际先进；通过采用3D打印、射芯技术，彻底改变了传统翻砂的铸造环境，让70%的员工在空调环境下工作，同时利用先进自动化、智能化装备，70%以上为轻体力劳动，基本杜绝了重体力劳动，形成了绿色铸造新模式，为行业转型升级提供绿色制造示范。

# 走自主创新之路　从国内市场走向国际市场

开山控股集团股份有限公司

开山控股集团股份有限公司（简称开山）是一家以科技创新为动力的创新型企业，依靠科技创新，不断开拓市场，具有世界领先水平的自主创新能力。自 1998 年实行民营化改制后，近 20 年来，依靠创新驱动，逐步从一家地方企业成长为浙江省工业行业龙头骨干企业、浙江省高端装备制造业骨干企业、中国机械工业百强企业，获得了全国五一劳动奖状单位荣誉称号，被浙江省政府确定为首批“三名”培育试点企业，列入了中国人民解放军总装备部军选民用承制单位。开山目前是国内最大的钻凿工程机械制造企业和亚洲最大、世界第四的螺杆压缩机制造企业。回顾开山的创新发展道路，其成功的经验可以归纳为以下 4 点：

## （一）注重培养、引进创新型人才

人才是企业最重要的资源，开山一直以来把培养、引进创新型人才作为最重要的工作，由董事长亲自抓。目前，公司共有各类专业技术人才 454 人，其中博士 4 人、硕士 26 人、本科 181 人。创新团队中有领军人才国家“千人计划”海外引进人才 1 名、省“千人计划”海外引进人才 1 名、教授级高工 2 名、高级工程师 22 名、工程师 135 名，组建了一支具有国内领先水平的创新研发团队。

## （二）努力搭建一流创新平台

开山在美国西雅图设立了“开山北美研发中心”，在新产品开发和技术创新过程中利用北美的技术高地，充分挖掘全球优秀人力资源，通过项目工程师、项目设计师的形式，实现了“北美研发、中国制造”的创新发展模式。公司还与合肥通用机械研究院合作成立了“压缩机技术国家重点实验室”，牵头与卧龙电气集团、浙江银轮机械股份有限公司等 7 家单位合作成立了省级重点产业技术联盟——浙江省装备制造业高效节能装备产业技术联盟，打通产业上下游的产业链，不断提升技术创新能力和水平。如今开山集团技术中心已升格为国家认定企业技术中心，开山通用机械研究院列为浙江省重点企业研究院，下设的 11 个专业研究所都开展了正常的创新研发工作。世界一流创新平台的建设，使企业始终站在世界同行的技术前沿，领引国内行业的发展。

## （三）掌握一流核心技术，实现自主创新

通过不断地持续创新，目前开山已拥有136项有效专利技术，其中发明专利44项、实用新型专利92项；积极参与了国家行业标准的制订，其中负责起草了1个国家行业标准、参与起草了5个国家行业标准、负责起草了2个“浙江制造标准”，并获得浙江省首批、衢州市首张“浙江制造认证证书”；公司旗下拥有4家高新技术企业。通过掌握一流核心技术，实现自主创新，开山实现了从传统制造业向高新技术企业的转型升级和从掌握核心技术向掌握一流核心技术的蜕变。

## （四）产品创新结硕果

多年的创新驱动发展实践，给开山带来丰硕的成果，在国内率先开发的高效节能“两级喷油螺杆空气压缩机节能技术”，被国家发展改革委评定为“中国十大最佳节能技术”、浙江省优秀工业新产品、浙江制造精品，并列入《国家重点节能低碳技术推广目录》；开发的新一代单级压缩螺杆空压机，经合肥通用机械产品检测院检测，超过国家I级能效标准6%，再次引领压缩机行业能效大升级；开发的螺杆膨胀发电机系列产品可利用工业生产过程中产生的废蒸汽、热水进行发电，被广泛用于国内各省及台湾地区钢铁、石化、冶金、食品等行业的余热发电。开山还独创“一井一站”的地热发电模式，走出国门，在美国、印度尼西亚、菲律宾、印度、马来西亚、匈牙利、塞尔维亚、土耳其等国用于地热发电、生物质发电，融入国家“一带一路”建设。该产品2011年被美国GE公司技术专家誉为“世界上唯一投入商业化运营的产品”，先后获得浙江省省内首台（套）产品、省首届工业大奖银奖、省优秀工业产品、浙江制造精品等荣誉，并列入《国家重点节能低碳技术推广目录》。开山开发的KT11S型整体式高风压露天潜孔钻车、KJ311型全液压掘进钻车先后获浙江省省内首台（套）产品、省优秀工业产品、浙江制造精品等荣誉。

此外，开山除了以高效节能螺杆压缩机系列产品技术开发及产业化为主，还以世界领先的螺杆技术为依托，开发出国内急需的大型工艺气体压缩机、螺杆真空泵、离心式压缩机、煤层气增压机、煤层鼓风机、焦炉煤气螺杆压缩机组、MVR离心式蒸汽压缩机、涡旋压缩机、氦气压缩机组、氯乙烯压缩机、瓦斯气螺杆压缩机组等一系列节能新产品，有些填补了国内行业空白，其中KGC573-70DW2型焦炉煤气螺杆压缩机组获浙江省省内首台（套）产品称号。

同时，开山还发挥螺杆主机的技术优势，扩大产业链，进军冷媒、冷冻领域，

成功开发出国内制冷效率领先的冷媒、冷冻压缩机系列产品，包括大型冷库冷冻压缩机、开启式制冷压缩机的关联制冷系统、冷水模块自动回波系统、$CO_2$ 制冷系统、中央空调开启式压缩机及地源热泵等高端新产品，产品已大步打入浙江巨化集团、郑州双汇集团等大型企业和高端市场。

总之，长期以来开山集团坚持以科技创新为动力，取得了巨大的成就，已从一家传统产品制造企业转型升级为高新技术产品制造企业，不断地开拓市场，创造市场。尤其是开发出具有世界领先水平的螺杆膨胀发电技术后，已逐步从国内市场走向国际市场，转型升级成为一家全球性的新能源装备成套设备供应商和绿色可再生能源公司、电力运营商，正在向“成为一家全球性的伟大公司”的战略目标迈进。

# 发展智能滴灌技术　推进农田水利改革创新

大禹节水集团股份有限公司

大禹节水公司（简称大禹节水）创建于1999年，是中国最早从事精量灌溉产品生产与工程设计施工服务的民营科技企业，历经2004年国有企业改制转型，2009年在创业板首发上市，经过十几年的不断调整、发展与壮大，已成为中国乃至国际上颇具规模的集精量灌溉设备研发制造、工程设计施工、技术咨询服务中心于一体的大型综合性现代企业集团，是国内精量灌溉行业骨干龙头企业、国际知名灌溉公司。

大禹节水现辖天津武清、新疆乌鲁木齐、内蒙古集宁、甘肃酒泉、武威、定西、广西南宁、云南昆明等9个精量灌溉生产基地，有正式员工1600多名，董事会、监事会、经营管理层现代企业管理体系机构健全，战略投资、科技研发、生产工程、财务审计等运营管理规范，2016年实现销售收入10.29亿元，利润总额7446.6万元，税金6725.5万元；总市值约80亿元人民币，总资产达24.86亿元，资产负债率为45.63%；主导产品滴灌带、PVC/PE管材（件）、滴头、过滤器、施肥器等质量合格率达到97.76%，国内市场占有率达到33.6%。其中，内镶贴片式滴灌管带产销量连续多年位列国内同行之首，国内市场占有率60%以上；农业灌溉用PVC/PE管材、过滤器等主要产品，近5年国内产销位居国内精量灌溉行业第二。各项经营指标连续多年位居国内同行业之首。连续多年被评为“守合同、重信用”“AAA级信用企业”“信贷诚信企业”“甘肃省首批星火产业带示范企业”，荣获“甘肃省创新企业奖”“成长型中小企业优秀企业奖”“甘肃省首届质量奖”“中国国家质量奖提名奖”，以及国家五一劳动奖、国家高技术产业化示范工程、甘肃省十大优秀专利、甘肃省名牌产品、甘肃省著名商标、中国驰名商标等百余项荣誉。

大禹节水是国家甲壹级灌溉企业，具备水电工程施工二级、水利工程设计乙级、灌排设备检测二级、信息系统集成三级专业等级资质，已认证并运行国际ISO9001—2000标准质量管理体系、ISO9001—1400标准环境管理体系、OHSAS 18001—2007标准职业健康安全管理体系，主营生产微灌灌水器（喷、滴头及管带）、输配水管材、喷灌机、过滤施肥施药器、布设回收装置、水利信息化自控系统等

6类1100多个品种系列化技术产品，具备年产各类内镶贴片式滴灌管带50亿米、PVC/PE管材（件）10万吨、灌溉过滤施肥施药装置及自动化软硬件设备5万台套的生产规模及年装配200万亩节水农田的工程设计、施工及技术服务能力；主导产品产销量连续多年位居国内前列，内镶贴片式滴灌管带的生产规模排名世界首位，在精量灌溉技术与装备生产规模等方面具有国内领先、国际先进地位和竞争优势。

大禹节水是国家重点高新技术企业，在北京、天津、杭州、兰州、南宁、酒泉等地设立水利灌溉工程设计院、灌溉技术研究院、质量技术检测中心等专职研发机构，拥有全国最大的精量灌溉专业研发设计团队，设有实验室、中试车间、试验站及信息化研究室等专业科室，现有研发场地1.5万平方米、科研仪器设备560多台套；具备承担国家、地方大中型科研及产业化项目的基础条件及相关经验，具有领先的创新能力和技术基础。多项科研成果达到国内领先和国际先进水平，综合技术经济实力位居国内同行业前列。

大禹节水是国际灌排委员会（ICID）及中国国家灌溉排水委员会常务理事单位，与以色列、美国、澳大利亚、法国、俄罗斯、韩国等国家和地区的相关企业、科研院校建立了长期的国际科技合作关系，产品出口美洲、澳洲、中东、非洲、中亚西亚及东南亚等地，累计实现出口创汇近2亿元，占国内同类产品出口总额的60%以上。

## 一、精量灌溉专业化建设成绩明显

### （一）构建起全国首家规模最大、服务功能最配套的精量灌溉专业化营销网络渠道体系

大禹节水在全国各省区市重点流域灌区，建有以“互联网＋实体店”模式，建成280多家现代设施农业连锁经营服务中心网络运营体系，集成向用户提供物流集散配送、资源回收利用、工程设计施工、技术咨询培训、水利基金投资等全方位一体化服务，营销网点网络覆盖全国，辐射全球各个重点节水市场。通过产品及工程质量的不断提升和改进，应用技术及服务不断深入，运用现代科技成果、生产手段和管理方式，以土地流转、PPP模式、投资合作、众创众筹等多元化、多样化合作方式，引导企业大范围地带动生产基地和农户，在全国一批专业化生产、产业化经营、社会化服务的各具特色、类型多样、技术先进的精量灌溉现代节水农业示范区，节水、节肥、节能、节药效果显著，提高了水土资源的有效利用率与农户的节水技术水平，提高了农业抵御市场风险的能力，提高了精量灌溉领域科技成果转化及对

农业生产的贡献率，增强了农业抵御自然灾害的能力，促进了农业结构调整经济发展与传统技术优化升级，拉动了精量灌溉产品、设备、设计、自控、材料、工程等相关产业的发展，在保障国家粮食安全、生态安全和资源环境安全，加快农业现代化和节水型社会建设，提高农户物质文化生活和健康水平等方面做出突出贡献。

### （二）创建完成全国首个社会资本投资农田水利改革创新机制的试点项目——云南省曲靖市陆良县恨虎坝中型灌区 10800 亩“水肥一体化”智能滴灌示范区

通过引入社会资本，有效改变了农田水利项目建设长期以来单独依靠政府投资、建管用产权主体不明确、重复建设严重、运营管理滞后等状况，建立了工程建设、维护管理、使用经营、收益增效一体化的良性运行机制和政府、企业与农户多方合作共赢的创新机制，为推动我国精量灌溉项目建设、运营和管理新模式发展起到了示范先导作用。2016 年 1 月在云南省曲靖市召开全国农田水利改革现场会议上，受到时任国务院副总理汪洋、水利部部长陈雷和国家发展改革委、财政部、水利部及全国各省水利厅（局、委）领导的高度肯定和赞许，并指示要把该试点项目打造成全国农田水利改革的样板工程，在全国各地进行推广复制。

参与全国塑料制品标准化技术委员会塑料管材、管件及阀门分技术委员会《节水灌溉器材》国标修订工作，修订制定国标 6 项；主持制定地方标准 3 项、企业标准 15 项；取得专利 350 多件（发明专利 25 件），软件著作权 5 件；发表论文 20 余篇。

2016 年 5 月大禹节水被列入工业和信息化部“两化”融合管理体系贯标试点企业（《工业和信息化部办公厅关于公布 2016 年“两化”融合管理体系贯标试点企业名单的通知》工信厅信软函〔2016〕359 号），并于 2017 年 3 月 7 日通过内审评定工作，已完成网上填报工作，正等待专业机构外部审核评定认证。

## 二、专业团队保障技术服务质量

大禹节水现有专业技术人员 228 人，占职工人数（1600 名）的 14.25%。其中：正高 4 人，高工 16 人，中级 134 人，其他技术人员 74 人；研究生（硕士、博士学位）学历人员 23 人，占专业技术人员的 10%，本科学历人员 166 人，占专业技术人员的 72.8%，专科及以下学历 39 人，占专业技术人员的 17.1%；研究管理服务人员 5 人，占专业技术人员的 2.19%；女性技术研究人员 18 人，占专业技术人员的 7.89%。

项目团队的研究方向包括精量灌溉新产品开发、现场服务调试、远程监控与故障诊断、PDM、制造服务、知识管理、软件工程等，涵盖了项目所需要的各方面。

项目团队研究的"精量滴灌关键技术与产品研发及应用"成果获2015年国家科技进步二等奖，主持实施的国家重点研发计划项目"西部牧区高效精量灌溉技术与集成应用"和国家科技支撑计划项目课题"精量低耗灌溉技术集成与示范"，主要围绕新能源、节水增效、节能减排、水利信息化等展开研究。

# 因势利导　顺势而为
# 打造云南新材料产业生态集群示范区

云南楚丰新材料集团有限公司

2016年年初，昆明钢铁公司在改革转型中走“钢铁筑基、多元并举”发展战略而聚力各新材料板块，主动对接地市、省直部门和相关平台，组建成立了云南楚丰新材料集团有限公司（简称楚丰新材），下设4个子分公司，分别是“云南钛业股份有限公司”“昆钢粉末冶金科技分公司”“云南昆钢石头纸环保材料有限公司”以及“云南凝慧电子科技有限公司”；自此，昆钢整合了刚刚起步、尚未形成完整产业链，甚至是处于亏损状态的各新材料板块，成为以研发、生产以及销售钛、镍、锆、铪等稀有金属及合金材料为主，包括石头纸系列产品、粉末冶金产品等辅助材料产品的新型企业。

## 一、创新“钢—钛”结合模式，打造绿色新钛谷产业园

云南具有丰富的钛资源，钛矿品位高、杂质少、易采选，在“十二五”期间已形成完整的钛产业链，而云南楚雄是全中国乃至全世界唯一一个拥有从钛铁矿、海绵钛，到高品质钛及合金生产制造完整产业链条的地方，在楚雄州发展以钛为主的新材料产业具有得天独厚的优势。

2009年8月，云南钛业股份有限公司（简称云钛公司）成立，开始建设自主研发、自主设计的年产2万吨钛材加工项目。该项目创新组织模式，以低成本的方式将钛和钢铁冶金生产相结合，充分发挥昆钢大型轧制设备优势和技术优势，利用现有的热轧、冷轧、退火等设备的能力，创建了“钢—钛”（结合生产钛及钛合金材）工艺模式，配套建设熔炼、表面抛光、酸洗、脱脂、拉矫、成品修磨和纵切等生产设备，形成了完整的钛及钛合金生产系统。

经过8年的发展，云钛公司在楚雄工业园区建成了1座大型电子束冷床熔炼炉（EB炉）、4座真空自耗炉（VAR炉），引进了具有国际先进水平的钛及钛合金熔铸

技术，研发突破了钛板卷氩气保护光亮退火关键技术，成功研发生产出中国第一卷宽幅冷轧钛卷，拥有多项具有自主知识产权的专利技术，钛锭产能、产量居中国前列，奠定了钛材产业链向下游延伸、升级发展的坚实基础。当前，云钛公司的产品已大量走向市场，产品覆盖西北、华北、东北、华东、华南等国内广阔地区，部分产品已经替代日本、美国的同类进口产品，打破了日本等国家对中国钛卷市场的垄断，填补了国内空白。

云钛公司自成立以来，就将“参与军工、服务国防、钛业报国”作为企业的一项重要使命，以建设军民融合的钛产业为目标，主动融入国家战略，加大科技创新和新产品研发力度。经过几年的不懈努力，凭借先进的工艺装备和产品技术研发力量，取得了武器装备配套的系列资质，跨过了向军工应用领域配套发展的门槛。2017 年上半年，成功与中船、中航下属的 3 家公司签订了多种规格的钛合金材销售合同，实现了钛合金材的军工配套销售。

2017 年 7 月 26 日，秉承“创新、协调、绿色、开放、共享”发展理念，延续 2016 年首届论坛以来的合作成果，依托楚雄州内企业形成的钛产业链基础，第二届“中国楚雄—绿色新钛谷论坛”在楚雄自治州隆重举行。楚雄州目前已与昆钢集团签署合作协议，通过政企共建、产融结合，加快基础设施和项目建设基金的投入，启动钛基新材料项目建设，开展高品质卷焊管、海洋石油钻探用大规格高耐蚀钛合金管材示范生产线、3D 打印航空航天部件用高品质钛合金球形粉等项目研发。目前，云南省政府已将“中国绿色新钛谷”核心区土官片区规划为“云南省新材料产业生态集群示范园区”，并作为“十三五”云南省新材料产业发展的核心园区来打造。

预计至“十三五”末，云南楚丰新材料集团可以在楚雄片区形成 50 亿元的产值规模，加上前道工序配套，就可以打造出一个近 200 亿的产业价值链条；届时以钛为主的新材料产业和先进制造业的优势产能、高技术、高附加值等要素都将汇聚在中国楚雄武定、禄丰一线，楚雄州将打造成为中国绿色新钛谷产业园。

## 二、打造四川攀枝花钒钛新材料产业园，实现跨地区发展

根据昆钢公司的整体规划，昆钢新材料产业开始在四川省打造攀枝花昆钢钒钛新材料产业园。

2010 年 12 月，攀枝花云钛实业有限公司成立（后于 2016 年资产重组后变更为攀枝花大江钒钛新材料有限公司，简称攀大江公司），成为云南钛业股份有限公司的全资子公司，以生产钛锭为主。2012 年 9 月，攀枝花云钛实业有限公司钛锭生产线热负荷试车成功，生产出了长 8360 毫米、宽 1400 毫米、厚 200 毫米的目前国内最长、

最宽、最重的钛扁锭，这标志着攀枝花市钛工业装备和技术水平迈上了一个新台阶。

2016 年 10 月，攀大江公司通过国产化大功率电子束冷床熔炼炉熔炼圆形钛锭成功，标志着我国钛锭产品多样化进一步提升，创新能力上新台阶，国产化 EB 炉控制水平及设备稳定性达到新的高度，为下一步掌握品质超长合金圆锭熔炼及大直径熔铸钛管坯等制造技术奠定了基础。

2017 年 5 月，攀大江公司国产化 EB 炉成功生产出长度为 6085 毫米、重量为 7950 千克、直径为 610 毫米的大直径超长圆锭，这正是“高品质超长耐蚀及钛合金铸锭制备关键技术研究及应用”课题研究取得的阶段性成果。

在完成工商变更注册后，攀大江公司还增加了粉末冶金、稀贵金属熔炼等生产经营项目，并完成了钒钛磁铁矿综合利用和高端粉末冶金制造两大新材料园区支撑项目的立项，军工科研生产资质的申请也在进行中。不久的将来，攀枝花昆钢钒钛新材料产业园将成为昆钢新材料产业跨地区发展，政企共建、军民融合，并辐射到成渝经济圈的重要平台。

## 三、打造空港经济区第三代半导体产业园，引领产业升级转换

2016 年 4 月，在云南楚丰新材料集团刚组建成立之际，昆钢决定由新材料集团牵头组织氮化镓项目的合作推进工作，由此拉开了昆钢正式进入电子信息基础材料产业、打造空港经济区第三代半导体产业园的序幕。

氮化镓（GaN）是目前公认的第三代半导体材料，因材料的优异性，用它制造的电子器件是尖端电子装备的核心器件，在国防军事装备、未来信息技术等领域将得到广泛应用，已成为目前全球高新技术研究的前沿和热点之一，是各国竞相占领的战略技术制高点。

2016 年 5 月，昆钢正式与云南凝慧电子科技公司签订战略合作协议，将以凝慧公司为平台，通过与西安电子科技大学郝跃院士团队合作，生产氮化镓第三代半导体材料，并以氮化镓为核心，向上向下延伸，打造产业生态链。

氮化镓被科技部认定为唯一可以和美国处在同一起跑线上的技术，也是“十三五”期间整个国家高新技术领域唯一的亮点。目前中国每年从国外进口的大宗商品当中，半导体器件和材料已超越石油，位居第一，价值高达 1.5 万亿元左右，市场空间巨大。氮化镓被称为第三代半导体材料，和第一代的硅、锗和第二代的砷化镓相比，它的综合性能不仅仅是提高百分之几十，而是高十几、几十倍；昆钢计划实施该项目，有望迎来新材料产业转型发展的重要契机。

## 四、当好绿色、节能、环保新型材料——石头纸行业的领跑者

早在 1958 年，昆钢龙山矿建厂时，在矿山开采过程中伴生产出方解石，其主要成分为碳酸钙。2010 年，依托龙山矿丰富的石灰石储备，昆钢开始发展石头纸产业。2012 年 7 月，第一卷石头纸成功下线，标志着一种新的造纸术在云南诞生。利用石灰石资源发展石头纸是昆钢矿山转型发展的重要举措，也是云南省重点发展的战略性新兴产业之一。

该技术是以碳酸钙等无机粉体为主要原料，采用界面相容和共混改性技术，利用新型工艺加工生产出的一种可逆性循环利用的新型纸种（俗称“石头纸”）。产品一经投放市场，迅速受到国内外市场青睐。该新型纸种跳出了传统造纸用木质纤维为主要原料生产纸材的制造方法，是对传统造纸的一种思维变革、技术变革和产业变革。石头纸具备普通纤维纸张和塑料制品的双重特性，是一种介于纸张和塑料之间的新型材料，既能像普通纤维纸一样用于印刷、书写，又能像塑料一样进行加工做成包装制品，并兼具防水、防潮、耐油、耐低温、可微波等特殊性能。与普通纸相比，石头纸节能环保优势十分明显——其生产过程不砍树、不用水、不加酸、不加碱、不漂白、不污染，因其较好的环保和资源利用特性，创新性强，对带动相关产业发展绿色低碳环保经济具有积极意义。

针对石头纸产业发展的关键共性问题，由昆钢石头纸公司（简称昆石）承担的云南省科技强省计划项目“8000 吨 / 年石头纸产业化示范”着力解决了石头纸多界面、多学科交叉及技术集成的难题；在此基础上，石头纸公司通过自主消化吸收创新开发，研发出多层熔融共挤出石头造纸技术，在该行业影响力较大，为国际先进、国内领先技术。为强化石头纸的标准建设工作，昆石积极主导并参与相关复合材料标准的建立。2013 年 2 月参与编制的云南昆钢钙镁熔剂有限公司企业标准《聚苯乙烯（PS）挤出片材》《聚丙烯（PP）三层共挤片材》在昆明市质量技术监督局备案并颁布执行。2014 年 8 月，“石头纸包装容器系列产品”被认定为云南省重点新产品；2016 年 8 月，公司获批云南省省级成长型中小企业；其“石头纸周转箱”获云南省重点新产品。昆石共申请国家专利 30 项，获授权专利 17 项，被认定为 AA 信用等级，创下了全国三个“唯一”（唯一以包装为主、文化用纸为辅的石头纸企业；唯一通过食品 QS 认证的石头纸企业；唯一通过美国 FDA 认证的石头纸企业）。昆石以自主研发为主，积极走“产学研用”联合的发展道路，逐渐形成了完善的技术创新体系，成为行业的领跑者和行业标准的制定者。

新材料开发成为当前经济社会发展的主要驱动力和新的增长点，是我国建设创新型国家和世界科技强国、推动“一带一路”建设深入发展的新途径。石头纸作为

新材料的组成部分，是云南破解矿山转型难题、实现资源型经济创新化发展的重要探索之一。为此，昆石制定出“十三五”总体发展目标：以高端化石头纸产业开发建设为突破点，依托云南资源优势，依据云南区域经济发展需要和昆钢集团转型建设要求，着力打造石头纸生态产业园，通过发展石头纸高端新材料技术和专有设备集成，建成以石头纸产品技术和设备输出为主线的上下游产业协同配套体系和产业链，使石头纸产业成为昆钢未来重点发展的产业之一；通过资源整合和资本证券化，完成石头纸产业布局优化和高端产品门类建设及产业资本瓶颈突破，构建全方位的石头纸新材料产业新格局，实现石头纸产业资本快速提升，建成面向南亚、东南亚的石头纸产品领军企业；通过石头纸产品回收、再造的绿色产业示范基地和科普示范基地建设，搭建以石头纸回收、技术科普和工业旅游服务为主的公共服务平台，推动石头纸新材料产业品牌建设上台阶，推进石头纸产业循环经济发展。

## 五、把粉末冶金产业从研究开发转向产业化建设

填补了3个层次空白的粉末冶金技术，也是昆钢着力培育和打造的另外一个新材料产业板块。其中第一项目是采用选冶结合以钒钛磁铁矿为原料生产VTF天然微合金铁粉技术，属于中国首创、世界唯一，目前项目已经先后完成了实验室试验、半工业性试验、工业性试验和产业化的工艺设计工作，在“十三五”期间将正式建成投产。

第二个项目是采用粉末锻造工艺生产汽车发动机连杆。这是几代中国粉冶人孜孜以求却一直未能实现的产业化，昆钢历经6年多的艰难攻关和实践，先后组织开展数百次试验，终于开发出粉末锻造汽车发动机连杆样品。在合作伙伴的支持配合下，首批国产粉锻汽车连杆样品在国内汽车品牌上进行了实装和路试检测。经检测，产品质量完全满足主机厂的使用要求，并且很多长期以来无法解决的发动机方面的细微质量问题得到了明显的改进或解决。这个具有自主知识产权的研究项目被誉为是“整个粉末冶金行业皇冠上的明珠”，是新材料和先进制造业有机结合的先进代表。该项目在原料和装备上均实现了国产化——在原料配方、模具设计、主体设备选型和整体工艺控制等方面形成了一大批专利技术和自主知识产权，打破了欧美企业的技术垄断，填补了粉锻汽车连杆在国内的空白，为最终实现粉锻汽车连杆项目的产业化奠定了坚实的基础。

第三个项目是建成了500万件金属粉末注射成形（MIM）精密器械生产线，填补了云南省内本土化的空白，开发出了30多种军工及民用产品，占据了西南地区军工市场的50%，发展势头良好。

2015年8月，昆钢投资3000万元建成了产能500万件精密器械的MIM生产线，这是云南省首条本土化的MIM生产线，在新材料和先进制造交叉融合领域的试验方面迈出了第一步。经过一年多的磨合和调试，云南楚丰新材料集团有限公司旗下的MIM生产线逐步打通了工艺，理顺了生产，培养锻炼了一大批技术骨干和市场营销人员，开发出了30余种汽车、军工、五金和3C产品，投放市场以后得到了终端客户的高度认同。

云南新材料集团紧紧围绕国家产业导向和昆钢产业布局指导，把握好“互联网+”“两化融合”的时代特征，着眼于新材料发展的未来，编制了“十三五”产业发展规划，拟以全面打造“两园一镓”战略目标，按照“军民融合、产业融合”的指导思想开展各项工作，积极推动新材料产业逐步向中高端发展，促进转型升级。

“十三五”时期，昆钢将继续以“四个全面”战略布局为统领，认真践行“创新、协调、绿色、开放、共享”五大发展理念，按照“六大产业”的发展格局，持续提高企业市场竞争力，主动服务和融入国家“一带一路”建设，因势利导、顺势而为，依托钢铁产业现有的产业基础，发挥科技创新引领作用，打造新材料产业生态集群示范区，成为技术创新、科技成果转化、高新技术企业集聚、人才培养与产学研结合的重要基地。随着云南楚雄绿色新钛谷、氮化镓等项目的不断发力，昆钢新兴产业发展的车轮将换挡提速，企业新旧发展动力的成功切换指日可待。

# 我国深海柔性智能管道技术获得重大突破

南京浩宇塑业有限公司

## 一、企业介绍

南京浩宇塑业有限公司（简称南浩公司）是一家高新技术民营企业，坐落于南京江宁科技工业园内，占地近30亩，主要从事石油、化工、汽车等领域高端塑料产品的研发、生产、加工、销售，主要产品有石油天然气塑料管道及各类塑料配件、汽车塑料配件等。公司由原来豫达塑业转制而来，2009年注册，现有员工58人，其中技术工程师3名、教授2人、博士1人。南浩公司技术研发实力强，生产设备先进，拥有目前国内最先进的PVC、PE管材管件生产线，建有4层综合办公大楼、高分子技术研发中心、3栋生产车间，拥有先进生产加工及辅助设备。公司先后获得国家技术发明专利和实用新型发明专利4项。公司秉承"以人为本，信誉至上，质量第一"的经营理念，诚信、进取，不断追求卓越。

## 二、项目优势

UMPP柔性海洋智能管道，是南浩公司自主研发、具有独立知识产权的国内领先、世界一流的深海海洋高端管道产品，历时8年研制成功，广泛用于海上石油、天然气、矿产等的开发使用，2016年6月获得国家发明专利和实用新型专利。这是我国海洋重型装备领域取得的重大研究成果，填补了我国深海柔性智能管道领域的空白，打破了国际上对我国高端海洋管道的长期技术垄断，可以有效解决制约我国海洋油气开采的现实难题，有助于推进我国海洋强国战略的有效实施。该高科技产品采用黏结性和非黏结性共用的模式，运用多工艺复合技术研制而成，由内向外共有内管层、抗内压层、抗拉力层、光纤传感层、保温层、抗外压层、外防护层和外防腐层8层结构复合而成的复合柔性海洋智能管道，内抗压可以达到170兆帕以上，外抗压可以达到30兆帕以上，内耐高温可以达到150℃以上，工作环境温度

在 -160~520 摄氏度区间，完全可以满足深海 3000 米以上区域海洋油气管道使用的技术要求，实现了我国深海油气管道的技术突破，填补了该领域的空白，可以有效打破国际上对我国深海油气管道垄断的局面。这种 UMPP 柔性智能管道一旦形成规模生产，可以加速提升我国海洋管道的层级品位，有效满足我国海洋石油天然气领域和海洋矿产资源开发对高端海洋管道的需求，从而大大降低开采成本，为国家节约大量的外汇，有利于海洋强国战略的实施。该技术发明成果被第十三届中国科学家论坛评为“2016 年度发明成果奖”。2017 年 11 月，中国高科技产业化研究会科技成果转化协作工作委员会专门组织专家在北京科技会堂举行南浩公司“新型柔性海洋智能管道的研制与应用”项目研讨会，国家能源局原局长、国务院参事徐锭明，中国石油和化学工业联合会化工对外经济合作中心主任曹志德，中国化工学会新材料委员会教授孙家跃，中国石油勘探设计研究院张建军，中国石油大学教授柯杨船等参加了会议，听取了该项目的介绍，并给予了充分肯定。UMPP 柔性海洋智能管道属于国内首创的深海海洋管道高端装备产品，国内领先，国际一流，运用自有国家最新专利技术，使用世界最新的高科技新材料产品，通过特殊工艺，运用全智能机器人一条龙作业，一次成型，无接头，无焊缝，超强度，超高压，超长度，超轻重，具有高模量、抗高压、耐腐蚀、寿命长等八大优势。

## 三、项目的重大技术突破

UMPP 新型柔性管道使用的材料是最新研制成功的高科技材料，技术含量高，在国内材料领域处于最前沿地位，使用的技术也是国内管道领域最新的领先技术，产品与国内同类管道产品相比，具有明显的领先性，具体表现在以下五个方面：

一是产品种类领先。UMPP 柔性智能管道使用了国际国内近 5 年内研究的四大类最新材料超高分子量聚乙烯、玻璃纤维、碳纤维和芳纶，通过特殊的技术和工艺将其应用到深海柔性智能管道的制造上，这在国内是首创。

二是产品结构领先。UMPP 柔性智能管道独有的内部结构构造，使其不同于国内管道行业的任何品种。该产品由内外 4 种不同材料的不同分布而构成，其内层和外层运用“荷叶效应”，由具有“耐磨塑料之冠”的超高分子量聚乙烯加入一定数量的纳米分子材料构成，不仅加大了产品的自润滑度，降低了摩擦系数，而且使其耐磨性增加了 2~4 倍，抗黏结，不结垢，有效降低物料的输送能量。

三是产品性能领先。与传统的钢管相比，UMPP 柔性智能管道具有极高的耐磨特性、极高的耐冲击性、优良的化学稳定性、良好的自润滑性、独特的耐低温性和产品的高智能性。

四是生产工艺领先。UMPP柔性智能管道的生产工艺，采用全自动化电脑控制，机器人流水线生产，自动进行产品质量检测。所有生产原料都通过电脑自动计算使用量、自动供给、自动控制速度，保证产品按照设计的技术标准一次完成；包括温度、流量、压力、厚度、张力、速度、位置、频率、相位等，都有相应的控制系统；在此基础上，通过采用数字计算机建立起了控制性能更好和自动化程度更高的数字控制系统，以及具有控制与管理双重功能的过程控制系统；产品始终处于无尘状态下生产，防止空气尘埃对产品质量产生影响。

五是抗高压性领先。石油化工领域使用的管道，最关键的就是耐压力。目前国内生产的所有压力管道的耐压能力都在0.2~2.0兆帕之间，较大直径塑料压力管的耐压能力都不高。UMPP复合管道，由于使用了多种耐压复合材料，其工作压力提高到了3.0~8.0兆帕，最高可达175.0兆帕，在国内处于遥遥领先的地位。

## 四、社会价值

南浩公司研制的独有国家专利的UMPP柔性海洋智能管道，主要运用于水深1500~4000米的深海海洋石油天然气和海洋矿产资源的开发以及浅海的石油天然气的输送，可提高我国海洋油气矿产资源开采的能力，有效解决制约我国海洋发展的重大现实瓶颈问题。国家“十三五”规划明确提出，“加强深海、深地、深空、深蓝等领域的战略高技术部署。推进智慧海洋工程建设”“培育推广新型智能制造模式，推动生产方式向柔性、智能、精细化转变”“加强陆上和海上油气勘探开发，有序开放矿业权，积极开发天然气、煤层气、页岩油（气）”“发展海洋经济，科学开发海洋资源，保护海洋生态环境，维护海洋权益，建设海洋强国”。该项技术的发明就是贯彻落实国家海洋战略的一个重要利器，它可以全面提升我国海洋管道的层次和品位，提高我国柔性海洋管道的国际影响力和竞争力。

# 消除城市污染扩散源和燃爆储存器

河北久旭环保科技有限公司

## 一、企业及项目简况

### （一）企业概况

河北久旭环保科技有限公司（简称久旭环保）位于石家庄高新区黄河大道136号，是一家从事城镇污浊有害空气治理的企业，目前拥有自主知识产权6项。公司致力于解决“市政管网毒气存在和扩散”这一重大社会问题。

### （二）项目简介

多年以来，很多城市因为地下雨水/污水管网有毒有害气体的存在而发生过无数起毒气伤人、火灾和爆炸等事故，并且这种有毒有害气体一直在生成和扩散，飘逸在市区低空，市民无时不在呼吸着有毒有害气体并承受着“隐形伤害”，有毒有害气体严重影响了市民的身体健康，也时刻威胁着城市公共安全。久旭环保“消除城市污染扩散源和燃爆储存器”项目的目的正是消除排污管网内有毒有臭味和多种无色无味有毒有害气体的存积和无序扩散，消除城市空气中这一重要污染源，改善城市空气质量，减少城市居民因呼吸有毒有害气体引发的疾病，同时消除此气体导致的安全隐患。

项目将市政排水主管道一端开设旁侧进风管口，管口外为开阔状。将管道另一端侧开引出连通管，与空气“引力筒”连接，利用地下管道内四季恒温温度与大气气压差形成因进风口和引力筒上口空气内外转换对流，使排水管道内空气流动，形成“狭管效应”，将管道内积存的vocs气体自然流动排出，地下管道的主管线气流流动，从而带动次管线气体流动，次管线带动小区微管线流动，使整个排污管网内vocs气体都定向有序流动排出，消除城市vocs气体污染扩散源和燃爆安全隐患。

### （三）项目背景

据相关资料记载，大中型城市地下管网中约有总体积 4 亿立方以上、约 800 多种有毒气体产生、存在并扩散着，它每时每刻都在生成并扩散，这些有害气体中一部分因比重大于空气而沉积于管网中，随着浓度的增大，常常给城市带来毒气伤人、燃爆等重大公共安全事故。大部分有害气体的比重同于空气，无色无味或有味，它们通过管网中星罗棋布的各种孔口扩散出来，弥漫在人类居住的市区，让人们呼吸并导致慢性中毒，成为城市人口心脑血管疾病、肾病和癌症居高不下的一个原因，更成为病毒病菌的制造场和最大传播扩散源，使市民防不胜防。据考查，县城的境况也基本如此。若科学有效地解决这一难题，将对人类文明发展、社会进步产生重大影响，中国 7.5 亿城镇人口的生活环境和安全环境也将因此而改变，具有重大的社会意义。目前，国内尚未解决此问题。如重庆市因近年来发生因地下管网有毒有害气体导致的燃爆事故 3000 余起而专门建设了排污管网气体“预警监测”系统，但该系统并没有从根本上消除气体对城市的危害。因此为保障公共健康与城市安全，遏制市政管网中有害气体蓄积、燃爆、扩散而危害居民健康和威胁城市安全，亟须将上述气体进行收集、处理，研发合理的收集处理办法成为环境工程专业亟待解决的课题。

### （四）项目意义

该项目的目标是：使城市里不再弥漫着排污管网内散发的有害气体，不再发生由此引发的爆炸；人类不再呼吸这种气体；城市空气将更加清新；人民生活环境将更加绿色生态；人民身体更加健康。

该项目志在用最简单的办法根除城市建设和管理中的最大顽疾，开创中国排污管网有害气体治理先河。项目提出排污管道设计和建设中要加防止产生有害气体的设计规范，系统的工作原理为：通过引力筒作用使排水管网内对流流动，将有毒有害气体引出市外收集，净化达标后排放，管网系统因“引力筒”持续作用力而持续保持通风状态，使管网内不再产生有害气体。项目的研发与应用对石家庄市、河北省乃至全国城市市政管网内有害气体的收集与治理，减缓和遏制排污管网内气体危害公众健康与公共安全，均具有重要的现实意义和指导意义。

## 二、国内外研究现状

目前，欧美发达国家对污水市政管网的设计与修建要求甚高，投资巨大，排水设施较为规范与完善，甚至在污水管道上设置专门通风设备，加之市民环保意识较国内强，有效减少了排水系统产生的污染与危害安全问题。但即便如此，其因市政管网毒气蓄积而造成的伤人和燃爆现象也时有发生。

在我国，城市市政管网内有害气体的处理、消除问题尚未引起足够重视。城市地下管网面积庞大，毛细管网密度也很大，导致管网内流动十分缓慢；加之管网接纳的污水残渣品种复杂、量大，管网内积存着大量污物，且未设置专门的通风设施。这种特殊的地下环境客观上促使管网中污物持续产生发酵和形成无氧发酵化学反应，生成多种毒素有害气体，且在管网内部积存并不断扩散蒸发，构成污染空气，伤害人类，严重威胁着公共安全。

目前，我国市政管网内有害气体的处理研究仍处于空白阶段，部分城市也主要依靠被动的人工预警和防范，并没有有效的"治理"方法和技术。因此，市政管网中有毒有害气体的收集与治理研究成为环境工程专业的重要课题。

目前，国内对大气污染源的解析及治理还停留在主攻 PM2.5 等初级阶段，随着大气质量的不断改善，随着人民群众对空气质量要求的进一步提高，必将进入对地下有毒有害气体进行治理的新领域和新阶段。该项目投资少，见效快，基本无运行费用，使用时间长，且治理了源头，具有巨大的市场需求，发展前景可观。

## 三、项目的重大技术突破

其一，技术关键。将空气自然对流用于解决城市此项最大顽疾，用引力筒使管网内气体定向地向某一方向流动。

其二，创新点。首创排污管网内有害气体的治理并实现抑制管网内有害气体产生的技术方法，提出了根治城市排污管网内有害气体问题的解决途径。

其三，技术指标。实现市政排污管网内的有害气体有序流动出去，实现管网内空气持续有序流动、无明显臭味、不燃爆、对人体无直接危害，为国家制定排放标准及安全标准提供参考。

其四，经济指标。该项城市排污管网有害气体治理系统技术应用成果具有投资少、见效快、效果好、运行费用低的优点。

其五，技术创新能力。有长期研究解决此问题的学者（有 6 项发明专利），有众多院校和科研单位协作与支撑，有国家有关部门重视。

其六，社会效益。设施建成后，可有效消除排污管网内有害气体散逸而污染空气，能防范窒息、燃爆等事故，提升城市空气质量和城市公共安全，极大改善市民生存环境和安全环境，从而促进国民经济发展。

# 生物治霾　启动蓝天保卫战

北京富碳蓝霸生物治霾科技发展有限公司

## 一、公司基本情况

北京富碳蓝霸生物科技发展有限公司（简称富碳蓝霸）有专门的产品技术研发团队，技术专利人是尹剑平教授。尹剑平教授利用生物界相互吞噬的法则，也就是利用有益菌吞噬有害菌，然后被吞噬的有害菌变成有利于大气净化的游离生物粒子或转变成有机化合物被地表植被所吸收，其他的将在大气中随风飘移，不断繁殖更多的微生物有益菌而成为良性的有益菌群。

富碳蓝霸拥有标准厂房4000平方米；拥有空中行车、菌种培养室、实验室、技术设计室、20吨的发酵罐150只、家庭微型降霾液生产线3条、制罐加液灌装机械设备生产线2条、1500平方米的成品仓库1个、1000平方米的半成品车间一个，具有很强的机械加工能力，为公司快速发展提供了保障。

技术发明人尹剑平教授1959年生于山东济南，早年就读多个专业，后主攻生物工程专业，拥有十几年的生物工程系统工作经历，现为中国生态环境监测中心环保首席研究员。

富碳蓝霸现有首席技术发明人1人，技术团队来自清华大学、北京大学、北京理工大学，有科学高效的现代化管理制度和灵活的创新机制，制定有严格的行政、财务、采购、生产、技术、质检、售后等管理制度。公司奉行“凭数据说话，按流程办事，以制度管人”的现代管理模式。

## 二、背景

新中国成立65年来，我国农业一直处于化肥农药的种植当中，每年计以亿吨的使用当量向农村土地播施已达45年之久，土地板结、地下水污染、周边工业城市不达标排放、工业生活垃圾得不到很好的降解和处理、工农业生活污水形式化处理等原因无疑是今天大气失衡的重要因素。尹剑平教授提出："今天的大气雾霾主要是大气中微生物菌群的破坏，从而失去了大气的自我修复能力而产生物质凝结现象。这些物质不一定都是有害物质，但是当大气中能够起到自我平衡的微生物菌群遭到破坏时，这些物质就变成了不可降解和中和的物质，从而引发了多物质聚合现象的产生，也就是我们今天的公敌'雾霾'。"

## 三、经典案例和项目发展前景优势

### （一）经典案例

地址：山东省临沂市兰陵县。

监测时间：2015 年 4 月——2016 年 9 月。

尹剑平教授带领团队历经多年研究探索，不断采集数据，重点对大气中富含 $NO_2$、$O_3$、$SO_2$、CO、Hg、Pb、$C_{12}H_4$、$C_{14}O_2$、PM10、PM2.5 等一系列化学有害物质进行生物吸附分解，成功地完成了对局部大气的雾霾治理。2016 年 4 月 5 日—4 月 9 日的实验结果显示，PM2.5 数值由 326 降至 14。事实证明实验的结果是空前的成功，弥补了国内外雾霾治理领域的空白。试验的结果与研究的方向是对的。从另一个层面上说，多种有益微生物的组合具有对氨、氮、硫等的降解能力，是符合大气环境生物链的理论基础的，同时它的肌理与生物肌理是符合破坏、干预雾霾生物链的基本条件的。该实验为解决城市空气环境、工农业污染等现象提供了重要的参考依据。

### （二）发展前景

PM2.5 生物降解液是一个全新的有着巨大潜力的朝阳产业，是环保部、科技部和国家发展改革委及国家质量监督检验检疫总局重点推荐的新型产业，其效果瞬间降解指数明显，成本低，无公害，不会对环境和人畜造成二次污染。

新型环保科技项目 PM2.5 生物降解液是当代高科技高效率的现代环保科技产品，其生产工艺复杂，技术要求高，也是至今为止国内外同类产品尚无竞争对手的领先产业，预示着高效有益微生物进入环保产业的时代来临了。2015—2020 年是国家加大对环保投入的 5 年，大部分省份取消了环保产业税，加大对环保产业的补贴力度，同时，环保科技产品的销售市场价格持续走强，各地政府也给予环保产业最为优惠的政策和资金支持，全国上下的生产积极性高涨。在当下雾霾大范围爆发的形势下，国家和人民急需寻找一种无二次污染，能改良大气质量、降低和消灭雾霾，同时改良土壤，优质高效、无毒无副作用的好产品服务于社会。

### （三）项目优势

富碳蓝霸目前生产的产品主要是用于城市大气环境治理的 PM2.5 生物降解液，它主要用于城市雾霾治理，具有使用简单，价格较低，降解雾霾和吸附 PM10 等速度快、效果好，无二次污染，不会对人畜、植被产生任何不良影响等优点。

## 四、突出发展战略性新兴产业，延伸高端产业链

生物治霾可延伸应用的产业较多，如固定式大型高强高压高空雾霾生物降解雾炮，移动式高强高压生物雾化水雾炮，发射型生物治霾降解弹（调节射程可实现最大范围内的雾霾破坏降解），VOCs 大气生物介入式物理修复仪，城市大气环境雾霾生物治理管网雾化系统，家用生物智能化加湿除霾一体机，便携式小型生物高端手压降霾喷雾器，农业土壤有害化立体生物修复技术，等等；也可广泛用于机场、车站、高速公路、机关、学校、高档办公区、幼儿园、养老院、大型居民区、医院室内气体污染防治，以及用于工厂粉尘与喷涂所产生的室内空气污染控制，防止人民群众吸入过多的有害颗粒物。此外，还可用于军事领域的航空母舰飞行甲板、护卫舰艇、潜艇内异味气体修复、一氧化碳和二氧化碳及氮的降解与防治。因其可控性的导流管网系统能实现控制各种不利环境，不论多大的面积均可在瞬间进行有效的降解与控制。

目前，富碳蓝霸通过 10 多年的理论研究创新，取得了重大的技术突破，已有部分专利完成了成果转化，产品技术成熟且经国家与市场验证，可快速推广应用。富碳蓝霸相继推出了第一至第四代 PM2.5 雾霾生物降解技术与发射型生物治霾降解弹产品，第五代 VOCs 大气生物介入式物理修复仪与家用生物智能化加湿除霾一体机也正在进行研发。

## 五、研发产品

目前，富碳蓝霸已投入市场的产品主要有：便携式小型生物高端手压降霾喷雾器；家用生物智能化加湿除霾一体机；城市大气环境雾霾生物治理管网雾化系统；车载雾霾降解雾喷。

目前仍在研究实验待完成的新产品有以下几类：

一是 VOCs 大气生物介入式物理修复仪。该产品已基本完成设计，完成了核心功能原型机的工作，并正在进行全面功能测试，效果检测。2018 年 5 月前全面完成

研发设计。该技术的优点是；一台设备对城市大气修复如同增加了一个 10 万亩的大森林，拿北京做比较的话，如果北京装上 3 台这样的设备，就如同在北京市区种植了 30 万亩森林，整个北京的负氧离子总数将增加到 1800~12000 个，将使北京的上空得到充分的修复，并降解大气中的有害物质。下一步的工作主要是批量产品试制，将在不同地区、不同地域环境进行安装测试，并结合各地环保指数需求，不断地完善、优化产品，为大批量生产做准备。

二是移动式高强高压涡轮式生物雾化水雾炮。现已与生产设备厂家达成外协加工制造协议。

三是城市大气环境雾霾生物治理管网雾化系统。该产品已完成专利申请和知识产权保护的前期工作。

尹剑平教授指出，通过向空中喷水喷雾降解的方法还需要进行进一步的广泛研究和完善。最主要的是自动喷雾系统需要特别设计，以便喷出所需要的水或降解液，同时水雾水滴的大小和压力强度也需要各城市对实时大气污染做出精准预报后来确定，何时何地喷何种液体或水以达到最大降解效果及最低的成本才是目的。

# 技术体系不断创新 “风电”“核电”齐头并进

上海电气

上海电气是中国最大的综合性装备制造企业集团之一，主导产业聚焦能源装备、工业装备、集成服务三大领域，产品包括火力发电机组、核电机组、燃气轮机、风力发电设备、环保设备、自动化设备、电梯、轨道交通和机床等。作为中国工业的领导品牌，上海电气创造了中国与世界众多第一，如中国第一套6000千瓦火力发电机组、世界第一台“双水内冷”发电机、中国首台万吨水压机、中国第一套核电机组等。近年来，上海电气积极响应“中国制造2025”和国家能源结构优化的转型升级要求，大力发展高效清洁能源和新能源装备，重点聚焦风电、核电等为主的新能源产业能级提升，通过长年的技术投入和研究储备形成了较为显著的行业优势。

## 一、“迎风而起”：构建风电核心技术体系

上海电气风电产业拥有适合中国海域特点的海上风电全系列产品，主要包括具有低风速、抗台风、低温等特点的风机产品，占有国内海上风电市场累计份额超60%，具有陆上风电机组全套设计技术和多款低风速产品，可以满足我国各类风区以及用户的不同需要。目前，风电机组已从1.25兆瓦发展到7兆瓦，8~10兆瓦大容量机组已列入技术规划，具备了国内领先的整机、叶片、智能控制、塔架自主设计能力，并通过战略合作，掌握了国际上领先的海上风电和工程施工技术，形成了强大的核心技术体系，年销售收入由2014年的53亿元、2015年的76亿元发展到2016年的86.7亿元，年均增长率超过20%。海上市场订单获取能力持续增强，2016年海上新增装机容量全球第一。

上海电气风电集团始终坚持创新发展，持续推动风电产业进步，不断提升自主研发能力，推动关键技术创新，提升风电产品质量，促进度电成本快速下降，提高风电产品的市场竞争力，提升全过程专业化服务能力。

### （一）风电全生命周期智能服务云平台“风云系统”

上海电气风电集团紧跟时代脉搏，不断加强物联网、大数据、云计算、人工智能等技术的应用，在风电机组智能监控、智能诊断、智能并网、智能制造等领域取得关键技术突破，获得丰硕成果，填补多项国际国内技术空白。

上海电气风电集团自主开发具有知识产权的风电全生命周期智能服务云平台“风云系统”。“风云系统”利用大数据和云计算对风机实施全方位的监控和维护，实现高精度风力资源评估、微观选址，以及超短期机位发电功率实时预测、在线控制策略优化，建立了完备的故障智能分析诊断系统，以提高运营维护效率，从而提高机组发电量。“风云系统”实现了风电全生命周期的数据统一和融合。其关键技术主要包括：风力发电一体化智能系统平台——“风云平台”的研究；风电专有数据网络的构建及海量数据处理技术的研究；基于大数据、实时工业通信技术的实时智能控制技术和其他智能技术的研究；基于跨专业数据统筹利用及数据分析挖掘的关键技术研究；基于健康指数和衰退趋势模型的生命周期状态管理技术研究；基于深度学习的风机故障诊断和预测性维护技术研究；结合中尺度和小尺度嵌套技术的微观选址和发电功率预测技术。

截至目前，“风云系统”规模应用已接入超过 60 个风电场，风机近 2000 台，全面提升了上海电气在风电装备设计制造、风电场建立、风电场运营维护的核心竞争能力，树立了上海电气在风能智能化服务及智能制造领域的行业标杆地位。

### （二）攻克海上风电柔直并网关键技术

随着海上风电机组的大型化、风场规模的扩大及离岸距离的增长，如何将海上风电经济安全地传输到岸上主网成为一个亟须解决的技术难题。

上海电气风电集团克难攻坚，攻克了适应于接入柔直换流站的风电机组和适应于风场接入的柔直换流站关键技术，提出适用于柔直接入的风电机组控制方法和适用于风电接入的柔直送端换流站控制方法，突破了海上风电并网技术瓶颈，填补了国内外对风电场经 MMC—HVDC（模块化多电平换流器——高压直流）并网系统稳定性方面研究的空白。

### （三）4 兆瓦海上风电机组技术吸收创新

上海电气风电集团坚持开放合作，加强风电产业多种形式的国际合作。通过消化吸收欧洲先进的海上风力发电机组设计理念，并加以持续不断的技术创新，形成了自己独立的海上风电技术能力。以 4 兆瓦海上风电机组为例，通过技术引进，掌握了海上风机的多项关键技术，并结合国内市场的特点进行产品本土化的设计、开发、生产。消化吸收后研发的国产化风机，整体技术达到国际先进水平，成本大幅下降，更贴合国内外市场需求。

### （四）风电机组核心部件智能制造技术获得突破

上海电气风电集团在风机智能制造技术上持续发力，取得多项关键技术突破。通过对拉伸器、液压扳手执行机构以及扭力机械臂技术集成创新，研发出风电轮毂和驱动链系统等核心部件智能制造机器人，此技术成果应用于正在建设中的上海电气莆田制造基地、广东智能制造基地，填补了国内风电智能制造空白。

上海电气风电集团持续不断的技术突破和成果转化，赢得了市场口碑和认可。仅 2017 年，上海风电 6.0 直驱机组成功中标福清兴化湾海上风电样机试验风场项目；7.0 "海风" 入驻国内海上最大风电场——福建平海湾海上风场，这是目前国内商业化运营容量最大的海上风电机型；8 月与河北建投合作建设中国北方首个大型 300 兆瓦海上风电项目；9 月成功接下上海临港一期 100 兆瓦海上风电项目；助力国电投滨海北 H1#100 兆瓦项目获得国家优质工程金质奖，为国内风电工程首获国家优质工程金质奖项目；助力浙江海上风电零突破，浙江省首个海上风电场——舟山普陀海上风电场首台风机 2017 年 12 月并网发电，实现浙江海上风电零突破。

## 二、"聚力核作"：打造集中度最高的核电制造基地

上海电气核电产业始于 20 世纪 80 年代与上海核工院合作并拥有中国首个自主知识产权的 300 兆瓦压水堆核电站——秦山核电站。上海电气为该项目提供了大量关键设备，包括蒸汽发生器、稳压器、堆内内件、控制棒驱动机构、汽轮发电机组和仪表仪控设备等。经过近 30 多年的磨炼，上海电气已成为核电产品供应链中覆盖面最广的设备供应商，其产品技术涵盖 30 万千瓦、60 万千瓦到百万千瓦的二代 + 和三代技术产品系列，主要包括 AP1000、EPR、CAP1400、华龙一号以及 200 兆瓦高温气冷堆等技术路线。

上海电气核电集团是上海电气集团旗下的主要业务板块之一，产品涵盖蒸汽发生器、稳压器、压力容器、堆内内件、控制棒驱动机构、主泵、核 2/3 级泵、装卸料机、主管道及锻件。自 2005 年起，上海电气先后投资建设了临港、闵行两大核电产业制造专业化基地，其中临港基地是全球规模最大、集中度最高的核电主设备制造基地，拥有世界级重型加工装备。

上海电气核电集团在建设上海具有全球影响力的科技创新中心进程中，以工匠

精神奋力拼搏，通过技术创新和积累，在核电重大专项、重点新产品、科技成果、专利知识产权、技术标准工作以及国际合作等方面取得重大成果。

### （一）核电重大专项

上海电气核电集团承担和参与的核电重大专项科研课题 19 项，AP1000/CAP1400 系列 16 项，200 兆瓦高温气冷堆系列 3 项。完成验收 14 项，其中 AP1000/CAP1400 系列 13 项、200 兆瓦高温气冷堆系列 1 项，完成预验收 2 项（200 兆瓦高温气冷堆系列 2 项）。通过实施核电重大专项科研课题，累计取得 80 余项技术成果，200 多项专利知识产权、论文及标准等，成果全面应用于 AP1000/CAP1400 系列工程产品、200 兆瓦高温气冷堆系列工程产品的制造。

### （二）重点新产品

一是高温气冷堆反应堆压力容器。200 兆瓦石岛湾高温气冷堆核电站示范工程是清华大学依托国家重大专项对 10 兆瓦高温气冷实验堆的后续研发成果，该成果走在了世界最前沿。石岛湾高温气冷堆核电站示范工程是全球首套在制的高温气冷堆项目，其主要承压设备压力容器是高温气冷堆核电站单体重量最大，也是目前世界上在制的尺寸最大、重量最大的反应堆压力容器。

上海电气核电集团在上述核电站示范工程的建设中通过开展整体技术创新，突破了骑座安放式小接管装焊及变形控制、下筒体与支承耳架 T 型接头焊接、热气导管法兰马鞍形焊接及变形控制、最终环缝局部热处理技术等 18 项关键制造技术难点。

中国核能行业协会给出了权威的鉴定意见：该成果为国家科技重大专项高温气冷堆示范工程的建设做出了重要贡献。创新点包括：开发了一套板材卷制、多筒体组装及焊接变形控制和测量技术，配套设计了专用的防变形工装、装配辅助工装和测量装置；开发了 ¢ 2542 毫米热气导管法兰与筒体马鞍形焊缝的埋弧自动焊焊接技术，控制了筒体变形，确保了焊接质量；通过坡口结构优化、装配反变形、焊接过程中结合变形量的焊道排布调整等工艺手段，开发了骑座安放式小接管焊接及变形控制技术等。成果达到国际先进水平，提升了我国核电设备制造能力。

目前国内外核电站反应堆压力容器的制造厂家主要有韩国 Doosan 重工、日本三菱、中国一重和东方电气等公司，上海电气核电以制造装备和二代、二代 + 及 AP1000 压力容器的制造经验为依托，通过开展关键制造技术课题的研究，掌握了高温气冷堆压力容器制造技术。该产品在国际和国内都是首次成功研制，确定了我国在高温堆压力容器上的世界领先优势。

高温堆压力容器的成功研制，标志着具有自主知识产权的中国第四代核电设备制造技术水平又迈上了新台阶，对于促进中国核能技术进步，实施核电走出去，使中国从核电大国迈入核电强国的战略意义重大。

二是高温气冷堆金属堆内构件。该产品突破了堆芯壳热丝 TIG 焊接技术、筒体焊接变形控制技术、筒体环焊缝热处理技术、筒体环段机加工技术等 11 项关键制造技术。

三是 CAP1400 反应堆冷却剂主泵泵壳、主泵电机壳、主管道锻件。CAP1400 反应堆冷却剂主泵是核电反应堆的心脏，主管道是主动脉。主泵主锻件泵壳形状复杂，类似三通结构锻件。主锻件电机壳两端壁厚差异较大，且采用马氏体不锈钢制造，所需电渣重熔钢锭 69 吨；主管道采用奥氏体不锈钢制造，所需电渣重熔钢锭最大 139 吨，锻造变形抗力较大，容易产生锻造裂纹，制造难度大。上海电气核电集团解决上述技术难题主要控制技术包括 70 吨级大型超低碳马氏体不锈钢电渣重熔技术、变截面不锈钢异型筒体拔长成形技术、泵壳锻件近净成形锻造技术等。

### （三）科技成果和专利知识

截至 2017 年 10 月，上海电气核电集团累计获得上海市人民政府科技进步奖、国家能源科技进步奖、中国核能行业协会科学技术奖、中国机械工业科学技术奖、中国国际工业博览会奖、国家知识产权局优秀专利奖等在内的科技奖项 66 项；累计取得国内专利授权 203 项（其中发明专利 96 项），国际专利授权 3 项；获得国家知识产权局颁发的中国专利优秀奖 3 次；获得专利资助 99.63 万元；并开展了企业知识产权管理规范（GB/T29490—2013）体系建设工作。

### （四）行业标准和国际合作

上海电气核电集团前后参与了 ASME BPVC Ⅲ中国国际工作组、AFCEN 国际规范大会标准工作，全国核能标准化技术委员会、能源行业核电标准化技术委员会、全国无损检测标准化技术委员会等标准工作；核岛机械设备领域标准框架结构优化和技术路线统一工作；"华龙一号"国家重大工程标准化示范工作。并先后与美国西屋公司、法国阿海珐公司、日本三菱公司、韩国斗山公司等国际业界巨头开展卓有成效的合作，成果丰硕。

习近平总书记在党的十九大报告中指出：中国特色社会主义进入新时代，创新是引领发展的第一动力，是建设现代化经济体系的战略支撑。上海电气将全面贯彻落实党的十九大精神，坚持以创新为本，深化改革转型，进一步加快实现从装备制造商向解决方案商的转变、从行业跟随者向领跑者的转变，从本土向国际化的转变。

# 我们造出了时速350公里中国标准动车组轮轴产品

太重铁路工业园　太原重工轨道交通设备有限公司

## 一、铁路关键零部件研发、设计、制造产业化集群初步形成

太重铁路工业园是高速列车关键零部件国产化项目基地，占地面积620亩，建筑面积30.5万平方米。建成投产以来，陆续为国内外客户提供了大批量优质产品，其高智能的、具备精准控制能力的生产线已跻身国际行业前列，备受社会各界关注。于2010年开工建设的车轮生产线具备全线自动化控制、立体监控、实时动态模拟、全过程物流跟踪等特点，信息化、智能化程度在世界车轮生产线中处于领先地位。2014年主要锻造设备和联线设备全部由太重集团自主研发制造的重载车轴生产线正式投产，标志着重载车轴的制造能力有了新的突破；2015—2016年，工业园用短短一年的时间完成了对原有车轴精锻生产线的搬迁、改造及智能化升级工作，使园区车轴生产能力大大提升；工业园新建的轨道交通车辆关键零部件实验中心拥有多台世界先进的实验仪器设备，满足国内外机、客、货、动及城轨地铁、工矿轮、轴、齿轮箱等轨道交通关键零部件理化实验、生产工艺开发等实验研究要求；此外，隶属于太重集团轧钢分公司的盾构机总装厂也在工业园内，2台盾构机已在太原地铁建设工地上担当重任。现在的太重铁路工业园集辗钢车轮生产、整体车轴锻造、轮对压装、齿轮箱装配、盾构机制造、包装物流、技术研发、综合实验以及产品服务于一体，已初步形成铁路关键零部件产业化集群，是国内外唯一能同时生产轨道交通用车轮、车轴、齿轮箱及轮对等产品的重要基地。

太原重工轨道交通设备有限公司（简称太重轨道）是太原重工股份有限公司从事轨道交通车辆关键零部件研发、设计、制造和服务的专业化子公司。公司成立于2013年，位于山西转型综合改革示范区中的太重铁路工业园内，注册资本14亿元，共有职工810人；具备年产车轮60万片、车轴15万根、轮对总成3万套、齿轮箱1万套的生产能力。太重轨道研发实力雄厚，拥有山西省省级技术中心、科研实验中心、院士工作站等研发机构，通过产学研及国际合作，开展基础材料、产品设计、

制造工艺等方面的研究，掌握了高速、重载、大功率牵引机车、城市轨道交通用各种轮轴及齿轮箱的核心技术。太重轨道拥有一条炼钢生产线、两条辗钢车轮生产线、一条精密锻造车轴生产线、一条快速锻造车轴生产线、一条齿轮箱生产线和一条轮对组装生产线，生产工序覆盖从冶炼到轮对总成全部流程，可以满足轨道交通机、客、货、动全系列及工矿冶金等产品的制造需求，至今已向国内外50多个国家和地区提供了400余万件质量优异的产品，为全球铁路的提速、重载和安全运输做出了重要贡献。

太重轨道各类产品在国内市场地位突出，其主要轮轴产品的市场份额基本处在行业第二的地位；其余产品的市场份额大致为：铁路货车车轮占20%的份额，货车车轴占16%的份额，客车车轮份额大于50%，客车车轴份额达25%左右。整体来说，车轮竞争力略小于马钢，车轴稍弱于晋西。但太重轨道集轮、轴、轮对、齿轮箱制造于一体，产业横向发展规模、适应市场能力以及产业布局在行业内处于明显优势。

国际市场方面，太重轨道起步较晚，始于2003年，2005年年初始见规模，近几年得到快速发展。主要产品已出口全球50多个国家和地区，且知名度和声誉保持较高水平。目前虽已进入北美、印度、土耳其等大市场，但是用户使用时间短，质量口碑和客户认可度尚需要时间不断积累，短时间内进入行业第一阵营存在一定困难。综合考虑国际政治、经济等因素，太重轨道面临的形势还很严峻，产品竞争力以及行业地位还有待于进一步提升。

## 二、主要生产线达产达效

主要生产线包括：

一是新建高速列车轮轴国产化项目车轮生产线。该项目于2010年12月开工建设，2012年6月试生产，2012年11月29日正式投产。该生产线按制造工艺流程，分为钢坯加热区、锻轧区、热处理区、机加工区、检测区五部分。主体设备全部由欧洲发达国家拥有铁路行业优良业绩的供应商制造。生产线全线自动化控制、立体监控、实时动态模拟、全过程物流跟踪，信息化、智能化程度在世界车轮生产线中最先进，实现年产30万片车轮的生产能力。2017年3月该生产线车轮当月产量突破4万片大关，达到了40168片，创造了车轮单线单月产量新的纪录。

二是新建高速列车轮轴国产化项目重载车轴生产线和轮对生产线。项目包含轮对厂整体搬迁入园和新建重载车轴生产线。其中轮对生产线项目于2012年4月开工建设，2013年12月试生产，2014年3月正式投产。在原有设备基础上增添了成型磨床、外圆磨床、数控卧车、轴承压装机、轴端螺栓拧紧机、轮对跑合机等设备，主要用于精轴加工、轮对新造及检修等，实现年产轮对3万副能力。重载车轴生产线于2012年4月开工建设，2013年12月试生产，2014年3月正式投产，包含钢坯加热、锻造、热处理三部分，主要锻造设备、联线设备全部由太原重工自主研发制造，钢坯加热、热处理设备由国内领先水平设备制造单位生产，实现年产车轴4万根的生产能力。

三是车轴精锻生产线搬迁改造及数字化智能化提升项目。该项目于2015年3月开工，2016年8月正式投产。由奥地利GFM公司制造的SHP-32型精锻机车轴精锻机主产设备经大修改造后搬迁入太重铁路工业园，新增10米环形炉、连续式热处理炉、高速圆盘锯、桥式起重机、车轴精锻机连线设备等产品所必要的生产和辅助等设备，并配套信息化设备，实现全线物料跟踪及自动化控制，实现年产车轴9.5万根的生产能力。

四是轨道交通车辆关键零部件实验中心项目。公司利用企业原有土地建设了轨道交通车辆关键零部件实验中心，该项目于2015年3月开工，2016年8月正式投入使用。中心建筑面积3335.84平方米，包括实验中心区、企业展览区，购置有ICP发射光谱仪、碳硫分析仪、拉力试验机、断裂韧性试验机、硬度机等理化检定设备，部分设备的性能世界一流。满足国内外机、客、货、动，以及城轨地铁、工矿轮、轴、齿轮箱等轨道交通关键零部件的理化实验、生产工艺开发等实验研究。

园区整体达产达效情况如下：

太重铁路工业园车轮生产线于2012年12月29日投产开工，车轮厂强化生产管理，落实无缝衔接，努力提高设备保障和操作水平，突破瓶颈制约，充分释放产能，经过1年努力，实现最高月产2.3万件，产能逐年逐步提升，2015年车轮厂生产效率达到70件/小时，全年锻造量29万件，达到了设计产能要求。至2017年，车轮厂达到月产量4万件、全年锻造量超过30万件的设计水准，实现了生产能力的突破。

车轴厂重轴线于2013年年底投产，工厂精心抓生产组织，提高工序一次合格率，优化生产流程，重轴线月产量突破3300支，全年锻造量4万件。2016年6月精锻线搬迁至铁路园区后，车轴厂采用优势互补、集中生产等方式，当年11月实现日产840件、月产量突破1.8万件的历史新高，全年锻造量达到15万件，实现了达产达效的目标。

轮轴厂克服产品技术要求高、产品工序复杂等困难，采取创新劳动组织、优化生产工艺、标准化作业等手段，半光轴月产量突破1.5万件，全年半光轴加工量达8.2万件；精轴月产量可达7800件，全年精轴数量可达5.9万件。轮对产品由2014年轮对压装月产1100副，到2016年货车轮对日产突破100副，月产达到2200副，产能实现翻番。

## 三、技术创新，硕果累累

2013年以前，太重轨道科研主要集中于产品制造工艺的改进，2013年以后，在技术创新方面先后与北京交通大学、山西太钢不锈钢股份有限公司、西南交通大学建立联合实验平台，从车辆轮轨关系动力学、典型失效形式与机理研究、轮轴材料成分设计、冶炼技术、车轮磨耗、剥离及抗接触疲劳特性等方面进行全面合作研究；并与中国铁道科学研究院、钢铁研究总院、太原科技大学等建立良好的合作关系。同时，基于公司科研队伍和科研基础条件，建设了省级技术中心、机械工业行业轨道交通走行关键零部件工程实验室和太原市院士工作站，为公司在轨道交通走行关键零部件方面建立了良好的创新平台，技术创新涵盖产品设计、制造技术、产品服役性能等产品全寿命周期。5年来，太重轨道先后立项90项（公司级），并承担和参与国家国际科技合作项目"高铁牵引齿轮箱联合研发"、山西省重大科技专项"轮对组成关键零部件国产化研发"、原中国铁路总公司重点课题"30吨轴重专用敞车技术研究——30吨轴重重载货车车轴、车轮及轴承关键技术研究"、"动车组安全风险控制研究技术——动车组车轴技术标准研究"、"动车组关键技术自主创新深化研究——时速350公里中国标准动车组轮轴设计研究"、"时速160公里客运机车车轮自主化研发"，2013—2016年研发经费累计投入1.997亿元，经费投入占公司销售收入约4%。

通过近年来的科技研发，太重轨道成功开发出重载货车轮轴、高速铁路轮轴、大直径大功率牵引机车车轮、城市轨道用降噪车轮、弹性车轮和独立轮轴系统、牵引齿轮箱系列新产品，产品结构由原来的普通铁路轮轴发展至现在的机车、客车、货车、高速动车、工业轮轴系列化产品，并形成车轮、车轴、齿轮箱、轮对集成等多种产品模式。

为了落实《中国制造2025》，实现轨道产品的智能制造，太重轨道依据产品生产流程的特色，进行了工厂总体设计、工艺流程及布局的数字化建模。目前太重轨道已利用传感及仪器仪表，通过网络化控制，实现了产品在线检测、设备远程监控与故障诊断等功能。产品生产过程利用底层PCS系统实时数据采集，并与车间制造执行系统（MES）及企业资源计划（ERP）系统进行集成，实现了生产流程可视化、生产工艺可预测和优化的目的。通过信息系统的实施，提高了生产效率，降低了生产成本，缩短了研发周期，降低了单位产值能耗及不良品率。太重轨道于2015年取得国家首批200家"两化融合"试点单位的资质，并在太原重工内部示范应用。

2013年以来太重轨道累计申报专利31项，其中发明专利10项；已授权专利21项，其中发明专利2项；参与制定行业标准或技术条件6项；"悬挂式车轴调质正火热处理生产线的研发”项目荣获第八届中国技术市场金桥奖优秀项目奖，太重轨道QC小组荣获2016年全国机械工业优秀质量管理小组活动成果奖二等奖，另荣获了太原市优秀学术论文奖三等奖2项。

## 四、战略布局，面向全球

园区自投产以来，对国内、国际市场进行了重新布局。

国内市场方面，充分考虑南北车合并，各路局、车辆厂的实际运营等情况，重新给客户分类，制定市场开拓策略。铁总、中车等第一阵营的客户群确保份额，稳中求进；具有出口优势的车辆厂等企业，结合“一带一路”等政策背景，着重开发，提升份额；为新产品、新领域、新市场开发提供政策、资金支持。如经销专门成立了齿轮箱项目部，从事齿轮箱市场开发。同时，每年制定相应的市场开发激励措施。2013年以来，平均每年新开发客户20余家，成为传统领域的有效补充。

国际市场方面，为适应不断提升的产能，园区启动了全球化战略布局。从人才培养到市场开发，逐步打破传统模式，逐渐弱化代理的作用，直面市场，对接终端用户，取得效果显著。广为人知的庞巴迪车辆厂，美国TTX、印度铁路、德国DB等车辆租赁、运营公司都是太重轨道的合作伙伴。在此期间，太重轨道在北美市场取得了惊艳的成绩，在印度、土耳其市场取得了至关重要的突破，接连不断的大订单逐步深化了太重轨道的全球行业影响力，国际业务曾一度占公司总业务的一半以上。

当然，产品结构也发生了变化，逐渐形成了车轮、车轴、齿轮箱、轮对集成四大品系。后两大品系在此时期取得了长足的发展。齿轮箱事业以此起步，正式进入市场，如南京地铁等客户已实现批量供货。出口轮对、国铁客、货车轮对集成产品陆续通过认证，全部实现大批量供货。唐山、长沙等地客户的不同设计要求的低地板轮对也都实现了首批供货。

太重轨道取得了ISO 9001质量体系、ISO 14001环境管理体系、OHSAS 18001职业健康体系和国际铁路IRIS等管理体系认证证书，产品分别通过了中国铁路CRCC、韩国MOLIT、美国AAR、欧盟EC（TSI）、英国RISAS、德国DB等10多项国内国际认证，累计为50多个国家和地区提供了400余万件高品质轮轴产品，公司逐步发展成为全球知名轨道交通装备企业。

缔结战略同盟是公司全球化战略中重要的一环，一方面直接与中国中车、美国

PROGRESS等大客户建立一站式战略伙伴关系，与德国DB、加拿大庞巴迪、上海振华集团达成战略合作意向；另一面联合其他非轮轴备件供应商（如FAG，SKF等轴承供应商）组建同盟，提升企业优势。这些战略措施有效地巩固了现有市场，对现有市场的深度开发意义重大。

## 五、动车组轮国产化，替代进口

车轮、车轴是轨道车辆走行机构的重要部件，产品质量直接影响列车运行的安全性，尽管我国各主机厂已实现动车组的自主化，然而关键走行部件——车轮、车轴依然完全依赖进口。为推进高铁轮轴自主化研制，铁道部分别于2009年和2012年设立重点课题"动车组车轮自主创新""动车组车轴技术标准研究"，开展高速动车组车轮和车轴自主化研制工作；同时2011年山西省发布科技重大专项"轮对组成关键零部件国产化研发"项目，推进高铁轮对自主化研发工作。2012年铁道部下发《时速200~250公里动车组用辗钢整体车轮试制技术条件》，2013年中国铁路总公司下发《时速200~250公里动车组用车轴试制技术条件（暂行）》，依据技术条件，太原重工轨道交通设备有限公司进行了材料基础研究、制造工艺研究和实物试制、试验检验，研制的产品于2014年2月19日通过了《自主化时速250公里动车组轮轴方案、试用评审》，根据评审意见，太重轨道研制的时速250公里动车组轮轴产品装在唐山轨道客车有限责任公司（现中车唐山机车车辆有限公司）生产的CJ-1型动车组上进行运营考核。CJ-1动车组于2014年11月—2017年2月开展60万公里运营考核（期间从2016年4月开始载客运营），经60万公里运营考核，太重轨道轮轴产品运行质量良好，与进口同类产品相比未发现明显差异。

针对目前在役动车组型号众多且基于不同的技术平台，给运用维护、维修等造成了一定的程度的影响，各系列动车组零部件不能形成互换等问题，中国铁路总公司本着针对中国的运用需求，推出适合中国国情、路情的高速动车组设计制造平台，从而实现全面自主化；建立统一的技术标准体系，实现动车组在服务功能、运用维护上的统一，提高效率，降低成本；同时以自主化、系列化和简统化为目标，打造中国标准动车组品牌，助力中国高铁"走出去"等目的，开展"中国标准动车组设计"研制工作。2014年5月，中国铁路总公司设立了科技研究开发计划重点课题"动车组关键技术自主创新深化研究——时速350公里中国标准动车组轮轴设计研究"，以时速350公里中国标准动车组车轮和车轴顶层设计要求为基本前提，分别从车轮和车轴结构设计、材料、性能、制造及运用等方面进行自主研究，完成我国标准动车组轮轴自主设计和研发。太重轨道课题承担项目组充分调研和分析在役动车组轮轴应用状态，结合我国地域环境需求，在制定产品技术条件时对产品的安全可靠性、可用性方面较进口产品提出了更高的指标要求。2014年9月，课题组制定的《时速350公里动车组用车轮、车轴试制暂行技术条件》通过了中国铁路总公司组织的方案评审。太重轨道于2014年9月至2015年5月间开展了对轮轴材料成分设计、夹杂物控制技术、材料特性基础、制造技术等的研究，并进行了实物试制、性能检验。太重轨道研制的时速350公里中国标准动车组车轮、车轴产品于2015年6月通过了中国铁路总公司组织的试用评审，试用产品分别安装于中车长春轨道客车股份有限公司和中车青岛四方机车车辆股份有限公司研制的“时速350公里中国标准动车组”各1列列车上。产品于2015年6月—2016年5月在大西线进行运营考核，2016年5~7月在郑徐线进行运营考核，期间实现时速420公里交会试验，2016年8月开始在哈大线进行运营考核，并于当年8月开始载客运营，10月底结束60万公里运营考核。通过运营考核，显示车轮和车轴运用状态正常，车轮踏面磨耗速率与同列车装用的进口车轮相当。2016年11月23日，产品通过了中国铁路总公司组织的技术评审，标志着研制成果获得了行业认可；2017年1月，太重轨道时速350公里中国标准动车组车轮、车轴产品获得了CRCC产铁路产品行业资质认证，获得批量供货资质。

经山西省科技厅组织的成果鉴定，太重轨道认定研制的时速350公里中国标准动车组轮轴产品取得如下成果：

一是研发了自主化中国标准动车组D2材质车轮，研制出“韧性MnS包裹脆性氧化物”复合结构夹杂物控制技术和高C高Si及多元微合金化设计技术，获得了优异的强韧性匹配和耐磨、抗剥离、抗疲劳性能。

二是研发了自主化中国标准动车组DZ2材质车轴，研制出超低氧控制和夹杂物弥散细化控制技术和高V高Ni合金化设计技术，获得了优异的低温力学性能和抗疲劳性能。

三是针对车轮、车轴力学性能要求与技术标准，研制出车轮控温、大轧制量、分步成形的锻轧一体成形工艺，车轴控温、压下量与旋转角度相匹配的快速打击技术，达到了改善材料组织、织构与细化晶粒的目的，提高了车轮、车轴的力学性能。

四是开发了车轮连续分步可控冷速淬火技术，使车轮整个轮辋区域获得均匀组织、力学性能；研制了车轴垂直悬挂式连续淬火设备，并开发了车轴垂直悬挂式加热及可控双介质冷却技术，有效控制车轴微观组织形态和截面性能均匀性，增加了车轴综合机械性能的批量稳定性，提升了产品运用安全可靠性。

时速250公里和350公里高速动车组轮轴制造技术的掌握，打破了国外对我国高铁轮轴关键技术的垄断，标志着我国已完全掌握高速动车组轮轴制造的核心技术，为中国高速铁路发展提供了巨大的助力。自主研发的时速350公里中国标准动车组轮轴产品在郑徐高铁线路上实现世界首次时速420公里列车交会和重联运行试验，研制的轮轴产品质量经受住了严峻考验。产品各项综合性能指标优异，尤其是适用温度范围 –40~40 摄氏度，处于国际领先水平；强度、韧性和磨耗等技术指标均优于国外产品；满足中国广阔的地域和复杂的气候条件，完全满足中国标准动车组运用要求，总体技术水平达到了国内领先、国际先进水平；且自主产品制造成本相较于进口产品具有明显优势，经济效益和社会效益显著。

## 六、用户满意，荣誉不断

铁路工业园区自建成以来，受到业界广泛关注，中国铁路总公司、中车集团、德国铁路、印度铁路、加拿大庞巴迪、美国PROGRESS等国内外知名企业都曾到访，先进的生产线、配套设施齐全的园区给它们留下了深刻的印象，对园区好评如流。印度铁道部部长顾问参观完园区曾竖起拇指，赞赏太重轨道是行业内独一无二的一流企业。

国内外客户对太重轨道的整体形象和产品质量也给予了充分的肯定。太重轨道积极开展售前、售中和售后服务，对重点区域设置责任工程师，在海外市场设立售后服务中心，及时处理各类问题，从而使品牌形象在顾客心目中生根发芽。近年来太重轨道的废品损失率稳定在1.5%左右，在同行业中处于领先水平；外部废品损失率基本为零，各类产品用户满意度连续多年稳定在95分以上，广受用户好评。

近年来太重轨道取得了如下一系列荣誉、奖项、标志性事件或成果：

• 2015年6月被山西省精神文明建设指导委员会授予“2014—2015年度文明单位”；

• 2015年7月被中华全国总工会授予“全国五一劳动奖状”；

• 2016年6月被山西省精神文明建设指导委员会授予“2015—2016年度文明单位”；

• 2016年7月公司党委荣获“山西省优秀党组织”荣誉称号；

• 2016年12月被太原市园林局授予“绿化先进单位”；

• 2017年5月公司团委荣获“全省五四红旗团委”荣誉称号。

• 近年来，太重轨道还曾多次获得客户颁发的荣誉，包括：中车唐山机车公司颁发的“优秀供应商突出贡献奖”；宝鸡中车时代公司颁发的“优秀产品质量奖”；美国PROGRESS、江苏今创颁发的“优秀供应商奖”等。

• 标志性事件及成果包括：1991年通过了铁道部批准的40钢车轴认证；1997年

通过了国际标准化组织 ISO 9001 质量管理体系认证；2000 年 6 月成为国内第一家取得美国铁路协会 AAR 认证的企业；2001 年 11 月取得铁道部批准的生产铁路客车 KKD 型辗钢车轮的通知；2007 年 12 月成为国内第一家通过欧洲互联互通 TSI 认证的企业；2009 年 3 月取得了英国 RISAS 认证；2012 年 12 月通过了中铁检验认证中心 CRCC 认证；2014 年 11 月通过了国际铁路行业 IRIS 认证；2015 年 12 月通过了德国 DB 审核并获得了德铁 HPQ 初步制造商许可证书；2016 年 12 月成为国内唯一同时获得中国标准动车车轮、车轴证书的企业。

## 七、促国家铁路装备升级，积极融入“一带一路”建设

经过 20 多年的发展，太重轨道交通业务在中国乃至全球已经具有一定知名度和影响力。太重轨道的目标是：努力把太重打造成中国一流、全球领先的集轨道交通领域关键零部件研发、设计、制造和服务于一体的国际化企业。力争实现年销售规模 30 亿；产品实现全系列化生产、制造，走集成化、高端化路线，提高附加值；推进国际化战略，不仅把产品销售到国外，而且要把技术、制造、服务、延伸到国外，实现全球化经营，国外销售规模要达到 15 亿以上；在推进国际化的同时，加快引进国外的先进技术、管理和理念，同世界高铁轮、轴技术引领者之一的意大利鲁奇尼铁路集团成立合资公司，推进太重的国际化进程。

目前太重轨道已经拥有国际一流的铁路用车轮、车轴制造装备和国内先进的齿轮箱加工设备，也积累了近 30 年的制造技术和管理经验，若再与掌握国际最先进的研发、设计和制造技术企业合资、合作，与公司最大的终端客户（铁总、中车等）合资、合作，形成集一流的装备、先进的管理、最先进的技术、最大市场于一体的组合，加上地方政府的支持，太重的轨道交通业务必定会更好、更快发展。

我国“一带一路”建设可能会引发新一轮的轨道交通行业大发展，太重轨道将紧紧围绕山西省转型发展的战略部署，以轨道交通快速发展为契机，加快关键零部件的国产化步伐，大力发展高端、集成产品的研发和制造，着力打造成为国内最大、国际一流的零部件供应商和配套齐全的轨道交通走行部分集成产品专业化研发、制造、服务基地。以此为基础，积极推进与省内相关企业的合作，共同打造山西省轨道交通完整的产业链。

### （一）远景发展规划

用 3 至 5 年的时间实现以下目标：全部高端产品实现装车运用和批量生产；高端产品的收入占比逐年提高，力争达到 40%~50%；推进企业国际化发展，出口销售

占比保持在50%左右；加快研发、装备和管理等实力建设，将企业的行业地位推进至世界一流水平。

### （二）5年发展目标

加快新产品开发，形成从低端到高端，从单件到成套，覆盖机、客、货、动、城轨用轮、轴、齿轮箱及轮对总成全系列产品的供货；提升核心竞争力，缩小与高端轮轴制造企业的差距，逐步进入世界轮轴和轮对总成价值链高端市场；优化内部资源配置，争取外部合资与合作，通过整合、收购、合资、参股、上市等方式增强实力，扩大企业规模。

# 高端化　智能化　绿色化
# 中国玻璃产业正向国际领跑型转变

凯盛科技集团有限公司

玻璃产业是支撑国民经济发展的重要基础原材料产业，其产品主要用于建筑、交通运输、家居家电、现代农业及战略性新兴产业等众多行业和领域，既是重要的生产资料，也是重要的生活资料。

2017年中央经济工作会议指出，要推进中国制造向中国创造转变、中国速度向中国质量转变、制造大国向制造强国转变。凯盛科技集团多年来通过创新驱动着力打造高端玻璃产品，助力我国向制造强国的转变。创新发展不仅使企业自身实现了转型升级，也让全社会得以共享发展成果。

## 一、吹响向高世代玻璃进军的号角

凯盛科技集团有限公司（简称凯盛科技集团）是中国建材集团有限公司（简称中国建材集团）的全资子公司，是中国建材集团为推进管理整合，做强做优做大“三新”产业建立的创新平台、管理平台、融资平台、投资平台和整合平台。

近年来，凯盛科技集团科技创新成果显著。2017年“超薄信息显示玻璃工业化制备关键技术及成套装备开发”项目的成功实施，实现了我国浮法玻璃产品及技术从传统建材领域向电子信息显示领域应用的跨越，打破了国外的技术封锁和产业垄断，再次获得国家科技进步二等奖，创造了6年内3次获得国家科技进步奖的辉煌成就，集中体现了凯盛科技集团以创新促发展、以创新谋未来、以创新转化发展动能的奋斗历程。

2016年4月底，在安徽合肥召开的知识分子、劳动模范、青年代表座谈会上，凯盛科技集团总经理彭寿受到习近平总书记的亲切接见。在汇报中，彭寿说道：“中国建材已经可以用浮法工艺生产出世界最薄0.2毫米触控玻璃，这填补了电子信息显示产业的空白，中国的玻璃产业正在由过去的追赶型向领跑型转变。”这番话得到了习近平总书记的高度肯定。2017 年，凯盛科技集团再次刷新中国玻璃工业薄型化生产极限，成功量产世界最薄 0.15 毫米触控玻璃，这种超薄玻璃好似一张纸片，可以轻松实现近乎对折弯曲。

新型显示器件是我国战略性新兴产业中的电子核心产业之一，其中又以液晶显示器（TFT–LCD）面板、6 代及以上玻璃基板、柔性显示器件等产品为代表。

凯盛科技集团新型玻璃紧盯技术突破，实现产业转型。TFT–LCD 玻璃基板生产线良品率稳步提升至 90% 以上，中尺寸面板玻璃超过美国康宁成为京东方第一大供应商。2016 年 12 月底，国内首条具有自主知识产权的 8.5 代 TFT 液晶玻璃基板项目正式开工建设，标志着凯盛科技集团吹响了向高世代电子信息显示玻璃进军的号角。

超薄 TFT–LCD 玻璃基板和超薄触控玻璃的稳定量产，打破了国外垄断，为我国从建筑玻璃大国向电子玻璃强国升级奠定了技术基础，近 3 年来为我国电子信息显示产业降低成本约 860 亿元，节约外汇约 130 亿美元，推动了质优价廉电子消费产品的迅速普及，人民大众直接受惠于民族产业的崛起。该系列研究成果获国家科技进步二等奖 1 项、省部级科技进步一等奖 2 项，获授权发明专利 1 件，出版专著 1 部。

凯盛科技集团投资建设了全球最大的 ITO 导电膜玻璃生产研发基地，通过不断优化资源配置，扩大产能。2.5D、3D 触摸屏盖板玻璃相继投产，形成了完整的电子信息显示产业链，解决了国家重大战略产业需求，该成果实现产业化后，进口超薄玻璃单价降低 2/3 以上，使广大消费者受益于民族产业的崛起。

除了触控玻璃和超薄液晶玻璃外，凯盛科技集团还建设了国内首条具有自主知识产权的超薄高铝盖板玻璃生产线，2017 年该条生产线已经正式投产，这类玻璃国产化后，国产手机等一批电子信息显示产品价格将会进一步降低。

正是肩负着只争朝夕的紧迫感和为民族事业奋斗的使命感，凯盛科技集团才能树立起国内液晶玻璃基板制造技术的新标杆，仅进口产品售价降低一项，中国电子信息产业每年就受益 3000 多万元，名副其实地摘取了玻璃王国“皇冠上的明珠”。

凯盛科技集团未来将重点开展高世代浮法 TFT–LCD 玻璃基板和盖板技术与装备开发，开展柔性玻璃基板制备技术开发。重点推广浮法玻璃微缺陷控制与节能关键技术、TFT–LCD 液晶玻璃基板超薄化生产关键技术与工艺的开发及应用，持续推进电子信息显示产业链发展。同时继续节能减排技术成套装备的开发及应用研究，大力推广全氧燃烧超白玻璃生产技术、玻璃熔窑全氧燃烧技术和脱硫脱硝技术等，在“十三五”期间完成二代浮法在玻璃行业的全面推广。

## 二、引领我国光伏产业迈向世界一流

随着全球能源短缺和环境污染等问题日益突出，太阳能光伏发电因其清洁、安全、便利、高效等特点，已成为世界各国普遍关注和重点发展的新兴产业。光伏玻璃是太阳能光伏电池不可替代的关键材料，10多年前，当晶体硅太阳能电池还是“贵族”的时候，凯盛科技集团即组织团队攻克了光伏玻璃技术难题，首创光伏玻璃的成型新方法，打破了国外对微铁高透过率玻璃（也称光伏玻璃）的长期垄断，实现了中国光伏玻璃技术和产业从无到有，达到国际领先水平。凭借这项技术，一举摘得国家科技进步二等奖、全国优秀工程设计金奖，获授权发明专利4件，制订国家标准1项。

与国外技术相比，凯盛科技集团的光伏玻璃产品良率提高了15%以上，突破极值89%，综合能耗降低29.76%，投资成本降低40%，达到国际先进水平，迫使进口光伏玻璃大幅降价。

在创新的路上，凯盛科技集团的脚步从未停歇。2017年，世界最薄1.5毫米超薄高透光伏玻璃成功量产，实现了在国际光伏玻璃舞台由“伴舞”到“领舞”的华丽转身。这一系列光伏玻璃产品的推出，支撑了凯盛科技集团在多领域的推广应用，农光互补、渔光互补乘势发展，光伏扶贫工程多点布局，以一流技术打造了优质品牌。

随着光伏产业的做大做强，凯盛科技集团不断培育新的经济增长点，成功探索出“光伏玻璃+太阳能模组”的发展新路径。在中国建材集团的战略引领下，凯盛科技集团收购世界500强法国圣戈班下属德国阿旺西斯公司。之后不到一年的时间，就实现了铜铟镓硒（CIGS）薄膜太阳能技术的完全国产化，实验室光电转化率达17.9%，全尺寸冠军组件光电转换效率达16.4%，均刷新世界纪录。2017年10月，凯盛科技集团在蚌埠投资建设的国内首条1.5吉瓦生产线正式投产，中国第一片铜铟镓硒薄膜太阳能模组成功下线。同时还研发了光伏电站智能清扫机器人，成功开拓市场，发电量至少比人工清扫提升5%。

铜铟镓硒薄膜太阳电池具有生产成本低、污染小、抗衰减、弱光性能好等特点，光电转换效率居各种薄膜太阳能电池之首，接近晶体硅太阳电池，而成本则低于晶体硅电池，被看作是非常有前途的新型薄膜太阳电池。此外，该电池具有柔和、均匀的黑色外观，是对外观有较高要求场所的理想选择，如大型建筑物的玻璃幕墙等，在现代化高层建筑等领域有很大市场。

正是迈着创新的脚步，靠着埋头苦干、真抓实干的奋斗精神，凯盛科技集团成为引领我国光伏产业迈向国际一流的“擎旗手”。2017年11月，世界首块最大单体面积的碲化镉薄膜发电玻璃横空问世，单片玻璃面积1.92平方米。而这一成就，是凯盛科技集团靠着创新和奋斗，用汗水和智慧闯出的一条新路，走出了从实验室产品到生产线产品的“死亡谷”。

凯盛科技集团利用最新技术和装备建成世界上单体规模最大的全氧燃烧超白高透光伏玻璃生产线，产品高透高强，料方低铁低硫，排放低碳低氮，效益大幅提升，水平国际领先。

通过掌握自主核心技术，凯盛科技集团带领中国太阳能电池成本急剧下降，使得太阳能电池从很多人可望而不可及的新鲜玩意儿，走到了全国各地。

## 三、传统建材行业向绿色化、智能化转型

传统的玻璃行业是典型的资源能源密集型产业，也是典型的规模性产业，凯盛科技集团一直不断在玻璃等传统建材领域推进转型升级、节能减排，不断提升中国高端浮法玻璃技术水平，拓展传统玻璃升级改造和高端玻璃工程技术市场，5 年来采用最新成果提升改造老旧浮法生产线 24 条，能耗平均降低 12%；为国内玻璃巨头福耀在美国的发展提供技术支持，助推产能转移；在国外设计建设的 5 条 600~1200 吨的高端优质浮法生产线，彻底改变了外国人对中国制造的偏见，支持了当地经济发展。“浮法玻璃微缺陷控制与节能关键技术及产业化应用”荣获 2013 年国家科技进步二等奖。

凯盛科技集团研发推广玻璃熔窑全氧燃烧技术，开拓多品种高端玻璃市场。安徽华光集团的 550 吨 / 天全氧燃烧浮法玻璃生产线是中国第一条具有自主知识产权的全氧燃烧生产线，产能及质量均达到或超过设计能力，可使氮氧化物降低 85%、烟气和粉尘降低 50% 以上、能耗降低 10%。采用全氧燃烧技术实现了“一窑多能”效果，已生产出汽车级玻璃、高白玻璃、超白玻璃和高应变点光伏玻璃，生产的镀钼玻璃已经批量用于铜铟镓硒薄膜太阳能电池，替代了法国圣戈班集团产品。

凯盛科技集团多年来一直坚持绿色发展道路，开发推广玻璃工厂烟气脱硫脱硝、余热发电技术。5 年来共完成 120 个玻璃环保工程项目，占领 70% 脱硫脱硝市场。玻璃先进制造技术的推广应用，对于实现玻璃行业节能减排和可持续发展具有重要意义。

推进“中国智能制造 2025”是凯盛科技集团长期努力的方向。近年来，凯盛科技集团持续领先高端玻璃装备市场，并向智能装备（机器人）、光电装备、节能减排装备转型，研制出国内具有自主知识产权的大功率多功能智能化镀膜技术与成套装备，成功打破国外垄断，新产品稳步开拓市场。凯盛重工深耕高端掘进装备市场，拓展太阳能光伏装备业务，退城进园进度加快。凯盛机器人发挥自动化优势，拓展

产品应用领域，全面进军信息、光电产业，以轻工业自动化研究所为依托，建设凯盛智能技术研究院。

凯盛科技集团已经达到玻璃生产线的智能制造、绿色制造，在全产业链中处于高端玻璃行业制造领域的领先水平。以凯盛科技集团玻璃智能工厂为例，从前400人的生产线已控制在200人以内，而未来的目标是控制在100人以内，既提高产品质量，还不断降低人工成本，增强了企业在国际市场中的竞争力。

## 四、收入从4290万元增长到220亿元

作为置身于产能过剩的充分竞争性行业，玻璃产业从新技术开发到产业化建设，往往存在周期长、投入大、见效慢的特点，走好这条路，不仅需要智慧、谋略，还要具备非凡的专注和毅力。

行百里者半九十。伟大事业的创造离不开奋斗，更离不开对事业的坚守。靠着坚守精神，凯盛科技集团成功地将中国玻璃产业带上了一条“康庄大道”。目前已经形成以研发为核心、以产业为支撑、以工程服务占领市场的发展格局，利用这些玻璃技术和成套装备，国内高端玻璃工程市场占有率、中国出口高端玻璃工程市场占有率始终保持在90%以上。

从2002年至2017年，凯盛科技集团演绎了中国民族玻璃工业技术不断进步的故事，企业合并收入从4290万元增长到220亿元；利润总额从亏损700万元到盈利超13亿元。先后建设了十几个国家和省部级创新平台，累计承担国家863、973、科技支撑计划课题10余项，获得授权专利600多件，其中国际专利158件。先后获得全国文明单位、全国“五一劳动奖状”、全国先进基层党组织、中央企业先进集体、全国国有企业创建“四好”班子先进集体等荣誉。

创新正当其时，圆梦适得其势。党的十九大开辟了一个新时代，新时代有新机遇，同时也担当了一份更重的使命感和责任感。面对新形势、新任务，安徽凯盛科技集团将保持永不懈怠的精神状态和一往无前的奋斗姿态，牢记使命，心往一处想，劲往一处使，用智慧和力量汇集起不可战胜的磅礴力量，助力推进中国制造向中国创造转变，中国速度向中国质量转变，制造大国向制造强国转变。

# 持续技术创新　做节能减排领域智能化的先行者

徐州大元电机有限公司

## 一、公司基本情况

徐州大元电机有限公司（拟更名为江苏大元电气股份有限公司，简称大元电机）成立于 2002 年 12 月，位于江苏省邳州市铁富镇工业园区，是一家致力于研发生产智能超高效电机、特种风机与环保产品的国家高新技术企业。

大元电机本着“持续发展，绿色节能，创新共享，客户至上，质量为本”的原则，建立了严苛的管理体系，相继通过了国家 CCC 认证、欧盟 CE 认证及 ISO-9001、OHSAS-18001、ISO-14001、UL 等相关认证，取得了国家防爆生产许可证，获得江苏省高成长企业、江苏省认定企业技术中心、省级企业研究生工作站、江苏省 AAA 级守合同重信用企业等荣誉。

大元电机的产品广泛应用于自动化、机械、起重、新能源、高铁、冶金、煤矿、石油、化工、船舶、水利、水泥、造纸、环保几十个行业，远销世界 10 多个国家和地区。

大元电机秉持“环保、创新、高效、研发、品质”的经营哲学，是瑞典 ABB，德国西门子、德马格，美国特雷克斯、雷勃、葆德，芬兰科尼等国际知名公司的长期合作伙伴。

大元电机坚持通过持续技术创新为客户不断创造价值，坚持贯彻可持续发展理念，实现社会、环境及利益相关者的和谐共生，为实现全球性降低能耗和二氧化碳排放而不懈努力，创造绩效，承担更多的社会责任。

## 二、产品介绍与技术创新

### （一）超高效智能电机

随着国家环保力度的加大及节能减排政策的深入落实与智能化的推进，迫切需要新一代超高效智能电机投放市场，以有效节能降耗。

目前我国电机装机总容量达4亿多千瓦，年耗电量达12000亿千瓦时，占全国总用电量的60%，占工业用电量的80%，其中风机、水泵、压缩机的装机总容量已超过2亿千瓦，年耗电量达8000亿千瓦时，占全国总用电量的40%左右，因此电机的节能要求极大，也是最能体现节能效果的地方。

电机行业是传统制造业，经过百年的发展，达到了瓶颈期。经过充分研究调研，在当前科技发展条件下，电机行业突破的方向有两个：一是电机本体研究的深化，即向高效、特种电机行业发展；二是电机与智能化和信息化技术的结合，智能高效电机将突破传统电机行业的发展瓶颈，开辟高附加值、高技术含量、高增长速度的全新的产品方向。

智能高效电机是工业4.0体系中“智能工厂”的重要支持平台，也是“中国制造2025”重点领域明确强调的“智能电网用输变电及用户端设备发展”的用户端设备；尤其是中小型电机设备在国民经济生产中用量极大，智能电机系统的应用在国内外尚处于空白状态，未来的发展前景十分广阔。

超高效智能电机创新性采取本体内置式多传感器模组设计、电机振动在线诊断预警技术、轴承在线诊断预警技术，采用电机运行多参数融合的电机运行不正常状态和故障先兆特征的分类、特征提取以及辨识算法，基于电机运行工况、负载特性以及结合大数据分析的电机能效优化控制技术，提高定子槽满率，增加铜线的截面积；提高制造精度，缩短线圈端部长度，加强冲片和定子铁心的制造质量，从而减少铁耗和激磁电流及其引起的铜耗；改善转子槽绝缘工艺，降低负载杂耗；合理选择硅钢片的牌号，降低铁损和定子铜耗。产品融合了新型定子铁心结构设计、高速压制铜铝复合转子笼条技术、低谐波不等匝分布正弦绕组技术和高效冷却技术等技术成果，解决了电机工作时温度升高的问题，并一步提高了电机效率；与目前通用性电机相比，损耗下降56%，效率平均提高7.5%；主要性能达到或超过国际同类产品的指标，可完全替代国外进口，推动我国重大节能装备技术的迅速发展。

该项目完成后，将建成年产15万套智能高效电机系统的产业化示范生产企业，产品将有效降低电机的故障率和损坏率，保障用户生产的连续可靠运行，并使能源使用效率显著提升，在节约电力资源、降低生产成本、提高企业经济效益和环境保护等方面均有重要的意义，也是我国完成节能减排目标、实现智能制造的重要途径之一，可提高我国电机装备制造业的智能化水平，有利于我国机电产品参与国际市场的竞争，并促进电机产品的升级换代，促进行业进步和技术创新，对于国家节能减排战略的实施以及促进传统机电产业的转型升级等重大社会经济政策落实具有重要的意义。项目完成后，大元电机将实现产值5亿元、利税8000万元，可促进社会就业 300 人，经济效益和社会效益明显。

## （二）大型液洗超声波脱硫脱硝净化系统

烟囱燃煤烟气排放到大气中的污染物种类繁多，有烟尘、硫的氧化物、氮的氧化物、有机化合物、卤化物、碳化合物等，特别是在冬季时，往往使污染地区烟雾弥漫，是一种不容忽视的污染源，也是导致雾霾形成的重要原因之一。

电站燃煤锅炉与工业锅炉的烟气排放虽然采用了目前先进的除尘与脱硫脱硝技术，但是还不能完全解决烟气中的有害物质残留排放，对空气污染十分严重。

针对目前电站燃煤锅炉与工业锅炉烟气排放污染物不彻底的情况，大元电机研发了大型液洗超声波脱硫脱硝除尘设备。该设备采用液体脱硫脱硝除尘技术，将烟囱烟气采用技术手段经过脱硫脱硝液体的分解稀释清洗，达到脱硫脱硝除尘的目的，效果显著，可以有效减少污染物的排放。

该项目完成后，计划年产 1000 套液洗超声波脱硫脱硝除尘设备，以有效降低烟囱烟气的污染物排放，保护环境，届时公司将实现产值 3.5 亿元、利税 7000 万元，经济效益和社会效益明显。

## （三）电弧故障断路器 AFCI/AFDD/AFCB 研制并产业化

众所周知，火源、燃烧物与助燃剂是产生火灾的三大基本要素。若某物体达到着火点，在助燃剂的作用之下必然产生明火，如不加以控制，便会引发火灾。

电气火灾产生的主要原因是电流、电弧或者电火花。例如，如果线路接线不正确，线路就会产生电弧、电火花，当电弧或电火花落在可燃物上，就会引起火灾；或者当线路的电流过大、发热量过大，就会破坏电缆或者电气设备的绝缘等。

AFCI 作为有效防止电弧故障引起电气火灾的终端保护电器，已经在北美迅速普及和推广，而国内对于 AFCI 的研究及应用尚在初始阶段。在建筑电气防火领域，故障电弧保护技术具有广阔的市场前景和发展潜力。

AFCI 技术是一项新的电路保护技术，其主要作用是防止一些由错误电弧而引起的火灾。这些危险的电弧可能发生在家庭用的布线上、插头和插座连接时，以及家用电器内部的线束上或电器的电源线上等。引发错误电弧的主要原因是电线绝缘层的磨损或不良的电气连接。AFCI 技术可以感应到由错误电弧引起的电流中不正常的现象。由于许多正常工作中的瞬时现象或实际运行过程中会产生一些“好的”电弧（如触头连续性的断开和闭合，或马达启动瞬间），因此，AFCI 技术必须能够区别“好的”电弧和“坏的”电弧，这样才不会导致失误或误动作。有时许多负载运行时的电流信号很容易被误认为是错误电弧，事实上它们是正常的电流波行（如调光器开关）。因此，除了能分辨出“好的”电弧和“坏的”电弧外，AFCI 技术还需要能够在正常和非正常情况下迅速、有效地提供保护，同时防止错误动作的发生。

该项目完成后，计划年产 100000 套电弧故障断路器，将实现产值 1.5 亿元、利税 2000 万元，经济效益和社会效益明显。

# 流化床生产技术发展及市场预期

江苏中能硅业科技发展有限公司

协鑫集团是一家以清洁能源、新能源及相关产业为主的国际化综合性能源集团，是全球领先的光伏材料制造商及新能源开发与运营商，公司通过拓展能源互联网、智慧交通等创新业务加速布局能源服务产业，在 2016 年全球新能源 500 强中位列第二，在 2017 年中国 500 强企业中位列第 144 位，并位列中国高新技术民营企业第 8 强。自创立以来，公司始终秉承“把绿色能源带进生活”的理念，持续为社会提供优质的能源与服务，通过创新驱动、追求卓越，致力成为最受尊重的国际化清洁能源企业。江苏中能硅业科技发展有限公司是协鑫集团旗下重要的一员，作为当前全球最大的、品质优良的多晶硅生产企业，一直走在技术创新的前列。

江苏中能硅业科技发展有限公司（简称江苏中能）是 2006 年 3 月经江苏省外经贸厅批准设立的外商投资企业，是香港上市公司保利协鑫（HK3800）全资控股的高纯多晶硅生产企业，隶属于协鑫集团，总部设于香港，公司位于徐州经济开发区杨山路 66 号。江苏中能为国家火炬计划重点高新技术企业，主营产品太阳能级多晶硅是江苏省高新技术产品，近 4 年国内市场占有率始终保持第一位。江苏中能通过引进、消化吸收、集成创新和自主创新，打破了发达国家对多晶硅关键技术的垄断，形成了独具特色的 GCL 法多晶硅生产工艺体系，整体技术水平达到国际先进，生产成本更进入到国际领先之列，项目成果获江苏省科学技术奖。

作为多晶硅行业的龙头企业，江苏中能融产学研于一体，始终走在前列。未来，公司将作为协鑫集团光伏板块多晶硅综合事业体的中心企业，全力描绘协鑫光伏的美丽蓝图。

## 一、流化床技术简介

流化床技术是指在流化床反应器中，硅籽晶在流化状态下，通入硅原料气体，在一定温度下，在硅籽晶表面发生沉积反应，形成粒状多晶硅。与改良西门子法相比，其优势主要体现在以下四个方面：一是生产能耗低。改良西门子法的还原电耗在45~55千瓦时/千克之间，而流化床法的电耗可达到2~3千瓦时/千克。二是反应速度快，生产效率高。改良西门子法采用的是钟罩式的还原炉，是静态、批次操作，而流化床法采用的是流化床反应器，是动态、连续操作。三是流化床法工艺流程简单，产品规模相同时，占地小，投资少，建设期短。四是产品后端处理简单。改良西门子法生产的是棒状多晶硅，需破碎成块状后包装、销售，而流化床法生产的是粒状多晶硅，无需破碎环节，可直接包装销售。正是基于上述优势，流化床法越来越受到业界的关注。

根据使用的原料不同，流化床法可分为三氯氢硅流化床和硅烷流化床。

### （一）三氯氢硅流化床法

传统的三氯氢硅流化床反应器，采用石英管流化床体、石英材质的分布板。管外壁用电阻丝加热，床体内部温场控制在950~1200摄氏度，高纯籽晶从流化床顶部加入，高纯氢气和三氯氢硅混合后进入高温流化床体内，保证反应器内的籽晶处于流化态。三氯氢硅在高温籽晶表面分解沉积多晶硅，籽晶逐渐长大到直径为300~3000微米粒状多晶硅，在流化床反应器内主要发生以下反应：

热分解反应：$4SiHCl_3 \rightarrow Si+2H_2+3SiCl_4$

气相反应：$H_2+SiCl_4 \rightarrow SiHCl_3+HCl$

硅侵蚀反应：$3HCl+Si \rightarrow SiHCl_3+H_2$

由于微硅粉比表面积大，流化床反应器比改良西门子法采用的钟罩式反应器产率高。随着反应的进行，多晶硅颗粒逐渐长大，沉落到流化床底部，由产品出口排出流化床，通过密封连接系统进入到产品储存室，在高纯氢气保护下冷却到室温，经过惰性气体置换后，密封包装。

### （二）硅烷流化床

硅烷流化床的工艺流程与三氯氢硅流化床类似，也是从流化床底部通入预热的氢气和硅烷气，硅烷气在600~800摄氏度的流化床反应器内快速裂解，硅沉积在床内流态化的硅籽晶表面，使籽晶颗粒长大，当籽晶粒径增长到一定程度即从流化床底部采出，得到颗粒硅产品，粉尘从顶部排出，颗粒硅产品的后处理工序与三氯氢硅流化床基本一致，硅烷分解的化学反应如下：

$$SiH_4 \rightarrow Si+2H_2$$

由于硅烷本身的物理性质，使得其分解反应温度低、放热少、操作温度范围宽，转化率达99%以上，沉积电耗目前已达到2~3千瓦时/千克，硅烷在反应过程中不存在腐蚀性副产物，尾气主要成分为氢气及极少量的硅烷，通过深冷、吸附等方法即可实现分离提纯，不需额外回收副产物等尾气处理设备，也不要求反应器壁严格冷却，工艺流程短、投资少，这些特性使得流化床反应器在成本方面的优势凸显。然而，值得注意的是硅烷气存在易爆炸、难储存等问题，对装置设计、加工制造和现场操作、控制精度等均有极其严格的要求。

由于三氯氢硅和硅烷分子结构不同，物性上有较大差别，相比于采用三氯氢硅为原料气，硅烷氢化反应的副产物少，分解效率高（硅烷分解效率达到 99% 以上，而三氯氢硅仅 19% 左右），反应温度低，在工艺设计、设备材料、操作与控制等方面都较易掌握，因此，工业上硅烷流化床法应用较多。如美国的 MEMC 和 REC 均成功运行有硅烷流化床生产线，以及最近几年已投运和拟投运的硅烷流化床生产企业如江苏中能、陕西有色天宏瑞科硅材料有限责任公司（天宏瑞科）公司；三氯氢硅流化床法也有部分企业正在研发，比如德国 Wacker 于 2007 年建设了一条年产 650 吨的试验线，2008 年年底投产，运行良好。

## 二、流化床技术现状

大量的实践结果表明，流化床法因具有低的沉积电耗和可连续生产的核心优势，其综合指标要明显优于改良西门子法，随着内衬材料和涂层技术的进步，解决了流化床法颗粒硅纯度方面的困扰，目前现有技术已完全具备生产电子级硅料的能力。另外，颗粒硅无需破碎、清洗等后处理环节，可直接应用于下游铸锭坩埚的填装，增加坩埚填装量 10%~20%，在最新研发的连续直拉单晶硅（CCZ）技术上，颗粒硅因为粒径小、流动性好，可方便作为硅料连续添加到直拉单晶炉中，据 MEMC（美国芯源系统股份公司）统计，该技术可提高单晶炉的生产效率 25%，制造成本降低 40%。随着技术的进步，流化床法将有可能凭借其独有的成本优势和纯度保证而成为行业的下一个选择。

美国 REC 硅科公司是最早采用硅烷流化床法生产颗粒硅的企业之一，其采用四氯化硅歧化法制备硅烷，以硅烷气为原料，在流化床反应器中硅籽晶表面沉积多晶硅，整过工艺形成闭路循环，基本上不产生副产品和废弃物，可极大地降低建厂投资和生产能耗。2009 年 REC 的产能即达 6500 吨 / 年，如今已实现每季度 5000 吨以上的量产能力，其颗粒硅的现金成本在 11 美元 / 千克左右；MEMC 一直采用流化床技术量产颗粒硅，不同于 REC 采用 TCS 歧化法制备硅烷技术，MEMC 的硅烷是以四氟化硅为初始原料，全工艺非闭环，生产能力达到 15000 吨 / 年以上，目前该公司因运营困难已停产；德国 Wacker 公司从 2000 年开始研发流化床法，与前两者不同，Wacker 以三氯硅烷为原料，直接在流化床反应器中分解得到颗粒硅产品，2007

年 Wacker 在第 5 期生产装置中采用流化床技术，设计产能 650 吨 / 年，2008 年投产，但其后无论是 2009 年在德国的工厂还是 2011 年在美国田纳西州的工厂都采用了改良西门子法。国内高校、研究机构和多晶硅厂在过去的几年都将研究热点不同程度地转向流化床工艺，但已进行产业化生产的仅有协鑫集团旗下的江苏中能，2014 年江苏中能成功开发出拥有自主知识产权的首套年产能 3000 吨的流化床，通过在已建成的装置上进行生产验证，以期开发出更为完善的工艺和装置，计划用 3 年的时间形成 2.5 万吨的流化床颗粒硅产能，并将颗粒硅生产成本控制在 6 美元 / 千克左右。在市场压力下，国外掌握流化床核心技术的企业也不得不寻求与我国多晶硅企业合作，通过技术转让等方式合资建厂，如陕西天宏与美国 REC 硅科公司于 2014 年合资设立年产 2 万吨颗粒硅的天宏瑞科公司。

到目前为止，已知的国际上掌握流化床核心技术并成功产业化的企业有 REC、MEMC（已停产）、江苏中能、天宏瑞科和 Wacker，前 4 家均采用硅烷流化床技术，只有 Wacker 采用了三氯氢硅流化床技术。2016 年颗粒硅年产能，REC 约 18000 吨，江苏中能约 12000 吨，Wacker1000 吨，合计产能 31000 吨，约占 2016 年全球多晶硅总产能（44.33 万吨）的 7%；2017 年江苏中能计划扩张颗粒硅产能至 25000 吨，加上天宏瑞科新建颗粒硅产能 18000 吨，颗粒硅产能将达到 62000 吨，约占 2017 年全球多晶硅总产能（54.69 万吨）的 11.3%。

尽管相对于改良西门子法，流化床法具有投资小、能耗低、反应速率快、转化效率高、可连续性生产等优点，但是流化床法仍然存在较多的技术壁垒，如流化床的传质传热问题、床体内衬的结硅问题、尾气中的微硅粉问题等，仍然需要长期的深入研究和实践的不断摸索，逐步改进设备、工艺，以完全发挥流化床技术的优势，保证设备的长周期稳定运行，进一步降低成本，届时流化床法的市场占有率将逐步提升到 40%~50%。但应该认识到，流化床法生产的颗粒硅作为铸锭坩埚的填充料和连续直拉单晶的补充料，是改良西门子法生产的块状硅的应用补充，不能完全取代块状硅，未来流化床法和改良西门子法仍将并存发展。

目前流化床法亟待解决的技术难点主要集中在以下几个方面：

一是壁面沉积。硅烷流化床的控制目标是在床层内硅籽晶颗粒上进行化学气相沉积，从而得到不断长大的颗粒硅，但是流化床现有的加热方式，不可避免地导致硅烷在床层内壁和进料喷嘴等表面发生气相沉积反应，降低流化床的传热效率和进料量，严重时可能导致内衬破裂和管道堵塞，进而导致流化床装置停车检修，从而降低生产效率。

在以往的研究和实践中，通常试图通过隔绝反应物和内壁面对此问题加以解决，或者在床层轴向分别设立反应区与加热区，仅向反应区内供应硅烷，从而避免在加热区壁面上沉积，但是因为流化床的强返混特性，在长时间运行后也将逐渐失效。另外，通过改变加热方式，降低壁面温度来减少沉积，也能够一定程度上起到预期效果。

二是流态化控制。在硅烷流化床中，处于流化状态中的颗粒硅产品粒径一般控制在 700~2000 微米，按照经典的 Geldart 分类法属于典型的 D 类颗粒，在流化时控制不好极容易产生气泡和节涌，同时大气泡对于控制硅烷的均相沉积和增加气体与颗粒的接触面积都不利，进而会降低硅烷的转化率并产生更多硅粉，因此，良好的床层流态化控制技术是流化床法的关键之一。

解决途径是，可以设计更加合理的气体分布器和喷嘴结构来改善床层流化态，同时在实际运行中通过不断积累操作经验，控制合适的气体流化流速，以保证设备的长周期稳定运行。

三是产品纯度控制。产品纯度控制曾一度是流化床法的软肋，随着近年来材料、控制等相关技术的不断进步，流化床法的纯度控制得到了极大改善，已经能够满足光伏领域的需求，很多厂商都在以生产电子级产品为目标进行流化床的开发与设计。

## 三、流化床技术的未来趋势

流化床未来的技术发展将主要集中在以下几个方面：

一是新型流化床反应器的设计。流化床反应器是颗粒硅生产的关键设备，其内部结构的设计对颗粒硅的流化状态和气体的传质、传热有重大影响，因此，合理的反应器设计是该技术取得重大进展的关键。早期的流化床底部采用倒锥形结构，倒锥形锥面为流化气体入口，反应气从倒锥形中心进口进入，与籽晶混合，反应器内的加热区域在反应区域上方，被加热的籽晶落入下方反应区与含硅气体反应得到颗粒硅。业内专家于 1994 年设计出的新型流化床反应器，加热区位于下方，反应区位于上方，底部为流化气体分布器，中心硅原料气进口直接引入反应区，硅籽晶在加热区加热后被流化气体带入反应区反应，该设计的好处是，床层在热的区域和冷的扩大段之间形成了缓冲区，使得气体在扩大段更容易降温。2002 年，Lord 等人提出了反应器设计，该反应器由多段堆叠而成，最下方为加热区，中间为反应区，上方为再结晶区，每段均有加热装置和进气喷嘴，反应物料从中间段喷嘴引入反应区反应，避免了器壁的沉积，再结晶段将气相中的硅微粉重结晶后落入反应区继续反应，可降低尾气硅微粉含量。然而，该反应器整体设计复杂，操作工艺控制难度大。

总之，未来新型流化床的设计关键点在于：（1）设计合理的流化气体分布器，使得流化床的床层流化态更好；（2）反应区与加热区分开设计，以避免器壁沉积，影响传质传热；（3）喷嘴位置和形状的设计，避免喷嘴结硅导致喷嘴堵塞；（4）合适的放大段的设计，尽可能减少尾气中硅微粉的排出。

二是流化床的大型化。流化床技术经过几十年的发展，其单套产能一直没有得到快速放大，主要原因在于：流化床是动态操作，工艺复杂，涉及流化气和硅原料气的控制、籽晶的补充、颗粒硅的连续产出和温度场的控制等因素，操作难度大；另外流化床大型化后，炉内空间的传热受到较大影响，停炉后拆装炉难度大，严重影响产能。因此，国外生产商如REC、MEMC和Wacker等虽然累积了20余年的流化床操作经验，但其单套流化床最大产能也不超过1000吨。国内，江苏中能于2011年开始研发硅烷流化床技术，完成了千吨级流化床中试线，在此基础上解决了大型流化床的传热、内衬污染、喷嘴堵塞等难点，并成功开发出高压流化床反应技术，2014年通过技术创新开发出世界单套产能最大、年产3000吨的硅烷流化床装置，目前，现在正在设计第五代流化床，预计单套产能将达4000吨，生产成本低于6美元/千克。

三是新型内衬材料开发。早期的内衬采用石英材质，随着流化床的放大和产业化开发，石英内衬因为成本和工艺原因已无法满足生产需求，因此人们开发了高纯石墨内衬，但因石墨硬度较低，在颗粒硅生产过程中容易磨蚀造成C污染，因此开发了新型涂层技术。目前主要采用负载有SiC涂层的石墨内衬，这种内衬材料解决了颗粒硅的加热和污染问题，然而，SiC材料和石墨的热膨胀系数不同，在生产过程中，热量的波动容易造成内衬材料的破裂，导致停车。因此，开发新型耐受热冲击的内衬材料是未来技术发展方向之一。

四是流化床内反应机理研究。流化床内的反应环境复杂，涉及多相流过程，颗粒硅的流化，气体的传质、传热，异相反应和均相反应，以及主反应和副反应繁多等，目前研究一般认为流化床内的反应机理主要有异相沉积和均相沉积，但在工业生产条件下，实际的沉积机理复杂得多，由于条件的限制，实际生产工况下无法对流化床内发生的反应做更多的监测。因此，颗粒硅沉积和生长机理到目前为止仍不是很清楚，尤其是高压流化床，由于压力提升，反应物浓度增加，反应的机理将更加复杂，未来需要结合理论计算和模拟技术来研究类生产条件下的反应机理，为实际生产过程中的工艺操作提供更多理论指导。

# 材料基因　启迪未来

## ——MatAi 材料大数据的探索与实践

成都材智科技有限公司

## 一、行业背景：材料基因组计划和中国制造 2025

### （一）材料基因组计划

从 20 世纪 80 年代起，技术改进和经济增长越来越依赖于新材料的发展，然而目前新材料从设计到生产的周期完全无法满足产品设计更新周期的要求。材料研发的长周期性可以归因于一直依赖于科学直觉和“试错法”（trial and error），造成研发工作耗时、工程量巨大和大量重复工作，获得的性能符合需要的新材料种类稀少并且依赖一定的运气。

在新材料的研发周期制约高端制造业快速发展的瓶颈效应越发显著的背景下，美国在 2008 年提出“集成计算材料工程”（ICME），在 2011 年 6 月发布“先进制造伙伴计划”，其核心内容之一为“材料基因组计划”（MGI），这些计划包含了利用互联网、计算机与材料数据相结合实现跨层次多尺度计算，加快材料设计研发进程，使新材料从设计到新产品开发应用全链条的进程至少加快 1 倍，成本至少降低一半，带动以先进材料为基础的高端制造业的快速发展。材料基因组计划提出后，美国政府和材料界迅速响应。美国联邦机构，包括美国能源部（DOE）、国防部（DOD）、国家科学基金会（NSF）、国家标准与技术研究所（NIST）和国家航空和宇宙航行局（NASA）已经投资超过 5 亿美元支持这一计划。

中国在材料基因组计划提出后积极响应：自 2012 年起，中国科学院和中国工程院、中国硅酸盐学会、许多大学和研究所等机构多次开展以材料基因组计划为主题的研讨报告会；上海大学在 2014 年组建了材料基因组工程研究院，在数据库建设、集成计算与软件开发、结构与物性表征、服役与失效等基地建设方面进行了大量基础性工作，随后上海成立了上海材料基因组工程研究院；2015 年中科院上海硅酸盐所“无机材料基因科学创新中心”正式运行；宁波组建了国际材料基因工程研究院，目标是建成中国第一个国家级材料基因工程大科学研究平台和国际一流的新材料应用技术研发基地。材料基因组相关机构的成立和研讨会的热烈召开，反映了中国加快先进材料研发进度、促进制造业升级转型的迫切需要。

### （二）智能制造和“互联网 +”

制造业是国民经济的主体，是立国之本、兴国之器、强国之基。我国制造业覆盖领域和规模已位列世界第一，但存在大而不强、产品利润低、高端制造缺乏等问题。如何促使制造业转型升级，实现智能制造，是目前摆在我国制造业面前的一大难题。在 21 世纪，新一代信息技术将与制造业深度融合，将引发影响深远的产业变革，形成新的生产方式、产业形态、商业模式和经济增长点。各国都在加大科技创新力度，推动三维（3D）打印、移动互联网、物联网、云计算、大数据、生物工程、新能源、新材料等关键领域取得新突破，以占领智能制造的制高点。

美国在提出材料基因组计划之后，又相继提出了《大数据计划》《先进制造业国家战略计划》和《国家制造创新网络计划》。2013 年，德国率先抛出“工业 4.0”，旨在提升制造业的智能化水平。2015 年，我国《政府工作报告》提出“互联网 +”和“中国制造 2025”行动计划，提出加快推动新一代信息技术与制造技术融合发展，把智能制造作为两化深度融合的主攻方向；深化互联网在制造领域的应用，促进工业互联网、云计算、大数据在企业研发设计、生产制造、经营管理、销售服务等全流程和全产业链的综合集成应用；实施工业云及工业大数据创新应用试点，建设一批高质量的工业云服务和工业大数据平台，推动软件与服务、设计与制造资源、关键技术与标准的开放共享。

## 二、材料大数据

在工程科学研究中，科学第四范式即数据密集型科学扮演着越来越重要的角色。纵观材料研究历史，可将其划分为 4 个阶段：在早期很长的一段时间内是以经验科学为主的第一阶段；从 17 世纪开始进入理论模型产生知识的第二阶段，其特征为使用数学方法得到的热力学模型；计算机的发明使材料研究进入计算模拟的第三阶段，诸如密度泛函理论、分子动力学等一系列模拟计算方法在这个时期得到快速应用；随着计算机运算能力的提高，采用高通量计算、组合试验等方法产生了大量数据，再结合前三阶段的理论知识和试验数据，材料研究进入了（大）数据推动科学发现的第四阶段。要实现材料基因组计划的材料研发三大工具（材料数据库、高通量计算、高通量实验和表征），离不开材料大数据和材料信息学技术的支持。

传统的材料研发依赖于“试错法”，依据材料研发人员的经验和历史数据、文献数据等信息，设计材料的成分和工艺，然后进行生产实验和性能测试，根据性能结果调整成分工艺，通过不断的试制和优化使材料性能达到使用需求。“试错法”造成材料研发周期长、资金耗费大。在 21 世纪，科学研究逐渐进入数据驱动时代，依赖现代计算机强大的计算能力和日益完善的数据挖掘算法，“试错法”的材料研发模式正逐步转向“大数据分析”的研发模式。从“材料大数据”中学习和预测材料的成分、工艺对材料的结构和性能的定量影响规律，这被称为 PSPP（Process-Structure-Property-Performance）关系，也就是决定材料性能的“材料基因”。高校、科研机构和企业在数十年的研发生产中积累了大量多源异构的材料数据，这些材料数据组成材料大数据集，是新材料研发极为重要的参考资料。和普通大数据所具有的“5V”特征类似，材料大数据具有“4V”的特点，即：Volume，数据容量巨大；Variety，数据类型多样；Velocity，数据变化快速；Value，数据价值隐藏。

如何高效管理和应用这些材料数据，对目前的制造业来说是一个不小的挑战。目前企业和机构存在数据管理落后、查找数据缓慢、数据丢失和数据重复测试等问题。材料数据管理和应用的低效率无疑对材料研发周期和成本控制产生不利的影响。国外某研究机构针对材料数据管理做过一项调查，结果显示：企业每个工程师每周平均花费 30 分钟寻找材料数据；80% 的各类数据分散在不同的系统当中；通常 20% 的材料测试重复进行；50% 的高成本数据只使用了一次就再也不重复使用。

材料数据存在自己的生命周期。随着新的测试、新材料出现、供应商或应用领域的进入，材料数据类型和描述材料的维度（材料画像）会产生不断的变化。然而材料信息往往被非常分散地存在于文献图书、硬盘、文件、报告中，甚至在技术专家的大脑里，因此我们需要一个全新的系统化方法来采集并结构化这些数据。

## 三、MatAi 材料数据智能管理解决方案

在上述的材料研发新模式背景下，材智科技（MatAi）以“材料基因组计划”理念为指导，以材料信息学为工具，开发了材料数据智能管理整套解决方案，帮助客户更好地管理和应用材料大数据。

### （一）材料数据智能管理软件（MDM）

MDM 灵活的数据系统创建和材料数据管理机制，可在整个材料研发、生产到应用的过程中实现材料数据全生命周期系统的管理和部署。MDM 可满足用户开放和灵

活的需求，它是一个健全的大型材料数据智能管理系统，但它也可以满足一个较小的企业、部门或团队的需要。事实上，MDM 的部署实施可以采取分阶段的方法来满足企业内部升级发展的需求。刚开始时，针对一个专业团队或一个具体应用构建一个有针对性的解决方案，然后再逐步扩展到更多的用户和应用。

MDM 在材料应用领域的优势体现在以下几方面：

• 管理和应用材料数据。建立集成材料信息数据系统，实时管理和分析企业或机构内部产生的大量数据，并将数据部署到需要它们的部门和人员，提高研发和生产效率。

• 实现数据可溯源。管理数据的全部相关信息，如不只是实验数据结果，实验方法、过程、条件、设备信息等相关信息都进行管理，数据可溯源的优势在于保证数据的完整性，进行更准确的数据评估，在产品设计要求变化时判断数据是否能够再次使用。

• 维护数据和数据再利用，减少数据丢失。将材料数据集中管理，可避免因为工程师职位变动造成的数据丢失，减少资金浪费，强大的信息检索能力和完整的材料谱系数据使数据再利用更加方便快捷。

• 提高数据安全。完善的数据权限控制系统，确保正确的人看到正确的信息。

• 提高生产率。数据的有效管理和应用，可以避免浪费时间寻找材料信息和不必要的材料重复测试和分析，加快产品设计，提高生产率。

• 获得更多的信息。提供多种材料参考数据（库），包括标准数据、测试数据和文献数据，确保用户使用到可靠的材料参考数据、信息和知识。

• 节省成本和缩短市场化时间。材料数据的高效管理可能为企业带来数千万元的成本节省。

• 减少风险。避免因为数据原因导致的项目延误的错误、质量问题或法律责任。

### （二）材料数据分析（MDN）

MatAi 提供各类材料数据分析工具，或根据用户具体分析需求定制化开发分析工具。通过应用这些材料数据分析工具，帮助用户实现专业的材料数据分析，更好地使用数据库中的材料信息。

一是计算数据分析。定制化的高通量分析，对各类模拟计算软件（如 VASP、Thermo-Calc 等）的高通量计算结果，根据用户分析需求定制化高通量分析工具。

二是试验数据分析。研究机构和企业的技术中心为了分析不同成分和工艺对材料的性能影响规律，进行了大量的实验，获得了大量的测试数据。这些测试数据的特点是多维异构，需要与它的设计和工艺制造数据结合起来进行分析。MatAi 的数据分析工具包括表格对比、曲线对比和气泡图对比工具，或者根据用户需求定制化的材料数据分析工具，可以帮助用户快速分析这些测试数据。

三是产品数据分析。产品数据包括材料的全生命周期数据，如原料信息、制造工艺、性能检测、环境评价、下游用户和应用性能数据等。产品数据的特点是海量多源，MatAi 的表格对比和性能气泡图对比工具可以帮助用户快速分析这些产品数据。

### （三）材料数据库（MDB）

MatAi 整理了大量金属材料领域的专业数据库，可在 MDM 软件中访问和应用这些材料数据。这些数据有目前世界最全的各国金属材料标准性能数据，以及材料领域国家宏观政策、重大科研专题分析、分析报告、行业统计数据、行业动态、文献、图书、专利、材料产品性能、材料微观结构、材料相图、工艺曲线等材料知识数据。

一是全球标准性能数据库。全球最全面的金属材料标准性能数据库，汇集全世界共计 22 个国家，超过 80 类标准体系的 20 万种金属材料性能参考数据；支持用户定制某一领域用途的标准数据子库、如铝合金标准数据子库、钛合金标准子库、不锈钢标准数据子库，高温合金标准数据子库等。

二是材料知识信息数据库。高效的数据采集系统与搜索引擎系统，可以让用户快速精准地搜索目标信息。云端庞大的数据资源依靠强大的搜索引擎技术形成的统一服务云平台，实现在几分钟内定向浏览上万个站点并采集用户所关心的内容，或者在数秒之内找到用户需要的技术信息，为用户节省大量的人力和时间成本。MatAi 的材料知识信息数据库整合了包括材料领域国家宏观政策、重大科研专题分析、分析报告、行业统计数据、行业动态、文献、图书、专利、材料产品性能、材料微观结构、材料相图、工艺曲线、计算模拟服务以及互联网实时资源。

三是材料数据库开发合作。MatAi 希望与客户合作并开发数据产品，通过 MatAi 拥有丰富的材料数据管理经验和材料信息专业知识，可以应用这些专长来帮助用户完成以下任务：审核用户的材料数据并就其组织提供建议，帮助整合和评估材料数据；将非电子或不可搜索的非结构化材料数据转换为更有用的形式研究，并编译自定义数据集；丰富用户现有的数据在线准备和发布数据（链接到在线发布）。

### （四）材料数据管理方案（MDS）

材料数据的全生命周期企业在进行产品设计和改进时，需要使用正确的材料数据，不正确材料数据的使用会造成产品设计进程受阻；材料的使用还需要满足世界各国对产品的环境要求和相关法律法规的规定。材料数据管理方案以材料基因组工程框架为基础，在整个材料研发、生产到设计应用的过程中，根据用户业务实际流程需求，定制实施材料数据全生命周期的数据管理系统。

一是生态设计。MatAi 协助企业管理产品的环境影响数据，建立产品生态设计专用的环境性能数据系统，帮助用户在产品设计中合理选材，管理产品在生产、使用、回收等流程中的环境影响信息，在产品的全生命周期中的各个环节降低甚至消除材料对环境的负面影响，达到世界各国对产品的环境性能要求。

二是高通量计算与分析。材料基因组计划以材料信息学、集成材料计算工程和材料数据库三大工具，为新的研究范式发展提供必要的工具，强大的计算分析将减少对物理实验的依赖。改进的数据共享系统和一体化的工程团队将允许设计、系统工程与生产活动的重叠与互动。MatAi 在材料信息学技术、高通量计算和计算数据的高通量分析方面与用户合作，为用户定制化开发材料的高通量计算和高通量分析的解决方案。

三是材料生命周期数据管理。MatAi 在整个材料研发、生产、到设计应用的过程中，根据用户业务实际流程需求，定制实施材料数据全生命周期的数据管理系统，管理和应用材料信息。MatAi 不仅是材料工程师，如果机构涉及任何产品或材料的设计和支持，MatAi 将有助于管理从材料设计、选材、生产、测试和应用中的风险和成本，如成分 / 工艺设计的合理性和符合环保法规的要求。MatAi 还支持根据客户具体的数据分析和系统集成需求，进行相应的数据分析工具和软件系统的数据接口开发，例如在 CAE 模拟软件中集成 MDM 数据接口，实现材料数据的直接调用，保证数据的完整性和一致性。

## 四、关于材智科技（MatAi）

材智科技（MatAi）拥有一支以由国内外行业顶尖专家为核心技术团队，是一家专业从事材料行业专业数据加工、管理、分析、咨询，以及行业 / 企业数据中心建设的高新技术企业。长期以来，MatAi 专注于材料专业知识服务领域数据智能分析与计算技术的研发，业已形成核心竞争优势。在此基础上，与国内外行业领先机构开展技术合作，开发材料行业专业数据智能管理平台与材料科学计算分析平台，业已在材料专业数据智能管理、分析、计算咨询服务领域占据国内领先地位。

MatAi 与国内外业内权威机构达成了广泛的数据合作，致力于向客户提供全面、完善的材料专业数据与咨询服务，以及定制化的材料数据管理解决方案和数据库建设，目前服务领域已覆盖大学、科研机构和生产企业。

# 二、新产品

## 北斗兼容卫星导航天线的产业化发展

嘉兴佳利电子有限公司

### 一、最大的微波介质陶瓷元器件生产商

嘉兴佳利电子有限公司（简称佳利）成立于1995年12月，专业从事微波介质陶瓷元器件和卫星导航组件的研发、生产和销售，产品广泛应用于微波通信领域，主要实现微波信号接收、处理与发送等功能。佳利为北斗星通（股票代码：002151）旗下子公司，北斗星通是我国最早从事导航定位业务的专业化公司，是我国导航定位产业领先者。

佳利是微波介质陶瓷材料、元件、组件及整机全产业链集成商，以及国内少数具备自主知识产权的低温共烧陶瓷（LTCC）材料制备工艺技术并实现规模化生产的企业，是国家级高新技术企业、全国电子信息行业优秀企业、全国博士后科研工作站建站企业，连续7年位列中国电子元件行业百强，已创建省级研发中心、省级企业技术中心、浙江省微波陶瓷材料重点企业研究院以及微波陶瓷材料工程实验室。佳利在卫星导航领域拥有授权专利及软件著作权登记45项，主持与参与制定的元器件及北斗天线类行业标准、团体标准10项，已承担国家级科研及产业化重大专项28项，技术成果“低温共烧片式多层微波陶瓷微型频率器件产业化关键技术”获国家科技进步二等奖。佳利研发团队曾荣获“全国五一劳动奖状”，总经理尤源被聘为“中国第二代卫星导航系统重大专项应用推广与产业化专家组”专家，公司发起

设立了中国北斗车载应用产业联盟，致力于中国北斗车载应用产业化推广工作。

佳利已通过ISO9001、ISO/TS16949、ISO14001、OHSAS18001以及GJB9001B等质量管理体系认证，具备年产1000吨以上微波介质陶瓷材料制备能力以及年产2亿只高低温烧结微波介质陶瓷元器件、1000万只卫星导航天线与600万只导航和蓝牙模块生产能力。

佳利目前是中国大陆最大的微波介质陶瓷元器件生产商，佳利品牌的卫星导航组件产品在国内同行中处于领先地位。佳利正在建设中的卫星/移动通信微波陶瓷元器件智能工厂总投资1.5亿元，将重点攻克关键短板装备——微波介质陶瓷粉体一体化生产线并建设13条基础元器件自动化生产线，打破电子陶瓷材料制备工艺及装备的高技术壁垒，弥补微波介质陶瓷粉料制备及基础元器件制造装备短板，带动行业示范应用与发展，为中国无线通信和卫星导航等相关领域提供完整的技术解决方案和产品，提升GLEAD中国品牌的国际竞争力。

## 二、已完成3种北斗兼容天线的研制

“北斗兼容卫星导航天线”项目被确立为2009年国家高技术产业化示范工程项目。该项目主要推动微波介质陶瓷材料、仿真设计等技术的应用，实现北斗/GPS兼容卫星导航天线的产业化，满足卫星导航产业发展的需求。项目实施期内建设卫星导航天线示范生产线，形成年产北斗兼容卫星导航天线260万只的生产能力。

通过该项目的实施，佳利已完成25×25、18×18、15×15三种北斗兼容天线的研制，其中，25×25以及18×18系列天线技术成熟，性能稳定，已实现批量生产和销售，并建立了年产北斗兼容卫星导航天线260万只的生产线。项目实施取得了一系列成果，申请并获授权发明专利1项、实用新型专利2项，牵头制定并颁布实施行业标准1项，主要参与制定并颁布实施行业标准2项。

该项目实际完成投资额2094.65万元，其中设备及安装工程费用1667.52万元，建筑工程改造115.06万元，固定资产投资合计1782.58万元，铺底流动资金312.07万元。该项目获得国家专项资金400万元、地方配套资金200万元，国家专项资金及地方配套资金合计600万元均用于购置研制设备。

## 三、项目建设背景

北斗卫星导航系统（BDS）是中国自主建设、独立运行，可与世界其他全球卫星导航系统（GNSS）兼容互操作的全球卫星导航系统，也是继美国GPS和俄罗斯

GLONASS之后世界上第三个成熟的卫星导航系统。我国于2009年启动北斗全球系统建设，目前已步入全球覆盖的新进程，并计划2018年面向“一带一路”沿线及周边国家提供基本服务，2020年前后完成35颗卫星发射组网，为全球用户提供服务。

目前，北斗系统已形成包括基础产品、应用终端、运行服务等较为完整的北斗产业体系，正在从行业应用拓展到大众应用。截至2017年4月，北斗导航型芯片模块销量已突破3000万片，高精度板卡和天线销量分别占据国内市场30%和90%的份额，并输出到70多个国家和地区。《中国卫星导航与位置服务产业发展白皮书（2016年度）》显示，2016年我国卫星导航产业总体产值达到2118亿元，北斗对产业核心产值的贡献率达到70%。

国务院办公厅发布的《国家卫星导航产业中长期发展规划》指出，国家卫星导航产业发展目标为，到2020年，我国卫星导航产业创新发展格局基本形成，产业应用规模和国际化水平大幅提升，产业规模超过4000亿元，北斗卫星导航系统及其兼容产品在国民经济重要行业和关键领域得到广泛应用，在大众消费市场逐步推广普及，对国内卫星导航应用市场的贡献率达到60%，重要应用领域达到80%以上，在全球市场具有较强的国际竞争力。

本项目产品是以接收北斗卫星信号为主的可兼容其余卫星座及频段的卫星信号产品，是在各国竞相发展可用于定位、导航、授时、测量等民用及军事用途的卫星星座系统基础上，根据市场需要而提出的研制和生产一种以北斗为主，可同时接收GPS或Galileo或GLONASS多星座系统的天线接收模块，它可以提供更精确的定位、更快捷方便的服务，当某个卫星系统发生故障或其他原因，特别是预防美国GPS有针对性的关闭，导致现有GPS不能工作时，可利用我国自主研制的北斗系统或其他星座频段，进行定位和提供所需的服务，其主要适用于卫星导航、大地测量、授时、工程测量、资源勘察、铁路巡更、公安保卫、小型车载、林业、地质行业、旅游、摄影及野外考察、国防装备和军事用途等，具有在海、陆、空、天进行全方位实时多维导航与定位的能力。

## 四、在微波介质陶瓷材料上具备优势

佳利依托自身在微波介质陶瓷材料上的优势和技术创新能力，通过集成化手段向下游发展，进一步拓展产品链，积极向下游产业延伸，在微波介质陶瓷元器件的基础上成功开发了北斗卫星导航天线和卫星导航模块等产品，建立了覆盖“材料—元器件—组件产品”的产品链和研发体系。

本项目产品为北斗基础类产品，根据中国第二代卫星导航系统专项管理办公室统计，佳利品牌的北斗兼容（多模）卫星导航天线年度销量已连续3年位列国内行业第一。

据相关文献资料显示，截至2015年12月31日，北斗基础产品中多模导航型天线的总销量和季销量（其中，总销量指2011年1月1日至2015年12月15日已经完成销售出货的量；第三季度销量指2015年6月16日至2015年9月15日已经完成销售出货的量；第四季度销量是指2015年9月16日至2015年12月15日已经完成销售出货的量）统计表中，多模导航型天线总销量已经达到600万，其中第三季度销量达到87.7万只，第四季度销量达到141.1万只。其中，嘉兴佳利电子有限公司以425.9万只位居总销量第一，占全国9家单位总销量的70.98%。

# 无线 NEW 办公解决方案打造最“牛”办公环境

锐捷网络股份有限公司

锐捷网络股份有限公司（简称锐捷网络），2003 年成立于福建福州，现有员工 3000 余人，其中 50% 为研发人员。自成立以来，锐捷网络始终扎根行业、深入场景应用领域，进行解决方案设计和创新，并利用云计算、SDN、移动互联、大数据、物联网等新技术为各行业用户提供端到端解决方案，助力全行业数字化转型升级。锐捷网络自主研发的产品涵盖了交换机、路由器、无线、云数据中心、云桌面、安全、网关、IT 管理、认证计费、智慧教室、移动应用平台等 11 条产品线。锐捷网络在全球拥有 5 大研发中心、40 个分支机构、4000 多家合作伙伴，业务范围覆盖亚洲、欧洲、美洲、非洲等 30 多个国家和地区。其贴近用户应用的创新成果，广泛应用于政府、运营商等机构以及金融、教育、医疗、互联网、能源、交通、商业、制造业等行业信息化建设领域。作为国家企业技术中心、福建省网络通信系统及终端设备企业工程技术中心以及福建省知识产权优势企业，锐捷网络锻造了以企业研究院为核心、开放合作的自主创新体系，坚持自主创新，以“掌握核心技术，开发具有自主知识产权的产品”为基本研发理念，截至目前，锐捷网络共申请专利 1813 项，其中发明专利 97%，获得授权专利 1055 项，获得软件著作权 80 余项。锐捷网络的发明专利拥有量位居全国企业排名第 22 位，在网络通信领域位列前三甲，并连续多年居福建省企业排名第一。

如今，企业的工作环境正由封闭转为开放，在更具社区感的场景中，Wi-Fi 将办公的设备与人自由联通，一场由无线驱动的办公室革命正在发生。为此，锐捷网络推出了无线 NEW 办公解决方案，该方案精准锚定不同行业特性的办公模型和需求痛点，让全场景无线实力派再度进阶，为用户带来最“NEW”、最“牛”的无线办公环境。该方案包括先锋办公、灵活办公、安全办公三大场景，无缝对接制造业、互联网、金融、能源、政府、服务业等不同领域所需的相应的无线办公应用需求。

## 一、先锋办公：优先体验 + 数字化

在现代企业办公环境中，员工使用多种智能终端通过无线网络进行日常办公，对无线网重度依赖，存在着办公人员高度密集、业务种类多、追求至上体验的Wi-Fi使用需要。同时，这些企业的会议室使用效率非常高，并且需要严格遵守预订时间，通常一场会议尚未结束，下场参会人员就已经开始在门口等候。但是在一场会议开始前，工作人员需要大量的准备工作，启动PC、传输文件、调试投影仪、准备投屏转接头等，繁琐的调试步骤和杂乱不堪的设备，不仅会影响会议效果，后期维护、兼容性等问题都让员工十分头疼。

针对上述办公室高密度、高并发特点，先锋办公方案采用了“缺哪儿补哪儿”的AP卫星扩展技术，实现整体4射频部署，性能提升100%，使接入终端数加倍，并且轻松解决了超高密度接入区和覆盖盲区的体验问题。先锋办公方案还采用了业界最领先的Pre-ax抗干扰技术、CorrectLink接入技术和AirReorder均衡技术，在保证终端接入到较近且空闲AP的同时，让整张网络具备抗干扰和多终端业务均衡的功能。

在数字会议室效率支撑方面，锐捷采用“一室一AP”的无线方案，在“一室一智能TV”的极简会议室形态下，用户使用“AirPlay”功能，就可以实现秒级切换会议模式，完美解决会议准备耗时长、系统兼容性等问题。先锋办公方案构建出的新型会议形态，支持智能投屏就近推荐及防止投屏被抢占功能，不再需要各种转接头，不再需要等待文件传输，文件安全不落地，让用户一键开启全数字化会议模式。

## 二、安全办公：强防御 + 高隔离

在政府机关、制造业、金融机构等领域，不仅专网专用，信息化建设更需严格贴合等级保护要求。这些行业中无线办公环境的安全保密需求明显。例如，政府行业的移动办公网，需要承载移动审批、邮箱等移动办公应用；制造企业需要在无线办公环境中传输生产数据，需要针对访客严格控制，安全需要分域、分单元，每个安全域、网络单元还要可控可管。但是，针对办公环境中存在钓鱼Wi-Fi、私架Wi-Fi的情况，不仅“反制成本”过高，更需要用户掌握数据窃取的高级防御能力。

为确保上述领域的无线应用安全，锐捷无线“NEW”办公解决方案以“严苛的用户准入、安全域隔离、主动式防御”为核心，提供了安全办公场景下的网络建设方案。其一，针对业务网、访客网、办公网等不同场景的终端，采取7个安全等级的准入策略，可针对不同角色的终端分配不同权限的资源。其二，通过分区、分层、

分级、分域的纵向认证体系，单一域出口专网专用、全方位无线威胁防护，以及在动态加密无线链路保护下将业务网、体验网、访客网分离的架构，构建出高安全、强隔离的无线网络。

在安全办公场景中，锐捷网络特有的 AP 虚拟化技术，将单一物理 AP 虚拟出多个服务 AP，并且只与可信无线控制器建立连接，阻断非法数据流入内网，降低安全风险。在主动防御方面，方案中包括了 7×24 小时、360°全方位射频防御雷达，通过智能分析威胁，使办公网络安全可视可知。管理员可以利用安全雷达，最终形成"扫描—识别—告警—防御"四大联动机制，使钓鱼 Wi-Fi 和 DDOS 攻击等可疑威胁无处藏匿。

## 三、灵活办公：云架构＋轻运维

在创新创业的浪潮中，移动办公正在降低固定办公空间的必要性，同时移动技术也改变了办公空间的提供方式，因此使得一些别具风格的联合办公空间出现了巨大的市场需求。针对采用联合办公、众创空间、写字楼、SOHO 办公的中小企业来说，无线网络建设要兼顾体验、运行维护和安全，不仅成本过高，人员工位流动的情况也让无线 AP 部署位置很难满足业务需要。与此同时，市面上涌现了一批 Wi-Fi 密码共享的软硬件产品，Wi-Fi 密码变得不再神秘，中小企业的无线网络需要更强大的认证机制。

为此，锐捷网络依托经济且功能强大的 RG-MACC 云 AC 平台打造的灵活办公方案，可替代传统本地硬件 AC 职能，运维人员只需要登录到 RG-MACC 云 AC 平台便可实现对 AP 管控、策略下发等传统硬件 AC 的功能。从办公场所的物理格局出发，再到企业员工位置，锐捷提供了从无线交付到运行维护的"一站式"智能服务平台 WIS，轻松解决"部署规划难""无线不可视""网优难见效"等问题。在企业规模扩大后，无需重新布线，利用灵活扩展的"AP 卫星"随时实现网络扩容。在安全方面，方案推荐用户使用更加安全便捷的准入方式，利用"PPSK™ 认证技术"实现"一人、一机、一密码"。

值得一提的是，无线"NEW"办公解决方案的研发足迹遍布全国各地办公场所，研发人员直接驻扎百家企业的办公场所，以"锐捷全场景实力派"的创新力，精心打造出能够"创造企业时间"办公网络。其中，先锋办公解决方案已经率先落地，其体验效果得到了顾家家居等知名企业用户的充分认可，实现了人人都可用、人人都好用的极致办公体验。

# 打造集政府公共服务、市民生活服务于一体的信息服务管理平台

——三维数字社会服务管理系统平台产业化项目案例

兰州北科维拓科技股份有限公司

## 一、全国首个市级三维数字社会服务管理平台

兰州北科维拓科技股份有限公司（简称兰州北科）是一家致力于政务、事务、商务一体化的社会服务管理与公共信息软件产品开发、系统集成的高新技术企业。公司成立于2012年3月，总部设在兰州，下设9个子公司，涉及软件研发及系统集成、产业园区建设、电子商务拓展、智能设备制造、金融支付结算等多项业务。兰州北科运用全国知名党建品牌“民情流水线”的管理理念和作业方式在全国首创研发了三维数字社会服务管理系统，首家提出了运用空间地理信息技术创新社会服务管理的先进理念，具有典型的“产学研用”相结合的特色和优势。

兰州市三维数字社会服务管理系统平台项目分两期实施，其中系统平台软件研发部分总投资3767万元，由兰州北科研发建设。该项目一期于2012年开始实施，被列为兰州市2012年为民兴办的28件实事之一。作为全国首个市级三维数字社会服务管理平台，兰州市三维数字社会服务管理系统平台建设了全市统一的人口、法人、地理信息数据库，涵盖了全市300余项工作，横向覆盖了市、区各业务部门，纵向联通了市、区、街道、社区、网格，有效地整合了资源，节约了成本，极大地提升了全市社会服务管理工作效率。2013年5月，兰州市三维数字社会服务管理平台正式启动运行，平台在既有兰州市三维数字社会服务管理系统的基础上，立足电子政务、电子事务和电子商务三方面，打造了集政府公共服务、市民生活服务于一体的便民、利民、惠民信息服务管理平台，面向市民提供了医疗、社保、教育、养老、就业、社区服务、物联配送、政府信息共享等8项信息惠民服务，建成了兰州市三维数字社会服务管理平台，首创了12345社会服务管理模式，有效解决了基层管理

中资源不能共享、重复投资、重复劳动、工作效率低等问题，提高了社会服务管理工作水平，促进了民生事业的发展。

## 二、运用 12345 模式，提高社会服务管理工作水平

**"1"就是一个系统。**即三维数字社会服务管理系统。该系统利用 GIS 地理信息技术、三维仿真建模技术和实景视频等技术，整合人、情、地、事、物、组织等各类基础信息，将城市的地理地貌，立体、直观、动态地展现出来，形成于实景城市相媲美的虚拟城区，实现了多元异构数据的共享与集成，建立了一个规范、统一、共享的数据管理与服务系统。

**"2"就是两大平台。**即民生服务平台和社会管理平台。其中，民生服务平台建立了 12345 民情通呼叫服务热线、三维服务网、政务受理办事平台、社区频道、掌上民情通、三维市民卡、移动手机 APP 等多种平台，实现在网上、移动终端、自助终端、电视网络自助办事业务，通过多渠道为市民提供 24 小时全天候、全方位服务，受理群众各类诉求；社会服务管理平台建立了纵向贯通市、区（县）、街道（乡镇）、社区（村）、网格、楼院，横向覆盖市区各部门的四级平台管理、六级网格服务的社会服务管理新模式，把城市管理、综合治理、应急管理等基层工作全部纳入网格化管理，实现了社会管理的层级化、网格化、常态化和制度化。

**"3"就是三大基础数据库。**三维数字社会服务管理系统按照以房管人为主、以户籍管人为辅的理念，建立了实有人口和实有房屋的人口数据库，实现"双实"动态化管理、三色房态图清晰化管理，将兰州市 380 余万人纳入平台管理。建立完善了涵盖全市所有企事业单位和经济法人、个体经济组织的经济法人数据库。地理信息库通过建立 2 维、2.5 维、3 维和实景 3 维地图，展现全市空间地理和信息数据，实现地理信息与人口信息、单位信息、视频监控及工作业务信息的有效互联互动。

**"4"就是四大整合。**即语音整合、视频整合、业务整合、数据整合。语音资源的整合是将全市 47 部公共服务热线和生活服务热线整合于 12345 一个号码，实现语音转接、热线问答、在线咨询、便民服务、应急服务和投诉建议等一号受理、分级办理、各级联动、方便市民的服务管理模式。视频资源整合将兰州市公安、城管、交通、环保、安监等 5 万多个视频监控探头进行了整合，实现视频资源的共享共用。业务工作整合，将基层 137 多项业务工作统一整合于 20 个工作模块，形成了一体化、智能化的工作系统，各级各部门既可以在统一的大平台上互联互通、资源共享，又可在各自的平台上开展业务管理服务。数据整合将全市各业务部门的数据通过系统平台基础整合，实现了信息的统一采集、统一维护、统一共享。同时对各类数据信

息进行分类汇总统计。

**“5”就是五个在线。**即焦点在线、化解在线、舆情在线、应急在线、效能在线。其中，焦点在线将全市重点工程、重点部位、重点场所、重点人群等纳入三维大数据社会服务管理平台进行全方位监控管理，通过建立一整套风险评估的预警机制，科学预防矛盾纠纷及突发事件；化解在线就是通过层级网格化的矛盾排查预警机制，从矛盾纠纷的受理、调处、承办、上报四个环节，通过矛盾纠纷排查预警系统实时统计和反映矛盾纠纷调处化解动态，做到及时发现矛盾纠纷、科学研判矛盾纠纷、及时化解矛盾纠纷；舆情在线通过运用搜索引擎、大规模的文本处理、自然语言处理等技术，对市、区各部门、街道、社区、网格、楼院六级海量信息的自动抓取、清洗、分类监测和话题分析等智能处理，实现舆情的第一时间发现、第一时间引导、第一时间应对和第一时间处理；应急在线通过在楼院建立“六位一体”的信息采集队伍，每天通过网格楼院长的无线手持终端即时更新维护各类信息，通过四级应急指挥地理信息平台，对各种危险源、防护目标、应急队伍和物资的分布进行标注，第一时间提供突发事件现场的第一手资料，为各级领导科学处置突发事件提供了决策依据；效能在线即将社会服务管理的各项工作进行全过程的信息化监管，通过实时分析、实时跟踪、自动追溯、保留痕迹、综合查询等智能监管功能，全面、准确、客观地考核评价全市各级各方面社会服务管理的工作实效。

兰州市三维数字社会服务管理平台全面覆盖了兰州市3县5区、52个街道、391个社区及市区108个单位和部门。2015年，该项目二期开始建设实施，目前系统基础平台已升级到三维数字社会服务管理系统4.0版本、网格化管理平台2.0版本，拓展研发了三维党政部门办公系统、大数据综合分析系统、云物业管理系统、“两学一做”学习平台、全民数字城管系统等30余项子系统，实施了兰州市信息惠民工程、党政部门三维数字办公系统等市属重大项目，目前系统累计取得自主知识产权专利3项、软件著作权32项。同时，在三维数字社会服务管理平台基础上拓展研发了14个业务模块，进一步拓展了兰州市三维数字社会服务管理平台的服务领域，为构建智慧兰州一体化体系奠定了坚实的基础。

## 三、打破信息孤岛，实现互联互通、共建共享

兰州市三维数字社会服务管理系统平台有效地避免了“信息孤岛”，解决了软件开发与实际应用相脱节等难题，而这些正是目前我国在社区或者更大范围的管理中所存在的问题。因此，这个系统在我国的社会管理中发挥了很好的示范作用。也正因此，它受到了各级政府部门的高度关注，兰州市三维数字社会服务管理平台自建成以来，

已接待中央、各省（自治区、直辖市）参观团近千个，参观人员近两万人。参观者对三维数字社会服务管理系统在社会服务管理服务工作中的作用表示了肯定，对一个街道办事处能够开发出这样一套功能完备、实用性较强的工作系统均表达了敬佩和赞赏，部分省市还表达了引进该系统的意向。目前，甘肃省内兰州、金昌、嘉峪关、平凉、武威、合作6个市州已建成或正在推广建设系统，全国范围内已在北京、山东、山西、四川、云南、贵州、青海、宁夏、湖南、辽宁等15个省的30多个市县区推广应用。

在工业和信息化部和甘肃省委省政府的支持下，三维数字社会服务管理系统于2012年10月通过了甘肃省三维数字社会服务管理系统行业标准立项，同年12月工信部又通过了三维数字社会服务管理系统国家行业标准立项，并将标准更名为社会服务管理信息化国家行业标准，兰州北科维拓科技股份有限公司、兰州市三维数字社会服务管理中心、北京市科学院和兰州大学作为主要起草单位，目前标准第一部分“总则”已于2015年9月份由工信部正式发布，并于2016年4月1日起开始实施，其余5个分则已于2017年3月22日在工信部正式立项通过。

兰州市三维数字社会服务管理系统平台属全国首创，依托三维数字系统平台建设，兰州市已建成甘肃省省级工程研究中心和省级企业技术中心，拥有多个具有自主知识产权的核心技术，取得了软件著作权30余项、专利5项，先后荣获了第十五届、十六届、十八届和二十届中国国际软件博览会金奖、创新奖，甘肃省科学进步二等奖，兰州市科技进步一等奖，2014年中国智慧城市十大解决方案等荣誉。甘肃省委省政府成立了推广三维数字社会服务管理系统工作领导小组，要求全省推广应用三维数字社会服务管理系统，实现公共管理数字化、服务平台一体化、“民情流水线”普遍化。工信部同甘肃省政府拟签订部省共建协议，并牵头成立了产业联盟进行推广，联盟包括国内知名的软件信息企业、科研院所，覆盖智慧城市建设、产业园区、电子商务、智能制造、支付结算等领域，构建了一体化发展模式，逐步形成完备的三维大数据产业链条，有效保证该系统在全国的推广。

兰州市三维数字社会服务管理系统平台为政府民生服务和公共管理构建了这样一个应用场景：通过“实景化”的三维地图标注、“区域化”的查询、“网格化”的管理、“专业化”的服务、“动态化”的数据比对、“全景化”的视频管理，将原来存储在各业务部门的孤立的信息数据“激活”并“游动”起来。今后市民到政府部门办事，递上身份证，政府数据库已有其相关的基础信息，就不需要市民再提供纸质证明，大大方便了市民群众。同时，政府通过这一系统把各部门的管理、服务信息资源整合在一个平台上，实现信息资源互联互通、共建共享，方便有关部门找准、找到服务管理对象，再造政府服务工作流程，提高政府服务质量和工作效率，受到了人民群众和上级领导部门的高度评价。

# 出口替代进口：铝电子新材料行业的标准制造者

新疆众和股份有限公司

## 一、出口替代进口，打造中国制造品牌

新疆众和股份有限公司（简称新疆众和），是中国铝电子新材料战略性新兴产业在新疆的研制出口基地，公司于1958年建厂，历经50载，已成为中国新材料领域的核心骨干企业、中国铝加工制造百强企业、中国电子元件百强企业。新疆众和于1996年在上海证券交易所上市，是新疆第一家上市的工业企业。

近年来，新疆众和以绿色、科技、节能、环保的铝电子新材料产业为发展方向，在乌鲁木齐高新北区和甘泉堡园区建设了两个铝基新材料产业园，构建以"煤—电—高纯铝—电子铝箔—电极箔"新材料循环经济产业链为核心，集物流贸易、冶金技术服务、矿产资源开发、能源电力运营于一体、共同发展的"1+4"产业战略格局，实现了零污染、低能耗、全循环经济的发展模式，推进了新型工业技术的更新换代，为环保型社会提供了"绿色"原材料保障及解决方案。

新疆众和是国家首批"创新型企业""国家技术创新示范企业""国家火炬计划重点高新技术企业"，拥有"国家认定企业技术中心""博士后科研工作站"，被批准设立"铝电子材料国家地方联合工程实验室"，引领着国内电子新材料行业技术发展方向。目前，新疆众和已成为首批国家认证的"两化"融合体系贯标试点单位，荣获新疆维吾尔自治区第二届人民政府质量奖，成为自治区首批通过海关AEO高级认证的企业。

新疆众和拥有8项软件著作权；累计获得国内外知识产权200余项，主导制定了电解电容器用铝箔、高纯铝等10余项国内外行业标准；先后承担了"极大规模集成电路制造关键材料""高比容电子铝箔研究与开发"等7项国家"863"计划项目、2项"国家科技支撑计划"和1项"国家科技重大专项"等一系列国家新材料领域重大科研攻关课题和领跑工程；培养了一支以院士、国内外知名专家为核心的人才队伍；先后与东北大学、北京科技大学、中南大学等高校院所，建立了"产学研用"

的长效合作机制，成为国内著名学府的人才培养基地，在铝基结构型、功能型材料尖端产品研发和生产领域实现了历史性突破。

新疆众和的高纯铝、电子铝箔、电极箔产品已全面替代进口，实现了向原产地美国、日本、韩国等发达国家和地区批量出口，销售网络覆盖亚、欧、美等15个国家和地区。

新疆众和在新材料产品研制领域拥有全套高纯铝生产和检测技术，可生产纯度为99.95%至99.9995%全系列高纯铝及合金产品，设备和工艺技术均达到国际领先水平，是全球最大的高纯铝及高纯合金生产基地，已为神舟载人航天工程、航空航天事业、北京奥运会、国防军工等提供了绿色环保高性能材料，有力地促进了国家科技创新能力的飞速发展。

新疆众和自主研发的环保型高、低压电子铝箔生产技术，填补了国内空白，以高起点、高标准建造了国内最大的环保型电子铝箔生产线，产品通过了国际联盟RoHS环保认证和海外高端客户的绿色供应商认证。目前可批量生产210伏至1000伏全系列电极箔产品。作为储能产品，铝电解电容器在电脑、电视、空调、照相机等家用电器，以及通信、医疗、汽车电子、太阳能光伏、风力发电等领域广泛使用，全系列产品性能指标均达到国内外先进水平。

新疆众和自主研发高性能合金结构件、环保铝型材及铝线缆，生产环境及试验检测手段位居行业先进水平，通过了国家节能产品认证，具备成套项目实施、装备制造及试验能力，产品在高速列车、飞机座椅、装饰材料、工业散热器、城市综合办公建筑和超高压电力传输工程中广泛使用。

## 二、高屋建瓴，紧跟市场需求

新疆众和所处的电子新材料行业是国家在未来时期大力发展的重点行业。目前新疆众和生产的电子铝箔产品已得到市场认可，电子铝箔新产品已基本成熟且逐渐成为主导产品。随着电子铝箔产品所需原料结构的调整，新疆众和现有的高纯铝原料产能已经不能满足目前的市场需求。

新疆众和有两条铝板生产线，分别为宽幅高纯铝板和窄幅高纯铝板。窄幅铝板因其规格太小，不利于成品率和劳动效率的提高。而宽幅铝板的产能无法满足后期铝箔生产的需求，必须通过新增宽幅高纯铝板生产线来满足市场需求及调整产品结构、提质增效的要求。

新疆众和的电子材料专用宽幅高纯铝板产业化项目，是为扩建宽幅高纯铝板铸造能力的生产线项目。该项目针对国内国际日益增长的高纯铝需求，在现有高纯铝产能不能满足市场需求的形势下，利用新疆众和自有的且位居世界前列的高纯铝生产技术，采用计算机信息技术进行工艺参数控制和生产管理，提高劳动生产率；利用节能、环保、降耗的新技术、新工艺，进一步降低能耗，提高产品附加值，提升新疆众和已有的高纯铝产业的综合水平。

电子铝箔用高纯铝板主导生产方法存在元素分配问题，部分杂质元素含量较高。经与国内外同行的先进企业进行对标，设计出新疆众和现有铝板生产设备和工艺配制，有效地提高了电子铝箔原料质量，进而提高了电子铝箔产品的质量。

## 三、产业技术更新快，工艺水平要求高

### （一）产业发展态势

全球铝电解电容器行业发展快速，加之国家政策对中国电子新材料行业的大力支持，推动全球产业格局向中国转移，中国电子铝箔行业迎来快速发展期。

随着国内铝箔生产企业投资的不断加大及技术水平的不断提高，铝箔产能及产量不断扩大，2005 年我国铝箔产量约 60 万吨，仅次于美国，位居世界第二位；2006 年我国铝箔产量 74.50 万吨，成为全球最大的铝箔生产国；2010 年我国铝箔产量增长到约 200 万吨，2013 年增长到 340 万吨，年复合增长率达到 20%。

从电子铝箔下游至电极箔腐蚀的技术发展趋势来看，高、低压腐蚀生产都在不断地追求“产品高比容”“生产线高车速”，这对电子铝箔产品的技术研发、工艺优化提出了更新更高的要求。

### （二）项目市场定位

按照如此广阔的市场，新疆众和所生产的电子材料专用宽幅高纯铝板作为生产电子铝箔的上游产品，市场定位以满足公司内部需求为主，进一步完善公司产业链，提高公司电子铝箔产品质量。之后，以国内厂家为主要目标客户，待市场平稳后，特别是产品质量取得客户认可，逐步向包括日本在内的国外客户进行销售。按照目前的市场情况来看，只要产品性价比有优势，无论是国内客户还是国外客户，都会使用该项目投产后生产的产品。

### （三）项目市场需求

新疆众和的高纯铝主要用于生产电子铝箔，电子铝箔是公司电子新材料产业链

的主打产品之一，具有较高的附加值和较强的核心竞争力。

## 四、节能环保，产品质量可控

### （一）大幅降低能耗

该项目采用物理提纯方法，生产过程中基本没有污染物的排放，属于清洁环保的生产方式；该技术的耗电量较传统生产方法有大幅的降低。另外，其一次性启动资金较传统生产法大幅减少。

### （二）产品质量稳定性提升，产生可观的经济效益

一是项目建成后宽幅高纯铝板重量增加，可直接提高铝箔成品率，铝箔成品率提高带来的年经济效益达千万元；二是通过建设宽幅高纯铝板生产线提升了铝箔产品质量的稳定性，从而有效扩大了产品的市场占有率。

### （三）保证产品质量和产品性能的一致性

由于项目开发之初定位比较高，在开发过程中全面考虑自动化控制的应用。目前生产设备参数均由电脑自动监控，每一步提纯生产过程均由电脑进行控制，真正实现了标准化操作，降低了人为因素对生产的干扰，最大限度地保证了产品质量和产品性能的一致性。

# 深耕中国制造　助力内燃机行业转型升级

潍柴动力股份有限公司

## 一、打破国外对重型高速柴油机技术垄断

潍柴动力股份有限公司（简称潍柴动力）是中国内燃机工业协会理事长单位，是目前中国综合实力最强的汽车及装备制造集团之一，位居“中国机械工业百强企业”第二位，是中国最大的内燃机研发、制造、销售企业，重型柴油机产销量世界第一。2004 年以来，企业销售收入和利润稳居国内内燃机行业首位。

汽车用柴油发动机属于《中国制造 2025》重点领域技术路线图“节能与新能源汽车——高效内燃机”的发展重点，也是“重点产品领域”中“重型载货汽车”的核心关键零部件，直接决定了重型载货汽车的动力性、经济性、环保性和可靠性等核心指标。作为我国内燃机行业领军企业，2014—2016 年潍柴动力的相关产品销量近 80 万台，销售总额 530 亿元。在全国建立了由 5000 余家特殊维修服务中心组成的服务网络，在海外建有 243 家维修服务站，产品远销俄罗斯、伊朗、沙特、越南、印度尼西亚、巴西等 110 多个国家和地区。通过技术输出、产能合作等方式，在印度、埃塞俄比亚、缅甸等地建立生产基地。潍柴动力研发的具有自主知识产权的蓝擎系列柴油机，在产品主要加工工艺、主要性能及能耗指标上均达到国际领先或先进水平。先后承担和参与“超级节能型重型载货汽车混合动力系统开发研究”“高压共轨重型柴油机关键技术研究”等国家重点研发计划项目 30 余项，获得授权专利 1879 项（其中美国专利 5 项），专利布局全面覆盖公司全系列柴油机产品；主持和参与制修订国家和行业标准 67 项，由潍柴动力提交的国际标准《ISO 2710-2 Reciprocating internal combustion engines—Vocabulary—Part 2: Terms for engine maintenance》修订提案，是国内内燃机企业唯一的一项国际标准提案，现已经完成 ISO 投票立项。企业获得省部级以上科技奖励 25 项。2012 年潍柴动力的“重型高速柴油发动机关键技术及产业化”项目获国家科技进步二等奖，打破了国外对重型高速柴油机的技术垄断。

潍柴动力建有国内内燃机行业企业唯一的"内燃机可靠性国家重点实验室"，拥有"国家认定企业技术中心""国家工程技术研究中心""国家专业化众创空间""内燃机国际科技合作基地"等高水平研发机构。潍柴动力牵头成立了内燃机可靠性国际技术创新联盟，联合美国麻省理工学院、美国威斯康星大学、德国亚琛工业大学、美国西南研究院、清华大学、浙江大学等19家国内外知名专业研究机构，深入开展技术研究与合作，在内燃机整机可靠性、关键零部件可靠性等领域享有较高的知名度。潍柴动力采用在研发经费中设立科技创新专项基金，以虚拟市场化运作，提高产出效率和质量，完善创新绩效管理机制，实施个人绩效合约管理制度，建立健全创新人才激励机制，探索股权、期权和分红激励和多种分配方式等多种激励机制。研发创新团队共1350人，1人入选国家百千万人才工程，6人入选国家"千人计划"，10人被评为山东省"泰山产业领军人才"，在国内外发动机领域具有重要的影响力。

潍柴动力是工信部"品牌培育示范企业"和"质量标杆企业"，在国内同行业率先通过GJB9001B和ISO/TS16949质量管理体系认证，建立健全了产品全生命周期的程序文件和管理制度，建立了《采购产品、互供产品质量索赔管理办法》等质量管理制度、《专利管理办法》等知识产权制度流程，建立了规范的专利工作流程、商标管理流程，使知识产权管理更趋规范、合理、高效，制定了《安全生产责任制管理办法》《安全教育管理办法》《职业卫生管理办法》等制度，有效保障了生产安全。

## 二、实现产品结构优化，更好地满足市场需求

公路货运的高速化、货运周期的高效化、能源消耗的节约化以及整车排放的清洁化，对发动机的排量、功率、扭矩、排放以及油耗的要求逐渐提高。同时，国防安全对于军车及其核心零部件的升级要求逐渐严格，特别是对发动机排量、功率、扭矩的指标要求越来越高。在欧美等发达国家，大排量、高功率发动机在公路货运领域已得到广泛应用。相比而言，我国大排量、高功率发动机相对比较少，技术研究程度不够。在此背景下，潍柴动力围绕高速大功率柴油机关键技术进行深入研究是非常有必要的。

中国经济进入高质量发展阶段，内燃机行业总体产能过剩问题日益严重，行业发展势头放缓，行业竞争加剧。为促进国内内燃机工业产业结构调整，实现产品结构的优化和更好满足市场需求，企业急需提高装备水平，改进生产工艺，淘汰部分落后设备，提高能源综合利用水平。基于以上需求，"WP13系列高性能柴油机研发

及产业化”项目的开展十分必要。

潍柴动力作为国内内燃机行业的领军企业，多年来以引领我国内燃机行业达到国际先进水平为己任，依托企业建立起国家级企业技术中心，诸如牵头成立的国家商用汽车动力总成工程技术研究中心、内燃机可靠性重点实验室，和上下游国内外知名配套企业的研发中心和政产学研用联合体等优势资源，致力于内燃机配套及技术的研究，引领大排量、高功率柴油机的发展方向，解决了我国大排量、高功率发动机核心技术欠缺、整体水平落后的问题。在此前提下，潍柴动力针对国内公路货运市场与其他特殊用途市场的需求，开发了动力性、经济性、可靠性以及排放性能优异的 WP13 柴油机。WP13 系列柴油机以蓝擎 WP12 系列柴油机为基础设计而成，潍柴动力现有 WP12 柴油机产能过剩，同时市场对潍柴动力 WP13 发动机需求量较大，现有生产能力难以满足市场需要。因此，在原有 WP12 生产设施基础上，利用、改造和新增部分生产设备及设备基础，并对配套公用管线进行适应性改造，在保持产能不变的情况下，实现原产品与 WP13 系列高性能柴油机等新产品混线生产，形成年产 5 万台 WP13 系列柴油机的生产能力。

潍柴动力基于蓝擎 WP12 系列柴油机的开发基础和生产设施基础，有能力成功开展完成“WP13 系列高性能柴油机研发及产业化”项目。

## 三、十大优势满足细分市场需求

WP13 系列高性能柴油机具有十大优势，主要用于重型商用车、工程机械、特种车辆、船机、发电等领域，并将通过对动力总成匹配，整车经济性、可靠性等优化提升，进行适应性开发，以满足其他细分市场的需求。WP13 系列高性能柴油机的十大优势如下：

（1）大排量可靠性高。平均故障间隔≥ 25 万公里，B10 寿命达 120 万公里以上；

（2）动力强劲。功率范围覆盖 480~550 马力，最大扭矩可达 2500 牛 · 米，最大扭矩转速延伸至 1000 转 / 分，爬坡能力强，是国内卡车市场的完美动力。

（3）油耗低。百公里油耗比竞品低 5 升，每年能为用户节省 6 万元。

（4）皮实耐用。无辅助措施可在零下 15 摄氏度直接起动，采用预热可在零下 40 摄氏度顺利起动，海拔 4700 米高原地区超低功率损失，整车高原适应性更具竞争优势，动力依旧强劲。

（5）结构紧凑。配套适应性强。

（6）NVH 好。依托国内最大的消声试验室，采用单体式气缸盖及气缸盖罩设计，干式气缸套、机体低噪声结构设计，斜齿轮设计、后置齿轮室，大大降低了机械噪声。

（7）维修方便。装配有“潍柴智多星”售后通信服务系统，且大部分零部件与批量生产的 WP12 保持通用，零部件更易获得。

（8）成熟度高。与同平台产品共线生产，工艺成熟度高，完全共享 WP12 国际优秀供应商资源体系，零部件品质得到有效保证。

（9）继承性好。WP13 整机接口完全继承于 WP12 发动机，解决了配套难的问题，为用户节省了新产品配套带来的改进设计费用。

（10）服务优。服务网点遍布全国，提供“5P”专业服务和“说到，做到，更周到”的服务承诺。

与目前全世界公认的实力最强、技术最顶尖的重型发动机研发与生产企业 Cummins、Caterpillar、Benz、MAN 和 Volvo 等的同类产品相比，WP13 系列柴油机的动力性指标与国外竞品相当，优于国内同类产品；燃油消耗率指标优于国内外同类产品产品。具体技术性指标比较见下表。

| 发动机型号 | WP13 | CA6DM3 | YC6K13 | D2676 | Cursor13 | OM471 | D13K |
|---|---|---|---|---|---|---|---|
| 缸径 × 行程（毫米） | 127 × 165 | 126.5 × 166 | 129 × 165 | 126 × 166 | 135 × 150 | 132 × 156 | 131 × 158 |
| 行程缸径比 | 1.30 | 1.31 | 1.28 | 1.32 | 1.11 | 1.18 | 1.21 |
| 排量 | 12.54 | 12.51 | 12.9 | 12.4 | 12.9 | 12.8 | 12.8 |
| 功率（千瓦） | 353~445 | 353~368 | 360~426 | 338~397 | 330~412 | 310~375 | 208~405 |
| 标定转速（转 / 分） | 1900 | 1800 | 1900 | 1900 | 1900 | 1800 | 1900 |
| 最大扭矩（牛・米） | 2550 | 2300 | 2550 | 2500 | 2500 | 2600 | 2600 |
| 最大扭矩转速（转 / 分） | 1000~1400 | 1000~1400 | – | 1050~1400 | 1000~1500 | 1100 | 1050~1450 |
| 最低燃油消耗率（克 / 千瓦时） | 183 | 185 | 189 | 193 | 188 | 186 | 191 |
| 发动机重量（千克） | 1000 | 1050 | 1100 | 1015 | 1320 | 1152 | 1156 |
| 升功率（千瓦 / 升） | 35.5 | 29.4 | 32.9 | 32.0 | 31.9 | 29.3 | 31.6 |
| 升质量（千克 / 升） | 75.0 | 83.9 | 85.0 | 81.9 | 103.2 | 90.0 | 88.9 |
| 最高排放水平 | 欧 VI | 欧 VI | 欧 VI | 欧 VI | 国 V | 欧 VI | 欧 VI |

自 2014 年产品推向市场以来，潍柴 WP13 柴油机累计销售 1.7 万台，实现销售收入 15.72 亿元，广泛用于陕汽、大运、柳汽、一汽青岛、扬州盛达、北奔等企业。

## 四、实现技术高端化，掌握核心竞争力

### （一）良好的技术储备，厚积薄发

作为国内内燃机行业的领军企业，潍柴动力坚持目标导向，全面对标国际一流技术水平，致力于引领国内乃至全球动力行业的技术发展方向，实现技术高端化，掌握核心竞争力。企业拥有行业内唯一的内燃机可靠性企业国家重点实验室、现代化的“国家级企业技术中心”及国内一流水平的产品实验中心，设有“博士后工作站”，在美国、欧洲，以及中国潍坊、上海、重庆、扬州、西安等地建立了研发中心，确保企业技术水平始终紧跟世界前沿。依托全球领先的研发平台，企业先后承担和参与了国家、国家项目 30 余项，获得授权专利 1879 项。基于以上积累，在政策导向和市场需求的变化，潍柴动力顺势推出堪称“中国公路货运的完美动力”的 WP13 系列柴油机，性能卓越，客户反映良好。

### （二）充分利用公司生产资源，实现投资收益最大化

该项目在已建二号工厂内实施，主要在原有 WP12 生产设施基础上，保持现有产能不变，通过提高装备水平和生产工艺，淘汰落后设备，积极推进产品结构调整和产品质量的提高。根据潍柴动力产品发展战略规划，适当提高 WP13 系列柴油机生产能力，以满足不断增长的市场需求。充分利用原有固定资产，对现有加工、装配生产线进行改造，满足年产 5 万台 WP13 系列柴油的要求。该项目的实施，提高了能源综合利用水平，实现了产品结构的优化，更好地满足了市场需求，促进了国内内燃机工业产业结构调整。

### （三）对标强者，提升产品水平，实现客户满意

潍柴的企业愿景是：以整车整机为龙头，以动力系统为核心，成为全球领先、拥有核心技术、可持续发展的国际汽车及装备制造工业企业集团。在产品开发过程中，潍柴始终对标国际实力最强、技术最顶尖的重型发动机研发与生产企业，致力于打造行业领先的产品及解决方案，成为客户最可靠、最值得信赖的价值选择，让客户满意。

# 成为世界轮胎模具行业的领跑者

山东豪迈机械科技股份有限公司

## 一、成为世界轮胎前三强的优质供应商

山东豪迈机械科技股份公司（简称豪迈科技）于1995年成立，是一家上市民营高新技术企业，世界轮胎模具研发与生产基地，被誉为世界轮胎模具行业的领跑者。豪迈科技牵头成立了国内首家橡胶模具及制造装备产业技术创新战略联盟。与全球前75名轮胎生产商中的62家建立了业务关系，是世界轮胎前三强米其林、普利司通、固特异的优质供应商。目前轮胎模具国际市场占有率25%，出口额占全国同类产品出口总额的90%。2016年实现销售收入25.7亿元，利税11.6亿元，研发投入9524万元，占销售收入的3.72%，企业运营团队荣获了全国五一劳动奖章。

豪迈科技是全球最大的轮胎模具生产基地，掌握世界上先进成熟的轮胎模具电火花加工工艺、精铸铝加工工艺和雕刻加工工艺，并紧跟世界潮流，运用激光雕刻、3D打印等多种全新工艺，主要产品包括子午线轮胎模具、轮胎两半模具、特种轮胎模具等，具有技术领先、品种最全、产能最大、客户群最优、盈利能力最强5个特点，在个性化、技术要求高、工艺复杂的轮胎模具制造市场上稳居领先地位，连续4年获得德国大陆和美国固铂颁发的最佳供应商奖。为给客户提供更加便捷的服务，豪迈科技相继在美国、泰国、印度及欧洲等地建立了子公司，逐渐形成了覆盖全球的服务体系。

## 二、迅猛发展的轮胎模具行业拥有广阔的市场空间

豪迈豪迈科技依据自身拥有的生产技术优势和目前国内外高档乘用轮胎模具的市场需求，建设年产8000套高端子午线轮胎模具项目是十分必要且可行的。

### （一）项目的建设是落实国家相关产业政策的重要举措

随着汽车工业的快速发展，服务于汽车生产的模具近年来快速增长。在汽车

工业十分发达的国家，为汽车服务的模具往往要占到全部模具生产量的40%以上。经过多年发展，我国目前为汽车服务的模具约占全部模具产量的1/3。橡胶模具中应用面最广、技术含量最高的要数轮胎模具。随着我国轮胎行业的高速发展，与之配套的轮胎模具行业也得以迅猛发展，给轮胎模具业提供了广阔的市场空间。预计“十三五”期间我国汽车行业将会以年均10%左右的增速发展，我国庞大的汽车需求量将促进轮胎行业的快速增长，而轮胎行业的快速增长也必然带动轮胎模具行业加速发展。豪迈科技高端轮胎模具项目的建设对整个汽车行业的发展有积极推动作用。

### （二）项目建设是发挥企业自身优势，以创新动力改造升级为重点，在轮胎模具行业发挥示范带头作用，打造具有国际竞争力的中国制造业的需要

轮胎模具包含乘用轮胎模具、载重轮胎模具、工程轮胎模具和巨型工程轮胎模具等，其中以乘用轮胎和巨型工程轮胎模具制造技术最难。高效排气技术、低压铸造技术等是高端轮胎模具的关键共性技术。目前我国乘用胎模具材质主要为铝硅合金，但其理化参数不能满足模具耐磨、耐腐蚀和良好的机械加工性能等要求，而铝镁合金因具有优异的机械性能及耐腐蚀性能等而成为生产高端轮胎模具的理想材料，但该材料在低压铸造过程中极易氧化，工艺难度大，成品率低，一直无法产业化应用。

豪迈科技自成立以来，主要从事轮胎模具及橡胶机械和数控机床的研发、生产、销售，以及高端零部件铸锻加工。公司十分重视新技术、新工艺、新产品的研发，设有国家地方联合工程实验室、山东省子午线轮胎模具工程技术研究中心、山东省重点企业技术中心，拥有先进的研发设备、雄厚的技术力量、精密的检验检测设备等。

豪迈科技通过创新开发铝镁合金改性技术、低压铸造熔体净化、流场及温度场控制技术和装置，以及参数化收缩率计算方法，解决了铝镁合金熔炼、充型、冷却过程中易出现气孔、氧化夹杂物、缩松、形位精度不稳定等铸造缺陷的行业关键共性技术难题，提高了轮胎模具低压铸造材质均匀性、精度精准控制和成品率，铸造成品率达到99.7%。该项目的工艺技术达到了同类技术的国际先进水平。

## 三、高端子午线轮胎模具项目每年可实现销售收入6亿元

豪迈科技是工业和信息化部制造业单项冠军示范企业、山东省首批创新百强试点企业、中国子午线轮胎模具重点骨干企业，设有省部级以上科研创新平台7处，与清

华大学、华中科技大学、山东大学等高校院所建立了良好的合作关系；拥有瑞士米克朗激光加工机、3D 打印机、五轴加工中心等研发设备，承担省级以上研发项目 100 余项（其中国家火炬计划 3 项、国家重点新产品计划 2 项），目前拥有效专利 132 项（其中发明专利 20 项），拥有省级以上科技成果 19 项（其中 7 项达到国际领先水平），主导及参与制修订国家 / 行业标准 5 项。

年产 8000 套高端子午线轮胎模具项目由豪迈科技出资建设，建设地址选在高密市康成大街 5655 号豪迈装备产业园 D 区，项目总投资为 41000 万元，该项目占地面积 15 万平方米，总建筑面积 9 万平方米，购置五轴联动高速加工中心、双柱立式车床等先进设备 776 台套。项目建成后，每年可生产高端子午线轮胎模具 8000 套。项目建设期为 3 年，于 2015 年 10 月份开工建设，计划 2018 年 9 月竣工。项目建成后，每年可实现销售收入 6 亿元，利润 1.7 亿元，税收 0.9 亿元。

轮胎模具属于个性化定制、小批量生产、工艺技术复杂的产品。基于个性化定制的行业背景，豪迈科技提出了“关注客户需求，持续改进提高”的质量理念，坚持“勇于创新、持续超越”的企业精神，始终以最好的质量、不断的创新和流程改善来实现对顾客的承诺，实现公司的持续发展。作为世界轮胎模具行业的领军企业，豪迈科技在质量管理方面一直走在行业前列，并通过多年的探索和实践，形成了个性化定制复杂工业品的精细化质量管理经验。

### （一）创新理念、氛围和机制建设，实现人人把关保质量

豪迈科技提出“改善即是创新、人人皆可创新”的创新理念，积极营造“鼓励创新、宽容失败”的良好氛围，坚持认为创新失败的代价可分段设控，创新成功的收益却难以估算。2016 年，公司收到职工创新提议 114400 多条，实施了 89008 条，创新实施率超过 78%，创造价值超过 6654 万元。在国内外市场需求不振的形势下，依靠源源不断的创新，销售收入实现同比增长 12% 以上。

豪迈科技从细微之处鼓励创新，带来全员创新的发展激情。小到方便的室内倒车镜，大到替代进口的模具雕刻设备，创新“就像爬山一样，爬一个台阶、两个台阶比较容易并且效果不明显，但是当你连续爬上几个小时，再往下一看的话，就会发现自己其实爬得已经很高了”。

### （二）完善的质量管理体系及制度建设，实现环环相扣保订单

豪迈科技建立了完善的质量管理体系，制定了质量方针，设定了管理者代表，编制了质量目标、组织结构，明确划分了各部门的质量控制职责，建立了相应的程序文件，将质量管理工作和质量活动予以规范，并将其持续改进贯彻于工作全过程。

2002年首次取得质量管理体系认证证书，并执行HG/T3227.1–3227.2–2009产品质量标准。技术部、生产部、品保部等各部门以ISO9001质量管理体系为基础，不断创新，形成了自己独具特色的质量管理组织结构及管控方法。

### （三）“两化”融合打造“互联网+”时代新型能力

为推进“两化”融合，加强对信息化建设的战略部署和统筹策划，豪迈科技成立了信息化中心，由总工程师负责具体实施，下设软件开发工作室、软件实施办公室、标准化小组、IT管理办公室，成员近百人。因为整体业务量太大，管理难度急剧增加，每月上千的产品订单、上万的零部件在线加工，如果没有信息化技术是很难管理的。

信息化管理，从销售接单、研发设计、生产调度排产、车间生产管理、采购、外协，到仓库、成本核算、产品发货等完整的业务流程控制，质量管理始终贯穿于整个业务过程。

### （四）创新为质量提升而服务，开发专用加工检验检测装备

豪迈科技坚持全员改善与专业研发相结合，技术创新为产品质量提升而服务。目前公司拥有一支400余人的装备研发团队，先后开发出微细深孔智能钻机、五轴高速加工中心、激光三坐标测量仪等一系列装备轮胎模具专用系列加工装备共计30余种，先后开发完成1000多台套专用装备的设计和生产任务，为产品的加工质量、质量检验提供了装备保障，成为公司核心竞争力之一。

### （五）客户需求为导向、“产学研用”相结合，开展关键共性质量问题攻关

豪迈科技坚持内部自主研发与联合科研院所、上下游企业研发相结合，以客户需求为导向，整合上下游资源，针对客户需求和长期以来存在的行业关键共性质量问题，进行“产学研用”联合攻关。引进业内质量管理方面的国内外高级人才，特别是聘请世界500强轮胎企业优秀工程师来公司工作、担任高级顾问，聘请他们对目前质量管理体系进行客观评价，针对不足提出改进措施并监督实施和应用，推广先进的质量管理理念和方法，开展人员培养培训，促进了产品质量的提高，提升了客户满意度。

# 超高效和变频压缩机项目助力企业腾飞

加西贝拉压缩机有限公司

## 一、公司简介

加西贝拉压缩机有限公司创建于1988年12月，注册地址为浙江省嘉兴市王店镇百乐路40号。该公司是环保、节能、高效冰箱压缩机的专业研发制造商，隶属轻工类的家用电器行业，为国有控股企业。注册资本84000万元，现有总资产近40亿元，员工2500余人，银行信用等级AAA，建有国家级企业技术中心、省级重点企业研究院、院士专家工作站、两个海外技术营销中心和3个生产制造基地（嘉兴市秀洲区王店镇百乐路56号厂区、嘉兴市南湖区亚中路588号厂区，以及嘉兴市南湖区大桥镇东风路1888号厂区，占地面积分别为103亩、205亩、176亩，建筑面积分别为4万平方米、10万平方米、6.6万平方米），是全球单一地区最大规模的冰箱压缩机研发制造基地。公司关键加工设备全部从美日及欧洲等发达国家引进，目前年产压缩机能力达到2500万台，产销总量、产品性能、经济效益长年保持领先于国内同行，连续11年出口位居行业首位，综合竞争实力位居国内行业首位、全球行业前二强。2016年公司压缩机产品的全球市场占有率达12.6%，尤其是欧洲市场占有率达到35%，出口占比超52.3%，是全球唯一进入世界十大品牌冰箱市场的压缩机企业。2016年实现销售收入428881万元，出口创汇26690万美元，利润35801万元，实缴税金6569万元。

加西贝拉压缩机有限公司是国家高新技术企业，冰箱压缩机国家标准制定组长单位，国际冰箱标准制订成员单位，全国家用电器标准化技术委员会冰箱压缩机工作组秘书处承担单位，中国家用电器协会副理事长单位。公司致力于“打造世界级品牌，建设世界级企业”，为“保护地球生态环境，改善人类生活品质”做出卓越贡献。

## 二、项目概况

公司在浙嘉兴工业园新征土地175.4亩，新增建筑面积合计65271.9平方米，采用公司自主研发的多项专利技术和先进的生产工艺，引进世界先进的压缩机专用生产、加工设备84台套，配套先进的国产生产、测试设备及仪器设备264台套，形成年产500万台超高效压缩机和变频压缩机的生产能力。项目自2012年3月启动，建设期限4.5年，实际投入资金61383.6万元，于2016年9月达到设计产能。2016年1月至2016年11月，实际完成新增销售收入90114.53万元、新增利润16256.66万元。

## 三、项目建设的必要性和可行性

### （一）项目的必要性

该项目建设有助于压缩机行业调整产品结构，促进产业转型升级；有利于公司进一步确立公司在冰箱（冷柜）压缩机行业研发、制造、营销和品牌、管理等方面的优势，特别是通过对生产“瓶颈”的技术改造，将进一步调整产品品种，提升产品品位，整体推进浙江省冰箱、冷柜压缩机产业优化升级，提高行业的自主创新能力，提高产业综合竞争实力和市场占有率。

该项目建设对发展绿色低碳经济具有重要的示范意义和带头作用。有利于公司积极履行节能、环保的社会责任，在整个行业中发挥龙头企业的表率作用。

该项目的实施有助于企业优化产品结构，增强企业市场竞争力。有利于公司为抢占变频压缩机市场做好准备，进一步巩固和扩大企业在高端产品中的市场份额。该项目的实施与公司的发展战略目标和目前的经营基础是相适应的，能显著增强企业的核心竞争力，提升企业的市场竞争优势。

该项目的实施有助于提升企业效率，促进地方经济发展。利于公司生产组织，提高生产效率，降低翻线造成的质量风险；同时，可新培育配套企业7家，进一步带动周边配套企业的持续发展，推进产业集聚，巩固浙江省的冰箱压缩机大省地位。项目还新增就业岗位近660个，新增税收8000多万元，并能带动配套加工、包装、运输等间接就业机会。

### （二）项目建设的可行性

项目符合国家及地方产业政策导向，属于国家投资鼓励项目。项目建设符合国务院《工业转型升级规划（2011—2015年）》改造提升重点，以及工信部《工业转型升级投资指南》中轻工行业的投资重点和方向；符合《产业结构调整指导目录（2011年本）》鼓励类第十九条“轻工”第22项“高效节能家电开发与生产”条目，以及《2013年产业振兴和技术改造专项支持10个重点专题》之“七、轻纺工业重点领域技术改造”之“采用环保节能节材、变频、智能等技术的冰箱、空调器、洗衣机产品及其压缩机、变频器等关键零部件生产线升级改造”；符合《浙江工业强省建设“十二五”规划》中“产业发展重点领域类”的“着力改造提升轻工、纺织等特色优势产业，促进工艺升级、产品升级和功能升级”要求，符合《浙江省战略性新兴产业发展指导目录（2011）》中鼓励发展类的“节能环保产业类”的“电机及拖动设备”条款，以及《浙江省战略性新兴产业重大关键共性技术导向目录（2011年）》中“节能环保产业”领域的“2.1家用电器变频控制系统技术”条款和“2.11绿色制冷、热泵技术”条款；符合《嘉兴市发展战略性新兴产业重点领域导向目录（2011—2012年）》“节能环保产业类”第三条“节能设备及部件”第3款“节能环保冰箱压缩机”。

企业已充分具备项目建设的条件。公司是环保、节能、高效冰箱压缩机的专业研发制造商，是冰箱压缩机行业的龙头企业，近年来一直引领中国冰箱压缩机行业技术发展潮流；掌握了制冷压缩机环保化、高效化、变频化、小型化、降噪减振等关键制造工艺的核心技术，已申请120余项国家专利，拥有ZB、NE、J、T、Mini、V变频、轻型商用等系列产品600余种，产品性能达到国内领先、国际先进水平。现拥有压缩机专业生产线7条、设备2600余台套、专业技术人员800余人，已生产销售压缩机2亿余台，积累了压缩机生产制造的丰富经验。

## 四、在国内市场竞争特别是与国外产品竞争中取得的成绩

公司实施品牌战略，重视品牌建设，坚持“市场国际化、用户品牌化、产品高端化、渠道多样化”的营销方针，以“攀高亲、结大户、广交友”为营销策略，通过品牌引领、创新管理、优化结构，提升服务、战略合作，做强国内市场、做大国际市场。公司产品畅销全球五大洲36个国家和地区、64家包括德国利勃海尔（LIEBHERR）、西门子（BSH Bosch und Siemens）、海尔等在内的冰箱品牌企业。2016年，公司产品的全球市场占有率为12.6%，尤其是欧洲市场占有率达到35%，是全球唯一进入世界十大品牌冰箱市场的压缩机企业。

公司把握中间产品“以质量为核心”的品牌建设特色，赢得客户信赖。近3年来，在全球经济持续低迷的大环境下，公司的销售稳中有升，销售量居世界压缩机行业

前三位，在国内压缩机行业中，出口量始终排在第一，出口量占公司压缩机总销售量50%上。

在冰箱压缩机生产制造行业中，公司的销售收入、赢利能力在行业内处于领先水平。在国际市场销售方面，无论在出口的压缩机数量上还是在质量上（客户品牌知名度、产品档次等），公司均遥遥领先于包括东贝、安徽美芝等主要竞争对手。

## 五、值得借鉴的经验

### （一）加强组织领导，坚持团队协作，建设一流项目

公司根据董事会有关项目启动实施的要求，成立了项目领导小组和实施小组。为规范项目管理，及时制定了《"500项目"管理大纲》，按大纲规定坚持全过程制度化、规范化运作。项目启动实施以来，围绕提升项目质量、加快转型发展，以董事长为首的董事会领导高屋建瓴，指明方向；现场督导，鼓舞士气；着眼长远，明确目标；整合资源，全面协调。项目指挥部团队协作，创新管理，连续奋战，有效实施。

### （二）创新制造工艺，着力推进"两化"融合，提升智能制造水平

一是产品先行。确定自主研发的T系列高效及变频压缩机为项目主导产品。产品应用20多项专利技术，具有结构紧凑、可靠性好、性价比高、可拓展性强、市场潜力大的特点，被国内外市场广泛接受。

二是创新工艺。结合产品特点，采用大量创新工艺，如曲轴箱加工工序合并及自动连线、曲轴长轴三合一磨削、转子自动离心浇注、激光测量自动分选、转子自动冷压、生产线智能控制等大量新工艺应运而生。

三是智能制造。以"可靠性、先进性、适用性"为前提，整条生产线实现"机器换人"50%以上，大量采用工业机器人、视觉传感器、分散式控制系统与可编程逻辑控制器系统集成装备、可视化柔性装配、数字化非接触精密测量集成装备、在线故障诊断与分析装备等设备，着力打造数字化工厂。

### （三）规范工程施工，严抓工程质量，确保安全优质

坚持安全第一、质量为本。通过周例会、日检查、安全、质量专题会及专项治理行动、进度分析推进会、项目建设单位负责人约谈、工程供应链延伸管理、主要原材料源头跟踪、设计优化等方式，确保工程的安全、质量和进度。

### （四）注重廉政建设，坚持规范运作，抓好投资控制

在董事会正确领导和公司纪委、财务部门全程监督下，坚持规范运作、阳光操作，投资控制良好。据初步测算，“500项目”投资将比预算节约10%以上。

# 用好地下空间资源　提高城市综合承载能力

湖北昌耀新材料股份有限公司

## 一、企业深耕城市综合管廊市场

湖北昌耀新材料股份有限公司（简称昌耀新材）成立于1993年，主要从事电工产品、城市综合管廊等产品的研发、制造和销售。公司于2015年7月15日在全国中小企业股转系统成功挂牌，股票简称“昌耀新材”，股票代码为832814，成为宜昌市夷陵区第一家挂牌“新三板”的企业。

昌耀新材经过20多年的不断发展，逐步成长为中国水泥制品行业的龙头企业之一，在电杆细分行业内排名国内第一；荣获中国建材企业500强、中国最具成长性建材企业100强并排名前十；是电杆产品国家标准《环形混凝土电杆》（GB/T4623—2006、GB4623—2014）的主要起草单位之一，城市综合管廊和管道产品检验检测标准起草单位之一；是中国智慧城市投资联合体的成员单位，湖北省建筑材料联合会副会长单位，中国混凝土制品协会理事单位；在湖北省人民政府《“两计划一工程”实施方案》中，被选为建材行业重点企业和重点项目加以推广。

昌耀新材于2015年被认定为国家高新技术企业，拥有多项实用新型专利，并多次获得建材行业科技技术成果奖。主导产品“昌耀牌”环形混凝土电杆连续10年被评为湖北省名牌产品；公司董事长为湖北省十大杰出创业家、夷陵区高技能拔尖人才，享有武穴市政府特殊津贴，也是电杆产品国家标准《环形混凝土电杆》（GB/T4623—2006、GB4623—2014）的主要起草人之一。公司多次荣获省、市、区级各项奖励及荣誉称号，10多年获得湖北省重合同守信用单位称号，并获得省税务纳税信用A级纳税人奖、区税收贡献奖，以及质量兴企、和谐企业等光荣称号。

## 二、地下综合管廊是国家重点支持的民生工程

近年来，随着城市快速发展，地下管线建设规模不足、管理水平不高等问题凸

现，一些城市相继发生大雨内涝、管线泄漏爆炸、路面塌陷等事件，严重影响了人民群众的生命财产安全和城市的运行安全秩序。全国仅媒体报道的地下管线事故平均每天高达 5.6 起，每年由于路面开挖造成的直接经济损失高达 2000 亿元。

传统的城市地下管线各自为政地铺设在道路的浅层空间内，因管线增容扩容，不但造成了“拉链路”现象，而且导致了管线事故频发，极大地影响了城市的安全运行。

2013—2014 年的两年内，国务院发布了《关于做好城市排水防涝设施建设工作的通知》《关于加强城市基础设施建设的意见》《关于加强城市地下管线建设管理的指导意见》《关于开展城市底线管线普查工作的通知》《关于开展中央财政支持地下综合管廊试点工作的通知》5 个文件。2015 年 7 月 28 日国务院总理李克强主持召开国务院常务会议，部署推进城市地下综合管廊建设，扩大公共产品供给，提高新型城镇化质量等工作。

上述意见和通知指出，针对长期存在的城市地下基础设施落后的突出问题，要从我国国情出发，借鉴国际先进经验，在城市建造用于集中敷设电力、通信、广电、给排水、热力、燃气等市政管线的地下综合管廊，作为国家重点支持的民生工程。这是创新城市基础设施建设的重要举措，不仅可以逐步消除“马路拉链”“空中蜘蛛网”等问题，用好地下空间资源，提高城市综合承载能力，满足民生之需，而且可以带动有效投资、增加公共产品供给，提升新型镇化发展质量，打造经济发展新动力。

上述意见和通知明确提出，要坚持“先地下、后地上”的原则，一改过去城市建设“重地上、轻地下”的思路，有望使城市建设理念实现重要转变。

2014 年，财政部、住房和城乡建设部联合下发《关于开展中央财政支持地下综合管廊试点工作的通知》（财建〔2014〕839 号），中央财政对地下综合管廊试点城市给予连续 3 年的专项资金补助，直辖市每年 5 亿元，省会城市每年 4 亿元，其他城市每年 3 亿元，并对采用 PPP 模式达到一定比例的，还将按上述补助基数奖励 10%。这些激励政策的出台将会给各地带来兴建地下综合管廊项目的高潮。

## 三、一期城市地下综合管廊项目

据权威部门公布，城市地下综合管廊的建设每年可带动几万亿的投资，可以加快国内如钢材、水泥等去库存化步伐，利于国家产业结构的顺利转型。按照规划设计要求，每公里的综合造价为 1.2 亿元（即管廊产品 4000 万元、安装施工 4000 万元、运行维护 4000 万元）。在湖北省省域副中心城市的规划中，按中南设计院的规划设计，仅宜昌市需要新建或改造的地下综合管廊就达 230 多千米，并且是属于抗洪排涝比较严重、城镇化有待提高的区域，对地下综合管廊的需求更大、更迫切。

为此，昌耀新材实施了一期 2 年内建成年产 30 公里规模的综合管廊所需各类预制装配化混凝土箱涵产品的生产基地。主要建设内容如下：

一是预制箱涵主要生产车间：2 联排 24 米 ×150 米、3 联排 24 米 ×150 米，配置 5 条生产线（即截面在 4.0 米 ×4.0 米及以下预制单仓箱涵生产线和大截面预制多仓及异形箱涵生产线）、混凝土拌和中心、钢筋骨架加工中心、蒸汽养护中心。

二是产成品堆场：根据预制装配化混凝土箱涵产品及市场需求特性，该项目产品堆场面积应按生产车间所占面积的 5 倍以上配置。

三是生产辅助设施：配电中心、集中供汽中心、水塔及蓄水池、设备维修中心、空压站、砂石原料场、砂石清洗处理系统（含后期利用建筑废料生产骨料的生产线）、钢材库、易耗品物资库、箱涵装配用连接件生产车间、产品试验场、理化实验室、专用运输及吊装设备停车场、场内给排水系统、场内道路等。

四是办公及生活设施：公司行政办公楼、科技大楼、职工食堂、职工宿舍及相关配套设施等。

# 用核心技术助力中国核电走出去

浙江久立特材科技股份有限公司

## 一、注重技术创新研发

浙江久立特材科技股份有限公司（简称久立特材）创建于1987年，是国内最早生产工业用不锈钢管和特殊合金管材的上市公司（股票代码：002318），现为国家重点扶持高新技术企业、中国民营制造500强企业、浙江省“三名”培育试点企业、浙江省高端装备制造业骨干企业、浙江省管理创新试点企业、湖州市金象企业等，并获得中国冶金产品最高奖——金杯奖、全国“五一劳动奖章”和中国优秀专利奖；同时公司拥有国家认定企业技术中心、国家钢铁实验室、浙江省重点企业研究院、浙江省院士专家工作站等研发平台。公司注册资本8.42亿元，现有员工2586余名，总资产38.77亿元；2016年实现营业收入26.98亿元，实现利润1.91亿元，实缴税金1.42亿元。据中国特钢企业协会不锈钢分会统计，公司已连续9年产销量和市场占有率位居国内同行业首位，全球排名第三。

久立特材长期秉承“艰苦创业、以质取胜、以信为本”的企业精神，致力于工业用各种断面复杂、变形难的耐蚀合金、高温合金、钛合金和不锈钢等特殊合金管材的开发和生产，为工业管道系统提供安全可靠和高性能、耐蚀、耐压、耐高温的不锈钢管和特殊合金材料的解决方案，产品可按照中国GB、美国ASTM/ASME、日本JIS、德国DIN及法国RCCM等先进国内国际标准组织生产，广泛应用于核能、石油、天然气、航空航天、电力、化工、环保、海洋工程、军工等领域。

## 二、顺应市场发展需求

### （一）顺应核电发展趋势，满足第三代核电机组设备制造需求

核电站只需消耗很少的核燃料就可以产生大量的电能，每千瓦时电能的成本比

火电站要低20%以上。核电站还可以大大减少燃料的运输量。核电的另一个优势是无污染，几乎是零排放，对于环境压力较大的中国来说，符合能源产业的发展方向，属朝阳产业，具有极大的发展潜力，对机组设备需求巨大。

“十三五”期间，第三代核电机组关键部件的国产化将是重中之重。据了解，第三代核电关键设备国产化率的初期目标是70%，理想目标是80%以上。一些非核心部件、关键设备，从经济成本上考虑，仍然会进口，没有必要一定要求100%的国产化。而反应堆压力容器、蒸汽发生器、大型锻件、主泵、阀门则是国产化的主要领域。

其中蒸汽发生器故障是核电站的主要故障。国外运行经验表明，大约有30%~40%的核电站由于蒸汽发生器传热管失效而影响正常运行，而传热管的失效60%以上是由于应力腐蚀（SCC）问题，应力腐蚀可在没有任何征兆的情况下发生，是所有腐蚀破坏中最常见、危害最大的一种局部腐蚀破坏，690合金U形传热管是保障核电站安全运行的三道重要安全屏障之一，是一二回路压力边界，其重要性不言而喻。

### （二）加快核电设备国产化进程，替代进口

国产核电蒸发器管是核电设备产业化的内容之一。国务院批准的《核电中长期发展规划（2005—2020年）》中提出了百万千瓦级压水堆核电站的“四个自主”：自主设计、自主制造、自主建设和自主运营，形成比较完整的自主化核电工业体系。自此，核电设备国产化进程被提上议事日程。大力发展国产核电设备制造产业，能够有效降低工程造价，提高核电竞争力；能够推动掌握设备制造核心技术，实现核电可持续发展；能够带动装备制造业和相关产业的发展。

### （三）项目生产符合国家产业政策

久立特材的核电蒸汽发生器传热管项目产品符合国家能源局《2015年能源自主创新和能源装备专项重点方向》第八类“先进核电：核岛及常规岛关键设备”；项目生产属于《产业结构调整指导目录（2013年修正）》（2013年2月16日国家发展改革委第21号令）中的国家重点鼓励发展的产品和技术。本项目产品将替代进口，技术达到国际先进水平。

本项目产品已于2013年8月顺利通过了由国家核电组织召开的CAP1400蒸汽发生器用690合金U形传热管预制批（以下简称“PPQ”）评审。2013年11月，顺利通过了由国家能源局委托中国机械工业联合会组织的科技成果鉴定（鉴定证书编号：JK鉴字〔2013〕第1087号），专家组一致认为：该产品制造工艺合理；自主设

计的生产线先进、新颖；超长管脱脂清洗、光亮热处理等关键技术具有创新性；按要求建立了核质保体系，产品工艺装备及测试设备完备、先进，能满足批量生产的要求；各项性能指标均能满足第三代不同堆型核电站蒸汽发生器用690合金U形传热管技术要求，达到国际先进水平。2014年12月，久立特材顺利通过了中国核动力研究设计院组织的"ACP1000核电蒸汽发生器用NC30Fe合金U形传热管"核级设备制品评定，并获得评定证书（证书编号：核评发第0032号）。

2013年11月，久立特材与上海电气核电设备有限公司签订国核示范电站2#机组CAP1400核电蒸汽发生器用690合金U形传热管（以下简称"690U形管"）合同，合同要求交货成品U形管12770支（含164支备用管），另外提供数量不等的各类试验用管，总长度288924米，重约126吨。得益于先进的工艺技术水平和严格的质量管理方法，使得该项目690U形管产品质量、综合合格率和综合成材率均达到较高水平。

## 三、用核心技术助力核电"走出去"

690合金是一种含30% Cr的奥氏体型镍基耐蚀合金，其在含氯化物溶液和氢氧化钠溶液中的抗应力腐蚀开裂（SCC）性能远优于600合金、304不锈钢。此外，690合金还具有较高的强度、良好的冶金稳定性和优良的加工特性。特别是在各种类型的高温水中，690合金显示出了较低的腐蚀速率和优异的抗应力腐蚀开裂性能。以上特性使得690合金成为蒸汽发生器传热管的理想材料。

目前国内核电蒸汽发生器传热管市场仍以进口为主，例如三门1#、2#机组和海阳1#、2#机组的传热管均进口自日本的Sumitomo，咸宁1#、2#机组的传热管均进口瑞典Sandvik，新建的福清5#、6#机组的传热管也是采用进口管。为应对世界核电发展对核电蒸汽发生器传热管的紧迫需求，特别是中国市场的巨大需求，三家国外厂商均在现有基础上进行产能扩张，抢占中国核电蒸汽发生器传热管市场的意图十分明显。在日本福岛核事故之后，利用中国大力发展第三代核电技术的时机，在近期的第三代核电蒸汽发生器传热管的采购和竞标过程中，国外三家厂商依托大规模生产的成本优势，一改以往漫天要价的姿态，大幅度降低产品价格，企图打压国内制造商，给我国核电蒸汽发生器传热管的国产化和产业化形成巨大外部压力。我国作为世界上最大的核电蒸汽发生器传热管采购国，按核电生产规范要求，理应派遣相关质保人员对以上三家公司进行现场监造，但我国三大锅炉制造厂家的监造人员无法深入其生产现场，特别是关键生产工序更是禁止进入。在参加的多次国际核工业展览会上，核电蒸汽发生器传热管作为技术含量极高、难度极大的核电关键核心部件，理应作为公司宣传的主题，但以上三家主要核电蒸汽发生器传热管生产商的展台上均没有核电蒸汽发生器传热管的介绍，其保密程度可见一斑。

为大力支持我国核电"走出去"战略，久立特材积极参与ACP1000核电出口项目。2014年12月，久立特材顺利通过了中国核动力研究设计院组织的"ACP1000核电蒸汽发生器用NC30Fe合金U形传热管"核级设备制品评定，并获得评定证书。此后，久立特材与哈电集团（秦皇岛）重型装备有限公司签订了K3项目蒸汽发生器传热管供货合同，合同要求交货成品U形管17000余支，另外提供数量不等的各类试验用管，总长度376053米，重约162.5吨。久立特材计划于2015年4月开始生产ACP1000核电K3项目蒸汽发生器用NC30Fe（690）合金传热管。

久立特材拥有丰富的核级管材的应用业绩，最早的核级管材用于秦山二期项目，目前国内核电站绝大部分都使用过久立特材的产品，包括宁德核电、福清核电、红岩河核电、方家山核电、阳江核电、昌江核电、大亚湾核电、田湾核电以及第三代核电示范项目三门核电、海阳核电以及国家重大专项荣城核电CAP1400示范工程项目、高温气冷堆、快堆、国际热核聚变反应堆ITER项目等。

## 四、产品设计自主性强

蒸汽发生器传热管是第三代大型先进压水堆核电站关键部件。项目完成后，实现了我国核电关键部件材料国产化、批量稳定生产，大大降低了核电关键材料生产成本，对保障我国核设施长期有效运行以及国家能源安全有着重要意义，符合我国核电中长期发展规划提出的"四个自主"（自主设计、自主制造、自主建设和自主运营）的目标要求，同时能创造巨大的经济效益，有利于提升我国不锈钢管生产水平、推进我国高性能核电关键材料产业化进程。

久立特材该项目的实施，对加快推进我国钢铁行业产品结构调整和经济增长方式转变具有带动作用，同时为加快地方经济发展、增加就业、促进社会和谐和推动技术进步等方面做出了新的贡献，为实现高端装备走出去、支持国家"一带一路"建设贡献应有力量。

# 集成电路产业：资金、技术、人才一个都不能少

福建省晋华集成电路有限公司

## 一、集成电路的技术水平与我国经济体量不匹配

集成电路产业是支撑经济发展和保障国家安全的战略性、基础性和先导性产业，集成电路被喻为“工业粮食”，是信息技术产业的核心。随着第四次工业革命的到来，云计算、物联网、大数据等新业态的兴起，集成电路产业只有实现拥有自主核心知识产权，实现国产化，实现自主可控，才能在未来的工业4.0时代、大数据时代、智能时代、物联网时代占据主动。虽然我国已经是世界第二大经济体，但目前我国集成电路的技术水平还落后于国际先进水平，与我国经济体量不匹配，主要体现在以下几个方面：集成电路市场仍然大量依靠海外进口，对外依存度很高，2015年芯片进口额2300多亿美元，已经超过原油成为我国第一大进口商品；集成电路产业规模不断扩大，与国际先进水平仍存在较大差距；信息安全事关国家安全，集成电路特别是CPU和存储器芯片还无法实现自主可控。在此背景下，在我国“十二五”、“十三五”规划中，已经把集成电路产业发展上升至国家战略，存储器成为产业发展重点之一。

目前全球存储器市场基本被三星、SK海力士与美光三大厂垄断，全球市场的占有率超过90%。在国际三大厂商的围堵下，国内存储器企业的建立和发展可以用举步维艰来形容，即使用资金和市场都换不来核心技术，特别是美国等国家在技术上对中国实行封锁，在市场上挤压中国存储器企业的发展空间。国家在“十一五”规划期间，也曾把存储器视为半导体产业发展核心项目之一，并规划中国存储器芯片的领先企业——中芯国际和武汉新芯，投入NAND Flash研发制造，以及武汉新芯于次世代记忆体RRAM/MRAM研发，但由于市场竞争过于激烈，遭到相关国家的技术封锁，相关部门处于长期亏损状态，最终不得不以失败而告终。

进入新的发展时代，我国可以充分利用庞大的国内市场和充沛的资金，采用合作、并购、技术转移等手段快速实现存储器的自主可控。然而，在合作对象的选择

方面，需要对多方面因素进行考量。三星和SK海力士两家韩国巨头现今在DRAM领域处于巅峰状态，垄断着七成以上的市场份额，而该比例仍然在逐年上升，继续侵蚀着美光以及其他DRAM企业的市场，所以对于这两家市场优势明显的企业而言，与中国开展合作、助力发展DRAM产业的几率几乎为零。对于美光科技，作为美国唯一一家DRAM巨头，想要抛开政府层面的干涉，被中国方面进行并购甚至是深度合作都可谓是难上加难。因此，我国发展存储器产业唯有走自主研发道路，实现对国际先进水平的赶超并最终实现存储器的自主可控，保障国信息安全。

## 二、海峡两岸合作实现共赢

在此背景下，福建省、晋江市积极对接国家的“十三五”产业发展政策，晋华存储器生产线建设项目在2016年正式落地福建省晋江市，由福建省电子信息集团和晋江市共投共建。将在位于晋江市的福建省集成电路产业园投资建设12寸存储器芯片生产线项目，该存储器生产线将分为一厂、二厂进行建设，其中一厂分一期、二期两个建设阶段，本项目建设阶段为一厂一期，项目将建设12寸F32纳米/32秒内存晶圆生产线，并开展存储器及关联产品（模块、解决方案）的研发、制造和销售，设计产能为6万片/月。项目总投资约400亿元人民币，建设期3年，晋华新厂房将于2018年7月建造完成，并启动设备搬入，8月投片试产，未来将形成3万~24万片12寸存储器晶圆片的产能。

在韩国、美国等存储器巨头的围追堵截下，唯有走海峡两岸合作才能实现共赢，它对于我国能早日产出存储器芯片具有十分重要的意义。晋华公司的技术研发团队来自台湾地区DRAM公司，有着雄厚的DRAM技术基础，晋华借助中国台湾联华电子股份有限公司（简称联电）技术导入利基型DRAM，由晋华提供设备、资金，支付联电技术开发费用，最终开发成果双方共同拥有。

本项目通过与中国台湾地区DRAM团队进行合作，整合技术、人力及与国际接轨的优势，并将中国市场规模、扶持政策与DRAM团队现有的生产技术相结合，将会成为中国DRAM产业开拓发展、技术实现自主可控的重要发展趋势及手段。该项目采取边建设边研发的发展模式，尽可能缩短从研发到投产的时间，在技术上将通过与联电技术合作开发，吸引招募国际存储器（DRAM）研发及营运管理人才，引入高端技术人才团队和独立开发技术，并通过自主研发，打造国内首家具有自主技术及世界级制造工艺的存储器（DRAM）企业，逐步实现核心技术的国产化。本项目的建设将采取分期、分步实施的原则，在技术方面，本项目（一厂一期）采用F32/32s nm制程技术，随着技术的成熟及良率的提升，将在一厂二期、二厂建设阶段大力开展1X/1Ynm技术的研发及产品生产，产品将达到国际先进水平。

## 三、为存储器项目保驾护航

集成电路产业属于资金、技术、人才密集型产业，其发展离不开区域经济、人才技术、市场环境、产业政策等多方面的支持。晋华存储器生产线建设项目落地，受到了当地政府的高度重视，福建晋江及台湾技术团队将在技术与运营、资金、人才等各个方面为存储器项目的顺利推进保驾护航。

目前全球DRAM市场形成寡头垄断的局面，主要技术掌握在三星、海力士及美光三巨头手中，本项目结合两岸资源，为了在满足国内市场需求的同时，跻身DRAM市场的国际竞争行列，首先必须要解决技术与专利的问题。DRAM产品设计的专利难以从外部购买，自行研发技术除了需要妥善规划回避国际大厂既有的专利布局，又需要耗费相当长的研发时间。本项目中将与联电公司内存设计顾问团队开展合作，承接日本日立、NEC及三菱等企业在DRAM产品的设计核心专利。

联电顾问团队充分具备产品设计经验，可协助快速建立DRAM设计核心技术。本项目将结合联电公司IC设计能力，与联电内存设计顾问合作，共同开发拥有自主技术的内存芯片。同时，联电还可提供完整的设计验证服务，以加速产品上市。

本项目将就先期工艺研发与联电开展深度合作。联电是全球领先的晶圆代工厂商，具有雄厚的技术实力。集成电路制造工序复杂，包括光刻、快速高温制程、化学气相沉积、离子注入、蚀刻、化学机械研磨等制程。联电研发团队致力于推动先进制程技术的开发，提供符合市场趋势的晶圆专工解决方案。

面对激烈严峻的技术竞争，联电除了大幅提升关键技术能力之外，亦注重专利的布局以保护技术知识产权，专利获权数量稳定成长。2014年共获得国内外专利347件，其中美国专利共计263件，中国台湾地区专利68件，中国大陆专利11件，另有多件其他各国专利。总计联电目前专利总数为10797件，为联电制程提供完整而强大的智权壁垒。

本项目在产线的组建、运营方面，也将与联电展开深度合作。目前联电在世界各地拥有10家晶圆厂，包括12寸厂、8寸厂和6寸厂。再加上目前于厦门动工预计于2016年年底完工启用的厦门联芯，合计将具有全球11座晶圆厂建设经验。本项目建设过程中，厦门联芯的建厂团队将在环境评估、厂房优化、厂务系统导入、先进技术工具的规划与设计、工安环保等方面为项目公司厂房建设工作提供咨询服务。

本项目前期将结合联电集团旗下的联电及厦门联芯两家公司两岸人才，组成产品设计、制程工艺、厂房建置及生产运营团队，分别就各自专业领域投入相关工作，最终达成将相关设备及技术移转至项目公司。项目执行期间将陆续整合联电集团旗下所有资源，投入超过300名专业人员，使本项目各项成果得以具体落实。

福建电子信息集团是本项目的股东，其出资占本项目自有资金的57%。该集团是福建省人民政府出资组建的电子信息行业国有独资资产经营公司和投资平台，具有雄厚的资金实力，是福建省委省政府确定的闽台LED、IC、LCD及通信产业对接的责任单位。集团拥有一级企业38家、二级企业55家，其中包括星网锐捷（002396）、福日电子（600203）两家控股上市公司，华映科技（000536）、实达集团（600734）两家参股上市公司，福光数码公司、星海通信公司、蓝建集团、空军四站等军工企业，以及与海外知名企业合资的日立数字媒体公司、闽东本田公司、福建爱普生公司、福顺晶圆公司、兆元光电公司、志品技术公司和华创基金管理公司等。集团全资控股企业员工1.5万人，参股企业员工逾万人。福建电子信息集团拥有雄厚的资金实力，能够为本项目的建设提供基础资金保障。

除此之外，晋江市在我国县域经济排名第五位，民间资本殷实，巨大的投资导向效应将带动晋江民间资本为集成电路全产业链布局提供源源不断的资金支持。

为推动项目的顺利建设与实施，晋华集成电路将与联电在人才领域展开深度合作。本项目将大力吸引台湾存储器（DARM）领域营运管理人才，以及在全球范围内具备设计经验的顾问团队等国际化人才。在人员组成方面，联电集团目前在先进技术开发方面拥有1100人规模的研发团队，充分涵盖本项目产品设计、制程工艺、厂房建置及生产运营所需的各项专业人才。本项目中与DRAM制程相关的技术人才将涵盖微影、蚀刻、薄膜、扩散及光学修正等相关人才，预计将投入150位资深工程师及顾问团队，负责进行产品设计及制程工艺技术研发相关工作；另外，将由180位专业设备工程单位及厂务工程单位，负责建厂过程中的厂房建置及设备工程相关工作。

集成电路产业是资金密集型、知识密集型、技术密集型产业，不仅需要大量的资金投入，更需要强大的技术支撑和人才保障。为保持和国际先进技术接轨，目前，晋华存储器集成电路公司已经携手知名半导体工业巨头在全球启动关键技术顶尖团队招募计划。泉州、晋江两级政府还积极搭建前沿技术研发平台，依托福州大学建设微电子研究院，已启动招生；与中科院微电子研究所等，商洽联合办院计划；与工信部知识产权中心、中国集成电路知识产权联盟合作设立知识产权服务平台。这些技术服务平台将为泉州集成电路产业发展提供强大的技术支撑。

本项目的建设不仅落实我国存储器国产化政策，更将充分加深与中国台湾地区的产业技术交流，在晋江建成获利能力较强、国内外市场影响力较大的存储器生产线，除了增加大量就业机会，更带动更多存储器上、下游及配套产业集聚，打造以存储器为特色的先进、重要集成电路产业基地。

本项目的建设，将极大地带动一批相关产业发展，形成具有特色的存储器产业集群，形成联动互补的集聚效应，对促进社会经济健康发展、创造就业条件具有积极带动作用。

# 高质量服务接力技术优势

浙江永贵电器股份有限公司

## 一、定制化的车辆“神经系统”

车端网络通信与信号传输连接器是一种使用在列车车辆上的车端网络通信与信号传输电连接器。车辆网络控制系统的重要性相当于人的神经系统，担负着对车辆运行状况的监视、诊断，并传递控制所必需的信息，如车辆的空气制动、门、空调和轴温的控制及检测，车辆重联控制等。目前随着我国列车车辆技术的飞跃发展，车辆的功能越来越多，自动化程度也越来越高，所需实现的电路传输越来越复杂，这对电连接器的小型化、集成化提出了更高的要求。浙江永贵的电连接器产品，根据客户需要的功能、使用环境及安装要求而进行全新定制式的设计开发。

浙江永贵的轨道交通连接器项目产品于 2014 年通过了中国铁道部产品质量监督检验中心检测，并且与重庆长客城市轨道交通车辆有限责任公司生产的轻轨配套，为了批量应用在重庆轻轨 3 号线等项目上，对该产品进行了产业化建设。连接器安装在重庆轻轨车端位置，用于各个车厢之间通信与控制系统之间的电气连接。连接器长期在强振动的环境下连续运行，是保障列车正常运行的重要和关键部件。

“重庆长客”是由目前国内最大的轨道客车生产厂家——长春轨道客车股份有限公司与重庆市开发投资有限公司、机电控股集团共同出资建成的，它不仅是西部最大的城市轨道车辆生产基地，而且一跃成为我国第二个大型轨道交通车辆制造基地。近几年，重庆城轨交通产业链的雏形已初步形成，覆盖了城轨交通建设所需车辆等产品配套系列，拥有了一定的轻轨系统及车厢建造经验，也带动了其他制造业的发展，奠定了重庆轨道交通设备制造业的产业基础。

根据国务院办公厅《关于加强城市快速轨道交通建设管理的通知》和国家发展改革委《轨道车辆产业发展政策》，重庆市长客城市轨道交通车辆有限责任公司加快轨道车辆制造步伐，且根据重庆市轨道交通远景规划，到 2050 年，重庆共需 5220 辆（节）轻轨车，其设备投入起码超过 400 亿元，按每辆售价 1000 万元计算，在重庆未来的轨道交通建设中，仅车厢采购就可提供500多亿元的订单。

此外，该连接器同时也适用于其他类型机车、客车、地铁、轻轨之间的电气连接，在当今轨道交通发展日新月异和工业飞速增长的情况下，具有广阔的市场前景。

## 二、技术、成本、服务三管齐下创优势

该项目产品的国际竞争对手主要是德国的哈廷公司，国内竞争对手主要是南京康尼科技实业有限公司、沈阳兴华华亿轨道交通电器有限公司、深圳市中车业成实业有限公司。项目产品经过2年的产业化建设，跟国内外竞争对手相比，具有明显的竞争优势：

### （一）产品技术优势

一是插头与插座连接时，采用快速推拉锁紧连接。因该连接器装配位置靠近车体挡板，连接器的操作空间有限，若使用传统的卡口或螺纹连接，其操作受限，需要将旁边的连接器取下后，才能操作该连接器；连接器采用推拉锁紧方式后，操作更高效与安全。

二是采用网络通信模块与信号接触件集成的方式。连接器将用于网络通信的模块，与原信号接触件一起集成在一个连接器内部，在保证网络通信性能的情况下，有效地减少了连接器的个数，节约了安装空间，同时也方便了维护检修工作。

三是安装板设计创新。考虑到连接器芯数较多，又有单独的网络通信模块（每个模块8针），安装板制造精度不容易保证各个孔位的位置度，于是对安装板采用对称结构设计，插头、插座使用同一安装板，较好地解决了由制造精度偏差而导致的对插错位问题。

四是信号接触件采用定向装配结构，减小了连接器的体积，克服了安装空间狭窄连接器外形受限等实际情况，又保证了插合的可靠性。

项目产品主要技术指标如下：

芯数：47芯+4（网络模块）；环境温度：-40~+125℃；相对湿度：90%~95%；额定电压：220伏AC/网络模块50伏；额定电流（Max）：10安培（Φ1.5）、5安倍（Φ1）；绝缘电阻：≥2000兆欧（常态），≥200兆欧（接线）；接触电阻：≤2.5兆欧（Φ1.5）、≤5兆欧（Φ1）；耐压：AC 2000伏/网络模块750伏；防护等级：IP67。

### （二）成本优势

城轨车辆的生产尚未完全实现国产化，城轨车辆配套的连接器也有相当比例依赖

于向国际知名连接器制造商直接进口或向其在中国的外资企业采购。与国际竞争对手相比，公司在研发、生产和销售环节都具有较强的成本优势。公司建成了一支经验丰富、技术实力较强的研发队伍，充分发挥自主研发的成本优势，通过自主研发快速掌握了轨道交通连接器的核心技术；同时，利用产品本地化生产的优势降低了生产和采购成本，并利用国内销售网络实现对下游轨道交通车辆制造企业的供货。上述各项措施使得公司在保证主要产品在技术领先的基础上，产品成本低于国外竞争对手，成本优势明显。

### （三）订单快速响应和产品售后服务优势

由于行车环境各异，轨道交通连接器客户多有个性化需求，这就要求供应商能够根据不同的车辆设计参数，快速提供配套连接器产品的设计方案，并根据客户的反馈意见完成方案修改，而且能够灵活地组织技术人员对生产工人进行技术指导之后实现试制和规模化生产。与国际竞争对手相比，浙江永贵组织机构层级精简，客户信息能在决策层、技术层和生产层之间进行快速和有效的传递，为公司创造了对订单的快速响应优势。灵活的反应机制使得浙江永贵能够快速响应市场对产品的意见反馈，从而大大增加了公司获得轨道交通连接器国产化市场份额的机会。

浙江永贵的售后服务目标是“3 小时响应，24 小时到达现场”。公司市场部收到客户对产品意见反馈时，对该信息进行记录，将反馈意见及时传递到质保部门。质保部门将组织初步调查，确定责任部门，并组织相关部门讨论分析问题原因，提出临时对策，并将该对策与客户进行沟通。在双方达成一致后，公司将派出售后服务人员上门进行维修、检测等服务。服务人员返回后，需填写服务报告，并由质保部定期对产品反馈情况进行统计分析。浙江永贵各部门之间的无缝对接配合，保持了及时、优质的售后服务，使浙江永贵赢得了更多客户认可，为公司建立起了良好的品牌和市场声誉。

该项目产品 2015 年、2016 年分别实现销售收入 1039.2 万元、1549.6 万元。未来随着城市轨道交通的加速建设，项目产品前景广阔。

## 三、国产化替代进口，摆脱依赖性

城轨作为国民经济大动脉、国家重要基础设施和大众化交通工具，在我国经济社会发展中的地位和作用至关重要。几十年来，我国城轨行业的发展一直学习西欧和日本等发达国家技术，虽然取得了很大进步，但是在电子元器件等一些关键部件上对西欧和日本还是有很强的依赖性。本项目的实施实现了国产化替代进口，相对于国外产品价格高、货期长、响应慢、服务差，项目产品具有明显优势。

# 搭上“一带一路”顺风车　系牢碳纤维产业链条

威海拓展纤维有限公司

## 一、促进 T800 碳纤维的产业化

碳纤维是一种主要由碳元素组成的高性能新型纤维材料，除具有耐高温、耐摩擦、导电、导热及耐腐蚀等特点之外，还具有比重小、强度高和纺织纤维的柔软可加工性，广泛应用于航空、航天、机械、电子、建材、文体、化工、交通、医疗等领域，在国民经济运行中具有战略地位。21 世纪初，其制备技术和工艺已基本成熟，现在已发展成为以大丝束（≥ 48K）碳纤维生产和小丝束（1~24K）碳纤维生产两大种类：大丝束生产对前驱体要求较低，产品成本低，较适合一般民用工业设施和产品开发；小丝束生产追求高性能化，代表世界碳纤维发展的先进水平，其中尤以 PAN 基碳纤维最具代表性。目前，国际碳纤维产品已形成一个高技术、高商业附加值的产品系列。然而，发展碳纤维产业有其技术难度，特别是 PAN 基原丝的关键技术主要由日本和欧美国家所垄断，航空航天用的 1K、3K、6K、12K 等高性能碳纤维，作为战略物资，它们采取限制措施，不向中国出口。为了改变当前的被动局面，解决国防工业的碳纤维供应困难，我国只有自己致力于碳纤维技术特别是核心技术 PAN 基原丝的研究。

国际上，随着近几年碳纤维增强复合材料在航空航天、能源和机械工业以及体育休闲等领域应用的迅速发展，碳纤维的需求量也在急增。随着我国正式启动大飞机国家计划，预计航空领域碳纤维的需求量还会大幅增长。我国在最具代表性的高性能 PAN 基碳纤维的研发和生产上与先进国家相比，无论是性能还是生产能力都还有相当大的差距。我国研制生产高性能碳纤维有四大关键技术需要解决：一是聚丙烯腈原丝制备工艺及检测指标与碳丝性能相关性；二是热处理（预氧化、碳化、石墨化）最佳工艺参数优化技术及工程化设备结构和材质的确定；三是表面处理技术和界面结合机理优化技术；四是原丝油剂和上浆剂的研制与优化。提高碳纤维性能，四大关键技术缺一不可，而尤其以原丝的制备工艺最为重要，没有高性能的原丝就

没有高性能的碳纤维。我国能生产一般工业用的聚丙烯腈原丝，但制备碳纤维用的聚丙烯腈基原丝技术没有过关，用我国研制的聚丙烯腈原丝生产不出高性能碳纤维。

由于国内碳纤维始终不能攻克工程化及产业化关键技术，我国碳纤维特别是高性能碳纤维还不能实现自主保障，导致应用部门对国产碳纤维的产量、质量和稳定性缺乏信心，对国产碳纤维的研发在时间上等不及，转而寻求使用正常和非正常进口的国外碳纤维，造成我国长期进口碳纤维，把我国国防、航空等领域用的关键材料建立在国外产品基础上，这严重制约了国防建设和国家安全。而在民用领域，碳纤维的短缺也制约着风力发电、沿海油气田、基础设施和体育用品等产业的经济发展、技术进步和国际市场竞争力。因此碳纤维的研制、生产和产业化对国防建设和国民经济发展都具有十分重要的意义。

长期以来，我国高性能碳纤维基本上全部依赖进口，2005 年威海拓展纤维有限公司（简称威拓纤维）在国内率先突破 CCF300（相当于日本 T300）生产关键技术，实现了国产化，完成了国产碳纤维 CCF300 替代进口碳纤维 T300 在航空军品领域的应用。而目前国际碳纤维应用主流产品是 T800，如美国 F 战机系列、波音、空客新机型都采用 T800 碳纤维。而我国目前还不能规模化生产 T800，由于是敏感的军用战略物资，国外对我国的出口也控制严格。由于政治与经济因素，高性能小丝束碳纤维已失去了进口来源，急需国产高性能碳纤维替代军用级 T700、T800、M40 和 MJ 等系列碳纤维。同时，为了在国防军工建设上独立自主，也为了潜在的巨大民用市场，急需开发和形成高性能碳纤维的研发与规模生产能力。因此，加大碳纤维的研发支持力度，特别是目前急需的 T800 碳纤维产业化，具有重要的战略意义。

## 二、战胜碳纤维制备的高成本

目前，CCF800 碳纤维在国内没有几家公司可研发出来，遑论产业化建设，从这个角度看，威拓纤维处于国内领头羊的地位，并且在国家国防科工局组织的全国 CCF800 和 M40J 碳纤维“两个一条龙”遴选中均获第一名。日本是世界碳纤维强国，日本的东丽、东邦、三菱是碳纤维强手，且技术成熟，就技术水平和产业化规模都是我国学习的榜样和赶超的对象。综合整个碳纤维行业，就威拓纤维整体发展来看，最需要战胜的是碳纤维制备的高成本，只有降低成本，才能加快高性能碳纤维的国产化替代，摆脱受制于人的局面。

在碳纤维的生产成本中，原丝成本占到总成本的 70% 左右，因此低成本的原丝制备技术是碳纤维低成本的重要途径。威拓纤维的干湿法碳纤维制造项目突破了干湿法纺丝制备碳纤维原丝技术，可从根本上解决湿法纺丝造成的碳纤维生产成本高、效率低的问题。从目前湿法纺丝速度 80~100 米 / 分提高到干湿法纺丝速度 270~300 米 / 分，速度接近日本东丽水平。从军品 / 民品对碳纤维性能的需求上来看，干湿法纺丝制备的碳纤维原丝表面光滑，在生产碳纤维织物、压力容器等的过程中，具有光滑表面的碳纤维断丝问题较轻。

威拓纤维注重碳纤维全产业链协同发展和军民融合发展战略，拟建立一条从生产设备的设计制造→高效低成本碳纤维的生产→碳纤维在复合材料中的应用的完整产业链，包括相应的配套项目，如上浆剂、油剂、碳纤维风电叶片碳梁的性能测试与表征等。围绕 CCF800 低成本碳纤维开展从其生产到应用的研究，从而建立起具有自主知识产权的国产低成本碳纤维的技术及应用体系，摆脱日美等国对我国碳纤维产业的垄断，最终实现碳纤维这一军民两用的重要战略物资的自主保障。

本项目研发出的干喷湿纺 CCF800 碳纤维在该产业链中处于基础地位，在风电叶片典型试验件——碳梁的产业化应用中具有广泛的代表性和示范性。该产品是为世界风电巨头丹麦的维斯塔斯公司制造，是国内唯一一家此类产品的供应商，产品搭上国家“一带一路”的顺风车，可谓助力国家政策推广、拓宽碳纤维应用领域、系牢碳纤维产业链条。

# 以科技创新的力量促进住宅钢结构体系大发展

武汉迈特绿色建筑科技股份有限公司

随着全球经济的快速发展，钢结构住宅在全球经济发达国家和地区得到了深入发展，总体走向成熟。这些发达国家和地区对钢结构住宅的科研和工程应用起步较早，工业化水平很高，形成了相当规模的产业化住宅体系，其对在住宅产业化生产方面的研究已经进入对住宅体系灵活性、多变性研究的阶段。这对我国住宅钢结构体系及产业化发展有很大的借鉴意义。

## 一、钢结构装配式住宅产业化很有必要

装配式钢结构住宅是一种新型的建筑产业结构模式。它能按照标准化要求和规定将钢结构制作成设计构想中的房屋样式或单元部件，然后通过一定的工作流程在指定的位置进行装配，最后实现所需的建筑结构。与一般意义上的住宅结构对比，这种新兴建筑结构的优势主要体现在以下方面：

一是具有集成化特点，在空间布局方面具有一定的自由度。与砖混结构住宅相比，装配式钢结构住宅墙体一般为非承重墙，房间室内布局设置选择性比较大，用户可以根据自身需要对房屋进行分割，而且这种布局的结构不会影响房屋的稳定性。此外，经过合理化的布局可以实现住宅智能化系统的完善，室内管线和设备的铺设可以经过一定合理化设计达到理想的结果。

二是整体重量比较轻，承载力极强，具有优质的抗震能力。这种新型建筑产业结构中采用的承重部件是冷弯薄壁型钢，该种材料的截面受力更加科学合理，并且质优重量轻。另外，为了减轻整体建筑的重量，楼面和墙体一般可以选用轻质材料，在相同作用力承载下能够减轻建筑自重的1/3，仅为钢筋混凝土重量的一半。这种装配式钢结构住宅具有安全、可靠等优势，由于冷弯薄壁轻钢本身的强度极高，使房屋的整体稳定性在一定程度上得到提高。同时，住宅本身重量的减轻亦节约成本。

## 二、将实现 MET 三大技术体系的完美展现

武汉迈特绿色建筑科技股份有限公司（简称武汉迈特）及其前身公司在 2004 年就涉足超轻钢结构装配式住宅建造方法，是该领域的领先企业，公司的定位是成为超轻钢结构装配式建筑领域的集成商，主推的超轻钢结构装配式住宅建造方法拥有完全的知识产权，并首创了 MET 三大技术体系的创新建筑方式。公司积极践行"两化"融合，顺应国家建筑业转型产业方向，积极参与国家"一带一路"倡议的实施。

随着建筑工业化的发展和预制技术水平的提高，模块化建造方式成为生产技术与建筑产业化相结合的有效途径。新的建造方法促进了施工技术革新，同时也对传统的设计思维与方法产生了冲击。模块化建造方法的关键在于建筑构件的参数化设计、关系数据库的建立以及生产装配计划的高效实施。而基于传统 CAD 平台的设计方法只是用二维制图的方式进行设计和图形输出，未能包括建筑构件及模块的实体信息，很难达到模块化建造的要求。超轻钢结构装配式建筑方法将根据模块的功能、建筑构件之间的参数关系和轻型钢结构房屋系统的生产装配流程，将建筑构件进行分类设计和分级生产组装。

本项目实施后，将完美展现 MET 三大技术体系，建立以 BIM 应用为载体的项目管理信息化，从而提升项目生产效率，提高建筑质量，缩短工期，降低建造成本，同时满足客户个性化定制需求，提高客户的满意度。

### （一）冷弯薄壁型轻钢结构装配式住宅

冷弯薄壁型轻钢结构装配式住宅是一种以冷弯薄壁型轻钢结构构件作为房屋主体框架，由各种复合式板面材料构成屋顶和墙面，最后装配水、电、地板、门窗的集成化工业产品。产品所需大部分零部件实现了在工厂标准化批量生产，最后运往施工场地进行快速组装、搭建，并且可以随时拆卸重装、反复利用。

轻钢结构的主要优点有：

- 自重轻，仅为木头自重的 1/5；
- 抗震，坚固，耐久，稳定性强；
- 100% 防虫、防潮、防腐；
- 单位承重能力超强；
- 性价比高。

### （二）迈特冷弯薄壁轻钢结构装配式建筑

武汉迈特冷弯薄壁轻钢结构装配式建筑主要分为 MET 屋面系统、MET 墙体系统、

MET 楼面系统三大结构体系。客户采购时可以根据自身情况选择购买整套系统或部分构件，公司也可以根据客户实际应用需求进行产品设计，满足客户的差异化需求。

其一，MET 屋面系统。屋面分为“吊顶梁”“屋面梁”“桁架式屋面梁”和“组合梁”四种。吊顶直接支撑于墙顶且用自攻螺钉连成整体。吊顶梁用于固定吊顶板，这样可以节省劳力和材料。屋面梁的跨度和其承载能力有关，与采用单个 C 型钢梁、背对背（B2B）两个 C 型钢梁或轻型屋面或是重型屋面有关。桁架式屋面梁可作为檩条，直接与屋面板等连接。组合梁是为了使吊顶梁或屋面跨度更大而采用的。

其二，MET 墙体系统。通常采用宽度 90 毫米、厚度 0.6 毫米、强度 550 兆帕的腹板加劲 C 型轻钢型材作为墙体龙骨框架。墙通过螺钉或螺栓与楼、地面连接，墙与墙之间通过自攻螺钉连成整体，形成建筑系统。

其三，MET 楼面系统。楼面桁架梁组合楼板，采用的是 0.75 毫米的 C 型钢。其优点是设计者可灵活地确定楼盖梁的准确高度，达到客户所能接受的楼层空间要求，而且适用于跨度更大的空间。

### （三）轻钢结构装配式住宅（简称轻钢住宅）

轻钢住宅目前主要用于居民住宅、政府公共服务类建筑、园林景区配套房屋、海外营地、旅游地产、企业自建建筑、军队基础用房和出口房产。

轻钢住宅施工分为钢骨架系统搭建、外装饰系统装配、内装饰系统装配以及环保设备装配 4 个部分。

其一，钢骨架系统搭建。分为墙面、屋面、楼面的搭建。钢骨架现场安装，铆钉眼预留，安装速度快，运输成本低。

其二，外装饰系统装配。包括：铺建外墙、屋面 OSB 板，以加强结构；外墙安装杜邦呼吸纸，以加强防潮性，安装水泥纤维披叠板，以美化外观；屋面及天沟落水安装，以加强防水性；外门窗及其他零部件安装。

其三，内装饰系统装配。包括：强弱电，管线，内门安装；室内地板，墙面及楼梯安装，厨房、洗手间的内部装饰。

其四，为了达到环保节能的效果，太阳能系统和地源热泵系统会根据客户需求与建筑配套安装。

### （四）轻钢结构装配式住宅的主要优点

其一，节水。建筑装配方式为干作业施工，现场装配各轻钢构件及装饰材料，耗水量几乎为 0。

其二，节地。建筑用地少；因自重轻，可以满足不同地质环境的建筑需求；建筑内为复合墙体，可增加 5% 以上的有效可用面积。

其三，节材。建筑整体外装、内装一次到位，减少二次耗材；建筑材料 80% 可回收利用。

其四，便捷。建筑结构 7 天完成，建筑整体约 35 天完成（内外装整体）。

其五，节能。建筑墙体敷设内外保温系统，高效节能保温；建材本身可重复利用，与传统砖混建筑相比，可大量减少能源消耗。

其六，环保。建筑施工的方式及建筑所用建材均为绿色建材，完全满足环保、低碳的绿色标准。

## 三、钢结构体系住宅成套技术将大大促进住宅产业化发展

随着住宅业成为我国经济发展新的增长点，住宅产业化发展将是住宅业发展的必由之路。而住宅产业化的前提是具备与产业化相配套的新技术、新材料和新体系，如新型的墙体及楼板材料、新的结构体系等。由于钢结构体系住宅易于实现工业化生产、标准化制作，且与之相配套的墙体材料可以采用节能、环保的新型材料，因此，钢结构体系住宅成套技术将大大促进住宅产业化的快速发展，直接影响着我国住宅产业的发展水平和发展前途。

目前，发达国家钢结构建筑呈现用途广泛、用钢量大的特点，钢结构的优越性在先进国家的实际应用中得到了肯定。钢结构广泛应用于高层、超高层建筑，大跨度和大空间建筑，量大面广的中小型工业、商业、社区、文教卫生等类型建筑，以及大部分低层非居住型建筑中。在欧洲、美洲、日本以及我国台湾等地区，厂房兴建全部采用钢结构。

美国约 70% 的非民居和两层及以下建筑均采用轻钢架体系。钢结构的广泛应用，拉动了建筑用钢量的不断增长。在美国、日本等发达国家，钢结构用钢量已占到钢产量的 30% 以上，钢结构建筑面积占到总建筑面积的 40% 以上。

目前，我国钢结构体系无论在使用量和应用范围上，还是在成套技术标准上，都和发达国家存在一定的差距。钢结构体系在我国的应用仅限于高层、超高层建筑以及厂房和试点住宅小区，在住宅领域真正实现大规模生产应用的钢结构体系还是空白。

我国钢结构体系住宅成套技术由于缺乏技术引导，市场需求没有达到产业化程度，因此，相关产品功能性单一，工业化程度不高，产品质量还不能满足住宅产业化标准的要求。目前，该技术零散而不系统，技术水平及标准参差不齐、不配套，需进一步研究创新并进行整合。

我国钢结构与发达国家的差距反映出我国钢结构体系巨大的发展空间。这对我国目前阶段性过剩的钢铁行业来说，是一个重新调整产品结构、增加产品品种、提高产品质量的绝好机会，有利于企业利润和行业水平的提高。近两年国家大力推动轻钢结构装配式建筑，颁布了一系列的政策文件，具体包括：

2016 年 9 月 30 日，国务院办公厅发布《关于大力发展装配式建筑的指导意见》，以京津冀、长三角、珠三角三大城市群为重点推进地区，力争用 10 年左右的时间，使装配式建筑占新建筑面积的比例达到 30%。

2017 年 3 月 23 日，住房和城乡建设部发布建科〔2017〕77 号文件，印发了《“十三五”装配式建筑行动方案》《装配式建筑示范城市管理办法》《装配式建筑产业基地管理办法》，确定 2020 年装配式建筑发展目标：全国装配式建筑占新建建筑的比例达到 15% 以上，其中重点推进地区达到 20% 以上，积极推进地区达到 15% 以上，鼓励推进地区达到 10% 以上。培育 50 个以上装配式建筑示范城市、200 个以上装配式建筑产业基地、500 个以上装配式建筑示范工程，建设 30 个以上装配式建筑科技创新基地。

2017 年 3 月 16 日，湖北省人民政府办公厅发布的《关于大力发展装配式建筑的实施意见》（鄂政办发〔2017〕17 号）指出：到 2020 年，武汉市装配式建筑面积占新建建筑面积比例达到 35% 以上，襄阳市、宜昌市和荆门市达到 20% 以上，其他设区城市、恩施州、省直管县市和神农架林区达到 15% 以上。到 2025 年，全省装配式建筑占新建建筑面积的比例达到 30% 以上。

2017 年 3 月 20 日，武汉市人民政府发布的《关于进一步加快发展装配式建筑的通知》（武新规〔2017〕8 号）明确指出：自 2017 年 4 月 1 日起，房屋建筑（民用建筑、政府投资的公益性公共建筑、独立成栋的保障性住房项目）、市政基础设施（含城市道路桥梁、综合管廊等），应当明确按照装配式方式建造。

钢结构装配式住宅以“建筑设计标准化、部品生产工厂化、现场施工装配化”为发展方向，采取“政府引导，市场主导，企业运作”的发展路径，从政策法规、体制机制、标准规范、规划设计、建设运营、技术进步和产业支撑等方面有效推进建筑产业现代化发展，建立建筑产业现代化可推广、可复制、成本可承担的体制和机制。因此，无论是国际市场还是国内市场，轻钢结构装配式住宅的应用前景十分广阔。

# 用海洋的智慧改良锂电池黏结剂

浙江中科立德新材料有限公司

## 一、黏结剂对锂离子电池性能有重要影响

锂离子电池是新能源、可再生能源和电动汽车战略新兴产业的关键储能部件，该产业符合国家新能源、可再生能源产业发展战略方向和环保政策导向，属于新能源和新材料领域，是《国家中长期科学和技术发展规划纲要》所支持的前沿技术。研发锂离子电池的关键材料是行业的热点，而黏结剂又是锂离子电池的重要组成部分，黏结剂的性能直接影响着锂离子电池的性能。

黏结剂作为锂离子电池的关键材料，其性能对锂离子电池的加工性能和电化学性能等有着重要的影响。在锂离子电池的工业规模化生产中，目前普遍采用有机溶剂型聚偏氟乙烯（PVDF）作为黏结剂，有机溶剂 N– 甲基吡咯烷酮（NMP）作为分散剂。一方面，PVDF 具有很好的黏结性能，但其电子和离子导电性差；有机溶剂 NMP 具有良好的分散性，但易挥发、易燃易爆且毒性大。采用 PVDF 作为黏结剂的极片涂布工艺要求密封，回收 NMP，增加生产成本。另一方面由于 PVDF 中含有氟，容易与嵌锂石墨等发生反应，导致锂离子电池安全性能下降。虽然油性黏结剂有着优良的加工性能和其他性能，但是它的生产属于大化工性质，在生产和使用过程中存在污染严重、耗能大及价格高等缺点。水性黏结剂无溶剂释放，具有绿色环保、不燃烧、安全性高和价格低廉等优点，已经成为当前锂离子电池黏结剂行业的迫切发展方向，因此，研究开发新型水性黏结剂成为行业的热点。近两年来，水性黏结剂由于“对环境友好、价格低廉”而被各国专家一致认为是今后黏结剂产业发展的趋势。

黏结剂是锂电池和超级电容的上游产品，其发展随锂离子电池和超级电容产业的发展而发展。随着世界各国对开发清洁能源和加强节能减排的日益重视，锂离子动力电池和储能电池的市场占有率突飞猛进，从目前发展趋势来看，锂电池市场年平均增长率超过 50%，黏结剂行业的市场也呈快速增长态势。据有关数据表明，

2016 年全球正极黏结剂市场使用量达 12 万吨左右，负极黏结剂使用量近 6.1 万吨，如果采用 PVDF 作为正极黏结剂，加上配套的 NMP 溶剂，则全球锂离子电池黏结剂使用成本将超过 100 亿人民币。因此，结剂具有广阔的市场空间和发展前景。

水性黏结剂用于负极材料技术已相对成熟，如由羧甲基纤维素钠（CMC）和丁苯橡胶乳液（SBR）组成的水性黏结剂体系，羧甲基纤维素钠（CMC）、聚丙烯酸（PAA）、聚丙烯三元共聚物和聚丙烯腈－丙烯酰胺共聚物等水性黏结剂。然而，这些水性黏结剂如果应用于正极材料时，大多存在压实密度低、极片柔软性不够好以及电池长循环稳定性差等问题，而且由于氢键和静电力的作用，正极材料在水中易发生团聚，将引起浆料分散不均匀等问题，影响正极的电化学性能（尤其是循环性能）。此外，正极材料具有比表面积小、密度大的特点，分散后的浆料极易沉降，目前电极片加工工艺问题还未能解决。

## 二、来自海洋生物的天然高分子材料

浙江中科立德新材料有限公司（简称中科立德）研发水性黏结剂的目标是：在锂电池水系黏结剂领域有关键性的突破（包括理论突破、基础研究突破），开发出绿色环保、安全、高性能、低成本的水系黏结剂系列产品，能通用于锂离子电池的正负极应用，为我国的锂电池产业、环保事业做出应有的贡献。

中科立德研发并实施产业化的水性黏结剂以海洋生物多糖类为主要原料。壳聚糖（CTS）是一种含有羟基和氨基两种极性基团的两性天然高分子化合物，是自然界中仅次于纤维素的第二大天然有机化合物，具有良好的成膜性、降解性、抗菌能力且安全无毒性等优点。因其具有两种极性基团，作为黏结剂能够增加与活性材料之间的键合作用，提高对活性材料的覆盖，增强活性材料、导电剂与集流体之间的粘接强度；同时氨基基团又具有较好的吸酸功能，能够保持电解液的相对稳定性，改善材料的电化学性能。

中科立德研究开发的新型高倍率天然高分子壳聚糖衍生物——导电聚合物复合水性黏结剂，其技术的先进性和创新性主要体现在以下三点：

一是产品技术领先，填补产业空白。项目产品可作为锂离子电池正负极材料的黏结剂，采用天然壳聚糖衍生物原料作为锂电池正极黏结剂为世界首创。产品不仅将替代目前电池正极使用的高毒性、高成本的油性 PVDF/NMP 黏结剂，同时也提高了锂电池的安全性和电化学性能。

二是低成本，材料来源广。水溶性壳聚糖衍生物原材料来源广泛，黏结剂使用的溶剂水具有成本低廉的优势，无需回收毒性 NMP 溶剂，简化了电池生产工艺，降低了锂电池的生产成本。

三是绿色环保，无污染，无毒害。产品原料水溶性壳聚糖衍生物和溶剂水均为无污染和无毒害的天然原料，应用于电池生产过程可避免 PVDF/NMP 黏结剂使用高挥发、易燃和毒性 NMP 溶剂所带来的生产安全问题，省略了 NMP 回收工艺，消除了生产过程中对现场工作人员的毒害问题。

## 三、推动锂电池绿色生产工艺

该项目的产业化推广应用具有高附加值及清洁环保的特点，将推动锂离子电池绿色工艺生产，降低生产成本，提高电池的倍率性能，从而推动锂电池在电动汽车和新能源产业的应用。本项目成果也将填补浙江省在锂离子电池产业关键非活性材料——水性黏结剂产业的空白，同时提升我国在高性能锂离子电池水性黏结剂技术方面的国际竞争力。

# 用先进工艺手段转化过剩产能

舟山市 7412 工厂

## 一、思维前瞻，把握“工业之米”发展契机

紧固件作为紧固连接用的基础性零配件，品种规格繁多，性能用途各异，其应用几乎涵盖民生和工业生产的各个领域，有着巨大的市场需求，因其在工业体系中无法替代的基础性地位而被形象地称为“工业之米”。作为机械装配的重要零件，紧固件广泛应用于发动机、汽车悬挂系统、底盘系统等部件中，其性能对整机质量有很大程度的影响。

虽然近年来我国紧固件行业获得了快速发展，但与国外同行相比，仍存在较大的技术差距，普遍存在生产企业规模小、生产技术落后、装备差、工艺革新慢等问题，导致低水平产品生产能力过剩，而高档紧固件产品供不应求、大量依赖进口的不利局面。

采用先进设备，推进技术更新，促进产品结构升级，成为我国紧固件行业提升产业层次的当务之急。

伴随着节能减排等政策的不断趋严，汽车行业发动机限制排量的鼓励性政策不断出台，为实现产品低排量大功率大扭矩，增压发动机成为发动机厂的必然选择。由于采用了相应的增压技术，发动机单位时间和体积内做功更多，发动机排气系统的温度压力和负荷相应增大，与其配套的耐高温高强度紧固件研发也逐渐成为紧固件生产企业研究的热点。

2002 年，7412 工厂即前瞻性地开始该类产品的研发，相继克服了材料采购、热处理等难关，生产的产品从 2005 年开始获得不同程度的应用。但自交付之初起很长一段时间，工厂都采用热锻、机械加工、旋转炉热处理等方式保证产品交付，一方面产品性能始终处于临界状态，另一方面废品率高，生产效率低，特别是后期开发的耐热不锈钢螺母需要经历温镦、清洗、退火后才能攻丝等复杂过程，给产品成本和质量都带来了巨大压力。

## 二、拓展新工艺，牢控关键环节可靠性

从2012年开始，7412工厂把耐热系列紧固件产品开发作为一大特色产品来抓。与我国涡轮增压发动机的高速发展相衔接，工厂开始逐渐致力于提升产能、提高产品档次、降低废品率等攻关工作，2014年顺利实现了耐热不锈钢锁紧螺栓的开发并取得了国家专利和浙江省优秀新产品称号。同时，工厂耐热系列紧固件产品系列覆盖缩进螺栓、锁紧螺母、双头螺柱等系列品种，尤其从2014年年底开始，大量民族品牌主机厂先后把涡轮增压发动机作为主方向，7412工厂这一完全能代替进口、成本优势巨大的耐热系列紧固件产品受到了民族品牌发动机的追捧，并被合资品牌逐步认可，7412工厂成为国内最大的耐热系列紧固件产品供应商。2016年8月31日，工厂编制和发布了浙江制造团体标准《汽车用耐热螺栓、螺柱和螺母》的，"耐热500℃螺母""耐热600℃螺栓、螺柱""耐热650℃螺栓、螺柱"三个产品单元的"浙江制造"品牌认证顺利完成，成为舟山市首家通过"浙江制造"品牌认证的企业。

与此同时，客户需求数不断加大，对成本提出了更高的期望和要求，部分产品品种的月需求量达到了20万件以上，单月最大需求量超过50万件。于是，7412工厂从2015年年初开始致力于两方面的工作：一是推动螺栓类产品的生产自动化和产能提升；二是在螺母类产品的成型上做工作，通过温镦改冷镦的工艺改善，实现制造过程的节能减排和成本降低。

7412工厂坚固件项目具体工作包括：

### （一）耐热螺栓、锁紧螺栓类产品产能扩充

在多年高强度紧固件开发基础上，研制开发出一系列发动机用耐高温（700℃）、耐腐蚀、高强度（主要为10.9级以上）的不锈钢紧固件产品，并可根据客户要求在外螺纹进行锁紧。该产品广泛用于船舶发动机、汽车发动机、小型内燃机排气管、涡轮发动机增压系统和三元催化器等关键部位，属国内首创，与欧美、日本同类产品相比，技术性能指标达到国际先进水平，并在多个主机厂成功替代了进口产品，市场占有率和销售数量均达到国内第一的水平。

### （二）耐热螺母类产品工艺优化和产能扩充

发动机耐热螺母主要用于发动机的排气系统和涡轮增压器，一般与耐热不锈钢螺栓配对使用，主要满足发动机高温（600摄氏度以上）条件下的性能和可靠性要求。由于采用高镍材料或高钒材料，原材料成本占比较高，而且需要特殊的热处理，加工困难，从而导致产品价格居高不下。如何通过材料替代和工艺优化降低成本，成

为耐热不锈钢螺栓螺母生产企业面临的一大挑战。伴随着模具设计和模具材料的不断优化，目前国内耐热不锈钢螺栓产品冷镦成型已经被广泛应用，但由于螺母生产产品变形大、需要穿孔，且该类材料具有冷作硬化敏感的特点，所以目前国内大多数企业采用冷镦制造，生产的冲棒寿命只能达到 2000 件以下甚至低至个位数，所以不锈钢类螺母产品都采用温镦的方式加工。

相较于冷镦，温镦最大的优点就是：便于成型，模具寿命高；相较于热锻具有更高效率，但因需要加热到 600~1000 摄氏度，同时在热态下镦制，所以因材料加热产生的能耗高，加热后加大油的消耗，污染大，油遇热后形成炭黑，需要各种专门的酸溶剂进行清洗，增大了对环境的污染。高能耗、油在高温下的高挥发、热油与炙热零件烧结产生的炭黑、清洗炭黑产生的次生污染等，一方面导致成本的提高，另一方面污染了环境。

面对激烈的市场竞争，成本优势决定企业的生存，企业责任则决定企业是否能够长远发展，鉴于此，国内外大多数企业都把打造绿色产业链、建立价值工程作为发展的目标。考虑到节能环保的要求，国外先进技术都采用冷镦成型工艺生产该类产品，以消除温镦带来的负效应，达到降低成本和节能减排的目的。

## 三、五维保障使得产品质量和产能更可靠

### （一）生产和检测保障

目前 7412 工厂拥有内主要生产设备共计 350 台，其中冷镦机 47 台、搓丝机 56 台，有热处理生产线 4 条，年产量 6 亿件。设备大多为台湾设备，优于行业平均水平。为适应航空合金钢紧固件、高强度铝合金件和耐热不锈钢系列紧固件等新产品开发和批产要求，工厂于 2016 年新购置的真空炉和 2 条自动化网带炉生产线均已正常投入使用。

7412 工厂实验中心拥有各类专业检测设备 40 余台，大部分为进口设备，如德国 Test 摩擦系数试验机、Fischer 无损膜厚检测仪、牛津直读光谱仪、日本三丰轮廓度检测仪等，基本满足了产品性能、强度、摩擦系数、化学成分等方面的所有检测需求；实验室检测水平通过了德国大众汽车公司及美国通用汽车公司 GP-10 实验室认可，具备行业优秀资质，为生产的正常运转提供了可靠的保证。

### （二）产品质量体系保障

1998 年，7412 工厂在同行业中率先通过了 ISO9001 质量管理体系认证，2004

年开始执行 ISO/TS16949 质量管理体系，建立有一套行之有效的质量保证体系，工厂的质量管控得到了主机厂客户的高度认可，先后获得了具有国际先进水平的上海通用 GP-10 实验室认可（即上海通用及其系统中的各厂均认可本厂实验室出的报告，且美国通用公司也予以认可）、上海汽车实验室认可及江铃汽车实验室认可；同时，工厂质量体系通过了通用、大众、沃尔沃、奔驰等多家主流汽车客户的认可，为宝马汽车间接配套的质量体系审核也获得通过。

（三）人才保障体系建设

7412 工厂早在 2007 年即获得了浙江省中小企业局颁发的省级技术中心资质，2015 年成为浙江省技术中心，2016 年升格组建浙江省企业研究院。工厂拥有一支技术创新团队，配备高、中级人才，工厂技术副总担任技术中心主要负责人，下设技术部，具体负责技术中心的各项工作。工厂不断吸纳优秀应届毕业生，招聘优秀技术人员加盟，形成了人才梯队。

（四）供应商保障体系

长期以来，7412 工厂建立了完善的国内外原材料供应商、模具供应商、表面处理供应商系统，建立供应商档案进行跟踪管理，确保各个生产环节的持续稳定运行。渠道畅通，生产有序，有效地保证了工厂的正常生产。

（五）环保措施落实

7412 工厂严格遵守国家环境保护法，对生产过程中产生的废水、废弃物采取综合治理。对生产废水和生活污水，经厂内污水处理站处理达标后排放；车间生产产生的少量烟气粉尘，通过排烟系统排除，确保车间环境达到规范要求。工厂按环保总体要求，保证各项生产条件达标。

## 四、接轨国际，市场竞争力雄厚

由于耐热系列紧固件产品目前处于国内高端紧固件的前沿，而且 7412 工厂在材料采购渠道、工艺等方面都处于领先地位，产品属于高附加值产品。

上述项目系列产品的研发和生产不仅可以为企业带来新的利润增长点，还将带动国内相关产业的发展，提高国内紧固件行业产业的层次，促进产品结构、技术结构的推广，从而形成更多独立的、具有自主知识产权的进口替代产品。

冷镦生产相对温镦生产大大降低了油烟的排放，同时避免了镦制后清洗污水的排放，无论是对环境的保护还是员工健康安全的保护都具有积极作用。节能减排、绿色产业链是产业国际竞争的大趋势，通过冷镦代替温镦的工艺改进，不但使我国的耐热不锈钢螺母生产质量上与国际接轨，而且在成本优势、节能环保、绿色产业链等方面都与国际接轨，从而具有更强的市场竞争力。

随着7412工厂系列产品市场占有率的不断提高和国内竞争秩序的日益有序，我们将在形成自主知识产权的基础上逐步推广先进经验。这一技术的实现，是我国该类技术与国际接轨的一大创举，是又一次大胆尝试过程中的成功案例。

# 用自主创新的力量打破高性能锂电池微孔隔膜的国外垄断

昆明云天化纽米科技有限公司

## 一、开创国内高性能微孔膜新产业

昆明云天化纽米科技有限公司（简称昆明云天）高性能锂电池微孔隔膜项目属于《国家中长期科学和技术发展规划纲要（2006—2020）》所列的前沿技术第（11）项“高效能源材料技术”，符合电池隔膜产业发展规划的要求，本项目产品打破了国外同类产品在国内市场的垄断地位，开创了国内高性能微孔膜产业新局面。本项目符合国家产业政策，市场前景广阔，技术先进，经济及社会效益较好，该项目建设是企业发展的必然选择。

高工产研锂电研究所（GGII）调研显示，2016 年中国锂电池隔膜产量超过 10.84 亿平方米，同比增长 72.6%。隔膜产量增长的主要动力有：2016 年新能源汽车带动国内动力电池产销量同比增长超过 60%，而国内动力电池使用隔膜以国产为主；隔膜国产化率进一步提升，从 2014 年的 65% 上升到 2016 年 85%；出口量持续增加，随着国内湿法隔膜技术逐步提升，湿法隔膜出口比例加大，如上海恩捷、星源材质、纽米科技（重庆）等出口量大增。干法隔膜出口量也有所上涨。

从隔膜市场总产值来看，2016 年中国锂电隔膜产值突破 42.5 亿元，同比增长超过 70%，产值增速接近产量，因为：全年湿法隔膜出货量增加，占隔膜总产量的比例大幅度提升；隔膜薄度及性能得到提升，特别在数码湿法隔膜上，目前国内已开始大批量使用 7 微米以下湿法膜，甚至已有个别企业开始量产 5 微米隔膜，由于薄类隔膜价格较高，因此总产值上升。

从各类隔膜细分来看，干法隔膜（双、单拉）出货 6.23 亿平方米，同比增长 58.5%；湿法隔膜出货超过 4.61 亿平方米，同比增长 96.2%。并且呈现以下特征：一是湿法隔膜增速大于干法，需求快速增长。2016 年国内前几大类动力电池企业产能投放加快，对湿法隔膜需求加大。二是三元动力电池占比上升及数码软包电池产量增加，带动湿法涂覆隔膜销量增加。2015 年之前涂覆隔膜主要用于高端数码电芯和特殊要求的动力电池。湿法涂覆隔膜需求激增，且湿法涂覆隔膜的价格大幅下滑，涂覆隔膜的占比从 2015 年的 65% 上升到 2016 年 70%。

## 二、锂电隔膜市场空间巨大

隔膜是锂离子电池四大关键组件中国产化率最低也是技术壁垒最高的锂电材料，占锂电池成本的 15%~20%。从产品层面而言，受制于基体材料、生产设备和工艺，国内隔膜产品同质化现象较为严重，价格竞争压力大，高端市场占有率低，动力电池撬动隔膜需求快速增长。在 3C 锂电增速放缓、储能锂电市场待培育的背景下，新能源汽车的放量拉动动力锂电池需求快速增长，2015 年动力锂电池的需求超过了 1400 万千瓦时，增速超过 100%，其中动力锂电隔膜需求超过 2.3 亿平方米，接近国内 3C 锂电隔膜的需求水平，并且未来两年复合增速有望超 50%，是国内锂电隔膜需求增长的核心驱动力。近几年中低端隔膜产能无序扩张，供给严重过剩，产品同质化严重，价格竞争激烈。相反，高端市场供应格局稳定，竞争压力小，盈利能力有保障，特别在新能源汽车快速发展的形势下，高端市场需求将增长较快，随着动力和储能市场的启动，国产隔膜的产能和品质的制约将更明显，对于国产隔膜而言，产品性能升级将成为未来一段时间内最重要的命题。昆明云天秉持“唯专于精、唯诚至恒”的企业理念，自 2014 年 10 月 28 日投产，经过近 3 年的沉淀，产品品质与技术水平得到了升级。

国家战略引领新能源发展，锂电隔膜市场空间巨大。未来，新能源汽车市场前景广阔，特别是国家已经把新能源汽车发展上升至国家战略层面，将带动动力锂电池的刚性需求。在此背景下，作为锂离子电池最核心的材料——隔膜将会加速国产化，相关生产商将从中受益。

据工业和信息化部预测，随着新能源汽车的进一步发展，预计在 2020 年，国家《新能源汽车应用推广通知》的预期 200 万辆目标顺利实现，隔膜需求量将会出现难以想象的巨大市场容量。

同时，由新能源汽车迅猛发展所带来的智能电网、储能电池市场还处于萌芽状态，这同样是电池制备企业以及包括隔膜生产企业在内的材料行业的竞争蓝海，存在广阔市场。

纽米品牌客户认可，系统积累来之不易。昆明云天于 2010 年设立纽米科技，并以此进入锂离子电池隔膜领域，在 2014 年 10 月 28 日投产以来，已具有较强的品牌优势，积累了较强的技术水平，占据了一定的市场份额。

设备集成效能发挥特征明显，技术优势符合行业发展趋势。根据市场技术趋势，锂电池将以高能量密度、小体积、轻质量、低成本为重点突破方向，对隔膜的需求将是干法 + 涂层。从现有客户反馈，干法 + 涂层的制备技术恰恰是昆明云天的技术优势和核心竞争力所在，应该得到大力发展，并将逐步巩固纽米科技在行业中的地位。

隔膜工艺的改进，展现了隔膜性能优势。昆明云天研发的隔膜是以不同类型高性能聚丙烯为基材，通过三层复合膜头在线复合，生产出三层复合隔膜，该工艺为纽米科技首创，也是 2017 年市场推广的重点。与普通干法双拉隔膜相比，这款三层隔膜具有明显的性能优势，主要表现为：一是厚度、孔径分布均匀，孔状呈网络结构分布；二是特殊的三维微孔结构和较高的表面粗糙度，使产品具有优良的吸液、保液能力，更适宜涂覆加工；三是具有高拉伸强度和高抗穿刺强度；四是三层复合结构，安全性能更好。

## 三、项目的四大优势

一是技术优势。昆明云天拥有一支强有力的技术管理团队，已成功建成 2 条年产 1500 万平方米隔膜的干法隔膜生产线，在此基础上经过对技术的不断消化吸收和提速改造，2 条线的产能均得到很大的提高，并熟练掌握了锂电池隔膜的生产制备技术。投产的高性能锂离子电池微孔隔膜产品通过了诸多客户的产品认证，目前已和这些公司建立了长期稳定的供使合作关系，产品各项指标均达到市场上同类产品水平，经过近 4 年时间的沉淀，产品品质与技术已逐渐成熟。

此外，本项目依托昆明云天与成都慧成科技有限公司签订的战略协议，双方将进一步加强合作，目前初步达成共识，成都慧成科技有限公司将加大对昆明云天的技术支持与保障。因此，昆明云天的高性能锂离子电池微孔隔膜项目将凭借现有的技术管理团队、完善的电池实验设备及检测设备，以及成都慧成科技有限公司的技术保障，积极依托昆明市科委的政策扶持，继续提升现有的工艺技术水平。

二是人才优势。在生产线的设计、设备安装调试过程中，培养出了一大批熟练的锂电池隔膜制造技术操作人员，为本项目的建设提供了充足的人才支撑和储备。

三是市场评价优势。市场客户反应良好，并成功地与诸多中高端客户进行合作。

四是资金优势。按照昆明云天“十二五”规划纲要，纽米科技隔膜项目是集团向新能源、新材料转型的第一步，为全力做好战略转型，集团将不遗余力地提供资金等各方面支持。况且纽米科技于 2015 年年初在新三板成功挂牌，具有了从资本市场融资的平台。

# 依靠“创新驱动”实现除尘技术产品种类多样化发展

福建龙净环保股份有限公司

## 一、专注大气污染治理，助力工业节能减排

福建龙净环保股份有限公司（简称龙净环保）创建于1971年，长期专业从事电力、冶金、建材、轻工、化工等行业烟气污染物治理技术装备的实验、研究、开发、设计、制造、安装、调试、运营和维护，是中国大气污染治理的领军企业和全球最大的大气污染治理装备研发制造商。

截至2016年年底，龙净环保建立了以福建龙岩为核心，覆盖新疆、天津、上海、西安、武汉、张家港、宿迁、盐城、厦门等城市，东、西、南、北、中辐射全国的研发和生产布局，并拓展海外市场。拥有31家子公司、140多亿元资产、100多万平方米厂区、6000多名员工。2016年，龙净环保销售收入突破80亿元，在全国环保企业中继续排名第一，并遥遥领先。据不完全估算，龙净环保产品每年约减少工业排放的烟尘1.6亿吨、二氧化硫2230万吨、氮氧化物106万吨。

2016年，中国环保产业协会发布公告，龙净环保在全国环境服务业“综合排名”和“大气污染治理”细分领域，排名双双第一；工业和信息化部所属的赛迪公司发布“环保企业创新力百强榜”显示，龙净环保在“创新力总榜单”及“创新效率子榜单”均名列榜首。中国机械工业联合会发布“2016年度中国机械工业百强企业”名单，龙净环保排名福建省第一、全国第48位。龙净环保先后荣获“全国首批守合同重信用企业”“全国质量管理先进单位”“国家创新型企业”“国家技术创新示范企业”“国家知识产权示范企业”“全国首批AAAA标准化良好行为企业”以及全国首批符合“环保装备制造行业（大气治理）规范条件企业”等荣誉称号。

## 二、坚持创新驱动，推动中国大气污染治理技术和产业发展

中国燃煤电厂总装机世界第一，钢材和水泥产量也是世界最大，工业烟气污染

物减排的任务艰巨、责任重大。作为全国龙头企业，龙净环保依靠“创新驱动”，在解决中国工业烟气污染，特别是燃煤烟气除尘、脱硫、脱硝及多污染物综合治理领域，付出了艰辛的努力，完成了863计划等国家和省级科技任务80多项，制订国家和行业标准90多项，获国家科技进步奖等省部级以上奖励70多项、授权专利500多项，为中国煤电烟气污染物减排取得举世瞩目的成就和国家空气质量的改善，做出了积极的贡献。

### （一）除尘技术产品种类全球最丰富、工程业绩全球最厚实

除尘设备是我国发展最早、应用最广、在全球同行中最具竞争力的大气污染治理产品，主要用于工业烟气粉尘污染物的排放治理。龙净除尘设备在国际同行中技术最全、产品种类最丰富，在电力、建材、冶金、轻工、化工等行业广泛应用。在燃煤烟尘治理中，电除尘应用最多、电袋其次、袋式除尘最少。根据中国电力企业联合会节能环保分会数据，龙净环保累计投运的除尘设备机组容量2014年、2015年、2016年连续三年居全国第一。

其一，电除尘。作为全球除尘领军企业，龙净环保先后开创了我国顶部振打电除尘、顶侧结合振打电除尘、双区多复式电除尘、低低温电除尘、金属板式湿式电除尘等各种高效节能电除尘设备，以及烟气调质、断电振打、工频电源、高频电源、脉冲电源、节能控制等电除尘配套技术，被喻为“电除尘技术王国”。其中高频电源和脉冲电源，打破国外同行技术垄断，替代进口；低低温电除尘可高效除尘协同脱除$SO_2$，并降低煤耗，“节能、减排”效益非常突出；湿式电除尘在烟囱前终端把关，实现细颗粒物超低排放甚至“零排放”。自主开发的顶部振打BE型电除尘器获国家科技进步奖、BEH型电除尘器获福建省人民政府新产品特等奖，打破了该奖项20年空缺的纪录。

其二，电袋除尘。开创了我国电袋复合除尘技术全新种类，制订了我国第一部《电袋复合除尘器》国家标准，编著了我国首部《电袋复合除尘器》专业论著（已出版），构建了较完整的电袋技术标准体系，拉动了电袋产业的发展，改写了世界除尘产业格局，我国也因此成为世界上应用电袋复合除尘器最多的国家，并获国家“十二五”战略性新兴产业项目支持。在此基础上，龙净环保自主开发了能够实现除尘器出口低于5毫克/立方米具有“排放低、造价低、能耗低”的超净电袋复合除尘器，并在工业应用领域获得了巨大的成功，我国第一部超净电袋复合除尘器行业标准也已由国家能源局正式发布实施。2015年，电袋复合除尘技术及产业化项目荣获国家科技进步奖，成为近15年来全国环保除尘领域唯一的国家科技进步奖项目。

### （二）脱硫脱硝产品技术水平和工程业绩跻身世界第一梯队

我国二氧化硫、氮氧化物治理起步较晚，但发展快速。龙净环保在全国同行中率先同时拥有湿法脱硫和干法脱硫能力，也是国内最早掌握燃煤电站烟气脱硝技术的企业之一。开发的干法脱硫特别适用于缺水、少地、富煤地区的烟气污染治理，已经在煤粉炉、CFB 锅炉、冶金、化工、垃圾焚烧等领域广泛应用，稳定实现了优于燃气机组的“50355+530”超低排放指标，技术水平和工程业绩均为全球领先。湿法脱硫已在包括多个 1000 兆瓦燃煤机组在内的近百个项目中成功应用，自主开发了单塔双区、单塔三区、单塔四区以及电石渣湿法脱硫等高效脱硫除尘技术，实现了硫与尘的协同高效脱除。同时，与国际领先的美国 CoaLogix 公司合作，建立了世界最先进的脱硝催化剂检测中心，建成了国内乃至全球规模最大的 SCR 脱硝催化剂再生工厂，并获得全国第一份脱硝催化剂危险废物经营许可证，可提供脱硝催化剂性能检测、催化剂全过程寿命管理、废弃催化剂回收处理及脱硝系统解决方案。目前，研发的再生催化剂已在工业上大规模应用，龙净环保已经成为该新兴领域的全国领跑者。

### （三）烟气治理环保岛总包模式全面启动，大气污染治理持续深化发展

龙净环保的技术、团队、业绩实力雄厚，综合掌握各种除尘、脱硫、脱硝、物料输送以及控制技术，具备研究、开发、设计、制造、安装、调试和检测全链条服务能力。在承担完成大量除尘或脱硫或脱硝工程总包，以及脱硫脱硝 BOT 运营基础上，龙净环保在国内率先提出并实施了从锅炉到烟囱的“一揽子”解决方案的“烟气治理环保岛”工程总包模式，开辟了提高烟气上下游污染物治理的协同提效，减少烟气治理系统投资、占地和运行维护费用的新途径。华电邵武电厂、华电永丽电厂、公主岭市供热锅炉、大连恒力石化等项目为全国烟气治理环保岛的推广提供了示范。烟气治理环保岛方案的推出，实现了高污染行业烟气污染物减排和绿色改造的进一步升级。

## 三、抢占全球烟气治理市场，国际影响力不断提高

在全面开发中国烟气治理市场的同时，龙净环保抓住国家“一带一路”建设机遇，加大海外市场开发力度，深度融入全球产业链，积极为正处于工业化过程的发展中国家，包括为发达国家的工业烟气污染物减排提供技术支持，持续拓展世界烟气治理版图。目前，龙净环保已经取得“出口信用管理 AA 级企业”“出口工业品分

类管理一类企业”等资质，并在国内机械行业首家通过设计与制造的“工业用除尘设备焊接钢结构”欧盟认证，美标焊接工艺评定和焊工认证也正在推进。龙净环保产品已经出口日本、塞尔维亚、俄罗斯、土耳其、巴西、印度等40多个国家和地区，海外市场不断扩大，在国际上享有越来越高的知名度，成为全球烟气污染治理领域最亮丽的“中国名片”。

## 四、经验总结与启示

### （一）战略把握

确定了“咬定青山不放松、坚持环保主业不动摇”的长期发展战略。46年专注聚焦大气污染治理领域，立足大气环保产业做精做强、做深做透，始终保持战略定力，最终实现从山区企业到国内除尘行业首家上市公司、国内销售第一、全球规模最大的跨越式发展。

### （二）追随人才

坚持“以人为本”，打造优秀人才团队。在已有专家团队和中青年骨干人才基础上，不拘一格引进德、英、美、日、澳等不同专业的海外高层次人才以及国内顶尖专家，广泛开展产学研合作，拉动了技术、市场和工程团队的成长，为企业持续发展、做强做大提供人才支撑。

### （三）科技兴企

坚持“技高一筹”，在构建国内同行条件最好、水平最高的实验研究平台基础上，持续开发高效、低耗的烟气污染治理技术及配套材料和高端制造技术，在电除尘、电袋除尘、烟气脱硫、烟气脱硝以及废旧催化剂再生等领域建立了一大批世界级的示范工程，牢牢占据了国内外的技术制高点。

### （四）体制机制创新

通过股权激励、科研奖励、破格提拔、利润提成、目标责任、比学赶超等各种方式，充分调动每个龙净人，尤其是各事业部、子公司之技术、市场、工程三大业务的积极性与主动性，形成了电除尘、电袋、干法脱硫三大领域全球强势领军，湿法脱硫、烟气脱硝、物料输送等产品全国领先的“群雄并起”的产业格局。

面向未来，龙净环保将秉承“净化环境、造福人类”的崇高使命，坚持依靠“技高一筹”创新驱动，持续打造国际一流的创新型环保工程总包产业集群，为中国“十三五”“节能环保”战略性新兴产业的持续快速发展和全球空气污染治理做出更大的贡献。

# 积极探索技术改造
# 实现太阳能电池片产业化发展

东方日升新能源股份有限公司

## 一、建立独立的国家级光伏实验室

东方日升是一家集研发、生产、销售太阳能电池组件、太阳能发电技术应用产品以及太阳能终端应用产品于一体的高新技术企业，主要经营内容为太阳能组件和电池片，主导产品为太阳能电池板和晶硅太阳能电池片。2015年，公司主营产品——太阳能电池组件出货量超过1300兆瓦，全球市场占有率约为2.4%。东方日升建立了独立的国家级光伏实验室，该实验室获得国际CNAS认证，可按照IEC61215、IEC61730-2、UL1703等标准进行54个项目测试，为公司及其他光伏企业的设计研发以及质量管控提供有力的支持。公司产品远销欧美、南非和东南亚等30多个国家和地区，为广大用户提供专业、便捷的光伏产品和技术支持。东方日升设立了太阳能工程技术中心，专门从事太阳能光伏产品技术的研发工作，并于2008年被认定为宁波市级太阳能工程中心。东方日升工程技术中心2011年被评为“浙江省级企业技术中心”称号并于2015年顺利通过复审。技术中心下属的检测室于2012年通过国家认证委员会CNAS认可，2015年获批成立浙江省级企业博士后工作站。东方日升已形成超过100项主营业务核心技术，截至目前拥有有效国内发明专利技术12项、国内实用新型专利技术47项、国内外观专利22项。目前申请受理的国内发明专利技术有7项，德国实用新型专利1项，国内实用新型及外观专利10余项。

## 二、在市场下行压力下进行生产技术革新

自2011年开始，受世界经济危机、欧债危机以及美国对光伏行业的“双反”的影响，光伏市场迅速萎缩。竞争日益激烈的光伏市场对产品的要求是“物美价廉”，对于产能过剩的光伏市场，如何争得光伏市场显得至关重要。

为了在光伏市场争得一席之地，各个光伏生产商想尽一切办法，降低电池片的生产成本，提高电池的技术含量，他们从人员配置、设备配置、原材料价格等各个方面降低生产成本。然而，残酷的光伏市场进行优胜劣汰选择，在2011年下半年到2012年上半年，电池片生产厂家频频关闭，估计关闭的企业数量占到国内光伏企业数量的三分之二。相反，东方日升在公司高级技术人才的带领下，积极进行生产技术革新。在降低电池片生产成本的同时进行技术升级，即根据市场需求，引进新技术，改造旧设备，提高电池生产技术投入，提高电池的转化效率，进而赢得广阔的光伏市场。

2009—2010年是光伏产业的顶峰时期。一方面由于光伏市场较好，一般企业的生产设备相对落后，生产出的电池片效率较低。后随着市场竞争的激烈，国内较大电池生产厂家纷纷采用进口设备，提高电池的转化效率。到2012年，未关闭的太阳能厂95%都改用新设备，由于单晶硅片价格昂贵，性价比较差，几乎没有市场，故近98%的生产厂商放弃生产单晶硅电池片，而选择生产市场更为广阔的多晶电池片。另一方面，随着光伏行业的竞争不断提高，光伏生产行业工艺不断革新，如化学法的SE电池、新材料等。湿法刻蚀法在光伏生产行业中的应用也在不断完善和稳定，越来越多的光伏生产商选择使用湿法刻蚀法来生产太阳能电池片，不但生产自动化程度高，而且产品质量较好，受到了广大客户的青睐。

## 三、以优化产品质量为目标，提高核心竞争力

东方日升以优化公司产品质量为目标，提高公司的核心竞争力、可持续盈利能力和抗风险能力。一方面利用晶体硅光伏组件太阳能电池生产线技术改造项目实现公司产业化和规模化效应，本着“精益求精”的质量原则，依托“光伏工程技术研发中心”项目，加大研发力度，不断提高光伏电池的转换效率，在严格控制原材料成本的同时不断实现产品技术和质量优化升级。另一方面利用已积累的产品竞争优势，不断创新营销模式，开拓新兴市场，树立品牌效应，提高产品在主要新兴光伏消费国的市场占有率，以质量和服务赢得市场。公司形成了太阳能灯具、太阳能电池、太阳能组件等系列、800多个品种的生产规模，各类产品均通过了TUV、CE、UL、GS、ROHS、REACH、PAHS等国际认证，2009年通过了ISO14001环境管理体系，2010年通过了ISO9001质量管理体系以及GB/T28001职业健康安全管理体系。

东方日升的企业工程技术中心于2011年顺利通过省级企业工程技术中心的评审验收，并建设有国家级实验室。工程技术中心和实验室重点进行各类新产品、重大科技研究、关键技术、关键装备攻关，不断探索开发高、精、尖产品。公司投资5000万元将中心建设成为国内一流的工程技术中心，中心拥有多套先进的科研设施

和检测设备。东方日升的技术优势主要体现在太阳能电池片的生产工艺改造和完善上，实现了国内第一条全国产化的太阳能电池片整体生产线的产业化生产，并在规模化生产过程中，对生产工艺进行了多项技术革新和改造，使该生产线生产的电池片光电转换效率达到了同类进口设备水平，生产能力超过了同类进口设备。公司其他相关重大工艺技术改进主要有电池片生产方面的清洗工艺、扩散工艺、等离子增强化学气相淀积工艺；组件生产方面的材料匹配技术、质量控制技术、产能提升技术等。目前，东方日升拥有专利以及专利申请权 35 项，其中发明专利 3 项、实用新型专利 7 项、外观专利 25 项。公司形成了年产太阳能电池片 500 兆瓦、太阳能电池组件 500 兆瓦和太阳能灯具 1500 万套的生产能力。

## 四、通过设备改造来提升公司国内外影响力

面对日益激烈的市场竞争形势以及电池片市场需求由单晶硅向多晶硅转变的发展状况，东方日升进行了深入的市场调研，根据调查结果，计划扩大高效多晶硅电池片的生产，通过引进国内外先进的太阳能电池组件生产设备，配之以公司积累的工艺改进技术，新建一个多晶硅太阳能电池生产车间扩大产能，计划每天新增 14 万片 4 瓦以上多晶硅太阳能电池片产量，质量与国际接轨，以大大提升公司在国内外的影响力。

# 扎根新能源　多领域助推企业发展

湖北追日电气股份有限公司

湖北追日电气股份有限公司（简称追日电气）成立于1997年，其前身为湖北追日电气设备有限公司，股票代码为833832，是一家致力于光伏电站/分布式发电一站式总包服务，专业研发生产光伏逆变器、电动汽车充电、动力电池总成及智能电网电气设备等产品的民营企业。公司成立近20年来，注册资本由成立时的500万元发展为6809万元，人员由30余人发展到近500人，大专以上学历员工占60%以上，拥有各类专业技术人员近90人，60%以上具有硕士以上学位，20%以上具有海外学习背景。其中，2人享受国务院政府特殊专家津贴，1人名列湖北省引进人才“百人计划”，6人入选“湖北省新世纪高层次人才工程”。追日电气依靠自主创新产品，获得多项国家级奖项及省市级科技进步奖；荣获中国驰名商标、湖北省著名商标、湖北省名牌产品等荣誉称号，先后被认定为湖北省高新技术企业、省级企业技术中心、省级创新型企业、省级工程技术研究中心、国家级博士后科研工作站等。已获得100多项专利，其中发明专利十几项、软件著作权多项。产品广泛应用于冶金、石化、电力、水利、采矿、轻工、机械、汽车、造船、市政、通信、轨道、航空航天、国防军工以及新能源等国民经济的各个领域，并出口几十个国家和地区。

追日电气产品主要涵盖以下四大领域：光伏逆变与光伏电站总承包建设；电动机汽车充电与BMS电池能量管理系统；电动机软起动控制及其成套；有源电力滤波与电能质量优化。

在光伏新能源领域，追日电气秉承“追求智慧光明、造福社会人群”的企业宗旨和“攀登不止、创新无限”的精神理念，开发出的光伏逆变器产品在业界引起了极大反响。其中光伏逆变器涵盖了从3千瓦到2兆瓦，从单相到三相、从并网到离网以及离并网全系列产品，转换效率高，性能稳定可靠，已在全国各类大中小型光伏项目中得到成功应用；此外追日电气的突出优势还在于可为用户提供从勘探设计和并网验收的光伏电站建设全过程一站式服务，目前由追日电气EPC建设的地面型、分布式以及家庭微网光伏电站已达数百兆瓦。新能源的方便接入是智能电网建设的一个重要内容，追日电气的各类逆变器、充电机不仅可以非常方便地实现与公共电网的相互接入，而且谐波含量极低，被认为对新能源技术的使用、推广和普及做出了革命性的贡献。在光伏发电领域，公司连续3年蝉联中国逆变器和EPC总承包十强企业，并获得了2015年度中国光伏电站卓越服务商大奖。

在电动汽车充电领域，追日电气研发的各类交直流充电机、充电桩充电效率高，采用模块式，可根据负载功率大小任意进行组合，目前已在上汽、东风、安凯等众多电动大巴、电动小汽车中配套使用。交直流充电桩系列产品通过了国网电力科学研究院和国家电网公司自动化设备电磁兼容实验室的检测，2015年电动汽车智能充电机产业化项目获批国家火炬计划产业化示范项目。追日电气还将电动汽车充电技术与光伏发电相结合，开发出光伏智能充电机，通过光伏发电然后给电动汽车充电，真正意义上实现了零污染、零排放。不仅如此，追日电气的充电设备也可广泛应用于动力电池生产、检验环节，为高效可靠的蓄电池生产提供保障。

在电能质量优化技术领域，追日电气的代表性产品ZAPF并联有源电力滤波装置融合了这一领域目前世界上最先进的技术，具有动态响应快、控制精度高、谐波滤除彻底、保护功能齐全等诸多优点，已在多个行业得到成功应用。该产品在滤波的同时，还兼具无功补偿的功能，是一种理想的消除系统谐波、改善电能质量、提高电能使用效率的技术产品，同时完全具备遥测、遥控、遥讯、遥诊"四遥"功能，亦是智能电网建设的理想产品。该产品2006年被上海市科学技术委员会确认为上海市科学技术成果，入选上海市高科技成果转化项目，并被评为上海市重点新产品；2007年被评为国家重点新产品；2008年被中国电工技术学会授予科技进步二等奖，入选国家火炬计划产业化项目，并被国家发展改革委列入国家十大重点节能工程项目，同年作为上海市自主知识产权产品而被列入政府重大项目采购目录；2009—2010年申报国家产业化项目获得通过；目前该产品已申报并获批国家3项发明专利。由于有先进的技术和可靠的质量作保障，2010年上海世博会和广州亚运会均选用了追日电气生产的有源滤波设备。不仅如此，追日电气还将有源与无源相结合、滤波与补偿相结合，开发出多款电能质量优化控制产品，以满足不同行业、不同工况、不同客户的不同需求。

在电动机软起动控制领域，追日电气的专利技术——高压交流电动机液态软起动技术以其独特的控制理念和高度的安全性、经济性和智能性，创造了多项世界第一，被业界专家誉为"里程碑式的进步"，被评为国家重点新产品，入选国家重点火炬计划，并获得国家创新基金的资助。尤其在大功率和超大功率电动机的软起动控制方面，追日电气一直领导着行业技术的发展方向。追日电气的电机软起动产品可有效降低大功率电机的起动电流，减小电网压降，保护电网不受或少受冲击，是智能电网建设不可或缺的组成部分。2006年，追日电气电机节能与控制技术开发平台入选全国唯一一个国家火炬计划环境建设项目。

追日电气实施的“新能源汽车电气总成及智能充电项目”总投资5000万元，新建厂房面积6万平方米，主要购置生产设备及检测试验设备18台（套），达到年产1万套充电桩电机、5000套动力电池总成、5000套电动汽车电气总成。

“新能源汽车电气总成及智能充电项目”建设的一次母线加工中心，共有设备6套，其中新添置了2套百万元级别的数控加工设备，其效率是普通液压设备的10倍以上。建设的二次线材加工中心，内有加工设备8套、制线工装12套，2条加工中心每天可实现产值175万元。新购置一整套充电机生产流水线，包括追日电气自主设计出的行业内第一条全自动直流充电机流水线，全线总长145米，直流充电机年产能57000台。还包括3条全自动交流充电机流水线，可达到年产交流充电桩20万台。流水线同步进行ERP+MES系统管理，实现现场工人对工艺文件及图纸的查询，并对各个生产工序及生产全过程进行现场实时监控及追踪。目前由追日电气自主研发的充电机已销售直流充电机24000台，交流充电机37000台。

# 创新研制“碳系载体生物滤池技术”提升水污染治理社会效益

武汉新天达美环境科技股份有限公司

《“十三五”国家战略性新兴产业发展规划》提出加快发展先进环保产业，并围绕这一目标在提升污染防治技术装备能力、加强先进适用环保技术装备推广应用和集成创新、积极推广应用先进环保产品、提升环境综合服务能力四方面进行了详细部署。这体现了国家持续强化污染治理、加快实现生态环境质量改善的坚定决心，同时也将为先进环保技术和产品的发展带来更广阔的空间。

武汉新天达美环境科技股份有限公司（简称新天达美）成立于2003年，是一家从事污水处理、湖泊河流水体净化与生态修复的国家级高新技术企业，是湖北联合发展投资集团有限公司新城建设的环保水务合作伙伴。公司被誉为中国水污染治理行业“碳系载体生物滤池技术”的开拓者、湖泊河流水体净化与生态修复技术的领先者。新天达美以德国曝气生物滤池工艺和日本著名的“四万十川方式水处理”原理为基础，联合中日友谊奖获得者、日本东京大学终身名誉教授松本聪教授及其科研团队，结合中国国情，研制出“碳系载体生物滤池技术”，并获得2项发明专利、15项实用新型专利、3项软件著作权。该技术具有安全、高效、经济、稳定、生态、景观等综合优势，技术优势突出，得到了国家多部委的认可，取得了良好的社会与经济效益。

## 一、花山生态新城污水处理带来巨大生态效益

武汉花山生态新城地处武汉市东部的洪山区，位于“一江三湖”（长江、北湖、严西湖、严东湖）交汇处，域内有严西湖、严东湖、竹子湖、清潭湖等水体，水域面积16平方公里。由于花山镇未建设污水处理设施，导致地区雨水和生活污水通过现状明渠或排灌渠道就近汇入附近的水塘后流入周边湖泊，严重影响了严东湖和严西湖的水质，新建污水处理厂已迫在眉睫。为此，新天达美承担了武汉花山生态

新城污水处理及中水回用项目的建设。

武汉花山生态新城污水处理及中水回用项目于 2014 年通过了竣工验收，污水的处理能力达到 5 万吨（一期日处理规模 2 万吨）。目前，该项目工艺运行状态良好，处理后的出水直接排湖，出水水质可达《城镇污水处理厂污染物排放标准》（GB18918—2002）一级 A 标准。一期工程完成后，每日可利用中水 2 万吨，实现 40% 的回收利用率，超过了发达国家 25% 的平均利用率。整体工程完工后，可实现 55% 的中水回收利用率，形成集生态景观修复与中水回用等多功能的花山生态新城污水处理厂综合示范工程。

项目一期工程正式投入运营后，花山生态新城的污水得到了全面治理，大大消减了有机物及氮磷等污染物质排放于水体，改善了花山生态新城水环境，促进了武汉新区水体修复及水景观工程建设，同时为生态新城区提供了更多的发展机遇，吸引更多的企业或居民入住新城区，为该地区经济可持续发展提供良好的发展环境，对武汉市“两型”社会的建设有着深远的意义。同时，项目中水回用系统的实施，一方面可节约大量有限的水资源，缓和城市自来水供需矛盾，带来可观经济效益；另一方面可减少城市排水系统负担，控制水污染，保护生态环境，带来巨大的生态效益和良好的社会效益。

## 二、创新研发“碳系载体生物滤池技术”

武汉花山生态新城污水处理及中水回用项目使用的“碳系载体生物滤池技术”是一种独创性的新型多种介质填料的“曝气生物滤池”型深度净化技术，是一种既能提高水体的自我净化能力，又能使水体保持生态性平衡的革命性水处理技术，具有以下特点：

其一，在净化原理方面，模仿大自然原生态物质的循环自净功能，不添加任何化学药剂，完全利用天然材料和废弃材料，研制成“不饱和炭”“脱氮材料”和“除磷材料”等多种独创的净化材料组成复合填料床，加上独特的工艺设计和科学的组合安排，以重力自流的形式对污水进行净化处理。

其二，在净化材料方面，研发出“不饱和炭”“脱氮材料”和“除磷材料”，将三种碳系净化材料巧妙搭配，为微生物提供碳源，营造“好氧—缺氧”交替的微生态环境，形成生生不息、循环不止的微生物界。

其三，在菌种培养方面，无须引入外来菌种或菌泥，不投加任何化学品，防止了外来菌种的生物污染和化学污染，培育并构建自然完整的食物链，最大限度发挥微生物对污染有机物的降解能力，通过食物链高层对低层的摄食作用使剩余污泥被大量消解，同时整个技术的设计和构造具有很强的抗冲击负荷能力，而且全封闭埋于地下的设计具有一定的保温作用，不会因为季节的变化而减弱生物净化能力。

其四，在工艺结构方面，通过各结构之间的紧凑设计和高度关系，采用“自然流动式”生物滤池组合，使污水以自身重力从高处流向低处的自然流动在反应处理槽内折向迂回流动，无须使用多级提升设备和回流设备，降低了设备的投入，节约了成本，且无须另外的场地来安置多级提升设备和回流设备，大大缩小了安装设备所需的占地面积，节省了建设费用和运行费用。

其五，在设计方面，新型的穿孔曝气管结构设计和污泥提取系统的设计，一个月反冲和提取污泥一次，通过合理布管，提高了曝气的均匀性。同时，曝气管的设计可有效防止堵塞。此外，精心布设了反冲洗管路，制定了完善的操作规程，保证整个系统正常运行不堵塞。

其六，在运营方式方面，采用全埋在地下、全封闭式运行，与周围景观融合，无噪声、无臭味等二次污染，且上方土地可另作他用，提高了土地的使用率。

## 三、与传统污水处理技术相比较，项目的技术优势明显

国内上市公司中共有 18 家企业涉及水污染治理行业，其中能提供污水处理专有技术解决方案的只有 2 家，分别是北京碧水源科技股份有限公司和北京万邦达环保技术股份有限公司。北京碧水源科技股份有限公司的主营业务为基于 MBR 技术的污水处理整体解决方案提供商，主要采用“膜生物反应器技术”，主要应用领域是“市政污水深度处理或再生水生产、高浓度有机废水处理”。碧水源的“膜生物反应器技术”与新天达美的“碳系生物滤池技术”一并列入了 2010 年《当前国家鼓励发展的环保产业设备（产品）目录》。北京万邦达环保技术股份有限公司主要从事设计与项目管理服务，主导为工业水处理系统服务的设计与项目管理，主要从事工业水系统治理，是我国工业污水处理领域的龙头企业，特别是在石油化工、煤化工领域的污水处理方面具有绝对的领先地位。

与这两家上市公司相比较，虽然同属水污染处理行业，但所采用的技术和行业市场的侧重点不尽相同，新天达美的“碳系生物滤池技术”和“MBR 膜生物反应器技术”被一致认为是行业发展的方向，两者都是新型技术，与传统的普通活性污泥法技术相比，具有出水水质高且稳定、占地面积和剩余污泥量小、运行管理方便灵活等优点。与“MBR 膜生物反应器技术”相比较，“碳系生物滤池技术”还具有初始投资成本和运行成本双低的优势，“MBR 膜生物反应器技术”的初始投资成本和运行成本要比普通活性污泥法技术高 10% 左右，而“碳系生物滤池技术”要比普通

活性污泥法技术低20%左右，成本优势明显，且不受膜材料进口成本费用高的影响。

新天达美与北京万邦达环保技术股份有限公司的工业污水处理技术因为发展方向及市场客户不同，互相竞争的可能性很低。而与其他上市公司最大的区别在于所采用的核心技术不同，“碳系生物滤池技术”是具有多边缘学科最新高技术含量且代表行业发展方向的技术，与传统的污水处理技术相比较技术优势明显。

## 四、项目技术形成产业网

目前，“碳系载体生物滤池技术”已经成功应用于湖北、山西、广西、河北、重庆、四川、江苏、安徽、广东、宁夏等多个省市区的城镇污水处理、传统污水处理厂升级改造、湖泊水体修复、河道水质净化等不同类型和不同规模的污水处理工程上，总运营项目达100多个，累计日处理100余万吨污水。与传统工艺相比，使用该技术处理污水后，累计年减少COD排放量约18250吨，减少BOD排放量约2650吨，节约工程费用约2.6亿元，减少工程用地约3750亩，不仅为中国水污染治理做出了贡献，也节约了土地，减少了固体废弃物和废气的排放，从根源上改善了大气污染的现状，为当地的社会环境和经济可持续发展带来了显著的社会效益和经济效益。本项目技术形成的产业网如下：

• 国家“十一五”水专项：合肥市滨湖新区低影响开发与水环境整治技术研究及工程示范、常州市大学新村景观河水、常州市东桥滨水质改善项目。

• 国家“十二五”水专项：无锡映月湖水质净化与生态修复、苏州市同里古镇水质改善项目、昆明草海水质净化项目。

• 第十届中国（武汉）国际园林博览会楚水净化项目。

• BOT项目：罗田县城区污水处理厂、通山县污水处理厂、武汉市黄金口污水处理厂一期、南川都市休闲食品综合产业园污水处理项目。

• 中水回用项目：武汉花山生态新城污水处理及中水回用项目。

• 点源污染治理的示范项目：罗田污水厂项目（罗田酒厂污水处理站——河岸亲水平台、东门超市污水处理站——河岸边的绿化带、民政局污水处理站——河岸边的绿地公园）。

• 医药废水和生活废水综合排放处理项目：湖北中医大学污水处理项目。

• 黄陵污水处理厂（污水处理厂位于高压线走廊下，池顶太阳能板全覆盖，实现了水生态和能源的全方位节能环保）。

• 尾水升级项目：荆州市石首城北污水处理厂、武汉市黄金口污水处理厂、武汉科技大学新校区。

• 湖泊水质净化与水体修复工程：武汉市东湖宾馆百花湖项目、无锡太湖新城尚贤湖活水净化工程。

• 银川污水处理 PPP 项目：银川通航产业园污水处理厂、兴庆区月牙湖乡滨河家园污水处理厂、兴庆区万亩牛场生态养殖园污水处理厂、兴庆区掌政镇污水处理厂。

• 重庆奉节县“两城一园”污水处理 PPP 项目：兴隆旅游新城污水处理项目、朱衣污水处理项目、草堂移民生态工业园污水处理项目。

# 促进我国高端制剂产业链延伸
# 填补自主研发长效微球制剂在国内市场的空白

山东绿叶制药有限公司

山东绿叶制药有限公司（简称绿叶制药）成立于1994年，是一家以研发为基础的制药企业，专注于新型制剂、天然药物、抗体药物的研发、生产和销售，是国家重点高新技术企业、国家创新型企业、国家技术创新示范企业，拥有国家重点实验室和国家认定企业技术中心、企业博士后科研工作站。2014年在香港主板上市，2015年入选中国最具创新力药企10强。绿叶制药建立了与国际接轨的研发体系，在微球、脂质体、透皮释药和皮下植入剂等新型给药系统领域处于国际先进水平。承担国家、省级以上重大项目50多项，获得了包括国家科技进步二等奖在内的省部级以上科技奖励近30项；截至2016年年底，拥有有效发明专利354件，含国际发明专利146件。以成为最受尊敬的全球领先制药企业为愿景，绿叶制药将继续以创新和国际化为方向，力争2020年成为进入世界100强的国际性专业制药企业。

近年来，全新分子实体的发现越来越难，而高端制剂具有研发周期短、投入少、风险低，且有效性、安全性更有保障等优势，已成为很多国际大型制药企业开发的重要方向。长效微球制剂是高端制剂领域的研究热点，给药后可缓慢、稳定释放，达到提高疗效、降低副作用、减少用药次数、改善患者顺应性的临床用药目的，是肿瘤、神经退行性疾病、精神性疾病等重大疾病治疗药物开发的重要手段，临床需求巨大。但由于微球释药行为控制和产业化制备难度大等技术壁垒，我国尚没有自主研发新药上市。

目前全球上市的10多个微球产品全部由国外大公司研发，我国在该领域的产品几乎全部依赖进口，患者用药可及性和经济性受到极大限制。绿叶制药作为国内首家开展长效微球产业化研究的企业，依托“长效和靶向制剂国家重点实验室”，建立了完善的创新制剂技术研究平台，实现了长效微球产业化制备技术的突破，按照国际cGMP标准，自主设计和建设了国内首个全程无菌微球中试车间，微球制备规模可满足中试工艺研究、临床研究样品制备的需求，已达国际先进水平。目前在研的长效微球制剂中已有 5 个产品获得 CFDA 临床批件，其中 3 个产品还获得了美国 FDA 临床研究许可，正在同期开展中美临床研究。

为实现高端微球制剂产品产业化，绿叶制药开展年产 120 万瓶长效注射用微球高端制剂产业化项目建设。项目将通过按照中国 GMP 和美国 cGMP 标准建设注射用微球生产线，实现 LY03004、LY03003 等微球产品产业化，年产能 120 万瓶。项目应用绿叶制药自主研发的微球工艺技术、微球制备技术、产业化生产技术。按中国 GMP 和美国 cGMP 标准，建立国内首条长效注射用微球生产线，并采用先进的屏障隔离、无菌灌装和洁净度在线监测控制技术和理念，实现微球制剂规模化生产的全程无菌控制；突破国际无微球制备通用设备的限制，自主设计核心设备，实现了微球的连续生产制备，保证产品的质量一致性；突破高载药量低突释微球制备技术、微球产业化制备技术及设备等制约我国长效注射用微球制剂研究发展的关键技术瓶颈，工业化研究水平处于国际领先地位；首次将长效微球给药技术应用于帕金森等神经退行性疾病治疗药物的开发，研究开发的 LY03004、LY03003 等产品质量达国际先进水平。

本项目相关的注射用微球产品均属重大疾病治疗领域，有着巨大的临床需求，产品上市后将填补我国自主研发长效微球制剂在国内市场的空白，为广大患者提供性价比高的治疗药物。LY03004 用于治疗精神分裂症。精神分裂症是一种慢性、反复发作的迁延性疾病，治疗周期长，易复发，发病早期规范用药和长期维持治疗是保证疗效和预防复发的关键，患者依从性是影响整个治疗过程的重要因素。利培酮是一种选择性单胺受体拮抗剂，通过拮抗 D2/5-HT2 受体而发挥抗精神分裂症作用。其缓释微球——Risperdal Consta（中文名：恒德）由 Johnson 公司开发，是全球首个非典型抗精神病药的长效制剂，先后于 2002 年 8 月和 2003 年 4 月在欧洲和美国获批用于精神分裂症的治疗。恒德结合了非典型抗精神病药和长效制剂的双重特点，每 2 周肌注一次，安全有效，耐受性好，但首次注射给药后有 3 周药物释放迟滞期，在此期间需另口服抗精神病药物进行治疗，存在精神病人用药依从性差的问题。绿叶制药研发的 LY03004 适应症同恒德，每次给药维持时间可达 2 周或更长，给药后无释放迟滞期，无需口服补充抗精神病药物，可在治疗早期明显提高患者依从性；第二次给药即可达到稳态血药浓度，血药浓度波动度低于恒德，具有更好的有效性和安全性。LY03003 用于治疗帕金森综合症。罗替戈汀属完全的多巴胺受体激动剂，用于治疗早期原发性帕金森综合症和晚期帕金森综合症的辅助治疗，该药疗效显著、选择性高，副作用小。目前市场上主要有口服和透皮剂两种剂型。但是口服生物利用度仅为 1%，而且该药物在体内消除迅速。透皮剂型的皮肤透过率仅为 20%~30%，无法达到中晚期患者治疗所需要的血药浓度，且存在皮肤刺激性、个体给药差异大等缺点。本产品采取注射缓释微球给药方式，既可以提高生物利用度、降低副作用，又可以克服透皮制剂的皮肤刺激性、个体给药差异大等缺点，可以适用于任何阶段的帕金森综合症患者。给药周期为每两周给药一次，为世界上首个真正实现持续多巴胺能刺激（CDS）治疗帕金森病的长效制剂，为实现 CDS 在帕金森病治疗中的应用提供了新的治疗方式。

本项目将按美国 cGMP 及中国 GMP 要求建设完成国内首条注射用微球生产线，将从根本上改变目前国内尚无任何关于微球生产线建设和微球制备核心设备制造的成功经验可供参考的被动局面，为医药产业提供宝贵经验和有效示范。长效微球制剂产品的产业化制备等核心技术一直为跨国药企垄断，是我国在该领域研究的技术瓶颈之一，本项目将实现长效注射用微球产业化关键技术的突破，攻克微球制剂产业化能力低的难题，带动行业技术进步和产业化能力的提升。

本项目相关微球制剂均为重大疾病治疗用药，上市后将填补我国自主研发长效注射用微球在国内市场的空白，改变进口药一家独大的局面，为广大患者提供性价比高的治疗药物，提高用药可及性。本项目研发产品均位于产业链高端，为高附加值产品，是产业链价值中枢，产品上市后在为广大患者提供疗效和依从性优势显著的高端制剂的同时，也将有效促进我国高端制剂产业链延伸，推动产业结构的优化升级。

# 通过规模化、产业化、育繁推一体化促进种业做大做强

酒泉奥凯种子机械股份有限公司

随着近些年国家扶持种业发展的政策密集出台和叠加效应的显现，国内种业按照“规模化、产业化、育繁推一体化”的要求，快速发展，朝着做强、做大的目标前进，这对种子加工装备提出了许多更高、更新的要求。同时，国务院《关于推进现代农作物种业发展的意见》明确提出，“重点开展品种检测技术、种子生产加工和检验技术等基础性、前沿性和应用性技术研究，为种子企业提供科技支撑”。酒泉奥凯科研项目的实施对落实国家种业发展政策、加快民族种业发展、实现种业做强做大的战略目标极为迫切。

## 一、带动成果转化，实现替代进口

国内种子加工装备产业的发展是伴随着国内种子产业的发展而发展的。如德国的PETKUS、丹麦的CIMBRI等种子加工装备制造公司大都有100~200年的历史，凭借其先进理念和专业化技术，以高于国内同类产品8~10倍的价格占有国内种子加工装备高端市场，国内种业付出高昂的代价使种子成本居高不下，“有机器用不上、用不起”则抬升了中国农业生产的综合成本。

随着我国种业向“标准化、规模化、集约化、机械化”发展，国内种业对智能化包衣丸化设备、50吨以上低破碎揉搓式脱粒设备、玉米抽雄与低破碎扒皮设备、在线控制节能干燥设备、特异种子加工等节能、大型、高端、专业的种子加工装备的需求会越来越多。

酒泉奥凯充分发挥各类技术平台的作用和国内产业的集聚优势，加快对国内种业急需的大型、高端和专业的种子加工装备技术及农产品干燥装备技术的协同创新步伐，通过依托单位的产业化基础，带动成果转化和民族产业的振兴，实现替代进口。

新的《农作物种子生产经营许可管理办法》出台实施，种子加工企业逐步向“标

准化、规模化、集约化、机械化”的方向发展，建设一批稳定的优势种子生产基地和现代化的种子加工中心。同时，美国的先锋、孟山都，瑞士先正达，德国KWS，法国利马格兰等国际种业巨头进入中国，为国内种业带来了新的种子理念和更高的种子质量标准，同时也给我国的种子安全带来了新的挑战。酒泉奥凯能够为种子生产企业提供先进的技术装备，提升我国种业加工技术水平，满足日益增长的市场需求。该公司产业化项目符合科学发展观、转变农业经济增长方式、实现农业生产可持续发展的要求，对落实国家战略、保障粮食安全具有重要的意义，在已有的基础上，扩大规模，上马新产品，产生最佳经济效益，发挥规模经济和新产品的作用，降低管理成本，继续让企业保持国内领先的地位。

## 二、国内有种子加工成套装备生产能力的企业不多

经过多年的技术创新积累，酒泉奥凯已成为我国种子加工行业重要的技术装备制造企业，承载着全国5900余家种子生产企业的重任，引领着整个种子加工装备行业工程技术研究和产业化的发展。

酒泉奥凯以研发国际种子加工装备前沿技术为目标，通过与国内外同行的技术交流与学习，引进国外先进技术，进行消化吸收、自主创新和工程技术集成研究，形成了一批在种子加工装备关键技术上有重大突破的新产品、新技术，产生了多项技术成果，填补了大量种子加工装备产品的国内空白，逐渐发展成为我国种子加工机械行业的龙头企业。

目前我国专业化种子加工机械生产厂已扩大到20多家，可生产11大类1200多种种子加工机械单机产品，但有种子加工成套装备生产能力的仅有5家，且其只有6~10吨/小时的种子加工精选段成套装备的研发生产能力，而具有收获后全程机械化种子精细化加工成套装备研发生产能力的仅有酒泉奥凯种子机械股份有限公司一家，其对大型（15吨/小时以上）种子精细化加工成套装备的研发、生产能力在国内无竞争对手。

酒泉奥凯先后与中国农业机械化科学研究院、农业部规划设计研究院、农业部南京农业机械化研究所、中国农业大学等行业知名院所达成了战略合作协议，利用这些国家级院所在国外承担农业工程规划、设计和建设等丰富的经验和渠道，适时在欧洲国家收购和兼并农业装备研发中心，实现中国农业装备“抱团走出去”的发展目标。引进欧洲先进的农业机械化设计、生产制造技术，充分发挥国内外种业装备技术人才的宝贵资源，研发出和国际水平接轨的高端种业装备。酒泉奥凯将泰国作为进军东南亚国家的首个重点发展市场，2017年3月17日，奥凯种机（泰国）

公司成立揭牌仪式在泰国曼谷举行，并邀请中国工程院罗锡文院士、陈温福院士等出席揭牌仪式。

## 三、投入科研经费，增强企业竞争力

酒泉奥凯坚持推进企业技术创新体系建设，形成了一批具有自主知识产权的新技术，不但增强了产品的开发能力和对国际先进技术的消化吸收能力，而且成为我国唯一可以自行设计、制造大型成套种子加工装备的专业化公司，产品的研发设计、制造和检测处于国内领先水平。

近年来，酒泉奥凯在国家和地方政府的支持下，紧紧围绕国家种业发展规划，积极进行种子加工技术设备的技术创新和技术改造，累计投入科研经费5000多万元，进行科技研发和基础设施建设，开展了种子加工成套装备、工厂化玉米果穗干燥、籽粒干燥成套装备等一系列符合我国种业发展的新技术新产品的研制。

酒泉奥凯积极推进多种形式的产学研联合，与中国农业大学、农业部规划设计研究院、青岛农业大学、甘肃农业大学等一批院所与企业成立了"国家种业装备产业技术创新战略联盟"，并以此为基础建立了长期稳定的合作关系，联合承担多项科研课题和国家项目。

酒泉奥凯在产品设计、质量检测方面，采用互联网+智能化种子加工成套生产线的技术研发。在现有智能化控制种子干燥、清选加工生产线的基础上，配套智能化种子加工成套的远程检测控制、远程技术服务系统，对前期投入市场的各种种子加工生产线进行智能化远程技术服务系统的改造。

酒泉奥凯引进了数控机床、激光切割、焊接机器人生产线等智能化生产设备。在焊接、喷涂装饰、上下料系统、数控折弯等领域广泛应用"机器代人"作业，实行智能化柔性加工及焊接机器人技术应用，并且加大信息化建设投入，用于数控加工装备、激光切割、机器人等先进设备的数据库建设及集成，加快信息化技术的应用，提升改造制造业智能化、数字化进程，提高产品质量，提高生产效率，增强企业在行业中的竞争力。

## 四、取得良好的经济和社会效益

为有效满足国内市场对大型种子精细化加工成套装备的需求，替代进口，提高我国种子加工技术水平，增强种业市场竞争力，保障国家粮食安全并且有效提升企业技术水平，酒泉奥凯实施了"大型种子精细化加工成套装备技术改造项目"，并获得工业和信息化部批准。

项目新增15套大型小麦种子精细化加工成套设备、20套大型玉米种子精细化加工成套设备、10套大型水稻种子精细化加工成套设备的生产能力。新建智能制造加工车间、数控加工车间、装配车间及成品库，新增建筑面积13356平方米，并对关键生产、试验检测设备进行扩能完善。

本项目数控加工车间新增设备10台/套；智能制造加工车间新增生产及起吊设备8台/套；装配车间新增生产及检测、起吊设备35台/套；钣金车间新增设备17台/套；铆焊车间新增设备34台/套；涂装车间新增设备2台/套；安装新增设备4台/套；成品库新增设备4台/套；新增1台箱式变压器。整个项目新增设备合计115台/套。目前项目已完成建设，正组织验收。

酒泉奥凯瞄准小麦、玉米、水稻、蔬菜等农作物种子对加工装备能力和精细加工的市场需求，重点在降水干燥、特征选别、表面抛光、环保包衣、生产线智能控制方面开展突破性研究，以提升种子数控干燥、精细选别加工、智能包衣技术，开发大型智能化玉米种子果穗、小麦、水稻和蔬菜籽粒干燥装备，大型智能化种子物理特性选别加工装备、环保种子包衣装备，以及集成干燥单元标准化控制模块、水分在线检测、功能机构调控等智能化控制技术和系统，同时研制智能化玉米种子生产线、稻麦种子生产线、蔬菜种子生产线。

该研究成果被列入“十二五”国家高技术研究发展计划（863计划），开发新产品14项，申请专利10件，发表论文6篇，为国内外种子加工行业提供技术先进的智能化玉米种子果穗烘干、籽粒干燥和精选加工成套生产线，实现销售收入4760万元。

酒泉奥凯提出了玉米种子规模化加工技术与装备集成理论与方法，系统开展了玉米种子规模化加工关键技术与成套设备及其产业化应用研究，构建了基于技术经济、组织规模和区域环境的规模化玉米种子加工厂建设模式；创制出适合国情的玉米果穗规模化干燥设施；研制出具有果穗脱粒、籽粒预清复合功能的揉搓式玉米脱粒机；形成处理能力10~15吨/小时成套种子精选加工装备，成果整体达到国际先进水平，在玉米种子规模化加工技术系统集成方面达到国际领先水平。

该研究成果获得了2015年中华农业科技奖一等奖，在甘肃、新疆、宁夏等国家制种基地得到广泛推广应用，显著提升了我国种业装备的整体技术水平，促进了产学研用结合，实现了协同创新发展。2013—2016年项目完成单位实现新增销售额35976万元，新增利润5759万元。据测算，其他应用单位新增销售额约329.47亿，新增利润约39.17亿元。项目成果每年实现完成单粒精播种植面积约1.24亿亩，节约种子0.54亿公斤，经济和社会效益显著。

# 以创新力量开创心脑血管疾病治疗药物民族化品牌

江西博雅欣和制药有限公司

据国家心血管病中心数据显示，中国心血管病死亡率仍居疾病死亡构成的首位，高于肿瘤及其他疾病。迄今为止，高血压、高血脂和血栓仍是导致心血管病死亡率高居不下的三大主要因素。高血压、高血脂及高血糖本身就是一部自然进化和人类文明相互促进且相互抵抗的历史。全人类管理高血压症已有半个多世纪的历史，相对而言，有效的管理高脂血症仅是近 10 多年的全民性行动。在全球医药市场上，调血脂药物是仅次于抗肿瘤化药市场而居于第二位的药物。在调血脂处方药市场上，他汀类药物占据 90% 左右的份额。2006—2016 年的 10 年中，我国调血脂药物的市场规模扩大了 5 倍之多，调血脂药成为国内备受瞩目的一类药物，在心血管临床药物中发挥了不可估量的作用。但是由于主要核心技术依旧掌握在少数原研进口企业手上，即使有国家医保补助，国内他汀药品价格依旧居高不下，许多高血脂患者不能得到有效的治疗。

博雅欣和鉴于对他汀类药物市场需求的分析，以及陈芬儿院士在合成他汀类化合物新方法上取得的成绩，双方就“他汀类心脑血管类药物及公用中间体的产业化”项目签订了合作协议。

陈芬儿院士是抚州崇仁人，复旦大学化学系教授，中国工程院化工、冶金与材料工程学部院士，现任中国药学会药物化学专业委员会委员、上海市药学会药物化学专业委员会委员。陈芬儿院士长期从事药物化学、有机化学和精细有机化工技术及其工程化研究，在精细化工制药技术领域取得了全球瞩目的成就，研发了多项具有中国自主知识产权的原料药合成技术，为推动我国化工制药领域的科技研发与产业发展做出了重要贡献。

## 一、改善中国进口他汀类药物现状

2012 年博雅生物股票在深交所创业板首发上市，借力资本市场，公司现已发展成为集生物制药、化学药、中成药等于一体，拥有多个功能互补的优质产品的医药产业链结构的集团化企业。2014 年博雅生物全额投资建立博雅欣和制药有限公司，定位为小分子化学原料药与制剂一体化专业制造商。该项目对博雅来说是一次难得的契机，合作以来集中了双方的优势资源，研发创新专利原料药制备技术，在系列产品的关键技术、共性技术方面进行重点突破，力争形成一批国际领先的专利技术，将博雅打造成为国内外知名的心脑血管药物专业制造商。

目前全球降血脂的三个主要品种分别是阿斯利康的瑞舒伐他汀（可定）、辉瑞的阿托伐他汀（立普妥）、默沙东的辛伐依折麦布（葆至能）。汀类降脂药物在治疗高血脂领域的份额越来越重，全球他汀类仿制药不断冲击着品牌药市场。因此，应开发更多更强大的国内他汀类仿制药厂家，从而丰富国内他汀类仿制药市场，改变进口现状，从而降低高血脂患者的治疗成本。

抚州加快发展的重点和希望在高新区，博雅欣和作为抚州市高新技术产业园区的重点企业之一，一直得到抚州市委市政府的关注。尤其对于与陈芬儿院士合作的“他汀类心脑血管类药物及公用中间体的产业化”项目，政府一直给予政策上的支持。陈芬儿院士是抚州市崇仁人，他曾多次说希望这个项目能带动家乡经济的发展，这也算陈芬儿院士为自己的家乡所贡献的一分力量。博雅欣和正加快项目的推进，进一步加大科技创新力度，争取早日把博雅欣和做大做强做优，助力抚州经济更好、更快发展。

## 二、稳定的科技支撑有利于项目的高标准完成

2016 年 4 月，博雅欣和获政府批准成立企业院士工作站，聘请陈芬儿院士为首席科学家、院士工作站站长。陈芬儿院士及其专家团队每个月都来博雅欣和进行项目技术咨询与指导，为博雅欣和注入了新的生机和活力。同时，博雅投资 8000 万元与复旦大学共建“复旦—博雅制药工程联合实验室”。博雅欣和选派 10 名研发及分析人员到联合实验室与陈芬儿院士实验室工作人员共同进行项目开发。在陈院士的技术指导下，项目进展顺利，工作成效显著，博雅欣和有信心能够高标准地完成项目。

博雅欣和作为博雅生物的全资子公司，秉承了博雅集团的管理理念。借鉴博雅生物建设和管理经验，博雅欣和快速发展，组建了一支精干高效的管理班子。同时，基层员工工作热情也十分高涨，为项目早日投产产生效益，员工认真工作。精干高效的领导队伍和团结认真的员工，是博雅欣和项目定高质量推进的重要智力支撑。

今天的投入，就是明天的产出、后天的发展。博雅集团投资 13 亿元建设博雅欣和，目前一期工程已建设完毕。博雅欣和向来注重研发，2016 年研发投入达 5077

万元，提供专项经费用于院士工作站的建设、项目研发和人才培养等。强大的资金保障，是项目高效实施的前提。

博雅欣与复旦大学合作开发的瑞舒伐他汀钠合成新技术，相较于传统工艺，具有反应路线更短、成本更低、原料更易得等优点，另外创新性地使用钠盐代替钙盐与瑞舒伐他汀基团相连，也使获得的产物更加稳定，疗效显著提高。本路线较文献路线拒绝采用剧毒的氰化钠等危险化学品，通过做好试剂回收和三废处理，能够充分利用资源，对环境影响极小。

瑞舒伐他汀项目预计可降低40%以上的生产成本，再配合新建节能型技术厂房，可进一步节约相关资源能源。另外通过此项新技术，可建立应用推广示范点。此项目投产后将大大推动抚州市区的就业率和经济收入。

## 三、沟通协调，合力难题攻关

博雅与复旦大学陈芬儿院士历经一年的项目合作，建立了良好的合作关系。双方拥有共同的目标，对研发高度重视，建立了完善的沟通协调机制，使合作项目不断推进。

博雅欣和作为新建企业，需要具有良好市场前景的项目作为支撑，恰逢这时，陈芬儿院士也在寻找他汀类项目产业化落地的合作伙伴。陈芬儿院士作为抚州崇仁人，一直在寻找机会为抚州的经济发展奉献自己的一分力量，而博雅集团具有丰富的制药经验，博雅欣和作为博雅生物的全资子公司，继承了博雅的管理和建设经验，所以博雅与陈芬儿院士的合作可谓“天作之合”。

完善的沟通协调机制是博雅与复旦开展项目合作的有力保障。合作之初，双方就如何做到有效沟通进行过多次讨论，除了不定期的电话沟通协调外，还采取了每周视频会议、季度会议等形式，不让距离成为合作的壁垒。

现代医药已进入高技术、高投入、高风险、高产出的“四高”时代，高技术和高投入是高产出的前提。博雅欣和在高投入的基础上，引进陈芬儿院士合成他汀类产品的先进工艺，建立复旦—博雅制药工程联合实验室、企业院士工作站，组建了一支强大的研发队伍。院士及其专家团队与博雅研发人员开展联合攻关，解决了瑞舒伐他汀产业化过程中一个又一个难题。

# 以生产过程模块化、成套化、集成化和信息化来建设新时代的中药产业

贵州景峰注射剂有限公司

贵州景峰注射剂有限公司的前身成立于1990年，2010年3月正式更名为贵州景峰注射剂有限公司（简称贵州景峰），现为上海景峰制药股份有限公司的全资子公司，注册资金为7.3亿元。公司坐落在贵阳市乌当区新天工业园区，属于国家高新技术企业，是一家主要从事大、小容量注射剂的研制、生产和销售，以及相关技术的进出口业务的医药企业。目前拥有员工894人，厂区占地面积70余亩，建筑面积13000多平方米，建有4条符合GMP的药品生产线。

近年来贵州景峰发展迅速，2016年工业总产值达16.20亿元，销售收入达12.18亿元，实现利润2.15亿元，上缴税款2.26亿元。

经过员工的不懈努力，贵州景峰获得了一系列令人骄傲的成绩：2014年被评为“贵州省创新型领军企业”“贵州100强企业”；2015年再次被评为“贵州100强企业”“贵州民营100强”“省级守合同、重信用单位”“贵州省技术创新示范企业”“贵州省知识产权优势企业”，并荣获“贵州省科技成果转化一等奖”；2016年被评为“贵州100强企业”“贵州省名牌产品”“贵阳市名牌产品”“贵州省著名商标”“贵州省工业品牌培育示范企业”等荣誉称号，其拥有的“佰塞通”品牌经中国品牌促进会评定，价值15.02亿元。

## 一、项目概况

中药注射剂是在中药制剂基础上发展起来的新剂型，具有注射剂起效最快、疗效明显的优点，并在一定程度上保留了中医药特色，是具有自主创新特色的中药现代制剂之一，在心脑血管、呼吸系统疾病的治疗上相比传统化学药物具有较为明显的优势，为我国医疗卫生事业做出了重大的贡献。

参芎葡萄糖注射液是贵州景峰的主打产品，与普通中药注射剂相比，具有有效

成分明确、质量标准严格、安全性高、产品独占性强、应用范围可拓展等优势，在同领域产品中有着较强的竞争力。由于市场需求旺盛，2012 年参芎葡萄糖注射液产量为 2900 万瓶，已接近企业原有的大容量注射液生产线 3000 万瓶的最大负荷产能，贵州景峰注射剂有限公司亟须通过本项目的实施，扩大产能，以满足企业自身可持续发展的需要。

本项目的建设期限为 2012 年 8 月至 2016 年 11 月，项目完成了 1 条大容量注射液生产线建设，满足新增年产 2500 万瓶大容量注射液的需求，新增建筑面积 23937 平方米，其中厂房面积 5600 平方米，库房面积 5400 平方米，其他预留厂房面积 12937 平方米；购置工艺设备 51 台（套），其中包括全自动灌装系统联动生产线、纯化水制备系统、空调系统、蒸馏水制备系统、CIP 及 SIP 系统、全自动包装系统等；新增在线尘埃粒子检测控制系统 1 台、消防系统系统设施 1 套。因项目在公司厂区预留土地上建设，故无新增用地。

## 二、新生产线获得多方面的提升

本项目建成的大容量注射液生产线采用国内外先进工艺技术，其中，制水及其分配系统采用国内先进的全自动化控制，丹参从提取开始采用密闭管道生产系统，各工序对 pH 值、温度、时间等参数进行控制，其中丹参纯化过程中采用了分子级过滤，使用美国 Pall 公司超滤系统进行纯化处理。参芎葡萄糖注射液制剂生产采用全自动生产线，配料系统进行在线清洗（CIP）和在线灭菌（SIP），最大限度防止污染和交叉污染。该生产线的技术优势具体体现在以下方面：

### （一）高标准

本项目生产线的设计理念和建设均基于国家 2010 版 GMP 标准，同时融合了欧盟 Eu-GMP、WHO-GMP 及美国 FDA-cGMP 标准和技术要求。车间生产线不仅通过了国家 GMP 认证，还达到可以申请欧盟 GMP 和美国 FDAcGMP 认证的水平。

车间生产净化区域为洁净 D 级、C 级和 C+A 级，工艺布局采取目前最科学、高效节能的设计，通过 6 组空调系统控制，使车间 2 条生产线既能单独生产产品，也可同时生产不同产品。

在车间建筑装饰上，选择国内最安全的既节能又防火的材料，如岩棉彩钢板和双层石膏彩钢板；HVAC 空调和暖通系统能量重复使用，送风和回风实现全管道保温，保温采用国内最好的国家 $B_1$ 级 3 毫米保温材料；门窗全部使用钢化玻璃的双层真空窗，既安全，能增强隔音和保温效果，又满足 GMP 的卫生要求。

## （二）先进设备和系统

引进目前国内外流行的输液联动生产线，采用国内顶级的物料配制系统和产品灭菌系统、ASME BPE 标准配料系统以及国际先进的二级 RO+EDI 的水处理系统等。下面分别来说一说后面这两个系统。

（1）ASME BPE 标准配料系统。作为药品最核心的工序之一的物料配置系统，采取模块化设计，在精配控制上引用瑞典的高精度称重模块，融合了配料和 CIP/SIP（在线清洗 / 在线灭菌）技术，以最大程度地保证药品的质量。此外，本系统主体部件及材料均按照国际生物制药行业最高的 ASME BPE 标准。

（2）二级 RO+EDI 的水处理系统。作为注射剂的核心辅助水制备系统，生产线采用的是国际上先进的二级 RO+EDI 的水处理系统。

## （三）先进生产工艺

贵州景峰掌握成熟的参芎葡萄糖注射液生产工艺，在引进先进设备和系统的基础上，优化设计生产工艺参数，提高检测水平，如采用高效液相色谱法测定技术等，以进一步保障产品质量。

## （四）生产自动化控制管理

为将人为操作因素产生的风险控制到最低，整个生产过程采用人机界面结合配料灌装自动化控制、空调暖通系统与室内环境监测集成电脑自动变频控制，实现了车间的数字化管理，各功能间及控制间进行网络管理和数据采集，对核心房间及通道实行门禁系统管理。

本项目针对中药生产过程提取工段关键工艺参数控制精度不高、不同批次之间重现性差等问题，通过先进技术及装备集成，实现了产品生产工艺全过程的自动化、全过程的实时质量监控，以及中药生产过程的模块化、成套化、集成化和信息化，使中药生产装备现代化、操作智能化、产品标准化，提高了生产效率，物料控制更为准确，消除了人工操作的系统误差，有效提高了产品的质量，降低了能耗，使得生产周期缩短了 20%，降低了药品质量批次间的差异性，确保产品质量始终如一，对药品生产质量安全控制有重要意义。因此，本项目的实施不仅有利于促进行业整体技术水平的提升，也为公司下一步发展奠定了基础；同时，可为社会提供更多的就业机会，带动其他相关产业的发展，并对医药行业的创新发展起到重要的示范作用。

# 打造以中药为核心的健康产业集团

山西振东制药股份有限公司

山西振东制药股份有限公司（简称山西振东）是一家集种植、研发、生产、销售于一体的大型股份制企业，山西省首家创业板上市公司，连续多年被认定为国家高新技术企业；下辖振东、泰盛、安特、开元、康远5个药品公司，以及北京药物研究院、振东家庭健康护理用品公司、中药材开发公司、医药贸易公司等32个子公司，总资产66.75亿元。公司现有生产线65条，生产大小容量注射剂、冻干粉针、片剂、胶囊剂、颗粒剂、丸剂、原料药等十一大剂型、600个品规，按国家药监局数据库检索结果显示，山西振东拥有药品品种数量在全国排名第20位；先后荣获了国家技术创新示范企业、国家专利试点单位、国家知识产权优势企业、中药现代化科技产业基地建设先进单位、中国医药工业百强企业、两化融合全国贯标试点单位等荣誉称号；承担了国家科技支撑计划、863项目等国家重大科技项目14项；拥有中医药行业国家唯一的国际合作科研中心，国家博士后科研工作站。现拥有员工5000余名，其中拥有高级技术职称和博士、硕士学历的高端人才230余名，国家“千人计划”人才2名，山西省“百人计划”人才3名，引进国内外顶级医药科学家13名。

近几年，为打造健康产业集团，山西振东研究开发的重点着力于中药材种植、中药新药产品、保健、功能食品、家庭护理用品等系列健康产品，并取得了巨大成就。

在中药材种植方面，振东制药成立专门的道地药材开发公司，以山西道地药材为主，采取公司＋政府＋基地＋农户的合作方式，在全国建立了以苦参、连翘、黄芪、党参、白土苓五大中药材为核心的GAP种植基地80余万亩，形成了以中药材种植、加工及市场销售为一体的产业链。其中，10万亩苦参GAP种植基地建设及中药饮片加工项目被列入国家火炬计划，“华北地区道地药材苦参、黄芪GAP种植基地优化升级及系列产品开发”项目列入国家“十二五”科技支撑计划，通过该项目的实施，将从源头上保证中药产品的质量，保障广大人民的用药安全，推动我国中医药事业的发展。同时，对地方经济具有带动、辐射作用，对区域经济协调发展起到促进作用。此外，振东“产业扶贫”项目之一的国家级贫困县平顺县“50万亩中药材产业化基地”，得到了社会、政府、业界的肯定和支持，成为“全国中药材现代仓储物流示范基地”。

在中药药品研发方面，山西振东建有自己的研发队伍，并在北京建有研究院。目前，公司承担着国家科技部“十一五”重大专项“超五亿元岩舒大品种技术改造”项目，该项目依据新的中药、天然药物注射剂基本技术要求，全面提高产品质量标准，增加了苦参、白土苓中有效成分的HPLC检测，建立指纹图谱控制技术，引入在线检测技术及自动化控制，实现对生产过程中的全程质量控制和质量保证，从而有效提高产品的稳定性和均一性，技术水平处于国内领先地位。公司与浙江大学、中国中医科学院、中国医学科学院等单位联合，承担了国家发展改革委中药标准化专项“优质复方苦参注射液标准化建设项目”和“柴胡等9中药材标准化建设项目”，此外，还承担着国家“十二五”科技支撑计划项目“芪蛭通络临床研究”、国家战略性新兴产业结构调整项目“中药小容量注射剂扩能改造”项目。近两年，共有在研项目82项；申请专利52项，授权专利28项；重大建设项目申报资助57项，国家扶持到位资金4000余万元；发表学术论文24篇。

在产业升级方面，为了保证药品质量，山西振东完成了药品生产质量非现场监控系统建设，提高了企业内部管理水平，降低了管理成本，提升了药品质量；启用了SFDA全国药品电子监管系统，可以实时查询每一批、每一箱、每一盒药品的库存以及流向情况。此外，在中药生产过程中引入在线检测技术及自动化控制，实现对生产过程的全程质量控制和质量保证，真正实现对“好人好药，好药好人”理念的践行。

在文化传承方面，山西振东依托深厚的人文资源和独特的地方文化特色，发挥龙头效应，倾力打造中医药文化品牌，2011年启动中华神农中医药文化园建设项目，融中医药文化和养生旅游为一体，对中医药文化在全国乃至世界范围的促进与传播起到推进的作用。

此外，山西振东还成功组织、赞助多种活动和会议，以传播中医药文化。山西振东成功举办了由300余名专家、学者参加的全国中医药临床安全评价专题研讨会，提升了振东的学术水平和学术地位；在全国28个省会、直辖市承办了大型学术会议中医药“肿瘤治疗学术研讨会”，促进临床肿瘤、心脑血管科医生的学术交流，推广最新诊疗经验，为推动我国临床医学发展尽绵薄之力；开展了“岩舒”有奖征文活动，为广大医务工作者们对“岩舒”在临床领域的技术交流提供平台；组织了“第一届现代中药农业发展论坛”，有力推动“晋药”战略的实施，力塑苦参、黄芪、连翘、党参的国际药用影响力；为弘扬中医药文化，光大民族产业，举办了首届“‘振东杯’西医学中医、中医学经典”大型知识竞赛活动，促进中医药发展与技术交流，推动中医药的继承与创新；举办了首届“振东医药杯”三北地区中医大学生临床能力竞赛，提升当代大学生对中医的认识；赞助“振东杯山西省首届傅山中医药文化节”，让更多的人了解中医药对维护和增进人民群众身体健康的积极作用，传承和弘扬传统文化。

在人才培养方面，与北京中医药大学合作开办“中药制药研究生课程进修班”，与山西大学合作建立“研究生教育创心中心”，与长治医学院签订协议，作为其本科毕业生实习基地，通过与高校合作，为公司和社会提供高素质的中医药科技人才。2016年山西振东成功引进高端人才112人，建立了“百名研究生创业园区”，并获得了“制药行业研究生教育创新中心、山西省院士工作站、山西省海外高层次人才创新创业基地”三大荣誉称号。

在合作交流方面，与澳大利亚阿德莱德大学、山西中医学院合作组建振东中—澳分子中医药学研究中心，这是我国首次采用“国际化校企联合”模式组建的第一个以我国著名中药企业冠名、设在西方著名综合大学内的国际化研究机构；与美国国立肿瘤研究中心合作开展“岩舒”抗肿瘤作用机理研究；与山西省中医药研究院合作建立振东中药现代化研究中心，与中国中医科学院广安门医院共建肿瘤实验室；与中国中医科学院中药研究所共建“中药现代化研究平台”；与山西医科大学、山西大学、山西省中医药研究院、山西省医药与生命科学研究院、中国辐射防护研究院药物安全评价中心等省内高校和科研院所及山西亚宝药业集团股份有限公司等4家药企组建山西省医药行业技术中心，获得了“十一五”期间推动产学研究合作突出贡献奖。

在社会责任方面，山西振东始终关注和支持社会慈善公益事业，把慈善作为一种习惯，力所能及地为社会贡献力量。集团董事会向社会郑重承诺，每年拿出企业利润的10%用于社会公益和慈善事业，特设立了“三日一金一天使”。多年来对科教文卫、慈善等光彩事业累计投入资金超亿元，受助人数上万人次，积极参与爱心助学、夕阳扶老、慈善助孤、扶贫助困、康复助医、援建道路、解困饮水等慈善公益事业。

山西振东以“顺其自然，进二停一”为发展规则，构建了以“阳光为天、诚信为地、亲和为人、简单为路、责任为站”为核心的特色文化，开发出“个人工作程序化”“岗位管理流程化”两大管理资源，创新了“导师制、轮讲轮训”人才培养模式，致力于打造学习型企业，推行商学院制，把企业当作一所“经营管理学院”来治理，让员工与企业共同发展。

未来，山西振东继续以“锻造精品振东，重振晋商雄风”为己任，秉承“与民同富、与家同兴、与国同强”的价值理念，积极承担社会责任，凝心打造百亿振东，倾力助推跨越发展，争创中国医药健康产业最佳品牌。

# 利用海产废弃物制备高值化海洋生物产品实现多糖高技术产业化

浙江金壳药业有限公司

## 一、项目概述

海洋甲壳生物多糖是以海产动物甲壳为原料提炼出来的生物新材料，是地球上仅次于纤维素的第二大生物资源，其应用领域已拓展到工业、农业、环境保护、国防、日常生活等各方面，其产业渗透性之大、应用领域之广，均超过其他资源产业。

“利用海产废弃物制备高值化海洋生物多糖高技术产业化示范工程”是以浙江省海洋经济创新发展区域示范工作指导精神为依据，以浙江省中医药研究院和武汉理工大学为项目技术依托单位，以浙江金壳药业有限公司（简称浙江金壳）组建的“玉环甲壳生物多糖原料省级高新技术研发中心”为创新平台，选择诸如清洁生产、高值化应用开发等制约生物多糖类功能材料产业化发展的关键技术瓶颈为突破口，加速技术成果的产业化进程，实现产品的规模化生产，有效提升我国甲壳生物多糖产业的国际竞争力。

### （一）项目概要

项目名称：利用海产废弃物制备高值化海洋生物多糖高技术产业化示范工程。

建设性质：新建。

建设地点：浙江省台州市玉环县坎门街道。

建设单位：浙江金壳药业有限公司。

### （二）建设内容

一是建设厂房。本项目在原厂区内将预留旧厂房拆除，新建保健食品、制剂及甲壳生物多糖衍生物医用材料等 GMP 车间，总建筑面积 3500 平方米。

二是购置设备。项目共引进生产设备及装置212台/套。

### （三）生产规模

项目建成后，年生产海洋生物多糖类功能材料2100吨，其中D-氨基葡萄糖系列产品1850吨、壳聚糖160吨、壳寡糖及酶制剂20吨、药用壳聚糖衍生物辅料60吨、医用材料5吨、保健食品5吨。达产后，年实现销售收入20465万元，实现利税1371万元。

### （四）投资估算

本项目固定资产投资3470万元，其中建筑工程费、设备购置及安装费3095万元，工程建设其他费274万元，预备费101万元。

### （五）实施周期

本项目自2013年1月开始实施，至2017年12月验收完工，计划实施周期60个月。

## 二、项目建设背景

### （一）国内外海洋生物多糖产业发展历程

“海洋尚是一个未被发现的世界”。21世纪是海洋世纪，向海洋要食物、要药物、要其他发展资源成为21世纪各国经济社会发展赖以可持续发展的重要组成部分。海洋节肢动物的外壳富含一种名叫几丁质（英文名称为Chitin）的天然高分子生物多糖，其结构由N-乙酰-2-氨基-2-脱氧-D-葡萄糖以β-1、4糖苷键连接而成，属于碱性氨基多糖。该生物多糖脱去乙酰基就成为壳聚糖（又叫壳多糖、甲壳胺、壳糖胺、几丁聚糖等，英文名称为Chitosan），在医药、保健、食品、环保、生物工程、农业等领域有着广泛的用途；该生物多糖经水解等多种工艺后可制成D-氨基葡萄糖、2-脱氧-D-葡萄糖、D-氨基葡萄糖等多种多糖衍生物，在众多领域有着广泛的用途。海洋甲壳生物多糖被欧美誉为除蛋白质、脂肪、糖类、维生素、矿物质以外的第六大生命要素。

关于对从海产动物甲壳制备生物多糖类功能材料的研究，国外起步于20世纪70年代。1977年，Mazurelli第一本专著问世和第一届甲壳生物多糖国际会议召开，使科学家对该资源的开发产生了浓厚的兴趣。世界各国相继投入一定的人力、物力和财力进行研究及工业化应用工作，日本在该领域的研究与应用业绩较突出，在许多研究领域居领先地位。1994 年，日本政府使用甲壳生物多糖粉末解决了因俄罗斯核子船队在日本海中投入液核能废料而污染日本海域的生态问题。在此阶段，日本在甲壳生物多糖的衍生物研究方面也取得了长足进展，合成了许多结构新颖的甲壳生物多糖衍生物（Kurita.K. Controlled functionalization of the polysaccharide chitin, Progress in Polym. Sci，2001），推动了甲壳生物多糖的基础研究和应用研究。此外，亚洲如中国（包括台湾地区）、韩国、新加坡、泰国等国也相继加入对甲壳生物多糖的研究行列，其中我国逐渐成为亚洲该研究领域的主要力量。

我国于 20 世纪 90 年代掀起从海产动物甲壳中制备生物多糖类功能材料的研究热潮。浙江、山东等沿海省份先后完成了从海产动物甲壳中制备生物多糖类功能材料的技术开发，产品大量出口国外，目前我国已成为甲壳生物多糖出口大国。

我国虽然是甲壳生物多糖材料生产大国，但 90% 的产品以原料形态出口国外，产品单一，档次不高，附加值很低，整个产业沦为发达国家的生产车间，产业创新能力严重不足，缺乏核心竞争力；同时，制备工艺落后，在制备过程中需消耗和浪费很多资源，不仅污染环境，而且处理费用较高，企业难以承受，产业发展面临着巨大的资源、环境和市场压力。目前当务之急是引入清洁生产理念，不断开发清洁生产工艺和相关绿色技术，深化甲壳生物多糖功能材料的高值化开发，不断拓展应用领域，满足市场日益增长的需求。

### （二）海洋生物多糖的作用及影响

海洋生物多糖是 21 世纪的生物新材料，在构建和谐社会、发展循环经济等方面有着巨大的作用。理由如下：

一是甲壳生物多糖是地球上仅次于纤维素的第二大生物资源，每年生物合成量高达 100 亿吨，可以说是用之不竭的第二大可再生生物资源，这无疑给面临全球资源枯竭危机的人类带来了新的机遇。

二是全球几乎所有的国家均在研究开发甲壳生物多糖，每年发表的论文、报告上万篇，有的国家平均每 3 天就申报一项甲壳生物多糖应用专利，甲壳生物多糖已发展成为一项内涵丰富、前景广阔的全球化和高新技术化的产业，成为世人瞩目的前沿学科领域。

三是甲壳生物多糖的商业产品遍布全球，其应用领域拓展到了工业、农业、环境保护、国防、日常生活等各方面，其产业渗透性之大、应用领域之广均超过其他资源产业。

四是人类创造了现代文明，同时也破坏了自然生态平衡，导致人类赖以生存的自然环境日益恶化。人类面对的主要疾病已不再是细菌、病毒和寄生虫，而是诸如肿瘤、心脑血管和糖尿病之类的慢性病。对这类疾病，细胞保护与细胞调节的食物比杀伤性药物更有应用前景。甲壳生物多糖是目前自然界中唯一发现带正电荷的食物纤维，具有现今食物不具备的生理功能，被誉为人体健康所必需的第六大生命要素，对解决困扰人类社会已久的“现代文明病”、保障人类健康、提高人类的生存发展质量具有重大意义。

五是甲壳生物多糖是一种环境友好型材料，具有无毒、无味、耐晒、耐热、耐腐蚀、可生物降解等特性，有望成为塑料的替代物，不仅可以解除人类面临的“白色污染”，而且可以消除有毒有害物质对人体的威胁，实现经济社会的可持续发展。

## 三、市场分析

### （一）项目产品简介

本项目以海产动物甲壳为原料，经特殊工艺可生产出 D- 氨基葡萄糖系列产品、壳聚糖、壳寡糖及酶制剂、药用辅料壳聚糖衍生物、医用材料、保健食品等六大系列产品。

**第一大产品：D- 氨基葡萄糖系列产品**

性状：白色结晶粉末，无气味，略有甜味，易溶于水，微溶于甲醇，不溶于乙醇等有机溶剂。

用途：主要用于医疗药品。它对人体具有重要的生理功能，参与肝肾解毒，发挥抗炎护肝作用，刺激婴儿肠道中双歧杆菌增长，对治疗风湿性关节炎症和胃溃疡有良好的疗效，可抑制细胞的生长，是合成抗生素和抗癌药物的主要原料，还可以应用于食品、食品添加剂等。

**第二大产品：壳聚糖**

性状：白色、无毒、无味、无定形半透明固体或粉末；溶于酸，不溶于水和碱，也不溶于一般有机溶剂；于 185 摄氏度高温下分解。

用途：广泛用于纺织、印染、皮革、涂料、卷烟、塑料、化妆品、食品、饲料、医药、保健、彩色胶卷、生物工程、农业植保、污水处理等领域。

**第三大产品：壳寡糖及酶制剂**

形状：白色或浅黄色的无毒、无味、无定形粉末。遇水即溶，溶液呈中性，水溶液澄清通明，性质稳定。

用途：在医药领域，由于特定聚合度的壳寡糖具有抗肿瘤等诸多药理作用，产品作为原料药和医药中间体投放市场。在食品工业中，壳寡糖可以在饮料、调味品等几乎所有食品中应用，可以作为功能性食品。在农业领域，壳寡糖制剂被制作成生物农药、生长调节剂、肥料等，对蔬菜、粮食、棉花和烟草等农作物的增产、抗病、抗逆效果十分显著，国内外均有相应的市售商品。作为饲料、饵料添加剂，壳寡糖对畜禽鱼提高抗病力、促生长等效果十分理想。壳寡糖添加到化妆品中，具有保湿、活化细胞等作用。

**第四大产品：药用辅料——壳聚糖衍生物**

壳聚糖（又名甲壳胺）具有良好的生物相容性和可降解性，无毒性、无刺激、无免疫反应、无热原反应、不溶血、无致突变性，能被广泛存在于生物组织中的溶菌酶降解，生成的代谢产物无毒性，且被人体吸收，因此将其作为药物载体具有极大的优越性。作为药用辅料，壳聚糖具有以下几方面特殊作用：稳定和保护药物中的活性成分；促进药物的吸收；延缓或控制药物的释放；帮助药物送达目的器官。

**第五大新产品：医用材料**

以药用辅料壳聚糖衍生物为主要原材料，生产医用材料，如壳聚糖止血粉、伤口冲洗液、妇科凝胶等产品。

**第六大新产品：保健食品**

以D-氨基葡萄糖系列产品（食品级）、壳寡糖食品级（食品级）、碳酸钙（食品级）、硫酸软骨素（食品级）、淀粉（食品级）、硬脂酸镁（食品级）等为主要原材料生产的保健食品，具有提高免疫力、修复关节软骨的功能。

### （二）市场预测

**海洋生物多糖功能材料需求预测。**近10年来，国际上对从海产动物甲壳制备生物多糖功能材料的消费激增，每年平均以20%的速度增长，相关产品层出不穷。在日本，D-氨基葡萄糖系列产品、壳聚糖类保健品是政府特许的唯一准许宣传疗效的功能型保健食品；而欧洲及美国的营养学界称D-氨基葡萄糖系列产品、壳聚糖为六大生命要素之一，并投入大量的人力、物力、财力研制开发生产以D-氨基葡萄糖系列产品、壳聚糖为主要原料的第四代保健食品，其中部分产品投放市场后，受到广大消费者的欢迎。

D-氨基葡萄糖系列产品、壳聚糖等甲壳生物多糖在国际市场上供不应求，多年来一直保持旺市畅销的局面。每吨工业级壳聚糖的售价仅为2万美元左右，而食品级、药用级壳聚糖的价格则分别为每吨3万美元和3.5万美元。仅美国、日本每年壳聚糖的消费量就分别高达2000吨和5000吨，一半以上需要通过进口来满足其国内市场需求。目前国际每年的D-氨基葡萄糖系列产品用量在60000吨左右，每吨售价约1.1万美元，其中美国对D–氨基葡萄糖系列产品需求量为800~1000吨/月。随着D–氨基葡萄糖系列产品在不同领域应用的日渐广泛，国际对D–氨基葡萄糖系列产品需求量逐渐扩大，预计未来5年国际需求量可望达到10万吨。

国内对D–氨基葡萄糖系列产品、壳聚糖等生物多糖功能材料的需求势头也十分旺盛。近些年来，随着国内对D–氨基葡萄糖系列产品、壳聚糖等生物多糖功能材料认识的不断提高和应用研究的进一步深化，化妆品、保健品、医药和食品工业等行业对壳聚糖的需求增长最快，中高档产品已处于供不应求的状态；化工、造纸、农业、环保、轻纺等领域对壳聚糖等生物多糖功能材料的需求也不断增长，预计未来5年国内对甲壳生物多糖需求量将达到9000吨。

**原材料供应预测。**我国浅海滩涂广阔，虾、蟹资源极其丰富。单就浙江省来说，每年海产虾、蟹类产量就达80万吨，从海产动物甲壳中可提取甲壳生物多糖12000吨。浙江玉环县是海洋渔业大县，背靠乐清湾，东濒东海渔场，虾、蟹壳资源十分丰富，年产量10万~20万吨，可制得生物多糖功能材料2300~3900吨，再加上周边县市水产品加工产生的虾、蟹壳非常多，每年可得生物多糖功能材料6500~10300吨，原料资源十分充足。发展海洋甲壳生物多糖功能材料产业，不仅能有效地开发利用海产动物甲壳资源，变废为宝，保护环境，更重要的是通过产业关键技术的创新，淘汰落后工艺，实现清洁生产，大幅度提高高值化生物多糖功能材料的品种和产量，有利于推动我国具有自主知识产权成果和自有品牌产品的产业化，有利于具有较强技术开发能力和市场竞争力的龙头企业的培育，促进我国海洋生物材料产业技术基础和优势领域的形成。

### （三）项目竞争优势

**产品优势。**壳聚糖作为药物载体具有极大的优越性。国外对将壳聚糖用作药用辅料有大量的研究，并提出了药用质量标准，并已列入2015版中国药典。浙江金壳药业有限公司于1994年开始生产壳聚糖，距今已有近20年的生产历史，壳聚糖年产量达160余吨，大部分出口国外。

D–氨基葡萄糖系列产品用途十分广泛，国内外需求日益增长。D–氨基葡萄糖系列产品作为原料药，被国内外药企加工成片剂、胶囊剂，临床应用于治疗风湿性关节炎和胃溃疡疾病。美国药典、欧洲药典均有收录。我国现有标准是2001年发布的国家药品标准，还未被药典收录。浙江金壳药业有限公司于2000年开始生产D–氨基葡萄糖系列产品，符合美国药典要求，年出口量为1600余吨，被用作药物合成原料和保健食品原料。

**销售优势。**浙江金壳药业有限公司拥有自营进出口权，设有外贸业务部，并在美国新泽西州注册设立了“Golden-Shell International LLC”（金壳国际有限责任公司），建立了通达全球的销售网络，客户遍布欧美、日韩、中东、东南亚、澳大利亚、南美洲等30多个国家和地区，产品95%出口，约占全国出口量的10%，并同国内外100多家单位建立了长期的客户关系。“Golden-Shell”牌产品在欧、美、日、韩、澳洲等国家和地区具有相当的影响力。

**科研优势**。浙江金壳药业有限公司始终坚持产学研结合的发展思路，依靠科技创新提高生产力，拥有大量自主知识产权和核心技术，开发了20多个生物多糖新材料新产品，其中国家级新产品1个、省级高新技术产品5个，承担11项省级以上科研项目，拥有15项发明专利和数十项科技成果，其中一项获省科技进步（星火）二等奖。公司还成立了“GS壳聚糖专一性内切酶和壳寡糖”研发小组，所生产的壳寡糖聚合度达到日本和韩国的先进水平，使公司生物法生产壳寡糖的水平处于国内领先地位。

**技术优势**。本项目的技术基础主要是由浙江金壳药业有限公司（原浙江金壳生物化学有限公司）承担的国家级星火计划项目“海产甲壳动物废弃物综合利用技术”和浙江省科技厅重点科研项目“系列不同分子量壳聚糖制备与开发”“类透明质酸壳聚糖的研制及应用”“聚氨糖生物凝胶的研究开发与应用”等4项科技成果及5项拥有自主知识产权的发明专利“甲壳生物多糖原料清洁生产工艺”（发明专利号：Zl200210023351）、“一种动物甲壳物处理方法及装置”（专利申请号：200510111189）、“类透明质酸壳聚糖的制备方法”（发明专利号：Zl02103023.5）、“一种生物层析凝胶及其生产工艺”（发明专利号：Zl200310108214.2）、“一种制备2-脱氧-D-葡萄糖的新方法”（专利号申请号：200510111188.8）、“一种盐酸—醋酸废液闭路循环利用的方法”（专利号申请号：201110250144.9）等构成，具有很强的产业化技术支撑条件和自主创新基础，技术优势明显。

# 用创新手段引领SOD酶产业大发展

浙江湖州金钟铠乐生物科技有限公司

## 一、企业及项目简况

### （一）企业概况

苏州金钟铠乐贸易有限公司成立于2015年1月15日，以营养新概念、养生新观念、食疗新方法为发展方向，研发出一种可耐100摄氏度高温的新一代“耐热SOD酶”，且拥有该系列技术的完整知识产权。

2015年11月11日，公司参与政府招商引资进驻浙江省湖州市南太湖科创中心，成立了湖州金钟铠乐生物科技有限公司，同时与中国科学院四川成都生物研究所湖州中心成立了联合实验室，通过对原有产品的技术改良，形成了金钟铠乐耐热SOD中科酵素茶。该茶以耐热SOD为菌种，以红茶为引，无防腐剂及人工色素。该耐热SOD系列产品可以应用到医疗保健品、制酒、美容化妆品、护肤品、功能性饮品及食品、药品等诸多领域，可提高相关产品的附加值。

湖州金钟铠乐生物科技有限公司（简称湖州金钟铠乐）是湖州的生物制品科技型企业，主要经营生物技术领域内的开发、技术转让、技术服务。

湖州金钟铠乐与合作单位共同承担国家863计划“农业蛋白质工程技术与产品”专项，针对乳糖酶、SOD酶、弹性蛋白酶等进行分子改良，课题成果通过了验收、鉴定。

自成立以来，湖州金钟铠乐主要研究方向为：传统医学与现代生物技术相结合，针对乳糖酶、SOD酶、弹性蛋白酶等进行分子改良，研发出适应现代社会和人类健康需求的生物技术产品。

### （二）项目简介

新一代耐热SOD酶即超氧化物歧化酶是由中国科学院微生物所历时8年研发而成的国家专利产品，不仅可耐高温达到120摄氏度，并且在120分钟处理后酶的活性仍然可以保持在90%以上，PH稳定性极强。Fe-SOD具有较多的螺旋结构，经有效性研究证明，SOD能够耐受胃肠道中的酸解和酶解作用，口服吸收效果明显，在生物体内的利用度高，半衰期达到5~6小时，而Cu,Zn-SOD在生物中的半衰期只有5~10分钟。SOD是中国卫生部批准的具有抗衰老、免疫调节、调节血脂、抗辐射、美容等功能的生物制品。

酵素茶颗粒富含对人体有益的新一代“耐热SOD”超氧化歧化酶，具有一定的保健效果。

## 二、技术主要创新点

一是配方创新。金钟铠乐耐热SOD中科酵素茶，其有效成分符合世界卫生组织和世界粮农组织对益生菌酵素菌的基本认定，可耐受100摄氏度高温水煮和零下180摄氏度冷藏，PH稳定性强。

酵素茶水不仅没有添加任何防腐剂、人工色素和添加剂等，还汇集了七大营养素，即蛋白质、脂类、糖水化合物、膳食纤维、水、维生素、矿物质；并沿用“黄帝内经”酸甜苦辣咸原理，茶水配合食疗，可与姜、盐、柠檬、枸杞、糖、苦瓜等一起搭配，根据一年四季气候的变化和病人的病症进行“辨证施治”调理，口味可以根据自己的饮食习惯去改变。

二是运用领域创新。耐热SOD益生菌酵素对身体有一定的保健作用，可以用喝剩下的茶包做面膜、泡澡等。

## 三、社会效益

党中央、国务院对建设创新型国家和大力发展健康产业提出了要求，为响应政策导向，湖州金钟铠乐已在全国10多个省市开展了电商销售。中科酵素茶项目的实施，将为本领域中其他课题提供可靠的研究工具，为新产品的研制积累可行的经验，进而为创造具有我国自主知识产权的生物技术产品打下坚实的基础。

# 科技创新是行业领跑的原动力

天康生物股份有限公司

天康生物股份有限公司（简称天康生物）是由新疆生产建设兵团国资控股的农牧企业集团，经过22年的发展，天康生物形成了集兽用生物制品、饲料、饲用植物蛋白及油脂加工、生猪养殖、食品加工及配送于一体化的产业化企业。拥有下属企业28家，员工5000余人，注册资本9.6亿元，固定资产18.9亿元；截至2016年年底，实现营业收入44亿元，实收资本9.6亿元，利润总额4.2亿元。

天康生物是首批农业产业化国家重点龙头企业和国家级高新技术企业，公司技术中心是国家级企业技术中心。2008年10月天康生物获得国家发展改革委颁发的“高新技术产业化十年成就奖”,2010年10月获得中国饲料工业协会授予的“全国饲料行业履行社会责任先进企业”称号。天康生物于2006年12月26日在深交所上市。

## 一、动物用生物药品需求稳步增长

我国是世界第一畜牧业大国，畜禽养殖总量居世界之首。到目前为止，我国肉类、禽蛋总产量居世界第一，人均肉类占有量超过了世界平均水平，禽蛋占有量达到发达国家平均水平，畜牧业已成为农业及农村经济的主导产业，占农业总产值的比重逐年提高，尤其中西部地区所占的比重更大，畜牧业能否取得快速、健康发展既关系到国民经济总体目标的全面实现，也关系到农牧民尤其是中西部地区能否与全国人民同步进入小康。与此同时，随着城乡人民收入和生活水平的不断提高，人民群众对肉、蛋、奶的品质及安全性提出了更高要求，加上出口创汇的需要，畜牧业向绿色、健康方向发展已成为当务之急。新疆是我国的畜牧业大区，也是将来我国生猪产业接替区，安全稳定、优质高效的疫苗供应对新疆及全国猪病防治都具有重要的经济意义和重大的政治意义。

动物用生物药品是我国农业高新技术产业重点发展领域，也是我国加入世贸组织后增加畜产品市场竞争力的必要保证措施。随着畜牧业生产向规模化、集约化发展，特别是新旧传染病的流行和暴发都要求对畜禽进行高密度的免疫预防，未来几年我国对动物用生物药品的需求无论是品种还是数量都将呈现稳步增长的态势，动物用生物药品市场潜力十分巨大。

在科技发达的今天，动物疫病仍然制约着我国畜牧业的健康发展并直接影响着人类健康。据统计，我国已发现的由各种病原体引起的动物疫病有 157 种，其中人畜共患病就达 140 余种。20 世纪 80 年代以来新发生或传入我国的动物疫病达 34 种，目前流行面广、危害严重或局部发生但潜在危险性较大的疫病超过 40 种。动物疫病每年造成我国畜禽发病 5 亿头 / 只 / 羽以上（其中牛 45.3 万头，猪 1160 万头，禽 5.3 亿羽），死亡率高达 8% 以上（其中猪 8%~12%，禽 20%，牛 5%，羊 7%~9%），我国每年仅动物发病死亡造成的直接损失达 400 亿元（相当于畜牧业年产值增量的 60% 左右），间接损失则高达 1000 亿元。

目前，我国已批准的动物疫苗产品共 417 种，其中实际投入生产的有 193 种。根据博思数据研究中心发布的《2015—2020 年中国动物疫苗市场现状分析及投资前景研究报告》，2015 年之后在市场苗扩容的推动下，动物疫苗市场将保持 26% 的高速增长，预计 2016 年市场规模将达到 175 亿元左右，2020 年将达到 320 亿元左右。因此，动物用生物制品产业市场需求旺盛，潜力巨大，前景广阔。

## 二、科技创新能力进一步增强

天康生物具有 50 年的动物用生物制品生产历史，积累了丰富的生产经验，近年来公司加大自主研发力度，深化产学研合作，有多个新产品或改进产品取得了国家的生产批准文号。同时，通过多年的口蹄疫疫苗、蓝耳病疫苗、小反刍兽疫疫苗等产品销售，建立起了完善的全国营销体系。天康生物全方位参与国内动物生物制品市场的时机已经成熟且迫在眉睫。

天康生物于 2003—2016 年建成的分别位于新疆乌鲁木齐市头屯河工业区、乌鲁木齐高新区北区及吉林省梅河口市的三个生物制药工业园现有 GMP 车间 8 个（配套有相应的生物安全质检实验室和动物实验室）。其中，5 个口蹄疫疫苗车间按照国家规定专门用于口蹄疫灭活疫苗及合成肽疫苗生产，1 个综合车间用于蓝耳病活疫苗等冻干活疫苗生产，2 个车间专门用于禽流感灭活疫苗生产。近 5 年来，天康生物通过自主研发和产学研合作研发取得了 9 个新兽药证书，全面覆盖主要家畜家禽当前流行的 22 种主要疫病。这些将迅速提升天康企业技术中心研发技术平台水平，并以此吸引更多、更高层次的专业技术人员参与研发工作，企业的科技创新能力将进一步增强，与国内顶尖企业的差距将进一步缩小，天康生物将一跃成为国内动物用生物制品行业龙头企业之一。

## 三、加强人才梯队建设

天康生物企业技术中心是公司研发工作的承担和管理单位，是国家级企业技术中心，也是国家地方联合动物生物制品实验室、兵团兽用生物制品工程技术研究中心和乌鲁木齐市重点实验室，实验室面向全国开放，是自治区授牌的产学研合作基地，华中农业大学、哈尔滨兽研所、新疆畜牧科学院、新疆农业大学等多家科研单位均有项目在该实验室实施。技术中心拥有研发及工程技术人员 161 人，其中研究员 3 人、博士 16 名、硕士 40 名、本科学历技术人员 102 名。技术中心是天康生物研发及成果转化的主体，下设制药、动物营养、良种繁育及食品加工 4 个研发部。制药研发部承担公司生物制药新工艺、新产品的研究开发工作，实行开放、流动的机制，实行全员聘任制；现有人员 61 人，其中研发技术人员 49 人（其中，研究员 3 人、博士 5 人、高级兽医师 5 人、中初级职称研发技术人员 21 人），实验员、饲养员等辅助人员 12 人，实行工资总额及奖金与效益挂钩的分配原则，对做出重大贡献、创造明显效益者，按照《天康企业科技进步奖励办法》予以奖励；另外还邀请 31 名国内外专家以客座研究员的身份参与研发工作，采取流动机制，有进有出，始终保持队伍的高效精干。

天康生物近年来在新疆及西北多所院校开设天康奖学金，招收大批优秀毕业生充实到企业的管理、研发、生产等各个环节。通过送出去深造、设立天康青年才俊班培养、老中青传帮带等方式，加强人才梯队建设。实行开放、流动的机制，提倡能上能下、有进有出，始终保持企业经营队伍的高效精干。建立积极有效的激励政策，鼓励人才脱颖而出。另外，天康生物还邀请国内外专家参与研发工作，保证公司在生物制药等领域的专业技术保持在国内先进水平，公司成为自治区最重要的兽用生物制品专业研发机构。

## 四、发展和进步离不开新产品和新技术的支撑

天康生物通过自主研发、合作开发、技术引进等多种渠道和方式，加大新产品的研发投产速度，加快新技术的引进应用步伐，天康生物的每一步发展和进步都离不开新产品、新技术的支撑。近年来，公司实施研发项目 86 大项，其中 28 项拥有自主知识产权并投入规模化生产，包括：国家三类新兽药 8 个、二类新兽药 1 个，均居国际先进水平；国家重点新产品 2 个，居国际先进水平和国内领先水平；复合

酶制剂配方 4 个，居国内先进水平；预混料配方 12 个，居国内先进水平。公司还通过了科技成果鉴定 2 项、高新技术产品认证 2 项，获得了自治区、乌鲁木齐市科技进步奖 4 项。

天康生物立足国内市场，创立品牌，力争实现产品的系列化、多样性。天康生物充分利用和发挥天时、地利、人和的优势，加强产品质量管理，依靠优质的产品、合理的价格、周到的服务，争取用 3~5 年将猪用疫苗的国内市场占有份额提升至 5%~10%；同时将具有科技含量高、优势独创的产品规模化地打入国外市场，计划充分利用地缘优势，率先开拓中亚市场。

天康生物建立起针对性强的销售与技术服务网络，形成技术营销服务模式，促进产品销售。要加强售前、售中、售后服务，利用专业期刊、专业会议或召开现场会等方式加大产品的宣传力度，尤其是产品技术的差异化宣传；利用宣传资料、技术咨询、现场观摩、专家巡回等形式，提供周到的产品服务，保证每个客户使用方法正确、产品有效，使用户满意，打造质量过硬的生物制品品牌。通过提供客户满意的技术服务来提高产品的信誉度和美誉度，为畜牧业生产增收保驾护航。

# 科研创新成为中国婴儿保育设备发展的助推器

宁波戴维医疗器械股份有限公司

宁波戴维医疗器械股份有限公司（简称宁波戴维）创立于1992年，是一家集自主研制、生产和销售婴儿培养箱、运输用培养箱、婴儿辐射保暖台、新生儿黄疸治疗系列设备等医疗器械的国家级高新技术企业，并于2012年在深交所上市。凭借可靠的质量和领先的技术，公司产品广泛应用于国内各级医院，市场占有率名列前茅，并且远销亚洲、非洲、欧洲、南美洲等100多个国家和地区。历经25年的发展，宁波戴维已成长为国内婴儿保育设备细分行业的龙头企业，2016年实现营业收入2.56亿元，同比增长18.8%。

## 一、科研创新：企业腾飞的助推器

宁波戴维不断锐意进取，强化科研创新，在技术开发与应用上处于行业领先地位。公司密切关注婴儿保育设备领域的最新情况和发展动态，加大研发创新资金投入，重视产品结构升级，持续推出新产品，扩大高新技术产品占销售收入的比重。为防止核心技术泄露，公司产品的关键零部件均是自行设计、自行生产，保证产品质量的稳定性，形成了较强的专业化优势。公司部分技术与产品已达到国际先进水平，其中婴儿培养箱输氧控制技术、高精度可控湿度技术、婴儿培养箱低噪音技术和光照治疗温度控制合成技术等均为国际领先、国内首创；二合一暖箱、新生儿T-组合复苏器和多层光纤编织蓝光毯等在研产品均为国内创新。目前，宁波戴维已拥有专利70余项，参与多项国家行业标准的制定，引领国内行业技术和产品趋势，助推企业开拓更广泛的海内外市场。

## 二、优质服务：健康发展的生命线

医疗器械产品相对于其他产品具有更高的质量要求，宁波戴维在经营过程中一直视产品质量为企业的生命线，将安全有效贯穿企业的整个生产经营过程。目前公司具有完整的质量保障体系，婴儿培养箱通过了中国医疗器械产品认证委员会（CMDC）的产品质量认证，成为医疗器械行业首批通过认证5家企业之一，也是浙江省该行业第一家通过认证的企业。此后，覆盖公司数种医疗器械产品的质量管理体系相继通过德国TUV公司和CMDC的双认证，成为国内同行业中首家通过欧盟CE认证的企业。除了强调生产过程中的质量保障，宁波戴维同样注重产品售后服务，目前拥有40余人的售后团队为全国客户提供及时有效的服务，并且承诺24小时内到达现场，解决质量问题。凭借优质的产品和服务，“戴维”品牌深入人心，产品遍布全球。

## 三、人才引育：基业长青的活力泉

宁波戴维围绕人才强企战略，大力推进招才引智和人力资源开发，加快建立与企业发展相适应的用人机制。近年来，公司共引进博士、硕士等高层次人才8名，为企业科研团队注入新鲜血液，并通过建立国内一流的技术研发中心，为各类高端人才提供宽阔的创业舞台。公司与宁波理工学院、浙江医药高等专科学校长期合作，每年择优录用生物工程等品牌专业的优秀毕业生，安排他们到生产一线、项目建设、产品研发等主战场接受锻炼，为企业发展增添活力。着眼于培养集深与博于一身的“T型”人才，公司建立了一套“学分制教学+项目化实践”的双元型人力资本开发体系，全面提升员工的职业素质水平。为了追赶国际行业巨头的步伐，加快研发第四代婴儿保育设备，公司为技术研发骨干量身定制了“订单式培训”计划，从参加培训到知识内化，再到设计制作、反复试验，副总经理俞永伟带领团队奋战一年，完全掌握了第四代培养箱制造技术，巩固了企业的竞争优势。

## 四、投资控股：战略提升的新机遇

近年来，宁波戴维积极对外投资，努力实现外延式发展，提升公司未来发展潜力。2015年7月8日，公司使用4500万元自有资金投资希瑞科技，进入干细胞存储、细胞再生医疗应用这一前沿领域，进一步丰富公司产品线。2015年7月14日，宁波戴维使用自有资金向阳和生物投资3000万元，股权占比达到15.79%。此次投资是公司外延式发展的重要一步，有力地提升了公司在医疗健康领域的战略发展空间。当前，宁波戴维正立足于主业，通过投资控股等方式重点布局一次性使用婴儿复苏呼吸回路、吻合器等婴儿用医疗器械设备和医疗保健领域，积极拓展公司产业链，创造更多发展机遇，一步一步地提升企业的核心竞争力。

# 立足科技创新　振兴民族胶业

湖北回天新材料股份有限公司

## 一、企业简介

湖北回天新材料股份有限公司（原名湖北回天胶业股份有限公司，简称湖北回天）是一家以“科技创新，产业报国”为办企宗旨的民族胶粘剂企业，专业从事胶粘剂和汽车化学品的研发、生产、销售和服务。公司下辖上海回天新材料有限公司、广州回天新材料有限公司、常州回天新材料有限公司、湖北回天汽车用品有限公司、襄阳豪曼汽车用品有限公司 5 家全资子公司，是中国胶粘剂工业协会副理事长单位，负责主办和编辑国家胶粘剂权威学术核心期刊——《粘接》（1981 年创刊），发行覆盖全球 18 个国家和地区。

## 二、项目建设的必要性和可行性

胶粘剂不仅可以起到增强结构、紧固防锈、隔热减振和内外装饰的作用，还能够代替某些部位的焊接、铆接等传统工艺方法，实现相同或不同材料之间的连接和密封，简化生产工艺，优化产品结构的效果，因此被广泛应用于汽车制造及维修、电子电器、家电、LED、医疗、新能源、工程机械、高速铁路、建筑、包装等众多领域。但是中国汽车工业、电子工业等领域的高端胶粘剂技术均控制在跨国公司手中，它们垄断了中国市场，成为中国民族工业发展的严重障碍。特别是在作为湖北支柱产业的汽车行业更甚，以汉高（HENKEL）、西卡（SIKA）、依多科（EFTEC）、陶氏等为代表的跨国公司几乎占据着中国汽车及其零配件制造用胶粘剂的 90% 以上的市场份额，在核心部件制造领域，更是占据垄断地位。

汽车工业随着我国经济高速发展而蓬勃发展起来，尤其自我国加入世贸组织以来，我国汽车产销量更是成倍数增长，汽车已经逐步成为大众生活不可缺少一部分。研究开发具有自主知识产权和自主品牌的汽车用高性能胶粘剂，取代进口产品，刻不容缓。在蓄积10多年的技术基础开发和市场应用研究后，2013年年初，在湖北省科技厅的支持下，湖北回天加速启动汽车用高性能胶粘剂研发及转化项目，并在此基础上迅速向轨道交通、新能源等相关领域辐射开拓。

## 三、取得的成绩

**一是在科研成果方面。**截至2016年12月底，湖北回天先后承担国家火炬计划项目4项，2项产品被评定为国家级重点新产品，20项科技成果在湖北省科技厅鉴定；拥有发明专利及新型实用专利共计295项，其中发明专利106项、实用新型专利189项；获各级政府科技奖励共13项；设立了“湖北省工程胶粘剂工程研究中心”“博士后科研工作站”“企业技术中心”等技术研发平台，其中“企业技术中心”于2016年10月获批升为“国家级企业技术中心”。

**二是在产业化基础方面。**目前，湖北回天在湖北襄阳建成了中国最大的胶粘剂生产基地，配备世界最先进的胶粘剂生产设备652台套、检测设备41台套、研发设备116台套，具有同行业领先的检测水平，拥有国际一流的生产设备和齐全的检验设备，制订了严格的胶粘剂生产工艺规范检验制度，可以满足原材料进厂的验收试验、高温老化试验、半成品检验和产成品试验的要求，充分保证产品的质量。

**三是在市场占有率方面。**湖北回天实施品牌营销战略，在全国建立了规模强大的营销网络。在汽车制造领域，湖北回天是“宇通客车用胶第一供应商”，同时中标神龙、北汽、比亚迪等一大批优质客户；在新能源领域，通过客户结构优化、紧盯行业前十强战略的实施，海外市场得到顺利拓展，湖北回天实现了全球每3块太阳能板就有1块使用回天胶的佳绩；在高端建筑领域，中国第一高楼——武汉绿地606工程使用的是回天产品；在工程领域，回天独家中标世界第一长跨海大桥——港珠澳大桥用胶；在轨道交通领域，成立了湖北南北车新材料有限公司，产品实现了中车集团四大主机厂生产原料全覆盖……湖北回天成功实现了民族胶粘剂崛起，打破垄断，替代进口。

## 四、发展经验浅析

### （一）“三破三立”，技术走出去

回天的前身是襄樊市国有胶粘技术研究所，因机制僵化、研发闭门造车，导致一度濒临倒闭，靠财政补贴和银行贷款苟延残喘。相信这也是当下很多企业发展中遇到的问题。不想垮就要改革，依靠技术求发展的回天，先拿技术开刀。经过多年探索，湖北回天在内部大刀阔斧地推行“三破三立”的科研变革：一是破除“科研论资排辈”“项目行政分配制”等旧的科研模式，树立市场导向和业绩导向理念，推行项目公开招标、PK 开发的新机制；二是破除传统的技术部行政管理体制，建立以课题组为基本单元的小团队、扁平化组织架构，实行动态管理、双向选择；三是破除科研人员薪酬吃大锅饭的体制，推行浮动工资绩效挂钩机制。特别是湖北回天的科研项目 PK 开发、按进度兑现项目奖金的做法，是国内首创。自推行科研变革以来，科研人员的积极性和创造性被充分激发，一大批青年才俊脱颖而出，技术成果年年倍增。迄今，湖北回天已开发出八大类 40 多个系列 400 多种规格的产品，为全面市场开拓提供了充足的弹药。

### （二）“钉子”出击，聚焦专注

湖北回天在发展的任何时期，都把科研经费作为重点的投资项目，每年投入的科研经费占全年销售收入的 5% 强。当然作为中国民营企业，在科研方面的投入与国外同行相比依然相形见绌。其实在创业初期，湖北回天几乎什么行业都涉足、什么产品都研究，导致资源分散，结果越做越累，效果却不理想。在浮躁动荡的市场经济氛围里，湖北回天抵御住了投资股市、开发房地产、涉足娱乐业等急功近利的诱惑，选择牢牢扎根胶粘剂行业进行精耕细作。自 2008 年，公司开始实施聚焦战略，即实行行业聚焦、产品聚焦和科研聚焦，倾公司所有资源，紧紧围绕 2 个胶种（PU、硅胶）和 4 个行业（车辆、电子电器、新能源、LED）深度开展科技创新，用“钉钉子”的精神去做专、做精、做强。公司先后砍掉了 60% 近 600 多个聚焦行业外的产品，有效避免了资源分散。聚焦后的效果非常明显，一大批科研项目的开发获得了重大突破，一大批精简后留下的产品质量和性能有了质的飞跃，公司在新能源、电子电器等目标行业的产品销售出现了井喷爆发式的增长，公司靠剩下的 40% 的产品，创造出比拥有近千个产品时，翻番的生产总值和市场利润。《解放日报》等媒体以经济头条对此进行了报道。

### （三）以奋斗者为本

人才是实现科技创新的根本，特别是艰苦奋斗的人才，更是推动科技进步源源不断的动力，在湖北回天，这一类人被敬称为“奋斗者”。一流的企业应惜才如命。在人才引进方面，湖北回天尤其重视高端科技人才的引进。湖北回天每年都到重点院校招聘，先后从武汉大学、华中科技大学、中山大学等院校招聘来一大批化学、高分子材料学科的硕士、本科生，这批人成为湖北回天技术研发的主力军。在人才任用方面，湖北回天不拘一格，从不搞论资排辈，武汉大学毕业的赵勇刚因为科研业绩突出，年仅 28 岁就担任了广州回天分公司的技术总监。在几年前，常常是湖北回天辛苦培养的科研人才跳槽到跨国公司，现在却正好相反，一批跨国公司的高端人才纷纷选择投奔加盟湖北回天。在制度支持上，湖北回天厚待科研人才，在住房、购房、购车、安家费等方面有具体明确的标准和政策倾斜。科研人员王卫华在 SMT 贴片胶上取得重大突破，这项技术在国内外均处于领先水平，打破了国外胶粘剂企业在中国电子、IT 行业的垄断技术，公司当即奖励她轿车一辆，而这不过是湖北回天对科技人才研发出成果的奖励方式之一。公司每年拿出 100 多万元用于奖励在技术研究上突破快的课题组及技术人员。

### （四）他山之石，可以攻玉

当今世界的许多产品越来越复杂，包含的技术非常丰富和复杂，即使是创新能力很强的企业，也几乎不可能对其所涉及的各种技术都依靠自己的力量研发，需要通过合作创新获取外部技术，湖北回天与复旦大学合作成立了复旦—回天聚合物研发中心，湖北为回天提供技术支持；还与武汉大学合作剖析国外产品的技术；目前正与上海交通大学建立联系，共同开发聚氨酯产品技术；与西北工业大学合作研发，共同申请国防科工委的有机硅胶项目。

# 构建完整产业链　向铝品高端产业链进军

山东南山铝业股份有限公司

## 一、建立完整的铝产业链

山东南山铝业股份有限公司（简称南山铝业）创建于1993年，1999年12月23日成功在上海证券交易所上市（股票代码：600219）。公司始终坚持“立足高起点、利用高科技、创造高品质”的可持续发展思路，逐渐形成从热电—氧化铝—电解铝—熔铸—（铝型材/热轧—冷轧—箔轧/锻压）的完整铝产业链。公司产品用于加工铝合金门窗、集装箱、铁路货运列车、高速列车、城市地铁、客车以及大型机械；航空、汽车、船舶用中厚板；罐料、高档PS版基、铝箔坯料、高档铝塑复合板；食品软包装、香烟包装、医药包装、空调箔等材料；飞机、高速列车、汽车、大型机械结构件等。南山铝业通过了南车北车合格供应商资格、挪威船级社DNV工厂现场认可，以及中国船级社CCS、美国船级社ABS、日本船级社NK、英国劳式船级社LR工厂现场认可；还通过了TS16949汽车行业认证、AS9100航空质量体系认证、NADCAP热处理特种工艺认证、PED/AD2000压力容器认证、IRIS国际铁路认证。2016年公司总资产426.9亿元，销售收入132.3亿元，净利润13.4亿元。

## 二、推进产业转型升级，加快向价值链高端攀升

南山铝业旗下的积淀了从1系到7系各类铝合金型材丰富成熟的挤压、热处理工艺和稳定熟练的工艺技术与生产管理队伍，并拥有世界先进的挤压机及配套设备，可实现短行程、长铸棒、铸锭温度梯度加热、模拟等温挤压和精密在线/离线淬火、精确温度控制时效/退火处理，生产高精度、高强度、高耐蚀、高耐温、高耐磨、高延伸率、高导电率等各类高技术、高性能、复杂、精细及大断面的建筑、工业铝合金型材。

南山铝业积极推进建材向工业材转型，巩固、提高轨道交通等高附加值铝型材比

例，成功开发了高寒卧铺车以及广深港、重庆地铁、郑州地铁、新加坡151B、新加坡T251等项目车体铝型材。公司将充分利用现有设备和技术经验，加强与中车的战略合作，进一步提升公司轨道交通铝型材生产技术水平，探索轨道交通用材料的深加工技术，助推中国轨道列车的轻量化发展，实现国产标准动车组用铝型材新项目的研发。

南山铝业与中集集团共同成立了“南山—中集轻质铝材联合开发实验室”，致力于铝型材产品的高端应用开发、新产品研发及新客户拓展，充分发挥公司在铝合金产品方面的技术优势，实现全方位合作，推动和促进双方乃至国内行业的技术进步。积极发展深加工，进一步延伸产业链，积极开发航空、汽车等高端铝合金挤压型材。

南山铝业旗下的轻合金公司是国内一次性投资最大、规模最大、装机水平最高的高精度铝板带生产企业，公司的主要生产设备均从世界一流的冶金设备制造厂引进，设备自动化程度高，安全联锁功能配置齐全，上下游生产线产能匹配较好，生产效率高。

南山铝业的罐体、罐盖料等冷轧薄板产品填补国内空白，产品质量达到国际一流标准，公司可与美铝、诺贝利斯、挪威海德鲁等铝业巨头相媲美。公司积极推进罐料减薄，与奥瑞金、宝钢、皇冠、中粮等大型制罐企业合作，将罐体料减薄至最薄0.253毫米、罐盖料减薄至最薄0.208毫米。2016年，公司罐体料的国内市场占有率为44%，罐盖的市场占有率约31%。8021铝箔坯料已经批量生产，3104食品罐料、5042罐盖拉环料、8011/3105高档防盗瓶盖材料均在按计划进行，公司全面巩固竞争优势，并向汽车板转型。

随着南山铝箔与利乐、康美及国外企业的深度合作，公司吸引了越来越多的国内外高端铝箔用户，南山铝箔已成为利乐、康美、纷美的国内主要供应商，成为与厦顺铝箔齐名的高端、双零箔生产企业。下步计划开发电池箔等新产品。

## 三、突出发展战略性新兴产业，延伸高端产业链

当前中国经济低端过剩、高端不足的现实客观存在，国家着力推动经济向中高端转型及推进结构性供给侧改革，南山铝业将自身的创新发展与国家“十三五”发展战略相结合，将目光转向代表材料制造业最高水平、国内尚属空白的航空用铝材料和代表当前主流发展方向的汽车用铝材料，建设航空材料产业园，以满足航空、汽车、发动机等装备领域对高端铝合金材料和高性能锻件的需求，囊括了中厚板、挤压、锻造三个项目，以及技术中心、研究院、检测中心等科研单位。

### （一）科研体系保障

在南山铝业内部的企业技术中心、实验室以及北京航空材料研究院、博士后工作站等一流研发机构的基础上，南山铝业积极推进与中航发北京航材院、中国商用飞机上海飞机研究院、中航工业一飞院、北京有色金属研究总院、山东大学、中南大学、东北大学等研究院校的产学研合作。2013 年经科技部批准，筹建国内铝加工行业唯一的“铝合金压力加工工程技术研究中心”。南山铝业航空材料产业园检测中心具备组织分析、化学分析、热力学研究及测试、电化学研究等检测与试验能力，现已稳定运行，并通过了 CNAS17025 实验室认可、Nadcap 特种工艺认证。

### （二）产品方向领域

一是中厚板。引进世界一流的生产及配套设备，立足生产高技术含量、高附加值的 2 系、4 系、5 系、6 系、7 系铝合金产品。中厚板系列产品主要涵盖航空、船舶、轨道交通、工模具等领域；薄板带系列产品主要涵盖航空、汽车、船舶、制罐等领域。

二是以 150MN 挤压机生产线的正向模式生产高速列车、地铁、集装箱及专用货车等车辆用材，反向模式生产民用航空、船舶等工业用材。涵盖 2 系、4 系、5 系、6 系、7 系铝合金的大型挤压材，产品广泛用于民用航空、交通运输、机械制造、能源化工等行业。

三是锻造项目。引进世界一流的模锻、自由锻液压机，配套辅助设备，具备生产和研发铝合金、钛合金、高温合金锻造产品的能力，产品覆盖航空、船舶、核电、石化、油气等领域应用的大部分铝合金、钛合金、高温合金和结构钢的锻件产品，典型产品包括飞机框、梁、发动机涡轮盘、起落架、燃气轮机等高端产品，可以满足国内外高端锻件市场需求。

### （三）倾力推进高端产品研发认证

一是板材。与波音公司签订了 7050 产品 2017—2018 年供货合同，已通过 2024、7050 扁锭认证；7050（AMS 标准）板材已正式通过波音认证，成为波音合格供应商。南山铝业是工业和信息化部民机铝材上下游合作机制成员单位，正在为中国商飞研制 C919 大飞机用高性能 2524 铝合金蒙皮材料和新一代高损伤容限 2024HDT 铝合金厚板产品。目前已基本完成产品研制，计划 2018 年通过中国商飞认证。

二是挤压型材。已与空客公司签署了挤压型材采购合同，获得了 2026、7150 合金型材 2017—2022 年亚太区订单。现已完成产品研制，正在稳步推进产品认证，计划 2017 年通过空客认证。

三是锻件。正在开展 7050 合金锻件的认证工作，目前已完成模具设计与制造，确定了主要生产工艺参数，生产工艺获得了波音公司的认可。并与中国商飞就 ARJ21 主起落架接头模锻件确定了产品技术协议，正在开展产品试制工作。同时开展 GE、普惠、罗罗飞机发动机的铝、镍、钛基及钢制盘件的试制。

四是乘用车用铝合金板带。南山铝业通过了汽车材料方面的 TS16949 质量管理体系认证，产品研发、量产工作进展顺利，成为国内首家乘用车四门两盖铝板生产商。目前 5182、5754、6016 等铝合金汽车板产品已完成研发和批次验证工作，向国内部分新能源及汽车配套冲压厂批量供货，并实现向世界最著名的新能源汽车生产商批量供货。同时积极推进国际一流汽车制造商的认证，现已通过了部分汽车制造商汽车铝板产品的审核认证，计划 2017 年三季度实现批量供货。

## 四、在全球范围内实现资源的优化组合

南山铝业大力实施“走出去”战略，在美国印第安纳州拉法叶特市投资 2.2 亿美元建设铝型材分厂，大力开拓北美集装箱拖车、轻轨高铁等工业型材市场。在美国成立了专家咨询公司 EAM，聘请来自美铝、凯撒铝业等世界一流铝业公司专家，打造了一支知识体系完善、技术经验丰富、涵盖美国和法国一流专业人才的外国专家团队，为铝产业持续、快速、稳定发展提供世界顶级的人才和技术保障。

为了充分利用欧洲市场作为高端汽车与航空厂商客户集结地的优势，继续扩大欧洲市场份额，让客户充分享受到南山铝业精准优质的售前与售后服务，公司以自有资金 100 万欧元，在欧洲设立了全资子公司，是南山铝业进一步推动公司优势产品向国际化迈进的重要一步。

## 五、精诚奋进，航材报国

航空用铝合金材料和汽车轻量化铝合金材料是国家重点支持的战略项目，也是国家供给侧结构性改革的重要内容。南山铝业以前期雄厚的技术、经验、人才积淀为基础，将稳步推进航空、汽车材料的研发、批量化生产工作，厚积薄发，稳健提升。

下一步南山铝业将继续不断完善高端铝合金材料的产品规格范围，实现精深加工、高端制造。具体目标是争取在 3~5 年内成为世界先进的航空材料供应商和一流的铝加工企业。南山铝业志愿精诚奋进、航材报国，勇于承担国家新材料研发、生产战略任务，为中华民族铝业的振兴和中国航空材料梦想的实现贡献力量。

# 十年磨一剑　始终保持致力于石墨烯产业雄起的初心

厦门凯纳石墨烯技术股份有限公司

厦门凯纳石墨烯技术股份有限公司（简称厦门凯纳）成立于2010年5月，是中国第一家石墨烯企业，也是中国采用物理法生产石墨烯产品的领军企业。

厦门凯纳是由国家科技进步二等奖获得者、厦门市“双百人才”赵立平先生与中国知名石墨烯专家陈国华教授于2006年共同发起成立，现已是中国石墨烯产业技术创新战略联盟理事单位、福建省石墨烯产业技术创新促进会理事单位、厦门市新材料协会副会长单位等多家联盟单位，公司荣获国家高新技术企业认定，是厦门市“双百计划”人才单位、厦门市创新型试点企业、厦门市石墨烯研发中心，并于2016年4月挂牌新三板（股票代码：836410），成为福建省内第一家石墨烯挂牌企业。

## 一、走上产学研相结合的康庄大道

早在2006年，厦门凯纳就走上了产学研相结合的道路。在提倡产学研的今天，凭借着独到的眼光走到了时代的前沿。

厦门凯纳与华侨大学教授陈国华及其团队深入合作，启动石墨烯技术的研发，严格意义上说应该是“纳米石墨分子级剥离”。那个时候，石墨烯离“风口”尚远，业界对它也较陌生，更不要说普通大众。然而凯纳创始人、厦门大学化学学院出身的赵立平怀揣着对新材料深入研究的梦想，坚信石墨烯将成为未来材料的宠儿，凭借着对科技的热忱和坚定的信念，与陈国华团队携手钻研。经过3年潜心研究，终于在2009年开发出石墨烯的生产工艺，率先在国内推出石墨烯粉体，同时在全球首次提出石墨烯微片产品的概念，并于2010年正式注册成立公司。

谁曾料想，2010年诺贝尔奖会为石墨烯产业的发展助力。2010年诺贝尔物理学奖授予了两位成功研制石墨烯的科学家，石墨烯市场火爆起来，迅速成为企业界争相追捧的对象，石墨烯的发展速度超越以往任何一种材料。

石墨烯自2004年正式面世到现在，厦门凯纳见证了石墨烯由无人问津到引爆产业革命的历程。但公司一直秉承“创新无限，止于至善”的企业价值观，坚信科技改变生活，无论石墨烯市场是无人问津还是炙手可热，都保持初心，以极大的热情持续致力于石墨烯产品的自主开发和应用创新。十年磨一剑，目前厦门凯纳已开发出生产石墨烯粉体的第六代技术，将石墨烯粉体价格由最初的5000元/克降至1元/克以下，真正解决了石墨烯量产难、成本高等行业难题。

面对如日中天的石墨烯市场，董事长赵立平提出要坚持“需求中创新，应用中成熟”的理念，专注于石墨烯在新能源、涂料和橡塑领域的应用，目前已成功开发出石墨烯基锂离子电池导电剂系列产品，并于2016年4月顺利登陆新三板。赵立平表示：“当今石墨烯产业，关键有两点，也是凯纳努力的重点：一是打通产业化的应用瓶颈；二是打通资本市场的通道，让实业插上资本的翅膀，让资本服务于实业。目前凯纳正处于打通这任督二脉的当口，机遇和挑战并存，这任督二脉一通，不走偏，凯纳便能触及隧道前面的曙光。”

## 二、创新有保障

### （一）人才是企业创新的第一资源

董事长赵立平曾说过，实验室研发—技术—中试—工业化—产品—商品，如此不易的创新循环周期，中间需要耐心、耐力，更需要理想主义、英雄主义，而最终成功体现为价值化的商品，这其中，研发是一切的源头，公司对研发人才的培养是企业发展的第一要义。厦门凯纳非常重视人才队伍的建设，建立了一整套“事业留人，感情留人，政策留人，待遇留人”的用人机制；员工职级设置清晰，使每个员工对自己的努力目标了然于心，勇于实现自我价值；薪酬调整实行动态管理，员工工作积极性更高；实行“股权激励”，留住一批企业技术骨干，激发创新动力和活力。以上种种举措极大地调动了员工的积极性，提高了企业的运行效率。

### （二）持续不断的研发投入是创新的基本保障

为保证持续创新能力，厦门凯纳每年不遗余力地投入大量的资金支持产品的研究开发和技术合作，研发资金总投入呈持续上升态势。公司始终认为研发是产业的灵魂，只有握住了要义，才能发展。

通过一步一个脚印的努力，厦门凯纳目前已建成石墨烯生产基地、石墨烯检测中心、石墨烯应用研发中心。2017年6月，公司建成福建省首条千吨级石墨烯锂电池导电浆料产线，向新能源领域大批量投放锂电池专用的石墨烯产品，以提高锂电池的综合性能。

### （三）建立知识产权体系，为企业创新保驾护航

厦门凯纳建立了健全的知识产权制度和完善的创新激励机制，营造了良好的创新环境，石墨烯产品全部拥有自主知识产权，是国内采用物理法生产石墨烯粉体的领军企业。现已申请 40 余项石墨烯发明专利，并获得了 21 项国家发明专利授权、2 项实用新型专利授权和 2 个国家级注册商标。

### （四）产学研合作是推进企业创新的重要途径

对于石墨烯这一技术密集型行业，产学研合作是研发创新成功的重要途径。厦门凯纳技术团队与华侨大学陈国华教授及其团队开展石墨烯制备和应用技术研发合作，并签订了长达 20 年的合作协议，共建了“福建省石墨烯粉体及复合材料工程技术研究中心”，中心拥有 20 多位知名教授和博士，拥有扫描电镜、透射电镜、拉曼光谱仪等一批先进的检测设备，为石墨烯的研发打造了坚实的人才和设备基础，同时公司还与厦门大学化学化工学院、能源学院、中船重工 725 所等知名高校和研究院保持密切的合作关系。

## 三、辛勤劳动打下坚实基础

当许多公司还在犹豫、观望石墨烯是否值得投资的时候，厦门凯纳早已独具慧眼，捷足先登，并且坚持不懈地拼命往前跑，才能在 10 年之间独占鳌头。做一件事很简单，但是坚持做一件事，就不再是一件简单的事，厦门凯纳的资金并不是最雄厚的，技术也并不是最精深的，但是在 10 年间能有今天的成就，就是靠脚踏实地，保持初心。在石墨烯产业被诺贝尔奖点爆之后，厦门凯纳依然秉承“创新无限，止于至善”的理念，这 10 年，凯纳人付出了辛勤的劳动，打下了坚实的基础，10 年来的努力与研究终换来硕果累累。

### （一）技术优势

“凯纳十年磨一剑，只为一朝试锋芒”。厦门凯纳在业界最早推出第一款石墨烯粉体产品 KNG-102，现已开发出第六代石墨烯粉体，产品配方的反复调整、技术的沉淀说明 10 年来厦门凯纳是在进步的。研发紧贴着科技的巨轮，只有随着科技的发展做出相应的调试产品，才是时代需要的产品。

与采用化学法研制石墨烯的“大多数”不同，厦门凯纳用的是物理剥离机械法。相比于传统化学法生产工艺带来的环境污染，采用物理法生产石墨烯耗能小，工艺

环保，产品生产成本低。多年来，公司研发聚集于开发低成本高性能的石墨烯量产技术，革新了石墨剥离、分散两步关键工艺，促进了低技术含量的石墨粗加工产品转型升级，开发出低成本高性能的石墨烯量产技术，这个过程伴随着反复调整配方工艺，解决实验室试验和企业实际生产对接难题。

厦门凯纳的石墨烯生产工艺具备根据市场需求快速扩产的技术优势，可在数月内快速跨数量级扩大产能，不存在制约产能快速放大的瓶颈，同时也无污水处理等环保瓶颈。

### （二）产品优势

"锂电池正极的初代导电材料是炭黑，做导电剂使用时是点对点接触，难以形成网络；目前采用主流的碳纳米管，就成了点与线的接触。现在我们采用物理法剥离出片状的石墨烯，实现了点和面的接触，导电网络非常完整，能大幅降低导电剂的用量，且性能更优、成本更低。"厦门凯纳副总经理方崇卿在介绍公司主打产品——石墨烯基锂离子电池导电剂时如是说。目前公司还成功开发出涂料专用石墨烯浆料和橡塑专用石墨烯粒子等应用产品，厦门凯纳的研发随着产业的发展呈现动态性变化。只有针对不同客户的具体需求，提供相应产品，有的放矢，实时发展、全面发展，才能创造出新产品。公司以发明专利核心技术为支撑，以市场需求为导向，技术团队与市场销售团队紧密合作，开发点对点满足市场应用需求的成熟产品，快速响应和满足客户市场需求。

石墨烯行业属于新兴行业，在石墨烯行业标准尚未制定时，厦门凯纳就已经针对市场需求，率先对企业一系列产品制定了标准，加速公司科技成果产业化，同时通过 ISO9001 质量体系认证；石墨烯属于新兴产业，行业标准并不完善，作为行业里的佼佼者，公司已起草并向石墨烯标委会提交了多项标准。

### （三）模式优势

厦门凯纳坚持以技术创新和满足市场需求为核心，开展石墨烯的产业化应用工作。一方面，公司以石墨烯粉体生产技术核心为基础，坚持自主创新与技术合作相结合的方式，持续优化现有的石墨烯生产工艺，开发低成本、高性能的石墨烯；另一方面，在石墨烯原料生产的核心基础上，发展"石墨烯+"应用，根据市场需求开发、生产和销售石墨烯应用产品，特别是在锂电池、塑胶和涂料等多领域开发石墨烯应用产品。

# 走出一条民族能源化工产业的康庄大道

新疆中泰（集团）有限责任公司

新疆中泰（集团）有限责任公司（简称新疆中泰）成立于2012年7月，是由新疆维吾尔自治区人民政府出资、自治区国资委直接监管的国有独资公司，也是全国最大的氯碱生产企业和自治区重要的国有投融资平台。公司抢抓两次中央新疆工作会议以来的历史性机遇，深入落实中央"一带一路"倡议，不断做大做强优势产业，提升工艺技术水平，发挥了就业能力强、示范效果好、支撑作用明显的产业拉动效应，成为新疆地方国有企业的引领者和示范者。

## 一、坚持民族能源化工产业路线，构筑循环经济竞争新优势

新疆中泰立足国家能源安全，依托新疆丰富的煤炭、石灰石等优势资源，做大做强具有中国特色的乙炔法氯碱化工产业，在新疆米东、阜康、托克逊、库尔勒等地及塔吉克斯坦建有十大产业园，形成管理总资产800多亿元和年产230万吨PVC、150万吨烧碱、266万千瓦装机、360万吨电石、200万吨废渣制水泥、57万吨粘胶纤维、200万锭纺纱、40万吨棉浆粕的循环经济产业链，成为全国氯碱行业的龙头企业，占据了全国13%的PVC市场，在稳定国内PVC市场和国家能源结构中发挥了积极作用。通过乙炔法PVC的发展，将每吨百元左右的煤、盐、石灰石等"原字号"产品就地转化为高附加值的聚氯乙烯树脂和离子膜烧碱，带动了煤、盐、石灰石等优势资源的就地转化，促进了煤炭、碳材、石油、化工、造纸、运输等上下游行业的发展。

尤其是新疆中泰在全国氯碱行业中率先实行盐碱结合、碱电结合，烧碱和粘胶纤维结合，打造形成了产业关联度高、辐射性强和劳动密集型的煤—电—盐—烧碱—粘胶—纱一体化全产业链循环经济发展模式，促进了各产业板块集群耦合、循环互补、协调发展，达成形成了资源富地、成本洼地、产业高地，直接创造年产值700多亿元，拉动边疆民族区域30余万人就业脱贫，促进新疆社会稳定。

## 二、积极推进《中国制造2025》"1+X"行动计划，促进低碳绿色发展和传统产业转型升级

### （一）坚持自主研发多项先进技术

新疆中泰坚持产学研和自主创新相结合，建有国家级企业技术中心1个、自治区级企业技术中心3个、自治区级工程技术研究中心2个、自治区级工程实验室1个、国家认可（CNAS）资质的实验室2个、国家博士后科研工作站1个、国家级"高新技术企业"2家和"新疆化石资源加工与新能源技术工程中心"以及"院士专家工作站"等顶级技术创新平台，加强前沿科技的引进、吸收、应用和转化。全面推进自主创新工作，提高企业的核心竞争力，以"企业研发人员进高校，高校实验基地进园区"为契合点，以"重奖学科带头人"为导向，一系列用员工姓名命名的技术攻关成果出炉，形成一批核心技术和关键技术，截至2016年年底，公司申请专利170项，已授权实用新型专利110项、发明专利22项、外观专利4项，在整个行业广泛推行，成为全国氯碱行业、电石行业能效的领跑者。

### （二）深入推进供给侧结构性改革

新疆中泰积极开发高附加值耗碱、耗氯产品，推动产品差异化、高端化，拓宽产品应用领域。新建三氯氢硅及对二氯苯、聚苯硫醚、双氧水等精细化工和新材料项目，填补疆内三氯氢硅市场空白。新建年产20万吨本体法专用料树脂、10万吨特种糊状树脂、30万吨高纯氯乙烯单体、3万吨CPVC、1万吨复合功能树脂项目。先后开发出收缩膜专用料、异型材专用料、注塑管件专用料、透明片材专用料投向市场；开发出高聚合度PVC、低聚合度PVC、高表观密度PVC、PVC掺混、消光PVC等特种树脂。与高等院校和专业机构合作，打造PVC高端型材、高性能管材、建筑模板及低发泡装饰板、石塑、木塑等新材料产品示范基地。与地方政府合作，在安居富民项目中优先使用PVC家装材料和中高档塑钢门窗，推进"以塑代钢、以塑代木"，引领PVC下游发展。

### （三）开展绿色低碳循环利用建设

新疆中泰投入约40亿元，建立了废水梯级利用系统，并率先在全疆自备电厂中实现中水回用。通过自主创新，实现工程和烟气脱硫脱硝工程中的废气再利用。以电石渣为原料建成水泥熟料生产线，攻克了乙炔法氯碱工艺的固废难题，实现了碳资源的二次利用。坚持"建设一个园区、绿化一片戈壁"，投入近亿元实现各园区

绿化覆盖率40%左右，成为国家"绿色设计试点企业""资源节约型、环境友好型企业""重点行业清洁生产示范企业""首批工业产品生态设计试点企业""中国石油化工行业节能减排先进单位""能效领跑者标杆企业""产学研示范企业""中国石油化学联合会'十二五'环境保护先进单位""自治区工业能源效率与废物资源化研究示范基地"和"工业循环经济示范单位"等。

### （四）率先推广低汞触媒工业化应用

为积极消除高汞储煤对乙炔法PVC行业发展的瓶颈制约，新疆中泰率先在全行业内大面积使用低汞触媒，并于2014年年底实现低汞触媒完全替代高汞触媒。使用低汞触媒后，高汞触媒吨消耗下降0.5公斤，汞消耗量减少70%，提远高于氯碱行业规定的2015年汞使用减少50%的目标，减少一次汞资源消耗164吨/年，促进全行业用汞量减少962吨，降幅达到67%。目前，公司又投入4000多万元建立的无汞触媒中试装置，已开展无汞催化剂和再生技术的研发工作，无汞触媒累积寿命已超过1.2万小时以上，达到了行业领先水平。

## 三、以信息化、自动化推进传统生产走向"智能制造"，促进"两化"深度融合

### （一）推动传统产业向智能制造转变

新疆中泰累计投入3亿元，实施了生产制造执行系统（MES）、质量健康安全环境管理支撑系统（QHSE）、主数据系统（MDM）、电厂管理信息系统（MIS）以及实时数据库系统，依托全球顶级的SAP-ERP系统支撑公司全过程管理，取得8项计算机软件著作权登记证书和3项软件产品证，成为国家"两化融合"管理体系贯标试点单位。实施全产业链数字化转型工程，建设年产30万吨特种树脂、120万吨PTA的智能工厂，实现传统化工转型升级。投资1.2亿元，历经3年时间，在全行业研发首推电石出炉机械手，实现智能出炉机器人及智能翻撬机器人的普及应用，达到电石生产装备本质安全，彻底改变了行业高温、高危、高风险环境的作业模式，实现了本质化安全生产，对于电石行业的新型发展起到了"革命性"的改变。

### （二）搭建危化品电子商务运营平台

新疆中泰建立了国内首家危险化学品经营服务电子商务平台，创新化工行业交易模式，实现危化品全生命周期管理，促进了新疆反恐维稳工作的信息化，并对全

国危化品全过程、科学化、信息化监管发挥了示范引领作用。

## 四、争当“一带一路”倡议的先行者，促进国际互通共融

### （一）加强产业互建

新疆中泰2015年建成塔吉克斯坦建国以来的最大项目——棉花种植配套纺纱项目，实现了国际产能合作，带动当地3000人就业，促进了中塔两国产业互建、产能合作和民心相通。塔国总统拉赫蒙亲自出席项目奠基和投产仪式，中央电视台《新闻联播》黄金时段、央广网等中央主流媒体进行了专题报道，被评为2016年中塔经贸合作成功范例。

### （二）推动贸易互通

2015年6月开通首列新疆—俄罗斯的“重去重回”国际货运班列，将PVC发往俄罗斯后将其优质木浆运回新疆，成为西行国际货运班列中首次实现“重去重回”的班列。2017年5月在全国首创了多点始发、多线运行、多点到达的“新疆丝绸之路”中欧国际货运班列运行模式，公司产品从乌鲁木齐出发经连云港转关下海为沿线60多个国家送去“中国制造”，返程时满载欧洲溶解浆及其他产品，跨越亚欧大陆和三大洋，运输时间由传统海运的60天缩减到15天左右，物流成本下降30%，开启了新疆企业国际化发展的新模式、新路径。

### （三）参与资金融通

在霍尔果斯自贸区，新疆中泰设立新疆首家外商投资融资租赁公司，2016年通过融资租赁引进国外低成本资金35亿元。2017年6月，公司联合设立“中哈跨境人民币产能合作基金”，搭建国际金融桥梁，助力“一带一路”倡议落地。

## 五、对标世界五百强，“借脑引智”全面提升管理水平

新疆中泰投资1亿多元实施杜邦—中泰安全管理全面提升合作项目，并在新建工程项目中引入杜邦项目咨询，园区管理和项目建设的规范化、标准化、自动化管理水平大幅提升，连续5年被评为“自治区安全生产目标管理先进单位”。与北京八九点管理咨询公司合作，启动新班组建设工程，形成了“3341”特色品牌模式。先后被国家人力资源和社会保障部评为“班组长职务能力提升示范基地”“国家安

全标准化示范班组最佳推进组织奖"，其中"全风险管控体系建设案例"被国家安监总局评选为"全国安全标杆案例"并在全国推广。

新疆中泰积极倡导"工匠"精神，建立自治区唯一一家企业类高技能人才培训基地，创建国家级技能大师工作室 1 个，自治区级技能大师工作室 2 个，州、市级技能大师工作室 5 个，企业内部大师工作室 19 个，监管单位级大师工作室 11 个；培养高级工以上高技能人才 254 人、专职安全管理人员 528 名、注册安全工程师 132 名；主办了三届自治区级"中泰杯"劳动技能比赛，并在全国石化行业等组织的大赛中获得优异成绩。

## 六、积极履行社会责任，发挥国有企业的政治担当

新疆中泰出资 4200 万元援建博州温泉县大库斯台水库，实现当地牧民定居脱贫。发动员工为南疆捐助 5000 万元，用于新农村建设；捐助 1500 多万元，用于贫困地区群众教育、就业和基础建设；为中华环保基金会捐款 600 万元；发起设立新疆先心病儿童爱心救助基金；向中华慈善总会捐赠 220 万元。2017 年，公司一次性接收和安置南疆和田、喀什 2000 名富余少数民族劳动力，成为新疆企业中安置就业人数最多、行动最积极的企业。

新疆中泰先后荣获"中国化工企业 500 强""中国制造业 500 强""中国化工最具成长性企业""全国五一劳动奖状""国家纤维素纤维及纺织品研发与生产示范基地"，以及"清洁生产示范企业""两化融合先进集体""工业循环经济示范单位""节能先进单位""全国化工企业文化建设先进单位""全国就业先进企业""上市公司 50 强企业""中国上市公司十佳公司责任奖""央视财经 50 十佳责任公司奖""新疆上市公司并购重组之星奖""全国模范职工之家"等荣誉称号，这是公司创新发展、积极承担社会责任的体现，更是企业健康可持续发展的成果体现。

# 单晶时代来临　攻克核心技术　抢占企业制高点

浙江隆基乐叶光伏科技有限公司

## 一、企业概况

浙江隆基乐叶光伏科技有限公司（简称隆基乐叶）成立于2007年，是一家国家级高新技术企业，坐落于浙江省衢州市绿色产业集聚区，占地156亩，注册资金3.5亿元。公司主营业务为光伏组件设计开发、制造和销售，光伏电站的设计、施工和技术服务及光伏电站投资和运营，公司的产品应用领域广泛，尤其在各类大型光伏地面并网电站、大型光伏屋顶并网电站、民用屋顶并网电站、家庭住宅建筑光伏并网电站、建筑一体化光伏并网电站等领域有广泛的应用。产品通过了TUV、UL、JET、CE、CQC等产品认证，各类技术指标在行业内处于领先水平，具备核心竞争力。

隆基乐叶始终以客户服务优先、质量第一为宗旨，先后通过了ISO9001-2008质量管理体系认证、ISO14001-2004环境管理体系认证、OHSAS18001-2007职业健康安全管理体系认证，2013年入围工信部《光伏制造行业规范条件》第一批名单，拥有完善的质量管理与认证体系，规模化供应"领跑者"要求组件，国内率先通过CQC"领跑者"一级效率认证，引领高效组件的发展趋势。由于出色的技术和管理能力，隆基乐叶与国开新能源、华为、特变电工等一批国际知名企业保持良好的合作关系，并获得了它们充分的肯定和认可；除具备良好的信用和客户口碑外，在国际市场拓展和开发方面，也建立了覆盖欧洲、美国、日本等主要光伏市场的销售网络。公司先后获得了浙江省知名商号、浙江省著名商标、浙江省名牌、浙江省AAA级重合同守信用用单位、浙江省科技型中小企业、浙江省管理创新示范企业、浙江省"两化"融合示范企业、浙江省"三名"企业、浙江省省级重点企业研究院等多项荣誉称号。

## 二、实现战略合作，推动转型升级

隆基乐叶自2007年成立至今，在光伏行业发展进程中，一直坚持高效单晶路线，通过技术和经验的不断积累，逐步将技术领先优势转化为产品优势，在短短的10年时间内构建起了企业在行业中的核心竞争力，发展成为全国领先的单晶龙头。

10年间公司遇到过像2008年欧债危机、2011年欧盟和美国“双反”等非常严峻的局面，通过对市场做出及时反应，顺利度过了危机，但未来的路该怎么走，是通过自身不断创新，努力打造品牌，扩大市场？还是与行业内的大型企业进行战略合作，快速突围？通过对行业的细致分析，并借鉴成熟传统制造业的发展经验，决定必须与行业内大型优质企业进行战略合作，形成优势互补。

原因有以下几点：

一是光伏行业属于重资产、高技术行业，要做强做大，离不开雄厚的资本支撑。

二是光伏行业是高技术行业，从产业链前端的拉晶、切片到后端的电池、组件，很多核心技术都掌握在具备强大研发能力的大型优质企业手中，中小型企业很难投入巨额研发费用，并且对行业内核心技术人员的吸引能力也较弱。

三是设备更新替代速度快，光伏行业属于新兴产业，技术、设备更新存在很大的空间。巨大的设备投入，以及提升业务所需的人、财、物、技术支持，并非单个中小型企业所能够承受。

如何挑选合适的战略合作对象至关重要，经过与多家同行企业的接触，最终选择了隆基股份，因为：一是优势互补，隆基处在光伏行业前端，单晶硅片出货量全球第一，而乐叶光伏作为一家光伏组件制造企业，恰恰具备了很多中小组件厂家所不具备的区位、产品认证、资质等优势资源，这对于隆基股份属于稀缺资源，双方的合并，可以完善产业链，提升核心竞争力。二是技术优势，隆基拥有全球单晶方向最尖端的技术资源，通过对国外市场的多年了解，单晶组件在国外的占有率、认可度远高于国内，市场前景广阔。三是人和。

## 三、实现产能翻番，抢占市场份额

乐叶光伏和隆基股份的顺利合作，组建隆基乐叶，成功并购、延伸和完善了产业链，大幅度提高企业的核心竞争力，迅速跻身国内一线组件品牌，成为各大主流电站投资商的组件供应商，取得了亮眼的成绩。

2015年，公司选址浙江省衢州市绿色产业集聚区，租赁8座厂房（建筑面积约32000平方米），改造厂房设施和仓库，购置了双腔层压机等全自动生产设备及配套工艺设备、实验室设备，项目建成后形成1.5吉瓦太阳能光伏组件产能。项目的顺利投产，有利于推动集团公司整体业务从硅材料制造商向光伏设备制造转型，提高了自身的核心竞争力，加快成为国内单晶组件制造商，同时对公司也是一次历史性的变革，标志着隆基乐叶的组件事业进入爆发式发展时期。

2016 年 3 月，公司在绿色产业集聚区百灵中路 2 号厂区对组件生产线进行技改，提升了生产线自动化程度，建立了生产控制追溯管理软件平台，将原有产能提高至 500 兆瓦 / 年。

2017 年 1 月，隆基乐叶本着打造系统的现代化制造流程系统，吸收国内外先进的自动化装备和管理理念，进一步提高生产线的自动化程度，购置全自动焊接排版一体机、全自动包装线、自动叠焊机等全自动设备，通过此次技改，公司组件生产自动化程度将极大提高，年产能将从 1800 兆瓦扩大到 3000 兆瓦，同时节省人工 50% 以上，人均产量将从 3 兆瓦 / 年提升到 10 兆瓦 / 年以上，不良品率将降低 60% 以上，将使良品率从 99.5% 提高至 99.9%，更好实现企业制造智能化、高效化，管理规范化、科学化。

随着技改和扩产的完成，公司产能达到了 3 吉瓦，公司员工也从 300 人扩充到目前约 900 人，原来年产值不足 10 亿元，到现在的月产值近 5 亿元。隆基乐叶用了不到 3 年的时间推动高效单晶组件市场份额从 5% 提升到 30%，加快了光伏制造技术进步及产业升级的进程。

## 四、攻克核心技术，实现产品升级

隆基乐叶是一家技术主导型企业，建有省级高新企业研究开发中心、省级技术企业，具备较强的研发创新能力。2016 年公司投入研发经费 1.18 亿元。在科研成果转化方面，公司研发的高效 PERC 单晶组件、双面双玻组件等核心、高效产品比同类产品效率提高 0.85%~4.51%，处于国内领先地位。

项目的成功实施，公司拥有了 36 项专利，其中 4 项发明专利、31 项实用新型专利，产品技术达到了国内领先、国际先进水平。

面对市场单晶替代多晶的趋势，隆基乐叶将抢占外部市场机遇，以 3 年内单多晶市场份额持平、5 年内全面超越多晶为奋斗目标，持续保持全面领先的高效单晶光伏产品和服务供应商的地位，将“隆基乐叶”打造成全球一线单晶组件品牌。

# 提高我国烟气治理技术自主创新能力
# 实现烟气治理装备国产化

浙江德创环保科技股份有限公司

## 一、项目开发的必要性与可行性

随着社会的发展进步、人民生活水平的不断提高，环保问题越来越受到大众重视，空气中粉尘、硫氧化物、氮氧化物等大气污染物成为人们关注的焦点。燃煤电厂一直是大气污染的主要来源，尽管清洁能源项目不断上马，但一次性能源消费里煤炭仍占 70% 以上，发电量中火电发电量仍占 70% 以上。煤电的发展需要与之相配套的烟气治理行业及技术的发展，以不断提升对粉尘、$SO_2$、$NO_2$、$CO_2$ 等的治理水平和效果。

在过去几十年间，烟气治理的关键技术和装备长期被国外企业垄断，例如掌握高效脱硝催化剂的丹麦托普索、日本触媒化成、意大利 TKC、日本日立、日本三菱、美国巴威、美国康宁、德国巴斯夫、德国 KWH 等公司，掌握湿式电除尘器的三菱、日立等公司。

2005 年我国开始实施烟气脱硫，当时许多专用设备基本都是靠国外进口，价格高、供应量少、维护难，严重制约我国对烟气治理的进程，而国内市场相对空白。在这样的形势下实施环保装备新兴产业项目——燃煤工业锅炉烟气处理协同控制技术及装备研发应用项目既符合国家引导政策，又可以满足市场急需。

## 二、企业现状

浙江德创环保科技有限公司（简称浙江德创）成立于 2005 年，是一家致力于环保产业的国家级重点高新技术企业，现已发展成为一家集脱硫、脱硝、除尘等烟气处理技术研究及配套装备研发、制造、工程承包于一体的科技型企业，主要服务于电力、冶金及石化等系统烟气净化工程。2016年年底，公司总资产达11亿；2017年年初在上交所上市，成为国内为数不多的环保类上市企业。

浙江德创十分重视科技创新，目前获得授权专利70余项，其中发明专利3项；承担省级以上科技项目10项，其中国家火炬计划项目2项、国家中小企业创新基金项目2项、国家重点新产品计划项目2项；多项产品荣获国家自主创新产品、浙江名牌产品等荣誉；参与蜂窝式脱硝催化剂、平板式脱硝催化剂等产品的国家行业标准5项；2016年获得国家火炬计划重点高新技术企业称号，拥有省级企业研究院、院士专家工作站等科研机构。

浙江德创自成立以来，一直致力于新产品开发。2005年生产脱硫设备；2007年实现国产脱硫设备第一次出口；2010年承接第一个烟气治理总包工程；2012年蜂窝式脱硝催化剂投产，打破国外市场垄断，填补了国内技术空白；2013年平板式脱硝催化剂投产；2014年新型湿式电除尘器投产；2015年GGH（烟气再换热器）项目开发成功；2016年除尘用电控设备投产。浙江德创是国内烟气治理领域"环保岛"及"超低排放"等先进理念的积极倡导者和践行者，主要产品及服务也紧紧围绕这两个主题展开，通过上述系列产品投入市场，有效扭转了我国烟气治理技术严重依赖进口的局面，提高了我国烟气治理技术的自主创新能力。2016年实现销售收入77276万元，利税4298万元。

## 三、取得的主要成绩

通过近10年的努力，尤其是一批环保装备战略性新兴产业项目的实施，浙江德创取得了以下显著成效：

### （一）提升了企业的管理水平

一批战略性新兴产业项目实施的过程，就是浙江德创由小到大的成长过程。公司按照战略性新兴产业项目管理办法开展各项工作，组建高效的管理团队和项目实施队伍，建立完善的规章管理制度，在顺利完成项目的同时，企业的管理水平大幅提升，规模不断扩大，知名度大幅提升，公司发展成为一家国内著名的上市企业，同时也为地方经济发展做出了积极贡献，仅2014—2016年共计上缴税收15551万元。

### （二）推进了环保产业的发展

浙江德创目前已成为浙江省产品规格最全、技术最专业的环保装备研究和制造基地，是我国环保行业重点骨干企业之一，通过一批战略性新兴产业项目的实施，公司的技术研发和产业化能力不断增强，在国内起到了良好的产业辐射作用，使得烟气治理环保岛技术可完全实现本地化，大大带动当地土建、工程安装、配附件制造行业等系列产业链的发展，推进了环保装备上下游产业的发展。

### （三）提高了相关行业节能减排效率

与发达国家相比，我国能源利用效率低、污染物排放量高，单位千瓦发电量能耗平均高 10% 以上。据统计，最近几年，我国燃煤电厂供电标准煤耗达到 310 克 / 千瓦时以上，锅炉烟气通过本公司实施的相关项目烟气处理装置技术脱除后，粉尘排放浓度≤ 5 毫克 / 标准立方米，二氧化硫排放浓度≤ 30 毫克 / 标准立方米，氮氧化物排放浓度≤ 50 毫克 / 标准立方米，低于我国环保规定的排放标准浓度。

### （四）提高了环保装备的自主创新能力

通过一批战略性新兴产业项目的实施，在不少技术开发上完全拥有了自主知识产权，实现了关键设备的集成化，为保障我国在环保脱硫研究和应用方面跟上国际先进水平，实现烟气治理装备国产化，提升环保装备的自主研发能力和装备制造业的国际竞争力做出了贡献。

## 四、主要做法

仅用 10 年时间，浙江德创从成立、发展，到目前成为全国环保装备战略性新兴产业领域的领军企业、上市企业，其成功的做法主要包括以下几项：

### （一）抓科技支撑，提高创新能力

浙江德创高度重视科技创新工作，十分注重研发投入，近 3 年研发投入达 7667 万元，年均研发投入比达 3.8%。公司建有省级企业技术中心、院士专家工作站等，是国家火炬计划重点高新技术企业，尤其与中科院、清华大学、中国人民大学、浙江大学、江苏大学等高校科研院所的紧密合作，为公司科技创新提供了强有力的技术支撑。近几年公司每年招收本科及以上专业技术人员 100 人以上，并引进多个技术团队和专业人员，为公司科技创新提供了源源不竭的人力资源支撑。

### （二）抓项目投入，培植发展后劲

浙江德创成立以来，持续不断地进行环保装备战略性新兴产业项目建设，成功实施了年产 210 套脱硫设备项目、年产 15000 立方米高性能 SCR 蜂窝烟气脱硝催化剂国产化技改项目、年产10000立方米高性能SCR平板烟气脱硝催化剂国产化技改项目、年产20台新型湿式电除尘器等近10个项目，累计投入超过5亿元。目前公司具有年产300套脱硫设备、18000立方米蜂窝脱硝催化剂、5000立方米平板脱硝催化及50台新型湿式电除尘器的能力。浙江德创是国内唯一一家集脱硫、高效除尘、脱硝装备制造及工程服务于一体的企业，拥有球磨机、真空皮带脱水机、挡板门、除雾器、喷淋管、衬胶管等脱硫专用设备产品，其中喷淋管的国内市场占有率达到50%；浙江德创也是国内第一批脱硝催化剂生产企业之一，是最早实现同时生产平板式和蜂窝式催化剂的企业，2015年火电厂烟气脱硝投运容量全国第一。

（三）抓市场开拓，壮大企业实力

浙江德创紧跟国家环保产业政策，通过多种渠道了解市场对烟气治理方面的需求，积极拓展新产品在市场的应用。先行开拓脱硫、脱硝装备应用市场，前瞻性地开拓了PM2.5治理装备、环保岛大成套装备及EPC、BOT等新兴市场和业务。烟气治理设备在国内市场拥有较高的市场占有率，产品遍及全国28个省份，参与了国电、华电、大唐、华能、中电投、博奇等大型电力公司火电厂烟气脱硫工程。2016年公司生产的脱硝催化剂市场占有率达到7.5%、除尘装备市场占有率达到5.5%、脱硫装备市场占有率达到7.5%，并远销尼日利亚、苏丹、老挝、越南等10多个国家和地区。目前，浙江德创在我国烟气治理行业具有很高的知名度，在中国十大环保设备公司中排名第五位。随着产品市场占有率的大幅度提高，浙江德创实力得到显著壮大，2016年销售收入达到7.7亿元，是5年前（2011年）的7倍，年平均增长率达50%。

# 探索建设智能微电网　布局能源互联网

新疆金风科技股份有限公司

作为国内最早从事风电机组研发和制造的企业及技术领先的风电机组制造商，新疆金风科技股份有限公司（简称金风科技）在新疆维吾尔自治区、乌鲁木齐两级党委和政府的关怀和帮助下，从一家新疆本地企业走向全国，并逐步向全球拓展，目前已发展成为全球最大的风电机组制造企业之一，并朝着国际化的清洁能源和节能环保整体解决方案提供商这一目标迈进。

## 一、我们做什么

目前，金风科技主要发力三大领域：风电及光伏系统解决方案、可再生能源业务，以及以智能微网、水务环保投资、股权及融资租赁为代表的新业务投资板块。

目前金风科技乌鲁木齐、哈密、酒泉、北京、大丰、攀枝花、吐鲁番、锡林郭勒等 8 家工厂，拥有包头、承德、乌兰察布、西安等 4 家合资工厂，以及国内共计 12 大风电机组制造基地。金风科技风机遍布全国 27 个省份、170 多个县，总资产超 645 亿元，位列全球开发商第 25 位。2016 年完成发电量 59.6 亿度，比行业平均水平高 8%。

此外，金风科技投资和环保水务业务板块发展迅速，目前已有 3 家投资公司上市，4 家公司拟上市。水务板块已覆盖 17 个城市，年新增投资运营水厂 6 家，在手运营水厂 9 家，待建 2 家。存量水厂年度综合水费回收率达到 99.7%。

从 2010 年开始，金风科技探索建设智能微电网，布局能源互联网，经过近 7 年的持续实践，目前逐步步入产业化阶段。截至 2016 年年底，金风科技在全球成功建设和运行了 10 个微电网项目，实现收入超 2 亿元，较 2015 年增长 61%。金风科技与大安、大丰、永济等城市签订战略合作协议，为日后在该区域加速拓展业务奠定基础。在科研方面，进行暂态、稳态保护装置、负荷监控系统等微电网关键技术研发，起草并通过了 IEC 智能微网标准，公司微网产品在国内实现批量应用，并在美国、泰国市场实现突破。

截至 2016 年年底，金风科技在国内新增装机容量为 6.59 吉瓦，市场份额达

27.1%，连续第六年位居全国第一（2016 年全球市场份额 12.3%，排名第三）。截至 2016 年年底，全球装机数量超过 25500 台，全球装机容量超过 38 吉瓦，这些机组一年的发电量相当于新加坡国家全年的用电消耗。截至 2016 年年底，金风科技全球员工总数近 7200 人，其中研发技术人员 2080 人，平均年龄 31.7 岁，人才结构领先于中国高科技行业平均水平。

此外，金风科技作为在深圳、香港两地上市的上市公司，资产规模从 2000 年的 5400 万元增加至目前约 644 亿元，增长了 1200 倍。截至 2016 年年底，纳税累计超过 109 亿元，其中 2016 年金风科技缴纳税金超过 20 亿元。

2016 年，金风科技新设丹麦、无锡两个研发中心，与德国、美国、乌鲁木齐、北京、大丰一起，共计七大研发中心布局全球。在韩国、阿根廷成立了 2 个分公司，在土耳其、巴西建立了 2 个区域总部，业务覆盖全球六大洲、超过 17 个国家。2016 年，金风科技积极践行“一带一路”倡议，打开了国际化发展新格局，当年国际收入超过 22 亿元，国际新增开发容量增幅达 151.4%。

截至 2016 年年底，金风科技的国际业务突破了 3 个“100 万”：累计装机容量突破 100 万千瓦，在开发项目 100 万千瓦，在手订单突破 100 万千瓦。风电机组出口占国内出口总量的 56%，排名行业第一。每年全球新安装的直驱风电机组中，有近一半来自于金风科技。

## 二、我们拥有哪些产品

金风科技风力发电机组采用国际先进的直驱永磁技术，由叶轮直接驱动，效率高出传统机型 5% 以上，省掉齿轮系统运行维护环节，综合成本降低约 20%，可靠性更高，并网更友好。

不仅如此，金风科技经过多年的研发、实践，已研发出适应各种气候类型的全型号机组，10 多年来，金风不断挖掘风能潜力，挑战严峻自然环境，建立了完整的产品体系，拥有 1.5 兆瓦、2.0 兆瓦、2.5 兆瓦、3.0 兆瓦和 6.0 兆瓦机组平台，可适应高低温、高海拔、低风速、沿海等多种环境。完整的产品线确保实现客户在不同环境下的不同要求。

金风科技在创新技术的同时，更创造了价值。金风机组叶轮直径从 66 米到 160 米，涵盖了几乎所有风资源区域以及地理形态。每一款产品的推出，都提高了适应区域的风能利用效率。GW121/2500 与 GW115/2000 机型都适用于超低风速区域。其中，GW121/2500 由于单机容量大，解决了土地资源有限、年平均风速较低的地区开发风电的问题；GW115/2000 将风能资源的捕捉区域下探到了风速 5.2 米 / 秒的范围，可以让南方市场增加几千万千瓦的可开发容量，将大大提升国内南方地区的可再生能源的利用。

金风科技积极推进大型化机组的研发速度，6.0兆瓦样机在江苏大丰顺利完成吊装，刷新了中国风电自主研发的大容量机组的吊装纪录。与此同时，金风科技GW121/3000首台样机也已完成吊装，可适用于潮间带、近海及陆地。

为更好利用高空风能和低风速地区风能，金风科技不但开展了混凝土塔架的研究和示范工作，而且在2014年针对2.5兆瓦机组开发了高度达到120米的柔性塔架，此类新型塔架不仅仅能帮助业主节省成本，同时也能提升对风能资源的利用能力，帮助开发商提高项目收益。

## 三、我们的专利

目前，金风科技产品已获得30余项国内外权威机构认证。

截至2016年12月31日，金风科技拥有国内专利申请1869项，其中发明专利申请947项，占比51%；拥有海外专利申请73件。截至2016年年底，共拥有软件著作权293件。

在美国、澳大利亚、西班牙等国家，金风科技均有关键技术的专利布局，并已在美国、德国、澳大利亚、西班牙有重要专利被授权。

配合国际化的市场战略，金风科技在全球6大洲30个国家进行了海外商标布局，在美国、欧盟、澳大利亚、南美洲、非洲等多个地区进行品牌输入。

金风科技作为国内风电设备龙头企业，除了风机制造，更在服务业务方面持续推出风电全生命周期创新解决方案，实现运维模式和数据驱动创新。风电场服务实现由被动向主动转变、由定检向按需检修转变、由粗放向精益转变、由同质化向专业化分工与协作转变运维模式四大转变；2016年实现超过300个风电场、14000多台风电机组大部件预警覆盖，调研数据表明金风机组的平均故障处理时间降低23.78%，平均故障率降低8.7%。这些都是金风科技创新成果的重要应用。

SCADA是金风科技自主开发的远程风电场数据监控采集系统，借助这一“千里眼”，可以实时观察所有接入系统的机组并进行数据采集分析。

## 四、我们的国内经典项目

作为国内风电设备制造龙头企业，金风科技在国内外打造了多个经典案例项目，获得业内外一致好评。

### （一）崇明岛龙源北堡项目

项目总容量4.75万千瓦，安装19台GW121/2500机组，是金风该机型第二个批量并网项目，发电表现优异。

### （二）首台潮间带机组

2010年8月，金风科技坐落于江苏如东的首台潮间带2.5兆瓦直驱永磁机组投运。

### （三）天润湖北桃花山风电项目

该项目是金风科技首个批量2.0机组项目，项目总容量为49.5兆瓦，使用24台GW115/2000机型，轮毂高度85米，以及1台GW93/115机型，轮毂高度75米。年平均风速为5.81，预研利用小时数为2282。

### （四）宁夏嘉泽智慧能效管理项目

2016年2月，金风科技打造的宁夏首个商业化兆瓦级风光储互补型智慧能效项目顺利并网。项目应用天诚同创自主研发的暂态稳控系统和负荷侧设备及发输配送侧的其他软件，整合风电、光伏、储能、微燃机、充电桩等能源，实现了多种能源互补的智能微电网系统。

### （五）首台预制装配式混合塔架

2015年7月，金风科技国内首台预制装配式混合塔架二期项目于山西运城完成吊装。该产品是金风科技针对特殊区域环境专项开发的一款100米轮毂高度的预制装配式混合塔架。

### （六）FreeMeso公共气象服务平台

金风科技自主研发的FreeMeso将高精度中尺度气象数据通过3D地理信息技术予以呈现，通过云计算、云存储技术向行业用户提供风电场选址服务与风场气象预报服务。

## 五、我们的国际经典项目

### （一）巴基斯坦首个高温型风电机组

三峡巴基斯坦第一风电项目TGF风电场是金风科技首个高温型风电项目，项目总装机容量49.5兆瓦，选用33台金风1.5兆瓦风力发电机组，2014年11月25日正式投入运营，截至2015年11月累计发电突破1.5亿千瓦时。

### （二）澳洲 Gullen Range 项目

该项目是金风科技在澳洲市场首个引入最新2.5兆瓦直驱永磁机组的风电项目，项目总容量达165.5兆瓦，是澳大利亚新南威尔士州单体规模最大的风电场项目。

### （三）巴拿马 Penonome 项目

项目总容量270兆瓦，该风电场将为巴拿马提供总电量电力需求约8%的绿色清洁能源。

# 研发营销双驱动　培育陇药大品牌

兰州和盛堂制药股份有限公司

兰州和盛堂制药股份有限公司（简称和盛堂）位于兰州新区生物医药园区，是一家集中药材种植以及药品研发、生产、销售于一体的现代化高新技术制药企业。公司主导产品有当归腹痛宁滴丸、甘草酸铋散、洁白胶囊、金参润喉合剂、福康片等七大剂型37个品种。

2013年6月，和盛堂启动了“出城入园、搬迁改造”项目，在兰州新区生物医药园区征地200亩，建设“兰州和盛堂高技术产业化示范工程”，项目建成了综合办公质检楼、职工宿舍及食堂、前处理提取车间、综合制剂车间、动力车间、药材库、包装材料库、成品库、污水处理及配套公用工程等设施，项目建筑面积近4万平方米。项目建设内容涵盖胶囊剂、颗粒剂、片剂、散剂、滴丸剂、糖浆剂、合剂等生产配套设备及设施，全部选用国内外领先的生产设备和检验仪器，生产产能大幅提升，生产技术工艺和质量控制水平成功实现了更新升级。项目于2013年6月动工，2015年2月竣工投产并通过GMP认证，2015年3月完成整体搬迁并正式投入生产，从开工建设到竣工认证只用了18个月的时间，是兰州新区投产的第一家制药企业。

近年来，针对制药企业重研发、重市场的实际，和盛堂本着“研发是企业的明天、市场是企业的今天”的理念，确定了研发、营销双驱动战略并付诸实施，取得了明显的成效。

## 一、充分调动科学家团队的才智和积极性

和盛堂致力于研发机制创新，于2014年成立了兰州和盛堂药物研究院，随后又相继成立了“甘肃省中药复方配伍及临床应用工程实验室”“甘肃省特色中药材开发及标准化工程技术研究中心”“甘肃省中药健康产品创新实验室”。至2016年年底，和盛堂在省级企业技术中心的基础上搭建完成了上述4个企业技术创新平台。

目前，和盛堂已依托药物研究院，运用“科学家合伙人制”技术研发创新模式，采取母公司以资金、生产、营销等出资控股，科学家以技术、专利等无形资产出资

参股的独立法人公司制模式运行。成果投放市场后，母公司通过回购科学家的股份或科学家长期持有股份享受分红等措施来确保科学家的利益，这种模式在充分调动科学家团队才智及积极性的同时，也降低了母公司前期研发投入的风险。

目前和盛堂正在进行国家一类新药“注射用丹参酚酸 A”冻干粉针项目的开发，项目为化药 1.2 类新药，系国际首创，主治脑梗及心肌缺血性心脑血管疾病，目前正在进行临床前研究。项目已获得甘肃省科技厅科技重大专项扶持，扶持专项资金 400 万元，用于开展丹参酚酸 A 药效学、药理学、药代动力学等临床前研究。和盛堂正在积极申请该项目入围 2017 年度国家重大新药创制专项。和盛堂还运用“科学家合伙人制”与甘肃中医药大学、西安交通大学的科学家研发团队共同合作开发治疗偏头痛的国家中药六类新药——芎归止痛滴丸，该药是目前国内唯一有效治疗偏头痛的滴丸剂药，现已完成原料及制剂的工艺研究、质量标准研究，通过单因素、多因素的考察，于 2016 年 12 月成功试制出首批小试样品，计划在 2017 年开展药理学、药效学、毒理学等临床前的研究工作。

## 二、“一带一路”倡议使陇药走出国门

和盛堂在经营中创新营销体制、机制，推动企业销售高速发展。通过与甘肃省药品检验研究院的合作研究，提升了当归腹痛宁滴丸、甘草酸铋散两个特色陇药独家品种的质量标准。根据当归腹痛宁滴丸产品对痛经疗效好、起效快、安全性高和适用人群广的特点，与国内知名策划推广机构合作，开展“当归美少女美丽关爱校园行”活动，第一批启动 10 个城市、50 所大学、20 万女生的宣传推广活动，为培育陇药大品牌打下坚实基础。

借用“修正模式”成立了公司“控销事业部”，覆盖全国 20 余个省份，年内建设 1000 名营销人员团队（目前已有 400 余人团队），主要围绕和盛堂当归腹痛宁滴丸、甘草酸铋散、复方咳喘胶囊等多个独家品种为主线开展学术推广，打造陇药全国直营销售团队。

与以岭药业、葵花药业、步长药业、好医生等国内知名企业建立战略合作关系，借船出海，共同拓展营销渠道，努力实现特色陇药品种国内市场全覆盖。

充分利用国家“一带一路”倡议及政策，使陇药走出国门。和盛堂在 2016 年已将成药准字号制剂“小柴胡颗粒”在匈牙利成功注册，其他品种后续注册事宜正在洽谈之中。和盛堂利用成药制剂在匈牙利成功注册的有利契机，将更多的陇药品种推广至中欧国家。近年来，通过不断开拓，和盛堂已成功将中药有效成分提取物出口至美国；戒毒中药福康片出口菲律宾及东南亚国家的具体事宜正在洽谈之中。

## 三、当归全产业链项目取得实质性进展

和盛堂于2015年开始在卓尼县建设当归药源基地，截至2016年年底，已建成25亩当归种子繁育基地、320亩当归种苗繁育基地及2250亩当归标准化生产基地，有效帮助当地300多户药材种植户脱贫致富。该项目计划建设当归规范化生产基地5200亩，构建当归药材生产、初加工、精加工、仓储、销售产业链，实现当归统一育苗、统一管理、统一采收、统一加工、统一储存，全面提升当归药材的品质，将对当归药材的标准化生产和当归产业健康发展起到积极的带动和示范作用。

该项目已列入工业和信息化部中药材提升保障项目，在工信部已批复的所有项目中，和盛堂为甘肃省唯一牵头单位。2016年10月该项目以高分数通过了工信部组织的专家年度阶段性验收。

围绕当归全产业链开发的目标及任务，和盛堂开展了如下工作：一是与甘肃省药品检验研究院合作开展了“当归腹痛宁滴丸”质量标准提升研究工作，现已完成并报至国家药典委员会审核；二是与甘肃中医药大学合作开展当归保健品及药妆品的研究开发工作，计划于2017年年底取得2个保健食品、3个系列药妆品的研究成果，逐步形成和盛堂大健康产业的布局；三是投资500多万元与国内知名产品策划推广机构合作，探索开拓“当归腹痛宁滴丸”第二个市场渠道，多渠道培育陇药大品牌，力争使“当归腹痛宁滴丸”2018年的销售收入突破2亿元。

# 点亮现代工业与大自然对话的引线<br>推动新时代产业发展大循环

福建洋屿环保科技股份有限公司

## 一、企业及项目简况

### （一）企业概况

福建洋屿环保科技股份有限公司（简称洋屿环保）于2008年成立。公司位于福建湄洲湾石化基地，是以提供核心技术方案为主要业务，整合区域主要难处置工业废物，包括废液、废渣、废气等循环再利用的高科技型企业。闽南沿海湄洲湾及古雷岸线拥有即将超过3600万吨/年的炼油能力，有国内最大的炼化集群。公司在区域内供应环保化学品并每个月综合利用废渣废液上万吨，是区域内最大的环保服务商，具有稳定的市场基础。

洋屿环保自成立起以科技为本，近年来不断加大科研投入，配备科研试验基地、液体化学品仓储和车队，以科学思想、用心开拓，努力打造过硬团队。先后承担国家创新基金项目，建有“三废资源综合利用”工程技术中心，荣获国家高新企业、省科技小巨人企业认定，通过ISO9001质量管理体系认证。

### （二）项目简介

本项目主要利用区域内石粉、湿磨提铝赤泥、炉渣等中的硅酸、氧化铁、氧化铝等带负电荷的阴离子（铝硅铁氧等结构），通过钙镁铁等二价阳离子（利用区域内盐泥、铁盐、脱硫石膏、镁法脱硫镁盐等）为搭桥物质与形成无机胶体（土壤颗粒）、腐殖质（区域内污泥、饮料压榨药渣、河道淤泥、农牧业废弃物等）黏结形成特殊土壤团粒结构（0.5~1.0毫米），制成适合植物生长的优质土壤结构，用于荒漠化土地（风漠化、盐漠化、石漠化、沙漠化）及长期化学施肥造成土壤结构破坏及土质污染的土壤修复。

主要工艺如下：

一是污泥、盐泥、石粉、湿磨提铝赤泥、炉渣等废弃物的前处理。主要包括对无机类废弃物的脱碱、脱重金属等处理工艺开发和对有机类腐殖质及农牧废弃物中的重金属、大肠菌群、蛔虫卵、有机卤化物等的去除及稳定化处理。

二是无机胶体（土壤颗粒）的合成。主要是通过对废弃物中钠离子的极性稳定处理和降低废弃物颗粒间的胶黏度处理，然后通过二价阳离子（钙镁铁等）搭桥物质与废弃物中带负电荷的阴离子（铝硅铁氧等）结合，形成无机胶体。

三是土壤结构预团粒化。由上述开发的无机胶体（土壤颗粒）与污淤泥及农业废弃物等有机物，经本工艺化学矿质化形成的有机片段尽量均匀混合在一起，经过旋流、雾化、热量、干湿交替等物理化学处理，制成预团粒结构土壤，该团粒结构一般粒径 0.25~10 毫米，为近似圆球状的水稳性土结构，可用于土壤修复，也可用做种植花卉、草坪、地被、灌木、乔木、藤木等植物所使用的植被土壤。

主要优势：本工艺通过物理化学方法加快有机质矿质化及土壤预团粒过程，脱重金属及快速稳定化等。

## 二、项目对地方及行业的影响

洋屿环保在生产活动中结合不同学科，深入各产业工艺，总结微生物、植物、动物的共同生长因素，环保型酸性氧化能量系统，土壤团粒结构与阳离子交换量关系，碱盐氨及极性物质与有机质及蛋白晶体关系，土壤重金属及工业金属离合矛盾机理等经验，形成相关理论，同时也为往后更多的实用技术开发提供思路。

把污泥、赤泥、盐泥及各种废液、废气等大宗废物的利用，与公司河道治理、土壤修复、尾矿复绿、荒漠化修复、水土保持、近海生态、大气境净化等生态技术思路相联合，创造工业与大自然对话的引线。

## 三、项目的重大技术突破

洋屿环保用科技推动产业大循环，整合区域难处置大宗工业废物，包括废液、废渣、废气等，以“分浑合和”思想体系，分析自然界物质极性、氧化还原、软硬酸碱、有机无机，结合水氢键、蛋白结构、微生物、植物生长及生态环境的相互关系，巧妙利用各行业工程技术，交互融合，激烈碰撞，不断创造奇迹。

## 四、项目的经济和社会效益

我国荒漠化土地面积达433.28万平方公里，其中沙化土地面积172.12万平方公里，人为破坏土壤总超标率达16.1%，治理需求迫切。而目前治理主要存在技术及成本问题，本项目开发的新技术可降低95%的治理成本。

洋屿环保制订实施的5年内污泥、赤泥、盐泥等20多种废弃物综合利用计划，目前几乎无竞争，计划实施按50元/吨的利润估算，每年可产生1000亿元利润。目前实际平均利润高于300元/吨。

# 智慧病房新型护理呼叫系统解决方案

深圳市鑫德亮电子有限公司

## 一、公司基本情况

深圳市鑫德亮电子有限公司（简称深圳鑫德亮）成立于2001年，是研发生产医护传呼系统的品牌企业，公司注册资金1300万元，前身为柳州智能医用电子厂，由现任董事长檀德亮先生于1987年在柳州创建；主营业务包括电子产品的设计、技术开发、医护传呼系统的生产加工、国内贸易、货物及技术进出口业务；先后在北京、上海、重庆、广州、南宁、南京、无锡、合肥、武汉、西安、成都等地设立分支机构，业务覆盖全国医疗卫生领域4000多家医院用户；多次与瑞士ASCOM公司进行业务考察和洽谈，并达成合作协议，成为ASCOM公司在中国的唯一经销商；被深圳市认定为高新技术企业，已获得知识产权12项，其中发明专利2项。

## 二、发展历程

深圳鑫德亮第一代医护传呼产品SXB-B型请护仪，就是董事长檀德亮先生当年停薪留职读电大期间发明的，在1989年获得了第四届国家发明展览会铜奖；此后公司迁移至深圳，持续创新，硕果累累。

1999年推出的BEY-99A型智能医护对讲机，以完善的功能、简便的操作、可靠的质量，成为各大中型医院医护传呼系统的首选。

2002年推出的BEY-2002型医护对讲机，在国内首次成功实现“电子住院一览表”与医院HIS系统连接，实现了医疗信息无纸化。

2006年德亮医护传呼技术标准入选建设部《医疗场所电器设备设计与安装》工具书。

2009年推出SUP-09系列总线制医护信息系统产品，实现了电子床头卡、电子护理标识、电子门牌的创新运用，该系统和医院HIS系统连接后将相关信息自动传送到门口终端及床头终端，实现了病房信息的数字化和无纸化。

2011 年在国内首家推出 IP-100 医护传呼全数字智能信息管理系统，再次引领医护信息管理系统革新的浪潮。

2012 年 3 月，董事长檀德亮被卫生部医院管理研究所等机构聘为新版《中国医院建设指南》编辑委员会委员。

2014 年春，一次性推出 DL-IP200、DL-SUP-10、DL-009C 以及 ICU 远程探视系统 4 款新品，在第 71 届中国国际医疗器械博览会上再次引发行业震动。

2015 年荣获《中国诚信经营 AAA 级示范企业》及“中国年度诚信企业”称号。

2016 年荣获 2015 中国企业家联合成长计划“十大华商品牌”。

2016 年檀德亮董事长作为 CCTV，发现之旅《华商论见》栏目的特邀嘉宾出席节目。

2016 年 5 月在深圳市前海股权交易中心挂牌新四板。

2016 年推出 IP-300，凭借四大亮点迅速占有国内、国际市场。亮点一，系统基于安卓系统开发，护理呼叫采用两总线连接，数据信息通过无线 WIFI 发布和接收；亮点二，采用全新的 WiFi 无线网络通信模块；亮点三，具有超强的扩展性，自带蓝牙功能，可以链接移动智能穿戴设备、移动医疗检测设备等；亮点四，移动办公，手机上安装 APP，即可同床头分机进行双向对讲。

深圳鑫德亮作为中国著名研发生产医护传呼系统的品牌企业，30 年来先后推出 10 多个系列的智能医护对讲系统，每一代新产品的功能、品质都在飞跃提高；高品质产品和高品质服务在医护传呼业内一直处于领先地位，赢得了国内外 4000 多家医院用户的信赖。

董事长檀德亮始终以“敢为人先、勇争第一”的精神，紧盯科技发展趋势和医院服务保障需求，带领团队不断进行新产品研发。每次创新，产品品质更上一层楼；每次创新，开拓一方新市场；每次创新，收获更多赞誉和信赖；每次创新，都是智慧与实力的沉淀，厚积薄发，倾助医护，护航生命！

## 三、推动产业转型升级

产品的质量与信誉是企业生存之本，保证产品质量是重中之重。

深圳鑫德亮一直秉承“以人为本”“以质量求生存”以及“宁可防而无事，不可遇事无防”的经营理念，认真分析客户反馈的问题，逐个解决；认真了解客户需求，逐个实现。在生产环节，严格掌控元器件的质量，不断改进产品工艺，使产品无论在万里冰封的北国、干燥炎热的华中，还是烟雨湿润的江南，都可以不受环境的影响，稳定运行。

德亮呼叫产品经受住了险情的考验。广西原柳州地区医院曾因暴雨洪水，病房被水淹没，所有的 SXB-B 型呼叫系统全部被洪水浸泡了 1 天多，但是洪水退后，竟然都能正常使用。

南宁市第一人民医院在 20 世纪 90 年代初就安装使用了最早期的德亮 WDS-2 呼叫产品，这些功能简单的老德亮品牌，2014 年依然在医院老楼忠实行使职责，充当医护天使们的“千里眼”“顺风耳”，无时无刻不懈地关注救助患者的生命。2014 年医院的新住院大楼又安装使用了新产品 DL-IP100 全数字智能医护信息管理系统，这一老一新，生动地见证了德亮系列产品的高品质。

南京鼓楼医院新大楼号称南京最豪华的住院楼，该楼采用了德亮 BEY-2002G 传呼系统，2014 年住院部新设 VIP 病房，又在全国率先采用了 DL-IP200 全数字智能化医护传呼信息管理系统，这套系统完全按照医院要求量身定制，门口分机为 12 英寸、床头分机为 10 英寸彩色触摸屏，分辨率为 1024×768，均填补了国内空白，成为国内同类产品中最高端的标杆产品。2014 年 8 月 1 日正式启用。

30 年来，鑫德亮先后推出 10 多个系列智能医护对讲系统，每一代新产品的功能、品质都在飞跃提高，鑫德亮最新一代产品“智能医护管理系统 IP300 型”是一套软硬件方案完备的病房医护呼叫信息系统解决方案，施工简单，相对比有线局域网络传输方式，本系统极大地节约了工程线材，简化了施工的难度，降低了整个系统工程的造价，减少了布线工程所引起的隐患。产品最大的创新点是基于安卓操作系统，结合有线呼叫和 WiFi 信息传输，并通过蓝牙连接可穿戴设备，构成了一个完整的闭环医护呼叫管理信息系统；开发了一套支持多种可穿戴设备接入的二次开发平台；整合了传统病床呼叫系统与电子病历卡，支持 HIS 系统中相关信息的接入，扩展了电子病历卡的人机交互能力；开发的手持智能终端优化了护理流程，有利于提高服务质量。2017 年在国家有关部门组织的科技成果评价会上，专家一致认定该系统达到“国内领先”水平。

深圳鑫德亮数字化、台式、壁挂式各种智能医护呼叫信息管理系统，已经成为中国医护传呼行业的领先品牌，是数字化医院建设的首选！

瑞士 ASCOM 等欧美同行多次到深圳鑫德亮考察洽谈，一旦强强联手，将再创辉煌！

深圳鑫德亮正扬鞭跃马，迸发潜能，数字智能医护信息管理系统和传统医护呼叫对讲系统必将再放异彩、再创辉煌。

## 四、经济和社会效益

### （一）经济效果

IP300 系统于 2016 年 3 月开始研发，2017 年 4 月后形成产品，进入推广生产阶段。预计 IP300 系统未来 5 年（2018—2022 年）的总销售收入达到 2.6 亿元，利润总额达到 1 亿元，纳税总额在 2602 万元。

综上分析，本项目具有投资回报周期短、投资利润率高的显著特点，经济可行。

### （二）社会效果

一是推动跨界技术融合管理的新模式。IP300 系统应用互联网、物联网、云计算、可穿戴设备等新技术，系统设计引入"互联网 +"思维模式，构建更加智慧的医疗健康体系，推进优质资源的合理分布、有效利用，推动惠及全民的健康信息服务和智慧医疗服务，推动健康大数据应用，智能设备将为患者采集数据、建立电子病历，实现医患智慧管理新模式。

二是推动行业科技进步，实现产业技术融合升级。本项目的建设拉动了医护行业科技发展，打通医疗信息孤岛，构建医患数据互联互通新模式，形成行业内的信息标准、技术标准，实现产业技术融合升级。

三是能积极促进社会和谐、医患关系的改善。通过完成与区域卫生信息平台的医疗信息整合，将有力地推动智慧医疗的建设，将为群众提供安全、有效、方便、价廉的医疗卫生服务。在未来 5 年内，完成智慧元素融入整个行业，智慧医疗将以前所未有的速度开始进化，对医疗卫生行业乃至全人类的健康产生重大影响。

四是本项目建设投产后，可为当地人员就业提供良好的机会，具有良好的社会效益。

# 创新引领新兴材料产业　驱动循环经济大发展

深圳市博富隆新材料科技有限公司

## 一、企业及项目概况

### （一）企业概况

深圳市博富隆新材料科技有限公司（简称博富隆）成立于2012年3月，是一家以生物基复合材料开发及生产为主营业务的科技公司，致力于资源循环化研究及新材料开发应用，是国家高新技术企业。成立5年间获得了5项国家发明专利，申请专利10项，获得过“中国产学研合作创新成果奖”“深圳市自主创新百强中小企业”等荣誉称号。

2011年，博富隆通过“第十三届中国国际高新技术成果交易会”引进到深圳市坪山新区留学生创业园。

2012年，生物基补强填料湖南中试工厂投产；与四川省签订了《乐山“两化”互动发展重大产业项目》战略合作协议；“深圳市坪山新区生物质纳米材料工程研究院”成立并投入使用。

2013年，公司“生物基纳米橡胶填料”项目获“深圳市留学生一等资助”。

2014年通过了国家高新技术企业认定；入驻海科兴战略新兴产业园；与香港纳米及先进材料研究院签订战略合作协议。

2015年，“新型生物基补强填料在节能型温拌沥青混合料中的开发和应用”项目获香港特区政府科技创新署资助；生物基沥青混合料改性剂在四川沐川沥青路面中应用成功；“生物基沥青混合料改性剂产业化”项目入选国家发展改革委循环经济改造项目库纳入坪山园区自主创新示范区；“生物基沥青混合料的研制及产业化”项目获得2015年深圳市科创委800万科技研发股权投资；公司获颁坪山新区“技术发明奖”及“优秀科技企业奖”。

2016年，“生物基沥青混合料改性剂的研制与产业化”项目获得“首届艾卫德创新创业大赛二等奖"及"第八届深圳市创新创业大赛行业决赛二等奖"，并荣获第十八届中国国际高新技术成果交易会"优秀产品奖"。

2017 年，博富隆再次被认定为国家高新技术企业。

在产学研合作领域，博富隆拥有研究院，与湖南师范大学、香港纳米及先进材料研究院、香港路政署、香港理工大学等多家单位建立了合作关系；还与四川乐山市达成了重大产业项目的战略合作协议，共同致力于生物基补强填料产业基地的打造；受到多家风投机构的关注，与深圳高新投建立了战略合作关系，入围"2017 胡润百富最具投资价值新星企业百强榜深圳 50 强"榜单。

### （二）项目简介

造纸业是我国重要的基础原料产业，但由于技术手段落后、产业层次偏低等原因，造成了严重的资源浪费和环境污染。制浆过程是目前造纸污染的主要源头，其中造纸制浆工艺所产生的棕黑色废水简称黑液，黑液中含有碱木质素、半纤维和纤维降解物等有机物以及碱、硅酸盐等无机物，如直接排放会严重污染环境。目前造纸工艺中使用碱法制浆的占 70% 以上，而碱法制浆黑液中含有 50% 左右的生物质——木质素，这是可以回收利用的，每年规模高达 2000 万吨。

2011 年 9 月，博富隆研发团队进行科技攻关，以黑液等为原料成功研制出新型生物基补强填料。这种补强填料可替代橡胶生产过程中的补强剂炭黑，为橡胶工业提供一种性能优良的非炭黑橡胶填料。黑液的充分回收和资源化利用，有效缓解了造纸业的污染问题，也提升了我国橡胶产业的竞争力。2012 年我国橡胶工业对炭黑的需求超过 1100 吨，而博富隆生产的生物基补强填料比炭黑每吨节省约 3000 元，按照代替炭黑市场占有率的 10% 计算，可节省橡胶生产成本 33 亿元。

由于此补强填料的首创性及"填补了行业空白"，获得了行业专家的充分肯定。的该项产品获得了专利"一种用作橡胶补强剂的有机修饰蒙脱土及其制备方法"（专利号 ZL200810031848.5）。

博富隆科研团队之后又相继取得了"一种木质素修饰层状双氢氧化物及其制备方法、橡胶复合材料"（专利号 ZL201210141107.9）、"一种环保型氯醚橡胶胶料及其制法"（专利号 ZL201310112765.X）和"一种疏水改性填料的制备方法"（ZL201410251149.7）三项发明专利，为企业发展奠定了坚实的技术基础。

## 二、项目对行业的影响

"生物基沥青混合料改性剂"（BFL-RS01）是一种可广泛应用于各种道路上的新

型复合材料。高速公路、高等级公路、重载交通要道、渠化交通、机场跑道、公交车道、市政道路，以及高速公路及市政道路等维修、改扩建、“白改黑”、养护项目等工程都能使用这种材料。

BFL-RS01 的作用机理是：它在混合料的搅拌及施工过程中受到高温、矿料的剪切和摩擦等作用而塑化融熔，经过碾压后会依据骨料间隙形状成型，充分填充到矿料间隙中，通过高分子材料及木质素纤维的黏结起到加筋作用。当温度冷却之后，矿料胶结的界面具有很高的粘接度和强度。

相比常用的 SBS 改性基质沥青路用方案，BFL-RS01 路用方案具有以下明显优势：路用性能高于国家规范及行业标准，BFL-RS01 可以提高沥青的抗永久变形能力、抗疲劳开裂能力；路面使用周期延长，使用温度范围增宽，抗老化能力和抗车辙能力增强；采用“干法”混拌工艺，不用顾虑改性沥青的高温贮存稳定性、二次加热等缺陷；沥青的加工温度只需要 145~155 摄氏度，可以降低二氧化碳的排放，降低能耗，适用于各种交通现状，对于小规模工程项目的维修具有明显优势；采用这种改性剂，每生产 1 吨沥青混合料，可以减少 8~9 千克二氧化碳的排放。根据道路施工要求的不同，每铺设 1 公里沥青路面可处理 10 到 20 吨的造纸黑液。并且，这种生物基沥青混合料改性剂，原料来源丰富，价格低廉，制备过程简单，与 SBS 改性沥青相比优势突出，顺应了沥青行业未来发展对环保等特性的需求。

## 三、项目产业化过程

项目产品已获得专利“一种生物基沥青混合料改性剂及制备方法和应用”（专利号 ZL201410542014.6）。

2015 年 7 月，生物基沥青混合料改性剂在四川省乐山市沐川县茨梨坝工业园区主干道示范路段应用成功，在业界引起广泛关注并受到好评。

2016 年 5 月，国家道路及桥梁质量监督检验中心（交通运输部公路科学研究所公路工程检测中心）对生物基沥青混合料产品出具了检测报告，报告显示产品的马歇尔稳定度、残留稳定度、残留强度比、车辙动稳定度等各项性能均优异。同年，“生物基沥青混合料改性剂的研究及制备方法”科技成果经鉴定认定为“产品在技术上达到国内领先技术水平”。

2017 年，“生物基沥青混合料改性剂”建成生产线，年产量 2500 吨，工业总产值达到 3700 万以上。诸如国道 G213 沐建路段及其他高速公路项目均使用了生物基沥青混合料改性剂。

## 四、项目的社会效益和经济效益

### （一）社会效益

本项目以天然黏土作絮凝剂处理造纸黑液中的短纤维和木质素制备出兼具黏土和木质素优点的新型生物基填料，可作为补强填料应用于橡胶制品行业，同时也可作为沥青改性剂应用于改性沥青行业。

项目充分利用生物质资源开发产品，一定程度上解决了目前造纸行业普遍存在的黑液处理问题，对造纸黑液实现全处理，零排放，变废为宝。

本项目利用可再生生物质资源开发新材料，采用低成本改性技术制备由短纤维和木质素修饰黏土组成的节能环保型生物质纳米橡胶填料，应用到橡胶制品中，部分或完全代替了传统补强填料炭黑，减少了橡胶行业对石化资源的依赖，避免了使用炭黑所带来的能源和环境问题。研究成果可以为橡胶工业提供一种性能优良的非炭黑橡胶填料，可为我国橡胶工业的战略发展提供保障。

同时，本项目若实现新型生物基填料及其在沥青行业中的工业化应用，还可为沥青行业提供一种新型改性剂，在改善性能的同时降低改性沥青成本。

此外，本项目的顺利研究和实施还可创造更多就业岗位。

### （二）经济收益

一是橡胶制品方向的经济收益。实现部分或完全替代传统填料炭黑可降低橡胶制品成本。据统计，2012 年橡胶工业对炭黑的需求超过 110 万吨。本项目的成功推行实施，预计每吨填料比炭黑节省 3000 元，按替代炭黑市场占有率的 10% 来计算，可节省橡胶填料成本 33 亿元，节省石化能源 110 万吨，创造 1 万个就业岗位，同时可处理 440 万吨造纸黑液。

二是改性沥青方向的经济收益。制备的新型生物基沥青改性剂在改善沥青性能的同时可降低沥青改性成本。据统计，改性沥青 2010 年的消费量为 400 万吨，若与 SBS 改性剂相比，新型生物基沥青改性剂每吨可节省成本 2000 元，按替代 SBS 改性剂市场占有率的 10% 计算，SBS 添加量按平均为 4.5% 的添加，则可替代 10% 的 SBS，可节约成本 3600 万元。随着改性沥青应用的不断推广，节约成本效应将更加显现。

# 三、新业态

## “互联网 +”时代下城市服务的创新发展

腾讯

近几年，随着新一代信息技术的迅速发展，我国政府不失时机地开始以“互联网 +”思维推动公共服务创新和可持续发展，以加快转变政府职能，提高政府服务效率和透明度，便利群众办事创业。2015 年，李克强总理在两会政府工作报告中首次从国家层面提出“互联网 +”计划。2016 年，国务院办公厅出台《国务院关于加快推进“互联网 + 政务服务”工作的指导意见》(国发〔2016〕55 号)，提出了创新我国政府服务的发展理念，整个社会对“互联网 +”的认识与关注达到了空前高度。城市服务作为“互联网 +”的重要内容，也获得了高度关注。

在政府的引导和技术的驱动下，城市服务的模式、渠道、平台等创新活动急剧增加。目前，全国政务微信公众账号总量超过 14 万个，功能由“信息发布”升级为政府“在线服务”的创新平台。随着“互联网 +”战略的全面推进，“简政放权、放管结合、优化服务”改革的不断深入，以及用户端公众需求的激活，推动城市服务迎来重要的发展节点。

### 一、“互联网 +”带来的城市服务新变化

#### (一)服务供给逐步实现移动化

国务院相关文件要求：2017 年，基本公共服务事项 80% 以上可在网上办理。各级政府部门正在加快政务服务从线下转向线上的工作，支持在线业务查询、预约、

认证、办理、支付。以社保为例，全国超过 120 个城市的公众可直接在微信上进行社保查询。通过将查询、支付等服务流程移动化，无疑有助于解决用户排队时间长、查询不方便、结算繁琐等民生服务痛点。例如，通过长沙 12333 实名身份认证的微信用户，打开长沙 12333 微信公众号，就可以直接进行社保缴费，整个过程只需 5 个步骤、20 秒钟，而传统银行柜台或人社局的社保柜台缴费需要 1~2 小时。

### （二）服务模式线上线下一体化

近年来，各地政府积极利用电子政务推动“放管服”改革措施落地，按照依法行政、规范服务、提高效率的要求，发力推动政府管理和服务与互联网深度融合，以“互联网 + 政务服务”为依托，构建网商服务与实体大厅服务、线上服务与线下服务相结合的一体化政务服务模式。通过整合各部门政务服务资源，优化服务流程，构建了多级联动、规范透明、资源共享、业务协同的“互联网 + 政务服务”体系。

杭州智慧电子政务建设着力于构建全市一体化的智慧电子政务管理体系，逐步形成以城市智慧电子政务云为平台的政务数据归集、共享、开放和安全保障机制，全面提升政府管理、决策和公共服务能力，全力助推杭州信息经济、智慧经济发展。

### （三）服务渠道触达公众快捷化

更加便捷地触达公众、采集数据和提供服务。通过城市服务等平台，政府可以大大提升信息收集和处理的全面性、时效性和可靠性，拉进与民众的距离，信息可以做到有效触达，用户随时随地接受推送消息，消息到达率为 100%，一方面，可以有效提高政府办事效率，为方便市民生活做出巨大贡献。不仅如此，消息形式的多样化也帮助政府更好地收集信息与提供服务。另一方面，政府、事业单位通过互联网拉近了与市民之间的距离。利用互联网平台实时反馈的特点，将市民的使用体验、反馈以及满意程度等精准快速地传达给相关部门，运用互联网来完善政务民生的信息化流程，帮助其对民生需求的及时感知，并做出实时响应和高效处理，从而提升公共服务的效率和能力，也推动其不断地完善、发展与创新。

## 二、案例分析

### （一）小程序开启“场景式”服务模式

小程序即用即走的模式正好契合公共服务低频、刚需的特点，用户无须安装一个不常用的 APP，就可以快速便捷地获取所需服务。同时，小程序开发周期短、难度小、成本低，降低了政府部门大规模快速上线进行服务的门槛和成本。如小程序“广州国税速办税”，从启动到上线仅用了两周不到的时间。相比公众号、城市服务平台，小程序为用户提供了全新高效的“场景式”服务。

2017 年 2 月 24 日，广州市国家税务局推出全国首个税务微信小程序——“广州国税速办税”，纳税人通过微信扫码获取小程序，即可实现代开发票、外出经营证明等业务表单随时随地电子化填写。填好申请表后，用户凭申请码到广州 50 个国税办税厅可快速办理上述业务，具有以下特点：

一是解决痛点。重点针对代开发票、外出经营证明等需填写内容较多、信息重复率较高的业务表单，提供快速电子填单功能，前台税务人员可实现现场办税纸质单到电子单的一键转化。

二是服务实现。纳税人在小程序随时随地电子化填写，前台税务人员将申请单内容“一键式”转入金税三期系统，实现“纳税人取号—微信端填写—税务人员快速录入”全流程的电子化，同时小程序将保存纳税人的历史办理信息，纳税人过往的业务信息稍作调整即可重复使用。

三是服务效果。首先，大幅缩短纳税人等候时间，从每人平均 28.73 分钟缩减 24.3%，至 21.74 分钟；其次，有效减少前台录入时间，提高日均办理量，广州国税大厅窗口日均办理量从 32.49 户次提高到 40.12，效率提高了 23.5%；最后，有利于免填单业务的拓展，推广小程序后，广州国税大厅纸质单据减少了 6.1%。

### （二）政务创新的“试验场”

把移动服务作为一种要素引进传统政务体系中，要求进行服务创新、模式创新、资源配置创新甚至是数据应用创新。近年来，公安、社保、税务、交通等部门积极创新，通过政企合作方式，将人脸识别、位置服务、移动支付、大数据等技术，与公共服务领域的身份认证、查询、缴存、导航、支付等关键环节相结合，不仅极大提高了服务效率，还优化了用户体验。广州警方为适应移动支付方式，通过业务流程优化、系统改造，推出了交管部门和出入境部门“微支付”模块，方便市民直接用微信缴费。目前，广州微警公众号关注用户近 90 万人，服务事项也增加到了 57 项，服务事项日均点击量达 13900 多次，平均每月为市民在线提供各类服务 28 万余次，缴纳业务费用达 1200 多万元，节省群众查询和上门办理业务时间近 118 万小时，节省窗口警力 6.7 万人次，已经成为广州市民全天候的掌上办事大厅。

微信医保支付，是 2016 年两会后腾讯公司与人力资源和社会保障部门合作，针对三医联动改革中“医疗支付方式”改革的有力探索和尝试。对于通过安全认证的用户，用微信即可完成挂号和门诊的医保移动缴费，打破了只能线下刷医保卡进行医保支付结算的传统现状。

2016 年 8 月，微信医保支付率先在深圳南山区 5 家医院试点。无论是挂号还是诊间支付，用户只需 15 秒，即可一键完成医保、自费混合支付，节省了医保挂号、挂号缴费和门诊缴费 3 次排队，将传统的 7 步医保就医缩减至 4 步，可平均节约 43.6 分钟的就医排队时间。

截至目前，微信医保支付累计服务用户数已超百万，覆盖全国 1 省 8 市。接入医院药店超过百家。此举不但为市民提供了便捷，也减少了医院排队等待的人员数量，更在全国范围内产生了良好的创新性和便民性影响，人社部及各省市人社厅（局）也给予了认可，并对后续工作给予了鼓励。

移动互联的快速普及使信息能以更快更有效的方式触达每一个人，也影响到社会综合治理方式，使全民都可以参与其中。例如，只要有一台手机，每个人都可以参与环境保护、治理交通拥堵等活动。微信城市服务数据显示，环保部 12369 在微信城市服务上开设的污染举报入口收到的举报量超过 400 万，远远超出传统方式收到的总量。2016 年 7 月 6 日，为应对武汉连日暴雨所引发的积水问题，武汉交警联合微信城市服务入口紧急上线“城市积水上报”功能，上报“城市积水”的位置、照片等信息，让每一位市民都可以参与到对抗洪水灾害的行动中来，有效指导市民提前规避积水路段，避免安全事故发生。同时，政府部门在接到群众微信上报积水的同时可以获取上报人地理位置的经纬度，相关人员可以在地图上直接找到上报人的地址，方便相关部门快速、准确到达现场处置。现在全国已经有 22 个城市上线了“城市积水上报”功能，半年累计有 27.5 万市民使用了这项服务。

## 三、促进“互联网 + 城市服务”创新发展的意见建议

### （一）政务服务部门的场景创新技术更新意识有待加强

电子政务社会化服务是我国电子政务发展的突破口，政府明确自己不能做什么将变得越来越关键。第三方平台庞大的用户基础和生态圈等优势决定其在政府服务供给上更贴近用户需求，比如开纳税证明，邮寄社保对账单，办理暂住证，补办驾照、车辆登记证，变更车主电话，新车选号牌等服务体验均优于 PC 端。

建议将政务办事大厅从地点做成场景化的服务，将可以在线上完成的场景线上化，并及时更新技术，最高效、安全地服务大众。小程序以其轻便快速，让大众触手可及、随手可用的特点，不仅深受用户欢迎，对政务服务部门也能够安全地提高效率。例如“广州国税速办税”小程序，为纳税人提供了全新高效的“场景式”电

子办税模式。

### （二）推动形成政府牵头建设、多方参与的生态体系

要连接多个部门实现“一站式”服务，需要有一个横跨在各部门之上的牵头部门对互联互通进行“顶层设计”。比如，美国联邦政府管理和预算办公室通过制定政府总体架构规范和推动各部门电子政务的共享协同建设，联邦级的政府门户网站作为联邦政府唯一的政府服务网站，整合了联邦政府的所有服务项目，并与立法、司法和行政部门等部门以及各州政府和市县政府网站建立了连接。

作为主导电子政务建设的中坚力量，任何一项政务服务建设工程都需要政府的参与，按照电子政务的发展规律，加快电子政务建设运营模式的实践探索，充分发挥政府、企业、市民等的积极性。因此，由政府牵头主导，多方共同参与，方可实现可持续运营。随着国家“互联网＋政务服务”战略的加快推进，以各级政府部门为主导、第三方开发者广泛参与的电子政务生态，将会赋予更多的个性化服务和创新。

### （三）政府与第三方平台协同推进线上服务质量提升，推广可复制经验

在推进电子政务线上服务质量提升的过程中，政府可以协同第三方平台共同推动政务服务的流程优化、服务标准化和解决方案模板化。例如，微信平台通过对 30 个大类共 800 项服务，细化制订统一的“城市服务质量星级标准”，运用可量化的手段帮助政府创新电子政务服务形态、提升政务服务质量。并在此基础上，针对公安、医疗、人社和公积金 4 个成熟度较高的服务领域，把先进城市的经验形成统一的解决方案，向其他地方输出推广。

### （四）建立数字包容性制度，引导和鼓励地方积极创新

每个城市的政务服务都有其特殊性，在发展移动电子政务的过程中应基于城市的特色和发展水平，鼓励开展先行创新，这就需要建立数字包容性制度，消除因技术、利益、渠道或信任缺乏等因素造成的障碍。例如，武汉交管部门积极创新，和保监会合作，优化交通意外保险取证的整个流程，成为全国首个支持车主在手机端就可完成机动车快速理赔的城市。再比如，深圳市人社局针对三医联动改革中“医疗支付方式”改革进行有力探索和尝试，对于通过安全认证的用户，支持其在移动平台上实现挂号和门诊的医保移动缴费，打破了只能线下刷医保卡进行医保支付结算的传统现状。

### （五）构建政务服务的信息安全防护体系

我国电子政务的健康发展，通过顶层设计构建良好的防护体系以保障信息安全是不可或缺的重要举措。主要包括三个方面：一是研究制定电子政务网络信息安全战略和规划，开展相应等级的安全建设和管理。二是完善国家网络与信息安全基础设施，提高风险隐患监测预警能力和突发事件处置能力，加强对政务服务安全工作的指导和监督管理。三是加快发展“互联网 +”信息安全产业。大力发展服务于各领域的网络与信息安全产品与服务产业，重点突破下一代互联网、云计算、移动互联网等领域的安全核心技术，提升政务服务的安全保障能力，促进安全、稳定的电子政务体系建设。

### （六）创新移动时代电子政务发展水平评价体系

目前，我国电子政务的评估指标往往没有将移动端的情况涵盖进来，主要以网站评估为主。因此，应设计针对移动政务服务的评价指标体系，系统科学地衡量移动电子政务的价值。通过将对服务的考核落到实处，来反向推动“互联网 + 政务服务”的落地。

在智能手机、社交媒体应用上，中国与全球其他国家差异明显，在社会文化征候、网络竞争格局、用户阶层特征等方面都具有明显的“中国特色”。“互联网 + 政务”的勃兴亦具备鲜明的中国基因和天然的用户基础。我国 7.31 亿互联网用户在满足社交、支付、娱乐等需求后，利用移动平台获取政务服务是很自然的“需求平移”。移动平台加持和重构了政务服务的模式、效率、价值和用户体验。这是中国“互联网 + 政务服务”的一次前所未有的发展机遇，是政府部门和互联网产业之间，通过优势互补和有效合作所产生的数字红利与发展蓝海。

因此，如何在激荡变化的“互联网 +”时代准确把握发展脉搏，找到未来发展的良方，需要政府部门以更为前瞻的目光，以政务服务生态构建者的姿态，规范、管理和引导移动平台更好地助力政府治理和服务转型。

# 通过实践积累，进行大数据产业布局

联想集团

## 一、联想云推动企业“互联网+”转型升级

### （一）联想企业网盘助力企业数据上云

随着全球化办公越来越普及，企业开始面临跨国多点文件传输难、跨区域跨部门文件协同办公需求越来越频繁、数据流转时造成的文件遗失等问题以及随着移动互联网发展带来的强烈的移动办公需求。传统的办公模式已经不太适合现代企业发展的要求。在传统模式下，文件的管理、创作、沟通共享都是分散的，缺乏有效的管理以及协同，这种模式30多年来都没有发生过变化，但是如今企业对协同办公的组织模式、地域广度、效率的要求越来越高，创新的办公模式呼之欲出。

联想企业网盘是业界领先的基于云存储的企业文件协同与管理平台，提供企业级数据存储、管理和业务高效协同的解决方案，助力企业实现文件无限存储、高效共享及安全协作，便捷移动办公，大幅提高工作效率。联想企业网盘在行业中精耕细作11年，至今已为50多个行业、100多万企业用户提供安全、稳定、高效、性价比高的数据资产解决方案，在政府、教育、金融、能源、制造、交通运输、建筑工程等行业树立了产品口碑和标杆影响力。艾瑞咨询的年度报告《2017年中国企业网盘行业发展白皮书》指出，联想企业网盘在市场份额上依然占据领先地位，市场占有率在40%左右。

### （二）联想企业网盘全球加速，让传输无极限

全球数据加速服务可以在2分钟内，将1G的文件全球同步。联想企业网盘提供三种加速方式，可以根据企业的情况选择单点加速、多点加速以及全球加速。同时在设置粒度上支持到文件夹的选择。按照多种粒度就近分配数据中心，用户就近上传和下载数据，可以充分享受本地带宽的优势，发挥最大的速度极限。全球五大

洲有25个数据中心，保证了全球地域访问的无死角。同时差量传输技术突破了恶劣环境的限制，可提速30%。

### （三）联想企业网盘权限体系，让管理更灵活

从50人的小微企业到10万人以上的跨国集团，企业规模的跨度非常大；同时信息时代企业的发展速度超乎想象，今天的小微企业明天就可能成长为新的跨国巨头。因此，企业级产品的权限管理体系要求扩展性非常强。联想企业网盘多年来正是伴随许多企业的高速成长，一步步发展出了现在的权限管理体系，既可以通过团队继承、目录继承而快速地、大批量地配置权限，又可以针对继承路径中的某些特殊目录进行灵活调整，整个权限体系提供了150多种权限的自由组合，最大限度地兼顾了灵活性和扩展性。

### （四）融合云架构，满足安全与效率的双重需求

联想企业网盘支持融合云方案，通过打通本地、云端数据中心，让企业既能将核心数据存储在本地，又能将业务数据也存放在云端服务器，真正地满足本地数据安全及全球数据快速分发的需求。同时，融合云系统还允许用户将数据分发开放的粒度控制在个人或者某个文件夹，让其他数据内容保持本地化或者云端化。

联想企业网盘，无论随时随地，都能让企业享受到最佳的云中协作体验。

## 二、超融合的云一体化，构建未来数据中心

联想超融合AIO，是采用超融合虚拟化的一体化解决方案，开创性地实现了高弹性、可扩展、分布式软件定义虚拟存储平台，完全实现将应用、服务器虚拟化和存储整合到通用服务器上，从而消除了对存储阵列的需要，进而实现了软件定义数据中心的愿景，彻底解决了对计算、网络和存储的无缝集成，构建了虚拟化基础设施即服务。

2017年4月成功实现了从BU模式到联想集团子公司模式的升级转型。现有研发、产品等核心团队组建已经超过3年。在超融合领域，联想的优势主要在两方面：一是基础技术和硬件储备。联想在虚拟化和分布式存储领域积累了70多项专利，其中包括冷热数据检测、动态资源分配、任务调度等超融合领域最重要的核心专利。目前，联想在超融合技术研发方面已经完全实现了自主自控。同时，作为国内IT硬件领导厂商，联想还拥有其他云服务厂商无法比拟的天然优势，即可整体优化超融合硬件配置、固件和系统软件。二是团队优势。联想相关团队是真正理解中国客户

的，比如可以满足政府的自主可控要求、各种代码审核要求；同时对于客户需求也会有更清晰的把握和快速的响应。

联想超融合 AIO 的目标用户是大中型政府机关和企事业单位，客户遍及医疗、教育、办公、制造、政务等多个领域。标杆客户包括大连市政府、天津气象局、上海交通大学、上海长征医院、徐工集团、蓝色光标传播集团等。超融合解决方案从 IT 运营及业务两个层面，帮助客户解决了企业级 IT 架构搭建迁移难、运营维护成本高、部署时间长等问题，满足了企业在互联网时代拓展新业务的需求。

联想超融合 AIO 主要包括两大系列：H1000 系列和 H3000 系统。H1000 系列基于开源虚拟化系统，适用于较大规模且具有较强技术开发能力的企业；H3000 系统基于商业虚拟化系统，主要适用于采用 VMware 虚拟化环境的用户。

超融合一体化方案具有以下特性：

一是快速交付。以节点机为单位，并联多台节点机；预先安装云管理平台在节点机内；客户现场快速解封，简单部署。

二是按需扩展。按需添加节点机，系统自动识别；计算与存储性能线性增长。

三是高可靠。云管理平台高可靠；计算、网络、存储的高可靠；数据多层存储，多副本支持；智能数据重构。

四是高性能。智能存储系统，冷热数据分离；SSD 磁盘加速，高 IOPS 输出；分布式管理集群，分布式无状态机头，无单点故障。

## 三、大数据智能推动中国工业转型升级

人工智能正在以前所未有的深度、广度和速度与我们的现实生产生活发生紧密联系，并通过大数据、计算力、算法三大要素的联合作用，快速渗透到各个领域。而作为三大要素的核心，大数据已经成为“十三五国家信息化规划”的重点发展工程和任务，发展大数据技术、引领传统行业转型升级已经成为政府及业界的广泛共识。

在这样一个产业升级与转型的关键时期，我们正处在一个由人工智能驱动的变革时代，联想正在通过自身的最佳实践积累和积极的产业布局，努力成为这一轮由 AI 驱动的智能变革的推动者与赋能者。

联想大数据业务始于 2011 年，历经 6 年战略投入，至今已实现对联想集团的全球化管理、生产与运营体系的全方位支撑。联想自身通过大数据技术，使集团完成了近 6 年的生产、销售、物流和设备激活等数据存储和分析处理，实现了分地域、分国家的设备销量的统计分析，生产和销售部门根据设备的区域销售情况及时合理

调整生产和销售策略等重要功能。联想集团仅通过对印度地区的生产、物流和销售渠道的调整，便促进设备销量提升 18%，节省生产物流费用近千万美元。利用大数据，联想首次实现了 1~2 天完成一次产品质量迭代，远远优于基于传统方法一至几个月的迭代周期。每年节省 600 万美金的设备维修费用。新版本发布速度提升 6~10 倍，产品投诉率下降了 63.6%。通过联想大数据舆情分析系统，可以有效帮助联想手机研发部门指导新款手机的研发重点，使得新一代手机相比同系列上一代手机销量提高 30%，用户忠诚度提高 2%；极大地帮助联想市场部找到用户的关注点和痛点，总计降低市场营销成本达 50 万美金。

在近 6 年的实践中，联想大数据团队打造出了企业级大数据分析平台 LEAP 及面向数据智能服务的众多行业解决方案。目前，联想大数据业务可根据用户的基本应用场景提供端到端的大数据服务，专注于服务企业级客户，采用业界领先的大数据技术和科学管理方法，实现大数据的分析和应用，可全面释放企业大数据资产的价值。

2016 年，联想大数据从内部支持，坚定地走向市场，以自身总结出的最佳实践经验向行业客户赋能，目前赢得了包括冶金、汽车制造、医疗、烟草等诸多行业的国内外顶级客户的信赖与认可。

联想大数据愿携行业实践经验，与政府及业界一道，共同为加快推进"中国制造 2025"的新征程贡献力量。

# 中国信用城市建设已经开始起步

蚂蚁金融

## 一、信用城市建设意义重大

根据波士顿咨询公司的数据，在信用体系发展最为成熟的美国，92% 的群体有自己的信用数据，但在中国，信用体系的覆盖度大约只有 35%。信用体系的不完善，给我们的城市发展带来很多难题。国家发展改革委曾表示，每年中国企业因为信用缺失造成的经济损失超过了 6000 亿元，对整个经济社会发展的影响非常大。所以，从国家层面到普通百姓，都在期盼信用城市的建设。

信用城市是指城市信用覆盖度高，人人有信用记录，且信用好的人可以在各种公共服务、城市生活中享受到便利。

从全国范围看，中国的信用城市建设已经开始起步。仅芝麻信用的统计就显示，全国已经有近 3 亿人曾经进行过信用查询或享受过信用服务。许多城市的服务都开始尝试用信用替代押金。据估算，截至目前，免押金租车、租房等，合计为用户免除的押金已经超过 380 亿元，其中全国共享单车这一项即免除押金 40 亿元。在医疗、交通、政务等领域，先享受服务后付费、信用认证免跑腿等模式都在兴起当中，信用城市建设让老百姓的城市生活有更强的获得感和幸福感。

## 二、国家高度重视信用城市建设

### （一）国务院：信用体系建设的第一原则是政府推动，社会共建

国务院在过去 3 年曾多次发布顶层设计文件，对社会信用体系建设进行指导和鼓励。其中，国务院在 2014 年 6 月颁发的《社会信用体系建设规划纲要（2014—2020）》是首部国家级社会信用体系建设专项规划。

纲要指出，社会信用体系建设的第一原则是政府推动，社会共建。并指出要推

进重点领域诚信建设，在互联网应用及服务领域，建立网络信用评价体系，对互联网企业的服务经营行为、上网人员的网上行为进行信用评估，记录信用等级。

而后，国务院还多次发布更具体的指导意见，表示各级人民政府要创新守信激励措施，对具有优良信用记录的个人重点支持，尽力提供更多便利服务，使守信者在市场中获得更多机会和收益。

### （二）国家发展改革委与央行：组织43个城市创建社会信用体系示范城市

在国务院纲要发布后，国家发展改革委和央行也先后两次联合发文，组织全国43个城市作为创建社会信用体系建设的示范城市。2015年8月，沈阳、青岛、南京、无锡、宿迁、杭州等成为第一批城市；2016年4月，北京海淀、上海浦东、广州、深圳、苏州等32个城市（区）成为第二批城市（区）。

文件指出，这些城市要结合实际探索创新，全面推进政务诚信、商务诚信、社会诚信和司法公信建设，为地方经济社会发展构建良好的信用环境，为全国社会信用体系建设探索经验、做出示范。

### （三）习近平主席对诚信的重要性也做过多次阐述

例如，2016年，习近平主席在主持召开中央全面深化改革领导小组第二十五次会议时强调，推进社会诚信体系建设，让失信者寸步难行。

## 三、各城市陆续开展信用城市建设探索

信有城市的建设在我国还刚刚萌芽，各个城市都在陆续开展实践和探索，其中包含不少结合新型的互联网技术和个人信用的探索，而且深入在城市的公共服务、经济发展、文化建设、城市治理等诸多方面。

### （一）信用增强了城市公共服务的获得感，老百姓出行和办事更方便

**一是信用医疗案例：杭州富阳全县推广信用医疗，老百姓凭信用先看病后付钱。**

去医院看病，除了挂号排队之外，付费排队也会耗费很多时间，增加患者的焦虑感。并且有些急诊的贫困患者还可能因此错失就医黄金时间，激化医患矛盾。

如今，杭州富阳区卫生局通过引入芝麻信用，让老百姓先诊疗后付费。在富阳的6家医院、25个社区中心、180个卫生服务站，信用好的用户就医时可以免除掉所有排队付费环节，一次挂号即可完成从门诊到治疗的所有过程，最后离院的时候，一次性结算所有费用。患者在医院安心看病就好，付费可以等看完病回家后再说。

并且从此以后，即便遇到万一临时钱不够的情况，也可以先看病，让患者得到及时救治，极大舒缓了医患矛盾。在富阳，不仅本地居民可以享用这样的服务，外地人也同样能享受。

这样不仅为患者节省了大量时间，就医体验更加舒适快捷，也削减了医院收费窗口的工作量，节约大量经营成本。据富阳区卫生局提供的数据显示，目前已经有480万人次的居民享受到了信用医疗服务，而用户逾期率不到0.1%。

**二是信用出行案例。城市共享单车引入信用,3000万市民解决了“最后一公里”的交通难题。**

2017年，许多城市的公共交通都出现了一个以往从未有过的新门类——共享单车，许多城市头疼了多年的“最后一公里”交通问题，终于出现了一剂解药。而信用正是共享单车发展的一个重要推动力。

从2017年3月开始，在上海、杭州等城市，有共享单车开始尝试信用骑行，一些信用良好的用户不需要再像以前那样先缴纳押金才能骑车，随后，这样的信用骑行服务在全国100多个城市推广开来。

由于大幅降低了用户使用门槛，共享单车受到了更多市民的喜爱，引入信用的共享单车平均骑行人次提升了50%，成为城市交通的有力补充。

2017年4月底，国家发展改革委主持召开关于共享单车和分享经济的专题会议，会议认为共享单车作为新型业态提升了社会运行效率，便利了人民群众；同时表示，信用体系不完善已成为制约共享单车进一步发展壮大的瓶颈。国家发展改革委副主任连维良同志表示：“哪里有需要，信用建设就应该延伸到哪里。”

到今天，有3000万市民已经享受过信用单车这一城市服务，一定程度舒缓了城市交通拥堵，同时还降低了2万吨碳排放量，让城市天空增添了更多蓝色。

**三是信用政务案例：公共服务更惠民——信用政务让信息多跑路，群众少跑腿。**

公共服务办证多、办事难，不仅需要反复提交办事材料，还得往返跑腿。很多城里人对这一点都有共鸣，对于公务人员来说，也经常为此忙得焦头烂额。

可是证明“我是我”这件事，是不是就一定要依靠各种材料和本人到场呢？在深圳，有26万老年人在领取养老金的时候已经不需要再去人社大厅做验证，来证明“我是我”了。他们可以在家用手机打开支付宝，“刷一下脸，眨一眨眼”，就能随时完成养老金领取资格认证。这是全国首个嵌入芝麻信用认证的社保场景。

通过新型的人脸识别技术，完成信用认证，从而让老百姓办理政务服务无须跑腿，这对于老百姓城市生活的幸福感无疑具有提升作用。“网上批、快递送、不见面”，这样的理想状态未来会在越来越多的城市落地，也让市民进一步提升城市发展带来的“获得感”。

## （二）信用解决了许多商家和创业者的痛点，让城市经济更有活力

**一是信用住：免押金租房让城市能吸引更多年轻人才落脚。**

城市的高房价，让很多年轻人不得不选择租房。而租房的押金、租房的中介费、虚假的房源、部分无良房东和中介，这些都时常困扰着那些漂泊在外的年轻人。

28岁的张浩刚刚留学回到国内，入职杭州一家证券公司。经朋友介绍，张浩发现了支付宝上的“蘑菇租房”，很快看中了一个单间公寓。“我周末就去看了房，随即达成了租房意向。”张浩表示他对公寓环境非常满意，离上班地点又近，每天走路过去就可以。

凭借744分的芝麻信用分，张浩此次租房可以免掉2600元的押金和1300元的中介费。张浩说，“免押金可以让我少啃点老，看来国内信用城市的建设进度蛮快的。”并表示在国外都没有体验过这样的免押金租房。

事实上，对于张浩这样的年轻人而言，通过信用租房帮他们不仅实实在在地减轻了经济负担，还避免了被黑中介、假房东带来的种种问题所困扰，而这种便捷舒适体验也增强了他们对城市的归属感，帮他们可以更快在城市站稳脚跟，更进一步去接近梦想。而城市落脚门槛的降低，也会因此吸引和留住更多的人才，提升城市的核心竞争力。

目前在北京、上海、深圳、杭州、南京、成都等城市，已经开始逐步试点信用免押金租房了。仅仅3个月，已经有近20000人通过免押金租房找到了心仪的房子，为用户免除押金总额超6000万元，节省中介费约2000万元。据了解，杭州市住建局正与芝麻信用探讨合作方案，希望在杭州的更多租房房源上，引入信用免押金模式，提升杭州这座城市的人才竞争力。

**二是信用借还案例：激活城市创业——信用助力创业公司从濒死到收获千万元风投。**

创办于2015年的智能终端租赁平台“机蜜”主要从事手机、无人机、特斯拉等智能硬件租赁服务，然而在运营中却遭遇到一个让公司陷入困境的难题：如何确保承租人履约？传统租赁主要以押金模式运作，然而很多用户不一定出得起大笔押金，他们愿意也有能力支付租金，但押金门槛会把这些用户挡在外面。

后来，创始人奚孟另辟蹊径，通过引入芝麻信用为用户提供租赁服务，用信用替代押金，大大降低了用户使用的门槛。实施近一年时间，其交易量翻了50倍，坏账率却只有千分之三，还成功获得了6600万人民币的投融资。

信用让很多创业者得以重构自己的商业流程，提升运营效率和用户体验。在2017年6月芝麻信用并肩计划（STS）的信用创新项目评审大会上，40多家创业公

司展示了自己是如何通过信用系统创新商业模式的。据了解，芝麻信用已经成立 1 亿元规模的信用产业扶持基金，支持与信用相关的创业活动。

经纬创投副总裁黄云刚认为，信用体系既可以帮助创投公司更好地管理、防范风险，也能让用户以更小的成本享受到更好的服务。而风险控制、触达用户又是共享经济亟须解决的痛点。“信用生态已成为培育共享经济最好的土壤”。

### （三）通过引入信用，形成正向的城市文化

读书、借书在现代城市里还流行吗？调查显示，超过 51% 的中国人仍对纸质书和完整阅读情有独钟。但是，虽然中国有 3000 多个公共图书馆，相当于每个县城都有一座图书馆，许多图书馆却门可罗雀。广州图书馆的数据显示，2016 年广州人平均到访图书馆的次数只有 1.15 次。

去图书馆借书要办借阅卡、交押金，还得去图书馆借书还书，流程复杂、时间长、体验差，所以大家宁愿去买书。

那么，能不能让借书人不用一趟趟跑图书馆，足不出户就能借到书呢？目前，杭州、苏州、上海、合肥、宁波 5 个城市的居民开始体验最新的信用借阅服务，免押金、免办卡、线上借、送上门，只要借书人在线上平台下单，图书馆合作伙伴就会帮借书人找到书并打包，由合作的物流公司送货上门。很多人在网上留言，表示希望自己所在的城市也开通这项服务，让书香弥漫开来。

### （四）降低城市治理成本，让失信的人感受到信用的重要

通过负面信息披露、合作伙伴联动等，截至 2017 年 5 月，芝麻信用已协助人民法院部门联合惩戒老赖超过 120 万人，超过 5.4 万名老赖因此还清了债务，其中 1.1 万名是长达两三年拒不履行判决的老赖。开通芝麻信用的老赖履约比（17.74%）较未开通芝麻信用的老赖履约比（12.11%）高 5 个百分点。

# 通过整车产业化拉动零部件产业链大发展

奇瑞汽车股份有限公司

## 一、奇瑞新能源汽车 19 年实现跨越式发展

### （一）我国新能源汽车研发所经历的阶段

我国政府十分重视汽车工业的可持续发展，长期以来对新能源汽车技术研发给予高度重视和大力支持，从“十五”时期开始对新能源汽车技术即进行大规模有组织的研究开发。我国新能源汽车研发经历了以下几个阶段：

第一阶段：“十五”期间，国家 863 计划电动汽车重大科技专项确立了以混合动力汽车、纯电动汽车、燃料电池汽车为“三纵”，以多能源动力总成控制系统、驱动电机和动力电池为“三横”的电动汽车“三纵三横”研发布局，国家投入 8.8 亿元资金，全面组织启动大规模电动汽车技术研发。

第二阶段：“十一五”期间，组织实施了“节能与新能源汽车”重大项目，国家下拨资金总预算 11.6 亿元，累计安排课题 270 个，继续坚持“三纵三横”的总体布局，围绕“建立技术平台，突破关键技术，实现技术跨越”“建立研发平台，形成标准规范，营造创新环境”和“建立产品平台，培育产业生态，促进产业发展”三大核心目标，全面展开电动汽车关键技术研究和大规模产业化技术攻关。第二阶段又分为：

“十一五”前期（2006—2007 年）：主要完成了项目研发主体布局，涉及节能与新能源汽车动力系统技术平台，燃料电池汽车、混合动力汽车、纯电动汽车、代用燃料汽车整车和零部件的开发，以及相关技术标准、专利、测试及考核示范等，同时对前沿创新课题和新兴热点技术进行了支持。

“十一五”后期（2008—2010 年）：针对项目执行过程中出现的新挑战，适当调整了项目布局，主要体现在以下三个方面：一是针对技术突破“慢”和承担单位“忙”的挑战，整合攻关技术链条，聚焦研究内容，整合研发单位。二是应对整车产品

“多”、车型“散”的挑战，重组产品平台型谱，突出特点，加大力度。前沿先导车型以燃料电池城市客车、轿车为重点，主流竞争车型以中轻度混合动力轿车、混合动力公交客车为重点，特色优势车型以微型、特种纯电动汽车为重点，加强对中试与验证类课题、规模产业化产品技术类课题和重大科技示范工程类课题支持力度。三是针对技术发展新趋势，对插电式混合动力、城市特种纯电动、微型电动、燃气汽车动力系统技术平台及整车进行了补充安排，并对电动汽车动力系统技术平台和整车产品、关键零部件、共性基础技术、公共支撑技术、示范等进行了滚动支持。

第三阶段：即“十二五”期间（2011—2015 年）。我国各级政府对新能源汽车的发展高度重视，从政策、资金等方面给予了大力支持，把新能源汽车产业作为我国“七大”战略新兴产业之一，重点发展我国节能与新能源汽车关键零部件和核心技术，促进我国节能与新能源汽车快速健康发展。

### （二）电动汽车研发组成了“三纵三横”矩阵式布局

经过两个五年计划的支持，我国几百家汽车企业、电机电池等零部件企业、大学和科研机构组成了“三纵三横”矩阵式产业化技术研发布局，通过有组织、大规模、高强度的持续研发，基本建立了具有自主知识产权的电动汽车动力系统技术研发平台，初步构建了关键零部件的配套研发体系，实现了小批量的整车生产能力和商业化示范运行。我国自主研发出镍氢和锂离子两种类型的 6~100 安时的多个系列车用动力蓄电池，国内车用动力电池年生产能力达 10 亿瓦时以上；已有 160 余款各类电动汽车进入中国汽车产品公告；已制定电动汽车相关标准 42 项。

在 2008 年北京奥运期间，成功组织实施了奥运历史上规模最大的电动汽车交通服务，技术水平取得进步，产品可靠性、寿命得到明显提升；2009 年启动“十城千辆”大规模化示范行动，13 个示范城市的 5000 多辆新能源汽车投入示范运行，由此开始加速建立电动汽车产业链。

### （三）实施新能源汽车产业化项目的意义

自 1999 年成立电动汽车项目组开始新能源汽车的研发，奇瑞新能源汽车事业经历了三个重要的发展阶段：

从 2001 年到 2005 年，奇瑞公司以国家 863 项目为载体，联合国内顶尖高校及科研院所，承担并完成了多项国家 863 电动汽车重大专项研发课题，在短短 3 年左右的时间内，完成 ISG 中度混合动力和纯电动汽车的原理性样车研发。

2005 年至 2008 年，以科技部批准组建的“国家节能环保汽车工程技术研究中心”为依托，基本完成了新能源汽车的产业化研发，建立了完善的节能与新能源汽车研发体系、世界一流的新能源试验中心及试制中心等。在电动汽车关键零部件和核心技术方面，奇瑞公司已经形成一整套关键零部件研发、试验、应用标定及产业化的能力；在电机、电机驱动系统，DC/DC，先进动力电池，电池管理系统，整车控制器等方面都初步形成了批量生产能力，完全掌握了新能源汽车的核心技术、标定技术和试验验证技术。在新能源汽车专用的整车附件系统方面，包括电动空调、电动转向（EPS）、电动真空、电加热、电子制动等系统已形成系列化产品，具备了批量生产的能力。

在2008年北京奥运会期间，奇瑞提供46辆BSG轻度混合动力轿车、12辆ISG中度混合动力轿车，成功进行了示范运营，体现了"绿色奥运"的宗旨；在芜湖大连等示范运营城市进行了出租车示范运营，同时也成为河南、广东、新疆、山西、福建、浙江等私人用户的私家车，被多个新能源汽车示范试点城市作为出租、公务用车的首选车型。另外，奇瑞也非常注重灵活燃料汽车技术、强混合动力技术、燃料电池汽车技术发展，多项技术均处于国内领先水平，研发了纯电动、混合动力、燃料电池等多种类型新能源汽车。公司开展的节能环保汽车技术平台建设项目获2008年度国家科技进步奖一等奖。

自2009年，奇瑞公司全面启动了新能源汽车大规模产业化及应用。为了加快新能源汽车产业化进程，公司于2010年4月正式成立了子公司——奇瑞新能源汽车技术有限公司，并负责实施新能源汽车产业化项目。

## 二、奇瑞新能源汽车产业发展成绩显著

### （一）项目建设顺利完成，并取得一系列技术成果

项目建设过程中实施法人负责制，自2013年9月开始试生产，按产品质量先期策划控制程序，项目组编制了详细的试生产计划，并实施试生产验证，对设备功能、加工精度、夹具精度、系统防错防漏及数据管理追溯功能等进行了逐项验证。每个过程之后都组织专题会议进行评价，对发现的问题提出改进措施，并及时实施改进，形成循环验证改进。最终，自动装配、防错功能及系统追溯功能完好，达到设计目标和批量生产要求，具备年产5万台新能源汽车生产能力。其中A5系列ISG混合动力轿车2.5万辆，S18系列纯电动汽车2.5万辆。

2011年S18EV上市销售，取得较大反响；2011年2月，奇瑞10辆S18纯电动轿车被选为中南海机要通信用车。

项目实施突破了一系列关键技术，申报了24项专利，促进了新能源汽车产业

化技术发展；同时联合各高校、企业进行共同开发研究，培养了一批新能源汽车专业的技术人员，提升了企业整体的技术水平和竞争能力。该项目产品 S18EV 纯电动轿车获得了 2014 年安徽省科学技术进步三等奖。

### （二）项目实施为研发生产其他新能源车型奠定了坚实的基础

2012 年奇瑞启动 A16EV、M16PHEV 立项开发，2014 年 eQ 上市销售，2016 年 M16PHEV 上市销售，2017 年 eQ1、M1AEV 上市销售，A13TEV 将于 2017 年 11 月上市。

奇瑞通过十几年新能源汽车研发经验的积累与研发的投入，建有新能源汽车开发测试专业实验室，用于新能源汽车整车及关键零部件的研发测试。实验室具备国内较先进的动力电池及管理系统测试设施，拥有德国进口的电池测试系统 6 套，能够满足不同电压、电流等级的电池测试。同时建有具备国内先进电机及电机驱动实验室，拥有国内外先进的电机及驱动测试系统 5 套，能够满足 200 千瓦以下电机各种性能测试。还拥有国际上先进的“V”型开发模式的整车控制开发实验室，能够完成整车控制器的硬件及软件在环仿真测试，保障了整车控制系统软硬件的可靠。

奇瑞先后有 S11EV、S18EV、S15EV、M1AEV、S51EV、A13TEV 等 20 多款车型列入工信部公告目录，已累计销售新能源汽车 6 万多辆。2016 年销售 20983 辆，其中 eQ 年销量 16034 辆，单车跻身销量前三的车型。2017 年全年预计销售 3.5 万辆，同比增长 67%。

### （三）项目实施通过整车产业化推动，拉动零部件产业链的发展和成熟，形成了体系化的产供销链条

项目的实施提升了我国新能源汽车的开发、生产和市场营销能力，并引导了国内优势资源，带动以新能源汽车关键零部件为主的配套企业（如驱动电机、MCU 等驱动零部件企业，电池、BMS 等动力零部件企业），以及传统汽车零部件配套企业的投资。

# “互联网+”促进产业链质量改进与提升

三只松鼠股份有限公司

## 一、企业背景情况

三只松鼠股份有限公司（简称三只松鼠）成立于2012年2月16日，注册资金3.60亿元，是一家通过第三方平台（天猫、京东、唯品会等）和自营APP平台开展自有品牌销售的互联网企业。公司主要经营坚果、干果、果干、花茶及零食等多个品类的休闲食品，第一阶段依托互联网新兴渠道的崛起机会，采取颠覆式创新的商业模式与产业链生态平台的搭建，成为互联网时代食品行业第一品牌。目前三只松鼠在线销售产品品种已扩充到300多种，正逐步拓展以坚果为主的全品类零食，覆盖坚果、干果和休闲零食。

过去的5年，三只松鼠高速发展，以年均复合119%的增长率增长，合计销售91.46亿元，合计纳税2.259亿元。目前三只松鼠占坚果网络市场的市场份额达到44%，休闲食品市场份额达到17%。拥有上游供应商近400家，正式员工3216人。

2017年上半年，公司完成销售35.9亿元，同比2016年增长58.9%；纳税25996.2万元（超过2016年全年纳税总额），实现净利润3.37亿元（超过2016年全年净利润总额），全年预计销售超过80亿元，总纳税额将达到3.5亿元。

## 二、“互联网+”手段促进全产业链质量的改进与提升

三只松鼠为持续保障食品质量安全，致力于为消费者提供健康安全、品类丰富的休闲食品，以及更加便捷周到的服务体验，着重在产品开发、供应链管理、质量控制及信息系统技术环节进行研发和积累。

三只松鼠通过建设检测工厂及云质量信息化平台，通过供应链体系升级，对产品质量进行实时监测把控，按照国家级标准搭建食品检测工厂，实现对产品生产过程的批次全检，最大程度降低食品安全事故产生的几率，进一步强化现有食品检测

环节；通过云质量信息化平台可追溯系统链条的延伸，将供应商生产环节，以及三只松鼠检测、仓储、分装、配送等环节，与消费者联系起来，让食品信息可以追溯到源头，建立产品信息的系统化机制，保证产品品质实现全程透明化管理和可追溯。这样，整个供应链搭建之后，将成为以消费者为中心的供应链闭环，三只松鼠也会从品牌电商转变为产业链平台的搭建者，从而更好地为建设“互联网新农业生态圈”的总目标服务。

目前，三只松鼠通过联合供应商资源建立起云质量信息化平台，并联合中国农业大学、西南大学、江南大学、合肥工业大学、南京农业大学等高校的食品科研专家，以及中国坚果炒货委员会等行业资源，共同搭建食品安全研究平台，进行协同创新。

通过云中央品控中心将 4700 万用户对产品的实时评价，300 多家供应商的所有批次产品相关信息，检测工厂每年超过 10000 批次产品中农药残留、微生物、重金属等指数的全项检测，同时也包括加倍的第三方检测所得出的检测报告等，进行信息汇总，再实时反馈，12 小时内全部解决。

在管理方面，通过全段质量管理，将相关流程制度固化到系统中，避免人为因素对质量管理的干扰，增加系统的完善性和约束性，管理上更加数据化和真实化。

其中，从研发、质检、质量管理信息平台等方面对公司供应端进行升级，将供应端建设成为集新产品研发、食品质量、安全检测、供应链信息化管理平台于一体的完善上游体系的云中央品控平台，将生产者与消费者连接在一起，通过用户评价及检测数据对上游生产者进行实时品质倒逼改善，建成一个闭环的产业链生态系统。

现在三只松鼠通过该平台，配套建设了 2 个自有的检测中心，每年超过 10000 批次的产品检测，每天近 2 万条的用户评价，聚合了 300 多家供应商和 1200 名研发人员。2016 年三只松鼠卖出了近 10 万吨坚果，以碧根果产品为例，在天猫平台上共产生了 404 万条用户评价，这些评价里有好的也有不好的，均通过云中央品控平台将用户反馈不好的评价分类逐级追溯，直至提出、做出改善动作。这套体系保证了三只松鼠的产品在全网高出同行质量评分 33.26%。

通过“互联网”+“质量改善提升”倒逼上游供应商的作用，带动食品类供应商 211 家、辅料及体验品供应商 166 家，促进食品类行业总产值提升 50%，推动行业解决就业超过 10 万人，而通过三只松鼠的龙头带动，供应商合计新增纳税 13.939 亿元。

## 三、打造综合产业园区

2017 年，三只松鼠在芜湖市无为县规划建设一个综合产业园，通过“产业 + 城

市 + 文化一体化"模式，承载公司未来 5 年近一半销售额的后端支持，并计划解决区域内 2 万人的就业问题。新园总建筑面积 100 万平方米。三只松鼠作为主体，在这个产业园里建立标准化的厂房，由三只松鼠公司"以商招商"引进 30 家以上上下游配套企业入驻，以保证配合供应商对产品原料、成品、半成品进行更好的控制。

三只松鼠正在形成总部引领、集聚发展、特色鲜明、全面立体的互联网产业集群，形成上下游配套齐全的产业链条，通过真正的市场反馈，共同带动产业链质量、规模、效益的提升和发展。

# 互联网+教育云平台：促进教育均衡发展

临沂市拓普网络股份有限公司

## 一、在智慧城市的建设中起到技术支撑作用

临沂市拓普网络股份有限公司（简称拓普网络）是山东省科研实力雄厚的IT企业，创建于1999年，拥有博士8人、硕士60人。公司业务涵盖云计算、大数据分析、软件研发等领域，是高新技术企业、国家火炬计划软件产业基地骨干企业、全国电子信息行业优秀企业，拥有省级云计算关键技术与应用工程研究中心和省级云计算公共服务与应用工程技术研究中心。公司投资建设的“国家中印科技国际创新园”项目，致力于搭建国际化的软件产业公共服务平台，被科技部认定为“国家级国际创新园”。依托园区建设的临沂市大数据中心是鲁南地区唯一一家城市大数据中心，目前已获得国家IDC、可信云、国家ISCCC信息安全服务许可、公安部安全等级保护等资质认证，以领先的大数据核心技术及综合资源汇聚能力，为政府和企事业单位提供一站式IT服务，在智慧城市的建设中起到至关重要的技术支撑作用。

## 二、推进教育信息化建设

近年来，我国基础教育的信息化水平有了较大的提高，软硬件建设有了长足的进步，但是当前的教育信息化水平还不能满足教育现代化的发展需求和人民群众的教育需求，与国际领先水平相比还有着明显的差距。主要表现在：教育信息化发展的政策环境和体制机制尚未形成；教育教学管理信息化体系有待整合和集成；基础设施有待普及和提高；优质数字教育资源尚需进一步丰富，共建共享机制尚未形成；教育信息化对于教育变革的促进作用有待进一步发挥。

为了推进教育信息化建设，拓普网络经过前期深入走访、广泛调研、科学论证，凭借公司自身多年的信息化建设、软件研发行业经验，依托临沂市大数据中心，联合国内教育行业优秀教育专家、企业，整合国内优质教育资源和管理应用，打造了

互联网 + 教育公共服务云平台，通过平台，可为中小学教师、学生及家长提供优质的教育综合服务。

## 三、人人皆学、处处能学、时时可学

### （一）政策积极引导，加快教育信息化进程

国家高度重视教育信息化建设，《国家中长期教育改革和发展规划纲要（2010—2020）》《教育信息化“十三五”规划》明确要求加快教育信息化进程，把教育信息化纳入国家信息化发展整体战略。提出“建成覆盖城乡各级各类学校的教育信息化体系，促进教育内容、教学手段和方法现代化。充分利用优质资源和先进技术，创新运行机制和管理模式，整合现有资源，构建先进、高效、实用的数字化教育基础设施”“建成人人皆学、处处能学、时时可学、与国家教育现代化发展目标相适应的教育信息化体系”。

### （二）建设国际创新园，促进服务模式创新

项目建设依托于国家中印科技国际创新园。目前园区已经荣获“国家级国际创新园”“国家级科技企业孵化器”“国家级火炬计划软件产业基地”“山东省重点建设项目”“省级优秀软件园”“省级创业示范园区”等称号，并被列入《山东省国民经济和社会发展第十三个五年规划纲要》，是山东省重点建设的对外开放合作平台、特色园区；以国际化高端合作为出发点，与国际知名 IT 企业、高校建立合作关系；引进印度、乌克兰、捷克、俄罗斯等国家的高端人才 100 余人。其中，外专千人计划专家 1 人、泰山产业领军人才 1 人、国家高端外国专家 3 人。采用“项目—人才—基地”一体化理念进行建设，引进业内顶尖的技术人才，及时将国际领先技术、创新思路和管理模式引进到国内，为项目的实施提供保障。

### （三）依托临沂市大数据中心，引领项目技术创新

拓普网络投资建设的鲁南地区唯一一家城市大数据中心——临沂市大数据中心，可容纳 3000 多台服务器，已获得工信部 IDC 资质认证、可信云服务认证、公安部信息安全等级保护认证、国家 ISCCC 信息安全服务许可等资质，是中国数据中心联盟会员单位、中国云计算基地（中心）联盟成员单位。《山东省人民政府关于促进大数据发展的指导意见》明确指出，支持拓普网络等国内外大型企业，集中布局社会化区域大数据中心，打造环渤海地区重要的数据中心。目前大数据中心已被

认定并构建了诸如山东省云计算关键技术与应用工程研究中心、山东省云计算公共服务与应用工程技术研究中心、山东省企业技术中心、山东省博士后创新基地等多个省级研发平台，研发实力雄厚，为项目的技术创新提供保障。

## 四、项目在山东省内推广应用

针对教育信息化发展存在的诸多问题，结合国家“十三五”规划提出的实施国家“互联网+”行动计划和推进教育现代化发展战略，拓普网络投资建设了互联网+教育公共服务云平台，主要建设内容包括教育资源公共服务平台、网络人人通空间、教育管理公共服务平台和教学应用服务平台等。项目以“信息化促进教育均衡发展、创新教育教学模式”为切入点，搭建网络化、数字化、个性化、终身化的教育服务平台，构建人人可享用优质教育资源的互联网学习环境，实现“处处能学、时时可学”，促进教育均衡发展、教育质量提升和学生个性化发展，让偏远山区和农村地区的老师、学生们可以享受优质的教育资源，促进教育公平。教育云平台项目已成功中标4.34亿元，是全国首例政府购买教育服务项目，目前已注册教师用户10万余人、学生用户100万余人。2017年4月，山东省财政厅领导带队来临沂调研考察，对本项目给予了充分肯定和高度认可，并表示将支持项目在全省范围内进行推广应用。

## 五、重点开展教育资源建设与汇集共享等方面的关键技术研究

一是创新关键技术。项目重点开展了教育资源建设与汇集共享、教育模型、教育管理、在线学习、教育大数据分析等方面的关键技术研究，解决了教育科学与云计算、大数据等信息技术互相深度融合的关键技术问题，研发符合我国教育现代化的发展要求和社会群众的教育需求期盼、全面服务于教师与学生的智慧教育服务平台。

二是创新服务产品。项目采用“云”加“端”的新模式，依据教师、学生、家长对教育信息化的需求，搭建集教学、应用、资源服务于一体的多功能、多业务的云计算服务平台，使用户可以按需、弹性地获取IT计算、网络及存储资源，提供优质教学内容线上线下对接、高沉浸感多模态互动远程教育、优质灵活个性化精准教育等创新教育服务方式。项目通过市场机制，依托本地一线优秀教师打造本地化优质微课资源，真正让学生在课下获得优质的学习资源。

三是创新服务模式。项目将以“政府主导、企业参与、师生应用”的可持续发

展的运营模式，通过政府购买服务，充分利用社会各类优秀的教育应用和教育资源，为学校、教师、学生等提供优质的教育信息化服务。开展 5S（云计算服务、教育云平台服务、教育资源建设服务、运营培训服务、教学研究服务）一体化运营服务，致力于打造山东省智慧教育产业基地，实现信息技术与教育教学的深度融合，促进教育均衡发展、教育质量提升和学生个性化成长。

四是创新服务业态。深化与印度、乌克兰等国在大数据、云计算等前沿信息新技术领域的合作，引进泰山产业领军人才普拉迪普博士、国家外专千人计划卡瓦利博士等高端人才，坚持世界眼光、国际标准、拓普优势，通过技术创新推动新旧动能转换和供给侧结构性改革，推进教育产业与“互联网 +”的深度融合发展，打造综合教育公共服务云平台，创新“5S 一体化服务”模式，形成互联网 + 教育新业态，促进区域智慧产业集群式发展，依托国家中印科技国际创新园，打造国际化高端智慧产业品牌。

项目可推动互联网教育新兴业态快速发展，促进互联网深度应用，带动服务模式和管理方式变革；同时，可增加就业岗位，为当地提供 3000 人的就业机会促进区域软件和信息服务产业发展，社会效益显著。

项目在以下几方面有助于全面推进教育信息化建设，加快教育现代化进程：有利于政府改善教育服务，保障教育公平，降低财政投资；有利于学校规范教育管理，扩大交流合作；有利于企业参与教育服务，创造商业机会；有利于教师提高教学效率，实现资源共享；有利于学生享受优质资源，促进能力提升；有利于家长及时掌握学生的在校情况，增强“家校互动”。

# 分包式协同生产：从根本上革新了制造业模式

宁波易联汇商信息科技有限公司

## 一、生意帮在全球制造业最密集的甬台温地区应运而生

随着网络逐步实现万物互联，制造业碎片化的趋势越来越明显，订单越来越小、响应速度要求越来越高、协同生产的需求越来越多，传统制造业企业越来越遇到“规模不经济”的挑战。

针对这种趋势，李克强总理在2016年政府工作报告中指出：“鼓励企业开展个性化定制、柔性化生产，培育精益求精的工匠精神，增品种、提品质、创品牌。”马云在2016年云栖大会上也提出：“过去30年制造业讲究的是规模化、标准化；未来30年制造业讲究的是智慧化、个性化和定制化。”海尔集团的张瑞敏在2013年的时候就率先做出了变革，他把海尔的生产体系化整为零，总公司提供资金、品牌和渠道，各个细分工厂自行创业。这背后的逻辑就是白色家电迭代速度越来越快，订单越来越碎片化，单个型号的产品数量越来越小，海尔正面临着“规模不经济”的制造困境。

在10年前，一款白色家电的产量基本上都是百万台级别，但是在最近几年，鲜有单款白色家电产品突破50万台。从百万级的产量到10万级的产量，海尔的大规模生产体系的竞争力突然消失了，面对小订单，它们有大炮打蚊子的感觉，张瑞敏敏锐地发现了这个问题，主动把海尔揉碎重组，把海尔体系分成产品的定义与分销、生产的组织与管理、小型化、自负盈亏的小工厂。海尔的选择说明一个趋势，中小微工厂是未来制造业的主导力量，他们才是柔性化、定制化和个性化生产的主力军。

自2015年以来，我国在国家层面提出了“中国制造2025”的发展战略，中央和地方政府相继出台了一系列鼓励制造业发展的重要政策，其中包括“制造业与互联网融合发展指导意见”“智能硬件产业创新发展专项行动”等。宁波更是充分依托本区域中小微企业数量众多且基本上是民营经济、工业体系齐全等优势，被国务院批准成为“中国制造2025”试点示范城市，并相应推出了一系列行动计划，正是

在这样的社会背景下，生意帮网络化协同生产平台在全球制造业最密集的甬台温地区应运而生。

## 二、生意帮网络化协同生产平台的运营模式

与“层层转包”的传统制造业不同，生意帮网络化协同生产平台采用的分包式协同生产模式真正从根本上改变了制造业的模式。其本质是将产品生产任务根据工序分解到最基本的生产单元后，直接把该生产单元分包给具有比较优势的小微工厂进行生产，然后通过生意帮网络化协同生产平台独创的 CFOS 系统进行整体管控，从而真正实现分包协同生产。

支持生意帮网络化协同生产平台体系的三大核心支柱系统分别是“生意帮工程验证中心”“生意帮供应链生态圈”“生意帮 CFOS 系统”。

### （一）生意帮工程验证中心

生意帮工程验证中心拥有全流程的专业工程师，包括结构工程师、模具工程师、五金工程师、塑料工程师、表面处理工程师、装配工程师等，这些工程师将生产任务进行分解，制定每一道工序的生产方案并进行验证，形成每一道工序的标准化生产方案（包括材料、结构、设备、参数、工艺等），同时精算每个工序的生产成本。

### （二）生意帮供应链生态圈

从 2015 年 1 月成立至今，生意帮团队累计实地验厂 15000 多家，其中包含 2400 多家模具厂、6500 多家机加工厂、2700 多家表面处理厂、500 多家组装厂等，它们构成了完整的零部件生产的产业链。在验厂的过程中，生意帮团队详细记录了每个工厂的实际数据（包括有哪些设备，做过哪些产品，有哪些绝活，以及产能、排期、位置、企业负责人的资信情况等），这些数据让生意帮网络化协同生产平台具备了快速组织生产的能力。

基于生意帮供应链生态圈，生意帮的项目团队根据工程验证中心编制的每一道工序的生产方案，快速找到拥有针对性设备且具备相应绝活生产能力的工厂，组建云工厂进行产品生产。

### （三）生意帮 CFOS 系统

生意帮 CFOS 系统（Cloud Factory Operation System）是生意帮网络化协同生产的管控系统，通过物联网技术对设备的生产参数（比如注塑机的锁模力、模温、料温、

脱模频率等核心生产参数）进行实时采集、上传，并分发到甲方、生意帮工程师团队和工厂管理人员的手机上，实现生产的同步在线实时管理。

生意帮 CFOS 系统的数据采集终端插件（包括数据采集器、传感器）由生意帮团队根据自身的生产管理要求自主开发，具有完全的自主知识产权。生意帮也是中移物联、航天云网的战略合作伙伴。

## 三、网络化协同生产重新定义了制造业的生产关系

“分包协同”生产方式重新定义了制造业的生产关系，极大地解放了中小微工厂的闲置产能，无论是从生产效率还是生产成本的角度，都具有无与伦比的优势。

### （一）产能优势

利用精准闲置产能进行协同生产，没有产能限制，可以根据客户需求及时调整产量而不增加成本。与传统制造工厂相比，由于无需购买设备、无需扩（改）建厂房、无需培训工人，分包协同的生产模式在产能投入上能直接减少 20% 以上的成本。

### （二）专业化优势

尽管需求是个性化的，但是把生产任务分解为最基础的生产单元，并且由专业的工程师编写制定生产方案，每道工序都能实现标准化生产。由于是分包协同，该道工序的生产方都是有比较优势的工厂，因此无论在产品质量还是生产效率上都能达到最优。根据生意帮的运营数据，平均每道工序的良品率都能比传统制造方式高出 5% 以上，显著降低成本、减少损耗。

### （三）原、辅、配料集中采购优势

生意帮网络化协同生产平台集中采购原、辅、配料，具有更强的议价能力，能降低 5% 以上的原材料成本。

### （四）生产设备优势

传统制造业工厂接到订单以后，会根据自身设备条件制定生产方案，这时难免会出现某些工序的设备条件和工况不理想，造成质量风险、降低生产效率、提高生产成本。生意帮的分包协同生产模式不会受到设备的限制，会实事求是地根据产品的生产需要来确定最优的生产设备，然后从生意帮供应链生态圈数据库中选择拥有相应设备的工厂实施生产。分包协同“从设备到工厂”的模式，从根本上解决了生

产设备对产品质量的限制问题。

## 四、典型案例：某共享单车新型车牌

2017 年 4 月，某共享单车需要紧急定制 500 万个新型防刮花车牌，生产该车牌一共需要 13 道工序，生意帮通过分包协同生产，组织 62 家工厂进行协同生产，仅用 18 天就实现日量产 10 万个的目标。

2017 年，生意帮累计完成 43 项生产任务，超过 600 家工厂参与了生意帮的协同生产。

## 五、网络化协同生产能有效减少产能过剩

首先，网络化协同生产能够有效减少产能过剩，避免产能重复建设。当前中国制造业的核心矛盾之一就是效益好的企业不停地投资扩产，而效益不好的企业产能大规模闲置，这是极大的浪费，最后造成社会总产能的严重过剩。生意帮的网络化协同生产模式最大限度地实现了产能共享，是供给侧改革的典型应对模式。

其次，任何一个新产品的开发都是一个协同创新的过程，因为每个产品都需要经过很多道工序的验证。一直以来，新产品开发都是大企业的专利，因为中小微企业没有协同创新的能力，即使有好的创新也不敢投入。生意帮网络化协同生产平台为广大中小微工厂的新品研发提供了一个便捷的通道，通过生意帮平台进行协同创新成为非常方便的选择，真正实现了万众创新。

又次，制造业的转型升级不仅仅是大企业的转型升级，那些有绝活的中小微工厂也需要进行转型升级。生意帮网络化协同生产平台让这些有绝活的中小微工厂不再是一个个孤立的个体，而是被编入了生意帮这张大网里，统一进行产能的调配和调度，能够真正盘活它们的产能。

再次，网络化协同生产能够大规模减少工业用地，节约社会资源。

最后，网络化协同生产能够更快、更省、更好地生产出新产品，响应新增产能的需求，通过减少产房、设备的投入来降低产品生产的直接成本和间接成本，能够真正让中国制造跨上一个大台阶，值得在国家层面给予支持和推广。

# 补强创新链短板　促进产业链垂直整合

天通控股股份有限公司

## 一、形成电子信息材料产业链

天通控股股份有限公司（简称天通）创建于 1984 年，是中国首家由自然人控股的上市公司（股票代码 600330），总资产超 40 亿元，旗下公司分布于浙江、上海、安徽、四川、宁夏等地，目前已形成电子工业专用设备—电子信息材料—电子元器件的电子信息材料产业链，是浙江省内为数不多的拥有武器装备科研生产许可证、武器装备承制单位、三级保密资格单位等军工资质的民营企业。自 1998 年起，天通连续 18 年获得“中国电子元件百强企业”称号。

天通建立了较为完善的技术创新和研发平台，建有国家级企业技术中心、省重点企业研究院等研发平台，承担过国家“863 计划”项目和核高基（即核心、高端、基础）重大专项等，多次获得过国家技术发明二等奖、国家科技进步二等奖、浙江省技术发明一等奖等。研发的产品成功应用于“天宫一号”及“神舟八号”，受到了中国载人航天办公室的嘉奖。公司实验室获得了中国合格评定国家认可委员会（CNAS）及中国国防科技工业实验室认可委员会（DILAC）双重认证。

天通目前拥有新材料领域核心授权发明专利 34 件（含 1 件 PCT 专利），涵盖了主要产品和生产环节，做到技术自主可控。天通主导制定或修订了多项新材料领域的国际、国家及行业标准，已发布国际标准 2 项、国家标准 2 项、行业标准 4 项，在研国际标准 2 项、国家标准 7 项。这些标准都对规范行业生产交易行为具有十分重要的作用，引领产业向着积极健康有序的方向发展。

## 二、致力于成为全球蓝宝石行业的领跑者

蓝宝石是电子信息行业关键的基础材料，被列入《中国制造 2025 重点领域技术路线图（2015 年版）》。蓝宝石不仅广泛应用于红外装置、卫星空间技术、探测和高

功率强激光等尖端科技领域，也可用于 LED 照明、家电、智能移动终端、军工及医疗、微电子、光电子、光通信、信息显示等众多热点领域。

天通从 2010 年开始进入蓝宝石行业，先后开发了 LED 蓝宝石衬底材料、蓝宝石窗口材料，同时通过引进、消化吸收、再创新，成功生产出 90 千克和 150 千克级、200 千克级 C 轴蓝宝石晶体，一举跻身行业世界前列。天通的蓝宝石产品被广泛应用于 LED 照明、医药业、半导体行业、国防军工以及智能移动终端产品、智能可穿戴设备等，为客户提供了高品质的产品与服务。根据产业规划，天通将持续改善蓝宝石产业的智能制造水平，以提高工厂的装备智能化、生产自动化、管控一体化，致力于成为全球蓝宝石行业的领跑者。

## 三、企业的竞争力和抗风险能力显著提升

在各级政府和各部门的大力支持下，天通承担了多个科研项目和建设项目，均取得了良好的成效。这些项目建设均积极响应国家战略，主动抓住产业飞速发展的机遇，促进产品的更新换代，缩小与国外企业的管理差距和国外产品的技术差距，实现企业转型升级。这些项目的实施有利于促进我国 LED 蓝宝石产业的发展，有利于推进浙江省先进制造业基地建设，推动战略新兴产业的培育，具有显著的经济效益与社会效益。

这些项目建设均具有良好的政策条件、区位条件、自然条件，拥有较好的基础设施和经济社会支撑条件；项目主要工艺技术先进，生产设备成熟，原辅材料供应有保障，资金来源充足；项目建设内容严格参照国家相关设计规范、标准，执行符合城市总体规划、土地利用总体规划等相关规划要求，产能匹配市场需求，建设方案切实可行。因此这些项目的实施也是十分可行的。

通过这些项目的实施，天通蓝宝石生产车间的智能化程度显著提高，蓝宝石产品合格率提高了 20%，生产效率提高了 25%，企业的竞争力和抗风险能力均显著提升，使天通蓝宝石产业跻身行业前列，处于浙江省领先地位。

## 四、技术创新战略促发展

近几年来，在各级政府及各部门的大力支持下，天通紧密围绕国际市场需求，创新突破，各项经营指标越来越好，在产业转型升级方面也取得了一些成果。归结起来，除公司全体工程、研发及项目管理人员的共同努力外，主要还得益于以下两方面：

### （一）各级政府的支持

天通产业转型升级成果的取得，与各级政府、领导的关心与大力支持密不可分。各级政府和各部门的主管领导多次到企业对公司业转型升级情况进行调研指导，不仅从政策上、经费上给予大力支持，而且组织举办各种培训及讲座，为公司项目管理专业人员提供学习平台，奠定理论基础，为企业的转型升级提供了动力。

### （二）行之有效的技术创新战略

创新是转型的灵魂，天通以创新为导向，制定了协同创新、智能制造及成果转化与知识产权管理并行等一系列技术创新战略，在提升生产效率及产品性能的同时，确保企业可持续发展，实现了企业转型升级。这些技术创新战略与公司战略相得益彰。事实证明，这些战略是行之有效的。

一是协同创新战略。天通通过突破与子公司及其他协同创新主体之间的壁垒，充分释放了彼此的人才、资本、信息、技术等创新要素活力，实现了各产业之间的协同创新。比如在蓝宝石材料领域，因为主要装备需要从国外进口，而2010—2013年间蓝宝石材料生产成本居高不下，导致行业发展受阻，为此天通开展了装备与材料两个产业的创新协同，开发出了具有国际先进水平的首台（套）高效晶体生长炉，迅速降低了蓝宝石材料的生产成本，有力地推动了蓝宝石产业制造水平的提升。

二是智能制造战略。瞬息万变的市场需求和激烈竞争的复杂环境，要求制造系统表现出更高的灵活性、敏捷性和智能性。因此，智能制造越来越受到高度重视。天通深谙智能制造的优势，将其贯穿于产业转型升级全过程，在制造过程的各个环节，如产品配方、工程设计、工艺过程设计、生产调度、故障诊断等方面都广泛应用人工智能技术。通过人与智能机器的合作共事，扩大、延伸和部分地取代人在制造过程中的体力和脑力劳动，把制造自动化的概念扩展到柔性化、智能化和高度集成化。

三是成果转化与知识产权管理并行战略。天通一直秉持成果转化与知识产权管理并行的理念，在产业建立之初即进行知识产权布局，通过新产业、新产品、新技术研发相结合，及时将创新成果转化为专利、标准等，显著提高了自身的自主创新能力和科技成果转化能力，有力地促进了企业的技术创新。

目前，天通的专利覆盖了整个蓝宝石产业链，天通牵头承担的蓝宝石国家标准《蓝宝石抛光衬底片表面残留金属元素测量方法》也已进入报批阶段。这些知识产权成果充分体现了天通“成果转化与知识产权管理并行”战略是卓有成效的。

今后，天通将继续坚持“补强创新链短板，促进产业链垂直整合”的思路，强化顶层设计，按照产业链部署创新链，完善管理制度和运行机制，进一步加大投入，围绕创新链完善资金链，整合内外部资源，引进高端人才，突破行业发展的技术瓶颈，掌握行业共性及关键核心技术，研制战略性及标志性产品。天通希望成为战略性新兴行业的领军企业，为浙江战略性新兴行业的发展做出应有的贡献。

# 用太阳能系统为工业生产提供热源

兰州大成科技股份有限公司

太阳能集热系统项目的建设地位于青海省格尔木市盐湖，本项目为采用太阳能系统及辅助热源系统替代锅炉，为工业生产提供热源，以满足企业和青藏高原环境节能降耗减排放的绿色用能需求。热源最终需求为40摄氏度热水，每小时600吨，项目总规划建设用地80000平方米（南北400米，东西200米）。

本项目由兰州大成科技股份有限公司（简称大成科技）总承包承建，项目总投资约10282万元，其中太阳能系统总投资约6500万元。

本工程太阳能集热系统采用兰州大成自主知识产权的线性菲涅尔式太阳能聚光集热技术，将太阳光通过集热器汇聚至集热器中心部位的真空集热管，用太阳辐射加热集热管内的介质，被加热的介质与水换热，太阳能系统集热介质可加热至300摄氏度，最终通过换热和混热流程为用户提供40摄氏度的热水，保证最终用户用热需求。项目配备大型水储热系统，以保证夜间生产用热供应，在连续阴雨天和连续阳光不充足的情况下，项目采用辅助热源补热，以最终保证全年330天以上的热量供应。

## 一、间歇式太阳能资源变为可连续使用热源

将间歇式的太阳能资源变为可连续使用的热源，替代传统锅炉实现零排放工业供热，优化开发适用于中国西北地区的太阳能聚光集热系统是本项目的主要创新点。具体创新点如下：

一是采用太阳能作为主要一次能源来源，最大限度地利用可再生绿色能源，满足工业生产工艺中大规模、高参数的用热需求。

二是采用大容量储热系统，并辅以空气热源形式在连阴天气与太阳能实现多能互补，从而满足用户对用热的全年、全天候需求，解决工业化太阳能热利用中存在的可再生能源不能连续供热和不能稳定供热的问题和瓶颈。

三是通过优化聚光集热系统的光学和结构设计，提高聚光倍数和集热效率，降

低供热成本。同时通过聚光集热系统的技术选型，使聚光集热系统实现较好的抗风性能和低温性能，从而更加适合中国西北地区使用。

## 二、高参数供热太阳能集热系统提高了聚光比

本项目主要解决了以太阳能为主要一次性热源实现高参数热源供热。通过大规模储热将间歇式的太阳能资源变为可连续使用的热源，采用可再生能源替代传统锅炉实现零排放工业供热等技术难题。

同时，作为该项目最关键的技术——太阳能集热传热系统，兰州大成针对该项目特别优化研发了高参数供热太阳能集热系统，以提高太阳能集热系统的聚光比，从而达到更高的供热温度，并提高系统运行效率；通过结构的改进使太阳能系统提高抗风能力、环境适应能力，同时尽量提高土地利用率。

## 三、太阳能聚光集热技术应用范围广泛

国内外对太阳能光热的利用有多年研究，技术路线十分成熟，但传统市场使用太阳能热水器形式的太阳能技术较为广泛，而太阳能热水器系统最大的局限在于供热温度不高，不能满足工业用热需求，同时大规模应用较为局限。自 2008 年起，国外普遍开始对聚光太阳能技术进行大规模商业化应用。通过汇聚太阳能产生高品质热源是这一技术的特点，聚光太阳能产生的热源品质最高可达到 550 摄氏度，比一般供热用锅炉参数高得多，因此这一技术也广泛应用于太阳能热发电领域，其发电原理与火力发电原理相同，采用蒸汽轮机等热机组进行发电，蒸汽参数也已接近大型火力发电机组参数。同时，聚光太阳能产生高温热源后，通过采用大规模储热系统可以实现长时间储热，从而解决可再生能源作为一次性能源的系统供能不稳定的弊端，可以达到系统稳定供能的目标。目前太阳能聚光集热技术主要应用于发电，而在供热领域还处于市场探索阶段。但由于聚光太阳能热源参数高、供能稳定的突出优势，目前聚光太阳能技术在大型工业用热或集中供热项目中也开始有更多应用。目前本项目即为国内聚光太阳能在供热领域运用的规模最大的项目。大成科技采用的菲涅尔聚光集热技术在项目应用中显现出独特的优势：装备制造安装简单，抗风性能好，运行维护方便，适合规模化应用。因此该项目的建成具有重要的示范和产业化意义。

该项目的建成，成为目前我国规模最大的太阳能光热工业供热应用案例之一，也是首个将太阳能聚光集热技术大规模应用于大工业供热的项目，为青海省甚至我

国太阳能热源利用技术发展起到良好的示范作用，也为青海省节能减排做出贡献。

项目实现了生产企业供热期间完全无污染排放，可年产热水 432 万吨以上，年可降低煤耗约 8 万吨，减少二氧化碳排放 20 万吨，达到非常好的污染物减排效应。

另外，项目建设中用钢 3000 多吨、玻璃 15 万平方米，还有机电设备、管材、仪器等设备，可以带动周边的相关制造业发展。

# 建设众源监测体系　形成城市管理“天罗地网”

罗克佳华科技集团股份有限公司

近年来，各地区的环境管理能力显著提高，环境监察、监测、应急、信息、监控等领域的装备水平不断提高，运行保障水平有效提升。尽管如此，环境管理仍存在许多突出问题。

2016年11月，环保部印发《“十三五”环境监测质量管理工作方案》（环办监测2016〔104〕号），提出2020年，全面建成环境空气、地表水和土壤等环境监测质量控制体系，保障污染防治行动计划评价及考核数据客观真实、准确权威。

罗克佳华集团凭借在环保系统集成、环保物联网、污染源自动监控等领域的成功经验，应用嵌入式、大数据分析和应用软件技术，开发基于众源监测的城市大气环境大数据服务平台，该平台首先可为城市管理提供污染溯源，将网格化管理落到实处；其次可为市民提供空气质量信息、起居出行指导、购房入托等环境评价服务；最后可以商用于景区、大型赛事等活动之中。该平台可以真正做到政用、商用、民用的完美结合，建立城市生态环境大数据公共服务体系。

## 一、“实现四个一，解决六个痛点”

当前，大气环境治理面临前所未有的压力。城市中传统的标准监测站普遍存在点位少、数据来源单一、投资大、建设周期长、维护量大，不能满足城市管理中的“治霾”需求，更不能提供社会化服务等问题。基于众源监测的城市大气环境大数据服务平台就是用光散射、电化学等传感器，在城市中加密布点，每平方公里都布设微观监测点，实时上传数据，生成污染动态图，配合环境监测标准站，建立众源监测体系，同时开发大数据模型，在平台上进行大数据分析。

具体而言，本项目可以为城市建立生态环境大数据管理体系，形成城市管理“天罗地网”式的监测手段，结合全市网格化执法手段，从而增加监管的深度和力度，提高环境监管工作效率和决策质量，促进新型监管机制和监管模式的建立，实现科学监管。系统建设完成后，其作用主要可以概括为“实现四个一，解决六个痛点”。

### （一）实现环保工作的四个“一”

一张网：线上千里眼、线下网格员。

一张图：污染源分布地图、污染趋势分析、执法人员分布图。

一个库：一源一档，从生到死，全部信息。

一个平台：打造信息化平台，实现过程可监控、全程可追溯、公众可监督。

### （二）解决环保工作的六个“痛点”

痛点一：大气环境排名压力无法分解，工作模式待改进。

痛点二：外地大气污染对本地空气质量影响无从考究。

痛点三：本地大气污染成因与责任主体不清。

痛点四：环境数据不统一，信息不共享，查询有困难。

痛点五：环境监管人员少、任务重、效能低、压力大。

痛点六：突发污染事件的实时预警和应急预案能力不足。

## 二、关键技术应用简介

### （一）网格化布点 + 多元数据融合 + 时空数据分析

该项目重点研究和解决在空间面积较大、内部空间异质性较高的城市和地区的空气质量监测和分析。项目根据城市不同区位、不同用地类型、不同环境、不同季节和时间，通过微观监测设备，大量布设网格化监测点位（比如每平方公里、每个小区均设置一个或几个监测点），进行大范围高频率的空气质量数据采集，监测点部署密度越高，数据分析的准确度也将越高。基于这些点位的实时监测数据，通过筛查、校准、统计分析，从不同时空维度和尺度对全区域的大气环境质量进行全方位的时空动态监测和分析对比。运用基于 GIS 的后台数据分析系统，生成动态趋势图，从而分析全区域的大气环境质量的时空变化状况。

### （二）保证监测数据有效性的设计与实现

重点是依据相关环保标准并严格按照标准设计出一套保证监测数据准确性和有效性的科学方法。项目通过研发面向空气质量的大数据服务平台，解决现有空气质量传感器网络监测站有限、扩展性差、数据可信度低、计算能力低、成本高等问题，其创新点在于：

一是为了充分利用传感设备及数据，对感知节点采用众源模式在移动感知云端实现对节点的共享、控制和管理。

二是采用面向服务和软件定义的技术实现大数据服务平台的各项功能，实现对空气质量的报告、分析和评估。

三是从灵活、可扩展、成本和可控性的角度，构建自主运营大气环境大数据服务平台。

### （三）城市区域空气质量空间数据曲面图的设计与实现

重点是将大气质量监测数据经过数据预处理、数据校准模块以及数据插值模型等，生成城市区域空气质量空间数据曲面图，直观展示全区域范围的大气环境质量状况，动态展现城市区域大气环境质量的时空变化，追踪污染源及其扩散趋势。

## 三、多模式应用带来经济效益

基于众源监测的城市大气环境大数据服务平台的建成，提供包括数据采集、存储、处理、挖掘、可视化展示等方面形成的大数据技术应用，并在北京的通州、房山等区域拥有典型的服务案例，系统技术架构先进，实用性强，具备可复制性，可以大规模推广，具有良好的应用效果。2015 年通州区 PM2.5 的日均浓度是 92.5，比 2014 年改善了 12.7%，居全市第二位，在一年的时间里，甩掉了两项在北京市垫底的局面；2016 年 1~4 月份 PM2.5 累计浓度下降 32.7%，跃居全市第一。该项目的主要商业模式及带来的经济效益如下所述：

### （一）物联网大数据应用服务

通过城市大气环境大数据服务平台和手机 APP，开发一系列数据产品，向政府、企业及公众输出服务。

一是数据产品。包括：城市大气污染源实时定位、溯源分析；城市大气污染日分析报告、月分析报告、季分析报告；污染成因与变化趋势，环境预警和应急；城市大气网格化管理 APP；城市水质监测实时报告、预警和应急；建设工地扬尘监测和实时预警；餐饮油烟监测实时预警和分析；城市医疗废物监测“医废通”；放射源监测实时监测服务。

二是应用服务。包括：

首先是城市管理数据服务。在全国布设物联网环境监测传感器，为一个城市的环保、城建、城管、园林、旅游、教育等各个部门提供数据服务。平台预计为 30 个城市服务，目前已经在这30个城市完成或者安装了试点设备（已经与当地政府达成协议），每个城市按照每年售出的数据服务获得收益。

其次是企业用户数据服务。向大型环境关联度高的行业、企事业提供环境信息服务，目前在大型赛事、旅游风景区、连锁餐饮等都有应用。这些单位希望通过宣传实时的环境数据对外提高知名度，打出绿色环保的品牌，因此物联网数据对它们来说的需求很大。

最后是居民数据服务。收益主要通过收取用户服务费的方式，同时附带一些衍生产品或配套产品的销售回收成本及创造利润。

已开发完成的手机APP“空气医生”目前已经上线运行，用户量达10万人，在“空气医生”APP中，已建有相关的室内监测设备和空气净化设备的数据服务模式。在一个已经完成物联网布设的城市中，每年通过定制“身边的空气预报”模式和“空气医生”的网上销售平台，来创造并提升收益。

### （二）互联网大数据服务模式

一是会员制或年费制。基于较全面的污染企业信息，可向环保服务企业提供营销匹配服务，汇集相应数据，按会员服务或年费方式收取服务费。例如向工程公司提供项目信息推送服务、目标用户信息推送服务、竞争对手分析服务、市场分析服务等。

二是定制服务。为政府、企业、个人提供咨询规划服务；发布数据产品，收取增值服务费。

三是广告投放。通过对企业、技术、产品的推广，向被服务者收取相关推广费用。

四是交易佣金。为“双创”及电商平台上的环保商品交易提供服务，根据服务级别有不同的收费标准。

五是投融资服务。平台可对污染企业进行环境信用评价，为金融机构提供环境信用评价信息，架构环保服务企业与金融机构间的桥梁，提供投融资服务，收取相应费用。

此外，无论从改善环境质量、提高环境监管和环境应急能力、提升环保工作效率等方面，还是从保障人民生命财产安全、维护国家利益等方面，基于众源监测的城市大气环境大数据服务平台产生的社会效益都是十分显著。

目前，基于众源监测的城市大气环境大数据服务平台的设计开发和运营已完成大气PM2.5自监测站点在北京市通州区的网格化部署，平台能全面有效直观地掌握区域内大气环境颗粒物浓度的空间分布状况和动态变化情况，为环境管理和环境执法提供可靠依据，大大提高城市环保监管能力。

城市大气环境大数据服务平台也是社会化服务平台，公众可通过平台网站和手机APP获取城市的空气质量参数，数据精度达到国控数据90%以上；可获取城市的气象信息，包括温度、湿度等内容；可查看空气质量的分析和评估报告，包括趋势分析等；可以利用智能设备向环保部门、城市管理部门等提供投诉和举报信息，从而达到共同维护环境的目的。

## 四、合理平台架构，实现良好服务

基于众源的监测设备是依据光散射、电化学等原理开发的气体传感器，传感器安装在城市各个县区、乡镇、村镇，密集布点，通过无线网络，将监测到的大气监测数据信息传送到大气环境大数据服务平台，经过数据处理后提供大数据服务。

具体的系统建设内容包括：

“一张网”：线上千里眼、线下网格员。市区范围内为一级监测网络、县区行政区域范围内及每条道路烟尘严重的地方为二级监测网络，乡镇和工业园区为三级监测网络，形成大气环境监测的“天罗地网”，促进环保执法溯源明确、反应及时、快速处理、有效监督。

“一张图”：污染源分布图、环境质量实时图、污染趋势变化图、网格员分布图等。以地理信息系统为依托，综合展示污染源点位分布、实时信息；污染源排放的趋势分析；网格化执法人员的定位，直观地把控管理环境质量，提升环境监督，支撑环保决策。

“一个库”：一源一档，从生到死的全部信息。从企业应用端开始建设，到环保局内部的各业务科室进行衔接，对企业“从出生到死亡”的全过程进行管理，将不同业务信息集成于一个数据库，实现数据统一、信息共融共通，方便各种工作应用。

“一个平台”：打造信息化平台，实现过程可监控、全程可追溯、公众可监督。建立环境数据中心、环境监测监管系统、综合业务信息化办公系统及城市生态数据决策支持系统，促使工作程序化、规范化，提高工作效率及社会服务效能。实现工作过程可监控、全程可追溯、公众可监督，实现综合、动态、事前、事中、事后相结合，打造一个全方位、多层次、规范化的信息化平台。

同时该平台数据还可以给企业和市民提供以下服务：

一是 Web 端应用服务平台：为个人、企业用户提供空气质量、天气环境查询、出行指南等 WEB 服务。WEB 平台可以提供多样化查询，咨询信息，空气质量分析，引导公众关注环境、共建环保生态。

二是移动终端应用服务平台：作为大气环境公共服务平台的移动端门户，移动终端承载大众用户交互，天气、空气数据呈现，天气实景信息交互，身边空气数据呈现等功能，能够根据用户的位置提供各种健康指导。

# 构建国际化公共平台<br>助力民族制剂产品“走出去”

浙江华海药业股份有限公司

浙江华海药业股份有限公司（简称华海药业）从上市以来，一直坚持走制剂国际化之路。从华海药业获得第一个制剂 ANDA 文号开始，制剂产品线不断丰富。2010 年公司制剂出口额达 1000 多万元，2016 年超过了 10 亿元，固体制剂出口量达到 40 亿片。制剂出口业务进入了快速放量的收获期。公司产品研发、质量、生产、销售等环节全面接轨国际水平。

在制剂产能建设方面，通过引进国外先进的全套制药设备，形成了年产 220 亿片固体制剂的生产能力，并建有水针车间、抗肿瘤固体制剂车间、冻干粉针车间。同时，积极实施“两化”深度融合战略，通过集成应用 SAP、MES 等国外先进管理软件，形成了高效、可靠的制剂生产能力。为实现在美国布局生产基地的战略部署，公司收购夏洛特工厂，储备精神类和麻醉管控类产品的产能，进一步强化公司产品供应链，丰富上市产品梯队，为公司进入高利润、高壁垒的美国管控类制剂产品领域实施战略铺垫。

为推动浙江省医药产业制剂这一分支产业综合竞争实力的大力提升，华海药业从 2014 年开始构建制剂国际化公共平台，积极打造美国医药市场的“中国军团”，通过“抱团出海”，解决国内制药企业在制剂国际化推进过程中需面临的注册法规、销售渠道等方面的挑战，有效降低企业成本，提高国内制剂产品“走出去”的效率和成功率。华海药业与天药、天士力、力品、浙江医药等 15 家国内优势药企签订了战略合作协议，旨在利用华海拥有的药品生产、销售、研发、注册以及国际认证等方面的优势，共同开发国际市场，使更多的民族产品进入欧美主流医药市场。

华海搭建的医药制剂国际化服务平台主要是与合作单位共同开发长效注射剂，普通注射剂，半固体制剂；缓控释胶囊、缓控释片剂、速释胶囊、速释片剂等系列产品，提供药政管理服务（注册申报、挑战专利技术咨询）、生产加工以及营销渠道建设等。目前，已向美国 FDA 递交数个药物制剂注册申请，另有多个产品处于在研状态。其中，厦门力品药业通过华海公共平台的引领与推进，建成了制剂生产线，顺利完成多个新药与仿制药的注册申报，2017 年首个与华海合作的药物制剂的美国 ANDA 文号即将获批，制剂生产线顺利通过了 FDA 认证。

华海药业的制剂国际化公共平台通过整合本公司与国内部分药企的优势资源，深入研究模式的创新，建立了良好的合作机制。平台构建了六大功能模块：项目立项服务——市场评估、知识产权分析、未来销售战略制定等；药物开发服务——联合国内外优势科研院所及企业研发中心，突破一系列药物制剂的关键技术难题，完成系列具有核心自主知识产权的国际领先药物开发项目；中试放大及生产服务——指导合作方引进国际领先的药品生产装备，软硬件设施达到国际认证标准，按照国际 cGMP 标准建设规模研发以及制剂生产的产业化基地；国际化注册及其认证服务——建立整套的新药与仿制药药政申报服务体系，包括上市许可的注册指导与上市后的持续维护等；临床前药物评价服务与临床药物评价服务；营销渠道建设服务。

"十三五"期间，在原有制剂产能基础上，华海药业将新建高端制药科技产业园。其中，为配套制剂国际化公共平台的合作项目，布局高端制剂、创新药等，建成浙江省乃至全国医药机制创新示范点、优秀人才聚集区、研发转化基地和产业发展标准，将新建高端制剂生产基地，全面拓展国际医药市场。

# 建设制剂国际化发展能力
# 加速中国医药行业国际化发展

浙江永太科技股份有限公司

## 一、制剂产业国际化发展势在必行

### （一）我国医药行业发展的需要

我国医药行业经过近 30 年的发展，已经成为原料药、高级医药中间体的生产和出口大国，从原料药出口向制剂出口转型，已然是中国药业外向型发展的必经之路。只有实现在制剂领域的大规模出口，才能真正提升中国整体医药行业在国际分工中的地位，确保行业拥有更广阔的发展空间。

美国是当今世界医药行业最为发达的国家，其药物监管官方机构——国家食品药品管理局（FDA）的药品认证是世界上标准最高、要求最严、难度最大的认证，因而也被其他国家和世界卫生组织（WHO）等国际组织官方所广泛认同和接受。通过美国 FDA 认证，不仅意味着获得了进入美国市场的通行证，更意味着获得了进入国际所有市场的通行证，这是对医药厂商品牌最大的认可。

印度从 20 世纪 90 年代末进入仿制药市场后，先后有数十家制药商获得 FDA 的合格认定，数百种制剂药获得 FDA 认证。以几大医药厂商 Ranbaxy、Dr.Reddy's、Aurobindo、Cipla 等为代表，印度医药工业飞速发展，从中间体、原料药到仿制药再到专利药的研发生产，印度医药工业不断提升其在国际医药市场的分工层次和地位。相比印度，中国的民族医药工业远远落后。因此中国药业需要一大批有实力的企业，集中人力、财力等资源优势，加大投入，大大加快中国医药行业国际化的规模化发展势在必行。

### （二）企业转型发展的需要

医药产业各环节的附加值随产业链向下快速增长，越向下游延伸，产品附加值越高，环境亲和力越好。随着中国经济结构的逐步优化调整，依靠劳动力成本优势和环保设施的低投入而获得的成本竞争空间日益萎缩。而随着人民币利率市场化进程加快，以及海外经济形势不确定性的增强，低毛利产品出口的汇兑损失风险也逐步累积。受此影响，传统医药中间体、原料药出口所能带来的投资回报将逐渐减少。

浙江永太科技股份有限公司（简称永太科技）作为全球产品链最完善、产能规模最大的氟苯精细化学品制造商，如何实现产业链优化提升，实现产业转型，进入相对高附加值的药品制剂领域，是企业战略发展的必要选择，也是当前面临国际专利液晶、医药和农药定制加工向亚太地区转移这一重大战略机遇期的必然选择。

同时，永太科技所在的浙江化学原料药基地临海园区，正在经历从粗放到集约、从低端向高端的增长方式转型，也迫切希望各园区企业加快转型升级，加快技术创新，加快医化产业的平台建设，共同推动医化园区仿制药、制剂产业的发展，促进医化产业规模化、集约化发展，最终形成以特色化学原料药、医药制剂为主导，海洋生物、医疗装备为支撑的"2+2"生物医药高技术产业体系，依靠循环发展、绿色发展，将医化园区打造成"绿色药都"。明确的政策导向以及成熟的周边配套环境，也成为永太科技向仿制药延伸的有利条件。

永太科技长期从国内外医药产业的形势分析，认定了制剂产业的良好发展前景，选择开发欧美市场的制剂产品为切入点，在美国建立仿制药的企业，主要从事利用国际先进的研发和注册的技术水平，进入国际高端市场，同时通过兼并收购的手法快速进入国内的制剂生产领域，实施 cGMP 改造，建立与国际主流市场接轨的生产和质量管理体系；提升永太科技的制药水平、装备水平、规范市场药政注册水平以及综合管理能力，培养一大批熟悉欧美市场规则、有实际经验以及理论基础的技术人才、管理人才和市场开发人才。以制剂出口美国、欧盟等规范市场为发展方向，提高参与国际医药市场分工的能力和层次。

通过控制产业链上游的关键点，从而逐步控制下游，进而提升企业生产经营方式，以形成国内外的制剂市场开发和销售体系，提高企业的综合竞争力，在参与规范市场竞争的同时，快速完成包括中国在内的新兴市场布局。这不仅是企业实现快速发展的重要途径，也与医化园区创建"绿色药都"契机相吻合，更符合国家的"医药'十三五'发展规划"，将为全面实现医化园区向制剂园区转化提供积极的示范作用。

## 二、已形成年产 30 亿片出口制剂的生产能力

### （一）研发体系建设情况

经过 3 年建设，永太科技目前已建成出口制剂研发技术平台。

2012 年成立美国永太公司，建设美国永太研发中心，主要是利用美国先进的医药产品开发经验进行制剂研发工作，为永太原料药产品延伸及制剂产品进入高端规范市场奠定基础。

2013 年成立上海永太公司，建设上海永太研发中心，利用上海区域优势，引入高水平研发人员，在原料药、高级中间体方面为公司研发项目提供服务，同时积极开展 FTE、CRO 等合作项目。

2015 年永太科技企业技术中心被国家发展改革委认定为国家级企业技术中心，项目制剂研发体系执行美国 FDA 最新标准，贯穿 cGMP 的质量体系理念，运用 DOE 的方法优化工艺控制参数。在缓控释制剂技术方面有创新，质量控制研究严格按照欧美官方和 ICH 注册要求，达到 FDA 的质量标准，以确保自研制剂和原研药质量一致。

### （二）产品注册情况

已建成药证申报平台，主要包括美国注册和国内注册两部分。目前已有 3 种制剂产品完成 ADNA 文件申报，8 个原料药产品 DMF 文件正在申报中（有 2 个已完成完整性审核，1 个 3.1 类新药获得国内转移批复）。

### （三）产业化建设情况

项目于 2015 年 2 月开工建设，目前已建成口服固体制剂生产基地。建设地点位于浙江省化学原料药基地临海园区内。项目按美国 cGMP 标准新建生产、辅助用房 27800 平方米，新增制粒机、混合机、提升机、压片机等生产设备仪器，形成年产 30 亿片（粒）出口制剂的生产能力。

## 三、已形成 20 个仿制药产品，销售规模上亿美元

项目主要生产品种有抗忧郁类、抗糖尿病类、心血管类、抗风痛病类、呼吸系统疾病类、消化系统疾病类、抗病毒艾滋病类、抗精神病类药以及抗生素类等九大类合计 20 多个产品。主要代表产品有抗忧郁类药物喹硫平片（普通片剂 + 缓释片剂）、抗糖尿病类药物盐酸吡格列酮片、心血管类菲诺贝特胶囊、抗痛风类药物赛来昔布片、呼吸系统疾病药物孟鲁司特片、心血管类降血压虎珀酸美托洛尔、抗病毒类（抗艾滋病类）依非韦伦、心血管类罗素伐他汀钙、消化系统疾病类埃素奥美拉唑片、抗精神病类药盐酸齐拉西酮等。

以永太美国公司为核心，从 2012 开始，通过 5 年时间，研发形成多个系列的仿

制药产品20个左右，销售规模上亿美元。

以美国永太为平台，建立了1个体系、1支队伍和1个渠道：打造具有国际水平的研发体系，涵盖产品研发、小试、中试、工艺研究、质量研究各环节，形成确保20个产品高效高质完成的研发能力；凝聚熟悉专利、法律、知识产权研究以及临床实验管理和注册的队伍，能有效规避专利风险，减少临床实验风险，降低审批风险，提升销售能力；构筑能承担上亿美元规模的销售渠道。

# 公共安全视频监控系统建设助力维护社会安定

武汉烽火众智数字技术有限责任公司

## 一、公共安全视频监控系统建设需求日益迫切

随着我国城市化建设进程的加快，犯罪活动日益频繁，安全事件日益增多，致使对社会治安防控事件处理、社会维稳管控、公共安全视频监控系统等方面的建设进一步完善的需求日益迫切。“从视频到信息，从信息到情报”是构建现代化视频侦查实战平台所遵循的一个重要思想。传统的视频监控系统中，由于缺乏对信息的有效分析和利用，大量的摄像头所产生的海量数据湮没了有用信息，导致系统应用水平和利用效率低下。因此，急需研发视频侦查应用解决方案及相关产品。

## 二、需网上网下协同作战

武汉烽火众智数字技术有限责任公司（简称武汉烽火）项目产业化部署方案（即作战特点）如下：

一是单兵作战。小案发生时，使用视频侦查单兵设备对案发现场及沿线区域进行视频采集、排查、分析，确定嫌疑目标。

二是集群作战。案情复杂，多台视频侦查单兵设备可在现场进行 WiFi 组网，实现多人联合侦查，快速确定嫌疑目标，提高办案效率。

三是网上网下协同作战。遇到大案、要案发生时，以视频侦查作战平台为中心，调用视频侦查作战车及单兵设备协同办公，中心平台统一指挥，下发侦查任务，形成视频侦查战斗群。

## 三、产业化深度应用，协助破获多起重大案件

### （一）社会化实际运用案例

本项目相关产品已在公安系统以及内属的视频侦查支队、大队等单位深度应用，协助公安机关破获多起重大案件，典型案例包括：

**周克华系列枪击案**：在周克华系列枪击案中，“1·6”专案组组织1500余名警员，集中在一体育场馆办公，调取了南京全城所有监控录像，采用全人工方式发现了329段相关视频录像。此后，该案件通过视频侦查作战平台，调度市局、分局、派出所多级多警种警力资源，分配任务，提高了数据导入和研判效率，有效把握了破案时机。

**某小区杀人案**：在某小区杀人案件中，通过使用本项目相关产品，将人脸图片放入4000万人脸库中比对，锁定相似度排名前1000的人员，再细化逐一比对，设备快速高效地检索出嫌疑人，有效提高了破案效率。

**“9·10”分尸案**：在“9·10”分尸案中，针对案发热点地区和重点关注的目标地区，通过使用本项目相关的视频侦查便携设备，凭借4G网络实现视频的实时传输和管理平台的远程控制，快速地进行临时隐蔽拍摄取证，锁定犯罪嫌疑人。

**光谷软件园无头尸案**：在武汉光谷软件园无头尸案中，公司技术人员协助公安机关对案发重点区域进行密集布控，调取相关视频信息，通过智能检索与分析案件重要信息，在最短的时间内协助公安机关破获案件。

**武汉市友谊路轻轨盗窃案**：在武汉市友谊路轻轨盗窃案件中，本项目相关产品协助公安机关搜集相关案件信息，在第一时间进行案件侦破。

**武汉市长江大桥杀人抛尸案**：某晚，武汉市长江大桥发生杀人抛尸案件，公安机关第一时间开始案件追踪，本项目相关产品协助公安机关在最短时间内锁定嫌疑人目标，使得公安机关得以及时实施抓捕，犯罪嫌疑人当晚抓获，有效保障了人民的生命安全。

**武汉硚口区涉密电脑丢失案**：2014年8月，武汉市硚口区某涉密电脑被盗，被盗笔记本电脑里存有世界自然基金会武汉区域部分重要资料，其中不乏与政府、保护区合作的涉密资料，价值损失无法估计。公司技术人员协助公安机关在第一时间进行现场破案，通过调取小区监控录像，并对视频录像信息进行检索，通过视频检索的方式在最短的时间里查获嫌疑人，成功破案。

此外，项目相关产品还参与了“武汉广场爆炸案”“江夏江北厂机械设备丢失

案”“九江系列公交车盗窃案”等案件的破获，对维护社会安定有重大意义。

### （二）技术先进性及所获科技奖励

本项目相关技术于 2015 年 4 月被鉴定为国际先进水平，项目获湖北省科技进步二等奖、武汉市科技进步一等奖。

### （三）市场推广情况

本项目已在湖北、辽宁、湖南、安徽、新疆等地成功实现规模化销售，其中项目相关产品在湖北省的市场占有率排名第一，未来将逐步在全国进行大范围推广。

# 新封装技术带来光学产业技术革命

舜宇光学科技（集团）有限公司

舜宇光学科技（集团）有限公司（简称舜宇集团）是当前国内首屈一指的综合光学产品制造商和光学影像系统解决方案提供商，公司成立于 1984 年，2007 年在香港联交所主板上市，现有员工 16000 余名、资产 250 亿元。公司居国内民用光学产品制造企业排名第一位，连续多年入选全国 105 个重点工业行业 / 仪器仪表行业“效益十佳企业”。

舜宇集团具备一流的自主研发实力、制造能力和信誉良好的全球客户基础，目前产品包括光学零件（玻璃 / 塑料镜片、平面镜、棱镜及各种镜头）、光电产品（手机相机模组及其他光电模组）和光学仪器（显微镜、测量仪器及分析仪器）。产品远销世界 40 多个国家及地区，是多家国内外著名品牌客户的重要供应商。其中手机镜头、车载镜头、手机摄像模组等主导产品的全球市场占有率居行业前列。

舜宇集团是国内少数能将光、机、电、算技术综合应用于产品开发和大规模生产的光学企业，在特种镀膜技术、光学非球面技术、自动对焦 / 变焦技术、硫系玻璃材料开发应用技术、嵌入式软件技术、3D 扫描成像技术、三维超精密振动测量技术、微量元素分析检测技术、超高像素模组制程技术等核心光电技术的研究和应用上处于国内行业领先水平。同时，基于舜宇集团多年来在光电领域的技术积累，其孕育着更大的行业创新，引领着整个行业的变革。

## 一、行业发展痛点呼唤新技术的到来

结合近年来摄像模组的研发大趋势，整个行业朝着高精度、小型化的趋势快速发展。但是，目前所有上下游厂商能够实现关键部件功能优化，比如大光圈镜头、光学防抖马达、线路板变薄、芯片像素变小和感光区域占比变大、双摄算法加强、手机轻薄化、屏占比变高等，对于模组封装厂商而言，对产品的加工难度更大，精度要求更高，对摄像模组封装的良品率所提出的挑战也越来越大。

并且自 2015 年以来，双摄模组的渗透率逐年上升，双摄模组的组装难度更加将上述模组封装工艺要求推上了新的台阶。

市场对于新产品的欢迎态势是不可逆转的，但是全行业的封装工艺还停留在传统的摄像模组支架贴装的阶段，如果采用传统工艺方法，必定会逐步触碰到产品尺寸和可靠性的极限，并且难以配套高速发展的行业态势。

### （一）痛点一：元器件之间的孤立，制约了产品尺寸减小

摄像模组行业的关键元件都在逐渐推陈出新，但是作为将相关产品组合到一起的“设计师”——模组厂在协调好好元器件之间的相处上下足了功夫，但是现有的设计思路依然常常被一些基本工艺要求所限制。例如，如果单纯看每一个元器件，上下游厂商都在致力于将元器件做得更小、更精、更薄，所以元器件之间的排布也顺势朝着更加紧密的方向发展。但是，为了减少元器件之间的干扰，占用了部分预留空间，伴随着相应的结构设计妥协，直接制约着摄像模组最终尺寸的减小。

前置双摄、全面屏、超薄是很多手机厂商追求的设计指标，如果不能尽最大可能实现整体模组尺寸的减小，就会让手机摄像模组成为手机卖点的同时，也成为手机外观设计最大的缺陷。

### （二）痛点二：传统的结合方式，拖累产品整体品质

纵观整个模组行业，镜头、镜座、芯片和线路板之间都通过胶水的方式连接，并且贴附面积有限，往往需要经过 AA 自动校准工艺进行优化，各个环节中的公差累计拖累了最终的成像品质。不仅如此，这一过程费时费力，只能算是对现有设备和技术的最大限度应用，却缺乏革命性意义。进一步来说，整个模组产品的平整度、可靠性等关键品质也很有可能因为结合方式的拖累而难以达标。

综上所述，市场急需一种崭新技术解决上述积弊，将摄像模组封装领域推上一个新台阶。

## 二、新封装模式彻底变革了摄像模组封装方式

舜宇集团的全资子公司宁波舜宇光电信息有限公司（简称宁波舜宇），作为摄像模组行业的领导者，具备多年的技术积淀和人才储备，面对行业提出的革新要求，化身成为筚路蓝缕、玉汝于成的开拓者。

总结分析行业积弊，顺应市场发展需求，新封装项目立项之后，舜宇光电的全体同仁展开了高效、务实的研发工作，通过不断地技术摸索和创新，经过技术积累和技术攻关，最终成功研发出 MOB/MOC 技术封装的摄像模组，并于 2016 年大量面

向市场销售。

其中，宁波舜宇的MOC摄像模组是全球首款实现"线路板、阻容器件、驱动IC、感光芯片、金线等元器件"一次性封装的摄像模组，同时具备了尺寸缩小、强度增加、公差累计小、平整度高、散热性能好等多项性能优势。

MOC技术的推广和应用，一方面引领了手机摄像模组行业的技术革命，另一方面也为舜宇光电乃至整个舜宇集团带来了新的经济增长点，实现了技术和产品的又一次创新。

### （一）新型封装模组推升行业标准

随着超薄化、全面屏、双摄等诸多需求升级的纷至沓来，必将催化市场份额向龙头厂商集聚。而MOB、MOC新型封装模组基座面积缩减超20%，结构强度提升45%，直击大屏、超薄化、双摄等升级趋势所带来的技术痛点，同时能够给后续的技术改进提供更好的基础和支撑。

依托MOC技术，在单摄模组应用上，可以利用一体化封装底座取代传统手机底座，可以让产品长宽尺寸减小近30%，适用于大屏占比产品，并且鉴于底座平整度的上升，适于安装在F1.55以上的大光圈镜头上。

在双摄模组中，依托于封装底座带来的平整度优势，更加适于采用一体式基板、一体式马达等结构设计；基于一体封装底座带来的补强作用，可以取消双摄外支架结构，以有效减小双摄模组的体积，使模组高度降低0.1毫米以上，长宽尺寸减小15%以上。

### （二）依托MOB/MOC技术，全面提升产品品质

MOB/MOC技术，不仅仅是一个封装模式的改变，更能以此带来模组整体性能的提升，其结构强度、散热性、模组平整度、可靠性和污坏点不良管控等都可以上升到新的台阶，还可以提升产品的自动化程度。

同时，平整度的改善可以使高像素产品不再依赖AA工艺，从而有效简化工序步骤。模组的底部受力会得到显著提升，线路板变形量减少40%以上，芯片受到的应力减少25%以上，并可进一步取消一般模组必需的底部补强板。在静态和动态压力测试上，性能也有翻倍的提升，散热效率提升5%以上。

### （三）应用布局长远，积蓄产业发展后劲

根据舜宇集团管理层制定的未来两年的技术发展路线图，预计2018年手机厂商推出多款升级产品，包括潜望式摄像模组、3D感应镜头、超小型摄像模组等，

MOC 技术在上述技术应用领域具备天然工艺优势，将推升该项技术在全行业更广泛的应用。

封装模式改进所带来的尺寸改善和性能提升显而易见，获得了市场的热烈追捧，自 2016 年以来，国内多家知名手机厂商大量订购舜宇 MOB/MOC 产品，带来了企业销售额和毛利率的显著上升，也进一步奠定了舜宇光电在模组封装领域的行业领头羊地位。

## 三、合则强、孤则立，打破常规带来革新

《管子》有云：合则强、孤则立。总书记习近平曾引用这句论断来论证合作共赢地处理国际事务的必要性，其实这句话对我国产业升级改造的借鉴意义也不可小视。如何在摄像模组的小小空间中，将复杂的元器件设计实现最大程度的和谐共处，这一命题在前人的经验中被转化为分化治理、局部优化、整体妥协的设计思路，但是分化孤立地看待问题，反而背离了产品设计和谐共赢的最高目标。

MOB/MOC 产品的出现和应用，是舜宇光电在研发过程中突破既定思维，统筹考虑元器件之间的连接关系，合并空间，整合优势，将封装这一技术内涵发挥到极致的伟大革新，它带来了摄像头模组行业的技术革命。

面向全球市场竞争和研发竞争，舜宇将采取进取突破的精神，利用更加智慧的方式突破行业内通行惯例，并将它变为可能。作为宁波首家市值突破千亿的企业，舜宇光电将企业目标定为实现年度千亿元销售额，集团上下同仁将不断创新，深挖技术难点，在国家产业升级的大目标下，更加坚定地面向未来，践行创新，引领行业发展，为中国制造转化为中国智造奋斗不息。

# 淀粉胶囊产业化的十载创新路

湖南尔康制药股份有限公司

湖南尔康制药股份有限公司（简称尔康制药）成立于2003年，是中国药用辅料行业优秀的上市公司（股票代码：300267），也是国内规模化生产、品种齐全的药用辅料品牌企业，是中国药用辅料标准的主要制订者。公司以“一切为了药品的安全”为企业使命，将药品GMP（药品生产质量管理规范）标准引入药用辅料生产，重点解决困扰食品、药品行业多年的“毒胶囊”和“塑化剂”问题。2014年，公司成功研制生产出羟丙基淀粉空心胶囊（简称淀粉胶囊）和预胶化羟丙基淀粉（空心胶囊用改性淀粉），突破新型高端辅料品种——淀粉植物胶囊产业化的技术瓶颈，成为全球首个实现淀粉胶囊产业化的企业。2015年7月10日，《人民日报》以“这件事居然做成了”为题对尔康制药植物淀粉胶囊项目进行了报道。下面对尔康制药植物淀粉胶囊研制开发及产业化过程逐一介绍。

## 一、研制背景

胶囊是药品、食品、保健品和化妆品领域非常重要的一种盛装材料。根据原材料的来源，胶囊可分为动物源性胶囊（主要为明胶胶囊）和植物源性胶囊（以下简称植物胶囊）；根据囊皮的密封方式，胶囊可分为硬胶囊（即空心胶囊）和软胶囊。全球胶囊年需求量为1.5万亿粒，我国的需求量为3000亿粒左右，各种胶囊制品与我们的日常生活息息相关，其生物安全性几乎关系到每一个人。目前国际市场上的胶囊囊材原料约90%为动物源性明胶，因原料来源复杂，易受动物源性病原体或其他微生物污染，可能与内容物发生反应，并因原料制备过程中的环境污染严重等问题而诱发各类安全事故。2012年以来，因大量铬超标胶囊流入药品市场造成的“毒胶囊”事件，给胶囊产业带来了致命伤害，极大地威胁着公众安全，已经引起业内和社会的高度关注。

早在20世纪70年代，欧美著名的制药企业就试图以植物淀粉为囊材研制开发能够替代明胶胶囊的淀粉胶囊，虽然能在实验室制得淀粉胶囊，但由于普通淀粉成膜困难、制得胶囊的机械性能不足等困难，淀粉原材料无法大规模用于工业化生产制备胶囊，历经多次失败后最终放弃淀粉胶囊产业化的美好愿望。几十年来，寻找和开发可生物降解、可吸收利用、安全性高的植物源性囊材和胶囊，成为医药食品领域的热点问题和国际性难题。

## 二、研制过程

早在2004年，刚成立不久的尔康制药便选定了胶囊作为药用辅料的主攻方向。项目组通过查阅文献、走访专家、实地考察、反复认证等各种手段，最终确定柬埔寨产的木薯淀粉作为主要囊材，开展了淀粉改性研究。随着投料量逐渐放大，溶胶、沾胶等工序均暴露出不同程度的问题，但经过科研人员的披荆斩棘，2005年岁末，经过9个多月的实验室研究，尔康制药科研团队攻克了淀粉水溶性和成膜性两大难关。2008年，历时2年零9个月，淀粉胶囊实验室研究和小试研究终于获得了第一粒淀粉胶囊。经过长期的放大研究，项目组最后终于开发出了最适合淀粉胶囊的生产装置，确立了整套稳定的工艺，胶囊的质量也可以稳定地符合拟定标准。2014年，历时10年研制，在攻克了成型困难、机械性能不足、稳定性不高三大难题后，尔康制药最终彻底解决了淀粉胶囊产业化的世界性难题，全球首次实现淀粉胶囊的产业化。

## 三、主要创新成果

### （一）材料先行，成功研制改性淀粉

改性淀粉，又称变性淀粉，是把普通淀粉通过物理、化学或生物酶法等改性方法，改变淀粉的分子结构而生成的一种淀粉衍生物。与普通淀粉相比，改性淀粉一般更抗冷冻，糊化（或胶化）温度更低，亲水性更强，胶化后流动性更好，透明度更好，保湿性能更强，成膜性好，成膜后韧性和强度更好。改性淀粉技术是淀粉胶囊研制成功的前提和关键。尔康制药以改性淀粉为突破口，首先研制出改性淀粉，克服了以普通淀粉研制淀粉胶囊的困难。目前，品种多样化、功能复合化的改性淀粉成为行业发展的主流方向，广泛应用于药品、食品、保健品、化妆品等领域。

### （二）综合攻关，多力打造淀粉胶囊

植物淀粉胶囊研制开发及产业化项目率先确定木薯淀粉为淀粉胶囊囊材原料，

建立了木薯种植加工基地，攻克了木薯淀粉改性技术、多型多用途胶囊成型技术、淀粉胶囊系列治疗标准等关键技术瓶颈，研制开发淀粉胶囊成套专用设备。经专家评审，认为淀粉胶囊“达到国际领先或国际首创水平”。

### （三）行业首创，推进制订行业标准

尔康制药是全球首家实现生产淀粉胶囊和空心胶囊用改性淀粉，两项产品均已收载于2015版《中国药典》，其中空心胶囊产品是目前国内唯一进入药典的植物胶囊品种。作为行业首创和技术最强，尔康制药在淀粉胶囊和改性淀粉领域制订的技术标准有着无可争议的权威性。

### （四）可持续发展，积极进行专利布局

截至目前，尔康制药的项目相关技术已申请专利101项，其中国际专利24项，美国、加拿大、欧洲、澳大利亚各6项；获授权专利22项，美国、加拿大、欧洲、澳大利亚各已授权1项；制定改性淀粉、淀粉胶囊以及胶囊剂产品质量标准12项。目前，尔康制药所拥有的淀粉胶囊专利已远远超过了该领域除尔康制药以外全世界申请专利的总和。

淀粉胶囊的创新成果得到了政府和社会的高度认可。2017年5月，在湖南省科技奖励暨创新奖励大会上，由尔康制药研究完成的“植物淀粉胶囊研制开发及产业化”项目荣获2016年度湖南省科技进步一等奖。

## 四、全产业链布局

尔康制药先后投资近30亿元，打通了原料、技术、生产、销售服务等各个环节，形成了普通淀粉→改性淀粉→淀粉软胶囊原料 / 淀粉空心胶囊→淀粉胶囊制剂等全产业链发展模式。

改性淀粉是生产淀粉胶囊的前提，是尔康制药产业链布局的重点，也是公司利润的主要来源。公司掌握了多重改性技术和复合改性技术等关键技术，并将改性淀粉应用到硬胶囊及软胶囊领域。随着应用领域的不断推广，公司可根据下游客户应用领域的要求进行调整，通过不同的配方及改性步骤，生产出不同型号规格的改性淀粉系列产品，以适应不同制剂工艺的需要。

尔康制药淀粉植物胶囊产业化项目包括年产18万吨药用木薯淀粉生产项目、年产300亿粒淀粉植物空心胶囊生产项目、年产700亿粒淀粉植物空心胶囊项目（在建）、4万吨改性淀粉生产项目（在建）、年产84亿粒淀粉胶囊制剂项目等，上述项

目利用木薯改性淀粉具备的纯天然、非转基因、可溯源的特性，向下游客户提供包括原材料到产成品再到后续技术支持服务等内容。现在，尔康制药在全国设有15个办事处及配送物流中心，业务遍布全国30多个省份和东南亚及欧美各国。

## 五、经济及社会效益

淀粉胶囊系列产品研制成功和产业跨越式发展，颠覆了全球胶囊行业格局，产品推至全球多个国家。目前，在湖南浏阳经开区，尔康制药淀粉空心胶囊一期项目已经正式投产。淀粉胶囊质量标准被2015年版《中国药典》收载，全资子公司获得了淀粉空心胶囊药品生产许可证、美国食品药品监督管理局注册和药品管理档案备案。另外，尔康制药已完成美国FDA注册和DMF备案，获得了IFANCA颁发的清真认证、KOF-K的犹太洁食认证，以及印尼的halal认证等，不但产品品质值得信赖，而且尔康制药的“植物淀粉胶囊”抢占了该产品的全球制高点。

从2014年下半年投产到2016年，淀粉胶囊及改性淀粉（淀粉软胶囊原料）累计销售收入达到14亿元以上，相关产品和技术已经在全球多个国家得到应用。未来，随着淀粉胶囊项目的全面推广应用，尔康制药将在食品、药品、保健品三大领域培育3个千亿级市场，产品受众人数将超过20亿，仅国内直接从业人数将达数十万人，利税预计超过百亿元。相信在不远的将来，淀粉胶囊一定会在全球胶囊行业拥有重要的话语权。

## 六、成功经验

尔康制药淀粉胶囊产业化项目的成功归结于尔康制药紧盯市场最前沿，重视技术创新，构建全产业链。

### （一）瞄准行业前沿，创造新的业绩增长点

尔康制药敏锐的市场嗅觉及坚定的执行力是项目成功的前提。尔康制药立足公司业务实际，针对现有产品不足，敢于迎难而上，攻坚克难，填补市场空白，实现产业的转型升级。

### （二）加强研发力度，提升核心竞争力

强大的研发能力及充足的技术积累是公司在激烈的市场竞争中脱颖而出的关键。尔康制药凭借国家级药用辅料工程中心的优势，在药用辅料的研发及技术运用

方面取得卓越有效的成果，加强在高端药用辅料方面的研发力度，并在药品领域对淀粉胶囊进行持续性研发。

## （三）顺应行业发展趋势，打造产品全产业链

整合、优化公司资源配置，进一步完善业务布局，提升经营效率，进而构建全面且顺畅的数据流、资金流及物流的完整闭环，通过探索新的经营方式及多元化的经营，覆盖行业全产业链，做大做强公司业务。

未来，尔康制药将专注于淀粉胶囊为核心的药用辅料，聚焦以淀粉胶囊为载体的药品、食品和保健品领域，以振兴民族医药工业为己任，立足国内、面向全球，通过不断地研发创新新技术新产品，开拓企业发展的新蓝海，努力实现“做全世界最优的药用辅料供应商”的企业愿景。

# 牢记至诚匠心　贯彻医者仁心

云南沃森生物技术股份有限公司

## 一、先进的肺炎球菌疫苗培养技术

肺炎链球菌（Streptococcus pneumoniae）是引起人类肺炎、脑膜炎、中耳炎和败血症等疾病的主要病原菌。其感染引起的各种疾病对人类的健康造成了严重威胁，至今仍是重要的全球性疾病。据世界卫生组织 2002 年估计，全球每年约有 160 万人死于肺炎链球菌疾病。

肺炎链球菌疾病可以通过疫苗接种有效预防。但随着抗生素的滥用，肺炎链球菌对抗生素的耐药性问题日趋严重，尤其是对青霉素和头孢霉素的抗药性已成为全球关注的严重问题。疫苗是更有效地预防和控制肺炎链球菌相关疾病的方式，发展肺炎球菌疫苗具有重要意义。

20 世纪 60 年代开始，美国 Austrian 等学者积极开展型特异多糖疫苗的研究，医学界开始相继使用 14 价肺炎球菌多糖疫苗和 23 价肺炎球菌多糖疫苗进行接种。23 价肺炎球菌多糖疫苗中的多糖成分来源于 23 个血清型 SP，这 23 个血清型 SP 引起了 85% 以上的侵袭性感染，适用于 2 岁以上儿童及成人。

我国是肺炎链球菌感染高发的国家之一。尽管目前我国已有 23 价肺炎球菌多糖疫苗上市销售，但国产疫苗仅一家，另两家皆为进口疫苗。随着人民大众对肺炎球菌疾病危害的认识以及对生命健康关注的逐步提升，肺炎球菌疫苗市场需求不断增长。同时，从我国细菌性疫苗研发的方向来看，肺炎球菌疫苗也是我国迫切需要的疫苗之一。研制 23 价肺炎球菌多糖疫苗将为大龄儿童、成人及老人提供更多经济、安全、有效的肺炎球菌疫苗，对全面预防和控制肺炎球菌疾病的传播和流行具有重要作用。

云南沃森生物技术股份有限公司（简称沃森生物）成功开发了多个细菌性疫苗，在细菌性疫苗研发方面拥有良好的技术平台。沃森生物从 2003 年即开始 9 价肺炎球菌多糖结合疫苗的研发，为 23 价肺炎球菌多糖疫苗的开发打下了坚实的基础。公司从中国食品药品检定研究院、中国医学细菌保藏管理中心购买了23个种型的肺炎球菌菌株，按国家有关规定建立了三级种子库，并开展了大量相关的实验研究工作，包括各型肺炎球菌大罐培养及多糖提取工艺研究、多糖纯化工艺研究、质量标准及其检定方法研究等，同时通过动物试验对制品的安全性进行全面的研究，建立了成熟稳定的疫苗生产工艺及相应的质量标准。

沃森生物通过严格控制生产工艺各环节以及有效的质量控制，可以做到在疫苗成品中不添加任何防腐剂，与目前我国市场上的同类疫苗相比，进一步提高了疫苗的质量和安全性。

在23价肺炎球菌多糖疫苗生产工艺研发中，发酵工艺是整个疫苗生产工艺的基础。沃森生物技术团队通过对肺炎球菌发酵过程中的主要技术参数进行研究，确定了各型肺炎球菌的发酵工艺，并对各型肺炎球菌进行连续多批验证。试验结果表明，经过多糖提取后，获得了相对较高和稳定的粗糖收量；通过后续精糖提取，经检测，各型多批精糖的检定结果均符合质控标准，表明已建立的各型肺炎球菌发酵工艺及多糖提取工艺具备可行性和良好的稳定性。

在多糖提纯工艺研究中，重点对冷酚萃取法去除蛋白的工艺进行了研究，确立了肺炎球菌粗糖液与冷酚比例和酚提次数，由于涉及的肺炎球菌型别较多，沃森生物针对不同的肺炎球菌型别建立并确定了3种多糖纯化工艺。通过制剂研究，确定了制品的缓冲系统，对维持系统的pH值和良好的物理外观具有重要作用，并确定疫苗的剂量为单人剂量0.5毫升，含23种肺炎球菌血清型多糖各25微克。

通过对全生产链一系列的工艺进行研究，建立了可行且稳定的疫苗生产工艺。

沃森生物依据《预防用疫苗临床前研究技术指导原则》，参照《欧洲药典》5.0版《肺炎球菌多糖疫苗》、《中国药典》2005年版三部通则以及《中国药典》2005年版三部附录，拟定了"23价肺炎球菌多糖疫苗质量标准"；并通过质量检定方法的研究和验证，建立了糖醛酸含量测定法、氨基己糖含量测定法、甲基戊糖含量测定法、分子大小测定法、多糖含量测定法等5种方法。同时，技术团队进行了抗原性试验研究，肺炎球菌各型多糖均与相应型别抗血清产生沉淀线，体现了良好的抗原性。

临床研究结果显示，沃森生物自主研发的23价肺炎球菌多糖疫苗安全、有效，质量可控。

## 二、23价肺炎球菌多糖疫苗产业化研发历程

工艺研究开始阶段：2014年7月至2015年5月，完成23价肺炎球菌多糖的产业化放大工作。

工艺验证阶段：2015 年 9 月至 2016 年 1 月，仅用 4 个月的时间完成了 69 批和 3 批疫苗成品的生产及检验，所有多糖和成品质量指标均符合要求。

工艺核查阶段：2016 年 7 月和 9 月分别迎来了 23 价肺炎球菌多糖疫苗 GMP 认证二合一检查并顺利通过，为 2017 年 23 价肺炎球菌多糖疫苗的上市奠定了坚实的基础。

正式生产阶段：23 价肺炎球菌多糖疫苗于 2017 年 4 月 19 日获得了 GMP 证书，当天启动生产。

## 三、用心至诚，患者至上

所有产品的最终使用者都是消费者，沃森生物的产品也不例外，不同的是它面对的是一群特殊类型的消费者——患者、患者的优质接种体验一直是沃森生物追求的目标与核心竞争力之一。疫苗接种更安全、更便捷，更少的痛感、更低的接种不良反应，是沃森生物产品研发、质量设计的核心理念。

新产品 23 价肺炎球菌多糖疫苗具有以下特点：

### （一）全预充剂型的包装设计

研究发现胶粒侵入组织，巨噬细胞的包围增殖会引起“肉芽肿”，而使用全预充剂型可以杜绝针头刺穿胶塞引起胶粒污染，从而减少不良反应。

其次，全预充剂型本身包装为注射器，避免了普通疫苗使用过程中针头穿刺西林瓶胶塞引起的毛糙变钝，极大地降低了接种过程针头穿刺皮肤的疼痛感。

全预充剂型疫苗的使用对接种医生来说，意味着更安全、更便捷。据统计，医护人员在吸取药液和配药环节中刺伤的报告中显示，医护人员针刺伤高达 3.64 次 / 年。全预充剂型能有效地避免医护人员在操作环节中发生刺伤。

最后，使用全预充注射器疫苗完成一次疫苗接种所需要的时间要明显少于西林瓶疫苗和安瓿疫苗，大约能节省 63%~64% 的时间。沃森生物对 30 名接种人员 10 分钟接种人数进行统计发现，使用全预充注射器疫苗人均接种量是 27 次，而使用西林瓶装疫苗或安瓿瓶装疫苗人均接种量仅为 9 次，前者是后者的近 3 倍。

### （二）全球首支不含防腐剂的 23 价肺炎球菌多糖疫苗

如今防腐剂被广泛应用于食品、药品中，其主要原因为：预防因生产管理水平低下导致的、在生产过程中可能出现的少量细菌污染的情况；可以保证多人份包装的疫苗在使用过程中不出现污染；对疫苗产品的稳定性有一定的帮助。

但研究表明，长期使用苯酚或贡类防腐剂产品可能增加癌变几率；同时可能使接种者出现头晕、头痛、皮疹、食欲下降、呕吐、腹泻等消化道不良反应，严重者甚至会抑制中枢神经或损害肝、肾功能。而沃森生物的 23 价肺炎球菌多糖疫苗，在产品研发设计之初就定位为完全不使用任何防腐剂，极大地降低了产品接种后不良反应的发生率。产品稳定性数据证明，23 价肺炎球菌多糖疫苗在不添加任何防腐剂的情况下完全能够达到同类产品的保质效期。

## 四、匠心至成，铸就精品

沃森生物始终秉承“质量源于设计，设计基于风险”的质量理念，将风险意识贯穿于产品的整个生命周期。沃森生物清楚地认识到人用疫苗生产过程中有来自于法规、工艺、工程、市场、安全等多方面的风险，为此自 2010 年来便不断构建、调试、运行质量管理体系，把确保产品质量作为企业管理的第一要务，逐步创建了以风险管理为基础的质量管理体系。

在 23 价肺炎球菌多糖疫苗质量控制设计中，原液生产阶段有 10 个工艺基本流程，通过风险分析确定了 77 项工艺控制点，质量检测 11 项，23 型多糖总共有 1771 项工艺控制点。成品分装阶段的 6 个工艺基本流程，确立有 63 项工艺控制点，成品质量检测 10 项。

产品的每一步设计与生产、公司的每一名员工均秉承精益求精的匠人精神。沃森的产品不仅不含任何防腐剂，而且在产品质量的部分企业标准上要高于欧洲药典标准。

## 五、核心技术简介

• 研制了自有肺炎球菌综合培养基，使疫苗成品的安全性更有保障。

• 在多糖提取过程中，用先进的超滤技术代替了传统的透析方法，使多糖的质量有了很大的提高，蛋白、核酸含量都大幅下降。

• 本项目研究中采用超滤技术去除苯酚，苯酚去除率均高于 99.9%。

• 一种使用 Sepharose4FF 凝胶对细菌多糖进行纯化的方法，使得分离纯化的物质越纯，不良反应则越少。

# 创新引领转型升级　研发驱动跨越发展

江西青峰药业有限公司

目前，生物医药行业正面临大调整、大洗牌，国务院、国家卫计委、国家药监总局、人保部等相继颁布多项政策法规。这些重大政策法规的密集出台正迅速改变着中国生物医药市场的格局，医药企业将面临巨大的增长与发展压力，尤其对中部地区的制药企业来说，以往主要依靠资源优势或成本优势，依靠销售手段粗放式发展，缺少企业内部的技术积累与人才积累，在创新方面更是与沿海医药发达省份相距甚远。国家医改和药改最终会带来医疗机构用药结构的变化和升级，未来国内药企之间的竞争会像欧美发达国家一样，主要体现在科技含量与创新上，而这恰恰是中西部地区制药企业的短板。所以，中西部地区的药企在这一轮大洗牌中似乎处于更加不利的位置。

不过，所有的挑战都伴随着机遇。医药政策和医药环境的巨大变化，会彻底颠覆原有的医药行业格局，除了少数极具战略眼光和资源禀赋的沿海制药企业，绝大部分在原有秩序中游刃有余的大中型药企在这一轮冲击中也都失去了方向和反应能力，短短几年间，企业之间面对未来的竞争力秩序也在迅速改变，这为有决心、有资源、有战略准备的企业提供了新的发展机遇。

## 一、多点布局，解决人才瓶颈

面对机遇和挑战，中部制药企业如何在激烈的洗牌过程中立足生存，并创新发展，值得深思与探讨。江西青峰药业有限公司（简称青峰药业）创建于1976年，是一家集药品研发、生产、销售于一体的新型医药企业，是全国医药工业百强企业，现有员工1000余名。公司先后获得“国家级技术创新示范企业”“国家级高新技术企业”“全国模范职工之家”等荣誉称号。2016年，公司销售收入39亿元，上交税收6.9亿元，其中喜炎平注射液单品销量连续多年位列全国抗病毒、清热解毒药物领域第一名。

近年来，为抢抓机遇，实现弯道超车，青峰药业加快转型布局，以研发驱动和企业运营模式创新为动力，集中全部资源培育企业核心竞争力。目前，公司储备的新药品种名列中西部地区前列，在研药品40余项，其中数个立项的化学小分子创新药物品种均为全球热门重磅品种，有的研发品种处在全球领先位置。在贯彻落实创新驱动发展战略方面，青峰药业主要采取了以下主要做法：

### （一）研发驱动，多点布局，建矩阵式研发创新体系

研发创新是医药企业持续发展的重要引擎。近年来，青峰药业围绕研发驱动的发展战略，着力构建青峰的大研发体系，保证对研发足够的投入。基于自身条件确定未来5年每年的研发投入不低于年销售额的10%，仅2016年一年的研发投入就达4亿元，这投入规模在中部地区是非常罕见的。

### （二）多点布局，解决人才瓶颈

青峰药业位于赣州市沙河工业园，而赣州作为一个三线城市，交通、生活等配套设施相对沿海城市存在不小差距，对高端专业人才的引进存在许多劣势，没有吸引力。因此，青峰药业从一开始就把研发体系按照研发不同阶段的特征并依据不同城市的资源禀赋进行多点布局，即以上海、北京、苏州、杭州、泰州等集聚了大量医药研发人才资源的沿海城市为支点，组建相关的药物创新平台，并对这些高度创新的研发平台（项目）实行公司制，利用股权激励等方式吸引海外归国和跨国公司溢出人才，然后通过研发创新形成高技术含量、具有市场竞争力的产品，最终让研发产品在赣州实现产业化。

目前，青峰药业拥有一支高层次研发人才队伍，其中，国家千人计划2人、国家百千万人才1人、博士35人（海归博士15人），分别在赣州、北京、苏州、上海、杭州、泰州等地设立新药与技术转移平台、天然药物创新平台、化学药物创新平台、大分子药物创新平台、全球仿制药创新平台及新药临床研究平台，并在美国波士顿设立了药物研究机构，形成了完善的矩阵式研发体系，成为中部地区最具创新能力和成长能力的大型制药企业之一。

### （三）加强高端平台建设

2014年，青峰药业组建了国家级博士后科研工作站。2016年，创新天然药物与中药注射剂国家重点实验室正式揭牌并投入使用；同年，与生命科学领军人裴刚院士共建的院士工作站正式成立。这些高端平台的建立为公司的研发创新奠定了坚实基础。

## 二、集中资源，推进新药研发

研发创新仅有投入是不够的，必须讲究效率。很多企业因没有摸清药物研发的规律和风险，盲目投入，最终功亏一篑。因此，为保证研发创新的效率，青峰药业一是在研发方向上采取聚焦对策，重点加强癌症、抗病毒、心脑血管疾病、自身免疫类疾病、艾滋病等重大疾病领域的药物研发，开辟特殊制剂和特殊给药系统药物领域，积极布局新型生物药物；二是在研发管理上，以项目运营为核心，所有战略目标均分解成项目，公司上下围绕项目来分配人、财、物等资源，项目运营不以单位、部门为实施主体，而是以项目团队的形式出现。在青峰整个研发体系里，有很多独立的且具有明确使命的小型公司，这些小型公司都拥有行业中顶尖的人才团队，都是独立的核算单位，都拥有充分的激励措施。

推进“两化”融合，加强新品产业化承接能力。药企要做大做强，不仅仅要有研发能力，同时要有产品产业化的承接能力。近年来，青峰药业积极以信息化为手段，加快转型升级，不断加强生产体系建设。如今，青峰的生产体系建设正迈向智能化、标准化、精益化的新阶段。2016年4月，投资6亿元的青峰药业一期项目完成，其中中药智能化提取精制生产线和化学原料药生产线已通过GMP认证并顺利投入使用。该生产线总投资1550万元，采用当下先进的设计理念，整个控制系统有3000多个控制点，每个生产环节都配置了数据采集终端，实现了全过程的生产数据自动监控、采集与分析，实现了生产过程完全智能化、工艺标准化、检测自动化、操作无人化，完全改变了过去传统手工中药提取模式，提高了产品的产量和质量，降低了成本，且更加绿色环保，整条生产线年产值达10亿元。如今，青峰药业正在加快推进二期项目建设，该项目总投资8亿元，其中包括将按国际标准建设的国际化产品生产车间。

## 三、精准发力，提高中西部生物医药研发的创新水平

作为新兴战略产业之一，许多中西部省份都将生物医药作为重点产业来发展，但相对于沿海地区在研发创新方面还存在比较大的差距，这需要我们奋起直追。如何提高中西部生物医药研发创新水平，可从以下五个方面着手：

### （一）支持龙头企业发展，集聚研发创新资源

目前，中西部省份已有一批实力不俗、各有特色的大型医药企业。在全国医药行业大洗牌的进程中，通过大力支持龙头医药企业快速壮大发展，将人才、技术、

品种、平台聚集起来，医药工业发展氛围就会越来越浓郁，创新的土壤就会越来越肥沃，就会形成医药工业的雁阵体系，这对医药产业集群发展、抢抓医药产业发展重大机遇期、实现医药产业整体快速崛起具有十分现实而深远的战略意义。

（二）建立研发服务基地，服务企业研发创新

中部省份中小型药企居多，研发技术、人才等力量较薄弱，加之缺乏研发经验，急需专业的创新服务平台给予倾力扶持。对此，政府可通过建立生物医药研发服务基地，设立公共试验平台、中试车间、研发信息和技术服务平台，更好地为当地药企提供技术研发、信息和技术等研发方面的服务，为加快医药行业立足创新研发、实现整体快速发展提供支撑。

（三）加大研发资金投入，助力研发项目开展

一是政府对药物研发项目既要在财政上给予支持，同时要为药物研发专设融资通道，如设立生物医药研发项目基金，在银行贷款上制定优惠政策；二是在某些有潜力的重大项目上引进风投资金，签订合同，以合作的方式开展药品研发项目。

（四）深化产学研合作，推动科技成果转化

一是引导公立院校、检验检测机构建立药物研发相关平台，充分调动高校院所、检验检测机构的研发资源，完善药物研发平台体系建设，比如建立药物基础研究、药学研究、药理研究等平台；二是组建生物医药研究协会等组织，为药企与相关科研院所搭建合作沟通的桥梁，形成长效合作机制，提高科技成果的转化效率。

（五）制定优惠激励政策，加大人才引进力度

一是出台更有力的人才优惠政策，积极引进一批国内外具有一定影响力的医药专家、高端人才；二是探索建立医药创新人才奖励基金，制定奖励政策，对做出贡献的人才给予奖励。

# 区块链大数据技术撑起的“降成本，惠民生”新电商新零售共享平台

湖南新内容网络技术有限公司

近年来，伴随着移动互联网、大数据、区块链等新技术的快速发展，新一代信息技术发展热点不再是信息领域各个分支技术的纵向升级，而是信息技术横向渗透融合到制造、金融等其他行业，信息技术从产品技术转向服务技术。湖南新内容网络技术有限公司（简称新内容）沿着这个方向，运用新一代信息技术对传统商业模式进行“迭代式”创新，打造了新内容共享平台。该平台15项计算机软件著作权获得国家版权保护，已成为助力实体经济和消费者实现价值链增值服务的新电商、新零售共享平台。

## 一、新一代信息技术破解“信息孤岛”

作为新一代信息技术的代表，区块链与大数据吸引了越来越多的关注。自2015年8月19日国务院发布《关于促进大数据发展的行动纲要》以来，各地政府、机构先后出台大数据研究与发展行动计划，共推我国大数据产业快速发展。大数据作为未来国家战略新资源，具有重要的战略意义。

而区块链是分布式数据存储、点对点传输、共识机制、加密算法等计算机技术在互联网时代的创新应用模式。区块链技术被认为是继大型机、个人电脑、互联网之后的颠覆式创新，被认为将在全球范围引起一场新的技术革新和产业变革。联合国、国际货币基金组织，以及美国、英国、日本等国际组织和国家对区块链的发展给予高度关注，积极探索推动区块链的应用。2016年12月，国务院印发了《“十三五”国家信息化规划》（简称《规划》），区块链技术首次被列入《规划》。目前，区块链的应用已延伸到物联网、智能制造、供应链管理、数字资产交易等多个领域。在物联网、云计算、大数据、人工智能和区块链等新技术驱动下，网络空间从人人互联向万物互联逐步演进。大数据技术和区块链技术的发展与应用，对社会的组织结构、国家的治理模式、企业的决策架构、商业的业务策略以及个人的生活方式产生深刻

影响。

随着大数据技术以及区块链技术的日渐成熟，新的经济形态正向更深层次推进。通过区块链技术和大数据技术的结合，为解决信息孤岛的问题提供了思路。尤其是分布式技术的应用，能够打通平台，实现跨领域的资产流通和交易。在供应链方面，区块链技术帮助交易者在供应链上完成支付，帮助商品生产者追踪货品流向，实现打假。新内容应用区块链、大数据技术打造的新内容共享平台就是突出的代表。

依托国家政策，结合供应链系统，以营销经验、消费需求升级和各行业企业及市场情况为基础，新内容研发了新内容共享平台，是新零售创新的 F2B2C 自营模式，抓住了实体经济与消费者的痛点，通过区块链、大数据、云计算等前沿技术的支撑，实现了扩大企业利润空间、降低企业和消费者成本的价值链增值服务，并建立了“降成本，惠民生”的新内容标准规范：新内容共享平台可实现与工信部、认监委等部委的对接，提供安全、可靠的增值服务通道，达成“降成本，惠民生”的目标。

## 二、区块链大数据构建“新内容共享平台”

大数据产业链包括一切与大数据的产生与集聚（数据源）、组织与管理（存储）、分析与发现（技术）、交易、应用与衍生产业相关的所有活动。建设以大数据、区块链为基础的新内容共享平台，能够聚合数据，采集消费者和厂家、商家的数据，并通过循环增值，打通消费者和厂家、商家的对接管道。通过区块链技术来实现产品质量到生产、消费、销售等全程可追溯，为相关方提供追溯信息服务和管理决策支持，建立开放、透明、不可篡改的全过程营销信息体系和技术体系，构建产品全程销售信息系统，实现企业端、消费者、监管机构的全方位追溯。

从技术价值角度来看，区块链技术的应用，使新内容共享平台的以下功能得以实现：

首先，通过区块链的共识机制，建立一个全透明的销售体系，注册会员可以访问，写入账簿，或确认交易。这样一来，销售系统存储带有时间戳的有序数据块，将是永久的、实时的、不可更改的，从而完整和准确地保证了整个销售交易系统的全貌。例如，消费者 A 与公司 B 进行一笔交易时，会产生合同、发票、厂家奖励等信息，于是会有接口接到厂商 B，有接口接到工商系统，确认交易真实且匹配。这个过程复核了销售流程。在审核财务信息的时候会再次通过广播到其他节点核实匹配，保证了销售的真实性和完整性。而这一切都会在区块链财务系统上留下相应的具有时间邮戳的不可逆记录。

其次，通过新内容共享平台，记录了企业销售账本、记录了消费者的所有消费账本，可以全网共同记账、共享账本。在典型的区块链网络中，每一个节点都能够存储全网发生的历史交易记录的完整且一致账本，即对个别节点的账本数据的篡改和攻击，不会影响全网总账的安全性。此外，由于全网的节点是通过点对点的方式连接起来的，没有单一的中心化服务器，因此不存在单一的攻击入口。同时，全网共享账本这个特性也使得防止双重支付成为现实。

再次，通过分布式记账技术，由入驻的商家和消费者共同维护，在不同的节点上建立信息交互，如企业的信息、消费者的购买记录、消费者的奖励记录、发票开票记录等，让数据更加鲜明、清透。平台提供让消费者扫码进行查询可靠的信息，让消费者获得实惠并让厂商扩大销售量、实现增值。

需要指出的是，在区块链技术下，信息的真实公开使得资金的风险溢价成本和隐性担保成本有效降低，资金定价水平更为精准高效。同时，能够促使平台提升信息交互效率、提升交易成功率、深度发掘增值服务。

最后，智能合约采纳，使得实现的约定能够自动执行。消费者在新内容共享平台购买所需商品或服务，即可获赠与购买商品或服务金额相应的“红包积分”：新内容共享平台根据消费者购买的商品或服务的利差，获得等于或高于所购商品或服务价格的“红包积分”。平台每天将自营利润的80%通过云计算得出降成本红包的数额，按日发送红包到所有消费者的账户。由此，买卖双方均可以实现降成本或免费或成为消费商的目标。这一条件已经实现嵌入编码，并通过智能合约的形式，当触发消费者在平台上购买商品或服务成交这一条件，平台会立刻执行合约。消费者每日登录平台系统点击，即可“抢到”降成本红包进入自己的“零钱罐”，有效规避了平台的毁约风险。同时，新内容共享平台不向任何商家和消费者收取任何费用，不触碰资金，是所有会员免费使用并实现增值的共享经济平台。

数据的最大价值体现在流通。通过新内容共享平台，能够将产品信息、厂家信息以及积分之间转化成数字资产并进行流转，实现了数据的价值。通过运用区块链底层技术搭建的平台，每一笔交易的来源、去向均得到实时监控，整个使用过程可以实现公开透明和可追溯，并且可以有效防范商品交易资金的风险问题。

## 三、新技术新模式为新经济增长助力

随着大数据技术的成熟和发展，大数据在商业上的应用越来越广泛，有关大数据的交互、整合、交换日益增多，大数据交易平台也随之应运而生。

新内容共享平台是由湖南新内容网络技术有限公司科研团队以经济循环增值理论和博弈论为理论基础开发的，是新经济增长基于互联网科技大数据、区块链、云计算、人工智能等技术创新而构建的线上线下直通的新电商、新零售共享系统，是实施商品及服务消费的"降成本，惠民生"颠覆性创新商业模式，适用于所有商家和社会生产、服务行业和广大消费者实现价值链连接。商家通过新内容共享平台，将极大地增加销量、增加收入、降低成本、扩大利润，消费者则可持续获得降成本红包积分，实现消费增值。

新内容共享平台在营销场景中通过使用AR/VR技术，虚实结合，给消费者全新的购物体验。利用大数据等信息技术完成信息及时更新，掌握一线最新情况，完善平台运营管理制度。共享平台通过新兴技术助力提升商家智慧运营能力，深度连接消费者，建立产业链优势，构建传统零售企业数字化商业新生态。

新内容共享平台可以促进地方知名及特色产品的可持续发展，以市场实际需求为导向，在追求科学性和合理性的基础上，统一规划、创新管理，确保实用性和可操作性；同时，运用标准体系理论和方法，制定规范性指导文件，促进地方知名及特色产品的可持续发展。

新内容共享平台以经济循环增值理论为指导，以利益社会、利益大众为宗旨，以为实体经济和消费者提供价值链增值服务为核心理念，以"个个参与，人人受益"为价值取向，把销售与消费通过互联网工具平台结合、线上线下销售与消费结合，创造出消费者获得最大利益来刺激消费，平台满足消费者的利益来扩大销售、增加收入、实现降低生产销售成本，从而增加商家利润，由此形成一个崭新的新经济循环体系。势必为去杠杆、去库存、惠民生，增加就业、增加税收，企业创新转型、跨界，建设创新型社会产生巨大的助推作用。实施后，对促进社会经济发展、促进大众创业、促进消费增长、降低服务消费成本、提高人民生活幸福指数、分享经济发展成就等方面产生积极效果。

新内容共享平台，是秉承"降成本，惠民生"的核心理念的创新型商业模式，为实体经济增加效益服务，必将成为企业、消费者的一种全新销售渠道与消费时尚，虽处于创建初期，已彰显其健康发展、快速成长的态势。新内容共享平台自营商业模式，是一个帮助实体企业走向辉煌的理想销售渠道、一个普惠大众的分享经济平台，运用互联网科技和创新思维解决单个企业收入上不去、成本下不来、利润空间越来越小的问题，采用互联网大数据、云计算以及区块链技术来实现企业增加收入、降低成本的经营梦想。

大数据、区块链技术在新内容共享平台的应用，是大数据技术和区块链技术在营销创新模式新电商、新零售领域的新尝试，循环增值理论的提出与实践应用，填补了经济循环中消费环节不增值的理论空白，将对新经济的出现与增长产生深远的影响。

# 集团化科技型企业的创新发展之路

新大陆科技集团

新大陆科技集团（简称新大陆）20多年来坚持自主创新，以科技创新引领实业发展，是一家集物联网、通信和环保科技的综合性高科技产业集团。坚持“科技创新，实业报国”，是新大陆在过去20多年不断成长、不断超越的支撑力，也是新大陆逐渐发展成为物联网、环保科技的综合性高科技产业集团的蓬勃动力源之所在。

2014年11月，习近平总书记在福建调研时，专程来到他在闽工作时支持过的新大陆考察。目睹了企业的发展变迁，总书记对新大陆20年的创新发展予以了肯定和鼓励，对省、市领导说:“走创新之路是我们国家，也是每个企业发展的必由之路。”

## 一、积极倡导创新，保持企业核心竞争力

通过鼓励创新，新大陆目前发展了集物联网“核心技术与产品、行业应用与商业模式创新、人才教育、产业基金”多位于一体的“全价值链”物联网产业能力，产业覆盖自动识别、移动电子支付设备和应用、移动通信运营支撑、智能交通、智能溯源、冷链物流、电子商务（电子凭证）、物联网教育等各个国计民生的行业，成为物联网领军企业。

新大陆于2010年发布了全球首枚具有完全自主知识产权的“二维码解码芯片”，该芯片为条码识别技术的核心，是物联网识读设备的关键部件。公司围绕该技术开展了包括120项国内专利、5项美国专利和5项欧洲专利的全球专利布局申请。通过物联网感知层核心技术的成果研发，有效地降低了条码识读设备的成本，占据了物联网与移动互联网时代产业发展的关键制高点。在壮大了原有条码产业的同时，衍生了诸如首创的电子凭证化商业模式等新业务、新业态，第一次在业内提出了O2O应用模式。

作为国内较早起步的金融电子产品专家，新大陆的目光没有局限在传统的产品销售，在通过内部技术挖潜、优化ERP系统改造供应链的同时，通过移动支付的产品、系统集成创新，成为国内一直保持领先的金融支付整体解决方案的综合提供商。

作为一个技术创新型企业，新大陆的科研成果转化率超过80%，拥有知识产权

800多项，其中有13项国际发明专利；3项被列入国家"九五"重点攻关项目，9项列入国家"火炬"计划，9项列入国家级新产品，5项列入国家级成果推广项目，5项获国家发展改革委产业化项目，3项列入信息产业部电子发展基金项目，7项列入科技部中小企业科技创新基金项目，近百项产品填补了国家空白。

新大陆通过20余年的努力，探索出一条在自主创新基础上形成竞争优势的发展之路，使得企业在发展过程能保持相对的竞争优势，形成企业的核心竞争力。这种竞争力突出表现在能前瞻性地把握机遇和实现科研成果快速转换的能力上。

## 二、转变思路、内外兼修的经营理念，促进规模化发展

2014年以来，根据外部政治、经济、技术、社会环境的变化，结合自身的实际情况，新大陆明确了战略目标：由财务管控型向战略管控型转变，业绩实现"三年翻一番、五年翻两番"。公司坚定了"内部整合+外延并购"的内外兼修的运营转型信念，一方面将继续依靠"创新引领企业变革发展"的内生动力，促进业务的快速增长；另一方面加快关联企业并购步伐，实现产业生态系统布局。

### （一）通过技术和市场双轮驱动，实现内生式增长，成为细分市场的领头羊

围绕目标客户和核心技术设计自身的战略以及商业模式。如新大陆所属的支付公司的目标客户是金融行业，其核心技术是安全和便捷；而支付公司是全球第一个通过PCI2.0安全认证的POS厂家，以此奠定了在安全领域的基础。面对移动互联网的大潮，新大陆积极与第三方支付等互联网企业合作，围绕便捷支付的客户需求，不断推陈出新，成为iPOS、mPOS等移动支付的产业标准。正是抓住了安全、便捷这两个关键市场需求，不断改进自身的产品技术，使支付公司成为全球支付第三、全国第一的POS厂家。

在集团层面，通过技术盘点和人才盘点，对集团资源情况形成清晰的认识：将技术分类为各子公司具有共性的共有技术、各子公司独有的专用技术；专用技术由各子公司自行发展；共有技术中，若某子公司有长处，则以其为标杆，进行集团共享；若均为短板，则由集团研究院以战略角度进行投入和研发。从而既保障了共性关键技术的长期战略投入，也保障了各子公司的专有方向的灵活机动。

通过推进集团战略变革，在物联网领域，实现从设备提供商向IT和互联网金融服务商转型；在通信领域，实现从传统的数字通信提供商向电力系统服务商转型；在环保领域，实现从设备提供商向运营方案提供商转型。当前变革卓有成效，近两

年公司主营业务实现 30% 以上的复合增长率。

### （二）外延式扩张，整合相关产业链

在内生式增长的前提下，新大陆围绕公司战略进行产业布局，利用资本的力量，做大做强相关产业。总体的思路是：先抓住有发展潜力的方向，在局部领域要做到市场占有率一流，具备足够的市场地位。然后在此基础上向产业的上下游延伸，形成产业链的整体战略。

通过参股深圳民德、收购江苏智联天地等公司，丰富了产品线，补充了激光/PDA 类产品。通过同领域识别厂家的参股/并购，使得在识别产业的市场占有率大幅提升，并使识别产业从单一的硬件设备提供向系统解决方案商转换。

新大陆在支付产业已经是国内第一，未来的发展空间有限，所以要继续发展就必须沿着产业链进行整合。积极推进在互联网金融方面的战略布局：通过购并北京亚大，由提供硬件设备、系统集成向提供商户运营业务方面拓展；通过并购国通星驿，向第三方支付收单业务方面拓展；成立广州网贷、上海优啦，推出互联网信贷平台；形成从支付/识别，到运营、到基于数据的互联网金融的整体产业链布局。主攻“商户互联网”场景，以牌照为支点撬动万亿级的数据运营市场，依托“牌照+硬件+资本”优势，构建“支付+互联网+金融”生态。

依据“有所为、有所不为”的策略，将部分与战略关联不紧密的子公司关停并转，集中公司的资源在战略方向上。通过对内扶持领头羊企业（支付设备全球第三，识别设备全球第五，移动支撑网全国三强）及对外一系列的并购举措，使新大陆的相关产业链不断延伸和加强，并取得了良好的协同效应。

## 三、通过管理变革，提升战略经营能力

为实现管理能力提升，新大陆围绕以下五大管理导向，促进组织能力成长。

### （一）战略导向：从“机会导向”到“有所为，有所不为”的战略导向，通过高管共识营，确立了战略的目标、路径和共识

新大陆旗下的子公司都是依靠创业发展起来的，不是一个原来就很有规模的企业。走的是“技术—产品—销售—市场—战略”的发展道路，因此也确立了“哪里有机会，哪里有单子，我们就往哪里冲”的项目导向、机会导向。随着企业的发展，向战略导向的转型也就成为必然。战略导向最重要的就是“有所为，有所不为”。应该是战略先行，先搞清楚我们要干什么，我们走哪条路；然后再去想我

们怎么走，市场怎么布局，怎么销售，做产品有怎样的技术能够打败竞争对手。我们要走对路、做对事，做强我们认为是对的事，这里面包括对存量业务的聚焦和借助集团内各个公司的交叉优势去开辟大的增量业务，也包括借助资本运作的力量，迅速弥补我们现在产业、产品、市场以及一些团队的不足，在既定的产业内做大。

### （二）科学化管理导向：从“问题导向”到运用组织机制的科学管理模式的蜕变

在过去，新大陆的变革发展过程基本都是“短板和问题导向”。现在我们要到转到“科学管理”导向上来。所谓科学管理，首先要解决我们建立评价、考核、激励机制的出发点是什么？第一是要顺应规律、顺应人性。一方面，企业在不同的阶段可能考核激励的机制是不会一样的，要跟企业发展规律匹配；另一方面，考核人的机制要尽可能去激发人的创造力与潜力，激发人性中“善”的东西。鼓励通过努力获得成长、获得回报，而不是去跟领导、跟公司讨价还价、斤斤计较甚至博弈。第二是共赢，就是股东、企业、员工都是赢家，如果只是一家赢，这个企业肯定做不大，所以要建立起共赢的机制。第三是要学会用科学的工具来实现我们所要实现的目的。集团现在的科学工具就是叫 PDCA 模式，比如战略规划要怎么做，系统建设要怎么做，绩效评价机制系统要怎么做，组织纠偏能力要怎么做，以及在一系列管理过程中一系列的制度。

### （三）价值导向：从“财务导向”到提升企业价值（市值）转型

过去一直强调“财务导向”，就是注重营收和利润，只考核规模和利润上的业绩目标。价值导向则需要综合评估：一是看所在行业是否高速发展；二是看市场对行业的估值是好的还是不好的，如果是好的，加大力度在这个领域里把它做得很大，那企业市值就会很高；三是要考虑行业的影响力、行业的地位，以及我们的市场占有率；四是考虑盈利能力，这个盈利能力是考虑当前和未来的。

### （四）教练型组织：从靠自觉、零散的师傅带徒弟的“教导型组织”到建立组织模型、人才模型的教练型组织的建立

新大陆的发展过程经历了学习型组织、教导型组织，现在已有 5000 多员工的规模，所以再靠大家自觉地学习、零散地学习是没有用的，或者靠师傅一个个去带，也是不够的，因此要建立一个教练型的组织。建立教练型组织第一个步骤就建模子，“选人、用人、聘人、培训”制度化，各个岗位定位清晰、标准化。新大

陆从2016年下半年开始的总经理考核，就是建总经理的模型，进行一个科学的评价，哪些是不足的，哪些是不错的，有针对性地培养和培训。所以在这个过程中，教练型组织是希望公司统一思考人才的岗位模型，建立评测的标准来进行评价、培训和职业生涯规划，并以此为基础确定教练和导师制。

### （五）资源整合：从各块业务“山头林立、各自为政”的局面到“业务、生态、信息”整合共享模式

首先，核心竞争力的建立。在企业规模小的时候，核心竞争力是核心技术或者渠道。企业大的时候，核心竞争力则体现在资源整合能力。其次，资源整合包括集团内部资源、技术资源、市场资源和产业布局的整合几个方面：对内部资源的整合，技术中心要把整个集团相关的产品资源、技术资源、人才资源摸得非常清楚；对技术资源的整合，战略技术研究院不仅要建立硬件平台，更要建立面向互联网时代的软件平台；对市场资源的整合，各业务单位的重点应该是在专注专业化发展的基础上，形成“组合拳”交叉优势，争取市场上大的商业机会；对产业布局整合，通过兼并、并购和与上下游企业建立合作、建立产业联盟等，运用资本的力量弥补产业中的不足之处，为整个公司的产业发展提供支撑。

## 四、推进“双创”，在企业培育创客文化，成立众筹平台

在公司内部成立专利中心，鼓励员工积极参与企业的科技及运营创新，在内部倡导创客文化，形成机制，鼓励研发人员积极在公司内创新创业。

一是众包模式。具体工作可细分、可衡量，创新对当期业绩可产生直接贡献的，以内部招标的模式让内部人员竞标。改进工资体制，实现多劳多得，能上能下。

二是分润模式。对于前瞻性的技术研究，短期很难衡量但又是未来企业战略发展方向的项目，如AI和区块链技术等研发，以项目立项、未来效益分享的方式激励员工，使得大家的工作与未来的长期市场效益挂钩。

三是创业模式。对于新产业、新商业模式的创新孵化，由于有很大的市场不确定性，则以创业投资方式引导产业创新；对于有孵化潜质的创意项目，则成立内部创投，集团出资本大头，创业人员持内部股。鼓励集团内的大众创新、大众创业，一起寻找新思路、新突破。

对于集团而言，主要以前瞻性技术研究、新产业新商业模式的创新为主，近些年共孵化了O2O平台、溯源、解码芯片等项目；而对于各业务公司而言，以技术革新、商业运营模式创新为主，代表项目主要有移动支付。

## 五、构建创新生态圈，促进行业及社会发展

为了支持和加快物联网产业相关企业的创新和发展，2011 年 12 月，新大陆集团发起成立全国第一个含国家财政出资的“福建永益物联网产业创业投资有限公司”物联网基金，用于投资国内物联网领域相关新技术、新商业运营模式中的创新型企业。

与此同时，新大陆还成立了物联网教育公司，并通过校企合作成立了福州大学物联网学院，普及物联网知识，向社会输送专才。

作为“数字中国”的发起单位之一，新大陆已经开始酝酿从商业运营到数据运营的创新，即通过互联网金融产生的大数据做数据挖掘和服务，形成有自主知识产权的运营维护和风控体系，促进泛行业的发展。通过“数字中国”这个平台，实现国内乃至全球资源的融合，突破行业局限，建立开放的、共享的公共创新平台。

# 跨界融合是新时代新技术产业发展的新思路

兆晶股份有限公司

## 一、跨界连续创业：从汽车配件到非晶带材

兆晶股份有限公司（简称兆晶股份）成立于2011年，是一家致力于铁基非晶合金带材及非晶变压器铁芯、非晶电机铁芯，以及磁粉芯研发、生产和销售的创新型企业。对于创始人方柏君来说，这是他从汽车零部件领域跨界进入高性能磁性软材料领域的一次连续创业尝试。早在2006年，方柏君即投身创业浪潮，进入汽车零部件领域，从事汽车电机的研发、生产与销售，并一直使用硅钢作为汽车电机制造材料。2011年，方柏君发现国外已有更好的材料发明并投入使用——非晶合金材料。这种新材料具有韧性强、磁性优的卓越性能，耗损低、用电少的节能效果，工艺简单、零污染物的环保优势。当时，国内对这种高新技术材料的研发和生产较为薄弱，尚未广泛应用和推广，能够批量化向市场供应非晶带材的企业寥寥无几。面对这样一个具有极大应用前景和发展潜力的新产业，方柏君果断决定投资进入。

## 二、跨过死亡谷：创业是一种必胜的信念

非晶合金材料项目具有技术要求高、研发周期长、资金需求大的特点，这也是摆在兆晶股份面前亟须解决的困难。由于刚踏足非晶合金材料领域，企业技术路线尚不成熟，但方柏君仍以雷厉风行的实干家精神，即刻一边投资建厂、招纳人才，一边组织研发、试制产品。为确保项目持续运行，兆晶股份不断投入巨额资金，总投资近4亿元。在项目发展前途未卜的情况下，这样的投资规模在民营企业中是少见的。

然而，刚刚诞生的兆晶股份面临的困难太多太大，最先遇到的就是技术合伙人选择放弃的内部危机。在重要一翼缺失的情况下，兆晶股份经几番努力，吸纳了一支极富非晶材料研发经验的技术团队。这支技术队伍的加盟极大地提升了兆晶股份的研发能力。同时，兆晶股份尝试与国内新材料领域领先的科研院所对接，与中科

院宁波材料所、浙江大学建立合作关系，形成产学研协作的态势，形成国内较为领先的技术研发水平和创新能力。

新的技术团队形成后，兆晶股份将更多的精力集中于产品的研发试制。虽然较长的研发周期使兆晶股份一直处于只有巨额投入、没有销量产出的状态，但历经两年多的不断试错、攻克难题，技术团队不仅解决了技术转化为产品的问题，而且自制生产设备，解决了国内没有专业设备的问题。

2014 年年底，第一批非晶带材试制成功，兆晶股份终于拥有了属于自己的高性能非晶合金材料产品，取得了进军高性能磁性软材料领域以来的第一个阶段性的胜利，成功跨越死亡谷。

## 三、快速增长：用好创新驱动与资本助力这两驾马车

产品试制成功后，兆晶股份开始向市场提供小规模的试用。经客户反馈和市场检验，兆晶股份生产的非晶带材性能优良，能够降低设备空载损耗率 70%~80%，减少空载电流约 75%，节能效果非常明显，可媲美进口带材。2015 年 6 月，兆晶股份的 3 个产品序列（铁基非晶合金带材、非晶变压器铁芯、非晶电机铁芯）全面投放市场。自投放市场后，销量增长迅猛，仅前 3 个月即实现销售额 2400 万元，呈现出以技术创新驱动企业爆发式成长的发展路径。

随着资本要素在创新型企业发展中的作用愈加明显，兆晶股份于 2017 年年初寻找到了与其业务吻合度极高的战略投资方——横店东磁。横店东磁在磁性材料领域深耕多年，是全国磁性行业的龙头企业，也是目前世界上规模最大、产品规格最齐全、技术力量最雄厚的永磁铁氧体生产企业。经接洽，横店东磁意欲以 8 亿元收购兆晶股份 100% 股份，如此次收购成功，则将为兆晶股份注入一剂强心针，助推其走得更快，走得更远。

## 四、创新型企业发展的借鉴和启示

兆晶股份是国内首家量产非晶带材的民营科技企业，它的成立和发展是企业家二次创业的探索，更是企业家对创新驱动的敏锐直觉和立即行动，对创新型企业来说具有深远借鉴和启示。

### （一）以技术创新驱动企业爆发式成长

技术是企业发展的源动力，兆晶股份进入市场后能够得到客户的认可，源自其

技术研发的成功，实现了高性能磁性软材料在国内的批量化生产。对于高、精、尖产业领域来说，率先完成国产替代进口不失为抢占市场的重要策略。

### （二）整合外部创新资源，以开放式创新取代传统的封闭式创新

兆晶股份与中科院宁波材料所共建非晶纳米材料工程技术中心，与浙江大学共建浙大兆晶非晶材料与技术研发中心，充分整合外部领先的创新资源，实现产学研创新协同，大大提升了企业创新能力。

### （三）以前瞻性眼光抢抓行业发展先机

兆晶股份进军非晶合金材料领域时，恰逢国家大力推广高新技术、提倡绿色节能的时机。非晶合金材料因其性能优异，市场需求较大，但国内能够实现批量化生产的企业寥寥，尚属一片蓝海，此时进入该领域占据了天时与地利。

### （四）引入资本及资本背后的战略资源

资本的助力有望进一步提升兆晶股份的技术水平，扩大生产规模，拓宽市场渠道，助推其进入一个新的发展阶段。

# 从传统制造到技术领跑

三川智慧科技股份有限公司

## 一、企业背景

三川智慧科技股份有限公司（简称三川智慧）的前身是1971年成立的江西鹰潭市水表厂，经过40多年的改革创新发展，从原来的小水表厂一跃成为拥有员工1100余人的国内水表行业的龙头企业、国内最大的水表铜配件生产企业和智能水表生产企业，是国内首家上市水表企业、江西省内首家在创业板上市企业、市属首家上市企业，是一家集生产、销售、研发于一体的现代企业集团。

三川智慧建有江西三川、山东三川南北两大生产基地和浙江温岭出口生产基地，拥有杭州三川国德物联网软件公司和上海互联网金融及爱水科技公司，产品覆盖中国大陆，远销东南亚、美洲、非洲等海外市场，国内市场占有率连续14年保持同行业领先。三川智慧现拥有有效国家专利48项；三川牌水表为国家免检产品、中国名牌产品，“三川”商标为中国驰名商标。2016年水表产销量突破930万台，高新产品占比达74.8%，位居国内第一、世界第三。2016年实现主营业务收入9.6亿元。

在2017年2月27日巴塞罗那开幕的2017年世界移动通讯大会上，三川智慧重磅推出的NB-IoT超声远传水表在中国华为、上海移远、美国高通、英国沃达丰、GSMA等通信公司的展台上通过静态产品展示、动态演示等形式成功参展，并以其卓越品质与独特优势吸引了大批国际客商及相关专家前来参观，其中有美国、西班牙、澳大利亚等国的11家公司打算与三川智慧进行商务合作。与此同时，三川智慧研发的NB-IoT超声远传水表已在澳大利亚墨尔本进行安装测试。这充分表明，三川智慧该款世界首创的窄带物联网水表已经领跑全球，在新一轮水表产业技术突破中抢占了市场先机，成为我国水工行业从中国制造迈向中国创造的排头兵。

## 二、主要做法

### （一）以发展思路创新为引领

思路决定出路。综观三川智慧创新发展史，每一个创新技术、创新产品的成功研发，都与准确把握市场密不可分。水资源严重短缺，是制约我国经济社会发展的一大软肋。由于居民节水意识不强的情况普遍存在，水龙头长年累月滴漏无法计量，不但给供水企业造成损失，而且给国家带来水资源的极大浪费。正是出于节约用水的社会责任感，三川智慧率先研发出滴水计量的节水型水表，深受市场欢迎。同时，为克服铜、铁材质水表带来的二次污染，三川智慧突破重重技术难关，研发以不锈钢为材质的精钢水表，为居民健康用水、环保水工做出了自己的贡献。

近些年来，智慧水务在我国方兴未艾。智慧水务有三大难题有待及早突破：一是供水管网渗漏难发现，影响及时定点补救；二是收费难影响供水企业效益；三是管理手段老化、成本高。据估算，全国供水管网漏损水量超过南水北调总量，可谓触目惊心！2010 年，以节约用水、健康用水、科学用水为使命的三川智慧，将“智慧水务 + 环保水工”确定为新的发展战略，果断进军水务市场，从 2012 年 6 月起，先后参股 46% 鹰潭市供水公司和控股余江县供水公司，紧扣水务短板研发新型智能水表和智能水务软件，及时推出预付费智能水表，以“不付费用不上水”促使用户及时交费，切实解决供水收费难的问题。

为加快推进智慧水务，2014 年 9 月三川智慧与中移动成都物联网公司开展合作，重磅推出物联网水表，通过物联网水表及时传输，高端数据不断更新并智能分析，对用水习惯进行大数据分析，极大方便了水务公司数字供水和智能调度。与此同时，在水务软件领域还推出可以精准查找供水管网漏损点、量，方便及时补救的 DMA 分区计量系统，大大减少了供水公司的产销差率；还推出了具有数据整合、信息共享、数据呈现、流程推进等多种功能的智慧水务登录平台和具有成熟接口协议的解决方案，以及支持多种语音自由切换的国际化优势的集抄系统，吸引了 10 个国家前来洽谈合作。2015 年 2 月与华为签订了战略合作协议，双方就 NB-IoT 等相关技术在智慧水务行业展开合作，成为三川智慧实施“智慧水务 + 环保水工”发展战略的新起点。

### （二）以技术、产品创新为核心

一个企业要做大做强，创新必须是全面的、系统的，否则便无法提升综合实力。但是，无论是科技型还是制造型企业，都是供给侧的主力军，核心竞争力归根结底还是看技术、看产品。因此，三川智慧长期在创新发展中始终坚持以技术、产品创新为核心。20世纪90年代，针对缺水国情，适应用户需求，瞄准产业政策，攻克技术难关，亮出节水概念，抢占智能先机，进入主流市场，先后荣获27项国家专利（其中1项发明专利），其综合能力、产品总体水平和市场占有率均处于国内同行业领先水平。三川牌水表被国家6部委授予"中国名牌"产品，国家工商总局授予"中国驰名商标"。新世纪以来，三川水表紧跟发展趋势，把握市场潮流，依托强大的技术优势，开发研制出机电一体化水表——IC水表、射频卡水表、无线、有线远传水表、可控阀式网络水表、智慧代码式预付费水表等多种新型水表，尤其是自主研发的智能基表批量投产，不但获利丰厚，而且深受青睐，在全国水表市场声名鹊起。

为了提升企业核心技术，尽早拥有市场竞争实力，三川智慧先与武汉远策软件开发公司合作研发智能成表，后又投资1000万元与中科院龙芯公司合作研发性能达到国际先进水平的超声波水表芯片；2014年成功与中移动成都物联网公司合作开发物联网水表；2015年12月，与华为公司签署《合作备忘录》，双方就NB-IoT相关技术在智慧水务行业展开合作。

科研队伍是科技创新的支撑。因此，三川智慧高度重视科技队伍建设，打造了一支国家级的三川水表研究中心，拥有实力强劲的153名科技人员，占员工总数的18%，2010年建立起博士后科技工作站，引进博士进行高难课题研究。2016年12月建立院士专家科技工作服务站，引进中国工程院院士对公司智慧水务、城市水务信息化管理方面的工作开展研究。公司目前拥有有效专利104项，其中发展专利13项，取得软件著作权102项。2016年10月，物联网水表通过了省重点新产品验收。

### （三）以激励机制创新为动力

对创新做出重大贡献者给予重奖，这是三川智慧长期保持的优良传统。为了激励广大科技人员和全体员工挖掘潜能、多做贡献，三川智慧不断进行激励机制创新，让创新奉献者有回报，让热心科研、贡献较大的员工有尊严、得实惠。2015年，对成功研发国内首款物联网水表科研团队带头人给予最高褒奖60万元；2016年，在"2016华为开发者大赛"上，三川智慧"IoT智慧水务解决方案"以其领先性、创新性、前瞻性、发展性得到在场专家高度认可，一举夺魁。公司为该团队带头人祝向辉同志颁发技术研发特别奖40万元，并向中华全国总工会推荐授予其"全国五一劳动奖章"。

在对研发高精尖技术产品发放特殊贡献奖的同时，三川智慧也像华为一样，对各个领域的革新改造、微创新进行奖励。三川智慧制定的《公司创新管理办法》形成了一套科学合理的创新效益评估机制和奖励标准，激发了公司每个创新细胞，每个领域的员工都热情高涨地投入到企业各类创新活动中来。鼓励员工利用工余时间刻苦钻研技术，积极投身工艺设备的更新改造。为完善工艺流程，降低生产成本，提高产品质量，公司对每个微创新项目在评估其实施效益后都给予不同标准的现金奖励。

## 三、经验及启示

在市场竞争日益激烈的当今世界，企业只有锐意创新，才能发展壮大。但如何才能创新成功并结出累累硕果，各个企业的状况千差万别，选择的创新路径也各有千秋。透过三川智慧的创新实践，可以得出如下三点启示：

### （一）在壮大创新技术实力上要“内引外联”相结合

作为中小型民企，在拥有科技人才方面难以和大型国企和著名外资企业相比拟。因此，中小型民企要用足够优惠的待遇、优越的工作生活环境引进高层次适用人才。同时秉持“不求所有、但求所用”的引智理念，靠大联强，与大专院校、科研院所开展合作，围绕关键技术进行联合攻关，从而提升自己的核心竞争力。为此，三川智慧在北京、上海、杭州、甬岭和鹰潭本部设立了研发部。

### （二）技术创新的立项要瞄准国内外同行业技术发展前沿尖端，产品创新的开发要瞄准市场和客户这个靶心

要切实避免摩托罗拉折戟“铱星计划”的惨痛教训，不盲目追求技术上的高精尖。技术创新不同于科学发明，技术上先进并不能保证商业上成功。只有实现技术与市场的有效结合，技术创新才能实现马克思所称的“惊险的一跃”。开发新产品一定要先做市场调研，掌握客户期盼，将技术先进度、市场需求度、客户满意度高度统一起来。

### （三）既要追求高精尖，又要注重微创新

凡是集研发、制造加工与营销于一身的企业，在创新的投入、布局、奖励等环节决不能顾此失彼。因为全产业链任何一个环节出现短板，都会制约新技术、新产品的市场效果和经济效益。因此，启动各部位的创新活动，激活各环节的创新细胞，都至关重要。

# 构建智能制造系统　打造智能工厂模式

江铜贵溪冶炼厂

## 一、围绕三大中心，打造智能工厂模式

江铜集团贵溪冶炼厂（简称贵溪冶炼）是国内最早采用闪速炼铜技术的工厂，通过历年来的技术改造，采用世界先进的“四高”（高投料量、高铳品位、高富氧浓度、高热强度）操作技术，现已发展为国内产量最大、设备装备水平最高的铜冶炼企业，目前工厂拥有 I#、II# 两套以闪速炉为核心的生产系统，成为世界上生产规模最大的铜冶炼厂之一，位居世界第三位。

贵溪冶炼一直以来针对铜冶炼企业的实际情况，对底层生产过程数据实时采集、生产过程优化控制、企业生产管理等各个层面的信息化进行研究和试验，攻克了一系列技术难题，在企业各生产工艺装置上广泛应用 DCS、PLC 等控制系统，成功地建立了符合有色冶炼企业需求的生产控制和管理信息系统平台。

贵溪冶炼在持续的工厂整体信息化建设过程中，不断围绕生产管控中心、能源管控中心、检修管控中心三大中心，打造智能工厂模式，初步构建了由生命周期、系统层级和智能功能组成的三维智能制造系统架构体系，打通了工厂业务层和执行层，全面提升了工厂的资源优化配置、精细化管理决策。

1985 年 11 月，总投资 6.5 亿元人民币、建设 6 年的贵溪冶炼厂一期所有设备完成了安装与试车工作。1985 年 12 月 30 日闪速炉投料试生产，一次性投产取得成功。1997 年，在二期建设中，凭借自有技术按“单炉改造、分步实施、分期投产”的战略规划实施 20 万吨目标。2001 年 9 月，贵溪冶炼三期工程由国家批准开工建设，将贵溪冶炼的年产量由 20 万吨提高到了 40 万吨。经过 2007 年的四期扩建，到 2015 年，阴极铜生产能力达到 100 万吨，主要生产销售阴极铜、硫酸、稀贵金属及相关副产品等。2016 年实现主营业务收入 672.73 亿元，税金 28.75 亿元，利润 17.95 亿元。

## 二、实时数据采集系统构成了工业大数据平台

贵溪冶炼的智能制造系统架构体系共分为基础设施层、生产控制层、业务运营层和管理平台层，主要通过生命周期、系统层级和智能功能三个维度构建完成。实时数据采集系统构成了工业大数据平台。

### （一）生命周期维度

贵溪冶炼属于有色冶炼行业，其生命周期是由采购、生产、物流、销售、服务等一系列相互联系的价值创造活动组成的链式集合。

在采购环节，贵溪冶炼通过建设ERP系统实现了物资设备的集中采购管理，涵盖了物资设备的采购需求计划、采购计划、采购订单、采购结算和供应商管理等采购业务。

在生产环节，贵溪冶炼建设了分层级的控制与管理系统。全厂建设了大量传感器、智能化仪器仪表、现代化机械和装置。为了实现分散控制、集中管理的过程控制理念，建设了涉及全生产环节的40余套DCS/PLC系统。在二系统30万吨铜冶炼工程建设项目中，大规模采用了FF现场总线型仪表和高信息化、高集成化的FCS系统。

在生产实时数据采集方面，充分利用贵溪冶炼数据通信网络资源，建立了以PI实时数据库为基础的实时数据库系统，采集全厂所有生产装置DCS控制系统以及PLC控制系统的实时数据，为企业的生产、管理提供一个有效的支撑，奠定了工业大数据平台的基础。

在物流环节，利用IC卡和条码技术，贵溪冶炼规划建设了物流管理系统，通过建立统一规范的物料编码体系和产品质量标准，实现对进出厂物料的车辆调度管理、计量管理、原料取样制样、样品化验、质量分析、扣杂、水分处理、元素有效结算等日常业务，管理进出厂物料的计量、检化验、仓储物流业务。

在销售环节，贵溪冶炼通过ERP系统实现阴极铜、金、银等产成品的集中销售，集中管理产成品的销售计划、销售合同、价格制定、发货、收款和客户管理等销售业务。

在物资设备存储和使用过程中，由生产管控中心、能源管控中心和检修管控中心跟踪其库存、流转和消耗信息。生产管控中心或能源管控中心将生产或能源计划和工艺过程规范下传到DCS/PLC系统，由DCS/PLC系统根据计划和工艺过程规范控制现场设备完成生产的控制与操作。

通过全生命周期维度智能制造系统的建设，贵溪冶炼实现了物流、信息流、资

金流的统一，实现了各环节的紧密衔接和协同配合。环节之间的系统通过规范化通信接口实现数据交互，达到“数据不落地”的传输，消除了信息孤岛现象，最大化地实现了信息共享。

### （二）系统层级维度

在设备层级，围绕建设智能工厂的目标，贵溪冶炼共安装了带现代化传感器的3000余台机电设备和近万台仪表设备，奠定了坚实的智能制造基础。在阴极铜库存管理中，建设了阴极铜条码管理系统，以实现阴极铜的准确、可靠跟踪，降低运营成本。

在控制层级，为了实现分散控制、集中管理的过程控制理念，建设了40余套大中型DCS或PLC系统，涵盖全厂所有生产车间。同时，建设了生产过程实时信息采集系统，实现了全厂各区域现场实时数据（生产类、消耗、工艺类、设备、过程控制类参数等）的统一采集和集中存储，并采用统一的接口规范分发到其他信息化系统。

在车间层级，为了更智能地控制生产过程，提高成品、半成品质量，降低生产成本，在熔炼车间建设了具有国际先进水平的闪速炉冶金控制模型，不仅能够在线全面、精确、智能化地优化控制闪速炉生产过程，还有能用作离线开展实验、调整、试算、评估、测试等工作的网络计算平台。

为了实现对生产情况和重点设备的实时监控，控制、优化调度和综合管理，实现从经验型到智能调度型的转变，贵溪冶炼建设了生产管控中心，通过实时数据库系统在从PCS层获取生产流程信息的基础上，将分散的控制系统、调度系统、安全环保系统、设备管理系统、质量控制系统、计量管理系统和车间综合管理信息系统等有机地结合起来，实现了全生产过程的计划与物流调度、生产控制与管理、生产成本管理和优化控制等的贯通。

在中心化验室，通过物流管理系统的建设，建立了检化验管理系统（LIMS系统），更加科学、精细、有效地管理检化验流程（包括取制样、样品登记、加工、交接、检测、判定、审核、发布等各环节）。

在企业层级，贵溪冶炼建设了企业资源计划系统（ERP），实现了计划、财务、成本、物料、销售、采购等业务的统一管理，降低了公司运营成本，提高了市场竞争力。建设了综合管理信息系统门户，建立了全厂统一的综合性信息展示平台，实现了企业信息资源的有效整合。另外，建设了人力资源管理系统，集中、高效地管理全厂员工的档案、考勤、培训、绩效、薪酬等信息。安环管理系统的建设提高了工厂在安全、环保上的管理水平和效率，实现了对危险源、污染排放的高效监控和对突发事件的应急应对，有效降低了安全事故的发生和污染物的排放。

在系统层级维度上，设备层级产生的各种控制、计量、测量、状态等信息，通过控制层级的 DCS/PLC 汇聚到生产实时信息系统，然后由生产实时信息系统上传到车间层级的制造执行系统或者直接上传到企业层级的能源管控中心或者检修管控中心，通过统计、汇总，结合 LIMS 系统的质量信息，形成批次件次的投入产出、能源、质量、成本等信息上传到 ERP 系统。另外，产品生命周期评价系统（LCA）通过收集生产实时信息系统、生产管控中心、能源管控中心和检修管控中心等系统的产品信息，对产品全生命周期进行分析和评价、诊断。

### （三）智能功能维度

在资源要素上，贵溪冶炼拥有备料、冶炼、电解、稀贵、制酸、选矿和动力（制氧、制水、供电等）等车间，每个车间又包含多个工段，每个工段均有一台或多台生产机组或大中型设备，以完成生产任务。贵溪冶炼生产中使用的能源介质包括重油、轻油、LNG、电、水、氧气、氮气、压缩空气等，生产中用到的原材料包括各种铜精矿、石英砂、冷铜料等。

在系统集成上，贵溪冶炼建设了 40 余套大中型 DCS 或 PLC 系统，涵盖全厂所有生产车间，在此基础上，建设了实时数据采集平台。生产管控中心实现对生产计划、调度、作业、质量、库存和成本等的管理；能源管控中心对全公司范围内的油、气、水、电等能源介质实现集中管控、优化调度；检修管控中心则对设备资产的维修、维护、巡检、计划等进行统筹优化管理。产品生命周期管理系统对产品全生命周期的数据进行集中收集、分析、评价和诊断。企业综合信息平台则集成了全厂内的业务应用系统信息，形成了统一的综合性展示平台。

在互连互通上，贵溪冶炼建设了覆盖全厂设备、控制、工厂、企业各层级的信息网络。全厂网络系统主要由基础级网络、过程级网络、管理信息级网络和外部通信网络构成。如果按其功能作用划分，分为控制网络和管理网络。控制网络逻辑结构为总线形，物理结构仍保持环行，通过生成树协议把其中两条线路维持为备份线路。管理网络构成了骨干千兆、桌面和装置百兆 / 千兆，自下而上，星型分布，全面覆盖工厂的计算机网络体系。

## 三、在国内有色冶炼行业处于领先地位

贵溪冶炼以生产管控中心、能源管控中心和检修管控中心为核心构建的智能制造系统架构体系在国内有色冶炼行业处于领先地位。通过智能制造系统架构体系的构建实施，贵溪冶炼将形成一个柔性的智能生产网络，每个服务来自不同的系统，

比如，生产计划服务来自 ERP，生产作业指令服务来自生产管控中心，能源调度指令服务来自能源管控中心，设备维修计划服务来自检修管控中心，计划执行与反馈服务通过 DCS/PLC 控制系统完成，生产制造服务由设备完成。从而可以实现工厂的扁平化管理，将以往分散在不同工序、不同职能部门和业务单位的生产操作、能源调度、检修管理进行综合的管理与控制，缩短了生产与管理信息的流转路径，最大化了工厂 MES、ERP 系统的效用。

目前国内外有色行业尚未有完备的三大核心管控中心的建设实施。石化等行业也只实现了部分中心的建设。而未来建立突破工序界限、能源介质界限、业务单位界限，形成以功能进行区分的管理控制中心是企业智能控制、智能管理、智能经营的有效方式。通过贵溪冶炼建设三大核心管控中心，能够利用江铜集团在行业中的领先地位，达到行业示范的效果。通过三大中心的领先建设和探索，再造经营管理流程，定义行业领先的智能工厂经营管理模式标准和规范，引领国内外有色行业智能工厂建设话语权。

贵溪冶炼的智能制造系统架构体系构建实施后，最大限度地帮助企业更好地对生产过程进行监控并调整，通过对过程变量实现在线采集后，建立其高精度工艺模型，利用先进控制优化算法对生产过程进行优化控制，使系统运行更加合理，最终达到提高产品质量和生产效率、降低成本、提高运行安全性、减少环境污染和资源消耗的目的；同时规范企业的生产、经营管理，提高企业的综合管理水平，对推动铜冶炼企业控制水平整体上升、带动相关产业的发展有重大意义，将中国有色冶炼企业的冶炼水平提高到一个新的台阶，可大大降低冶炼企业的能源消耗，降低事故发生率，减少环境污染。项目可带来显著的经济效益、环境效益和社会效益，在各项技术经济指标上也取得良好的效果。

在降低工艺技术人员的培养成本和劳动强度方面，在本架构体系投用之前，每个操作人员至少需要一年以上的冶炼经验，普通操作员一年的培养成本至少在 10 万元以上，一名专业工艺技术人员的培养成本至少在 30 万元以上，并且由于炉况的频繁波动，导致现场人员的工作强度很大；通过投用本架构体系后，系统自动根据炉况情况进行调节，大大降低了其劳动强度，同时由于系统达到了 95% 以上的在线自动调节，每年为企业带来了近 200 万元的经济效益。

在优化工艺规程，提高产品质量方面，通过应用工艺模型优化控制系统，将降低冰铜、粗铜品位的波动范围，大大稳定了炉况，提高了炉役时间，减少了检修时间，一年为企业带来 300 万元的经济效益。

在减少空气、氧气和天然气消耗量方面，通过本架构体系的投用，平均每吨粗铜减少天然气消耗量 3 立方米，工艺氧量降低 10 立方米，空气量降低 35 立方米，一年为企业带来近400万元的利润。

在管网优化、设备管理方面，通过投用本架构体系，延长了管网和设备的使用寿命，优化了备品备件的采购与使用，一年为企业带来近300万元的利润。

# 技术联姻＋资本联合，铸就光学膜行业翘楚

宁波激智科技股份有限公司

## 一、创业九载：从技术驱动迈向资本市场

2016年11月15日上午9点15分，随着一声清脆的钟声，宁波激智科技股份有限公司（简称激智科技）成功登陆深交所创业板，这对创始人张彦博士以及整个创业团队来说，都意义非凡。不仅标志着激智科技自此正式踏入资本市场，更标志着激智科技光学膜系列产品得到了市场的高度认可，步入了跨越式发展的新阶段。

早在2007年，新加坡国立大学博士、光学薄膜专家张彦便放弃了外企优厚的工作待遇来到宁波投身创业浪潮，携带先进的技术在宁波国家高新区创办了宁波激智科技股份有限公司。公司自成立以来一直致力于研究、开发诸如光储存、光电显示、精密仪器尖端市场所需要的光学塑料薄膜及其他特种光电薄膜，不到10年时间，自主研发的扩散膜、增亮膜和反射膜等产品打破了日、韩、美的产品垄断，销售额从2009年仅1000万元快速增长至2016年的近7亿元，并且强势进入资本市场。创业九载，激智科技终于等到了更大更强的历史机遇。

## 二、资本助力：开启光学膜创业之旅

如今的激智科技，已经成为行业骄子、资本市场的“宠儿”。谁曾想到创业之初，在唯独拥有技术却没有充足资本的情况下，张彦及其创业团队也曾历经艰难岁月，买不起设备、资本市场不青睐，让刚刚诞生的激智科技愁云满布。喜人的是创业之路并不孤单，在宁波这块创业福地上，激智科技遇到了俞根伟、叶伍元两位伯乐，也收获了800万元的第一桶创业资本。在两位民营企业家的信任和支持下，第一条生产线于2008年建成。同年8月，在第一桶金所剩无几的紧要关头，激智科技获得了挚信资本950万美元的风险资本，从而渡过了资金的激流险滩，实现了大规模生产，同时将良品率从60%提高到了100%。天使投资、风险投资的一次次接力，为激智科技开启了创

业之旅。

## 三、双重创新：打破光学膜领域国外技术垄断

工艺创新是激智科技开启生产大门的基石。光学膜制造对生产工艺要求极其高，当年激智科技建设第一条生产线时，国内尚没有专业的光学膜生产线，而国外一条光学薄膜生产线需要2000万元的成本投入。在当时资金不足、生产紧迫的情况下，张彦及其团队排除万难，决定采取“自主研发设计+委托生产”的模式，一次次反复试验、无数个彻夜头脑风暴，终于成功研制出了适合光学膜生产工艺的设备。如今在激智科技的生产车间里，自主研发的设备随处可见，正是这条用“比较普通”的设备做出了业界高度认可产品的漫长道路，再次彰显了其在光学膜领域深厚的技术沉淀。

产品创新是激智科技的生命力所在。自创立以来，激智科技每年投入营业收入近5%用于技术研发，不仅短短两年时间内成为国内首家在TFT-LCD光学膜领域中拥有自主知识产权的民族企业，更是一举打破国外企业对光学膜技术的垄断，填补了国内技术空白。如今，激智科技已获得近30项国家专利授权，其中发明专利达25项之多；成功研发并可量产的光学扩散膜、增亮膜和反射膜产品近80种，并且可根据客户需求提供“定制化服务”。目前其产品已成功进入三星、苹果、LGD、夏普、友达、富士康、TCL、海信、海尔、长虹、创维、京东方等众多国内外一线品牌供应链体系，成为国内首屈一指的光学膜龙头企业。

## 四、扬帆远航：剑指中国最大特种薄膜生产商

企业快速发展的背后是“激智团队”合作创新、各司其职的默契配合。如今，激智科技已聚集一批海归和来自世界500强公司人才，其核心研发团队包含10名具有深厚学术背景和丰富技术经验的行业领军人才，并且公司内部设立了国家级博士后工作站，肩负着培养输送专业人才的重任。正是拥有这样一支充满创业激情、心怀特种薄膜技术突围的“激智团队”，激智科技才以勇立潮头之势锐意进取，不断拓展产品创新范围。在过去的2016年，激智科技成功自主研发了量子点膜，并已在2017年全面实现量产，助推大尺寸液晶显示器显示技术从微米级到纳米级的量级突破。

在蓬勃发展的薄膜产业大潮下，激智科技凭借领先的技术和优质的产品以及朝气蓬勃的团队在光电薄膜市场牢牢占据着一席之地，企业版图也随着江北、象山两大厂区的相继投产而不断扩大。站在新起点，随着技术的突破和市场占有率的提升，

激智科技的目标并不仅限于光电行业，而是将目光投向更多领域用的功能性薄膜产品，剑指前进目标、奋力成为中国的“3M”。未来，激智科技将以“激智式”爆发成长模式，创造更多业界“奇迹”！

# 科技专利成果权属的混合所有制改革激发创新热度

西南交通大学

开展职务科技成果权属混合所有制改革试点，是贯彻落实党中央、国务院探索科技成果产权制度改革的一项重要创新举措。四川省委十届七次全会审议通过了《关于全面创新改革驱动转型发展的决定》，明确提出开展职务科技成果混合所有制试点。西南交通大学（简称西南交大）按照国家系统推进全面创新改革试验的部署，把打通科技成果转化的“最先一公里”作为重要任务，探索开展职务科技成果权属混合所有制改革试点，进一步激发科技人员创新创造积极性。

## 一、背景

2010年，西南交大率先开展职务科技成果权属混合所有制改革试点，着力解决科技成果转化难的问题。西南交大的改革试点通过让科技人员占有知识产权的70%比例，实现了职务科技成果知识产权向科技人员的实际让渡，使科技人员成为科技成果转化的主体，调动了广大科研人员的积极性，充分体现了实行以增加知识价值为导向的分配政策。西南交大开展试点以来，已在全国形成很大影响，中央改革办、科技部、教育部、国家知识产权局等部委到川进行了调研，全国十几所高校前来西南交大学习取经。浙江省已将“奖励科技成果完成人一定比例的科技成果权属份额”写入新修订的《科技成果转化条例》。武汉已将“开展科技成果所有权混合所有制改革”写入《支持创新创业发展新经济的政策清单》。2016年中央电视台《新闻联播》和《经济半小时》也对四川省改革试点进行了深度报道。

截至2017年5月，西南交大共有164项职务发明专利分割确权，并通过分割确权后的职务科技成果评估作价入股成立了9家高新技术创业公司，目前正在筹备注册成立3家公司，仅同相供电技术成果2016年就签订了1个亿的合同，预计2017年签订2个亿的合同。而2010—2015年6年时间，西南交大总共只有14项专利转让、许可，收入158万元，申请费、维持费和专利奖金支出900万元。

## 二、做法

### （一）让职务发明人拥有成果“所有权”

2016 年，西南交通大学印发了《西南交通大学专利管理规定》（简称“西南交大九条”），首次明确了职务发明人对职务科技成果的所有权，其核心是分割现有职务科技成果知识产权给职务发明人，使职务发明人“晋升”为与学校平等的共同专利权人，将职务发明人享有的被奖励权升级为知识产权，以知识产权来激励职务发明人进行科技成果转化。一方面，对既有专利和专利申请，学校通过专利权人和专利申请人变更的方式实现对职务发明人的奖励。另一方面，对新的专利申请，学校通过共同申请实现对职务发明人的奖励。学校与职务发明人就专利权的归属和申请专利的权利签订奖励协议，规定或约定按 30%∶70% 的比例共享专利权。西南交大的所有权改革通过让科技人员占有知识产权的 70% 比例实现了职务科技成果知识产权向科技人员的实际让渡，使科技人员成为科技成果转化的主体，这有利于调动广大科研人员的积极性，充分体现了实行以增加知识价值为导向的分配政策。

### （二）让职务科技成果转化有“通道”

西南交大紧紧抓住国家《促进科技成果转化法》赋予高校的完全成果处置权的重大契机，出台了《西南交通大学专利管理规定》。利用处置权实现奖励权，通过奖励权的前置来简化实现所有权，在一定程度上避免了与现有法律的直接冲突。学校通过职务科技成果混合所有制将知识产权的 70% 奖励给职务发明人，通过知识产权评估作价入股，职务发明人持有的知识产权就转换为职务发明人的股权，学校持有的知识产权就转换为国有股权，从而实现对职务发明人的股权奖励。西南交大职务科技成果混合所有制改革试点，与 2010 年国家在北京中关村自主创新示范区开始的“先转化、后确权”的股权激励试点方案相比，西南交大的方案则是“先确权、后转化”，用一个章办了北京中关村 18 个章才能办成的事。

### （三）给职务科技成果混合所有制“正名”

西南交大的职务科技成果混合所有制，由于给予职务发明人明确的知识产权预期，可以鼓励职务发明人从立项到科研全过程培育成果的可转化价值属性，从而可以产生出更多具有转化价值的科技成果。开展职务科技成果混合所有制试点工作以来，已有多个科研团队的职务科技成果进行转化，其中包括中低速磁悬浮二代技术、同相供电技术、气体保护焊机、可降解生物材料等具有国际先进水平的职务科技成果。而在此前的2003—2009年，只有一项职务科技成果得到转化。

## 三、启示

创造性劳动不同于一般性劳动，其价值很难通过工资和奖金对价，应该赋予创造性劳动者以知识产权，通过市场检验并实现其价值。西南交大的职务科技成果混合所有制，由于给予职务发明人明确的知识产权预期，可以鼓励职务发明人从立项到科研全过程培育成果的可转化价值属性，从而可以产生出更多具有转化价值的科技成果。

在市场经济的大背景下，发明人的个人利益与社会公共利益是共生共存的，没有发明人的个人利益就没有社会公共利益，科技成果不转化是国家科研投入和发明人创造性劳动的最大流失。成果只有转化了，国家科研投入才能避免流失，税收、就业机会、国有股权及其分红、产业结构向高端的调整才能随之而来。职务科技成果权属混合所有制改革试点，解决了高校科技成果转化过程中困扰着成果持有人、高校以及企业的所有制问题，可以说，是通过“产权驱动创新”路径实现“创新驱动发展”战略。

# “溅射”中国制造的耀眼光芒

宁波江丰电子材料股份有限公司

宁波江丰电子材料股份公司（简称江丰电子）是由海外高层次归国留学人员为核心的创业团队所组建的一家高新技术企业，也是国内目前唯一一家从事超大规模集成电路芯片制造用超高纯度金属材料及溅射靶材的研发企业。2005 年，作为全球范围内掌握超高纯金属及溅射靶材关键技术专家之一，姚力军带着技术和创业团队回到国内，在宁波余姚成立了江丰电子。2005 年年底，江丰电子成功研发了第一块中国制造的靶材，填补了国内战略金属材料领域的技术空白。在经历了盈利困难、金融危机、产能不足等 5 年的艰苦创业之后，公司规模不断扩大，跃进“2016 年中国半导体行业材料十强企业”之列，并以绝对的竞争优势向世界最优秀的半导体材料企业的目标进军。

## 一、谋技术创新：树立半导体材料行业里程碑

江丰电子注重技术创新与知识管理，在全球半导体材料领域取得了核心竞争优势。江丰电子每年投入研发资金数千万元，研发人员占员工总数近 60%。自 2005 年江丰电子自主研发生产第一块靶材起，姚力军与他的创业团队便一直投身于技术创新与难题攻克，不断突破半导体材料领域的多项关键技术，截至目前共获得授权专利 169 项，其中发明专利 121 项，制定国家 / 行业标准 11 项。2016 年 3 月，江丰电子的“超大规模集成电路制造用溅射靶材关键技术研究及产业化”项目荣获浙江省技术发明一等奖，是唯一一个作为第一完成单位的企业获此殊荣，也是宁波地区唯一一个一等奖。如今，江丰电子已掌握包括 Al、Ti、Cu、Ta 等多种金属靶材制造的关键技术，自主知识产权覆盖了靶材制造全工艺流程，产品已成功打入中芯国际、台积电、富士通、东芝、索尼、松下、三星、海士力等 280 家世界主流半导体制造企业供应体系，包括 iPhone7 核心处理器 A10 芯片也采用了江丰电子产品，是中国电子产品第一次在“16nm FinFET+”技术大规模集群的成功应用。姚力军带领江丰团队通过 10 余年创新创业，树立

了中国半导体产业重要的里程碑。

## 二、促成果转化：打造产学研合作共赢新模式

江丰电子长期致力于产学研合作，建有省级院士工作站、博士后工作站、高新技术企业研发中心、企业研究院等创新合作平台，与哈尔滨工业大学、中南大学、中芯国际、金川集团、中色宁夏东方集团等高校院所及企业建立了合作关系，先后承担国家重大专项、国家863重大专项、国家发展改革委高技术产业发展项目、工信部电子发展基金等国家级科研及产业化项目，通过协同创新、协同制造等模式，促进溅射靶材等技术加速产业化。2016年，在第十届中国产学研合作创新大会上，江丰电子荣获“2016年中国产学研合作创新奖”，成为全国产学研合作标杆企业。通过多年来的产学研深化合作，江丰电子在引进培养大批研发人才的同时，也为公司打造了更加开放共赢的战略性新模式。

## 三、推以才引才：实现高端人才创业铸就全新产业链

江丰电子在高层次人才队伍建设方面推行“以才引才”的人才引进模式。对企业内部而言，江丰电子充分发挥高层次人才的引领作用，鼓励人才之间互推互荐，加快公司内部创新创业团队组建。尤其是董事长姚力军博士作为海归人才，吸引多名海外归国博士以及美国、日本籍的行业专家，塑造了江丰电子在同行业中具有国际影响力的研发和管理团队。

对行业发展而言，姚力军凭借自身丰富的人脉资源，成为宁波市的“引才大使”。在他的带动下，短短几年间，围绕半导体新材料产业上下游以及横向相关产业，先后有50多位海归人才、37个科研团队落户余姚，涌现出江丰生物、创润新材料等一批科技型企业，形成了铝、钛、铜、钽等靶材的整条产业链，并且逐步打造以江丰电子为核心的“原料—半导体材料与装备—芯片”全新产业链，产业集群年产值有望达到50亿元，成为行业发展新动能。

在当前“中国制造2025”“工业4.0”风起云涌的时代背景下，作为掌握芯片必备材料——高纯金属及溅射靶材关键技术的企业，江丰电子拥有广阔的发展前景。面向未来，带着“让技术从国外走进来，让中国产品走向全世界”的理想，姚力军与他的江丰电子团队将不断“溅射”出“中国制造”的光芒！

# 坚持创新转型升级　引领水产行业新旧动能转换

通威股份有限公司

通威股份有限公司（简称通威）是由通威集团有限公司控股，以现代农业、绿色能源为双主业，涉足种苗繁育、动物保健、食品加工等多领域的大型民营科技型上市公司，系农业产业化国家重点龙头企业，是全球最大的水产饲料生产企业，年饲料生产能力达1000万吨，拥有分、子公司160余家，水产饲料市场占有率超过20%，年产量行业排名连续20多年位居全国第一。

通威秉承“为了生活更美好”的企业愿景和“追求卓越，奉献社会”的企业宗旨，坚定不移发展现代农业和新能源两大“绿色”双引擎。农业以饲料工业为核心，以为社会提供“安全通威鱼”为目标，突出水产料的核心优势，全力延伸和完善水产等产业链条，打造世界级健康安全食品供应商；新能源以为社会提供“洁净空气”为目标，致力于打造世界级太阳能光伏企业和世界级清洁能源公司。

为努力打造水产行业企业标杆，引领水产行业健康发展，通威一直致力于“以科技创新为抓手，以技术服务营销为落脚点”，积极探索、研究行业发展变化趋势，打造新型有效的商业模式，为企业转型保驾护航。

## 一、立足科技创新，推进企业发展

作为水产行业的领军企业，科技创新和技术进步是公司发展的保证和主要驱动力。通威自成立以来，在技术领域奉行“人才为本、创新驱动、基础夯实、行业前瞻、领先应用”的技术创新思想，认真贯彻科技创新的精神，以科学发展观为指导，紧紧围绕企业的创新战略，满足产业转型升级的迫切要求，提高自主创新能力，以传统产业中的关键、共性及前瞻性技术的研发和推广应用为目的，进一步优化科技创新研发运行机制，着力提高企业的创新能力，为企业发展提供强有力的科技支撑。

近年来，通威先后被认定为国家企业技术中心、国家创新示范企业、四川省高水平企业研发机构等殊荣，建立了国家认可实验室、农业部水产畜禽营养与健康养殖重点实验室、国家地方联合工程实验室、四川省重点实验室等平台。公司每年拿出总销售收入的4%以上的经费来开展科技研发项目，每年科研项目超过100项，先后获得国家科技进步二等奖1项，中国水产学会范蠡科学技术奖一等奖1项、二等奖1项；省部级及地方科技进步奖12项；拥有专利261项，其中发明专利84项；取得新品种证书2个、新兽药证书2个，参与国家和行业标准制修订16项；出版专著5本，发表论文及文章400多篇。2016年，通威饲料年销售量达401万吨，同比增长5.66%，总销售收入208亿元。

## 二、经营模式转型，产业链一体化发展

经过多年不断创新，通威已从单一的饲料生产企业成功转型升级为一个从事种苗—饲料—养殖技术—疾病防控—水产品加工—销售的国内最完备的水产产业链一体化的大型科技企业，开辟了“公司+基地+农户”的水产产业化发展模式，推动了传统养殖产业向一体化、规模化、专业化、集约化发展，促使通威成为国内优秀的综合型饲料加工企业。目前，该模式已投入3400万元，重点培养养殖户671户，辐射带动5109户养殖户，户均增收6万元以上。

## 三、养殖模式转型，助推水产行业科技水平提升

近年来，通威通过自主创新，开发了“365高效健康养殖模式”，并在全国50多家分、子公司建立了249个一级重点示范户，辐射二级示范户1417个。仅一级示范户的推广总养殖水面达9865.2亩。各分、子公司围绕一级示范户，共召开2080场参观推广会及技术交流会，3万余人次参加，推广微孔增氧1292套、水车增氧机1700台，涌浪机889台、风送投饵设备412套、底排污建设321个（包括106个温棚），带动用户6305户，带动水面239926亩，其中为公司带动饲料新增销量59314.095吨。该模式的成功推广，在彰显通威科技力量的同时，也转变了养殖户的养殖观念，提升了行业的养殖水平。

## 四、商业模式转型，“渔光一体”引领水产业二次革命

目前，土地资源、水资源、环境污染以及养殖是制约水产行业创新发展的三大瓶颈。通过自主行业首创的“渔光一体”项目，通威打破了传统的养殖模式，实现了光伏发电与现代渔业健康养殖模式的有机结合，实现水上产出光伏发电效益、水下产出绿色养殖效益的立体经济模式，推动现代渔业和新能源双主业并重发展，持

续产出安全水产品和清洁能源，形成公司差异化核心竞争力。除了养殖获益以外，光伏发电8~10年即可收回成本，电站发电25~30年，亩发电收入可达3万元~4万元/亩。目前，公司光伏发电项目已立项30多个，规模约990兆瓦，项目资源储备规模超过3吉瓦，主要分布在四川、江苏、安徽、内蒙古、新疆、河南、山东、江西等地。该模式的开创，将引领传统渔业、光伏发电和养殖业的变革，发展创新产业链和价值链，实现新的经济增长点，带动现代化生态农业建设。

## 五、“互联网+”管理模式转型，探索行业可持续发展新出路

在优化传统营销模式的同时，通威充分利用互联网，打造了三大通威“互联网+水产”行动计划，分别为集移动互联、云计算、大数据、物联网于一体的“互联网+智能养殖”（物联渔业及现代渔业设施），集鱼价行情、鱼病防疫、养殖技术、苗种选择、销售理财于一体的“互联网+服务”（通威“通心粉”社区），集线上平台、线下社区店、O2O电子商务于一体的“互联网+商务”（全农惠电商平台）。截至目前，通心粉社区微信及社区注册用户数量已经超过75万人，论坛最新主题数超过70000个，每日新增贴超过10000个。全农惠已拥有11万有效在线会员，在线交易订单量超过30万单，拥有供应商200余家、线下门店54家。三种“互联网+”的融入，将推动通威管理模式的大力提升、通威业务模式的变革以及通威商务模式的创新，为行业可持续发展探索出一条新出路。

# 高点定位　特色运营　筑巢引凤

山东国际生物科技园

随着生命科学技术的持续创新与不断突破，生物技术进入高速发展阶段，成为各国研究开发的重点。当前，正是国际生物产业发展的“黄金十年”。山东国际生物科技园赶上了这趟通向生物产业“黄金十年”的列车，载着无穷尽的梦想，用自己独特的方式开始了建设生物科技园区的探索与尝试。

## 一、首推“政企合作”建园新模式

海滨城市山东烟台，位于山东半岛蓝色经济区核心区、胶东半岛高端产业聚集区和黄河三角洲高效生态经济区三大经济圈融合交汇处，区位与环境优势得天独厚，生物医药产业创新势头强劲，海洋生物特色资源极其丰富，周边科研院所云集，产业开发基础良好，具备了发展医药与健康产业不可复制的资源优势。近年来，烟台医药与健康等相关生物产业实现了高速发展，产值、利税等主要经济指标年均增幅都达到了 30% 以上，在很多领域的生物技术创新走在了全国和世界的前列。在这种大环境下，如何利用好当地地理、资源和产业等各项优势，集各方之长去实现生物产业集群化、规模化和国际化发展，成为当地政府必需的思考。

众所周知，科技园区的建设目前已成为我国科技创新体系建设的重要组成部分。而从体制和机制上去创新才是科技体系创新和发展的根本出发点。设立生物科技园区，烟台属于后来者。那么，如何汲取国内外前人取得的经验，站在巨人的肩膀上去发展，做到后来者居上？建园的体制和机制的准确把握显得尤为关键。早在 2010 年 1 月，在山东省科技厅和烟台市政府的大力支持下，烟台国家级高新技术产业园区与当地的医药健康龙头企业绿叶投资集团合作，首推“政企合作、企业化运营、高度市场化运作”的建园新模式，并选择在高新区内自然环境优美、濒临大海的核心地段创建烟台首个专业化的生物科技园区。山东省科技厅和烟台市政府领导将园区命名为“山东国际生物科技园”。2010 年 8 月，规划占地 70 公顷，总建筑面积137万平方米的山东国际生物科技园成功举行了奠基仪式，时任全国人大常委会副委员长、“重大新药创制”科技重大专项技术总工程师桑国卫等各级政府领导、十几位两院院士以及相关领域的专家学者等700余人见证了这次仪式的举行。十多家知名机构、高校院所以及风投机构与园区签订了入园合作意向。于是，这种在“政企合作”模式下建设和运营的新型科技园区在社会各界的广泛关注下诞生了。

经过6年多的建设发展，山东国际生物科技园15万平方米的一期孵化园成功建成，并升级成为国家级科技企业孵化器、国家山东创新药物孵化基地。2016年5月，山东国际生物科技园建设迎来了新的春天。为抢抓山东半岛“国家自主创新示范区”建设机遇，引领带动区域生物医药与健康产业发展，推动区域实施创新驱动战略，烟台市人民政府与烟台高新区管委会决定以烟台高新区山东国际生物科技园为核心载体，依托当地医药健康龙头企业绿叶生命科学集团等优势资源，构建全球定位、国际标准、覆盖生物医药和生命健康管理全产业链条的“烟台国际生物医药与健康产业创新中心”。本着“政府主导、市场运作、统一规划、分步实施”的发展原则，烟台市人民政府、烟台高新区管委会、山东国际生物科技园三方在烟台高新技术产业开发区正式签署了《“烟台国际生物医药与健康产业创新中心”合作开发建设协议》，标志着以山东国际生物科技园为载体建设的“烟台国际生物医药与健康产业创新中心项目”正式启动。

目前，国内各类生物科技园区不论规模大小和产业定位，总计大概有数百家，像山东国际生物科技园这种采取“政企合作”建园模式的，开创了国内先河。其中，政府主导是建园的保障，企业化运营是建园的特色。这种创新的经营与管理机制，不同于单纯将园区等同于一般性区域行政进行管理的做法，而是在政府强大的政策引导和高效服务保障下，以当地医药龙头企业为建园的技术依托，将企业多年积累的科技资源、市场化运营经验等作为建园的基础，在园区产业定位和市场导向中做出准确的判断和决策，在管理中最大限度地体现园区内的企业、机构以及区外投资者的利益与意愿，最大限度地发挥企业作为“产学研”核心部分的优势，实现“政产学研金用”多方资源有机结合，在此基础上形成整体经营与发展的理念，并积极进行园区的整体包装、策划与推广，从经营的角度为园区服务，体现园区服务更为专业化、人性化的一面。

## 二、树立“医药与健康”产业定位

产业定位决定了一个园区的特色和发展前景。目前，国内已建和在建的上百个生物科技园区大都做成了医药产业园，也树立了不少成功的典范。作为位于有着多张城市名片的全国生态宜居名城烟台的生物科技园区，国际生物科技园在考虑产业定位时，希望能够在立足实际、高点定位的基础上独树一帜，形成自己的特色，为烟台再添一张科技领域的新名片。既要因地制宜，大力发展优势产业，同时也要与时俱进，在发展中形成自己新的优势。

山东是我国的医药大省，医药产值长期位居全国前列。园区的技术依托主体——绿叶生命科学集团是一个烟台本土培育的国际化创新型医药与健康产业集团。生物医药作为优势产业自然要保持其主导产业的态势，产业份额最多占到园区产业分布的四到五成。那么，余下的份额发展什么呢？再生医学和精准医学是目前国际新医药产业的发展趋势，山东国际生物科技园肩负着在区域产业发展过程中发挥引领作用的使命，自然要将这两个产业领域列为重点发展内容。考虑到烟台还是我国半岛蓝色经济区的核心城市，海洋生物资源丰富，邻近海洋科技名城青岛，科研力量云集，“山东半岛蓝色经济建设”和“国家自主创新示范区”已上升为国家级战略，园区就因势利导将“海洋生物”列为园区发展的一大特色产业。再者，随着人们健康意识的日益增强，健康产业作为全球性的朝阳产业，在“防、治、养”三个环节的发展前景不可估量。尤其在治疗阶段，生物产业作为战略性新兴产业，配合医改的推进，国家在资金、技术及政策方面给予一系列扶持，健康医疗产品高速增长的势头仍在持续。随着健康需求趋向多元化、个性化、习惯化、理性化，保健品从可选消费品逐渐转为生活必需品。目前将健康产业列为城市发展名片的在国内尚无先例。因此，在素有“八仙过海，人间仙境”之称的养生城市，将健康医疗列为园区的一大产业定位，不失为一个明智的选择，属于烟台走在全国前列的一种尝试。于是，山东国际生物科技园（烟台国际生物医药与健康产业创新中心）的产业定位和格局很快形成。园区将整体打造“国际生物医药创新中心”和“国际健康产业创新中心”两大产业板块，以期迅速形成集聚效应和比较优势，在全国乃至国际上打响烟台医药健康城和烟台生命科学创新示范区品牌。其中，国际生物医药创新中心位于国际生物科技园西区，在“国家级科技企业孵化器”“国家级高新技术产业开发区”“国家自主创新示范区”“国家创新人才培养示范基地”“国家创新药物孵化基地”等国家级创新平台的载体上，搭建用于培育创新创业型中小微企业的系列国际化研发高技术服务平台、生物科技惠民平台，汇聚生物医药、再生医学、精准医学、海洋生物等医药与健康产业领域的高新技术企业、国内外顶尖院所机构、高层次人才，携具有自主知识产权的核心技术等来烟台创新创业，开展研发创新、新技术孵化、成果转化和企业培育，打造具有国际竞争力的全球性生物医药科技创新基地。

实践证明，这种“医药与健康”的特色产业定位是经得起时间检验的。园区自启动建设以来，一直保持着良好的发展态势。目前，山东国际生物科技园作为山东省医药科技创新体系的重要组成部分，被科技部批准为“国家山东创新药物（烟台）孵化基地”“国家综合性新药研发技术大平台”“国家海洋生物与医药特色产业集群试点核心载体”“国家海洋生物医药知识产权集群试点核心载体”，以及“烟台高新区国家火炬计划海洋生物与医药特色产业基地核心载体”，被山东省发展改革委列为“山东省首批省级战略性新兴产业项目”，被山东省政府认定为“省级品牌科技企业孵化器”“省级中小企业服务示范平台”，并获得了“中国自主创新园区创新奖”“中国最具特色医药园区奖”等诸多荣誉。

## 三、打造专业化的公共服务平台，为产业提供支撑

作为专业化的科技园区和国家级科技企业孵化器，山东国际生物科技园建设与运营的核心就体现在专业化的公共服务平台的搭建上。目前，园区已在绿叶生命科学集团的技术基础上建立一系列国际化的公共技术平台以及园区信息、知识产权、国际注册、投融资、成果转化等贯穿医药与健康产品开发的产业链，以及专业化、开放式的创新创业综合服务平台，形成了较为完善的“一条龙、一站式”公共服务体系。

区别于国内其他园区基本无真正意义上的公共技术平台（类似于“物业公司”，或者仅单纯招商，无技术支持），或者仅有简单的分析测试或中试类平台，山东国际生物科技园自建园以来组建了一支上百人组成的专业技术研发和服务团队，以 2 名“千人计划”人才、8 名“泰山学者”作为学术带头人（绝大多数为全职引进），同时联合引进高端研发机构等搭建了一系列公共技术平台，包括长效和靶向制剂国家重点实验室、生物技术中心（掌握了国际先进的全人抗体研发技术）、海洋与天然药物研究中心（山东省海洋生物功能分子应用工程实验室）、再生医学中心、医学检验中心（第三方独立医学实验室）、临床前评价技术平台、中试基地等平台，这些平台涵盖项目发现、筛选评价、中试放大、检测检验等各个环节，与园区知识产权平台、国际注册平台、投融资平台等紧密结合，形成产业链，共同构建“公共技术服务平台集成式园区”。依托上述平台，园区在对外开展技术服务的同时，积极开展自主创新研发与成果转化。

# 拥抱零售新业态　发力消费端升级

中国邮政电子商务局

近年来，随着“互联网 +”热潮的兴起和农业供给侧结构性改革的加快，以及以外出务工经商人员、大中专毕业生和企业为主体的返乡创业潮悄然兴起，农村电商、休闲农业和乡村旅游等农村新产业新业态迅猛发展，正为农业增效、农民增收、农村繁荣发展注入前所未有的新动能。

2017 年中央一号文件《中共中央、国务院关于深入推进农业供给侧结构性改革加快培育农业农村发展新动能的若干意见》，首次将“农村电商”单独列出，阿里巴巴、京东、苏宁等社会电商巨头纷纷布局农村电商市场，跑马圈地，看好农村电商的巨大发展潜力。中国邮政作为营业网点遍布城乡、物流配送网络布局全国、扎根农村数十年的央企，更有责任、有能力、有动力加快发展农村电商，促进自身转型发展，更加为服务“三农”、促进农民增收、助力精准扶贫做出新的贡献。通过几年的探索与实践，初步形成了具有邮政特色的农村电商特点。

## 一、构建了“五不出村”为农综合服务体系

中国邮政在农村电商起步之初，就将线下服务点设在农村小超市，以“互联网 +”的方式对其进行升级改造。邮政对每个小超市投资 2 万元左右，免费为其安装“邮掌柜”系统以及条码扫描枪、小票打印机等软硬件设备，实现“线上线下”连通和店铺进销存管理，免费对店主进行专业电商培训，将传统农村小超市升级改造成统一品牌的“邮乐购”店，形成连锁经营体系，目前已建站 40 多万处，覆盖全国所有省份，成为中国邮政综合便民服务平台的重要组成部分。

农民来到“邮乐购”店即可享受到“五不出村”服务：一是“购物不出村”。鼓励“邮乐购”店主帮助不会上网的农民进行网络代购。农民可在“邮乐购”店现场收货、支付、退换货等，有效解决了农民的互联网应用能力弱和农村网购的诚信问题。二是“销售不出村”。邮政农村支局通过“邮乐购”店向农民提供农产品的互联网代运营服务，包括网络销售、物流配送、资金结算等。三是“便民服务不出村”。

农民在"邮乐购"店能办理电费、水费、话费等120多种便民缴费业务。四是"金融不出村"。农民可以在"邮乐购"店里办理助农存取款、跨行转账、刷卡缴费、邮政汇款、涉农贷款等金融业务；店主可以申请掌柜贷用来解决批销进货的资金需求。五是"创业不出村"。利用邮政教育培训资源，加强对农民的电商培训，并鼓励农民，尤其是返乡农民和农村留守妇女等开展互联网上创业。此外，浙江省农办还在衢州等地试点通过"邮乐购"店叠加政策咨询、信息收集、旅游向导等"政务不出村"服务。

## 二、解决"买难""卖难"，激活农村商品流通体系

中国邮政通过"互联网+"改造农村传统小店，升级农村商品流通体系。一方面，由于农村道路、通信网络等基层设施建设的不完善，村民购买工业品的渠道有限，对商品需求的多样性无法得到完全满足，也经常遇到假货、仿货，受到经济损失，"买难"问题凸显。加载"邮掌柜"系统的"邮乐购"店，不但能够让周围村民通过网上平台接触到更丰富的商品进行代购，更通过对进销存数据进行分析挖掘，筛选出畅销商品，直接与生产商或总经销商对接，促进"工业品下乡"，如此可达到如下目的：一是减少批发层级，将中间环节成本让利给上下游，使厂商增加利润，"邮乐购"店主降低进货成本；二是可以帮助农民更便捷、更便宜地购买到品牌正品，根治假冒伪劣（山寨）商品在农村地区泛滥的症结；三是帮助厂商了解商品销售情况，可以提前生产、就近调货、快速发货，合理安排采购、仓储和物流，将运营成本降到最低，还可以定制生产专供农产市场的商品。

另一方面，受限于城乡分割发展和有限的批销渠道，分散的个体农户对接大市场往往"卖难"或"卖不上价"，农民只获得有限的生产环节收益。以农村电商为代表的流通新业态，让农产品买卖方对接更加直接顺畅，农产品直供直销，农民可以获得更高的流通收益。中国邮政加强各省邮乐网地方特色馆的建设工作，打造"一省一馆"，建区域馆、特色农品馆；深入推进"邮乐网+原产地认证+地方邮政+农业合作社+农户"的特色农产品进城模式，打造邮乐网原汁原味原产地品牌，助推农产品进城。

对不会上网的农民，邮政农村支局所或村邮站向其提供农产品在互联网上的代运营服务；对有一定电商知识的农民，可自行在邮乐网或其他购物网站上开店销售农产品或发布农产品信息，邮政向其提供物流配送和资金结算等服务，使广大农民朋友足不出村就能将农产品销往全国各地。同时，加强与农业合作社的合作，通过开设农产品直营店和加盟店，把农产品销售到城市，促进农村经济发展。

## 三、推动返乡创业，助力精准扶贫

农村电商蓬勃发展不仅带动了农村地区的创业热潮，也为欠发达地区的脱贫攻坚战提供了契机。

发展农村电商，离不开对农村居民电商意识的培养。中国邮政利用邮政网点分布广泛的特点，组织开展了遍及县、乡镇、村组的免费电商培训。大规模的电商培训激发了广大群众的创业热情，也逐渐转变了人们的固有观念。很多地区具有开拓思想的农村致富带头人通过开“邮乐购”店，搭载便民服务、邮政业务，如代卖火车票飞机票、代收代缴各种费用、代理邮政基础服务等，增强了服务站点的盈利能力；通过开展商品代购获得代购佣金，开展批量进货业务进行销售从而获得差价，达到个人致富；通过带动周边农民或贫困户，依托当地专业生产合作社，借助邮政物流配送网络，组织农产品上线，实现电商精准脱贫。如江西省瑞金凤岗村 84 岁的廖秀英，通过邮政电商平台把咸鸭蛋销往全国各地，使“廖奶奶咸鸭蛋”成为当地的一个著名品牌，发展了 23 户贫困户加入合作社，平均每户年可实现收益 1 万元左右，当地政府已将“廖奶奶咸鸭蛋”列为国家级贫困村脱贫致富的产业项目。截至 2017 年 6 月底，全国已有超过 80 亿元的农产品通过“邮掌柜”、邮乐网销售到城市。

## 四、助力农村互联网金融发展，助推普惠金融

中国社科院财经战略研究院发布的《中国“三农”互联网金融发展报告（2016）》显示，自 2014 年起，我国“三农”金融缺口超过 3 万亿元，我国农村地区金融市场潜力巨大。2016 年，“互联网金融”一词首次被中央一号文件提及，为行业聚焦农业现代化和农村金融注入了催化剂。2017 年，中央一号文件更是要求“加快农村金融创新”。随着监管政策的逐步完善，农村互联网金融进入了高速发展期。

随着中国邮政农村电商平台服务功能的不断丰富，平台的大数据资源价值将得到充分体现。通过平台大数据的采集、共享、分析和利用，为“精准帮扶”、供给侧结构性改革以及微型金融服务等提供数据支撑。对中国邮政农村电商平台上的生产、流通、消费、金融等数据进行综合分析，一方面能够掌握农民生产生活基本情况，作为识别低收入人口的依据，提升帮扶的针对性和有效性；另一方面可以了解农户和专业户的现金流和行为特征，为贷款风险控制提供依据，促进农村地区微型金融服务发展。

中国邮政结合邮乐网的大数据团队 Rubikloud，联合中国邮储银行推出了首个邮政农村电商互联网金融产品——掌柜贷，为“邮乐购”站点的店主（也就是邮掌柜）

提供无抵押、无担保、额度高、放款快、利息低、还款方式灵活的互联网金融信贷产品，并提供店铺经营、批发销售、代购代销、进货周转资金保障。邮储银行和邮乐大数据团队在产品风控模型上通力合作，根据“掌柜贷”的业务特点和需求，有针对性地选择了创新的数据挖掘算法，通过邮掌柜系统和互联网大数据征信云平台，获得店铺经营情况、家庭情况、学历信息、客户贷款、逾期情况、通信报告等，建立属于“掌柜贷”特有的授信额度测算模型、客户还款能力模型、反欺诈模型、风险定价模型。对掌柜进行信用评级，实现分期息费的阶梯式定价，预判产品风险，有效化解风险点，使风控流程更精准、更高效并不断升级。

“掌柜贷”颠覆了传统信贷模式，只需要在成为优质邮掌柜后，在线提交身份证、店铺营业执照、店铺照片等基础信息即可完成借贷申请流程，还可以实时在线查询、跟踪审批流程。审批通过后，钱款自动转入掌柜申请贷款时提交的银行账户，还款流程也同样简单便捷，整个流程全面实现了线上操作。截至 2017 年 6 月底，掌柜贷已经在全国范围内推广，支用总金额达到 1.58 亿元。

“掌柜贷”依托于“邮掌柜”系统，改善了农村互联网金融体系不完善的现状，丰富了农村征信体系建设，缓解了农村个体户贷款难的融资瓶颈，起到了很好的扶农支农作用，迈出了中国邮政布局农村互联网金融生态的第一步。

## 五、完善农村基础设施，解决“最后一公里”难题

邮政企业在农村地区已经具有由营业网点、农村电商服务点（“邮乐购”店）和投递网组成的完善的线下网络，通过优化资源配置，可以为农村电商平台提供强有力的实体节点和物流配送网络支撑，其主要优势体现为“三个一”，即：一个在农村地区服务点最多的“邮乐购”农村电商连锁品牌，一支由省、市、县及支局员工组成的农村电商运营维护团队，一个解决了农村“最后一公里”难题的物流配送网络。这“三个一”是邮政企业在农村地区所独有的资源，尤其是农村“最后一公里”物流配送，邮政对原有的投递网进行汽车邮路改造，可为包裹快递和批销配送提供强有力的支撑。

目前，山东、河南、江西等省邮政先行先试，在农村电商较发达的县和农村电商示范县，积极争取政府配套资金支持，加大投入，完善县乡仓储配送中心布局，大力推进农村投递汽车化，采取“私车公助”方式加快投递车辆配备，并通过优化投递道段、增加农村投递班期，有效提升了农村投递能力。部分省份的试点地区已实现“次日配”，个别地区达到“当日配”，农村用户满意度大幅提升，巩固了农村电商配送的主导地位。安徽省快速推进以县域物流网为核心的农村电商综合服务体

系建设，累计改造县域邮路233条，里程2.86万公里，村级站点覆盖率达到80%以上，实现了“当日进口、当日投递，当日收寄、当日出口”，打造了最具竞争力的县域物流网，得到各级政府的高度认可和大力支持。

# 建设“互联网+智能制造”生态系统 铸造全球领先的国家制造业体系

航天云网科技发展有限责任公司

## 一、企业基本情况

航天云网科技发展有限责任公司（简称航天云网）是中国航天科工集团公司联合所属单位共同出资成立的高科技互联网企业，成立于 2015 年 6 月 15 日，注册资本金 13.25 亿元，截至 2017 年年底，共设有 14 家所属子公司，现有员工 1200 人，本科及以上学历人员占比超过 80%。

航天云网不断加大研发投入，提升自身专业能力，已获中关村高新技术企业、质量体系管理认证、北京市科技创新创业专业开放平台、工业大数据技术与应用研究室、北京市级企业科技研究开发机构、安全生产标准化三级、国家大数据试验区首批重点大数据企业及软件能力成熟度模型集成 CMMI3 认证等多项资质及专业认证，还是“复杂产品智能制造系统技术国家重点实验室”和北京市复杂产品制造工程研究中心的组成单位之一。

## 二、企业建设平台的基础

2017 年 6 月，航天云网打造的中国工业互联网平台 INDICS（Industry Intelligent Cloud System）面向全球正式发布，成为世界首批、国内首个工业互联网平台。

### （一）雄厚的制造业实力和数字化工业体系为平台建设奠定坚实基础

航天科工集团作为中央直接管理的国有特大型高科技企业，是我国导弹武器系统、固体运载火箭和空间技术产品等特大型复杂武器装备的制造企业，专业齐备、产业链完整，拥有雄厚的工业基础能力。另外，基于复杂产品研制的内在需求，航天科工在数字化工业体系建设方面，制定了首个获得国防科工局批复的“数字化工业体系核心能力建设规划”，成为首创体系化的数字化工业能力建设的集团型主体。这些为航天科工建设国家工业互联网平台奠定了坚实的基础。

### （二）云制造技术体系为建设平台提供技术支撑

自 2009 年航天科工集团李伯虎院士在国际上率先提出“云制造”的理念以来，相关研究引起国内外普遍关注。在国内，航天科工集团联合“产学研用”等 50 家单位完成了“面向装备行业中小企业云制造资源服务平台”和“集团企业云制造服务平台关键技术研究与应用”两项国家 863 重大课题的研究，相关成果在航天、轨道交通等行业和广大中小企业得到了应用，有效提高了高端复杂产品研制过程制造资源的利用率、制造能力的协同服务水平，促进了企业资源的优化配置和协同研制，提升了广大中小企业的核心竞争力。目前，航天科工在与云制造相关的云制造系统总体技术、云制造系统支撑平台技术及应用技术方面占据国际领先地位，能为我国建设国家工业互联网平台抢占全球制造业主导权提供技术支撑。

### （三）丰富的创新平台和多层次的人才队伍为建设平台提供重要保障

航天科工是“复杂产品智能制造系统技术国家重点实验室”“工业大数据应用技术国家工程实验室”“高档数控机床国家重点实验室”等国家级研究机构的建设单位，是首批国家“双创”示范基地、中德智能制造合作试点示范建设单位。航天科工在不断的实践中，积累了丰富的云制造、智能制造、工业互联网、建模与仿真和企业信息化等方面的宝贵经验，形成由李伯虎院士领衔，博士、硕士、本科生以及院士、研究员、高工等不同层次人员组成的固定研究队伍，以及由国内知名专家和优势单位学者组成的客座研究队伍。这些为航天科工建设国家工业互联网平台提供了创新平台和人才保障。

## 三、INDICS 平台架构和能力

INDICS 平台基础架构及功能模块采用 5 层结构，分别是工业应用 APP 层、云平台层、平台接入层、工业物联网层和资源层。

一是资源层。支持各类工业服务、工业设备和工业产品的接入。已接入的工业服务包括生产制造能力 14 类 66 小类，试验能力 12 类 139 小类，计量检测 3 类 30 小类。已接入的工业设备包括机械加工、环境试验、电器互联、计量器具、仿真试验等 21 类。已接入的工业产品主要是工业机器人、能源设备等工业智能互联产品。

二是工业物联网层。提供工业设备的通信互联能力，支持 OPC-UA、MQTT、Modbus、Profinet 等主流工业现场通信协议的通信互联，支持工业现场总线、有线网络、无线网络的通信互联。

三是平台接入层。提供自主知识产权的 Smart IOT 系列智能网关接入产品和 INDICS-API 软件接入接口，支持"云计算 + 边缘计算"的混合数据计算模式。

四是云平台层。提供云资源基础设施管理、大数据管理、通用 PaaS 平台和工业 PaaS 平台服务。自建数据中心，实现安全可控全覆盖，信息安全等级保护达到 3 级；在 DaaS 和 PaaS 层提供丰富的产品和服务，DaaS 层提供 Hadoop 分布式、HBase 列式、Cassandra 时间序列等大数据存储能力以及 Storm 流式、Spark 内存计算等大数据分析能力，助力于工业大数据分析和人工智能算法业务分析；PaaS 层以业界主流开源 Cloud Foundry 基础架构作为底层支撑架构，以及面向工业领域，提供工业服务引擎；面向软件定义制造领域，提供流程引擎、大数据分析引擎、仿真引擎和人工智能引擎等工业 PaaS 服务，及面向开发者的公共服务组件库和 200 多种 API 接口，全面支持各类工业应用的快速开发与迭代。同时提供第三方工业互联网平台应用环境产品，实现第三方平台向 INDICS 平台的接入。

五是工业应用 APP 层。提供工业应用服务，包括智能商务、智能研发、智能管控和以远程监控、智能诊断、售后服务、资产管理为核心的智能服务等制造全产业链的工业应用服务功能。

## 四、平台主要服务内容

平台已面向用户提供了如下服务内容：门户网站服务；智能制造、协同制造、云制造底层软件开发与服务；工业大数据应用技术开发与服务；云端资源共享业务；企业信息化、智能化改造全流程服务；工业软件和工业应用软件开发与共享；线上线下采购与协作配套支持服务；线上线下市场营销业务支持服务；认证服务；国际工业互联网综合业务支持与服务；制造业线上线下"双创"支持服务等 11 项服务内容。

正在筹备试运行工业互联网金融业务、工业互联网投资业务和云制造指数研究发布 3 项业务服务；正在设计定制产品生产过程直播与互动服务、云制造项目发起人路演直播与互动服务、用户需求发布直播与互动服务、在线营销直播与互动服务、多语种在线文字翻译与语音翻译服务，以及云制造技术交流、学术研讨直播与互动服务等 6 项业务服务。

共同打造形成具有20个业务模块的产品服务体系，构建适应互联网经济业态与新型工业体系的航天云网生态系统。

基于INDICS平台面向客户提供以下四类解决方案：

一是智能化改造解决方案。提供智能工厂咨询、规划及建设服务，帮助企业建立智能化水平评估模型，同步带动相关行业智能制造标准体系的建立，现已承担了航空、航天、电子、化工、医疗、汽车等多个行业的企业智能化改造工作，涉及机加、电装、测试、环境等21个专业解决方案，实现了其研发、生产、服务及消费过程的无缝衔接，取得良好效果。

二是社会化协同制造解决方案。面向不同行业和地区来匹配相应的需求与资源，实现社会化协同制造，形成具有行业、地域特色的工业云解决方案。目前，INDICS平台已建立契合家具、模具等行业特点的行业云平台，实现行业产业链上下游的横向集成，提升了产业的资源配置效率；同步建设了贵州、安徽、内蒙古、江西等地的工业云平台，加大国际化布局推广，实现了在全国13个省和德国、伊朗两个国家的云制造本地化服务项目落地，助力区域经济转型升级。

三是工业大数据与智能化服务解决方案。基于INDICS平台的工业大数据服务，提供产品和资产云端接入、资产性能管理和运营优化服务，以及基于数据的产品创新应用、生产线优化、供应链优化和工业治理应用等工业大数据应用服务业务，可对接入的工业设备进行数据采集、智能化分析，支持基于工业大数据的远程监控、预测性维修、设计改进等智能服务，全面提升企业运营管理水平。

四是基于平台的创新创业服务解决方案。基于INDICS，通过线上众创空间、线下“双创”基地、创业服务，面向广大创业小微企业，提供线上线下相结合、创新与服务相结合的创新支撑，提供线上服务、线下辅导、融资、产业化到实现企业化正常经营的“一条龙”系统解决方案，营造众创、众包、众扶、众筹的社会化“双创”生态环境，线上聚集项目超过2万个。通过“云服务”体系，实现资源的开放共享和高效利用，为企业创新发展提供需求、技术、企业服务、市场等全方位的服务。

## 五、取得的成效

航天云网经历两年多的创业发展，现已设立专攻于总体设计与研发、大数据和门户运营技术的3家专业子公司，和江西、贵州、四川、甘肃、内蒙古、辽宁、江苏、广州、香港等9个区域子公司，并已在德国、伊朗落地。航天云网完成第一轮股权融资，资产总额超过20亿元。2017年实现营业收入12亿元，利润3000万元。航天云网工业互联网云平台企业用户数已超过129万户，其中境外企业1.2万户，用户遍布全球100多个国家和地区，并与西门子等多个国内外行业领军企业签署合作协议；线上协作需求发布约3300亿元，协作成功约1400多亿元。

航天云网牢固树立“构筑全球领先的国家制造业体系”的企业使命，建设“互联网+智能制造”生态系统。规划到2020年，搭建完成国家制造业转型发展新平台，掌握具有自主知识产权的关键核心技术，力争实现“公司销售收入破百亿、平台用户超千万、平台经济规模达万亿”的“十三五”发展目标，建设成为“中国制造2025”战略目标的重要载体，支撑制造强国建设，向着成就中华民族伟大复兴的中国梦阔步前进！

# 探索共享经济模式下的创新发展之路

辅仁药业集团有限公司

作为一个立足百姓需求的民族医药企业，似乎与创新研发有些距离，更是对国际先进技术比较隔阂，然而辅仁药业集团（以下简称辅仁）并没有因此故步自封，而是用探索的精神和立竿见影的行动力逐渐与国际接轨，并勇于探索出平台模式，在共享经济模式下，为医药行业打通一条创新之路。

## 一、洞察阻碍发展的行业短板

创新能力不足是制约中国医药行业发展的瓶颈。随着国家以创新驱动为导向的发展战略的提出，近5年来，国内厂家创新药研发与申报数量激增，但是，每年批准的这类药品仍是凤毛麟角。另外，在仿制药研发方面，一种新药被批准以后，国内很快就会出现很多厂商仿制申报，20~30家同时申报的情况很正常，甚至最多的可能会有上百家企业申报，这造成了药品研发资源的严重浪费。产生这些结果的最重要原因是我国缺乏创新药研发的历史积淀，缺乏高端人才资源，缺乏创新药物筛选及发现平台。

“医药企业可以通过共享经济思维，把研发产业链上的各资源方汇集在一个平台上，使资金、需求、技术、产品、人才等达到更好的配置与共享，这样研发资源的利用率与研发效率会大大提高，而且研发机构的课题会有更广泛的筛选来源，更具有可选择性、针对性和方向性，能满足需方的个性化需求。”辅仁董事长朱文臣表示，这种运用共享经济思维搭建起来的研发平台不是传统意义上的研究所和研究院模式，而是类似于阿里巴巴的互联网模式，把整个药品研发产业链全部建立起来，形成一个分享价值、协同发展、共赢互利的药品研发生态圈，促进药品研发的快速发展。

## 二、早走几步的创新探索

辅仁自创立之初，就把研发创新作为企业发展的引擎，把兼并重组作为企业规模扩张的发展路径。辅仁于1998年成立时仅有一个品种，为打破常规发展的困局，自2001年开始，用了6年的时间，陆续完成5起并购，构建了一个庞大的产业体系，目前已拥有水针剂、冻干粉针剂、口服固体制剂等23个剂型，近1000个品种，制剂综合产能位居全国制药行业前列。

在并购的同时，辅仁已经早一步开始创新平台建设。早在2003年，辅仁就成立了以研发创新为主要业务的辅仁医药科技开发有限公司。之后的十几年里，不断在研发创新上发力：2006年，辅仁药业技术中心被国家发展改革委等五部委联合批准为"国家认定企业技术中心"，同年，经人社部批准设立"博士后科研工作站"；2007年，经河南省科技厅批准设立"河南省中药药物制备工程技术研究中心"；2010年，被工信部中国医药工业信息中心评为全国十佳产品研发线工业企业；2011年，被国家发展改革委批准建立国家地方联合工程实验室。2012年，辅仁被河南省发展改革委、科技厅等部门授予"河南省十佳科技创新型领军企业"称号。2013年，辅仁被认定为高新技术企业，同年被工信部认定为国家级技术创新示范企业。

## 三、一步一脚印的辅仁模式

辅仁的发展模式与时代背景紧密结合，在不同发展阶段有着不同的发展战略。

一是垂直价值链时期。在辅仁的早期发展战略里，率先提出"无围墙研究院"的研发战略，通过企业并购、合作等形式，走大产能、多产品路线，成就了今天的"辅仁1000剂"，奠定了立足百姓的大普药格局。

二是新药快速仿制创新阶段。这个时期辅仁致力于如何通过对全国乃至世界各种医药资源的重组整合来发展中国的医药产业。2009年，辅仁与专门从事基因药物开发及生产的北京远策药业签订战略合作协议，并对其实施资产重组。作为病毒生物技术国家工程研究中心的关联企业，远策药业在生物制药领域的研究居于国内乃至全世界领先水平，辅仁由此开始在生物制药领域占据一席之地。2012年，辅仁与印度最大的抗肿瘤和抗艾滋病药物企业熙德隆公司开始战略合作，合资成立辅仁药业集团熙德隆肿瘤药品有限公司，把高端抗肿瘤药品和抗艾滋病药品的研发和生产引入国内，弥补辅仁在抗肿瘤、抗艾滋病药物研发、生产领域的不足。

三是共享经济时代及共享思维下的平台战略。这一时期是对"无围墙研究院"研发战略进行升华。把研发思维由最开始的垂直价值链转变为双边市场思维，真正做到医药研发机构的"去边界化""去中心化""去中间化"。通过搭建协同、共赢的研发平台，使之能够形成虹吸力，进行资本、产品、技术、人才等多方面资源的协同，实现共享经济模式。目前辅仁正在上海建设的新药创制科技园是一个立足中国、放眼世界的研发平台，未来它将成为一个服务于新药研发创新创业的孵化基地，为世界各地的新药研发团队提供项目研发孵化服务。

“在这里，我们计划吸引100个国外医药研发领域的海归博士或者机构入驻平台。同时，我们还将为这个研发基地配置2000位研发人员，以解决药品研发创新所需的高端人才问题，来进行后续程序化的工作，如药物发现、药物设计、临床前研究、临床研究以及最终药品的国际注册等。在这个平台上只需项目带头人发现、确立新项目，并进行突破，辅仁可以直接为他们的新药研究成果打通各个环节，实现产品的产业化和商业化，通过共享经济思维模式，建立具有虹吸力的产业化价值链，推动研发平台的协调创新。”辅仁集团掌门人朱文臣对这一平台如此解读。

共享经济模式下，开放的企业研发平台与创新管理机制是医药企业快速发展的关键，在这个过程里面，营造宽松的创新环境和制度是企业创新之要，它需要体制机制的推动和人文精神的滋养，同样也需要企业自身的坚持。纵观辅仁的发展史，我们不难发现，辅仁在坚持做让老百姓买得起、愿意买、买得到、疗效好的百姓药的同时，始终把创新当作信仰来坚守，在生产、营销、研发等各个方面，不断地投入人力物力财力，并在始终保持清醒头脑与战略预判的前提下果断前行。

# 四、“双创”

## 打造共享社交及电商行业服务的新标准

浙江顺联网络科技有限公司

### 一、企业及项目简况

#### （一）企业概况

浙江顺联网络科技有限公司（简称顺联网络）创始于2004年，注册资本2000万元，是浙江省商务厅首批认定的电子商务服务企业。公司总部位于浙江丽水，并先后在杭州、湖北成立运营中心及子公司。公司创始人郭洪安曾获得2017年度浙商创新人物、CCTV商界传奇年度新锐人物、团中央《中华儿女》封面人物等多项荣誉，并作为新经济新动能代表出席了B20峰会、乌镇峰会、金砖国家工商论坛等多场盛会，曾受邀走进新华社演播厅，接受CNC中文台《环球财经》节目专访。

顺联网络秉持国家“双创”战略，在稳健发展的同时热心公益活动，传递社会正能量，获得大众的认可与支持。近年来，公司连续获得“弘扬中国精神示范单位”“诚信兴商示范单位”“企业信用评价AAA级信用企业”“中国电子商务行业最具创新奖”“B20中国工商理事会理事单位”等多项荣誉，并成功挂牌中国青年创新创业板（双创板代码：E01117），正式拉开入市的序幕。

#### （二）项目简介

2015年10月，顺联动力商城正式上线并开始大力推广，2016年3月就做到了全国领先，并被《人民政协报》两会专版誉为全国创业创新典型。2016 年 7 月，顺联动力 APP 正式上线。

顺联动力目前已拥有 1600 多家合作厂商、40 多万款在线商品，众多知名品牌（如长虹、奔腾、海尔、志高电器、飞科、苏泊尔、纳爱斯、南极人、七匹狼、啄木鸟、稻草人、天喜、洁丽雅、花花公子、森马等）入驻加盟。平台支持微信、支付宝、银联等多个支付体系，提供安全快捷的支付体验。实行 7 天无理由退换货机制，全面保障消费者权益。2017 年，在政企合力下催生的缙云馆、龙泉馆、北川馆、宁夏馆等各地“特产馆”相继上线，让以前想卖卖不掉、想吃吃不到的“土货”迅速走进全国千家万户。

截至目前，顺联动力创客数已成功突破 1000 万，用户数突破 6800 万，日交易订单突破 15 万笔，APP 下载量突破 600 万，用户总数、交易量及交易额均实现大幅增长，平台影响力居全国前列，并被凤凰网、中国日报、人民日报、腾讯网、浙江新闻网、网易新闻等媒体大力报道。

## 二、项目对地方及行业的影响

众所周知，基于微信社交生态圈的移动电商平台模式兴起于前两年，并极速火遍全国。顺联动力秉持国家“双创”战略，带动更多用户自主分享产品，没有购物返利，只有口碑营销，成功推出被视为“移动互联时代新零售方式”的共享社交玩法，获得了平台用户的喜爱，平台用户数、创客数每日俱增，成功跻身国内领先共享社交电商平台，真正成为丽水电商领域又一张“金名片”。其具体影响因素包括如下几点：

一是打造可复制、可推广的载体。基于顺联动力平台发展基础，逐步建立共享社交电商平台标准化模式，并在全国、全省范围内进行推广，为全社会电子商务建设做出示范，丰富电子商务发展模式和内涵，为电子商务创新提供新方向。

二是引领产业提升。以共享社交电商领域标准化建设，拉动与电商领域相关联的农业、物流行业、乡村民宿等产业发展，促进区域经济效益提升。

三是带动社会效益。顺联动力共享社交电商平台的持续升级建设，为社会大众提供“零门槛”创业就业平台，尤其是为社会弱势群体提供更人性化的创业帮扶。

四是优化物流体验。顺联动力在供应链下游的仓储建设上进行发力，并计划在订单集中区域建仓做物流整合。在用户分布上，顺联动力更倾向于二三四线城市的发展，将通过农创中心、服务站及线下 O2O 体验店等渠道下沉，深入市、县、镇，为当地消费者提供全面服务。

## 三、项目突破

### （一）行业标准化实施

制订并实施了《顺联动力平台线上交易管理规范》《创客管理规范》《入驻商家管理规范》《商品质量抽检管理规范》《平台安全管理规范》《售后服务管理规范》《客户投诉处理规范》及《消费者权益保护规范》等多个服务管理制度。

### （二）信息系统建设

实现移动端、APP双平台2.0版本升级，并建设完成相关信息服务平台。

一是顺联动力信息管理平台2.0。是集合招商、营销、运营、商家管理、数据分析、财务等多环节、一体化管理平台，支撑整个顺联动力平台日常运营工作。各部门间可共享信息和资源，大大降低了部门沟通成本及平台管理成本。运营人员可通过平台便捷查看商品、商家、交易、销售数据等相关信息，大幅提高运营效率。

二是商家管理服务平台。商家可通过平台快速管理商品、交易订单、发货、售后等工作，帮助商家降低人力成本、管理成本、错误率成本，提升业务处理的能力和效率。商家可通过平台查看最新促销活动和广告位信息，进行线上报名；运营人员可以进行报名审核、活动排期、商家通知等工作。

三是商家在线客服系统。利用人工智能算法辅助企业营销，让客服系统不止于沟通平台；后期将根据实际需求，采用深度挖掘技术自动分析，为商家营销策略提供可视化数据支持。

四是建立平台大数据库。市场部和策划部合作，负责深度挖掘交易数据，寻找平台潜在客户，有效地支撑企业的决策系统，降低企业获取外部市场信息的成本，增强企业的市场竞争力。

### （三）顺联动力新零售项目

2017年12月17日，顺联动力“新零售”项目正式启动。短短3天就有1100多人次报名申请加盟开店。宁波的一名企业家率先与顺联动力签约，成为顺联动力新零售便利店第一家城市合伙人。

本项目将整合顺联动力平台丰富的上游资源，经营各种品类的优质商品，启用先进的电商价格与店商体验的消费模式，把互联网技术与零售行业高度融合创新。通过区域合作、线上线下相结合模式，打通基于传统商业的O2O全渠道营销和服务体系，拓展全国市场，有效提高品牌知名度，为平台厂商、创客、消费者及创业合伙人搭建一个互惠互利的商业生态圈。

## 四、经济和社会效益

### （一）帮助传统厂商转型升级，帮助农副产品外销

项目帮助众多传统厂商实现“互联网+”转型升级，增加互联网销售渠道，并从手机端获取更多订单。同时，为企业解决B2B、B2C网络营销，帮助本地特色农副产品、工业品销至全国各地，得到当地企业及政府部门的认可与支持。

### （二）带动社会草根创业就业，提升农村网络消费水平

平台实行“免费成为共享店主”机制，旨在帮助农村青年、家庭主妇、下岗工人以及毕业找不着工作的大学生等社会弱势群体实现零门槛创业。平台便捷的购物体验和微信支付的简单易操作大大降低了购物门槛，将大幅提升农村网络消费水平。

截至目前，通过顺联动力平台全兼职开店店主超10万人，体验型业余店主达到千万人，带动供货商订单增长从而创造更多的岗位和就业机会。

### （三）积极推进农产品上行工作

顺联动力目前在全国成立农创服务中心18家、服务站200余家，分布在13个省份，积极推动农产品上行和消费品下行。平台通过大数据解决信息共享，开通“电商惠农”绿色通道，让“缙云小黄姜”“陕西苹果”“天目山小香薯”“永定蜜柚”及“赣南脐橙”等农产品走向全国千家万户，帮助当地农民从盛产滞销到线上脱销，精准实现助农增收。广西南宁当地的芒果在顺联动力平台上架后连续一个多月单日销售逾万斤，共售出300多吨，成为平台又一新增的农产品“爆款”。

### （四）建立助残帮扶机制，帮助残疾人创业圆梦

建立残疾人创业帮扶机制，对于残疾人创业者给予保证金减免、免费推广等优惠政策，圆残疾人士的创业梦。

### （五）上率下行树新风，积极践行公益事业

成功不忘感恩，爱心传递梦想。顺联动力秉持国家“双创”战略，稳健发展的同时热心公益活动，积极传递社会正能量，获得大众的认可与支持。2016年5月，

由顺联动力独家冠名的阳光少年公益活动暨“最强小孩”第二季启动盛典在北京鸟巢隆重举行。工信部领导为郭洪安先生颁发了“阳光少年公益项目特别贡献奖”。2016 年 10 月，顺联动力应邀参加外交部主办的第八届“大爱无国界”国际义卖活动，为广西贫困地区修建“便民桥”进行爱心筹款，现场得到时任外交部部长王毅的点赞及鼓励，同时让丽水本土特产闪耀鸟巢。

顺联动力的发展模式融合了消费升级和社交习惯，这种习惯被应用到商业中将是最具未来竞争力的模式。公司将进一步引领行业规范，实现供货商、创业者及消费者三方共赢，同时加快上市步伐，在未来 3 年至 5 年内实现创业板或海外上市。

# 打通石墨烯产业链　推进“产学研用”合作

青岛德通纳米技术有限公司

“如果把石墨比作一本书的话，那么石墨烯就是一页页书纸，它是从层状石墨晶格中一层层剥离出来的单碳原子层物质。”青岛德通纳米技术有限公司有限公司（简称青岛德通）董事长萧小月教授将石墨烯的复杂生产工艺进行如此简单易懂的描述。

石墨烯作为目前已知的最薄的一种新材料，同时具备透光性好、导热系数高、电子迁移率高、电阻率低、机械强度高等众多普通材料所不具备的性能，未来有望在电子、储能、催化剂、传感器、光电透明薄膜、超强复合材料以及生物医疗等众多领域得到应用。基于其优越的性能所带来的广阔市场前景和经济效益，英、美、韩、日及欧盟等均将其提升至战略发展高度。近年来，国家相继出台多项政策、指导意见及规划文件，明确了对石墨烯材料的支持与发展要求，鼓励支持石墨烯产业蓬勃发展。

青岛德通作为国内石墨烯行业的领军企业，自成立以来一直致力于积极推进企业与高校的产学研用合作，同时面向国际，加强合作，以“诚实、服务、创新”的精神，实现公司的可持续发展战略。

## 一、领跑石墨烯技术产业化

依托南京科孚纳米技术有限公司的技术支持，青岛德通成立于2015年3月，坐落在石墨之乡——山东南墅。公司主要从事石墨烯新材料的研发、生产、服务与销售。2015年10月，公司顺利建成年产千吨级的石墨烯浆料生产线，成为我国长江以北地区规模最大的石墨烯浆料生产基地。成立近两年来，公司技术团队通过工艺和品质优化，已提前实现年产5000吨高品质石墨烯浆料的计划。该生产线采用自主开发的绿色物理生产工艺，在国际国内同行业中具有领先地位，较好地保存了石墨烯的晶格完整性和优异的导电导热等物理性能，克服了因化学生产工艺带来的严重环境污染和安全隐患，大幅度降低了石墨烯的生产成本。

青岛德通所在地是我国石墨矿的重要产地，也是石墨新材料产业集聚区，承载着我国石墨产业的厚重历史。青岛德通以市场应用为导向，致力于推动高品质石墨烯（粉体、浆料）及其下游应用产品的商业化发展，推动石墨产业的转型升级和新兴产业的发展。目前，在石墨烯相关领域已申请21项专利，获得授权使用7项发明专利和3项实用新型专利。

## 二、推动石墨烯下游产品商业化

石墨烯以及石墨烯在新能源和轻质高强复合材料中的应用是国家"十三五"规划中的重点产业发展方向。青岛德通在致力于推动石墨烯宏量生产的同时，积极推动下游应用产品的规模化和商业化应用。

一是高品质电池电极导电剂。将石墨烯应用于锂离子电池可以解决传统锂电池能量密度和功率密度难以兼得的问题，可以作为石墨烯复合材料、锂电池正负极材料的导电添加剂和石墨烯功能涂层铝箔，全方位提升锂电池质量品质。青岛德通与下游大型锂电池和超级电容器生产厂家合作，为石墨烯锂电池生产线配套，实现石墨烯在超级电容器、锂离子电池、铅酸电池、锂硫电池等储能技术领域的广泛应用。

二是高导热石墨烯复合材料。针对电子产品和热管理技术产品巨大的市场需求，青岛德通积极开发高性能高导热石墨烯橡胶和石墨烯工程塑料的产业化。2016年9月，公司成立了全资子公司青岛德安新碳复合材料有限公司，针对轻质高强度石墨烯复合材料进行应用开发和生产，瞄准新能源汽车和游艇以及航天航空市场应用，推动石墨烯复合材料在新能源汽车工业、航天航空、游艇以及LED照明系统等产业方向上的应用。

三是海洋工程材料。面对我国实施海洋强国战略的时机，特殊海洋功能涂料对满足海洋工程"薄、轻、宽、强"以及多功能化的要求尤其显得重要。青岛德通积极与大型国有企业共同开展青岛市自主创新重大专项，推动海洋工程石墨烯重防腐涂料和特种功能涂料的产业化应用。

## 三、强强国际合作

2015年12月，青岛德通获批青岛市石墨烯电池技术专家工作站。美国莱斯大学材料与纳米工程系副系主任Jun Lou教授等入驻工作站，指导石墨烯电池开发的理论及应用研究。

2016年，石墨烯诺贝尔奖获得者安德烈·海姆（Sir Andre Geim）教授加盟公司，成为公司股东、董事、首席科学家，积极开展轻质高强度石墨烯复合材料的应用开发和生产。

青岛德通董事长萧小月教授曾任清华大学科学技术处副处长等职务，1992 年在美国普渡大学获得化学系博士学位，在美国三开公司担任主任科学家职务。回国创业以来，萧小月先后成立了南京科孚纳米技术有限公司及青岛德通纳米技术有限公司。

随着石墨烯和先进碳材料对石墨资源需求的增大，石墨资源的开发也将进入如火如荼的状态。青岛德通在石墨烯领域的大力拓建得到了青岛市委市政府各级领导的关心和支持。团队由我国石墨烯产业领军人物萧小月博士领衔组成，与英国曼彻斯特大学国家石墨烯研究院和清华大学材料学院建立了密切的合作，为公司的健康发展奠定了技术基础。

青岛德通秉持“以人为本”的宗旨，追求人与自然的和谐发展，确立“诚实、服务、创新”的企业文化。公司在积极推动青岛地区传统石墨产业升级的同时，积极加强国际市场的合作与拓展，形成国际竞争力。

# 让传统的纸塑铸造插上节能减排的翅膀

常州万兴纸塑有限公司

## 一、公司基本情况

常州万兴纸塑有限公司（简称万兴纸塑）是一家集研发、生产、销售于一体的高新技术企业，主要致力于再生纸环保包装材料产业，产品广泛适用于食品、医药、家电等多个领域。多年来，公司密切关注节能减排、绿色环保，致力推动领域内科技成果产业化，实现企业的转型升级。

公司本着造福于后人的宗旨，千方百计从源头杜绝泡沫塑料造成的“白色污染”对广大人民群众身体健康的危害，依靠科技创新，研发“资源节约、环境友好、社会效益显著”的新一代环保节能替代产品。研发团队同河海大学进行产学研合作，经过10多年上千次试验，攻克了从设备改造、工艺创新、模具设计到产品质量保障等几十道技术和生产难关，获得国家发明、实用新型和外观等专利20多项。公司先后荣获“中国产学研合作创新奖”“国家科学技术奖励大会代表”“中国绿色产业行业示范单位”“中国绿色产业品牌基地”“中国绿色产业重点扶持企业”和“中国高科技产业化科技成果”等荣誉称号。

## 二、危害严重，杜绝“白色污染”刻不容缓

“白色污染”是人们对难降解的塑料垃圾污染环境现象的一种形象称谓。它是指用聚苯乙烯、聚丙烯、聚氯乙烯等高分子化合物制成的各类生活类塑料制品使用后被弃置，由于随意乱丢乱扔，难于降解处理，以致环境受到严重污染的现象。

我国是世界十大塑料制品生产和消费国之一。食品、医药、电子、家电等领域使用的包装，长期以来均由泡沫塑料制成。国家发展改革委的统计数据显示，全国每年塑料用量超过1000万吨。塑料制品作为一种新型塑料，具有质轻、防水、耐用、生产技术成熟、成本低等优点，在全世界被广泛应用且呈逐年增长趋势。同时，泡

沫塑料填充包装等也是“白色污染”的重要组成部分，泡沫塑料的不可降解性所造成的环境危害以及对资源的浪费，也给人类生存和社会发展带来了严重隐患。

前些年，有人曾戏称我国有两座万里长城，一为古长城，二为“白色长城”。“白色长城”指的就是我国铁路沿线到处是白色的饭盒、塑料袋，起风时塑料袋随处飘扬，影响环境的美感，给人带来视觉上的污染。

“白色污染”还存在潜在的危害。用来装食物的发泡塑料饭盒和超薄塑料袋一般是聚氯乙烯塑料，当温度达到65℃时，一次性发泡塑料餐具中的有害物质将渗入到食物中，对人的肝脏、肾脏及中枢神经系统等造成损害，严重影响人类身体健康。农田里的废农膜、塑料袋长期残留在田地中，影响土壤的透气性，阻碍水分的流动，从而影响农作物对水分、养分的吸收，致使农作物减产。即便是作为垃圾被填埋，由于填埋后的场地地基松软，垃圾中的细菌、病毒等有害物质很容易渗入地下，污染地下水，危及周围环境。如果焚烧处理，则会产生有强烈致癌性的二噁英和PM2.5及大量有毒有害气体，不仅严重污染环境，还会危及人类身体健康。

此外，由于以往的塑料泡沫制品难以循环利用，其对资源的浪费同样惊人。一般来讲，生产1吨泡沫塑料包装需消耗3吨左右的石油，“白色污染”正逐渐侵蚀人类生存空间。因此，许多发达国家提出禁用泡沫塑料做包装。我国也在2008年发出“禁塑令”，但苦于缺乏合适的替代产品，导致“禁白”进程滞缓。

杜绝“白色污染”刻不容缓！万兴纸塑董事长马兆元先生说，要想天蓝、水清、山绿、气新、人健，就必须依靠科技创新，研发质优价廉、绿色环保替代产品，发展绿色产业，杜绝白色污染。

始建于1980年的万兴纸塑，最初也是从事泡沫塑料包装生产，但作为公司的掌舵人，在新形势下，马兆元决意引领公司“转舵”调整航向，投身到更环保的替代产品的研发中。

万兴纸塑以保护生态环境为己任，力当绿色环保的引领者，在江苏率先提出从源头消除白色污染的理念。

2006年，也就是在国家“限塑令”出台前夕，马兆元不惜忍痛割爱，主动淘汰泡沫塑料包装生产线，放弃一年超过5000万元的销售收入，带领研发团队全身心投入到以废纸、废纸箱为原料的环保节能废纸质包装的研制中。

## 三、校企联姻，产学研合作闯出新天地

在科技发展的当今时代，不乏“白色污染”用品的环保替代品。一些地方或行业开始尝试用纸袋替代塑料袋等，以达到环保的目的。但由于生产替代品的成本远

高于“白色污染”用品的成本，消费厂家感觉不划算，且技术研究和生产遇到瓶颈：一是成型难，既要有一定的强度又要有韧劲；二是没有企业生产纸浆包装内衬，市场上根本没有相应的生产设备。生产环保替代品一时难以形成气候。

一无技术，二无装备，万兴纸塑该如何发展？

开弓没有回头箭。马兆元暗下决心，就是有再大的困难也要上。寻找合作伙伴，聚合技术优势，组织联合攻关，一时成为马兆元的头等大事。

河海大学是一所拥有近百年办学历史、多学科协调发展的教育部直属全国重点大学。马兆元得知河海大学机电工程学院在工业设计、环保、智能装备制造等方面具有较强的技术、人才优势时，决定联合高校一起开展产学研合作与研究。

推进产学研合作，助推企业技术革新是高等院校服务国家经济社会发展的迫切需要，是战略性新兴产业发展的重要源头，也是推动高等院校事业发展的内在要求。企业需要高校、科研机构的技术成果，实现技术创新获取竞争优势，而高校和科研机构也需要为其所拥有的技术成果找到市场化出路，所以企业与学、研之间存在着资源与能力的相互依赖性。因为基础研究成果并不能直接转化为生产力，只有通过进一步的研究、开发并使其成为具体的技术成果运用于社会生产中，才能转化为现实的生产力。

2008 年，万兴纸塑与河海大学正式联姻结缘，双方签订产学研合作协议，开始新产品的项目研发。

强强联手破瓶颈，珠联璧合克难关。经过上千次试验，历经艰难挫折，研发团队携手攻克了从设备研发到产品成型、强度、韧性等技术和生产难关，经过一年多时间，终于成功开发出“可降解超耐压纸浆包装材料”。随后一系列研发成果相继问世，包装盒内衬、具有内包装盒的产品包装结构、易于烘干的包装内衬结构、包装瓶体的产品包装结构等 20 多项成果，先后获得国家发明、实用新型和外观专利。这些无毒无害可循环利用的废纸质环保包装一经问世，便受到市场热捧，仅无锡、北京、常州地区，每年用量就达 1250 多吨。

产能、品种和使用成本关系到是否能广泛应用。对此，万兴纸塑又加大技改力度，加快新品开发，创新生产工艺，使废纸质环保包装的量产能力成倍提高，应用范围从单一的食品行业扩大到整个工业领域，用户的使用成本也降至泡沫塑料包装的水平。涉及产能与成本关键技术——纸塑成型加工干燥节能技术，被有关鉴定单位确认为国家级“科技成果”。

与河海大学机电工程学院的产学研联姻合作，成功地帮助马兆元实现了自己的宏伟抱负，也帮助万兴纸塑开创了新产品、新工艺、新市场，让企业实现从小到大、由弱到强的跨越，成功实现转型。环保节能废纸质包装不但过了产能关、质量关，而且还过了经济关，具备了工业化应用条件，产品不仅畅销国内，还随用户商品出口至欧、美、韩、日等国家和地区。8年来，共替代了16000多吨泡沫塑料包装用材，减少对环境的污染，为国家节省了48000多吨石油。万兴纸塑被中国产学研促进会授予“中国产学研合作创新奖”。

校企的产学研成功合作再一次证明，只有实施创新驱动战略，协同创新，充分发挥科教、人才等创新资源的支撑和引领作用，才能走出一条具有自己特色的科学发展、率先发展的新路。以科技创新打造核心实力与品牌影响力，助推企业发展转型，使万兴纸塑实现了可持续发展。

比如，作为全国独家生产用于保健品纸质内衬的企业，万兴纸塑生产的包装盒内衬，包括底盖和盖体，底座与盖体为连体结构，底座与盖体之间设置拗折线并通过它实现相互配合。底座内设有与所容器物外形匹配的容腔，可使放置物更稳定，顶部与底部支撑台之间设置了一个缓冲凹坑，缓冲外力对外置物品的撞击；同时缓冲凹坑还使包装盒内衬的形状更加饱满，对外盒起支撑作用。内衬利用模具一体成型，结构坚固、加工简单、成本低廉，对容器具有很好的包裹作用。这类新产品很好地满足了使用时对包装内衬的功能需求，具备广阔的应用前景。

万兴纸塑严格贯标ISO9001-2000、ISO14000进行管理，产品质量严格执行国家标准及行业标准，被评定为“江苏省高新技术企业”。新产品投放市场后，年生产各种纸塑制品6.2万吨，仅此一项每年就可减少万吨塑料泡沫包装，节约原油千余吨。其中，纸浆包装产品被江苏省科技厅评定为高新技术产品。

在探索具有自身特色的发展道路上，马兆元带领其团队取得了长足进步，在适应产品包装材质的各个领域里找到了自己的角色定位，为纸浆包装制品早日全面打入国际包装市场奠定了坚实基础。

## 四、砥砺前行，开创绿色环保产业新纪元

“科技创新、节能环保，砥砺前行、勇立潮头”，是万兴纸塑始终坚持的发展主题。从新产品的研发，到数千吨级生产线投产，再到产品被市场广泛接受乃至远销欧美，万兴纸塑成功实现转型升级，并逐步发展成为国内外知名的科技型、环保型纸业内包装企业，为国内外提供市场需要且环境友好的环保新产品。

废纸质环保包装、包装盒内衬、具有内包装盒的产品包装结构、易于烘干的包装内衬结构、包装瓶体的产品结构等一系列新产品和专利技术相继在万兴纸塑诞生，产品的市场占有率节节攀升。

常备不懈，未雨绸缪。2016年上半年起，马兆元决定从包装行业的局限中跳出，

将“源头禁白”的目标延伸到铸造业领域——废纸质铸造用浇道管、浇口杯的研发上。

铸造业是机械工业的基础产业，改革开放以来，国民经济持续高速发展，为我国铸造行业提供了前所未有的良好机遇。自2000年起，我国各类铸件总产量连续稳居世界首位。2012年中国铸件总产量4250万吨，占世界铸件总产量比重超过40%。据2015年的统计数据，我国铸造企业达2.2万家，创造的GDP高达数千亿元。由于铸件体积大、重量重、形状复杂，必须经过浇道管灌注1500多度的高温铁水，方能成型和确保铸件的质量。

目前，国内绝大部分铸造企业都采用传统陶瓷耐火材料浇道管，不仅容易产生漏砂，引起缩孔，影响铸件产品的品质，严重时还会造成铸件报废。此外，铸件浇注结束后，陶瓷浇道管内留有铁水，冷却后形成浇道铁棒，必须把陶管打碎才能回收铁棒。这道工艺不仅费时费力，还会带来固废，给回收利用铸造用砂增加不少困难。国内一些大型铸造企业不得不从拥有铸造用纸质浇道管生产技术的日本进口铸造用纸质浇道管。

宁夏共享集团（简称共享集团）在业内闻名遐迩，是我国铸造业综合百强企业，其生产的铸件以精密著称，许多铸件重量以几十吨、百吨为计量单位。缘于产品质量和大吨位铸件浇注，共享集团一直使用日本生产的纸质浇道管。日本纸质浇道管每吨价格高达15万元，共享集团每年用量500吨，需要支付大量外汇。

必须研发以废纸质为主要原料的国产浇道管。马兆元的想法一出即引起共享集团的极大兴趣——万兴与共享集团不谋而合。

万兴纸塑依仗多年从“源头禁白”的成功经验，决心把这一经验从包装业克隆至铸造业上，开发铸造用废纸质浇道管，以此淘汰陶瓷浇道管，进一步拓宽“源头禁白”渠道。

马兆元介绍，废纸质浇道管属纤维类制品，由多种材料组合，需经特殊制造方法和设备制成各种管状制品，它具有耐高温的特性，可根据铁水流量和流向选择浇道管的直径、变径，或是三通、四通。浇道管在缺氧状态下让1500摄氏度以上的高温铁水顺畅通过，而浇道管自身则边质碳化，从根本上解决铸造砂回用的难题。

于是，万兴纸塑与河海大学再度联手，绘图、建模、试验、试制，在铸造用废纸质浇道管研发中，校企双方科研团队经过数百次从失败到成功的摸索，于2016年9月底终于研制成功，不仅能代替传统的陶瓷浇道管，还能承受1500摄氏度高温以及铁水的流动冲击，真正实现“纸火相容”，填补了国内技术空白，我国也因此成为世界上第二个拥有铸造用纸质浇道管生产技术的国家。

马兆元表示，万兴纸塑生产的铸造用废纸质浇道管，与陶瓷浇道管相比，具有重量轻，切割时无噪声、无粉尘、无固废，提高了铸件合格率和铸件质量。马兆元说，该铸造用纸质浇道管以旧书报、边角纸、旧纸包装箱为原料，使用后不产生废物，既经济又环保，与日本的纸质浇道管相比，主要技术要求不相上下，但价格却低一半。

2016年10月，“纸浆模塑节能技术及铸造用纸质浇道管”项目研讨会在京召开，与会专家一致认为，废纸质浇道管节能耗、节资源，完全可替代传统的陶瓷浇道管。同年10月，共享集团与万兴纸塑签署合作协议，从2017年起，也就是万兴纸塑量产时，共享集团将全部采用万兴纸塑的铸造用纸质浇道管。2017年9月，“铸造用高温纸质复合材料浇道管及浇口杯”科技成果评价会在中国科技会堂举行。“铸造用高温纸质复合材料浇道管”是一种打破传统思维模式、节能环保的实用新技术。通过产品配方、制备工艺、装备及结构的创新，完成了产品材料配方与制备、结构、工艺及专用设备等方面创新性设计与试验，并取得了相应专利；经用户验证，纸质浇道管达到了完全能够满足各类砂型铸造产品的高温强度和高温性能（耐火度）要求，同时又确保了铸造熔液洁净度的稳定性，从而提高了铸件质量。因此，本项目产品“铸造用高温纸质复合材料浇道管”完全可以替代传统陶瓷浇道管，还能减少固体废料的排放。万兴纸塑通过全新的制备工艺开发的直径30毫米以下的小直径浇道管产品，填补了国内外技术空白。

## 五、精诚奋进，航材报国

万兴纸塑研发的“铸造用高温纸质复合材料浇口杯”解决了使用传统陶瓷浇口杯诸多缺点，实施本项目产品有利于铸造厂商替代传统陶瓷浇口杯，从而减少传统陶瓷浇口杯的社会需求，进而节省耐火材料及能源的资源消耗；有利于有效降低铸造厂商的铸造用砂等资源消耗，以减轻用户的使用成本；有利于铸造行业全面推广节能减排，促进生态环境的保护。“铸造用高温纸质复合材料浇口杯”是陶瓷和金属浇口杯的理想代替品，它的出现填补了国内外技术空白。万兴纸塑董事长马兆元表示，该项目技术产品广泛应用于核电、风电、航空、航天、汽车、军工、钢铁、轨道交通、石油机械、机床、机械等诸多领域的铸造业，适用于各种砂型铸造工艺。

“铸造用高温纸质复合材料浇道管及浇口杯”经北京佳田铸物科技有限公司和宁夏共享集团等权威检测中心检测，产品外观质量、尺寸偏差、含水率、抗压强度、高温耐热时间、发气量等都符合技术要求。两项技术产品通过了行业专家认定：产品具有自主知识产权，技术水平达到国际先进，经济和社会效益显著，应用前景广阔，一致同意通过科学技术成果评价。同时各大媒体对万兴纸塑进行报道，引起国内外的强烈反响，大额订单蜂拥而至。

万兴纸塑在“禁白”上的破冰之举，用创新技术和产品，在减少塑料垃圾对人类及环境危害、推行无污染性工业产品工作中，不仅解决了“白色污染”问题，还大大提高了废弃纸品的利用水平，找到防治“白色污染”的最有效途径，对加快推进“建设美丽中国，创建新生态文明”步伐意义重大。

马兆元董事长凭借一名优秀企业家的社会责任与担当，通过产学研合作，带领万兴纸塑及其团队走出了一条绿色循环、低碳环保的发展之路，成为江苏乃至全国生态文明建设新样本，引领环保节能产业大发展。

# 创新引领健康和节能环保建材走进新时代

广州市昌福建材有限公司

## 一、企业概况

广州市昌福建材有限公司（简称昌福建材）成立于 2011 年 10 月，于 2017 年 3 月在广州股权交易中心成功挂牌，股份代码为：891525。昌福建材是一家紧跟国家发展战略，专注于特种干粉砂浆，隔热、保温防水材料，公路修补材料的研发、销售、施工、售后服务，致力于推崇高科技环保、绿色建筑的现代化民营企业。

昌福建材设备先进、实力雄厚，具有 30 多年先进的干粉砂浆产品生产技术与经验，产品精选优质的原材料，由经验丰富的工程师精心调配及把控，配备有专业实验室，各种产品的各项指标性能优异，营销网络遍布国内外。昌福建材一直坚持环保节能产品的研发和创新，获得多个国家专利技术，屡次获得客户好评，在注重自身建设和发展的同时，长期与多所大学院校紧密合作，推陈出新，以满足日新月异的市场需求。

昌福建材已通过 ISO9001 国家质量管理体系认证，多个产品于 2016 年通过了广东省高新技术产品认定，并获得多项实用新型产品专利证书，公司还获得了“一带一路”（中国）品牌战略发展工程合作单位、广东省重合同守信用企业等多项荣誉称号，研发实力与产品质量得到了国家相关部门以及广大消费者的肯定。

## 二、项目产品简介及经济和社会效益

来自住房和城乡建设部的数据显示，我国建筑能耗的总能量逐年上升，占我国能源总消费量的比例从 20 世纪 70 年代末的 10% 上升到了 27.45%，能耗占比接近三成。而世界发达国家的建筑能耗一般占全国总能耗的 33% 左右。随着城市化进程的加快和人民生活质量的改善，我国建筑耗能比例还将上升。如此大的比重，建筑耗能成为我国经济发展的软肋。建筑节能事关国家能源安全和国民经济的可持续发展，我国政府对建筑节能工作十分重视，2017 年住房和城乡建设部印发的《建筑节能与绿色建筑发展“十三五”规划》，将建筑节能和绿色建筑再提升一个高度，“建筑节能”成为当前行业发展的关键词之一。

昌福建材紧跟国家政策，组织大批专家团队，历时多年，多次反复试验，研发出“隔热王”纳米隔热保温涂料产品，产品由精选的多种优质非金属矿物质和进口高分子材料组成，是一种优质的环保型材料，获国家发明专利，并于 2017 年 9 月被认定为隔热保温技术创新达到国内领先。经国家材料机构检测，辐射系数只有 0.1，远低于国家标准 1.3；太阳光反射比达到 76% 以上，能有效降低屋面、外墙温度 8~28 摄氏度，保持室内阴凉，节省用电量 30% 以上，且具有较低的热传导系数，能有效阻止太阳热量传导到基础表面；黏结强度达 11.01 兆帕，产品具有耐磨、耐腐蚀、耐老化、无污染、无放射性的特性，而且粘接强度大，不易脱落，用本材料做完外墙保温后，可直接在本产品表面直接粘贴外墙砖，有效解决外墙、屋面的隔热保温及防水的难题，隔热施工厚度仅 1~3 毫米，保温仅 3~10 毫米，颠覆了传统的 10~20 厘米的厚度，既有效减轻屋面的荷载，减少建造经济成本及资源浪费，增大容积率，又解决了楼顶外墙内墙的保温、隔热、粘贴外墙砖的难点，实现了技术节能，科学环保。

产品投放市场后反响良好，用于建筑物的外墙装饰、内墙装饰；施工简单，隔热、保温、防水、防火一次性施工解决，降低了建筑物的温度，减少了热能积聚，不仅成本低廉，还改变了人们对隔热保温的认知。产品降低了建筑物内外墙、工厂瓦顶、轮船、汽车等的温度，从而大幅降低了使用电量，改善了环境温度。

除了隔热保温产品的技术创新外，昌福建材研发的公路修补材料相关产品也具有行业领先的技术优势。随着社会的发展，交通道路遍布大江南北每个角落，交通物流发展一日千里，由于建设需要带来的无止境的挖挖填填给交通道路带来日益严重的负荷，造成很多公路下沉、开裂、起坑等病害化破坏，目前尚无理想长久的解决方案，基本是小问题淋沥青或普通混凝土，发展到不能通车就挖掉再补，不仅耗费大量人力物力，更带来长时间的封道，给国家造成了巨大的经济损失和环境破坏。针对上述问题，公司研发的利昌福世纪一号超强韧公路修补胶产品经广东省建材产品质量检验中心检测，凝结时间只需 16 分钟，抗压强度达到 25.6 兆帕，抗折强度达到 12.39 兆帕，比混凝土高出 4 倍多，用本产品修补施工 2~3 小时后即可通车，使修复路面以最快的速度重新投入使用，减少交通阻塞，减少建筑垃圾和有害气体排放，减少资源消耗以及对社会环境的破坏。配套产品多功能界面剂产品主要用于混凝土、水泥砂浆、石膏板、木质人造板、硬石膏基层的底涂，在黏结架桥功能、降低表面的吸收性、增强新老无机非金属材料的界面附着力上，具有优于同类产品的高质性能和品质。

随着社会与科技的发展，人们追求更舒适健康的生活，以往家居装修材料只是追求美观和豪华的效果，却忽略了产品的质量与功效，劣质装饰材料进入千家万户，室内空气极大污染，直接危害到人们的健康。清华大学建筑环境检测中心发布的国内家庭室内生态环境健康报告显示：我国部分城市居民住宅的室内甲醛和 PM 2.5 严重超标，造成慢性病、白血病、不孕不育、胎儿畸形，甚至流产等。我国每年有大量青少年死于室内污染所引发的呼吸系统疾病，其中 50% 是 5 岁以下的儿童。来自世界银行针对中国慢性病做的调查数据称，在今后的 20 年，40 岁以上人群慢性病的发病人数会增长 3 倍。

为此，昌福建材提出“空气好才会身体好”，以唤起人们保护家居空气的意识，增强国民整体身体素质，健康快乐生活，并推出了健康产品“除醛护墙泥”。本产品精选多种优质节能非金属矿物质和进口高分子材料配制而成，加水搅匀即可使用。产品具有净化空气、分解甲醛、抑菌除异味，能有效降低空气中碳氢化合物、氮氧化合物和氧化物的浓度，具有调节湿度、释放负氧离子、防火阻燃、自洁耐用、吸音降噪等功能。同时具有保温隔热、保持室内恒温倍感舒适等功能；本产品强度高，具有优良的防水、耐磨蚀和耐老化性能，黏结力强，不易脱落、不起皮，减少维修和污染，使用年限长，安全节能环保，是替代壁纸、乳胶漆和硅藻土的创新型装饰材料。本产品是目前在建材行业中唯一一种多功能环保健康产品。

## 三、2017 年实现效益及规划

昌福建材在不断扩大现有产品销售区域与销量的情况下，坚持技术革新，不断研发高科技环保健康产品。2017 年公司实现营业收入翻番，增加劳动就业 300 多人。

前瞻产业研究院近期发布的数据显示，我国建筑能耗逐年上升，占能源消费总量约 34%。住房和城乡建设部提出到 2020 年绿色建筑占比达到 30% 的目标。昌福建材一直向着“绿色建筑”的方向努力，计划筹备融资 1 亿元人民币创建产业国，与湖南大学洽谈合作建立国家级研发实验室，建立全自动化生产线 5~10 条，运用互联网实现全面信息化管理，以更优质节能的环保产品，争当环保健康建材行业的先行者。

# 充分发挥“双创”平台作用<br>深入推进大众创业万众创新

宁波盛世方舟创新创业服务平台

## 一、政府扶持平台，平台服务企业

日前，国务院办公厅发布《关于建设第二批大众创业万众创新示范基地的实施意见》，公布了第二批92个“双创”示范基地名单，浙江宁波鄞州区入选成为45个区域示范基地之一，也是浙江省唯一入选的行政区域。

近年来，鄞州以建设“创新引领的标杆区”为目标，按照“政府扶持平台、平台服务企业、企业自主创新、创新升级产业”的思路，密集出台一系列政策措施，着力打造“众创空间—孵化器—加速器—产业园”这一创业创新链条，深入推进大众创业、万众创新，累计培育创新型初创企业1300余家，覆盖新材料、新装备、新能源、节能环保及新一代信息技术等区域经济转型升级的引领性产业。

鄞州区出台了科技众创空间、科技企业孵化器、科技企业加速器的认定与管理办法，形成了“众创空间—孵化器—加速器”的科技创业孵化链条政策体系。鄞州将通过整合要素资源，完善服务体系，实现从铺天盖地的初创企业中培育出顶天立地的“小巨人”，并加速形成创新型产业集群。

为了充分发挥科创众创平台集聚要素、培育产业、助推转型的作用，2017年以来，宁波市鄞州区立足南部新城、东部新城等创新创业集聚区，致力于优化创新创业空间布局，打造哑铃型“双基地”，通过各类科创平台、众创空间集聚发展，培育壮大一批新业态、新产业、新经济。

## 二、深耕产业领域，助力转型升级

宁波盛世方舟创新创业服务平台（简称盛世方舟）负责盛世投资的中早期业务，

是一个专注于中早期母基金、中早期直投基金、产业基金、FA和创业孵化器的创新创业创投平台。盛世方舟是业内唯一持续在中早期领域深耕的母基金管理机构。多年的投资管理业务积累，为盛世方舟更全面地了解国内创投生态打下了良好基础。如盛世方舟正在梳理各地的区域资本资源和基金图谱，为区域产业发展和转型升级提供帮助。

### （一）用产业思路操作中早期母基金

作为中国中早期母基金领域的先行者和领路者，盛世投资于2014年开始大力发展中早期投资管理业务，尤其是持续的中早期母基金投资管理，发现和扶持了大量优秀的中早期投资机构。

盛世投资管理合伙人、盛世方舟主管合伙人谢作强认为："中小企业发展离不开产业土壤与创投行业支持。特别是战略性新兴产业，早期创业企业融资难是长久痛点。因此，致力于发展战略性新兴产业的地方政府，如何引导、培育、发展区域内的中早期创投氛围，至关重要。"在过去的3年里，盛世方舟中早期母基金投资了50多支中早期基金，覆盖了800多个中早期项目。

中早期投资机构发展迅速，行业内的新机构日新月异，做中早期母基金投资管理需要系统能力来支撑。加入盛世投资的7年时间，谢作强一直行走在私募股权行业的最前线，与近百家GP保持着密切联系。而今，盛世投资已经成为我国最大的股权母基金管理机构，基金管理规模超过700亿元，投资了100多支早期、VC、PE基金，覆盖战略新兴产业的1500多个项目。

"盛世投资搭建了一张网，而盛世方舟正在梳理层层关系，并不断提升向下通过GP穿透到项目的能力。除了在投资业务过程中注重对中早期投资机构的基础调研，盛世方舟也很重视中早期投资机构在发展过程中遇到的普遍需求，并给予支持。盛世方舟系统地推动中国的中早期投资机构专业化、机构化，提高国内创投行业发展水平。"在谢作强看来，大力发展中早期投资行业，以市场化、机构化的中早期投资母基金为推手，帮助专业投资机构实现持续而稳定的发展，无疑可以较为全面、高效地落实创新创业与创业投资的融合。

"现在人工智能很热，但有多少基金投资这个领域呢？这些答案可以通过对母基金的数据挖掘、深度的机构交流等梳理之后来回答。"谢作强认为，加强区域和行业研究，中早期母基金就会形成新兴产业在区域发展方面的预判和诊断能力。

宁波是外贸重镇，电子商务是重点产业之一。随着电子商务在各地的兴起、壮大，如何错位发展成为了宁波的新命题。盛世方舟中早期母基金团队立足电子商务产业发展，进行全局纵深分析，提出了"互联网+"、跨境电商、物流供应链等为主的产业布局方向。而今，这一建议已被宁波电子商务产业基金采纳，盛世投资成为管理机构之一。最近，电商基金的首支子基金宁波心元创业投资合伙企业已经完成首笔出资。目前，心元完成的8个项目投资中，宁波项目3个，市外项目5个。心元对宁波本土企业（项目）直接或间接投资额将不少于6000万元。

据悉，宁波市电商基金的第二支子基金“东方基金”也进入了筹备阶段。东方电商产业基金由东方股份联合跨境电商、上市公司——兰亭集势设立，主要投向出口电商、具有发展潜力的跨境电商企业以及其他中早期创业型企业，投资额超过2亿元，其中宁波市电商基金投资额接近8000万元。

基金跟着资金走，项目跟着基金走，这就形成了产业和资本的良性引导和循环。让投资行为变得更为理性和有的放矢，盛世方舟为宁波绘制了一张“基金地图”。针对宁波市政府的战略性新兴产业布局，做相关产业的可投资基金的统计分析，可以帮助地方政府和投资机构提升资本投放的科学性与精准性。

### （二）用产业母基金的思路做孵化器

用中早期母基金的思路做孵化器，盛世方舟以“孵化 + 投资”“基地 + 基金”“产业 + 资本”的模式运行，锚定新兴产业，发挥“灯塔效应”，构筑起了资本与资源的桥梁。

宁波是全国首个“中国制造2025”示范城市，制造业是支柱产业，“智能制造”是核心主攻方向。围绕宁波的产业优势，盛世方舟挖掘并孵化出3D打印设备的生产商方元三维、物联网智能家居服务商智轩科技、新材料行业新媒体平台Unima等优质企业；发挥盛世投资覆盖全国的优势，盛世方舟从深圳引入裸眼3D高科技企业视睿迪、从厦门引入搬运机器人智久科技，不仅为其提供办公场地以及注册、融资等创业服务，还协助其申请宁波市人才、创新项目相关政策；与中国电信强强联合，落地“宁波制造业与互联网融合创新中心”，为入孵企业提供“桌面云”等智慧应用服务，帮助入孵企业推动云计算、大数据、iWiFi、物联网、智能制造等信息化技术改革。

站在产业的角度，以中早期母基金的视野去打造创新型孵化器，在宁波开业一年来，盛世方舟已经挖掘并引进近70个创新项目，多个入孵项目市场估值数千万元。2016年12月，盛世方舟将这一模式复制到佛山。不止于孵化项目，更是孵化创新生态，协同政府，围绕产业链上的海内外创业者、投资人、创业服务机构，打造创投生态圈，以实现多方共赢。

不止步于做项目的超级孵化器，还要成为投资机构的超级孵化器。深入剖析优质中早期项目的需求，引入与当地产业基础相匹配的资本资源，盛世深圳湾投资人中心应运而生。

“我们研究发现，深圳创业项目的数量和估值水平远远落后于北京、上海。探究其背后原因，是因为深圳中早期投资机构数量远远满足不了深圳创业项目的需求。”盛世投资管理合伙人、盛世方舟主管合伙人谢作强如是说。这个发现直接催生了盛世深圳湾投资人中心。

盛世方舟创投母基金团队在调研时发现，深圳的投资氛围虽然活跃，但很多中早期投资机构并未在此设立办公室，多是采取“打飞的”的方式异地办公。基于多年从业经验，谢作强认为投资业务本地化能更好地挖掘当地的优质项目。

国内 80% 的中早期投资机构在北京，这其中大部分尚未在深圳设立办公室。盛世深圳湾投资人中心的出现，不仅为机构提供办公空间，还提供母基金投资、基金注册、备案、资源对接、政策咨询等方面的服务，同时降低了高昂的商务办公成本。

### （三）创新招商模式实践

2016 年 9 月，盛世方舟从深圳引进了裸眼 3D 项目“视睿迪”创业团队。一年来，视睿迪飞速成长，团队从 7 人发展到 32 人。作为裸眼 3D 设备及相关应用综合方案供应商，视睿迪已申请专利近 60 项，未来计划每年增加 50 项专利。目前，项目已获得第二轮 1500 万元的融资，拟在宁波鄞州区潘火街道建设 6000 平方米的生产基地，计划 2017 年 10 月实现量产，产值预计可达 3000 万元。

视睿迪的毕业出孵，代表着盛世方舟基金招商、平台招商、服务招商等创新招商模式的成功实践。视睿迪的引进是服务招商的典型案例。盛世方舟不仅为其落户宁波提供了办公场地，还为其提供了快速注册、项目申报、人才招聘、政府对接、本地产业资源对接等一系列服务。引入一家，成长一家；孵化一家，成功一家。盛世方舟希望帮助更多企业“走出去”，实现产业化。

# 水处理行业创新发展新技术：供水末端，分质供水

台州万物源环保设备科技有限公司

## 一、企业及项目简况

### （一）企业概况

台州万物源环保设备科技有限公司（简称万物源环保）是一家专业从事家庭健康水处理产品的研发、生产和销售的企业。公司拥有较强的技术研发队伍，与国内多家机构强强联手，拥有自主研发的具有自主知识产权的系列水处理环保设备产品。

### （二）项目简介

世界上很多水体污染严重，从而加剧了水资源紧缺的矛盾。传统的自来水处理方法已经不能提供品质优良的饮用水，而且在市政供水环节还存在着二次污染的问题，例如高层的水箱供水、漫长的自来水输送管线都会存在潜在的铁锈、水垢及微生物污染的风险，造成直接使用饮用水的用户面临着水污染的问题。

为解决这一问题，市场上各种净水器应运而生，并且各种净水器使用的过滤方法与过滤材料各有不同。在现有技术中，龙头水质处理器一般采用陶瓷滤芯过滤加活性炭吸附，这在一定程度上降低了自来水中的杂质成分。但是这种吸附技术只能解决水质粗过滤的问题，无法真正地改善水质，达不到饮用水的要求。并且，现有技术中滤芯的材质使得滤芯的使用寿命较短，且滤芯会在短时间内随着使用次数的增加，而降低其过滤效果，间接增加了滤芯造成的二次污染问题，并增加了使用者的使用成本。

为解决水资源紧缺的矛盾以及传统市政供水中存在着二次污染的问题，万物源环保研发出一种新技术产品，即“一种设置有净水滤芯的龙头式水质处理器”，通过设置多个过滤层，实现了多级过滤，改善了水质，增强了水的活性，实现原水经过

处理可直接饮用的效果。该产品设置有多个档位，可实现原水与净化水的多种选择，减少因不必要的过滤所造成的滤芯使用强度，增强了滤芯的使用年限，降低了对滤芯的损耗。产品包括进水端、净化水出水端和连接进水端、净化水出水端的滤芯壳体。滤芯壳体内设置有层状结构的滤芯，从进水端至净化水出水端，滤芯包括依次叠放的第一过滤层、第二过滤层、第三过滤层和第四过滤层。第一过滤层主要由亚硫酸钙颗粒组成，第二过滤层主要由 AST 混合材料组成，第三过滤层主要由麦饭石、托玛琳组成的负离子球混合材料组成，第四过滤层主要由纳米银离子、KDF 组成的混合材料组成。

亚硫酸钙颗粒是一种高效除氯剂，具有极高的除余氯的能力和极快的反应时间，可以达到 99% 以上。第一过滤层主要由食品级亚硫酸钙颗粒组成，用于除去水中的氯，因为是食品级，不会具有高浓度残留，从而保证了使用者的安全。

AST 混合材料为美国 ACTIVES SPRING TECH.CORP.USA 研制的量子加能转换专利材料的缩写简称。是一种量子转换材料，具有改善水质的作用，具有净化除氯、矿化提锌、去除重金属、软化水质、除臭五大功能。

• 净化除氯。AST 混合材料是由两种不同的金属混合而成，与水接触后，合金中电位正的铜变为阴极，而电位负的锌是阳极。在阴极发生还原反应，阳极发生氧化反应。锌阳极在反应中失去电子，锌离子进入溶液。由于游离氯的还原反应，铜阴极被钝化，同时产生的还有氢、羟基和氯离子，因此能将有害的具有强氧化性的氯（$Cl_2$）和次氯酸（HClO）转化为无害的氯离子（Cl–），如食盐 NaCl。由于是电子转移反应，所以快速而有效。同时水中其他的氧化剂，如臭氧、溴、碘等与 AST 接触后也能进行氧化还原反应被去除。

• 矿化提锌。AST 混合材料与水接触，合金中电位正的铜变为阴极，而电位负的锌是阳极。在阴极发生还原反应，阳极发生氧化反应。锌阳极在反应中失去电子，锌离子成为牺牲者进入溶液，保留并大大提升水中有益于人体健康的微量元素——锌，促进人体健康。

• 去除重金属。AST 混合材料可以有效降低水中如铅、汞等可溶性重金属的含量。通过电化学氧化还原反应的离子交换完成后，变成无害的络合物。X 衍射研究发现，汞的去除形式是铜—汞合金，在某些情况下是金属离子镀覆于颗粒介质的表面上，例如，溶解的铅阳离子还原成不溶性的铅原子，并镀覆于颗粒介质的表面和中间，从而使金属污染物质结合在 AST 介质上。水解形成的金属氢氧化物也能去除金属离子。

• 软化水质。AST 混合材料阻止结垢的形成源于两种独立但有联系的机理：一是 pH 值、二氧化碳浓度和碳酸钙溶液溶解度之间的直接关系。当二氧化碳从溶液中去除时，pH 值就增加，因而方解石的溶解度就减少。AST 通过电化学反应后提升了水的 pH 值，于是方解石的溶解度就降低了。二是 AST 混合材料中锌离子的解离，使水中的含锌量有所增加，锌的增加能阻止结垢生长，使水中的霰石产生沉淀，在容器的冷壁上形成软垢，而不会出现硬的结垢。

经过氧化还原处理的水从根本上改变了不溶性碳酸钙（镁）结晶的形态，结垢相对变小，外观相对变小，且外观平坦呈圆形、颗粒形和棒形，都是由不坚固的粉状成分组成，这些成分不黏附于金属、塑料或陶瓷的表面，很容易用过滤的方法将它们去除。

• 除臭。AST 混合材料能大大提升水中的锌离子含量，大量的锌离子对除臭、除异味有明显效果。自来水中可能存在硫化氢，如被氧化成硫黄就会污染膜表面。AST 过滤介质有去除硫化氢的功能，生成的硫化铜不溶于水，可在 AST 介质反冲法时去除。

麦饭石是一种起到水质净化的天然矿石，本产品中的麦饭石是麦饭石颗粒物。麦饭石对水质的净化作用主要是通过表面吸附、胶体吸附和生成沉淀而实现的，它主要吸附水中的汞、铅、镉、砷等重金属及氯化物、氰化物和剩余农药等有害物质。并且麦饭石可以提高水中的溶解氧浓度，使不具有生物活性的水变为具有生物活性的水。

托玛琳是一种天然宝石，本产品中的托玛琳为托玛琳颗粒。托玛琳在接触水时可使水负离子化，形成碱性离子水。本产品中的麦饭石颗粒与托玛琳颗粒组成托玛琳离子活性球，托玛琳离子活性球的活性更好，过滤精度更高，透水量也更大。

纳米银离子颗粒具有杀菌抗毒功能，能够去除水中的细菌和病毒。

KDF 混合材料是高纯度的铜 / 锌合金颗粒，它通过微电化学氧化—还原反应进行水处理工作，在与水接触时，合金中的两种金属在亚微观尺度上构成无数小的原电池系统。KDF 混合材料在水中具有强大的反应能力和极快的反应速度，可以清除水中 99% 的氯和水中溶解的铅、汞、镍、铬等金属离子和化合物，对抑制细菌、真菌、污垢、水藻的滋生，效果卓著。

## 二、项目对地方及行业的影响

产品主要应用于家庭自来水的生活饮用水质处理上，按照国家生活饮用水的标准改变水的质量，解决自来水二次、三次供水造成的污染，为百姓提供一种设置有净水滤芯的龙头式水质处理器，通过设置有多个过滤层，实现净化除氯、矿化提锌、弱碱性、抗氧化、活化、小分子团，实现多级过滤的效果，同时改善水质，增强水的活性，达到原水经过处理可直接饮用的效果。

产品经过两年的体验使用及市场推广应用，实现了非常好的市场效应，产品每月销量从 2014 年的 300 台提高到 2016 年的 30000 多台。

## 三、项目的重大技术突破

万物源环保的水处理功能水龙头实现了以下技术突破：

一是材料创新。产品创新性地采用美国注册的 AS 量子加能转换专利材料。

二是技术创新。因材料的变更，产品体积是传统净水机的 1/100~1/10，但功能不变，实现了在水龙头上即可安置。

三是理念创新。创新性提出水龙头后端分质供水的概念。传统净水机大多只解决喝水的问题，万物源水处理功能水龙头不仅解决饮用水问题，而且解决沐浴用水问题。

四是传统净水机体积庞大，外形笨重，而万物源水处理功能水龙头外观小巧时尚，只有可乐罐大小，不需要专业人员上门清洗，用户使用一段时间后只要取下滤芯，拍打、反复冲洗即可。

## 四、社会效益

项目产品一方面可达到分质供水的目的，另一方面可实现节能减排改善生态，是一项利国利民、有益于全人类的健康产业。从社会角度来看，尤其从实现喝好水，使人少生病、少吃药的福德大业角度来看，其价值不可估量。

# 依靠创新驱动开创制冷行业新纪元

重庆市锦沅制冷设备有限公司

## 一、公司基本情况

重庆市锦沅制冷设备有限公司（简称锦沅制冷）于2014年成立，但早在2010年企业产品已上线进入重庆市场，2014年起开始向周边地区推广，例如云南、贵州、成都等地，目前正筹划面向全国市场。锦沅制冷是重庆制冷、空调设备、冰箱、冰柜等冷凝器行业的知名企业，管理体系完备，加工手段先进，经过多年经营，拥有一批水平高超、技术精湛的制冷技术人员团队和严格培训、能现场施工调试的安装队伍。锦沅制冷秉承“质量为先、信誉为重、管理为本、服务为诚”的品质理念，为客户提供高品质的产品和一流的服务。

## 二、推进产业转型升级，加快向价值链高端攀升

锦沅制冷主要生产销售各种规格型号的冰箱、冰柜冷凝器，经过多年的发展，赢得了大量客户信任。在长期的实践中发现，电冰箱冷凝器是制冷系统中的热交换器之一，它的作用是将压缩机送来的高压、高温制冷剂气体的热量散发到电冰箱外部空间。制冷剂液体经过散热冷却后液化，变成高压、常温的制冷剂液体。电冰箱有多种形式的冷凝剂，按散热的方式可以分为自然对流冷却式和强制对流冷却式两种。自然对流冷却是利用周围的空气自然流过冷凝器的外表，使冷凝器散热。强制对流冷却是利用电风扇强制空气流过冷凝器的外表来达到散热的目的。经过多次实验，锦沅制冷成功研发出“改良冰箱冷凝器”，这是呈S形走向的螺旋形冰箱冷凝管。其中，在螺线管上焊接有不锈钢丝进行热传导，并使不锈钢丝的横截面为五角星形，增加了散热面积和散热时间，从而使制冷剂在流传冷凝管时的温度更低。

改良冰箱冷凝器具有以下主要特点：

一是采用高光泽度的喷塑技术，外观光泽。采用环保材料，经180~200摄氏度

高温烘焙（非电泳漆），使用寿命长。

二是冷凝器的钢丝较密，冷凝管长度较长，且厚度比较厚。例如 6 个较大的冷凝管，直径 6 毫米，每个冷凝管的厚度达到 0.57~0.58 毫米，比传统冰箱制冷快，散热效果非常明显，耗电更低。

三是传统冰箱的冷凝器一般装在箱体两侧内部，锦沅制冷生产的冷凝器装在冰箱后背的外侧，更便于后期的维修服务。由于改良冰箱冷凝器的出现，使公司依靠科技创新，实现了产业转型升级，同时加快了向价值链高端攀升前进的步伐。

## 三、突出发展战略性新兴产业，延伸高端产业链

随着互联网技术的普及，互联网对社会的影响蔓延到各行各业。传统的制冷行业也出现了通过整合行业资源搭建 B2B、B2C 互联网平台的企业，锦沅制冷就是其中之一。

2017 年 6 月 26 日锦沅制冷在九龙坡区白市驿举行了制冷网云商平台的上线仪式。经过 5 个月的构建，平台初具雏形，整合了集行业制冷设备、中央空调成套设备及安装、家用电器及配件、机械产品、电气设备、冻库配件、制冷咨询于一体的线上大型 B2B、B2C 平台。2017 年，经销商可免费进驻该平台。

按照预期，至 2020 年，制冷网平台可服务国内大部分制冷企业及相关商家。通过在各大城市成立代理运维系统，借力网络平台不受地域限制、24 小时在线、客户共享、多样化宣传等优势，助力企业品牌推广。

## 四、坚持诚信运营，始终保持对质量负责任的态度

作为国内具有影响力的制冷设备公司，锦沅制冷团队始终秉承“创新服务、立信百年”的宗旨，不断进行制冷设备的技术创新。质量关就是生命关，规则线就是命脉线；诚信则立，失信则废。锦沅制冷始终坚持诚信，坚持对质量负责。

锦沅制冷注重挖掘年轻职工的创造力，通过良好的上下联动沟通机制和人性化的管理制度，激发更深层次的创新力。锦沅制冷秉承“求实创新，诚信守法，高效科学，以人为本，顾客至上”的服务方针，遵守行业规范，崇尚职业道德，壮大精英人才团队，时刻牢记并履行社会责任。

# 自主知识产权助力生物科技企业不断创新发展

江西东方乌宝乌鸡肽食品有限公司

## 一、企业及项目简况

江西东方乌宝乌鸡肽食品有限公司（简称东方乌宝）拥有乌鸡多肽知识产权和生产加工技术。乌鸡多肽产品是采用原种、原产地、原生态、养殖1年以上的泰和县太棒乌鸡提取加工制成，无任何添加剂，绿色无公害，对于久病康复、产后、术后、化疗后的营养补充有较好作用。东方乌宝与中国中医科学院科技合作中心、北京天肽生物科技有限公司等专业科研机构合作，生产乌鸡多肽系列食品，目前成为一家集肽生物研究、多肽产品研发，以及多肽系列食品生产、营销、服务于一体的生物科技集团公司。

江西泰和乌鸡具有悠久的历史和得天独厚的药食同源的优势。乌鸡作为食品、保健品或中药材均非常有发展前景，对于增强人体免疫力、改善睡眠、美容养颜、增加骨密度、恢复身体机能等方面都有一定程度的帮助。

## 二、泰和乌鸡多肽对地方及行业的影响

泰和乌鸡多肽产业对地方及行业产生以下影响：

一是能带动泰和乌鸡养殖业向周边扩大，带动全县至少万户家庭收益增加，给地方财政收入带来增长。

二是对营养品、保健品、药品及大健康行业形成较大冲击力，会有更多的人选择乌鸡多肽来养生防病和帮助疾病康复。

## 三、项目的重大技术突破

一是在2017年经行业内专家教授、学者评定，项目达到国内领先，在原料及加工技术方面达到国际先进水平。

二是在乌鸡的加工生产上，将原有较为低端的产品创新为现代生物医学领域的前沿科技，使其成为一种健康产品，价值提升了十倍至几十倍。

三是在效能上有重大突破，乌鸡白凤丸仅对妇科疾病有一定功效，乌鸡多肽则在一定程度上对人体具有预防疾病、帮助疾病康复的作用。

四是提升了乌鸡的功效。传统乌鸡一般作为食品食用，而乌鸡多肽经提取可以实现多肽的高效吸收和利用，有助于人体细胞的再生和各种营养元素重新组合。

与现有技术相比，该项目的创新点体现在以下几方面：

一是利用超微粉碎技术处理乌鸡的水解液，改变了物料的分子结构，使其分散、细化，得到的溶液颗粒粒径分布均匀，具有操作简单、无污染、可在线清洁消毒、可高效率进行细胞破壁等诸多优点。

二是通过少量乳酸菌来处理水解液，不仅可以促进蛋白质、单糖的分解以及促进钙、镁等营养物质的吸收，产生维生素 B 族等大量有益物质，还可以增加肠道有益菌群，改善人体胃肠道功能，恢复人体肠道内菌群的平衡，形成抗菌生物屏障，抑制胆固醇吸收，降血脂、降血压，进行免疫调节，增强人体免疫力和抵抗力。

三是对乌鸡进行酶解提取而成的分子量是 1000 道尔顿以下的小分子肽类物质，具有较高的消化吸收性和利用率。它可以不经胃肠消化而直接被人体吸收，有效解决了大分子蛋白如何被人体有效吸收和利用的问题。

四是提纯率和分离度更高。现有技术采用酸性蛋白酶酶解，活性肽的提取率为 9% ~14%，而本项目的提取率在 20% 以上，且小分子肽比例在 95% 以上。该项目制备出的活性肽不需搅拌即可迅速溶于水。

## 四、经济效益及社会效益

### （一）经济效益

项目需建设新生产厂房及乌鸡养殖场，产品为东方乌宝乌鸡多肽系列产品，厂房投入生产后，对相关产品产量及收入估算见下表。

乌鸡多肽系列产品生产收入估算表

| 序号 | 项目 | 2018 年 | | 2019 年 | |
|---|---|---|---|---|---|
| | | 产量（吨） | 总生产收入（亿元） | 产量（吨） | 总生产收入（亿元） |
| 1 | 乌鸡肽冲剂 | 90 | 1 | 160 | 1.8 |
| 2 | 乌鸡肽素片 | 100 | 1.5 | 170 | 2.0 |
| 总计 | | 190 | 2.5 | 330 | 3.8 |

## （二）社会效益

据估算，项目建成投产后，一条生产线在正常年份可为国家和地方政府创造2000多万元的税收，对促进地方经济和国民经济的发展具有积极的推动作用。

该项目定员180人，未来将会超过600人，项目在带动相关行业发展的同时，也提供了大量的就业机会。项目建成后，不仅可吸收大量新劳动力，也可吸收部分农业和工业转移的劳动力，间接增加就业岗位近千个，可减轻社会的就业压力。

# 通过创新驱动，实现建筑节能技术产业化大发展

辽宁营口天瑞新型建筑材料有限公司

## 一、企业及项目简况

### （一）企业概况

营口天瑞新型建筑材料有限公司（简称营口天瑞）是一家集研制、开发、生产、销售高效环保建筑节能系列保温材料于一体的专业公司。公司注册资金3000万元，职工总人数110多人，其中技术人员占职工总人数的30%，如今公司在全国建立了20多家加盟企业。公司以科技为先导、以人才为依托、以质量为根本，以自主研发的RQW轻质复合保温材料技术成果为支撑，该项成果获得了国家发明专利，荣获了营口市科学技术进步二等奖、辽宁省建材行业革新一等奖、辽宁省建材行业科技进步奖，并获得辽宁省建材行业知名品牌、环渤海六省市知名品牌、中国知名品牌等荣誉称号。获得国家“十二五”住建部科技成果重点推广项目。辽宁省住建厅有关专家评估认为，该项技术填补了国内空白，产品在国内同类产品中处于领先水平。辽宁省住建厅和吉林省住建厅同时发布了该项技术的地方标准，凸显了该产品的技术成熟度与先进性。

营口天瑞秉承“科学以理服人，艺术以情感人，经商以诚交人，产品以质胜人”的卓越管理新思维及经营理念，产品不断创新，技术持续改进，在进取中求发展，本着“保质薄利重义”的企业原则，以精湛的喷涂式施工设备，以及人工涂抹式的便捷工艺、完善的售后服务经营体系，为我国建筑节能事业发展做出贡献。

### （二）项目简介

营口天瑞研发的RQW轻质复合保温材料技术无论在选材上还是设计理念上均有着与众不同之处，产品的保温隔热和防火性能均达到了国家节能标准和国家消防A级保温材料的要求。在技术创新及施工设备机械方面，与传统的浆体保温材料施

工方法有所不同，该产品既可人工涂抹，也可机械喷涂；既节省建筑用水泥和砂子材料，又能缩短工程工期；且使用年限长久，安全可靠，绿色环保；可与装配式建筑一体化施工，或与建筑用保温隔热功能性装饰涂料相结合，产生节能效果。

## 二、项目对地方及行业的影响

该项目对地方经济及行业发展产生了以下积极影响：

一是在一定程度上促进了我国建筑节能行业的发展，提升了企业跨越式发展和知名度，进一步带动了辽宁地区建筑节能保温材料的发展。

二是带动地区配套产业升级。本项目的成功实施，将直接带动周边地区供应链相关企业的发展。

三是提高了我国在建筑节能产业上的竞争力。RQW 轻质复合保温材料技术含量较高、增值能力较强，成为当前辽宁省、吉林省地标产品。

## 三、项目的重大技术突破

营口天瑞研制的RQW轻质复合保温材料系列产品是由RQW轻质复合保温材料、聚合物抗裂砂浆、围护墙组成的建筑外保温系统。其中，RQW 轻质复合保温材料是以超轻超细型闭孔膨胀微珠、有机泡沫颗粒、矿物纤维及胶凝材料为主要成分，并辅以其他功能组合制成的建筑保温材料，简称 RQW 保温材料（分为Ⅰ型、Ⅱ型）。

RQW 轻质复合保温材料性具有轻质、防火、隔热、隔音、保温、导热系数低和抗冻性能好等优点，无毒、无味，各项物理性能指标均达到或超过国家颁布的标准要求，属于绿色环保材料。

RQW 轻质复合保温材料广泛适用于建筑物墙体内外墙、屋面、地面、楼梯间道口，适用于新建及旧楼节能保温工程，以及装饰保温结构一体化装配式建筑，综合性价比优于其他种类的保温材料。

RQW 轻质复合保温材料的实际应用案例有：营口市太和新屯政府回迁楼、营口老边区政府回迁楼、营口市飞机场、营口市政府廉住房、营口市营东大厦、营口市图书馆、营口市果品批发市场、营口聚合成小区、沈阳市雷克大厦、黑山县县委县政府大楼、大连金舍家苑、吉林省靖宇中学、黑龙江齐齐哈尔港华燃气大厦、内蒙古呼兰浩特市交警办公大楼、山东龙口市金沙滩度假村、河北承德市兴隆县六道河小学及宽城县商贸城、山西平陆县绿苑小区等。

RQW 外装饰保温系列工程量累计达 300 多万平方米，工程建设周期达 10 年。

至今未发生工程质量纠纷；项目工程用户满意、政府放心、无安全隐患。

## 四、经济效益

该项目可通过如下表格中列举的一些工程项目的收益数据，可看出其经济效益情况。

| 序号 | 项目名称 | 合作单位名称（开发商或施工单位） | 签约时间 | 签约金额（元） | 项目状态（已竣工、在建） |
|---|---|---|---|---|---|
| 1 | 龙湖地产西府原著项目 | 大连九洲建设集团有限公司 | 2017.3.31 | 1843000 | 在建 |
| 2 | 中辰钢结构战略合作合同汇总 | 沈阳中辰钢结构工程有限公司 | 2016.10.21 | 514786 | 已竣工 |
| 3 | 五爱泉站装配式围墙 | 沈阳市排水公司 | 2016.10.20 | 190000 | 已竣工 |
| 4 | 沈阳盛京文化商业广场GRC幕墙 | 辽宁轩禾装饰装修工程有限公司 | 2016.8.17 | 1330000 | 已竣工 |
| 5 | 沈阳南北快速路预制中防撞墙 | 中铁八局集团昆明铁路建设有限公司 | 2016.6.22 | 1280000 | 已竣工 |
| 6 | 沈阳市棋盘山秀湖浮桥栈桥混凝土预制构件 | 沈阳市棋盘山风景名胜区管理局 | 2015.2.12 | 24797558 | 已竣工 |
| 7 | 沈阳市铁西区环卫工人休息室 | 沈阳市铁西区环境卫生管理处 | 2014.10.17 | 796000 | 已竣工 |
| 8 | 哈尔滨大剧院PC清水混凝土板 | 沈阳远大铝业工程有限公司 | 2014.5.6 | 2966939 | 已竣工 |
| 9 | 沈阳市大东区黎明柳林苑 | 沈阳汇城建筑工程有限公司 | 2014.3.13 | 370777 | 已竣工 |

# 为高层建筑打造智能消防安全屏障

上海神滑消防逃生装备科技有限公司

## 一、公司简介

上海神滑消防逃生装备科技有限公司（简称神滑科技）成立于 2004 年 8 月 3 日，主要经营智能消防逃生以及创新救火系统及装备，计算机网络技术领域的技术开发、技术转让、技术咨询、技术服务，消防设备的安装及维修（除特种设备）。与多家上海机械设备公司零售商和代理商建立了长期稳定的合作关系。

神滑科技拥有“高楼快速逃生滑梯”两项发明专利，专利号为 ZI 2011 1 0065649.8 和 ZI 2012 1 0009708.4。这两项发明专利主要针对“高楼逃生世界难题”，可以实现 60 层高楼紧急撤离只要 3 分钟，百余人可同时逃生，快速安全零死伤。该专利成果 2014 年 10 月经中国高科技产业化研究会审核授于“科学技术成果证书”，2016 年 12 月 27 日通过公安部消防产品合格评定中心技术鉴定检测，获得“消防产品技术鉴定证书”（证书编号 JD2016020053）。

## 二、推进产业转型升级，加快向价值链高端攀升

2013 年神滑科技专利项目的第一个实样制成，立即被国内外媒体广泛赞誉和报道。高层建筑消防安全楼梯是遇灾逃生的安全通道，但是由于逃生方法“原始”，不能应对高楼灾难的复杂危险情况，因此遇灾使用并不“安全”，“安全通道”反而成为“重灾区”。而本项目对这个千年不变、习惯自然的“原始”做了简单而有效的“革命性”的“变通”：“滑楼梯”！产品抓住楼梯逃生因“倒”而造成死伤的主要矛盾，以滑代步、以倒治倒。主动的“倒”化解了所有被动的倒，从根本上实质性地提升了消防楼梯的使用价值，“零死伤”使其成为真正意义上的、名副其实的“消防安全楼梯”。

逃生滑梯具有以下特点：

一是逃生滑梯安装在高层建筑消防楼体内，平时收起，不影响楼梯正常使用；遇灾时，任何楼层逃生到达楼梯平台后，关掉吸铁保险，放开当层直梯滑槽，便立即在楼梯台阶上铺展出一条直达底层的逃生滑梯，逃生人只要躺进滑梯就可以安全、快速、低位、省力地撤离。

二是逃生人在直滑梯槽滑行时产生的加速度在通过转变段滑槽时，其巧妙合理的结构可使逃生人减速至接近于零但又能继续平稳下滑，而且在楼梯平台狭小的空间中完成180转弯。逃生人在滑梯中滑行状态是“快—慢—快—慢”的速度变换，不致造成晕眩或冲出滑梯。

三是楼梯转变口平台放置护垫，供逃生人滑行使用，防止擦伤。

四是翻下滑槽时，置于楼梯扶手下沿的自来水喷淋同时喷水（包括外墙有易燃保温层的水喷淋），便于逃生人在滑行中取水捂住口鼻以防烟呛，进行自我保护（楼体内不准堆物，但有烟囱效应，故烟多明火少）。

五是逃生滑梯联动紧急照明，使逃生人夜间遇火灾时避免摸黑造成伤害。

六是逃生滑梯联动警报：翻下滑槽时，同时响起警报，避免高楼层住户因门窗紧闭难闻险情而贻误逃生自救时机，改变“小火不知道，大火逃不了”的现状，可以使高层住户在灾情突发的第一时间及时逃生。

该项目受到了政府、媒体的广泛赞许和认可，因为是世界难题，因此发明专利进行了国际布局，目前已获美国、日本、欧盟、巴西、俄罗斯、新加坡、阿联酋等国家和地区的国际PCT受理和授权。

2016年神滑科技针对高层建筑救火难的问题研究并申请了第三项发明专利“一种高楼快速逃生和救火系统”，提出“建筑火灾灭小火模式”已经获国家知识产权局受理及中国科学院所做查新报告。这项发明抓住火灾从小火变大火这个“矛盾不同发展阶段的特点”，从火患的初始阶段灭火，也就是将传统的“救大火”变为模式“灭小火”模式。“灭小火”的关键在于“快”。天下武功唯快不破。谁来帮忙灭“小火”最快？周边邻居或部门。具体实施方案就是以“安全智联网+邻里消防队”的设置和办法，实现任何一室一处发生火情在一两分钟之内就有一支消防队伍赶到现场帮助灭火，将火患扑灭在初始阶段。这个“救火”方案适宜高层、超高层建筑，而且适用于各类建筑，包括多层、平房等建筑群，乃至村镇乡落，可极大地降低各类建筑火患与死伤。神滑科技创新智造整体解决各类建筑安全隐患的一揽子方案被媒体赞为“中国方案”，相关论文《高楼安全短板，解自救世界难题》被第十二届中国管理科学研究院学术年会评为优秀论文一等奖。

## 三、项目的重大技术突破

神滑科技的“一种高楼快速逃生和救火系统”包括逃生系统和救火系统。逃生系统包括逃生滑梯、开关、总控制器和喷淋系统、照明系统、警报系统、排烟系统。逃生滑梯移动能打开或关闭开关，总控制器与开关、喷淋系统、照明系统、警报系统和排烟系统连接。救火系统包括灭火器、触发单元、发射器、接收器、处理器和显示器，触发单元和发射器无线连接、发射器和处理器无线连接、处理器和接收器无线连接、显示器和处理器无线连接。

逃生滑梯包括上层直梯滑槽、下层直梯滑槽以及与上下层直梯滑槽以及供转弯滑槽上下升降的立柱、滑槽、平衡铁。在楼梯的墙体上，装有墙体护板；上下层直梯滑槽中间为竖直的墙体，转弯滑槽可沿墙体上下滑动，在墙体的侧面设有传动机构，传动机构包括第一支点轴、第二支点轴、第三支点轴和第四支点轴，第一支点轴和第二支点轴之间有第一连接杆连接，第二支点轴和第三支点轴之间有第二连接杆连接，第三支点轴和第四支点轴之间有第三连接杆连接，第四支点轴末端连接有第四连接杆；第一支点轴固定在墙体上，第三连接杆可沿墙体上下滑动；上层直梯滑槽底板上固定有水平的固定杆，固定杆的侧面固定有一个碗口；第三连接杆向上滑动，第一连接杆和第二连接杆构成三角撑结构，支撑住上部的转弯滑槽，第四连接杆的底部抵在碗口里，上层直梯滑槽靠在墙体上；上层直梯滑槽被打开，第四连接杆翻折，第三连接杆向下滑动，第一连接杆和第二连接杆拉伸成直线，转弯滑槽下降。

第三连接杆的侧面连接有拨动杆，开关设置在墙体护板上，拨动杆上下移动，能打开或关闭开关。

## 四、推广模式创新——“方案＋保险”

搭建“方案＋保险”的第三方平台，顾前善后。

所谓顾前，即参保后免费实施“中国方案”，能大幅度提高高层及各类建筑使用人的生命安全保障。并负责后续设备维护保养、人员培训、消防演练等工作。所谓善后，即万一发生伤亡，负责理赔。

顾前善后，是名副其实的“保险”，是真正的“保险”，也是创新的“保险”。

第三方平台在实施“中国方案”推广落实的同时，将形成与公安消防共同努力搞好高层建筑消防安全工作的态势和良性循环：消防工作做得越好，理赔越少，企业效益也就越好。由此，高楼使用人也就越安居乐业，社会也就越安宁和谐。同时政府履职也越显精简高效，因为政府的某些职能演化成社会主义市场经济行为运作。企业的“利益驱动”与政府的“责任驱动”达成“对立的统一”。

“中国方案”是我国的重大民生工程，如能尽早尽快广泛推广，必将领跑世界，就如同中国高铁一样走向国际，将“中国方案”和运营模式创新复制到全世界，创造巨大的社会效益和经济效益。

# 诚信＋创新　做医疗配套的航标灯

上海城钰电子工程有限公司

## 一、公司基本情况

上海城钰电子工程有限公司（简称上海城钰）是一家专业从事医疗放射、放疗、信息中心配套设备的专业公司，主要配套包括冷水机组、精密空调、机房一体化解决方案及 MRI 屏蔽工程。公司是西门子、联影、飞利浦、康达、卡勒福、奥泰等 MR 厂家的辅助设备配套及服务供应商。2008 年，上海城钰与依米康公司建立了战略合作伙伴关系，取得了依米康公司的恒温恒湿空调、冷水机组在医疗行业的总代理权，并于 2008—2012 年连续 5 年成为依米康公司的“年度最佳合作伙伴”。

上海城钰通过引进意大利 EMICON 的先进技术，与依米康公司共同研发了医疗专配系列冷水机组和精密空调。经过多年的发展，上海城钰医疗专配系列产品逐渐形成了稳定的产品体系，并为各大磁体厂家研发了专配的冷水机，得到了市场的广泛认可。

上海城钰凭借专业的技术、可靠的服务以及超群的市场营销理念和强大的渠道控制能力，在整个医疗行业达到了领军水平。目前公司研发团队还在不断研发，正与德国技术团队进行接洽及技术交流，争取研发出更好的产品以服务国内外用户。

## 二、城钰产品特点

### （一）城钰冷水机组和精密空调的优点

上海城钰的冷水机组和精密空调因品牌优势明显、使用广泛而在渠道及行业内影响力较大。在性能方面，机组的性能稳定，使用寿命长；控制系统功能齐全，如电脑板、报警等。在适配性方面，室内风机可配风机调速器，可以调节风压；单 / 双系统机组皆可安装，布局合理。

精密空调的双电磁阀控制双路制冷系统，能耗低，平均每月可节能 10%~20%；城钰医用精密冷水机组和精密空调可实现不需停机即可更换配件及维护的功能，实现 24 小时不间断工作。

### （二）产品性能特点

一是外型、工艺、结构。喷塑钢框架结构，内衬绝热吸音聚酯材料；部件布局紧凑合理，体积小，重量轻；正面维护，安装方便。

二是模块化设计。所有单 / 双系统机组都可以模块化组合，中文电脑板可以 16 台联机，互为备份，自动切换，轮值工作，方便用户运行管理、扩容和安装。

三是高效率设计。采用美国康普兰涡旋式压缩机，能效比达 3.5 以上；风机马达直联驱动，传动效率达 99%；X 形铝合金再加热器，提高了换热面积，降低了加热器表面温度，防止空气电离，分为 1~3 级，加热效率高，寿命长；加湿器为耐高温塑料罐和网状圆柱形电极组成，无水质要求，具有自动清洗功能，加湿速度快，加湿量大，效率高，寿命长；亲水性高效率抗腐蚀的蒸发器，换热效率高，制冷能效比达 2.9 以上；显热比大于 90%。

四是噪音低。由于采用柔性涡旋式压缩机，标准配置 6 级马达的直联式风机，动态和静态平衡优良；根据机组型号的大小合理布置 1~4 个风机，较好地控制了循环气流的分布，所以室内机组的高频、低频噪音控制水平良好。从小型号到大型号，机组的噪音水平在 35~61 分贝之间。室外机组更有标准型、静音型、超静音型供选择，完全满足中国环境噪音要求。标准型噪音为 47~54 分贝，静音型为 35~49 分贝。

五是适应范围广。从华南、西南到华北、东北，从西北、中南到华东地区，都有上海城钰的机房空调在运行。事实证明，室外温度零下 40 摄氏度 ~48 摄氏度的范围内，城钰空调的标准机组都可以良好运行。

六是控制系统。城钰空调采用中文大屏幕电脑板、液晶背光（可调），所有的参数和报警信息都为中文显示，工作状态有动画图形显示。控制系统有 3 级密码保护，配置通信接口，可以完成本地和远程监控，最多一个场地可以完成 254 台机组的监控；并且免费提供通信协议，协助用户完成集中监控工作。控制系统可以设定安全工作范围、各种告警值、正常工作参数、控制方式、时间功能、记忆功能等等。

七是控制精度高，控制范围广。其中精度：温度 ±0.5 摄氏度，湿度 ±2%。范围：温度 15~32 摄氏度，湿度 30%~80%。

八是环保设计。城钰空调十分注重环保要求，所有的标准机组在设计时都做了特别的考虑：只需要更换压缩机的冷冻润滑油后，所有的机组都可以使用环保冷媒 R407c，而且 R134a 冷媒也作为选项提供。

九是选件功能。除了提供标准机组外，城钰空调还可以提供多种选件功能配置，以满足不同行业客户的需求，如漏水、烟雾探测、新风口、风帽等。对于客户的特殊要求，公司还可以进行修改设计、系统改造，以满足客户的现场要求。

## 三、资源优化整合

2014年5月习近平总书记提出了"三个转变"的重要论述：要推动中国制造向中国创造转变、中国速度向中国质量转变、中国产品向中国品牌转变。这意味着国家将重点扶持有发展前景的企业，将中国民族品牌推向世界，树立起中国品牌在全球的地位。经过相关部门推荐、筛选、审核，上海城钰有幸成为国家重点推广扶持企业之一，成为中国企业家联合成长计划成员。

近年来，上海城钰与各大院校达成多项合作。2010年，中国首家7T磁共振在北京大学生物研究院建立，上海城钰提供了配套产品精密空调和冷水机组。2015年，中国第二次7T磁共振（西门子7T磁共振）在浙江大学建立使用，城钰提供冷水机组的配套建设和服务。另外还与浙江大学、华东师范大学、同济大学、中科院（北京）、中科院上海分院等各大高校科研院所达成了合作，同时正与湖南大学开展深度合作，为各大院校的科研实验室配套专业的产品。

除了与各大磁共振厂家（如西门子等）达成合作外，上海城钰还与各大医疗机构达成长期的合作计划，如全景医疗、合众易方、江西一脉阳光医学影像中心、瑞慈体检中心等。

上海城钰凭借其超群的市场营销理念和精准的专业设计能力，不断扩展增值空间，提升品牌的专业形象，深化产品内涵，在国内政府采购中屡创佳绩，在各类市场推广活动中尽现风采，现已发展成为一家专业技术、专业服务及贸易共同发展的商贸经营企业。

在贸易方面，尤其是在医疗行业的专用机房空调领域上海城钰的市场占有率首屈一指：在江浙沪地区的医疗行业市场占有率遥遥领先，在其他地区的医疗行业市场占有率也一直在快速增长中。同时，上海城钰还与国外许多企业建立了贸易合作关系，为公司下一步的战略计划奠定了良好的基础。

在技术方面，上海城钰为客户提供全面的解决方案。公司能够根据医院的实际情况进行专业设计，满足客户个性化的需要。同时，公司还配有专业技术人员和工程售后人员，所有技术人员均经过严格培训，并拥有多年的空调设备安装服务工作经验，能独立合格地完成设备安装、调试工作。

在服务方面，上海城钰秉承"质量第一，服务第一"的宗旨以及"全员服务意识"

的工作理念，建立起一套完整的售后服务体系。公司设有24小时服务热线，并在设备后期的维护保养上安排工程师对设备进行巡检，及时排除机器的潜在隐患，保证机组工作正常运行。

同时，上海城钰十分注重对员工的培养，经常举办各级专业技术培训，强化员工的专业知识素养。

上海城钰以“专业、可靠、标准、节能、环保”为企业发展健康产业的理念，力争打造出属于中国的民族服务品牌，跨步走出国门。

# 创新时代新动力　节能环保换新天

上海森兴动力科技发展中心

## 一、项目简况

一种与机电产品配套的传动机构项目的思路从20世纪90年代就开始酝酿，随着全球人口的不断增长，能源的需求不断增加，有限的地球资源越来越少，寻找新能源来维持世界经济的可持续发展成为紧迫任务。唯有创新，改变能源的使用结构，把现有资源，包括煤炭、石油、天然气、水能、核能、沼气等当作种子来使用，使其产生更多的能量，而不仅是作为“燃料”使用，不失为一条可行之路。

经过10多年反复试验，上海森兴动力科技发展中心（简称森兴动力）现已围绕转动机构向国家知识产权局申请了9项实用新型专利与9项发明专利。2012年完成了一种新型传动机构的初试样机，并且掌握了成批生产的工艺与制造方法，可进行批量生产。传动机构具有独立的知识产权，完全自主创新。目前森兴动力正生产200千瓦“传动机构”配套发电机组，并且在做中试检测；“一种与发电设备配套的新能源能量倍增机”课题已取得中国管理科学研究院学术委员会立项批文（GL~15007）。装有100~150千瓦纯电动汽车动力系统的城市公交，如果配套使用传动机构，充一次电可以行驶600~700公里。

传动机构是一种与动力设备配套的节能减排动力装置，可使输出动力增加3~4倍，达到高效、节能、减排的效果。传动机构的主要特点是节约能源，如原来1千克柴油可以发4千瓦/小时电力，“传动机构”配套后，1千克柴油可以发8~10千瓦/小时电力。

“传动机构”需要动力驱动，比如电力、内燃机、风能、太阳能、水动力、核动力等作为原动力，驱动它发出更大的动力，带动发电机组或是其他动力设备，将原动力使用率提高到最大化，能源的消耗量降低到最小化。

## 二、项目对地方及行业的影响

传动机构适用范围广，与使用能源的动力设备都可以配套，比如，汽车与电动汽车，发电设备，飞机、坦克、船舶与舰艇，工程机械，港口设备，农机与采矿机械，水力发电、风力发电、太阳能发电、核能发电等设备，配套使用能节约能源，减少碳污染的排放，达到高效、节能的效果。如一辆排放量为1.0毫升的小汽车，配套“传动机构”，它的输出动力能达到300毫升排量发动机的动力。将排量0.5毫升的二缸小型发动机与传动机构配套，就可以用在家用轿车上，每100千米油耗不超过2公升。

电动汽车目前由于制造成本高，行驶路程较短。如果与“传动机构”配套，其生产成本可以大幅度降低，充一次电可行驶600公里，真正做到零排放。大型汽车基本上都使用柴油发动机，如果与“传动机构”配套，其油料消耗可降低2倍，碳排放量也可减少2倍。

## 三、项目创新

一是传动机构与100千瓦电动机配套使用，可以发300千瓦电力，节约成本，发电效果更佳，减少煤炭与二氧化碳排放量。

二是传动机构与机动车系列配套使用，生产成本可以大幅度降低，行驶路程长，油耗降低，碳排放量减少，真正做到零排放。

三是传动机构与船舶系列配套使用，可有效降低成本，延长续航时间。

## 四、企业愿景

通过不懈努力和科技创新，带领企业走出了一条绿色循环、低碳环保的发展之路，森兴动力将继续以技术创新为动力，以市场需求为导向，为社会创造具备更好价值的产品，为建设资源节约和环境友好型社会贡献更大的力量。

# 依靠创新驱动实现医疗器械和纺织技术跨越式发展

上海科华光电技术研究所

## 一、企业及项目简况

### （一）企业概况

上海科华光电技术研究所（简称科华光电）于 1992 年 8 月成立，是一家主要从事光电器件研制以及光电探测技术研究的民营科技企业。

### （二）项目简介

科华光电生产的硅光电二极管具有光谱范围宽、暗电流小、响应速度快、灵敏度高等特点，适于零偏压或低反偏压条件下工作。特别是紫外敏感硅二极管，经过不断研究，性能获得了突破性的进展，产品日臻完善。2008 年经中国计量科学研究院测试，响应从 200 纳米一直到 1100 纳米，在 200 纳米波长上，绝对响应达到 0.05796 安 / 瓦，性能达到了国际先进水平。2002 年，科华光电生产的“光电传感器”荣获第十二届全国“星火杯”创造发明优秀产品金奖。产品在光谱仪、光度计、紫外探测、酶标、自动和半自动生化测量仪器、清纱机以及各种光电控制设备中广泛应用。

硅光电二极管主要应用于背投影式光电探测清纱装置，该装置解决了现有技术中使用光电式检测法的清纱装置不能检测出异质纤维和同质异色纤维的技术难题。该装置中，发光管的前端与探测器的光敏面齐平设置，使得发光管发出的光不会直接进入探测器中，而是会经滤光片过滤并照射，待检测纱线后再由待检测纱线反射或是由反射镜反射回探测器的光敏面，有利于减小杂光信号对检测结果的影响，提高采集信号的信噪比。而特殊的紫外增强型硅光电二极管使其能在较低的波段开始响应，且在接收到一定功率的光线照射后产生的光电流强度较大，所以本发明具有较高的光波捕获率及光电流转化率，因而可以使用光电式检测法检测出待检测纱线中的同质异色纤维和同色异质纤维。

在硅光电二极管的应用技术方面，2007 年科华光电向国家知识产权局申请了一项发明专利，获得审查通过。

## 二、项目对地方及行业的影响

科华光电坚持改革，勇于创新，研发的“光电传感器”获得了2002年第十二届星火杯创造发明竞赛优秀产品金奖。科华光电开发的医疗仪器的心脏部件（光电传感器）在深圳新产业、深圳雷杜、苏州中生、宁波美康等全国知名医疗企业中得到了广泛使用，引领全国医疗仪器设备走向世界。科华光电生产的光电器件技术领先，价格公道，符合医疗仪器各种参数技术指标的要求，部分取代了价格昂贵的进口器件。通过科华光电的努力，积极配合医疗仪器生产企业完成科技部、卫生部下达的生产5万台医疗仪器进入社区医院的85计划。在分析仪器行业中，科华光电开发的紫外光电传感器得到了中国计量科学研究院的测试认可，填补了国家在该领域的空白，并且在纺织技术领域得到了国家知识产权局颁发的实用新型专利证书（证书编号为第1066156号）。

## 三、项目的重大技术突破

紫外增强型硅光电二极管，采用二段式高低温退火处理，先在高温1000摄氏度环境下处理30秒，再在低温600摄氏度环境下处理8~12小时，由电阻率为3000欧姆/厘米的高电阻率N型硅片制成，场氧化厚度1000纳米，硅片的P型区抛光、N+区磨光、P型区和N+区的氧化层厚度均为50~60纳米。P型区离子注入硼，剂量4×1014/平方厘米~5×1014/平方厘米，能量30千电子伏特。N+区离子注入磷，剂量5×1015/平方厘米，能量100千电子伏特。且其管道的壳体包括磨砂面的设置形式，使得发光管发出的光线会被磨砂面发散之后再均匀地通过滤光片照射待检测纱线，有利于提高待检测纱线各部分接收光强的均匀程度，增大判断出同质异色纤维和同色异质纤维的概率。

## 四、企业愿景

在新时代，科华光电将继续坚持既定发展战略，不断创新开拓，取得丰硕成果；将不断进取，为医疗、分析仪器生产企业提供一流的产品和服务；将继续对新开发的产品精益求精，为我国医疗分析仪器走向世界做出应有的贡献。

# 引领茶叶行业生态创新　形成茶业发展新模式

山东日照市东港区观自在茶庄

## 一、深挖茶文化，科学布局

### （一）定位生态，锁定“双创”

日照市东港区观自在茶庄于2010年成立。观自在茶庄是一家集种植、生产、销售、贸易、科研、“互联网+”发展模式于一体的农业企业，致力于对茶文化的深度挖掘，开发与推介生态优质绿茶。至2014年，观自在茶庄已开发500亩茶园，近年已逐步扩张至800亩原生态绿茶茶园，努力提供具有深厚健康品质的产品。

### （二）创新突破

观自在茶庄对福瑞香老茶的开发，包括以下技术创新点：绿茶可以久存；通过发酵，使绿茶中“老茶”的茶多酚、茶氨酸、咖啡碱等对人体有益的成分比例提升。

福瑞香老茶的培育成功，填补了国内国际一项空白。以绿茶为原料，解决了绿茶久存难的难题。同时，“福瑞香老茶生产技术”也被确认为科学技术成果。2016年7月20日，中国高科技产业化研究会在北京主持召开了由山东日照市东港区观自在茶庄完成的“福瑞香老茶生产技术”项目科技成果评审会。评审委员会听取了项目完成单位的技术报告，对评审资料进行了审查，经质询和讨论，认为该项目的主要创新点和特点具体包括：建立了以绿茶为原料，经后熟化工艺生产老茶的技术；以该工艺生产的老茶产品具有稳定、耐储存和改善风味的特点；经农业部茶叶质量监督检验测试中心检测，符合相关国家标准。评审委员会认为，该方法具有自主知识产权。以绿茶为原料生产老茶的技术达到国内领先水平，且应用前景广阔。

### （三）线上线下共同发展

观自在茶庄的全国市场定位以北京、上海、青岛为主，以创造社会影响力、品牌影响力来提升产品认知度。

生态园内计划通过安装云摄像头，使茶园全过程、全区域处在视野之内，让所有消费者看得明白，喝得放心。

通过茶庄自营店作为总枢纽，建立可追溯的销售体系。通过家庭消费、企业消费、经营者消费等快速通道，实现市场扩张。

茶园专属制定，每年享有定制的产品，节假日举办专人指导的茶叶种植和生态旅游活动。

## 二、助力扶贫脱贫，举措更实惠更精准

观自在茶庄和当地农户合作，渐进推动 1 万亩老茶生产基地建设，预计可实现年生产 50 万千克老茶原料，从而发挥生态农业、生态转换、生态质量标杆作用，为“三农”建设尽一份责任。

观自在茶庄计划在贵州、四川等省份对接贫困村庄，定点采购原料。通过定期采购或多年包销协议，落实精准扶贫、精准脱贫举措，推动产业可持续健康发展；且带动农户增收，推动农业产业良性发展，使企业成为生态与科技相合一的新进农业扶贫项目典范。

通过观自在茶庄建设，培育中国绿色产业品牌基地，实现育化对接，完善企业平台功能，实施“12321”工程——1 个切入点，即健康；2 个基本方向，即坚持自主开发生态基地 800 亩 + 农户 1 万亩老茶基地；3 个不变原则，即农业原生态、科技原生态、文化原生态；2 个内容，即身心两方面健康 + 文化创新、科技创新；实现 1 个终极目标，即全面落实以一颗真诚之心融入弘扬与开发茶文化，以忠诚之心践行民族文化，传递中国茶文化的内在价值——温暖身心，健康你我。

# 跨界时代整合资源+突破格局，让创新思维延伸

江苏李氏企业

江苏李氏企业由旗下的无锡友鹏机场除雪装备有限公司、无锡友鹏汽车服务有限公司（汽车改装厂）、一汽解放商用汽车服务站（4S店）、常州青汽汽车维修服务有限公司（4S店）、江阴市青龙自动化包装技术有限公司（自动化设备制造）、江阴市青龙卫生用品厂（湿巾产品生产厂）组成，业务覆盖汽车改装及维修、设备制造、湿巾产品生产，企业总资产达3000多万元。

## 一、无锡友鹏机场除雪装备有限公司

其一，基本情况。无锡友鹏机场除雪装备有限公司（简称无锡友鹏）于2012年在无锡注册成立，注册资金1000万元，目前已发展为固定资产总投资3000余万、占地面积55亩的规模，一期建成2133平方米的主办公楼、4260平方米的车间厂房。无锡友鹏与各大航空院校、研究所及空海军修理厂保持良好的合作关系，拥有经验丰富的专家研发和售后服务团队，组建了专家级涡喷发动机实验队伍，并建设专业级的“涡喷发动机试验平台”，集机、电、液、气、传感技术于一体，专于退役战斗机的分解再利用、现役航空涡喷发动机专业修理、退役航空涡喷发动机再制造、国内外先进航空发动机深入研究等。无锡友鹏为江苏省民营科技企业，拥有发明及实用新型专利数十项，是全国唯一一家研发制造维修“涡喷五、六、七”全系列热吹雪车的企业，承揽各种型号涡喷发动机维保、大修、再制造、开发利用，民航机场场务设备车辆及大型车辆专业改装、修理，一汽解放、东风、重汽、欧曼等汽车底盘专业修理等业务，拥有多家特约服务站，能为用户提供及时、完善、优质的一站式售后服务和技术保障。

其二，推进产业转型升级，加快向价值链高端攀升。气候对人们生活的影响越来越大，雨雪天气给人们的出行造成不便，除雪工作显得越来越重要，国内除雪车不断发展，新型除雪车不断增多，呈现以下发展趋势：

一是向小型化、高速度的方向发展。在除雪作业中，除雪机机身的大小及除雪速度是影响交通的两个重要因素，机身过大，占道影响交通；速度过低，影响车流通畅，

同时狭窄路面的除雪也要求机身体积不宜过大。为了不妨碍交通，今后除雪车要向小型、高速度的方向发展。例如现在的吹雪车要比传统产品的除雪速度快得多。

二是向多功能、机—电—液一体化的方向发展。我国现阶段的除雪车应该向多功能方向发展，除雪车应一机多能，以提高使用效率。如对现有的工程农业机械（装载机、推土机和拖拉机等）和环卫机械（清扫车等）实施技术改造，在冬季降雪时安装除雪工作装置，进行除雪作业，其余时间可进行其他工程施工作业或道路清扫养护作业等。专用除雪车应采用机—电—液新技术，实现自动控制和自动保护功能，避免除雪装置的损坏。

三是向提高安全性、舒适性的方向发展。由于除雪车的驾驶操作具有一定的危险性，因此要最大限度地减轻驾驶员的操作强度，改善除雪车的可操作性，研制自动控制系统，实现自动避让功能，避免机器和除雪装置的损坏。同时，要注意改善驾驶员的工作条件，加强防噪音、防尘埃措施，减轻驾驶室振动，注意通风，使驾驶员在一个舒适的环境中工作。在这一方面，无锡友鹏吹雪车的设计考虑了这些问题，新开发的吹雪车具有较高的安全性和舒适性。

据不完全统计，在没有出现除雪车之前，由于除雪不及时的问题，每年都给北方地区造成几千万元的损失，在冰雪路面发生交通事故的概率也大，所以除雪问题越来越被重视，越来越多企业成立除雪车项目部，专攻除雪车的研发设计和生产。无锡友鹏研发的吹雪车系列产品有解放牌歼 6 吹雪车、歼六发动机喷气吹雪车、机场除雪车、高速公路除雪车、机场跑道吹雪车、歼六喷气式吹雪车，被广泛应用于在北方地区的除雪工作，并获得了国家的多项专利。

无锡友鹏发明的喷气式吹雪车发明也是一款除雪设备，包括汽车二类底盘，在底盘上安装航空涡喷发动机、进气车厢、油箱，在底盘底部安装发动机启动电源组与喷气吹雪管道组。涡喷发动机通过特殊减震台架固定在进气车厢内，涡喷发动机的进气端罩设有进气过滤网，涡喷发动机尾部的排气管密封链接高温耐压型吹雪管道组，吹雪管道从车身厢体两侧伸出，且吹雪尾管下端喷口朝向可调整，向喷气式吹雪车左右两侧吹雪；吹雪尾管的管壁上密封连接有前热气喷管，用于喷气式吹雪车前行道路的吹雪。

该产品构思合理巧妙，通过在除雪车的车身侧部及车头前端分别设置吹雪喷口，有限实现吹雪无死角，确保对冬天路面积雪进行有效清理。高速公路除雪车是所有除冰雪作业车辆中的最强利器，能够吹出 12 级大风，吹飞 1 米厚的雪墙，风力范围达到十几米甚至几十米，还能将地上的冰雪、石子等吹飞；此外在高速运转中，喷头喷出的热风达 500~700 摄氏度，到达地面的温度达到 100~300 摄氏度。当极端恶劣天气出现时，因道路桥梁积雪积冰导致所有作业车辆无法通行、无法有效工作时，只有该除雪车能利用其喷气式发动机排出的高速燃气流，使路面冰雪瞬间融化并蒸发，不能蒸发的冰雪会被气流吹到路边。今后将会有越来越多的吹雪车被广泛应用在机场的除雪工作中，每逢持续雨雪天气，为了保障飞机的正常起降，吹雪车将成为机场的守护神器。

无锡友鹏生产的歼五、歼六及歼七吹雪车（采用航空战斗机发动机，推力达3250千克）已经连续多年为机场、高速公路、长江大桥等路面除雪作业做出了贡献，特别为机场的航班正时运行提供了有利条件。如遇道面有积雪，工作人员就会向塔台申请测量跑道摩擦系数，一旦系数处于标准临界，就会马上出动吹雪车进行吹雪、除冰，以每小时20~40公里、宽度20~100米的幅度对积雪进行清理。

无锡友鹏研发生产改进的吹雪车广泛应用于北方各大机场，如秦皇岛北戴河机场有限公司采购的喷气式吹雪车、烟台国际机场采购的新款WP-7吹雪车地、长治机场采购的WP-6吹雪车。

## 二、江阴市青龙自动化包装技术有限公司

其一，基本情况。李氏企业为了整合行业资源、创新发展，在2015年1月29日成立了江阴市青龙自动化包装技术有限公司（简称江阴青龙），经营范围包括包装专用设备、自动化设备的研究、开发、制造、加工、销售等，主要定位于自动化技术的开发，主要生产产品有湿巾机器人包装机、湿毛巾折叠包装机、湿毛巾生产流水线设备与包装机的配套连接应用，同时兼营设备延伸后续产品如湿毛巾、湿巾产品的生产与销售。

一是湿巾机器人包装机。该产品为小毛巾湿巾生产的自动化专用设备，由转盘机、机械手、机器视觉、折叠装置、包装机、电控系统六大部分组成。该实用新型包装机结构紧凑、新颖、合理，能对小方巾（20~32公分）、无纺布、无尘纸进行自动浸泡消毒、自动挤压脱水、自动取料、自动检测、自动移除次品、自动多形状折叠、自动包装，解决了人手操作的卫生问题，降低了劳动强度，大大减少了劳动力使用成本。

二是湿毛巾自动快速折叠包装机。该产品属第四代新产品，由操作人员或机械手将毛巾放至两排皮带上的指定位置，该皮带会自动将毛巾送至折叠位置，通过纵向和横向折叠后，由输送装置压紧毛巾送入皮带式包装机封包成型，折叠速度为每小时2500~3600条，人机界面，操作简便，质量稳定性强。

三是青龙升级版伺服包装机。该机在多种现有包装机的基础上加以研发改进而来，扬长避短，特别适合湿毛巾折叠包装的自动化流水线生产，也可用于医学、食

品等行业自动化包装。

其二，包装机特点。具体包括：机械关键部位采用不锈钢结构，符合湿毛巾、食品、医药卫生要求；人性化，参数设置方便，普通员工半小时能掌握，操作简单；更换包装膜省时便捷，如设定长度，对二点拉紧即可；温控模块智能控制，稳定性高，调节方便；不需调节切刀、色标，自动跟踪调整；包装物料时自动识别，无物料、包装膜不走膜，省膜；采用伺服控制技术，具备过载保护，故障报警安全装置；采用三轴动力传动结构，数字化控制，节能环保；扩展功能强大，与生产线配套使用更合理。

李氏企业将继续不断完善产品系列，实现精深加工、高端制造。企业目标是在未来 3~5 年内成为世界一流的除雪车加工企业及国内一流的全自动湿巾设备企业。

# 搭上互联网营销模式的高速列车

湖南新田皇许粮食品有限公司

新田皇许粮食品有限公司（简称新田皇粮）以国家地理标志产品——富硒、高钙、非转基因的新田大豆为主要原料，辅以富硒黑米、辣木籽，通过标准化生产、规范化管理，生产出富硒高钙纯天然固体饮料，产品豆香扑鼻、美味可口，受到了广大消费者的欢迎。

新田皇粮的创建源于创建人当年在广东了解到新田县委、县政府为脱贫攻坚，举全力实施“一户培养一产业工人”工程，鼓励引导在外务工人员回乡创业就业，于是决定回家乡创业。经多方努力，决定开发已获得国家地理标志的新田五月黄大豆系列产品，注册成立了新田皇许粮食品有限公司并担任法人代表。目前，新田皇粮生产的富硒高钙纯天然固体饮料和富硒醋水豆腐已销往全国，并入驻光大银行网上销售系统。

新田皇粮在营销方式上进行创新，通过网络营销发展产业，带动全县 1 万多贫困户共计 3.6 万贫困人口脱贫致富。公司计划在 2018 年投入 200 万元资金建立自己的网络营销系统，与中国“一带一路”海外合作交易会合作，争取将产品销往沿途 48 个国家和地区。

为保证网销产品的质量，新田皇粮建立了产品质量全程追溯系统；通过与邮政系统的“邮乐购”和中国光大银行的“购精彩”平台合作，实现年销售额 1000 多万元。

新田皇粮所属新田县石羊醋水豆腐专业合作社 2013 年 6 月被评为“全国放心粮油进农村进社区示范加工企业”，2014 年评为“市级农业产业化龙头企业”。其产品获得了以下一系列的荣誉：2012 年 5 月获得“中国食文化研究会会议会展指定产品”；2012 年获得“永州市农博会金奖及最畅销产品奖”；2013 年获得“新田县首届巧硒妇大赛金奖”；2013 年 6 月获得“湖南省非物质文化遗产优秀展示展演奖”；2013 年 12 月获得“十二五中国行中医健康管理工程重点推荐产品”；2013 年获得“百名国家机关老干部老将军健康养生大会指定产品”；2014 年获得“中国特色硒产品”。

2015 年公司的石羊醋水豆腐制作工艺被评为市级非物质文化遗产。“薪田五月黄”商标被评为湖南省著名商标。

## 一、产品的技术创新点

醋水豆腐是豆制品中的绿色健康食品，以食醋为凝固剂，采用传统制作工艺加工而成，色泽金黄，鲜嫩可口。豆腐是利用大豆蛋白制成的高营养食品，人体对其营养成分的吸收率可达92%~98%。豆腐除富含蛋白质外，还可为人体生理活动提供多种维生素和矿物质，尤其是钙、磷、铁等。传统豆腐制作常用石膏、卤水做凝固剂，长期食用会危害人体健康。以食醋代替石膏、卤水、葡萄糖-δ-内脂作为豆腐制作中的凝固剂，既克服了原有凝固剂的缺陷，又赋予了豆腐新的保健功能。

本项目产品全程使用传统工艺手法，引入现代食品科技精华，通过现代化的工艺管理及自动化生产设备，使传统食品更适应现代社会需要。

本项目完全由新田皇粮自主开发，在产品规划、产品设计、产品试验开发、产品的测试与改进、产品试用等方面都是以公司为主体完成的。本项目是公司多年研究获得的原创科技成果，获得了发明专利证书1项（一种醋水豆腐的制作方法，201510762708.5），公司计划成立专门的知识产权管理部门，有目的有计划地推进公司知识产权申请、管理与运用等一整套机制，逐步完善公司知识产权管理制度。

## 二、公司运营发展创新

### （一）研究开发能力

新田皇粮组成了一支优秀的研发队伍，科技人员不仅具有扎实的理论基础和丰富的实践经验，还具有严谨的科学作风和团队攻关协作精神，职称结构、专业结构和年龄结构合理，管理、技术、市场等知识结构互补，具有良好研究开发能力。

### （二）销售策略

新田皇粮在销售上，采取直接销售为主、代理销售为铺的方式，稳步提高销售业绩，具体做到：采用稳健务实的销售策略，进一步做大销售；树立全新的企业营销理念，把单一的产品销售转变为企业整体营销，培育与形成企业品牌价值；建立并完善销售队伍，提高销售人员素质，培养全能型与明星型销售人员；完善销售网络，拓宽销售渠道，建立分支机构，把销售做到客户企业与现场。

## 三、产学研合作

新田皇粮一直重视技术创新，与湖南农业大学开展了紧密的联合技术攻关协作，对影响产品方向的关键技术进行联合攻关，从而实现了校企联合、资源优势互补，充分利用高校的人才优势和技术优势，加快企业新产品开发速度，提高产品的可靠性，使学校科研成果快速转化为市场需要的产品，实现了高校的科研成果产业化，公司也取得了良好的效益。

目前，新田皇粮拥有大豆车间、石羊醋水豆腐生产车间以及固体饮料生产三大主车间，拥有先进的喷雾干燥机、杯式输送机和全自动装箱机等先进设备。未来，新田皇粮将逐步完善生产科研条件，以最快的速度实现项目产品的规模化生产。

# 变废为宝，提升高性能密封制造技术水平

浙江省浦江氟塑有限公司

## 一、企业及项目简况

### （一）企业概况

浙江省浦江氟塑有限公司（简称浦江氟塑）成立于1998年，位于浦江县城，主要生产氟塑材料密封圈制品；现拥有资产5000万元，其中固定资产原值2000万元。

### （二）项目简介

浦江氟塑运用自主研发的聚四氟乙烯废料再生法生产特种改性耐高低温密封圈（件）产品，材料及其技术指标达到国际先进水平，产品供不应求。

该产品得到了中科院合肥分院高技术开发部的认定，经国家化学建材质量检验中心检测，通过了浙江省科技厅组织的新产品科学技术成果鉴定，并通过了ISO9001-2008质量管理体系认证。

产品获得了科技部、商务部、国家质量监督检验检疫总局、国家环境保护部颁发的"国家重点新产品证书"，金华市科学技术局颁发的"金华市高新技术产品证书"、浙江省科学技术厅颁发的"浙江省高新技术产品证书""浙江省科技型中小企业"证书以及金华市人民政府颁发的"金华市高新技术企业"铜牌。项目被列入浙江省经济和信息化委员会高新技术产品计划项目。

## 二、项目对国内及行业的影响

随着科学技术的进步，各种高性能机电产品的密封件品种及用量日益增多，四氟密封件材料日新月异，特别是工程四氟材料在密封制品中的应用，并且在热塑性弹性体领域，开发进展明显并逐渐跻身于密封件制品的行业。随着机械阀门密封件

的应用和要求越来越高，以及筒管、棒料板材的发展，高性能汽车专用密封件、液压气动力密封件、油封等大型成套设备用的高参数密封件等用量增加，使得高性能高强度高压力密封件材料及制品成为当前我国高技术产业化领域急需发展的重点项目工程。

15年前我国密封行业生产的产品只能满足各行业的一般配套使用要求，对于高压、高速、精密、耐高低温、耐腐蚀的特种密封件的开发研究与国际先进水平相比差距较大，存在着众多的制约因素。除克服众多的制约因素外，提高材料本身是重中之重。浦江氟塑经过多年科研攻关，终于研发成功该材料产品，各项技术达到国际先进水平。

本项目开发成功的产品具有广阔的使用领域和完美的使用性能——耐腐蚀性能强、机械强度高、密封性能好、制造成本低等，并能满足高低温密封中的特种需要；既能用在各种密封配件上，又能用于各种阀门、管道、热交换器及管道丝扣等的密封上，还在动力密封方面同样适用于各种气压、液压机泵的活塞、柱杆、各种阀门或用于各种设备的机械密封。

根据 Frost&Sullivan 的预估，未来密封件市场规模将以 3%~4% 的速度稳定增长，仅欧洲市场的用量规模平均每年可达 32 亿美元以上。亚太地区经济的稳定增长，尤其是中国经济强势成长，给密封件市场带来巨大需求潜力。

近几年，国内制造业发展迅速，因市场对聚四氟乙烯耐高低温密封垫圈件材料的产品需求量非常大，特别是耐高低温球阀门产品，如浙江温州、永康、富阳、桐庐、绍兴、嘉兴、宁波、杭州等地厂家对产品的需求量迅速增加。国内最大的阀门生产基地温州，阀门产量占国内市场的 20%，近几年来供求量一直在快速增加。尤其是使用温度在 320℃以上的密封圈（件）在国内还是空白，基本上依赖进口。由于浦江氟塑开发的产品的原料是用废弃的聚四氟乙烯材料回收利用生产的高科技产品，价格只有进口产品的 40%，而且性能优异，其性能技术指标还优于国外同类进口产品，所以很受用户的欢迎。

该产品可广泛应用于化纤、机械、化工、石油、热电、汽车、军需、太阳能、电子工业、新兴造船业等行业，市场前景十分看好。目前公司的国内用户遍布北京、海南、福建、广西、河南、湖南、江西、江苏、上海、辽宁、山西、四川、浙江等地，各地客户对公司产品质量给予了充分的肯定和好评。同时，一些发达国家如美国、俄罗斯、新加坡等客商也大量订货，但公司目前的规模和设备无法满足市场的需求，因此公司计划安排投融资引进外资 5000 万美元（约 3 亿元人民币）用于扩大生产规模，以满足国内外市场需求。

## 三、项目的重大技术突破

本项目在保护原有四氟产品性能的情况下，通过工艺流程技术改造，大幅度提高了产品的耐高低温性能，产品使用温度达到公司设定技术要求（零下220摄氏度~+350摄氏度）。浦江氟塑该项目在技术上实现了以下突破：

一是调整产品重点工艺技术参数，对原料和填充料进行改变，使填充料本身具有耐高低温性和相融性。在选择多种填料组合上，公司按比例配制研发成功的专项改性耐高低温四氟产品材料是一个重大突破。该产品材料的研发成功，对节约资源、提高产品质量指标、促进企业社会共同发展有着重要意义。

二是调整设备工艺改造，全面提高机械设备。如提高粉碎机、液压机、烧结炉设备的质量指标、技术性能指标，采用高速旋转机、高性能撞击粉碎工艺方法处置工艺来减少油性、污染和杂质。在产品烧结工艺处理过程中，同样采用了特定的高温淬火技术流程，让产品在快速淬火成型中促使产品的强度、密度、韧度进一步提高。

三是让产品填充原料的组合有了新定位。因填充料本身具备特有的耐高温性能，使聚四氟乙烯耐高低温密封圈（件）材料产品性能更加优良与完美。公司经过反复实验，选择了多种填料组合按比例配制而成的专用耐高低温材料，稳定性优异，并对自制填充料A和B添加剂做了定位。公司目前组合研制成功的专项填充料在行业内属首创，在使用性能上是国内独一无二的领头羊，各项性能均达到各企业工况配套使用要求标准。

四是切实深化提高产品质量技术性能指标。为实现组合密封圈件材料产品的技术指标性能更优异，其使用温度从原来的零下50摄氏度~230摄氏度提高到现在的零下220摄氏度~350摄氏度，同时在物理、机械、介电化学等方面保持原有性能不变的情况下还有了进一步的提高。如：耐负荷热变形可提高5倍；耐摩擦性可提高50倍；刚性可提高4~5倍；线膨胀系数可减少1/3~1/2；导热系数可提高5倍；耐蠕变系数可提高2倍；抗压强度增加2~3倍。由于耐高低温性能的大幅度提高，使密封产品在使用性能上有了明显提高，并保持了聚四氟乙烯本身独特的化学稳定性、极低的摩擦系数和宽幅的操作温度。而且它的微纤维化内部结构，使其密封产品具有超强的坚韧性。

## 四、经济和社会效益

### （一）项目扩建后的经济效益分析

本项目产品具有较高科技含量，是高性能、高效益、高成长的科技产品，目前浦江氟塑计划年产600吨、产值达3亿元的项目扩建工作正在落实中。从国际国内的发展现状和市场需求看，由于产品周期较长，经过各方面的综合分析和市场考察研究，该产品在现阶段尚处于产品生命周期的萌芽期。根据市场调查分析，待建的生产线扩建完成后所达产量也只能达到国内市场需求量的10%，因此市场前景非常广阔。

### （二）项目产品社会效益分析

本项目采用先进技术设备，实现了工程塑料固体废物的回收利用，使废弃资源得到很好的利用，变废为宝，而且无污染、无"三废"产生，又有98%的利用率，有助于实现固体废物的减量化利用和无害处置。产品技术含量高，工艺先进，有重大的创新性，达到国内外领先水平，其性能技术指标还优于国外同类进口产品。产品的研究成功，扭转了国内几大行业配套产品长期以来依赖进口的局面，打破了国外产品在国内长期垄断的局面，而且产品还可以走出国门，抢占国外市场。

本项目开发符合环境保护可持续发展的要求，符合国家产业发展导向，为企业带来了效益和发展机遇，提升了我国耐高低温高性能密封件的制造水平，具有深远的环保意义和重大的社会效益；同时，还可以带动国内其他行业和配套用户（如化纤、泵阀、机械等）经济效益的大幅度提高，具有较好的社会效益。

# 构建产业生态圈　助力生物医药“双创”企业发展

成都天府生命科技园

众所周知，生物医药具有高投入、高风险、高回报、研发周期长的显著特点，从而导致生物医药企业、资金、技术、人才等要素向优势地区集中，也促使生物产业向集聚化、特色化发展。目前国内超过 80 个地区（城市）已经建有医药科技园、生物园、药谷等，全国已有 22 个国家级生物产业基地，大部分高科技产业园区都将生物产业作为重点发展产业，而且众多生物产业园区取得了丰硕成果，生物医药产业已然成为国内园区经济增长的新亮点；同时，是生物医药产业集群化分布也进一步显现，已初步形成以北京中关村、上海张江药谷、武汉光谷生物城、泰州中国医药城以及苏州纳米园等为核心区域的发展格局。

相对而言，西部大部分地区的生物医药产业发展相对滞后，在这种情况下，成都天府生命科技园应运而生，于 2008 年投建，建园目标即为打造四川省、成都市以及高新区重要的生物医药研发创新中心和产业孵化中心，中国西部生命科技产业门户，国际医药和医疗机构与西部研发合作的重要基地及国内产学研结合的平台。

目前园区载体面积约 22 万平方米，其中，办公楼 2 栋，总面积约 6 万平方米；研发楼 7 栋，总面积约 9.6 万平方米；孵化楼 1 栋，面积约 2.8 万平方米；配套服务楼及餐厅总面积约 0.9 万平方米。依托四川省、成都市丰富的生物医药研发资源和高新区创新孵化支持体系，园区积极探索国际化、平台化、市场化、精准化的园区运营模式。

## 一、园区形成 4 个“聚集”，初步实现跨越式发展

一是人才聚集。园区有生物医药从业人员 6000 余人，其中诺贝尔奖获得者 1 名、国家千人计划 17 名、四川省千人计划 38 名，拥有省市顶尖创新创业团队 6 个。

二是项目聚集。通过有机筛选入园企业项目，整合新药前端研发到后端应用的全产业链核心要素，园区现引入国际、国内一流水平项目 400 余项，其中在研一类新药项目超 50 个。

三是企业聚集。园区引入了以华西医院、恒瑞医药、睿智化学为代表的国内外知名企业和以先导药物、华免生物、安特金为代表的创新创业型企业 174 家。

四是资本聚集。依托高新区财政资金，科学利用市场化机制，园区用 1 亿元的政府资金撬动了近 10 亿元的社会资本，按现代企业制度方式投资生物医药技术成果研发和产业化进程。

## 二、搭建多个专业平台，助力企业研发工作

目前园区已初步形成涵盖药物发现、药物开发、临床前评价、临床试验、中试生产等新药研发环节全过程的平台体系，助力提高生物医药企业科技创新能力，降低生物医药企业研发成本，加快生物医药企业新药研发速度，增强区域产业竞争力。

一是创新药物研发公共技术服务平台。由成都高新投资集团有限投资 1800 万元，由天府生命科技园专业团队运营，主要为生物药研发企业提供研发项目整体解决方案、仪器租赁、生物样本分析、细胞培养等服务。

二是生物医药分析测试公共技术服务平台。由成都睿智化学有限公司和成都高新区创新创业服务中心联合投资 3000 万元，为成都市重大产业技术平台，由成都睿智化学有限公司负责运营和管理，主要为生物医药企业新药研发提供分析支持服务，可进行药物的分离纯化和制备、药物的定性和定量分析、新药质量标准的建立、新药稳定性的实验研究、新药分析方法的建立和验证以及药物标准品标化等研究。

三是四川大学华西医院转化医学中心公共技术服务平台。由四川大学华西医院投资并运营，在保证华西医院临床转化项目研究的情况下，同时对外提供服务。

四是中科天府生命科技园信息中心。由天府生命科技园和中国科学院成都文献情报中心共同建立的生物医药产业特色的专业图书馆，由中国科学院成都文献情报中心运营，旨在发挥中科院成都文献情报中心专业信息机构的作用，为天府生命科技园的研发和孵化企业提供多层次的科技信息与情报咨询服务，助力高新技术企业提高科技创新水平，为海归科学家研发创新营造"类海外"的国际化信息环境。

## 三、建立"园区 +"运营模式，带动区域生物医药产业发展

经过长达 6 年的园区运营，园区已然建立相对成熟的模式来推动园区内生物医药产业的持续发展，构建了以天府生命科技园为中心的生物及大健康产业生态圈，探索实现管理输出、孵化投资并举和线上线下服务，带动区域生物医药产业发展。通过搭建以技术互补、资源共享、成果互通、相互支持的园区内部生态圈，并以园

区内部生态圈为基础，以“园区+”的模式，将国内外大型医药企业、医院、资本、政府、科研院所、国内其他园区以及其他服务机构有效融合起来，将园区建设成为各种生物医药研发资源汇聚的平台，并逐步向园区外延伸，覆盖高新区乃至整个成都市，从线下实体平台扩展到线上平台，让园区成为资源的分配者，实现天府生命科技园的平台化运营，具体如下：

一是“园区+国内外大型制药企业”。当前，全球70%的创新药物来源于小微型企业，大型企业除投入大量资金进行研发外，更在全球寻找优秀项目进行收购。园区充分利用园区内小微企业多、创新能力强的优势，调动区域内诸如地奥、蓉生、奥泰医疗、迈克科技、先导等行业领先企业的积极性，加强技术、人才等要素聚集，形成企业间的协作，共同打造生物产业生态的良好机制，并与国内外大型制药进行对接，一方面为大型企业提供优质候选项目，另一方面利用大型企业的人员、设备、技术、新药申报等方面优势，帮助园区内小微企业更快成长。

二是“园区+医院”。生物医药的研发与产业化，最大的节点在医院，医院既是新药进行临床验证的机构，又是药品、器械的终端市场。同时，医院医生的临床需求和其他研究人员的成果也需要通过企业进行转化。园区利用成都及省内优秀的医疗资源，开展与华西医院、四川省人民医院等省内医院的对接与合作，建立医院与企业的沟通平台，让医院指导园区企业的研发，让企业帮助医院成果的转化，实现互惠共赢。

三是“园区+资本”。新药的研发离不开大量资金的支持，而生物医药产业的发展需要更多的资金投入。园区对围绕园区的资本进行分类，通过将园内企业投融资需求情况与资本投入的阶段和涉及的领域精准匹配，通过一对一沟通、项目路演等方式，搭建起了园区企业与资本的高效互通平台。

四是“园区+政府”。医药行业是唯一一个政府从头到尾监管的行业，医药企业的发展离不开政策的支持。园区利用国有平台的优势，搭建园区企业与省、市、区药监、经信、科技等部门沟通的平台。一方面通过政策宣讲和培训，让企业深入了解各级政府部门相关政策，有利于企业申报；另一方面相关部门通过了解园区企业情况、面临的困难和共同诉求，了解欧美发达国家的先进做法和国内其他省市的政策，更有利于未来的政策制定和招商引资工作。

五是“园区+科研机构”。科研机构拥有众多的生物医药领域专业人才，也是前沿技术的发源地，科研机构对产业的助推作用是巨大的；同时，企业也是科研机构成果转化的主要地方。园区通过与四川大学、生物治疗国家重点实验室、中科院成都生物所等成都地区的科研机构，以及上海药物所、中国药科大学、沈阳药科大学等国内顶尖医药研究机构的沟通与合作，构建科研院所成果展示平台，帮助企业在科研院所中寻找具有潜力的项目，并可借助高校的人才、仪器等资源，帮助企业解决研发中的困难。

六是"园区＋其他服务机构"。园区通过对接各类型第三方服务机构，搭建起了园区服务超市，为园区内企业的发展提供研发 CRO、生产 CMO、临床研究设计、项目申报、知识产权申请、法律、人才招聘、人员培训、环评办理、安全生产咨询等服务，全方面支撑企业发展。

天府生命科技园充分利用园区载体优势，精确定位园区角色，利用不断升级完善的公共服务平台和"园区＋"运营模式，充分"借力"，推动生物医药产业从传统的产学研模式向"政产学研用"有机结合的模式转化，努力完善产业链，搭建园区生物医药产业生态圈，多层次、多渠道地促进园区企业健康快速成长。

# 以技术创新提升传统产业发展水平

甘肃瓜州县金兴棉业有限责任公司

## 一、绿色产业，坚持铸就

瓜州县金兴棉业有限责任公司（简称金兴棉业）成立于2003年9月，是一家专业从事棉花收购、加工、皮棉销售、棉胎加工及床上纺织品制造的综合性企业，公司集研发、设计、生产、策划、营销于一体，是国内专业从事纯棉花制品生产的知名企业，同时也是国家高新技术企业、省级科技创新型企业。

近年来，依托原料优势，金兴棉业生产的“美娆”牌千层无网棉胎及其他棉制品深受客户喜爱。公司占地86600平方米，其中办公场地1500平方米，拥有员工140人、各类专业技术精英22人。公司拥有MDY-400型打包机、MY-98型轧花机、MDR-200型打包机等配套完整的附属设备80余台。公司内部管理严格，计量体系健全，检测手段先进，消防设施器材齐全，产品质量稳定可靠。公司产品通过了国家ISO9001质量管理体系认证。

金兴棉业拥有一支强有力的领导班子，设“一室五部”中层管理部门，其中中层管理人员18名、研发人员4名、生产技术人员8名、财务人员5名。公司非常重视人才资源的开发，从四川聘请了6名实践经验丰富的高技术人员，搭建了一支懂技术、会经营的高素质队伍。公司坚持“高要求、高品质、严格管理、优质服务”的经营理念，与兰州大学、兰州理工大学等省内知名高校、科研单位合作，开发新产品、研究新工艺、拓展新渠道。

多年来，金兴棉业始终重视研发平台建设，每年投入大量资金用于产品开发，在行业中处于先进行列，取得了明显成效。现拥有专利技术10余项，其中发明专利2项；拥有高档织棉锻提花面料等十二大系列上百个品种的纯棉纺织产品，该项目产品为《国防军工配套产品推荐目录》产品，同时进入中国人民解放军总后勤部《全国名特优物资采购服务指南》，获得了“中国著名品牌”称号，被国家质量监督检验检疫总局评为“全国产品质量稳定合格知名品牌”。“美娆”棉胎经中国高科技产业化研究会多名专家评审，其制作工艺被评为技术开发类应用技术成果。

目前金兴棉业采取现代化全自动棉絮生产线，生产各种客户所需的产品，严格按军工技术质量要求生产，产品内外均匀，抗拉力度强，柔软蓬松。

金兴棉业在自有知识产权项目方面硕果累累，成功研制了棉被的制作工艺、棉花加工废绒回收装置设备、棉花加工进料装置设备、棉花加工设备用除尘装置、棉花加工设备用危险检测装置、棉花加工用即时烘干设备、棉花生产线用导向装置等10多个高端处理整理设备。这些系列智能技术及设备，自动化和信息化性能良好、节能环保，满足了国内棉被制作工艺需求，成为纯棉制造企业更新装备、提质增效、转型升级的首选装备。

## 二、全球首款无网棉胎——创新技术，棉胎大革命

本项目生产工艺采用金兴棉业自主研发的工艺——无网棉胎生产工艺，该工艺技术获得了专利，并获得国家科技成果证书。其工艺流程主要包括籽棉预处理、成绵处理、成网、揉压、检验、套装等工序。该工艺生产过程安全可靠，批量生产，产品经多家用户使用，反映良好，应用前景广阔。

金兴棉业的千层无网棉胎属纯生态型产品，采用全国高品质的瓜州棉花精心制作。瓜州棉花纤维长度98%为28~29毫米，马克隆值级90%以上为A级，是优质纺织品原料。公司自创了制作国内最优质棉制品的加工设备，该设备除杂干净彻底，成型精准，产品质量好、档次高，无论是制作床垫还是棉被都会使人感受到舒适、温暖、吸汗。

棉胎的生产采用传统和现代工艺相结合的方法，精细梳理，把短纤维清理出去；长纤维拉直梳顺，多方向、多角度交叉铺设，以起到纤维咬合紧密牢固；较长时间的机械化研磨，使表面自然形成一层胎状，好似人的皮肤，使用寿命较长，5年内不起堆。

在棉花加工过程中需要对棉花进行清洗，并通过加湿或者烘干，对棉花的水分进行调节，为后续加工提供含水适宜且洁净的原生籽棉。加工时需要对籽棉、棉籽进行轧、剥，对皮棉、短绒进行清理，对不孕籽等下脚料进行清理回收，之后将单位体积重量很小的松散而富有弹性的皮棉、短绒压缩成型、包装，便于运输、储存和保管。整个过程需要用到清洗机、烘干机、短绒回收机、危险检测设备等，为提高产品质量以及防止棉花起火，每个环节的创新优化均极为重要。

## 三、年产 300 万套棉被的全自动操作生产线及棉制品生产线

随着市场需求的不断扩大，金兴棉业于 2009 年投资 1400 万元进行技术改造和扩建，改建成 400 型棉花加工企业，设计年皮棉加工能力 1 万吨。近年来，公司平均每年收购籽棉 1.2 万吨，2014 年实际加工皮棉 6000 吨、棉胎 6 万床。2014 年，公司固定资产达 3000 万元，年流动资产达 1.2 亿元，年营业收入达 1.5 亿元，年纯利润达 400 万元以上，成为设备一流、全国优质的纯天然棉花加工基地。

金兴棉业通过对烘干机的技术创新，使得棉花烘干机变得更易维修且操作更为方便，并且减少了棉花烘干过程中热空气的水分含量，提高了棉花烘干的效果，防止棉花在存放过程中霉变；通过对除尘装置的技术创新，提高了棉花杂质清理的效果；通过将自主研发的危险检测装置运用到产品的加工环节，有效预防了产品起火的事故；通过各项技术及流程创新，采用全新的工艺，公司生产的无网棉胎棉织品与传统棉织品相比，具有绿色、环保、使用寿命长等特点。

金兴棉业坚持以"绿色制造"为理念，以"美娆"系列棉制品为载体，加强与高校等科研机构的合作，在原材料的选用、产品的设计与开发、绿色工艺流程的优化与再造、绿色包装的设计与回收、绿色产品的回收与再利用等过程中，实现了物质、水、能量、信息、技术、基础设施、企业等要素的绿色制造系统集成，公司在运营过程中寻求资源的循环利用和优化利用，实现了促进废物的资源化和减少环境影响的目标，在甘肃省内和行业内起到了示范和带头作用。

金兴棉业参照国际标准进行自主研发，实现纯优质棉花产业的高标准利用，顺应国家产业结构调整、优化棉花产业布局及产业链发展的需要，调整农业产业结构和棉花供求关系的变化，主要体现在两个方面：第一，确定了棉花生产从追求产量向优质与高效发展，加强育种攻关，改良遗传品质，强化种植过程控制，进行"积极、稳妥、科学、合法"的发展；第二，积极推进棉花优势区域发展规划，通过补贴政策、减税政策等，实施项目带动，集中力量重点培育，形成一批具有国际竞争力的优势产业带区，辐射和带动全国棉花产业的发展。

## 四、应用互联网技术，建立多渠道销售平台

由于市场的多元化和网络技术的不断发展，金兴棉业在立足传统直销、代销模式下大力推广网销，实现销售实体店与网店相结合的经营方式。

在人们日益注重健康的今天，一方面，金兴棉业着重打造供中、高端人群消费的床上用品，抓住产品绿色、健康的特点向消费者推介产品，同时积极策划促销

活动，教会顾客认清优质棉花制品。另一方面，公司加强网店建设，在全国设立了200多个直销网点、300多个代理商和5个地区总代理，安排15人的电子商务团队维护7个网络销售平台，真正实现了实体与网络的结合。

目前公司产品行销四川、广西、河北、河南、山东、江西、江苏以及甘肃各地。根据市场需求，本项目实施后将进一步扩大市场销售份额，并进一步扩大销售队伍，提高销售服务质量，拓展销售市场。

未来，金兴棉业继续坚持“科技兴企”战略，以市场为导向，以产品为龙头，以效益为中心，以管理为基础，积极引导和大力推进以市场为导向的技术开发和技术创新工作。加强市场调研和发展研讨，掌握国际同行业科技发展动态，捕捉适合企业产品发展的市场信息。通过与其他科研机构建立“产研”一体化的合作研发平台，建立技术储备和产品储备，使现有技术在国内领先的基础上，争取达到国际先进水平；继续拓宽棉胎销售领域并不断向棉花制品深加工和其他领域开拓，挖掘生产潜力，使各项指标再上一个新台阶，为社会经济发展做出更大的贡献。

# 后　记

为巩固“十二五”期间战略性新兴产业发展取得的优势及成果，剖析“十三五”期间战略性新兴产业发展仍需解决的矛盾及问题，突出战略性新兴产业发展重点区域的龙头带动作用，彰显行业领跑者的示范效应，针对新技术、新产品、新业态、新模式发展给予精准扶植，为国家相关部门制定战略性新兴产业发展政策提供决策支撑和依据，2017年7月，中国经济导报社、中国战略新兴产业杂志社面向全国各省、自治区、直辖市及计划单列市发展改革委、经信委等部门，中科院、工程院等相关研究机构，高新园区、经济技术开发区等园区，战略性新兴产业领域拥有新技术专利、新产品的领军企业、“双创”企业征文，组织编撰《领跑——“十三五”战略性新兴产业重点区域发展前瞻与新产品新技术产业化案例汇编》一书。本书收录了国家发展改革委等部委相关司局、28个省、自治区、直辖市及计划单列市发展改革委撰写的稿件，以及由地方发展改革委和业内推荐、企业自主申报的超过120家企业的文章。

在本书的编撰过程中，我们着重把握三个原则：一是统一基本风格。编辑组提取文章中的亮点、关键点作为文章标题，可能难以完全涵盖作者思想和本意，如有不当之处，请给予理解。二是与时俱进。因征稿时间跨度大、整理书稿及编校流程长等原因，对书中部分表述和2017年部分预计数据，对照十九大报告、国家统计局公开的公报及公开的地方数据进行了替换或修正。三是不求全而力求精。征集稿件本着自愿投稿的原则，由于企业供稿质量不一，虽然经过严格审查和认真编辑，仍有可能存在不足之处，敬请广大读者谅解。

感谢国家发展改革委领导，相关部委司局，以及各省（自治区、直辖市）及部分计划单列市发展改革委对本书编写出版的支持；感谢腾讯、百度等领军企业及更多正在成长的中小企业的供稿。感谢编写组同志为本书付出的辛勤劳动，同时感谢中国市场出版社白琼先生、许慧女士辛勤、细致、负责的工作，使本书能如期与读者见面。